新개념의 새로운 한자사전

종횡무진 한자사전

머리말

한자의 가장 뚜렷한 특징, 다른 언어와 구별되는 가장 명백한 특징은 성부(聲符)에서 찾을 수 있다. 성부는 한자의 기본적인 뜻과 음을 나타내는 부분인데 대략 1,000여 자가 인정되고 있다. 크게 봐서 한자는 1,000여 자로 다 알 수 있게 된다고 해도 지나친 말이 아니다.

예를 들어 ¤라는 성부가 있어서 '때리고, 맞는다'는 뜻이라고 가정한다면

   才¤은 「손으로 때린다」
   足¤은 「발로 찬다」
   ¤刀은 「칼로 찌른다」
   木¤은 「몽둥이로 친다」
   ¤頁은 「머리로 박는다」는 한자들이 만들어 질 수 있다.

비록 「때린다」, 「찬다」, 「찌른다」, 「친다」, 「박는다」가 말은 다르지만 기본적인 동태(動態)는 똑같고, 다만 '그 수단이 무엇인가?' 하는 차이가 있을 뿐이다. 이때 성부와 부수의 역할이 분명해질 것이다.

상용한자 1,800자는 물론 사서삼경을 외는 사람조차도 '성부(聲符)'라는 말을 낯설어 하는 것을 보면 우리의 한자교육이 얼마나 근시안적으로 이루어지고 있는지 알 수 있다.

한자가 비록 많아 보이지만 그 핵심은 1,000여 자의 성부에 있고, 그 성부와 결합해서 한자를 만드는 역할을 하는 부수 글자는 214자가 있지만 그중에서 대략 60~70여 자가 주로 쓰일 뿐이다. 또한 모든 한자가 10만자를 넘는다 해도 그것을 만드는 기본적인 글자인 상형한자는 500자를 넘지 않는다.

그러므로 한글이 상형문자가 아니듯이, 한자 또한 상형문자가 아님이 명백해진다. 한자는 1000여 개의 성부와 214개의 부수글자가 조합되어 만들어진다. 상형한자는 전체 한자의 5%를 넘지 못하므로 결국 한자는 상형문자가 아니다.

힘들여 외워야할 것은 500자를 넘지 않는다. 나머지는 이해를 하면 된다. 한자에 대한 인식의 대전환을 꿈꿔본다.

〔이 책의 구조〕

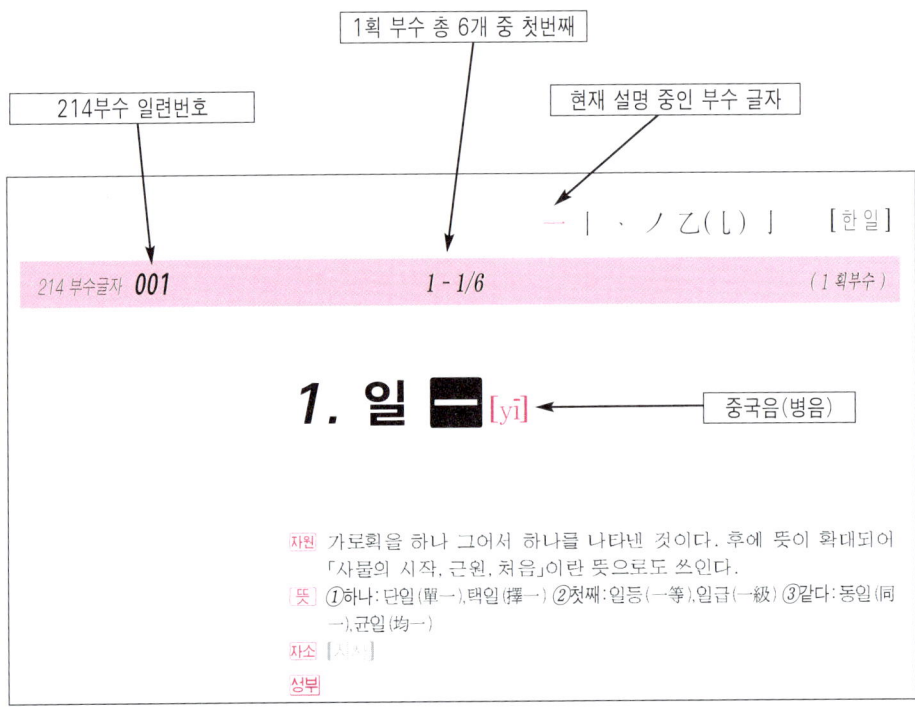

자원	한자가 만들어진 원리를 설명한다. 주로 설문해자의 풀이에 따랐다.
뜻	한자의 뜻.
자소	먼저 6서를 밝히고, 결합된 글자는 분해하여 그 구성 요소를 설명했다.
성부	해당 부수가 포함된 성부 글자들.

※ 본문의 구성
1. 본문은 부수순으로 전개한다.
2. 성부 역할을 하는 한자를 해당 부수(部首)에 배열한다.
3. 형성자는 해당 성부(聲符) 아래에 놓는다.
4. 병음은 아래아 한글을 참고했고「교학사 중사전」을 따랐다.

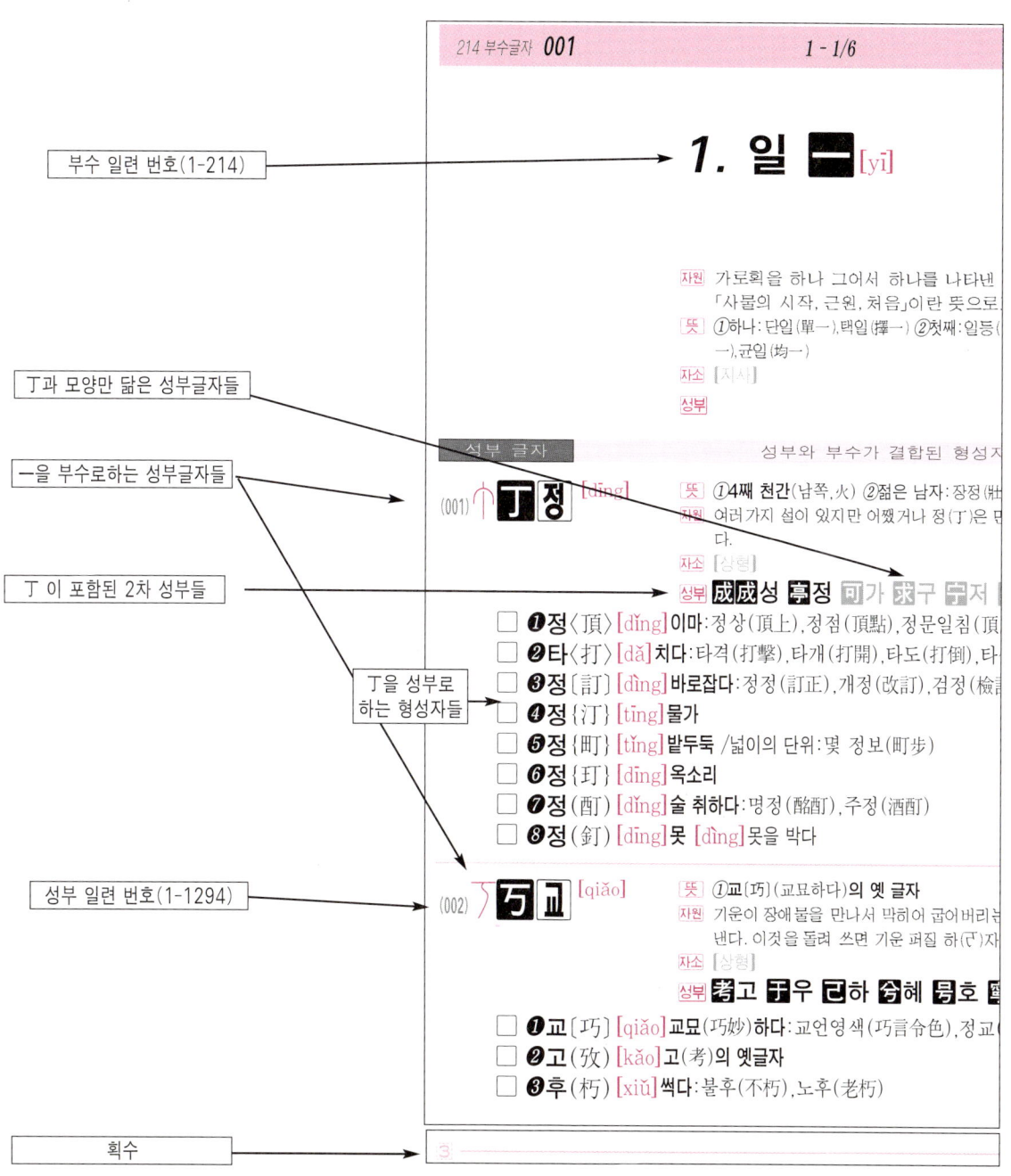

〔 주요 용어 정리 〕

설문해자(說文解字)   후한 때 허신(許愼)이 지은 책이름. 문자(文字)라고 할 때 문(文)은 그림, 즉 상형문자를 말하고, 자(字)는 결합해서 만들어진 글자를 말한다. 따라서 설문(說文)은 상형문자를 설명한 것이고, 해자(解字)는 결합된 글자를 분해했다는 뜻이다. 전체적으로 상형문자는 무엇을 그린 것인지 설명하고, 결합된 글자는 그 구성요소가 어떤 글자들인지 분해를 했다는 말이다.

성부(聲符)   한자의 근간. 한자의 기본적인 뜻과 음을 나타낸다. 대략 1,000여 개가 인정되고 있다. 부수와 결합해서 만들어진 글자 중에서 다시 부수와 결합하여 또다른 형성자를 만드는 경우, 이들이 2차, 3차 성부가 된다.

부수(部首)   한자를 검색할 때 키워드가 된다. 성부와 결합하여 전체 한자의 93% 이상을 차지하는 형성자를 만든다. 214개가 있고, 그 순서가 정해져 있다. 많은 모순점을 안고 있지만 한자의 검색에 커다란 공헌을 한 것도 사실이다.
가장 큰 모순점은 변형된 글자와 모양이 비슷한 글자의 처리에 있다. 일례로 병(兵)은 여덟 팔(八)과 아무런 관련이 없다. 많은 모순이 있기 때문에 때로는 외우는 수밖에 없다.

형성자(形聲字)   전체 한자의 90% 이상을 차지한다. 성부(聲符)와 부수의 결합으로 만들어진다. 성부는 대략 1,000여 자가 있고, 부수글자는 214자가 있으나 성부와 결합해서 한자를 만드는데 쓰이는 부수 글자는 절반 정도에 불과하다.

육서(六書)   한자가 만들어진 원리를 6가지로 분류한 것. 이 또한 모순이 많아서 명쾌하지 못하다. 때로는 없는 것이 더 낫지 않을까 싶을 정도로 애매한 점이 많다. 책마다, 사람마다 견해가 달라서 모두 모아보면 한 글자에 대해 서너 개가 적용되는 것을 흔히 볼 수 있었다. 몇몇 글자를 제외하고는 시험문제로 출제하기도 어렵다.

부수(部首)와 성부(聲符)

성부(聲符)가 부수와 결합해서 93% 이상의 한자를 만든다. 정작 성부 역할을 하는 한자는 대략 1,000여 자에 불과하다. 한마디로 한자를 만드는 한자인 것이다. 성부의 역할과 그 가치를 깨닫는 것이 한자공부를 위한 거의 유일한 지름길이라고 확신한다.

1획 부수 〔6개〕

> **암기**
> 하나(一)를
> 뚫고(丨), 점찍고(丶), 삐치면(丿)
> 새(乙)잡는 갈고리(亅)다.

一 [한 일]　　정(丁) 칠(七) 삼(三) 상(上) 장(丈) 하(下) 불(不) 축(丑) 구(丘)
　　　　　　비(조) 병(丙) 세(世) 승(丞) 차(且)

丨 [뚫을 곤]　중(中) 관(串)

丶 [점 주]　　환(丸) 단(丹) 주(主)

丿 [삐칠 별]　내(乃) 예(乂) 구(久) 지(之) 사(乍) 핍(乏) 호(乎) 괴(乖) 승(乘)

乙(乚) [새 을]　구(九) 야(也) 걸(乞)

亅 [갈고리 궐]　료(了) 사(事) 여(予)

一 丨 丶 丿 乙(乚) 亅　　[한일]

214 부수글자 **001**　　　1 - 1/6　　　(1 획부수)

1. 일 一 [yī]

자원 가로획을 하나 그어서 하나를 나타낸 것이다. 후에 뜻이 확대되어 「사물의 시작, 근원, 처음」이란 뜻으로도 쓰인다.
뜻 ①하나:단일(單一),택일(擇一) ②첫째:일등(一等),일급(一級) ③같다:동일(同一),균일(均一)
자소 [지사]

| 성부 글자 | 성부와 부수가 결합된 형성자 |

(001)  [dīng]
뜻 ①4째 천간(남쪽,火) ②젊은 남자:장정(壯丁)
자원 여러가지 설이 있지만 어쨌거나 정(丁)은 만물이 강장(强壯)해질 때를 말한다.
자소 [상형]
성부 成成성 亭정 可가 求구 宁저 寧녕

☐ ❶정〈頂〉[dǐng] 이마:정상(頂上),정점(頂點),정문일침(頂門一針),절정(絶頂)
☐ ❷타〈打〉[dǎ] 치다:타격(打擊),타개(打開),타도(打倒),타산(打算),타진(打診)
☐ ❸정〔訂〕[dìng] 바로잡다:정정(訂正),개정(改訂),검정(檢訂),교정(校訂)
☐ ❹정｛汀｝[tīng] 물가
☐ ❺정｛町｝[tǐng] 밭두둑 /넓이의 단위:몇 정보(町步)
☐ ❻정｛玎｝[dīng] 옥소리
☐ ❼정〔酊〕[dǐng] 술 취하다:명정(酩酊),주정(酒酊)
☐ ❽정(釘)[dīng] 못 [dìng] 못을 박다

(002)  [qiǎo]
뜻 ①교〔巧〕(교묘하다)의 옛 글자
자원 기운이 장애물을 만나서 막히어 굽어버리는 모양.「억제된다」는 뜻을 나타낸다. 이것을 돌려 쓰면 기운 퍼질 하(丂)자가 된다.
자소 [상형]
성부 考고 于우 □하 兮혜 号호 寧녕 粤병 □극 函함

☐ ❶교〔巧〕[qiǎo] 교묘(巧妙)하다:교언영색(巧言令色),정교(精巧),기교(技巧)
☐ ❷고(攷)[kǎo] 고(考)의 옛 글자
☐ ❸후(朽)[xiǔ] 썩다:불후(不朽),노후(老朽)

5

[한일]   一 丨 丶 丿 乙(乚) 亅

(003) 七 칠 [qī]
- 뜻: ①일곱: 칠월칠석(七月七夕), 칠전팔기(七顚八起)
- 자원: 10을 뜻하는 십(十)에서 세로획을 세번 구부려, 10에서 3이 모자라는 숫자인 7을 나타내었다.
- 자소: [상형·가차]
- 성부: 切체 㐌호 匕화 毛탁
  - ❶질(叱) [chì] 꾸짖다 참고: 우측은 비(匕)가 아니라 칠(七)이다.
  - ❷칠(柒) [qī] 옻칠 참고: 칠(漆)과 같다. 염(染)과 다르다.

(004) 三 삼 [sān]
- 뜻: ①셋: 삼삼오오(三三五五) [sàn] ①거듭: 재삼(再三)
- 자원: 같은 길이의 3 선을 가로 그었다. 위조방지를 위하여 삼(參)자를 대신 쓴다. 삼(三)이 들어간 글자는 「많다」는 뜻을 나타낸다.
- 자소: [지사]
- 성부: 畺강 王왕 非구 馬마 非비 手수 龍룡 承승 長장 奏주 泰태 秦진 春춘 奉봉 舂용

(005) 上 상 [shàng]
- 뜻: ①위: 옥상(屋上), 상관(上官) ②앞: 상반기(上半期) [shǎng] ①올라가다: 상차(上車), 상하행(上下行)
- 자원: 아래는 기준점, 위는 기준점보다 위를 나타내는 표지이다.
- 자소: [지사]
- 성부: 示시 帝제 下하 亥해 辛건 㕁인 辰진 末말 卡롱 朱숙 㕁인 匐방

(006) 丈 장 [zhàng]
- 뜻: ①길이의 단위 ②어른: 장인(丈人), 춘부장(春府丈)
- 자원: 오른손에 자를 들고 있는 모양을 본떴다. 한뼘의 길이가 한 자(一尺)이므로, 열 자는 1장(丈)이 된다.
- 자소: [회의] 십(十) 10, 자의 모양 + 우(乂 ← 又) 또, 손
- 성부: 虐학 吏리 更갱
  - ❶장(仗) [zhàng] 무기: 의장대(儀仗隊), 병장기(兵仗器)
  - ❷장(杖) [zhàng] 지팡이: 단장(短杖) / 몽둥이: 곤장(棍杖), 장살(杖殺: 몽둥이로 때려 죽임), 장독(杖毒: 매맞은 후유증)

(007) 下 하 [xià]
- 뜻: ①아래: 하부(下部), 하류(下流), 하순(下旬), 부하(部下) ②내려가다: 하산(下山), 하강(下降), 낙하(落下)
- 자원: 일정한 지점보다 아랫쪽이라는 뜻이다.
- 자소: [지사]
- 성부: 本본 眞진 甹진 坒괄 卡롱 拜배 丏면 下변

一 丨 丶 丿 乙(乚) 亅　　[한일]

(008) 丏丏면 [miǎn]
뜻 ①가리다 ②숨다
자원 바르다는 뜻의 정(正)자가 가려진 모양.
자소 [회의] 정(正)바르다＋丁: 가리는 모양
성부 丏면

□ ❶면(沔) [miǎn] 물 이름 /물이 그득히 흐르다 /빠지다
□ ❷면(眄) [miǎn] 곁눈질하다: 좌고우면(左顧右眄)

(009) 不不불 [bù]
뜻 ①아니다: 불순(不順) ②않다: 묵묵부답(默默不答), 부실(不實), 부정(不貞)
자원 새가 하늘로 날아 오르는 모양. 일(一)이 하늘, 아래는 새. 갑골문에서는 꽃받침의 모양을 본뜬 것으로 본다.
자소 [상형·지사]
성부 否부 丕비 香좁香좁밀

□ ❶배〈杯〉 [bēi] 잔: 건배(乾杯), 축배(祝杯), 배반낭자(杯盤狼藉)
□ ❷배(盃) [bēi] 잔 참고 배〈杯〉의 속자
□ ❸왜(歪) [wāi,wǎi] 비뚤다: 왜곡(歪曲) 참고 교학사 자전은 음을 「외」라고 했다.

(010) 丑丑축 [chǒu]
뜻 ①둘째 지지[동북쪽,01-03시,소띠] ■추:①사람 이름
자원 손가락(又彐)에 물건을 잡고 있는 모양을 본떴다.
자소 [상형·회의] 우(彐, 又彐)오른손＋물건 모양
성부 羞수

□ ❶뉴{紐} [niǔ] 끈으로 매다: 유대관계(紐帶關係), 다뉴세문경(多紐細紋鏡)
□ ❷뉴{鈕} [niǔ] 꼭지 /손잡이 ■추 [chǒu] (칼, 수갑 따위) 형구
□ ❸뉴(杻) [chǒu] 감탕나무
□ ❹뉵(忸) [niǔ] 부끄러워하다 ■뉴: 길들이다

4

(011) 丘丘구 [qiū]
뜻 ①언덕: 구릉(丘陵) ②스님: 비구니(比丘尼)
자원 중간이 불쑥 들어간 작은 산 모양을 본떴다.
자소 [회의] 근(斤)←북(北)등진 모양＋일(一)지면
성부 虛허 岳악

□ ❶구{邱} [qiū] 땅 이름: 대구(大邱) /언덕
□ ❷구{坵} [qiū] 언덕 참고 구[丘]의 속자

(012) 丕丕비 [pī]
뜻 ①크다 ②으뜸
자원 크다는 뜻인데 일(一)과 불(不)을 합했다.
자소 [형성] 불(不)아니다＋일(一)하나

□ ❶배(胚) [pēi] 아이를 배다: 배태(胚胎) /처음: 배아(胚芽) /비롯하다
□ ❷비(邳) [pī] 크다 /땅 이름

[한일]　　一丨、丿乙(乚)亅

(013) 丙 병 [bǐng]
뜻 ①3째 천간(남쪽,火) ②밝다(환하다)
자원 양기가 왕성한 모양. 왕성한 것은 곧 쇠하기 시작한다. 3째 천간으로 사용되면서 음기가 처음 일어나고, 양기가 사라지기 시작하는 「남쪽」을 뜻하게 된 것이다. 남(南)은 만물이 왕성하게 자라는 것을 상징한다.
자소 [회의] 일(一)하나＋입(入人)들어가다＋경(冂H)일정한 구역 안. 경계
성부 困囹루 更叓경 鹵초 囡첨

- ❶병〈病〉[bìng]병:병폐(病弊),병환(病患),병원(病院),문병(問病),병세(病勢)
- ❷병{昞}[bǐng]밝다
- ❸병{炳}[bǐng]밝다 /빛나다
- ❹병{柄}[bǐng]자루:권병(權柄:권력의 실마리)
- ❺병(昺)[bǐng]밝다 참고 병(昞)과 같은 글자

(014) 且 차 [qiě]
뜻 ①또:중차대(重且大),부차귀(富且貴) [jū]①많다 ②어조사
자원 제사상(几几)에 많은 제물이 쌓여 있는 모양. 이(二)는 층이 진 모양. 그 아래의 일(一)은 지면을 말한다. 갑골문에서는 남자의 성기(性器) 모양을 본뜬 글자라고 풀이한다.
자소 [상형]
성부 查사 沮저 助조

- ❶조〈祖〉[zǔ]할아버지:조상(祖上),선조(先祖),시조(始祖) /도로를 지키는 신
- ❷조〔租〕[zǔ]세금:조세제도(租稅制度) /세를 내고 빌리다:조차지(租借地)
- ❸조〔組〕[zǔ]엮어 짜다:조직(組織),조각(組閣),농민조합(農民組合)
- ❹서(鉏)[chú,xǔ]호미 /김을 매다 [jū]어긋나다
- ❺조(俎)[zǔ]도마,적대:조두지사(俎豆之事:제사와 관련된 일),조상육불외도(俎上肉不畏刀:도마 위에 올라간 고기는 칼을 겁내지 않는다)
- ❻조(粗)[cū]거칠다:조잡(粗雜),조악(粗惡)
- ❼조(阻)[zǔ]험하다:험조(險阻)
- ❽저(詛)[zǔ]저주(詛呪)하다
- ❾저(咀)[jū]씹어 먹다:저작운동(咀嚼運動),저주(咀呪)
- ❿저(齟)[jǔ]이가 서로 어긋나다 ■서:같은 뜻:서어(齟齬)
- ⓫저(姐)[jiě]누나 /계집애:소저(小姐)
- ⓬저(狙)[jū]원숭이:저공(狙公:원숭이 쇼를 하는 사람) /노리며 엿보다:저격수(狙擊手)
- ⓭저(疽)[jū]등창:저종(疽腫:악성종기)
- ⓮저(雎)[jū]물수리새 /징경이
- ⓯조(徂)[cú]가다:조래(徂來)
- ⓰조(殂)[cú]죽다:조락(殂落:정통이 아닌 임금의 죽음)

一 丨 丶 丿 乙(乚) 亅　　[한일]

(015) 世世세 [shì]
- 뜻 ①세상(世上):세계(世界),말세(末世) ②세상 사람:후세(後世)
- 자원 한 사람이 활동할 수 있는 기간인 30년. 혹은 아버지와 아들이 함께 살 수 있는 기간이라고도 한다. 열십(十)을 세개 나란히 써서 30을 뜻하는 삽(卅)자의 마지막 획을 길게 늘린 것이다.
- 자소 [회의·형성] 삽(卅)30, 서른＋십(七←十)십, 10, 열
- 성부 葉엽

- ❶설(泄) [xiè] 물이 새다:누설(漏泄),설사(泄瀉),배설물(排泄物) ■예:흩어지다
- ❷설(絏) [xiè] 말고삐 /매다
- ❸세(笹) [shì] 가느다란 대나무
- ❹세(貰) [shì] 빌리다:사글세〈삭월세(朔月貰),전세(傳貰)

1획

5

(016) 丞丞승 [chéng]
- 뜻 ①돕다:정승(政丞),승상(丞相) ②잇다(繼也)
- 자원 삼가 조심하여(卩극) 두 손(廾공)으로 산(山)처럼 높이 떠받든다는 뜻이다.
- 자소 [회의] 절(卩극)무릎 꿇은 사람＋산(山)산＋공(廾)받들다
- 성부 烝증

- ❶증(拯) [zhěng] 건지다
- ❷근(卺) [jǐn] 술잔(혼례 때 신랑, 신부가 주고 받는다)

(017) 丙囟첨 [tiǎn]
- 뜻 ①핥다(以舌鉤取) ②혀 ■숙:①일찍(夙古字)
- 자원 입 주변에 생기는 주름살의 모양을 본뜬 각(舎)이 생략되었다. 숙(宿)자를 만든다.
- 자소 [상형] 각(舎)입 둘레의 굽이
- 성부 佡숙

- ❶필{弼} [bì] 돕다:보필(輔弼)

[뚫을 곤]   一 丨 丶 丿 乙(乚) 亅

214 부수글자 **002**   1 - 2/6   (1 획부수)

2. 곤 丨 [gǔn]

자원 위 아래로 통하는것을 나타낸다(上下通也).
뜻 ① 위아래로 통하다
자소 [지사]

| 성부 글자 | 성부와 부수가 결합된 형성자 |

(018) [jiū]
뜻 ①넝쿨(넝쿨이 얽히는 모양) ②얽히다
자원 초목의 덩굴이 서로 엉키는 모양. 덩굴손이 감고 올라가는 모양이다. 어구 구(句)와 군사 군(軍)에서는 모양이 많이 변했다.
자소 [상형]
성부 句勾구

- ❶수〈收〉[shōu] 거두어 들이다:수확(收穫),수금(收金) /잡다:수감(收監)
- ❷규〔叫〕[jiào] 부르짖다:아비규환(阿鼻叫喚:8지옥 중의 하나에서 뜨거워 소리침),절규(絶叫)
- ❸규(糾)[jiū] 규명(糾明)하다:규탄대회(糾彈大會) /한데 모으다:규합(糾合)
- ❹규(赳)[jiū] 용맹스럽다(헌걸차다)

③

(019) 中[zhōng]
뜻 ①가운데:중앙(中央),중간(中間),중부(中部),중심(中心),도중(途中),와중(渦中) [zhòng]①맞히다:명중(命中),적중(的中)
자원 일정한 구역(囗)이나 물건의 한가운데(丨)를 꿰뚫는 모양을 본떴다.
자소 [지사·상형] 구(囗) ← 위(囗)둘러싸다＋곤(丨丨)꿰뚫다
성부 婁루 史사 用용 貴귀 吏리 虫훼 革혁 串관 堇근 堇난 囊혼

- ❶충〈忠〉[zhōng] 충성(忠誠):충실(忠實),충혼(忠魂),충효(忠孝),충고(忠告)
- ❷중〔仲〕[zhòng] 둘째:백중지세(伯仲之勢),중형(仲兄) /가운데:중개(仲介),중매(仲媒),중재(仲裁),중추(仲秋)
- ❸충{沖}[chōng] 온화하다 /비다 /어리다
- ❹충{冲}[chōng] 충(沖)과 같은 글자
- ❺충{衷}[zhōng] 속마음:충심(衷心),고충(苦衷),충정(衷情)

一 丨 丶 丿 乙(乚) 亅 [뚫을 곤]

(020) [fēng]
- 뜻 ①풀이 무성하다(草盛) ②예쁘다(容色美貌)
- 자원 초목이 무성히 자라난 모양을 말한다. 큰 나무는 그만큼 땅 속의 뿌리도 길게 자란다(上盛者. 根必深)는 뜻으로 생(生生)자의 가로 획을 관통시킨 것이다. 확대되어 풍성하다는 뜻을 나타낸다.
- 자소 [상형] 생(生生)자를 관통시켰다.
- 성부 夆봉 奉봉 豊례 拜봉 競競금

  □ ❶방〔邦〕[bāng] 나라:우방(友邦), 맹방(盟邦), 만방(萬邦), 이방인(異邦人)
  □ ❷방(蚌)[bàng] 방합:방휼지세(蚌鷸之勢:도요새와 조개가 서로 양보 않고 싸우는 것)

(021) [chuàn]
- 뜻 ①꿰미 ■곶:①바다로 불쑥 나온 땅:장산곶(長山串)
- 자원 엽전이나 염주처럼 어떤 물건을 꿰어 놓은 모양.
- 자소 [상형]

  □ ❶환〈患〉[huàn] 근심:환난(患難), 우환(憂患) /아프다:환자(患者), 병환(病患)

(022) [chuàn]
- 뜻 ①풀이 무성하다(草盛)
- 자원 무성하게 돋아난 초목의 끝이 들쭉날쭉한 모양을 본떴다.
- 자소 [지사]
- 성부 對대 帯치 業복 鑿착 業업

  ■ ❶총(叢)[cóng] 모이다:한국학총서(韓國學叢書) /식물의 떨기:총생(叢生)

[점주] ー丨丶丿乙(乚)亅

214 부수글자 **003**　　　1 - 3/6　　　(1 획부수)

3. 주 丶 [zhǔ]

자원 타오르는 불꽃모양, 어귀(有所絶止 ' 以識之也)
뜻 ①불똥 ②심지
자소 [지사]

성부 글자　　　성부와 부수가 결합된 형성자

(023)  [wán]

뜻 ①알(작고 둥근 것) : 탄환(彈丸), 환약(丸藥)
자원 기울 측(仄)자를 반대로 쓴 것이다. 측(仄)은 바위굴 아래에 만든 집으로 몸을 숙이고 들어가는 것을 나타낸다. 손아귀에 잡는다는 뜻의 극(丮)이 변한 경우도 환(丸)으로 자주 쓰인다.
자소 [상형·지사] 측(仄)자를 거꾸로 썼다
성부 嬴라 埶예 孰숙 執집 玒공

☐ ❶환(紈)[wán]흰 비단

(024) 丹 단 [dān]

뜻 ①붉다 : 단청(丹靑) ②꾸미다 : 단장(丹粧) ③정성스럽다 : 일편단심(一片丹心) ■란 : ①모란(牡丹), 거란(契丹)
자원 파월지방에서 산출되던 붉은(井) 색의 돌. 점이 돌을 나타낸다. 파월지방의 우물에서 캤다. 약물의 정수(精粹)를 단(丹)이라고 한다.
자소 [상형] 정(丹 ← 井) 우물 + 주(丶) 돌의 모양
성부 靑靑청

(025)  [zhǔ]

뜻 ①주인(主人) : 주부(主婦), 물주(物主), 주객전도(主客顚倒) ②임금 : 군주(君主) ③주관(主管)하다 : 주최(主催)
자원 촛대 위에서 촛불(丶)이 타고 있는 모양. 밤에는 등불을 중심으로 사람들이 둘러 앉았으므로, 「주인, 중심」이라는 뜻을 갖게 된 것이다.
자소 [상형]
성부 素소 表표 害해 毒독 責賣책 菫근 靑청

☐ ❶주〈住〉[zhù]살다 : 거주(居住), 안주(安住), 영주(永住), 이주(移住) / 사는 곳 : 주민(住民), 주소(住所)

一 丨 丶 丿 乙(乚) 亅　　[점주]

- ❷ 주〈注〉[zhù] 물을 대다 : 주입(注入), 주사(注射) / 마음을 쏟다 : 주목(注目), 주의(注意), 주시(注視)
- ❸ 주〔柱〕[zhù] 기둥 : 전신주(電信柱), 지주(支柱), 주초(柱礎 : 주춧돌)
- ❹ 주{炷} [zhū] 심지
- ❺ 주{註} [zhù] 주를 달다　참고 주〈注〉와 통용한다
- ❻ 주{駐} [zhù] 머무르다 : 주둔군(駐屯軍), 주차장(駐車場), 미국주재(美國駐在)
- ❼ 주{姝} [tǒu] 예쁘다 / 아름답다

1 획

13

[삐칠 별] 一 丨 丶 丿 乙(乚) 亅

214 부수글자 **004**   1-4/6   (1 획부수)

4. 별 丿 [piě]

자원 왼쪽 아래로 내리 긋는 모양. <삐침>이라고도 한다.
뜻 ① 삐치다
자소 【상형】

| 성부 글자 | 성부와 부수가 결합된 형성자 |

(026) 乃 내 [nǎi]
뜻 ①이에 : 인내천(人乃天) ②너
자원 기운이 제대로 퍼지지 못하고 막힌다는 뜻으로 몇 번 구부려 썼다. 이야기 하는 도중에 "에에, 어, 그러니까" 등의 말을 하는 것을 뜻한다.
자소 【상형】
성부 孕잉 仍잉 函及고 秀수 朶타 隽준

(027) 乂 예 [yì]
뜻 ①풀베다 ②어질다 ③다스리다
자원 풀 베는 가위 모양을 본떴다.
자소 【상형】
성부 㐅찰 凶흉 交교 父부 炎효 文문 囟신 网망 丈장

☐ ❶애 {艾} [ài] 쑥 : 애년(艾年 : 50살, 머리가 쑥처럼 희어진다) ■예 다스리다 /베다
☐ ❷예 (刈) 풀을 베다 : 예초기(刈草機)

(028) 乇 탁 [zhé]
뜻 ①붙이다
자원 땅 위로는 잎이 늘어지고(垂穗), 땅 아래로는 뿌리가 뻗어 있는 모양을 본 떴다. 초목의 싹이 땅을 의지해서 자라는 것을 말한다.
자소 【상형】
성부 宅택

☐ ❶탁 [托] [tuō] 받치다 : 탁자(托子), 탁발승(托鉢僧) /의지하다
☐ ❷탁 {託} [tuō] 부탁(付託)하다 : 결탁(結託), 위탁(委託), 탁아소(託兒所)
☐ ❸박 (亳) [bó] 은나라 서울의 이름

一 丨 丶 ノ 乙(乚) 亅　　［삐칠 별］

1획

(029) 久구 [jiǔ]
- 뜻 ①오래되다:구원(久遠),영구(永久),유구(悠久)
- 자원 떠나려는 사람을 뒤에서 잡아당겨「오랫동안 머무르게 한다」는 뜻이다. 사람 인(人)이 90° 회전해 있다.
- 자소 [지사] 불(乀 ← 뒤에서 잡는 모양＋인(ク ← 人卩)사람
- 성부 区구 姜유

- ❶구{玖} [jiǔ] 검은 옥돌
- ❷묘{畝} [mǔ] 밭이랑 ■무:같은 뜻 참고 원래는 묘(畮). 묘(畞)는 옛글자
- ❸구(灸) [jiǔ] 뜸질하다:침구(鍼灸)

(030) 之지 [zhī]
- 뜻 ①가다:좌지우지(左之右之) ②소유격:인지상정(人之常情) ③대명사:감지덕지(甘之德之),애지중지(愛之重之)
- 자원 지면(地面)을 뚫고 조금 자란 초목의 줄기와 가지의 모양을 본떴다.
- 자소 [상형·지사]
- 성부 臺대 寺사 事사 市시 志지 蚩치 先선 帀잡 冏강 封봉 殼성 里황 乏핍

- ❶지(芝) [zhī] 신령스러운 버섯:영지(靈芝) /향기풀:지란지교(芝蘭之交:영지와 난초, 선인군자의 비유)

(031) 朮자 [zǐ]
- 뜻 ①성장을 그치다
- 자원 왕성하게 자라던 초목(朮)의 싹이 장애물(一)을 만나서 성장을 멈춘다는 뜻이다. 대부분 시(市)자로 변형되어 쓰인다.
- 자소 [지사] 일(一)장애물＋발(朮)초목이 무성하다

- ❶자〈姊〉 [zǐ] 손 윗 누이:자매(姊妹),자형(姊兄)
- ❷시(柿) [shì] 감나무:홍시(紅柿)

(032) 乍사 [zhà]
- 뜻 ①잠깐
- 자원 도망하다가(亡) 장애가 있어서 잠시(一) 쉬는 짧은 시간을 말한다.
- 자소 [지사] 망(乍 ← 亡망)도망하다＋일(一)하나
- 성부 窄착

- ❶작〈作〉 [zuò] 만들다:작업(作業),작가(作家),작품(作品),작심(作心),작고(作故) [zuō] 작업장
- ❷작〈昨〉 [zuó] 어제:작금(昨今:어제와 오늘),작년(昨年),재작년(再昨年),작취미성(昨醉未醒:어제 마신 술이 아직 덜 깸)
- ❸사〔詐〕 [zhà] 속이다:사기(詐欺),관명사칭(官名詐稱)
- ❹조{祚} [zuò] 하늘이 내리는 행복
- ❺작(炸) [zhá] (기름에)튀기다 [zhà] 터지다(폭발하다):작렬(炸裂),작약(炸藥)
- ❻작(酢) [zuò] (손님이 주인에게)잔을 돌리다 /짐작(斟酌)하다 ■초[cù]식초

[삐칠 별] 一 丨 丶 丿 乙(乚) 亅

1획

(033) 乏 핍 [fá]
- 뜻 ①모자라다:결핍(缺乏) ②가난하다:궁핍(窮乏)
- 자원 바르다는 뜻의 정(正)자를 돌려 썼다(反正爲乏).
- 자소 [지사] 정(正)자를 좌우반대로 돌려 쓴 것이다

☐ ❶범(泛) [fàn] 물 위에 뜨다:범칭(泛稱), 범론(泛論) ■핍:물소리
☐ ❷폄(貶) [biǎn] 깎아 내리다:훼예포폄(毀譽褒貶)
☐ ❸폄(砭) [biān] 돌침/침을 놓다

(034) 乎 호 [hū]
- 뜻 ①의문사 ②부사어미:단호(斷乎)
- 자원 문장이 끝날 때 쓰는 어조사인데 말끝이 올라갈 때 쓴다.
- 자소 [지사] 별(丿)퍼지는 모양+혜(丷 ← 兮)어조사

☐ ❶호〈呼〉 [hū] 부르다:호응(呼應), 환호(歡呼), 호소(呼訴)/숨쉬다:호흡(呼吸)

5

(035)  비 [pài]
- 뜻 ①물이 흐르는 모양
- 자원 한자에서는 글자를 거꾸로 써서 반대의 뜻을 나타낼 때가 많다. 강물이 모여드는 모양을 본뜬 영(永)자를 거꾸로 써서 여러 개의「작은 줄기로 갈라진다」는 뜻을 나타내었다.
- 자소 [지사] 영(永)자를 돌려 썼다
- 성부 𠂢 역

☐ ❶맥〔脈〕 [mài] 혈맥(血脈):동맥(動脈), 정맥(靜脈), 맥박(脈搏), 기진맥진(氣盡脈盡), 문맥(文脈), 산맥(山脈) [mò] 연달아
☐ ❷파〔派〕 [pā] 강물이 갈라지다:파벌(派閥), 파생(派生) [pài] 보내다:파견(派遣) /분파:낭만파(浪漫派), 수구파(守舊派)

(036) 𠂤 퇴 [duī]
- 뜻 ①쌓다 ②작은 산
- 자원 물건이 층층이 쌓인 모양. 작은 언덕을 말한다.
- 자소 [상형]
- 성부 師사 追추 官관  얼

☐ ❶수〔帥〕 [shuài] 장수(將帥):국가원수(國家元帥), 통수(統帥)

(037) 乖 괴 [guāi]
- 뜻 ①어그러지다:괴리(乖離) ②괴팍하다:괴팍(乖愎)
- 자원 양의 뿔이 양쪽으로 갈라지듯 두 사람이 등진 모양. 아랫부분의 조(兆)는 점 치려고 불에 구운 거북의 등이 갈라지는 모양.
- 자소 [회의] 천(千) ← 개(ㄍㄱ)벌어진 양뿔+북(北) ← 조(兆)갈라진 모양

(038) 乘 승 [chéng]
- 뜻 ①(탈 것에) 타다:승객(乘客), 승무원(乘務員), 승차(乘車), 탑승(搭乘), 합승(合乘) ②기회를 타다:승기(乘機) [shèng] ①수레:만승(萬乘)
- 자원 사람이 나무 위에 올라가 있는 모양에서, 어떤 것 위로「올라간다」는 뜻이 되었다.
- 자소 [회의] 입(入人)들어가다+걸(桀)나무에 올라가다

☐ ❶잉{剩} [shèng] 남다:잉여농산물(剩餘農産物), 과잉 반응(過剩反應)

16

一 丨 丶 丿 乙(乚) 亅　　[새 을]

214 부수글자 **005**　　1 - 5/6　　(1 획부수)

1획

5. 을 乙 [yǐ]

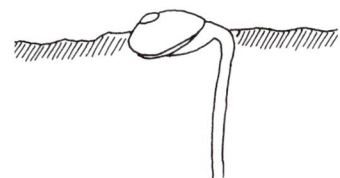

자원 둘째 천간(남쪽,木)으로 쓰이므로 둘째라는 뜻으로도 쓰인다. 봄에 초목의 싹이 구부정하게 돋는 모양을 본떴는데, 아직 겨울의 기운이 완전히 가시지 않았으므로 어렵게 자란다는 뜻이다.
뜻 ① **2째천간**(남쪽, 木) ② 막연한 사람을 칭할 때:갑론을박(甲論乙駁)
자소 [상형]

부수 성부　　부수글자가 성부로 쓰일 때

- ❶ 돌 {乭} [*] 사람 이름:갑돌(甲乭),돌쇠(乭釗)
- ❷ 알 (軋) [yà] 삐걱거리다:알력(軋轢:의견이 맞지 않아 서로 충돌함)

성부 글자　　성부와 부수가 결합된 형성자

(039) 九 구 [jiǔ]
뜻 ① 아홉:구사일생(九死一生) ② 많다
자원 구불구불한 모양으로 십진수의 끝인 9를 나타냈다.「끝까지」라는 뜻이 있다.
자소 [지사]
성부 內유 旭욱 染염 合연 丸환

- ❶ 구〈究〉[jiū] 궁리하다:연구(研究), 학구파(學究派) /끝:구경(究竟)
- ❷ 구 {鳩} [jiū] 비둘기:구수회의(鳩首會議:비둘기 떼처럼 머리를 맞대고 모여 앉아 하는 회의)
- ❸ 궤 {軌} [guǐ] 수레 굴대 /본보기를 따르다:정상궤도(正常軌道),궤범(軌範)
- ❹ 고 (尻) [kāo] 뒤꽁무니 /밑바닥
- ❺ 구 (仇) [qiú] 원수:수원수구(誰怨誰仇:누구를 원망하고 누구를 탓하랴)

(040) 也 야 [yě]
뜻 ① 어조사:유야무야(有也無也)
자원 원래는 여자의 음부(陰部) 모양을 본뜬 글자였다. 지금은 어조사로 쓰인다.
자소 [상형]
성부 匜이

- ■ ❶ 시〈施〉[shī] 베풀다:시설(施設),실시(實施),보시(布施) /주다:시상식(施賞式)
- ❷ 지〈地〉[dì,de] 땅:지상(地上),지구(地球) /지위(地位):입지(立地) /입장:처지(處地)

17

[새 을]   一 丨 丶 丿 乙(乚) 亅

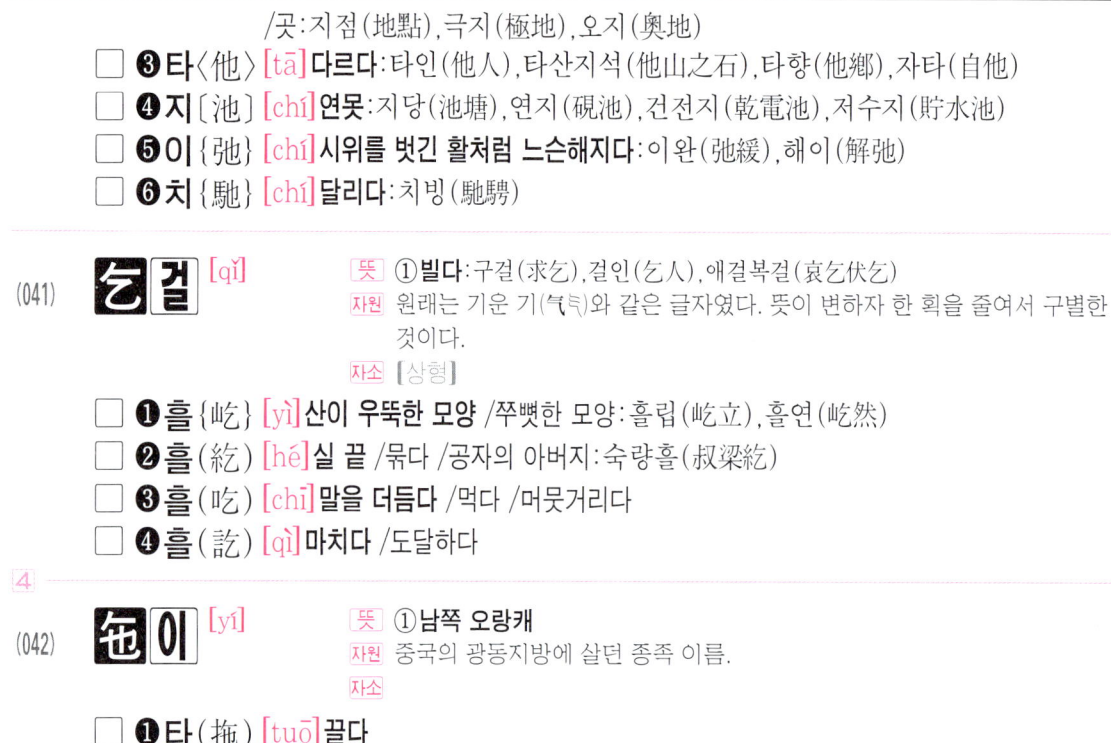

　　　　　　　　　　/곳:지점(地點),극지(極地),오지(奧地)
　　□ ❸타〈他〉[tā] 다르다:타인(他人),타산지석(他山之石),타향(他鄕),자타(自他)
　　□ ❹지〔池〕[chí] 연못:지당(池塘),연지(硯池),건전지(乾電池),저수지(貯水池)
　　□ ❺이{弛}[chí] 시위를 벗긴 활처럼 느슨해지다:이완(弛緩),해이(解弛)
　　□ ❻치{馳}[chí] 달리다:치빙(馳騁)

(041) 乞걸 [qǐ]
　　　　　　뜻 ①빌다:구걸(求乞),걸인(乞人),애걸복걸(哀乞伏乞)
　　　　　　자원 원래는 기운 기(气ᢲ)와 같은 글자였다. 뜻이 변하자 한 획을 줄여서 구별한 것이다.
　　　　　　자소 [상형]

　　□ ❶흘{屹}[yì] 산이 우뚝한 모양 /쭈뼛한 모양:흘립(屹立),흘연(屹然)
　　□ ❷흘(紇)[hé] 실 끝 /묶다 /공자의 아버지:숙량흘(叔梁紇)
　　□ ❸흘(吃)[chī] 말을 더듬다 /먹다 /머뭇거리다
　　□ ❹흘(訖)[qì] 마치다 /도달하다

(042) 也이 [yí]
　　　　　　뜻 ①남쪽 오랑캐
　　　　　　자원 중국의 광동지방에 살던 종족 이름.
　　　　　　자소

　　□ ❶타(拖)[tuō] 끌다

214 부수글자 **006**　　　　1 - 6/6　　　　(1 획부수)

6. 궐 亅 [jué]

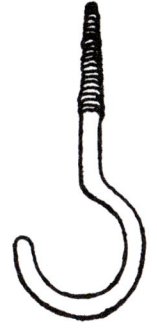

[자원] 갈고리의 모양을 본떴다.
[뜻] ①갈고리
[자소] [상형]

| 성부 글자 | 성부와 부수가 결합된 형성자 |

(043) 了료 [liǎo]　[뜻] ①마치다:완료(完了),수료(修了),종료(終了) ②깨닫다:요해(了解) [le]
　　　①어조사
　　　[자원] 아들 자(子⊕)에서 팔이 없다는 뜻으로 일(一)을 생략했다. 더 자라지 못하므로「끝났다」는 것이다.
　　　[자소] [상형]
　　　[성부] 子혈 函함 丞승 承승 亨형

(044) 予여 [yǔ]　[뜻] ①주다:생사여탈(生死予奪)　[yú]①나 자신을 가리키는 말(我稱)
　　　[자원] 원래는 베틀에서 좌우로 오가며 실을 엮는 북의 모양을 본뜬 것이다. 한쪽에서 밀어 주고 한쪽에서 받는다는 뜻이다.
　　　[자소] [상형]
　　　[성부] 野야 幻환 矛모 疑의
　　　□ ❶서〈序〉[xù]차례:서시(序詩),서막(序幕),서열(序列),순서(順序),질서(秩序) /처음:서두(序頭),서론(序論),서막(序幕)
　　　□ ❷예〔豫〕[yù]미리:예고(豫告),예보(豫報),예언(豫言),예상(豫想)
　　　□ ❸서{抒}[shū]마음 속의 것을 내펼치다:서정시인(抒情詩人),서사시(敍事詩)
　　　□ ❹서{舒}[shū]펴다:서권(舒卷:펴고 마는 것)
　　　□ ❺예{預}[yù]맡기다:예금(預金),예탁(預託),예치(預置)

(045) 事사 [shì]　[뜻] ①일:사정(事情),유사(有事),사실(事實),사변(事變) ②섬기다:사대주의(事大主義)
　　　[자원] 역사를 기록해나가는 사관(史官)을 말한다.
　　　[자소] [회의] 지(十 ← 之业)가다 +사(爭 ← 史롯)역사

[연습 문제]

한자 시험 연습문제
〈제1영역〉 漢子1

〈1~3〉 다음 한자(漢字)의 부수(部首)는 무엇입니까?

1. 京 : ① 口 ② 小 ③ 亠 ④ 京
2. 始 : ① 女 ② 台 ③ 口 ④ 始
3. 捷 : ① 木 ② 妻 ③ 扌 ④ 一

〈4~6〉 다음 한자(漢字)의 획수는 모두 몇 획입니까?

4. 岳 : ① 7 ② 8 ③ 9 ④ 10
5. 系 : ① 5 ② 6 ③ 7 ④ 8
6. 牙 : ① 3 ② 4 ③ 5 ④ 6
7. 獨 : ① 16 ② 17 ③ 18 ④ 19

〈8~9〉 다음 필순(筆順)에 대한 설명에 가장 알맞은 한자는 어느 것입니까?

8. 가운데를 꿰뚫는 획은 처음에 쓴다.
   ① 氷 ② 上 ③ 牛 ④ 千

9. 가로 획과 세로 획이 교차될 때에는 세로 획을 먼저 쓴다.
   ① 左 ② 右 ③ 土 ④ 交

〈10~12〉 다음 한자(漢字)와 그 조자(造字)의 방식이 같은 한자는 어느 것입니까?

예: 한자 '人'은 그 조자(造字)의 방식이 구체적인 사물의 모습을 본떠서 만든 상형자이다. 이와 비슷한 한자로 '鳥'가 있다.

10. 臣 : ① 委 ② 牙 ③ 考 ④ 皙
11. 明 : ① 休 ② 斗 ③ 首 ④ 功
12. 蓋 : ① 早 ② 味 ③ 分 ④ 酉

〈13~25〉 다음 한자(漢字)의 음(音)은 무엇입니까?

13. 刹 : ① 살 ② 찰 ③ 쇄 ④ 쾌
14. 剋 : ① 도 ② 형 ③ 창 ④ 극
15. 暖 : ① 완 ② 수 ③ 난 ④ 타
16. 湖 : ① 호 ② 고 ③ 조 ④ 구
17. 絶 : ① 색 ② 절 ③ 단 ④ 사
18. 顧 : ① 현 ② 려 ③ 사 ④ 고
19. 辭 : ① 사 ② 신 ③ 직 ④ 소
20. 據 : ① 처 ② 제 ③ 거 ④ 시
21. 變 : ① 변 ② 협 ③ 섭 ④ 빈
22. 閑 : ① 한 ② 간 ③ 문 ④ 일
23. 滯 : ① 태 ② 대 ③ 제 ④ 체
24. 報 : ① 보 ② 포 ③ 은 ④ 고
25. 興 : ① 거 ② 흥 ③ 제 ④ 시

〈26~35〉 다음의 음(音)을 가진 한자는 어느 것입니까?

26. 감 : ① 甲　② 舌　③ 甘　④ 奇
27. 시 : ① 根　② 始　③ 記　④ 迷
28. 섬 : ① 殲　② 儉　③ 廉　④ 臨
29. 폐 : ① 施　② 滋　③ 億　④ 肺
30. 훈 : ① 群　② 健　③ 緊　④ 勳
31. 신 : ① 鎭　② 愼　③ 振　④ 軫
32. 추 : ① 遂　② 酬　③ 抽　④ 羞
33. 충 : ① 謬　② 穹　③ 充　④ 脘
34. 확 : ① 確　② 慌　③ 鑛　④ 郭
35. 와 : ① 畏　② 臥　③ 旺　④ 腎

〈36~45〉 다음 한자(漢字)와 음(音)이 같은 한자는 어느 것입니까?

36. 點 : ① 沾　② 店　③ 瞻　④ 聖
37. 漢 : ① 限　② 幹　③ 墾　④ 緊
38. 洲 : ① 株　② 脂　③ 顧　④ 救
39. 笠 : ① 昆　② 混　③ 立　④ 位
40. 頁 : ① 日　② 子　③ 佶　④ 疾
41. 灰 : ① 揮　② 炭　③ 檜　④ 究
42. 缺 : ① 桔　② 快　③ 忌　④ 結
43. 炭 : ① 誕　② 軟　③ 晟　④ 姻
44. 憶 : ① 梁　② 抑　③ 寫　④ 離
45. 矯 : ① 料　② 療　③ 校　④ 灸

〈46~55〉 다음 한자(漢字)의 뜻은 무엇입니까?

46. 任 : ① 맡기다　② 빠르다
　　　　 ③ 살다　　④ 높다
47. 造 : ① 바꾸다　② 세우다
　　　　 ③ 짓다　　④ 구하다
48. 養 : ① 태우다　② 죽다
　　　　 ③ 더하다　④ 기르다
49. 忍 : ① 쉬다　　② 참다
　　　　 ③ 자르다　④ 낮다
50. 藥 : ① 약　　　② 물
　　　　 ③ 불　　　④ 보리
51. 謝 : ① 사례하다　② 막다
　　　　 ③ 가르다　　④ 지키다
52. 庫 : ① 수레　　② 바퀴
　　　　 ③ 창고　　④ 가루
53. 陰 : ① 그늘　　② 거리
　　　　 ③ 먹　　　④ 채소
54. 退 : ① 지키다　② 물러나다
　　　　 ③ 자태　　④ 성품
55. 僚 : ① 동료　　② 기운
　　　　 ③ 터　　　④ 도장

〈56~65〉 다음의 뜻을 가진 한자(漢字)는 어느 것입니까?

56. 명주 : ① 絹　② 寫　③ 檜　④ 緊
57. 품다 : ① 捨　② 懷　③ 鎌　④ 隣
58. 평탄하다 : ① 檀　② 坦　③ 贊
　　　　　　　④ 柑
59. 다리 : ① 禦　② 才　③ 群　④ 橋
60. 옮기다 : ① 移　② 氣　③ 裏　④ 尾
61. 돕다 : ① 驗　② 佶　③ 扶　④ 祖
62. 밑 : ① 錯　② 底　③ 燥　④ 帳

[연습 문제]

63. 나물 : ① 衫 ② 森
　　　　　③ 稅 ④ 菜
64. 부리다 : ① 使 ② 退
　　　　　　③ 雉 ④ 物
65. 끈끈하다 : ① 幸 ② 境
　　　　　　　③ 粘 ④ 逸

〈66~75〉 다음 한자(漢字)와 뜻이 비슷한 한자는 어느 것입니까?

66. 悲 : ① 哀 ② 愛 ③ 怒 ④ 樂
67. 顯 : ① 閔 ② 現 ③ 牧 ④ 降
68. 途 : ① 開 ② 建 ③ 微 ④ 道
69. 章 : ① 尙 ② 壇 ③ 文 ④ 厚
70. 首 : ① 米 ② 足 ③ 頭 ④ 心
71. 想 : ① 考 ② 旻 ③ 訝 ④ 皆
72. 珍 : ① 崑 ② 寶 ③ 詳 ④ 缺
73. 回 : ① 引 ② 弱 ③ 講 ④ 顧
74. 服 : ① 逸 ② 衣 ③ 敍 ④ 惜
75. 言 : ① 語 ② 肩 ③ 吉 ④ 節

[정답] 1③ 2① 3③ 4② 5③ 6② 7① 8① 9② 10② 11④ 12② 13② 14④ 15③ 16① 17② 18④ 19① 20③ 21③ 22① 23④ 24① 25② 26③ 27② 28① 29④ 30④ 31② 32③ 33③ 34① 35② 36③ 37① 38① 39③ 40② 41③ 42④ 43① 44② 45③ 46① 47③ 48④ 49② 50① 51① 52③ 53① 54② 55① 56① 57② 58② 59④ 60① 61③ 62② 63④ 64① 65③ 66① 67② 68④ 69③ 70③ 71① 72② 73④ 74② 75①

2획 부수 〔 23개 〕

二	[두 이]	우(于) 오(五) 운(云) 정(井) 호(互) 선(亘) 아(亞)
亠	[머리 두]	망(亡) 항(亢) 교(交) 역(亦) 해(亥) 형(亨) 경(京) 향(享) 량(亮) 정(亭) 단(亶)
人(亻ノㇰ)	[사람 인]	개(介) 측(仄) 잉(仍) 금(今) 령(令) 대(代) 부(付) 이(以) 벌(伐) 복(伏) 이(伊) 기(企) 임(任) 휴(休) 건(件) 여(余) 하(何) 위(位) 래(來) 륜(倫) 간(侃) 패(佩) 보(保) 신(信) 침(侵) 편(便) 후(侯) 수(修) 창(倉) 비(備) 산(傘) 상(傷) 첨(僉)
儿	[어진 사람 인]	올(兀) 원(元) 윤(允) 충(充) 형(兄) 광(光) 선(先) 조(兆) 극(克) 면(免) 태(兌) 토(兔) 아(兒) 두(兜) 긍(兢)
入	[들 입]	내(內) 전(全) 량(兩) 유(俞)
八	[여덟 팔]	공(公) 륙(六) 혜(兮) 공(共) 병(兵) 구(具) 기(其) 전(典) 겸(兼) 기(冀)
冂	[멀 경]	책(冊) 재(再) 모(冒)
冖	[덮을 멱]	용(冗) 명(冥) 원(冤)
冫	[얼음 빙]	동(冬)
几	[안석 궤]	범(凡)
凵	[입벌릴 감]	흉(凶) 출(出) 요(凹) 철(凸) 함(函)
刀(刂)	[칼 도]	인(刃) 분(分) 체(切) 렬(列) 형(刑) 리(利) 별(別) 초(初) 도(到) 제(制) 랄(刺) 전(前) 칙(則) 류(劉)
力	[힘 력]	가(加) 렬(劣) 조(助) 용(勇) 발(勃) 무(務) 동(動) 로(勞) 근(勤)
勹	[쌀 포]	작(勺) 균(勻) 물(勿) 포(包) 흉(匈) 포(匍) 복(匐)

【 2획 부수 】

匕	[비수 비]	화(化) 북(北)
匚	[상자 방]	광(匡) 장(匠) 비(匪)
匸	[감출 혜]	필(匹) 구(區) 닉(匿)
十	[열 십]	천(千) 승(升) 오(午) 반(半) 훼(卉) 비(卑) 졸(卒) 탁(卓) 남(南)
卜	[점칠 복]	변(卞) 점(占) 괘(卦) 설(卨)
卩(㔾)	[병부 절]	묘(卯) 위(危) 인(印) 란(卵) 각(却) 권(卷) 즉(卽) 경(卿)
厂	[바위 한]	액(厄) 애(厓) 후(厚) 원(原) 궐(厥) 염(厭)
厶	[사사 사]	거(去) 참(參)
又	[또 우]	차(叉) 급(及) 반(反) 수(受) 숙(叔) 취(取)

二 亅 人 儿 入 八 冂 冖 冫 几 凵 刀 力 勹 匕 匚 匸 十 卜 卩 厂 厶 又　　[두이]

214 부수글자 **007**　　　　2 - 1/23　　　　　　　　　(2획부수)

7. 이 二 [èr]

자원 두 획을 가로 그었다. 영수증 따위에서는 이(貳)를 써서 고쳐 쓰는 것을 방지한다. 상(上)의 옛글자도 이(二)자로 쓰였다.
뜻 ① 둘, 2:이중(二重) ② 다른 것:불사이군(不事二君), 이중인격(二重人格)
자소 [지사]

부수 성부　　　　　부수글자가 성부로 쓰일 때

□ ❶ 이〈貳〉둘, 이〈二〉와 같다

성부 글자　　　　성부와 부수가 결합된 형성자

(046) 于 우 [yú]
뜻 ①~에:우선(于先) ②가다:우귀(于歸:시집 가다) ③어조사
자원 기운(气)이 장애물(一)에 막혀서 옆으로 퍼져 나간다는 뜻이다.
자소 [지사] 일(一)하나, 평평하다＋교(丂)기운이 막히다
성부 夸 과　雩 우　쨩 화　爰 원　平 평　余 여　曡 악

□ ❶우〈宇〉[yǔ] 집 /하늘:우주(宇宙)
□ ❷오〔汚〕[wū] 더럽다:오염(汚染), 오물(汚物), 오점(汚點), 탐관오리(貪官汚吏)
□ ❸우{迂}[yū] 멀다 /돌다(굽다):우여곡절(迂餘曲折), 우회작전(迂廻作戰)
□ ❹우{玗}[yú] 옥돌
□ ❺우{釪}[yú] 악기 이름 /중의 밥그릇(바리때)
□ ❻오(扜)[wū] 흙손 /흙질하다
□ ❼우(芋)[yù] 토란 /크다
□ ❽우(盂)[yú] 사발 /바리:우란분(盂蘭盆)
□ ❾우(紆)[yū] 굽다 /얽히다 /돌다
□ ❿우(旴)[xú] 크다 /해뜨다

[두이] 二 亠 人 儿 入 八 冂 冖 冫 几 凵 刀 力 勹 匕 匚 匸 十 卜 卩 厂 厶 又

2획

(047) 又 五 오 [wǔ]
- 뜻 ①다섯:오복(五福),오상(五常:仁義禮智信),음양오행(陰陽五行)
- 자원 이(二二)는 하늘과 땅. 중간의 X는 서로 교차된다는 뜻. 하늘과 땅 사이에서 음양의 기운이 교차한다는 뜻이다.
- 자소 [지사] 이(二二)둘＋X : 교차된다는 뜻
- 성부 吾오
- □ ❶오{伍} [wǔ] 5명이 1조인 옛 군대편성 단위:낙오(落伍),대오이탈(隊伍離脫)

(048) 云 云 운 [yún]
- 뜻 ①이르다(말하다):운운(云云)
- 자원 구름이 피어 오르는 모양을 본뜬 것이다. 뜻이 변하여 말하다는 뜻이 되자, 원래의 뜻을 나타내기 위하여 비 우(雨雨)자를 덧붙여, 지금의 운(雲)자를 만들었다.
- 자소 [상형]
- 성부 雲운 숲靈음
- □ ❶혼〔魂〕[hún] 넋:혼비백산(魂飛魄散),초혼(招魂),진혼(鎭魂),혼령(魂靈)
- □ ❷운{耘} [yún] 김매다:경운기(耕耘機:밭 갈고 김 매는 기계)
- □ ❸운{沄} [yún] 물이 돌아 흐르다(轉流) /깊다
- □ ❹운(芸) [yún] 향풀: 운향초(芸香草) [참고] 예<藝>의 약자로 주로 쓰인다.

(049) 井 井 정 [jǐng]
- 뜻 ①우물:정저와(井底蛙) ②정(井)자 모양:정간보(井間譜) ③민간:시정잡배(市井雜輩)
- 자원 우물 난간의 모양을 본떴다. 옛날에는 우물 안의 두레박을 뜻하는 점이 있었다. 이 우물을 중심으로 동네가 형성되었으므로 「거리, 사람이 모여 사는 곳」이란 뜻으로 시정(市井)이라고 한다.
- 자소 [상형]
- 성부 丹단 刑형 刱형
- □ ❶경〈耕〉[gēng] 밭을 갈다:경작(耕作),농경(農耕)
- □ ❷정(穽) [jǐng] 함정(陷穽)
- □ ❸형(邢) [xíng] 나라 이름

(050) 亙 互 호 [hù]
- 뜻 ①서로:상호작용(相互作用),호혜(互惠),호환(互換)
- 자원 실패에 실이 이리저리 감기듯이, 새끼줄 같은 것을 감는 기구에 새끼줄이 번갈아 감겨진 모양을 본떴다.
- 자소 [상형]

(051) 亙 亙 긍 [gèn]
- 뜻 ①뻗히다 ②통하다
- 자원 두(二二) 언덕 사이를 왕래하는 배(舟月). 비가 오나 눈이 오나 배는 거기서 항상 운행하는 것처럼 마음(心㣺)이 오래도록 변하지 않는다는 뜻이다. 약자로는 亘을 쓰는데, 「편다」는 뜻의 선(亘)과 모양이 같아진다. 구별해서 긍(亙)으로도 쓰기도 한다.
- 자소 [회의] 이(二二) 2. 양쪽 언덕＋일(日) ← 주(舟月)배＋심(心㣺)마음

二亠人儿入八冂一冫几凵刀刂力勹匕匚匸十卜卩厂厶又　　［두이］

- ❶항〈恒〉[héng] 항상(恒常) : 항구불변(恒久不變), 항심(恒心), 항시(恒時)
- ❷항{姮} [héng] 항아(달 속에 산다는 미인)

(052) 亘 선 [xuān]
- 뜻 ①베풀다 ②펴다 ■환:①굳세다
- 자원 두 개 사이에서 회전하는 모양을 본떴다. 구하는 것이 위에 있으면 위로 돌고, 아래에 있으면 아래로 돌면서 두 개 사이를 회전한다는 말이다. 긍(亙)의 약자인 긍(亘)과 모양이 같아진다.
- 자소 [회의] 이(二) 2, 두 개＋왈(曰) ← 회(回)회전하다
- 성부 宣 선

- ❶원{垣} [yuán] 담 /울타리 : 원장(垣牆)
- ❷원{洹} [huán] 물 이름 /세차게 흐르다
- ❸환{桓} [huán] 굳세다 /머뭇거리다 /모감주나무

(053) 亞 아 [yà]
- 뜻 ①버금(둘째) : 아류(亞類) ②아시아 : 아세아(亞細亞)
- 자원 두 곱사등이가 마주 선 모양(象人局背之形). 원래는 추(醜)하다는 뜻이었다. 가시중(賈侍中)이 「둘째」라는 뜻으로 풀이했다. 좋고 나쁜 것은 비교되기 때문이다. 갑골문에서는 건물터로 본다.
- 자소 [상형]
- 성부 亡망 豆두 壺호

- ❶악〈惡〉[è,ě] 악하다 : 악독(惡毒), 악랄(惡辣), 악한(惡漢), 흉악(凶惡) ■오[wū] 미워하다 : 증오(憎惡) /심하다 : 오한(惡寒) [wù] 어찌
- ❷악{堊} [è] 하얀 흙 : 백악관(白堊館)
- ❸아(啞) [yǎ] 벙어리 : 농아(聾啞), 맹아(盲啞) /놀라다 : 아연실색(啞然失色)

(054) 亟 극 [jí]
- 뜻 ①재빠르다 ②급하다 [qì] ①자주
- 자원 이(二)는 하늘과 땅. 사람(人)은 때에 따라 씨 뿌리고 거두면서 살아간다. 천시(天時)와 지리(地利)에 맞추어 손(又)과 입(口)을 사용하여 일하되, 때를 놓쳐서는 안되므로 「재빨라야」하는 것이다.
- 자소 [회의] 인(亻 ← 人)사람＋구(口)입＋우(又)오른손＋이(二)하늘과 땅

- ❶극〈極〉[jí] 끝 : 지극(至極), 극치(極致), 극단(極端), 양극(兩極), 극락(極樂)

[돼지머리 해] 二亠人儿入八冂一冫几凵刀力勹匕匚匸十卜卩厂厶又

214 부수글자 **008**　　　　2 - 2/23　　　　　　　　　(2획부수)

8. 두 亠 [tóu]

자원 모양이 해<亥>와 닮아서 <돼지머리해>라고 한다.
뜻 ①뜻은 알 수 없다
자소 [미상]

성부 글자　　　　성부와 부수가 결합된 형성자

(055) [wáng]
뜻 ①망하다:망국(亡國),패가망신(敗家亡身) ②도망(逃亡)하다:망명(亡命)
　　③죽다:망자(亡者),사망(死亡) [wú]①없다 ②아니다 ③~하지 말라
자원 도망하여(入於隱匿) 숨을(乚ㄴ) 곳에 들어간다(入人)는 뜻이다.
자소 [회의] 두(亠)←입(入人)들어가다＋은(乚ㄴ)숨기다
성부 嬴라 無무 乍사 匃갈 良량 尸망 汒망 罔망 喪상
　　 長장 宕황

- ❶망〈望〉[wàng]바라다:희망(希望),소망(所望),야망(野望) /바라보다:망루(望樓)
　　/보름:삭망(朔望),기망(旣望):음력 16일
- ❷망〈忘〉[wàng]잊다:건망증(健忘症),물망초(勿忘草),비망록(備忘錄),망각(忘却)
- ❸망〈忙〉[máng]바쁘다:망중한(忙中閑:바쁜 가운데 잠시 조용할 때),공사다망(公私多忙)
- ❹망〔妄〕[wàng]망령되다:망상(妄想),노망(老妄),요망(妖妄),허망(虛妄)
- ❺맹〔盲〕[máng]소경:맹인(盲人),맹목(盲目),맹신(盲信),맹아(盲啞)
- ❻망〈邙〉[máng]산 이름:북망산천(北邙山川)
- ❼맹〈氓〉[máng,méng]백성
- ❽황〈肓〉[huāng]명치 끝:고황(膏肓)

(056) 亢[gāng]
뜻 ①목 [kàng]①높이 올라가다 ②별이름
자원 사람의 목을 말하는데, 윗부분은 대(大)의 아랫 부분을 생략한 것, 아래는 목에 있는 동맥 모양을 본뜬 것이다.
자소 [상형] 대(大大)크다,많다＋几←경맥 모양

- ❶항〔航〕[háng]배:순항(巡航),순항(順航),항공기(航空機),항로(航路),항해(航海),
　　난항(難航),취항(就航)

二一人儿入八冂冖冫几凵刀力勹匕匚匸十卜卩厂厶又 [돼지머리 해]

- ❷항〔抗〕[kàng] 대항(對抗)하다 : 항거(抗拒), 반항(反抗), 항전(抗戰), 항변(抗辯)
- ❸갱{坑} [kēng] 구덩이 : 갱도(坑道), 탄갱(炭坑)
- ❹항{沆} [hàng] 물이 넓고 넓은 모양
- ❺갱(阬) [kēng] 구덩이 : 분서갱유(焚書阬儒 : 책을 태우고 선비를 파묻어 버림)
- ❻항(伉) [kàng] 짝 / 배필
- ❼항(杭) [háng] 물을 건너다 / 고을 이름

(057) 交 교 [jiāo]
- 뜻 ①사귀다 : 교제(交際), 절교(絶交), 친교(親交), 교분(交分) ②바꾸다 : 교환(交換), 교역(交易) ③오가다 : 교류(交流)
- 자원 사람의 두 다리가 엇걸린 모양. 2개가 교차하는 부분을 나타낸다.
- 자소 【상형】대(大)자의 아래를 교차 시킴

- ❶교〈校〉[xiào] 학교(學校) / 장교(將校) [jiào] 교정(校正, 校訂)하다
- ❷효〈效〉[xiào] 효험 : 효과(效果), 효용가치(效用價値) / 힘쓰다 : 효율(效率) / 본받다
  참고 효(効)와 같은 글자
- ❸교〔郊〕[jiāo] 서울 부근의 교외(郊外) : 근교농업(近郊農業) / 들
- ❹교〔較〕[jiào] 비교(比較)하다 / 대강
- ❺교(咬) [yǎo] 깨물다 : 교상(咬傷 : 독사, 벌레 등에 물린 상처) / 새가 지저귀는 소리
- ❻교(狡) [jiǎo] 교활(狡猾)하다 : 교토사량구팽(狡兔死良狗烹 : 토끼를 잡으면 사냥개를 삶는다)
- ❼교(絞) [jiǎo] 목을 매어 죽이다 : 교수형(絞首刑) ■효 : 연한 초록빛깔
- ❽교(鮫) [jiāo] 상어 : 교피(鮫皮 : 칼자루에 감던 상어 가죽)
- ❾교(蛟) [jiāo] 용의 일종인 교룡
- ❿교(皎) [jiǎo] 희고 밝고 깨끗하다 : 교교(皎皎)
- ⓫교(餃) [jiǎo] 엿 / 경단

(058) 亦 역 [yì]
- 뜻 ①또 : 역시(亦是)
- 자원 사람의 양 겨드랑이라는 뜻으로, 팔다리를 벌리고 서 있는 모양을 본뜬 대(大)에 두 점을 찍은 것이다. 비슷한 글자로 낄협(夾)과 도둑질한 물건 가질섬(夾)이 있다.
- 자소 【상형】대(亣 ← 大)크다, 많다 ＋팔(八) ← 양 어깨 모양
- 성부 夜야 狹적 夾섬 赤적

- ❶적〔跡〕[jī] 자취 : 인적(人跡), 흔적(痕跡), 추적(追跡), 필적(筆跡), 잠적(潛跡)
- ❷혁{奕} [yì] 크다 / 아름답다 / 여러 개가 겹치다
- ❸적(迹) [jī] 자취 : 궤적(軌跡) / 뒤쫓다 참고 적〔跡〕과 같은 글자

(059) 亥 해 [hài]
- 뜻 ①12번째 지지(돼지, 북북서, 木, 09~11시, 10월달)
- 자원 윗 상(上), 두 사람(남녀), 숨다(乚)가 합친 글자다.
- 자소 【상형】두(一) ← 이(二)상(上)의 옛글자＋종(ㄡ ← 从)두사람＋은(乚 ← ㄴ乚)숨다

29

[돼지머리 해] 二 亠 人 儿 入 八 冂 冖 冫 几 凵 刀 力 勹 匕 匚 匸 十 卜 卩 厂 厶 又

- ❶각〔刻〕[kè] 새기다:각골난망(刻骨難忘),각고(刻苦) /모질다:각박(刻薄) /시각(時刻):일각여삼추(一刻如三秋),정각(正刻)
- ❷해〔該〕[gāi] 그것:해당사항(該當事項) /갖추다:해박(該博),해민(該敏)
- ❸핵〔核〕[hé] 씨:핵심(核心),결핵(結核) /핵:원자핵(原子核),핵폭탄(核暴彈)
- ❹해〔骸〕[hái] 뼈:해골(骸骨),형해(形骸)
- ❺해〔咳〕[ké] 기침:해수(咳嗽),해타성주(咳唾成珠:기침이 구슬 됨.한마디 한마디가 중요함)
  [hái] 어린아이 /웃다
- ❻해〔孩〕[hái] 어린아이:해자(孩子:두서너 살 된 아이)
- ❼해〔駭〕[hài] 놀라다:해괴(駭怪),해악(駭愕:아주 깜짝 놀람)
- ❽해〔垓〕[gāi] 경계(境界):해심(垓心:경계의 한가운데)
- ❾핵〔劾〕[hé] 캐묻다:탄핵(彈劾),핵정(劾情:사정을 조사하여 따짐)

(060) 音 亨 형 [hēng]
- 뜻 ①형통(亨通)하다:만사형통(萬事亨通)
- 자원 향(享), 형(亨)의 어원이 원래는 같았다. 바친다는 뜻이다(亨之本義作獻).
- 자소 [상형] 고(高高)높이 쌓인 모양＋왈(曰)바치는 음식

- ❶팽〔烹〕[pēng] 삶다:팽두이숙(烹頭耳熟:머리를 삶으면 귀도 익는다)

(061) 京 京 경 [jīng]
- 뜻 ①서울:경성(京城),경향각지(京鄕各地),상경(上京)
- 자원 사람이 쌓아서 만든 높다란 언덕을 말한다.
- 자소 [상형] 고(亠←高高)높다＋곤(丨) ← 높은 모양
- 성부 就취 景경

- ❶량〈涼〉[liáng] 서늘하다:염량세태(炎涼世態),납량(納涼) /쓸쓸하다:황량(荒涼)
  [liàng] 돕다 /바람을 쐬다
- ❷략〔掠〕[lüè] 노략(擄掠)질하다:약탈(掠奪),침략(侵掠)
- ❸량〔諒〕[liàng] 살피다:양해사항(諒解事項) /참되다 [liáng] 어질다
- ❹경{鯨} [jīng] 고래:경탄(鯨吞),경전하사(鯨戰蝦死:고래 싸움에 새우 등 터진다)
- ❺경{倞} [jìng] 굳세다 /다투다 ■량[liàng] 찾다
- ❻경〔勍〕[qíng] 세다 /강하다
- ❼량〔涼〕[liáng] 서늘하다 참고 량〈涼〉의 속자

(062) 音 享 향 [xiǎng]
- 뜻 ①올려바치다:배향(配享) ②누리다:향년(享年)
- 자원 신에게 바친다는 뜻. 아래의 왈(曰)이 신에게 바치는 삶은 음식을 말한다. 신이나 조상들에게 온갖 정성을 다하는 것을 말한다.
- 자소 [상형] 고(高高)높다＋자(子) ← 왈(曰)바치는 음식
- 성부 후 亨형 郭곽 敦돈 臺순

二 亠 人 儿 入 八 冂 冖 冫 几 凵 刀 力 勹 匕 匚 匸 十 卜 卩 厂 厶 又 [돼지머리 해]

2획

(063) 亮 량 [liàng]
- 뜻 ①밝다:명량(明亮),청량(淸亮)
- 자원 사람(儿)이 높은(高) 곳에 있으면 밝아지고, 밝아지면 남을 도울 수 있다는 말이다.
- 자소 [회의] 고(亠 ← 高)높다+인(儿)어진 사람

(064) 亭 정 [tíng]
- 뜻 ①정자(亭子):압구정(鴨鷗亭) ②곧다:정정(亭亭:노인이 튼튼하고 건강함)
- 자원 진한대(秦漢代)에 대략 10리마다 정(亭)을 설치하였는데, 사람들이 모여 도적을 대비하였으며, 나그네가 머물러 잘 수 있었다. 지금의 여관과 비슷했으며 높은 망루가 있었다.
- 자소 [상형] 고(亠 ← 高)높다+정(丁)직각

- ☐ ❶정〈停〉[tíng]정지(停止)하다:정거장(停車場),정전(停電),정체(停滯)
- ☐ ❷정(渟)[tíng]물이 고이다 /머무르다
- ☐ ❸정(諪)[tíng]조정(調停)하다 /조절(調節)하다

(065) 亶 단 [dǎn]
- 뜻 ①진실로 ②믿음 [zhān]①머뭇거리다
- 자원 창고(㐭)에 곡식이 많이 저장되어 있다는 뜻이다. 사람들은 의식(衣食)이 족하면 마음이 후(厚)해지는 법이다.
- 자소 [형성] 름(㐭)창고+차(且) ← 단(旦)아침

- ☐ ❶단〔壇〕[tán]단:제단(祭壇),교단(敎壇),화단(花壇),문단(文壇),연단(演壇)
- ☐ ❷단〔檀〕[tán]박달나무:단군신화(檀君神話),흑단목(黑檀木)
- ☐ ❸전(氈)[zhān]털로 짠 모직물
- ☐ ❹전(顫)[chàn]벌벌 떨다 ■선[shān]냄새를 잘 맡다
- ☐ ❺전(羶)[shān]노린내:전향(羶香:노린내)
- ☐ ❻천(擅)[shàn]멋대로 하다:천단(擅斷:제멋대로 일을 결정하는 것)

[사람 인] 二一人儿入八冂一冫几凵刀力勹匕匚匸十卜卩厂厶又

214 부수글자 **009**　　　2 - 3/23　　　(2획부수)

9. 인 人 [rén]

[자원] 인(人)은 좌측을 향한 사람, 비(匕)는 우측을 향한 사람, 화(匕)는 거꾸러진 사람, 대(大大)는 팔다리를 벌린 사람을 정면에서 본 모양, 후(后)는 머리를 땅에 박은 사람. 구(久)는 비스듬히 기울어진 사람의 모습들이다.

[뜻] ①**사람**:인간(人間),인류(人類),인격(人格),인구(人口),인종(人種),인형(人形),인물(人物),동양인(東洋人),서양인(西洋人),십인십색(十人十色)

[자소] [상형]

부수 성부　　　부수글자가 성부로 쓰일 때

□ ❶인〈仁〉[rén] **어질다**:인자(仁慈),인자무적(仁者無賊) /씨:행인(杏仁)

성부 글자　　　성부와 부수가 결합된 형성자

(066) [jiè]

[뜻] ①**끼다**:개입(介入),매개물(媒介物),중개상(仲介商) ②단단한 껍질 ③절개(節介)
[자원] 어떤 일에 개입한 사람(人)들 각자에게 나누어진(八)「책임이나 임무」를 말한다.
[자소] [회의] 인(人)사람+팔(刂←八)()나누다
[성부] **界**계

□ ❶개{价}[jiè] **착하다** /갑옷을 입은 사람
□ ❷개(芥)[gài] **겨자**:개자(芥子) [jiè]아주 작은 것:초개(草芥)
□ ❸개(疥)[jiè] **옴**:개선(疥癬)

(067) [zè]

[뜻] ①기울다 ②어렴풋하다
[자원] 사람(人)이 몸을 굽히고 벼랑(厂厂) 아래로 들어가는 모양을 본떴다.
[자소] [회의] 인(人)사람+한(厂厂)절벽
[성부] **丸**환

□ ❶측{昃} **해가 기울다**

[사람 인]

(068) 仍 잉 [réng]
- 뜻: ①인하다 ②그대로 따르다 ③자주 ④역시
- 자원: 자원에 대한 풀이는 없고 뜻만 풀이했다.
- 자소: [지사] 인(亻 ← 人)사람+내(乃)기운이 막히는 모양

□ ❶잉(芿)[réng] 묵은 풀을 벤 뒤에 돋아난 새싹 /묵은 풀

(069) 今 금 [jīn]
- 뜻: ①이제: 금번(今番), 금년(今年), 지금(只今), 작금(昨今)
- 자원: 지금 눈앞의 바로 이 시간을 뜻한다. 과거가 쌓이고 쌓인 위에 지금에 이르는 것이다.
- 자소: [회의] 집(亼)모이다+급(亅 ← 及)급(及)의 옛글자
- 성부: 金금 禽금 念념 侌음

□ ❶음〈吟〉[yín] 읊다: 음미(吟味), 음풍농월(吟風弄月), 신음(呻吟)
□ ❷탐〔貪〕[tān] 탐내다: 탐욕(貪慾), 탐관오리(貪官汚吏)
□ ❸함〈含〉[hán] 입에 머금다: 함량(含量), 포함(包含), 함축(含蓄), 함포고복(含哺鼓腹)
□ ❹금{昑}[qín] 밝다
□ ❺금〈衾〉[qīn] 이불: 원앙금침(鴛鴦衾枕)
□ ❻긍{矜}[jīn] 자랑하다: 긍지(矜持), 자긍심(自矜心) /불쌍히 여기다: 긍휼(矜恤)
□ ❼감(龕)[kān] 감실(탑 맨 밑의 방) 참고 원래는 〔금〈今〉+룡〔龍〕〕이다.
□ ❽검(黔)[qián] 검다
□ ❾검(鈐)[qián] 비녀장(수레에 꽂아서 바퀴를 고정하는 것) /자물쇠 /찍다
□ ❿금(衿)[jīn] 옷깃: 금후(衿喉)(옷깃과 목구멍처럼 요긴한 장소)
□ ⓫금(妗)[jìn] 외숙모 ■함: 여자들의 방정맞은 태도
□ ⓬금(芩)[qín] 풀 이름
□ ⓭잠(岑)[cén] 산봉우리

(070) 令 령 [lìng]
- 뜻: ①하여금: 명령(命令), 영장(令狀), 계엄령(戒嚴令), 호령(號令), 구령(口令), 군령(軍令) ②벼슬 이름 ③남을 높이는 말: 영부인(令夫人)
  [lǐng] ①부리다
- 자원: 이리저리 모여서(亼) 무릎을 꿇고 있는 사람들(卩)에게 명령을 내린다는 뜻이다.
- 자소: [회의] 집(亼)모이다+절(卩 ← 卩)무릎 꿇은 사람
- 성부: 領령 命명

□ ❶랭〈冷〉[lěng] 얼다: 냉동(冷凍), 냉장(冷藏) /쌀쌀하다: 냉정(冷情), 냉혹(冷酷)
□ ❷령〔零〕[líng] 떨어지다: 영락(零落) /작다: 영세민(零細民) /영(0): 영점(零點), 영패(零敗), 영하(零下), 영상(零上)
□ ❸령{伶}[líng] 영리(伶俐)하다
□ ❹령{玲}[líng] 옥소리 /아롱거리다: 영롱(玲瓏)
□ ❺령{怜}[líng] 영리(怜悧)하다
□ ❻령{齡}[líng] 나이: 연령(年齡), 고령(高齡), 묘령(妙齡: 20세 전후의 꽃다운 나이의 여자)

[사람 인]　二 亠 人 儿 入 八 冂 冖 冫 几 凵 刀 力 勹 匕 匚 匸 十 卜 卩 厂 厶 又

☐ ❼령{鈴} [líng] 방울:요령(搖鈴), 이현령비현령(耳懸鈴鼻懸鈴:귀걸이 코걸이)
☐ ❽령{姈} [líng] 여자 이름 /영리하다 /교활하다
☐ ❾령{昤} [líng] 햇빛
☐ ❿령{囹} [líng] 감옥:영어(囹圄)
☐ ⓫령{羚} [líng] 영양(羚羊)
☐ ⓬령{翎} [líng] 깃:영모화(翎毛畵:새털과 짐승의 털, 즉 화조화)
☐ ⓭령{岺} [líng] 산 이름 /산이 깊숙하다
☐ ⓮령{答} [líng] 종다래끼 /작은 대광주리
☐ ⓯령{聆} [líng] 듣다 /깨닫다
☐ ⓰령{秢} [líng] 나이 /벼가 처음 익다 [참고] 령(齡)과 통한다.

(071) 伙 **代 대** [dài]
뜻 ①대신(代身)하다:대용(代用), 대표(代表), 대리(代理) ②세대(世代):자손대(子孫代代), 당대(當代), 희대(稀代)
자원 사람의 일생을 구분짓는 뚜렷한 사건, 혹은 한 시대를 마감하고 다음 시대로 들어가는 것을 말한다.
자소 [형성] 인(亻←人冂)사람+익(弋)주살, 말뚝

☐ ❶대{貸} [dài] (돈이나 물건을)빌리다:대부(貸付), 임대(賃貸) /주다:대여(貸與)
☐ ❷대{垈} [dài] 집터나 밭터:대지(垈地), 나대지(裸垈地)
☐ ❸대{玳} [dài] 대모(玳瑁:등껍데기를 공예품이나 장식품으로 쓰던 거북의 일종)
☐ ❹대{袋} [dài] 자루(전대, 푸대):포대(布袋), 위문대(慰問袋)
☐ ❺대{黛} [dài] 검푸른 먹 (화장품의 일종으로 눈썹을 그린다)
☐ ❻대{岱} [dài] 대산 /크다 (큼직하다)

(072) 付 **付 부** [fù]
뜻 ①주다:기부(寄付), 부여(付與), 교부(交付), 배부(配付) ②부탁(付託)하다:당부(當付)
자원 손에 물건을 들고 남에게 준다는 뜻. 촌(寸)이 들어간 글자는 법과 관련된 것이 많다. 공문서, 증명서 등을 교부하는 것을 말한다.
자소 [회의] 인(亻←人冂)사람+촌(寸)마디, 법도
성부 府부

☐ ❶부{符} [fú] 꼭 들어맞다:부합(符合), 명실상부(名實相符) /부적(符籍):부절(符節), 부호(符號)
☐ ❷부{附} [fù] 붙이다:부착(附着), 부속(附屬) /가까이하다:부화뇌동(附和雷同)
☐ ❸부{咐} [fù] 분부(吩咐, 分付)하다
☐ ❹부{駙} [fù] 곁마(예비로 함께 몰고 다니는 말)
☐ ❺부{苻} [fú] 귀목풀 /깍지 /성(姓)씨:부견(苻堅)
☐ ❻부{祔} [fù] 사당에 신주를 모시다 /합장하다

二十人儿入八冂一冫几凵刀勹匕匚匸十卜卩厂厶又　[사람 인]

(073) **以 이** [yǐ]
- 뜻 ①~으로써:이열치열(以熱治熱) ②까닭:소이(所以)
- 자원 이(目)는 이(似), 사(佀)는 사(似)와 같은 뜻이다. 그칠이(已)를 거꾸로 써서 시작을 나타낸다. 갑골문에서는 쟁기의 모양을 본뜬 것으로 본다.
- 자소 [상형·지사] 인(丨 ← 人几)사람+이(乂 ← 目)시작하다

- □ ❶사〔似〕[sì]같다:흡사(恰似),사이비(似而非),근사(近似),유사(類似)
- □ ❷사(姒)[sì]맏동서 /동서
- □ ❸이(苢)[yǐ]질경이 /율무

(074) **㐱 진** [zhěn]
- 뜻 ①머리숱이 많고 검다
- 자원 곱게 빗질한 사람(人几)의 머리털(彡)모양을 본떴다. 머리숱이 많다는 뜻의 진(鬒)의 원래 글자다.
- 자소 [회의] 인(人几)사람+삼(彡)곱게 빗은 머리털
- 성부 參蔘참 翏료

- □ ❶진〔珍〕[zhēn]보배:진귀(珍貴),진기(珍奇),진품(珍品),진본(珍本) /맛있는 것:산해진미(山海珍味),진수성찬(珍羞盛饌)
- □ ❷진{軫}[zhěn]수레뒤턱 나무 /걱정하다:진념(軫念:임금이 아랫사람의 형편을 걱정함)
- □ ❸진(疹)[zhěn]홍역:발진(發疹),습진(濕疹),수포진(水泡疹)
- □ ❹진(診)[zhěn]진찰(診察)하다:왕진(往診),진단(診斷),진맥(診脈),오진(誤診)
- □ ❺진(殄)[tiǎn]다하다:진멸(殄滅:모조리 없애다)
- □ ❻진(袗)[zhěn]홑옷 /수를 놓다:진의(袗衣:수를 놓은 옷)
- □ ❼진(畛)[zhěn]밭두둑 /논두렁 /지경

④

(075) **伐 벌** [fá]
- 뜻 ①치다:정벌(征伐),살벌(殺伐) ②베다:벌초(伐草)
- 자원 사람(戈大)이 창(人几)을 들고 가서 공격한다는 뜻이다. 수자리설 수(戍)와 구성요소가 똑같다. 글자의 모양으로 보면 벌(伐)은 창을 들고 가는 사람이고, 수(戍)는 창을 메고 있는 사람이다.
- 자소 [회의] 인(人几)사람+과(戈大)창의 일종

- □ ❶벌{閥}[fá]문벌(門閥):족벌(族閥),군벌(軍閥),재벌(財閥),학벌(學閥)
- □ ❷벌(筏)[fá]뗏목

(076) **伏 복** [fú]
- 뜻 ①엎드리다:항복(降伏),굴복(屈伏) ②숨다:복병(伏兵),잠복(潛伏)
- 자원 사람(人几) 옆에 개(犬大)가 엎드려서 주인의 눈치를 살핀다는 뜻이다.
- 자소 [회의] 인(亻 ← 人几)사람+견(犬大)개, 짐승

- □ ❶보(洑)[fú]빙빙 돌며 흐르다:보류(洑流) /물을 막는 작은 보
- □ ❷복(茯)[fú]복령(茯苓:소나무 뿌리에 기생하는 버섯,수종,임질의 약으로 씀)
- □ ❸복(袱)[fú]보자기:약복지(藥袱紙:약첩을 싸는 종이)

[사람인] 二 亠 人 儿 入 八 冂 冖 冫 几 凵 刀 力 勹 匕 匚 匸 十 卜 卩 厂 厶 又

(077) 伊 이 [yī]
- 뜻: ①저 ②이탈리아:이태리(伊太利)
- 자원: 은(殷)나라의 아형(阿衡)이란 벼슬을 받은 이윤(伊尹)이라는 사람을 가리킨다.
- 자소: [회의] 인(人亻)사람＋윤(尹)사람을 부리다

(078) 企 기 [qǐ]
- 뜻: ①꾀하다:기대(企待),기업(企業),기획(企劃)
- 자원: 발돋음을 하고 멀리 보는 모양.
- 자소: [회의] 인(人亻)사람＋지(止)발, 멈추다

(079) 任 임 [rèn]
- 뜻: ①맡기다:임기(任期) ②맡은 일:임무(任務),임중도원(任重道遠:임무는 막중하고 길은 멀다) ③마음대로 하다:임의(任意)
- 자원: 등에 짐을 진 모양. 추상적인 뜻으로 변하여 「모든 사람에게 주어진 짐」를 뜻하게 된다.
- 자소: [형성] 인(亻 ← 人亻)사람＋임(壬)정강이 모양
  - ❶임〔賃〕[lìn]품을 팔다:임금(賃金),노임(勞賃),운임(運賃) /빌리다:임대(賃貸)
  - ❷임{姙}[rèn]아이를 배다 [참고] 임(妊)과 같은 글자
  - ❸빙(凭)[píng]기대다 /의지하다
  - ❹임(荏)[rěn]들깨 /부드럽다 /자꾸 시간을 끌다
  - ❺임(恁)[rèn]생각하다 /이것 ■님[nín]당신

(080) 休 휴 [xiū]
- 뜻: ①쉬다:휴식(休息) ②못쓴다:휴지(休紙) ③그치다:휴전(休戰)
- 자원: 사람(人亻)이 나무(木朩)에 기대어 쉰다는 뜻이다.
- 자소: [회의] 인(亻 ← 人亻)사람＋목(木朩)나무
  - ❶휴{烋}[xiū]거들먹 거리며 뽐내다 /아름답다
  - ❷휴(鵂)[xiū]수리부엉이

(081) 件 건 [jiàn]
- 뜻: ①가지 ②물건(物件) ③사건(事件) ④안건(案件):인건비(人件費)
- 자원: 소(牛半)는 덩치가 크므로 부위별로 나눈다는 뜻이다.
- 자소: [회의] 인(亻 ← 人亻)사람＋우(牛半)소

(082) 余 여 [yú]
- 뜻: ①나 자신 ②4월달
- 자원: 말이 퍼져(八)() 나간다는 말이다. 소리를 내는 주체가「나」라는 말이다. 집 사(舍)자가 생략되었고 팔(八)()이 퍼진다는 뜻을 나타낸다.
- 자소: [형성] 사(舎 ← 舍)집＋팔(八)() 8, 나누다
- 성부: 涂도
  - ❶여〈餘〉[yú]남다:여분(餘分),여유(餘裕),여가(餘暇) /다른 것:여념(餘念)
  - ❷제〈除〉[chú]덜어 없애다:제거(除去),동상제막식(銅像除幕式),제야(除夜)
  - ❸다〔茶〕[chá]차:다방(茶房),다과(茶菓) ■차:작설차(雀舌茶),인삼차(人蔘茶)
  - ❹도〔途〕[tú]길:도중하차(途中下車),전도망망(前途茫茫)
  - ❺사〔斜〕[xié]경사(傾斜)지다:사양(斜陽)

二 亠 人 儿 入 八 冂 冖 冫 几 凵 刀 力 勹 匕 匚 匸 十 卜 卩 厂 厶 又　[사람 인]

- ❻서〔徐〕[xú] 더디다: 서행(徐行), 서서(徐徐)히 /서라벌(徐羅伐)
- ❼서〔敘〕[xù] 차례: 서술(敘述: 차례대로 적음) /사용하다 /직위를 주다: 추서(追敘)
- ❽서〔叙〕[xù] 차례대로 쓰다　참고 서〔敘〕의 속자로 쓰인다.
- ❾여〔艅〕[yú] 배 이름

(083) 何 하 [hé]
뜻 ①어찌: 하필(何必) ②geo-metry의 가차: 기하학(幾何學) ③누구: 수하(誰何)
자원 원래는 사람이 무거운 짐을 져서 숨이 막힌다는 뜻이었다.
자소 [형성] 인(亻← 人⋔)사람+가(可叮)가능하다

- ❶하〔荷〕[hé] 연꽃: 연하(蓮荷) [hè] 짐지다: 부하(負荷), 하역(荷役), 하중(荷重)

(084) 位 위 [wèi]
뜻 ①벼슬: 고위층(高位層), 지위(地位), 위계질서(位階秩序), 작위(爵位) ②자리: 위치(位置), 방위(方位)
자원 조정에서 임금 앞에 신하들이 늘어설 때 신분에 따라 일정한 자리가 정해져 있었다. 그 서는 자리를 말한다.
자소 [회의] 인(亻← 人⋔)사람+립(立⛺)서다

(085) 來 래 [lái]
뜻 ①오다: 거래(去來), 내방(來訪), 왕래(往來) ②미래(未來): 근래(近來), 내세(來世), 장래(將來)
자원 주나라가 하늘로부터 받은 서맥. 밀과 보리를 말한다. 보리의 줄기와 까끄라기 모양을 본떴다. 뜻이 변하여 「오다」가 되었고, 원래의 뜻으로는 맥(麥)자를 쓴다.
자소 [상형]
성부 麥 맥　嗇 색

- ❶래{萊}[lái] 명아주풀 /경작하지 않고 묵힌 밭
- ❷래{崍}[lái] 산 이름
- ❸래(徠)[lái] 오다 [lài] 위로하다
- ❹뢰(賚)[lài] 주다 /하사품 /위로하다

(086) 侖 륜 [lún]
뜻 ①산이름 ②뭉치(物之圜渾者) ③다발 ④펴다(敘也)
자원 글을 적은 대나무 쪽(冊⠿)을 조리 있게 정리한다(스亼)는 뜻이다.
자소 [회의] 집(스亼)모이다+책(冊 ← 册⠿)책
성부 龠 약

- ❶론〈論〉[lùn] 말하다: 논문(論文), 논공행상(論功行賞), 논설(論說), 토론(討論)
- ❷륜〈倫〉[lún] 인륜(人倫): 불륜(不倫), 윤리(倫理), 천륜(天倫), 오륜(五倫)
- ❸륜〔輪〕[lún] 바퀴: 오륜기(五輪旗), 윤화(輪禍) /돌다: 윤작(輪作), 윤회(輪廻)
- ❹륜{崙}[lún] 산 이름: 곤륜산(崑崙山)
- ❺륜{綸}[lún] 벼리 /임금님의 말씀: 윤언(綸言) ■관[guān]두건 이름
- ❻륜〔淪〕[lún] 빠지다: 윤락(淪落)

[사람 인]　二亠人儿入八冂冖冫几凵刀力勹匕匚匸十卜卩厂厶又

2획

(087) 伋 **간** [kǎn]
- 뜻 ①강직하다 ②굳세다 ③화락하다
- 자원 물이 흐르듯(川)이 믿음(仏)을 지켜 항상 변하지 않는다는 뜻이다.
- 자소 [회의] 신(仏 ← 仂)신(信)의 옛글자＋천(川)하천

(088) 佩 **패** [pèi]
- 뜻 ①(띠나 허리에 매)**차다**:패검(佩劍), 패물(佩物), 명패(名佩)
- 자원 모든(凡) 사람(人)들이 다 수건(巾)을 차고 다녔다는 뜻이다.
- 자소 [회의] 인(亻 ← 人)사람＋범(凡)모두＋건(巾)수건

(089) 保 **보** [bǎo]
- 뜻 ①**지키다**:보우(保佑), 보존(保存), 보호(保護) ②책임지다:담보(擔保), 보증(保證), 보험(保險)
- 자원 어린애를 등에 업고 있는 모양을 본떴다.
- 자소 [회의] 인(亻 ← 人)사람＋보(呆 ← 㝵)보(保)의 옛글자

- ☐ ❶보{堡}[bǎo] 작은 성:보루(堡壘), 교두보(橋頭堡) [bǔ] 지명
- ☐ ❷포{褒}[baō] 칭찬하다:포상휴가(褒賞休暇), 훼예포폄(毁譽褒貶)
- ☐ ❸보(褓)[bǎo] 포대기:보부상(褓負商:봇짐장수와 등짐장수), 강보(襁褓)
- ☐ ❹보(深)[bǎo] 보 ■복:나루

(090) 信 **신** [xìn]
- 뜻 ①**믿다**:신용(信用), 신념(信念) ②편지:서신(書信), 통신(通信) ③통신(通信):교신(交信), 수신(受信), 전신(電信)
- 자원 사람(人)의 말(言)은 심중에서 우러나온 것이므로 믿을 수 있다는 뜻이다.
- 자소 [회의] 인(亻 ← 人)사람＋언(言)말씀

(091) 侵 **침** [qīn]
- 뜻 ①**범하다**:침략(侵掠), 침범(侵犯), 침입(侵入), 침해(侵害), 침식(侵蝕)
- 자원 손에 빗자루(帚)를 들고 땅을 쓸어 나가는 것처럼 조금씩 해나간다는 뜻이다.
- 자소 [형성] 인(亻 ← 人)사람＋추(帚)빗자루＋우(又ㅋ)오른손

- ☐ ❶침〈浸〉[jìn] 담그다:침수(浸水) /번지다:침투(浸透), 침염(浸染), 침식(浸蝕)
- ■ ❷침〔寢〕[qǐn] 잠자다:짐대(寢臺), 짐실(寢室), 취침(就寢) /사냥:능침(陵寢)

(092) 便 **편** [pián]
- 뜻 ①**편하다**:편리(便利), 편의(便宜) ②수단:인편(人便), 차편(車便) [biàn] ①소식:편지(便紙) ■변[biàn] ①똥오줌:대소변(大小便), 변기(便器)
- 자원 사람(人)은 불편한 점이 있으면 고치므로(更) 편안해진다는 말이다.
- 자소 [회의] 인(人亻)사람＋경(更 ← 叓)고치다

- ☐ ❶편(鞭)[biān] 채찍:지도편달(指導鞭撻), 교편(敎鞭), 주마가편(走馬加鞭)

(093) 侯 **후** [hoú]
- 뜻 ①임금 ②제후(諸侯):왕후(王侯)
- 자원 활은 강력한 무기였다. 활을 잘 쏘는 사람이 왕이다.
- 자소 [회의] 인(〃 ← 人)사람＋한(厂)절벽, 여기서는 과녁＋시(矢)화살

- ☐ ❶후〔喉〕[hoú] 목구멍:후두(喉頭), 인후(咽喉), 후음(喉音)
- ☐ ❷후(帿)[hoú] 과녁

38

二 亠 人 儿 入 八 冂 冖 冫 几 凵 刀 力 勹 匕 匚 匸 十 卜 卩 厂 厶 又 [사람 인]

- ❸후(猴) [hóu] 원숭이 : 원후(猿猴)
- ❹후(篌) [hóu] 공후(악기 이름)
- ❺후〔候〕[hòu] 묻다 : 기체후일향만강(氣體候一向萬康) / 척후(斥候) / 조짐 : 징후(徵候) / 기후(氣候) : 후조(候鳥) / 기다리다 : 후보(候補)

8 (094) 修 수 [xiū]
- 뜻 ①닦다 : 수양(修養), 수도(修道) ②꾸미다 : 수식(修飾) ③고치다 : 수선(修繕), 수리(修理)
- 자원 목욕도 하고, 머리털도 손질했으니 꾸민 것이다.
- 자소 [형성] 유(攸 ← 攸)물을 건너다 + 삼(彡)머리털

- ❶수(蓨) [Tiāo, xiū] 옛나라 이름 [tiāo] 참소라쟁이 [xiū] 수산

(095) 倝 간 [gàn]
- 뜻 ①해가 돋다 ②사용하다
- 자원 깃발 사이로 아침(旦) 해가 막 뜨기 시작하는 때를 말한다.
- 자소 [형성] 언(㫃 ← 㫃)깃발 + 일(日) ← 단(旦)아침
- 성부 朝朝朝조 幹간 翰한

- ❶건〈乾〉[qián] 하늘 : 건곤일척(乾坤一擲) [gān] 말리다 : 건조(乾燥), 건배(乾杯), 건초(乾草) / 건달(乾達)
- ❷한〈韓〉[hán] 나라 이름 : 대한민국(大韓民國), 한복(韓服), 한식(韓食) / 우물 귀틀 -
  참고 원래의 글자는 한(韓)이었다.
- ❸알(斡) [wò] 돌다 : 알선(斡旋 : 주선(周旋)하다)

(096) 倉 창 [cāng]
- 뜻 ①곳집 : 창고(倉庫), 곡창지대(穀倉地帶) ②갑자기
- 자원 창고는 둥근 것과 네모진 것이 있었다고 하는데, 창(倉)은 그 중 네모진 것을 말한다. 수확을 할 때는 시기를 놓치면 안되므로 '빨리(蒼黃) 수확해야 한다'는 뜻이 들어있다.
- 자소 [상형] 식(亼 ← 食)음식, 먹다 + 구(口) ← 위(囗) : 창고 모양

- ❶창〔創〕[chuàng] 비롯하다 : 창조(創造), 창안(創案), 창업(創業), 창작(創作) [chuāng] 다치다 / 해치다
- ❷창〔滄〕[cāng] 푸르다 : 창해일속(滄海一粟 : 큰 바다에 좁쌀 하나, 인간의 삶이 덧없음)
- ❸창〔蒼〕[cāng] 푸르다 : 창공(蒼空), 창백(蒼白), 울울창창(鬱鬱蒼蒼) / 허둥지둥하다 : 창황(蒼惶), 창졸간(蒼卒間)
- ❹창(槍) [qiāng] 창 : 투창(投槍), 창검(槍劍)
- ❺창(愴) [chuàng] 슬퍼하다 : 비창(悲愴)
- ❻창(瘡) [chuāng] 부스럼 : 창이(瘡痍)
- ❼창(艙) [cāng] 선창(船艙)

[사람 인] 二亠人儿入八冂冖冫几凵刀力勹匕匚匸十卜卩厂厶又

(097) 備 비 [bèi]
뜻 ①갖추다: 준비(準備), 유비무환(有備無患), 비망록(備忘錄) ②준비물(準備物): 우비(雨備), 장비(裝備)
자원 조심성이 많아서 앞일을 걱정하는 사람이 미리 준비한다는 말이다.
자소 [형성] 인(亻 ← 人)사람＋비(蒲 ← 葡)갖추다

□ ❶비(憊) [bèi] 고달프다

(098) 傘 산 [sǎn]
뜻 ①일산(日傘): 우산(雨傘), 양산(陽傘)
자원 해나 비를 가리는 우산을 펼친 모양. 모양이 많이 변했다.
자소 [상형] 파(林槑)삼껍질＋복(攵攴)치다

⑪
(099) 傷 상 [shāng]
뜻 ①다치다: 감상(感傷), 부상(負傷), 상심(傷心), 상이용사(傷痍勇士), 상처(傷處)
자원 화살을 맞아서 상처를 입은 사람을 말한다. 이 글자도 순환논리에 빠져있다. 창(瘍) 참조.
자소 [형성] 인(人亻)사람＋창(昜 ← 瘍)상처
성부 昜 瘍 창

□ ❶상(觴) [shāng] 술잔: 남상(濫觴: 사물의 시초)
□ ❷상(殤) [shāng] 일찍 죽다 (20살이 되기 전에 죽는 것을 말한다)
□ ❸상(鬺) [shāng] 삶다

(100) 僉 첨 [qiān]
뜻 ①모두(皆也, 咸也) ②가려 뽑다 ③벼슬 이름: 첨지(僉知)
자원 많은 사람이 모여서(스스) 놀라 소리치며(吅吅) 따른다(从从)는 뜻이다.
자소 [회의] 집(스스)모이다＋현(吅吅)울부짖다＋종(从从)따르다

□ ❶검〔儉〕[jiǎn] 검소(儉素)하다: 근검절약(勤儉節約)
□ ❷검〔劍〕[jiàn] 칼: 검객(劍客), 검술(劍術), 검도(劍道), 대검(帶劍), 단검(短劍)
□ ❸검〔檢〕[jiǎn] 검사(檢査)하다: 검거(檢擧), 검열(檢閱), 검토(檢討), 검문(檢問)
□ ❹험〔險〕[xiǎn] 험하다: 모험(冒險), 보험(保險), 위험(危險) /음험(陰險)
□ ❺험〔驗〕[yàn] 시험(試驗)하다: 경험(經驗), 체험(體驗) /보람: 효험(效驗)
□ ❻검{劔} [jiàn] 검 참고 검〔劍〕과 같은 글자
□ ❼렴{斂} [liǎn] 거두어 들이다: 수렴(收斂), 가렴주구(苛斂誅求) /감추다
□ ❽감(欲) [liǎn] 무엇을 달라고 바라다 /원하다
□ ❾검(撿) [jiǎn] 단속하다: 검속(撿束: 구속하다)
□ ❿검(瞼) [jiǎn] 눈꺼풀
□ ⓫렴(殮) [liàn] 염하다: 염습(殮襲), 대렴(大殮), 소렴(小殮)
□ ⓬첨(簽) [qiān] 서명하다

二 一 人 儿 入 八 冂 一 冫 几 凵 刀 力 勹 匕 匚 匸 十 卜 卩 厂 厶 又 [어진사람 인]

214 부수글자 **010**　　　　2 - 4/23　　　　(2획부수)

10. 인 儿 [rén]

자원 무릎을 꿇고 남의 부림을 받는 사람을 말한다. 사람의 「상태나 동작(動作)」과 관련된 뜻을 나타낸다. <어진 사람인>이라고도 한다. 사람 인(人)과 같은 글자.
뜻 ① 무릎을 꿇고 있는 사람
자소 [상형]

| 성부 글자 | 성부와 부수가 결합된 형성자 |

(101)  [wù]
뜻 ①우뚝하다 ②발뒤꿈치를 베는 형벌
자원 높고 위가 평편한 것을 말한다.
자소 [지사] 일(一)하나＋인(儿)어진 사람
성부 堯요 元원 長장 西서 酉유 屍둔 光광

(102)  [yuán]
뜻 ①으뜸 : 원기(元氣), 원래(元來), 원금(元金), 원수(元帥), 원수(元首)
자원 일(一)은 처음이라는 뜻, 올(兀)은 크고 우뚝 솟은 모양. 모든 것의 기원이라는 뜻이다. 혹은 위 상(上)의 옛글자인 이(二)와 어진 사람 인(儿)의 합자라고도 한다.
자소 [회의] 일(一)하나＋올(兀)우뚝하다
성부 完완

☐ ❶관〔冠〕[guān] 갓 : 관례(冠禮), 관혼상제(冠婚喪祭), 약관(弱冠), 의관(衣冠)
　　　　　[guàn] 갓을 쓰다
☐ ❷원{沅}[yuán] 강 이름
☐ ❸완{玩}[wán] 희롱하다 : 완구(玩具), 완상(玩賞), 애완동물(愛玩動物)
☐ ❹완(頑)[wán] 완고(頑固)하다 : 완강(頑强)
☐ ❺완(阮)[ruǎn] 관청 이름 /성(姓)씨 : 완장(阮丈 : 상대방의 삼촌을 높혀 부르는 말)
■ ❻완(翫)[wán] 가지고 놀다 : 완미(翫味)

[어진사람 인] 二 亠 人 儿 入 八 冂 一 冫 几 凵 刀 力 勹 匕 匚 匸 十 卜 卩 厂 厶 又

(103) 允 윤 [yǔn]
뜻 ①진실로:윤집궐중(允執厥中:진실로 그 중간을 잡으라) ②승락하다:윤허(允許)
자원 현명한 사람에게 일을 맡겼으면 딴 생각하지 않는다. 의심하지 않는 것 그것이 윤(允)이다. 옛부터 의자불용 용자불의(疑者不用 用者不疑:의심이 나는 사람은 쓰지 않고, 쓰는 사람은 의심하지 않는다)라고 했다.
자소 [회의] 사(厶) ← 이(吕)시작하다 + 인(儿)어진 사람
성부 夋준

☐ ❶연{沇}[yǎn]빠르다 /핥다
☐ ❷윤{玧}[yǔn]귀막이 구슬
☐ ❸윤{鈗}[yǔn]병기 이름
☐ ❹윤{阭}[yǔn]높다 /봉긋하다
☐ ❺윤(狁)[yǔn]오랑캐 이름

(104) 充 충 [chōng]
뜻 ①차다(채우다):충전(充電),충전(充塡),보충(補充) ②가득하다:충만(充滿),충분(充分),충족(充足)
자원 머리부터 세상에 나온 아이의 심신(心身)이 충실히 자란다(育)는 뜻이다.
자소 [회의] 돌(𠫓) ← 육(育)기르다 + 인(儿)어진사람

☐ ❶통〈統〉[tǒng]거느리다:통솔(統率),통제(統制),통일(統一),통합(統合) /계통(系統):전통(傳統),정통(正統),혈통(血統)
☐ ❷총〔銃〕[chòng]총:총격(銃擊),권총(拳銃),다발총(多發銃),엽총(獵銃)
☐ ❸충{珫}[chōng]귀고리 옥

(105) 兄 형 [xiōng]
뜻 ①맏:형제(兄弟),친형(親兄),의형(義兄)
자원 원래의 뜻은 더욱 자란다(滋長)는 것이었다. 나중에 형은 동생보다 살아온 날들이 더욱 많으므로 나이가 많은 남자로 뜻이 확대된 것이다. 아우 제(弟)자가 차례로 감는 모습에서 확대된 것과 같다.
자소 [회의] 구(口ㅂ)입, 말하다 + 인(儿)어진 사람
성부 競競긍 兌태 克극 祝축 倪예 競경

☐ ❶황〔況〕[kuàng]하물며:황차(況且) /모양:성황리(盛況裏),근황(近況),상황(狀況),시황(市況),정황(情況)
☐ ❷주(呪)[zhòu]빌다:주술(呪術),주문(呪文),저주(咀呪)
☐ ❸황(况)[kuàng]하물며 참고 황(況)의 속자
☐ ❹황(怳)[huǎng]멍하다:황홀(怳惚) /어슴프레하다

二 亠 人 儿 入 八 冂 冖 冫 几 凵 刀 力 勹 匕 匚 匸 十 卜 卩 厂 厶 又 [어진사람 인]

(106) **光 광** [guāng]

뜻 ①빛:광명(光明),광선(光線),광배(光背),광택(光澤) ②경치:관광(觀光),풍광(風光) ③영화:영광(榮光)

자원 사람(儿)이 치켜든 횃불이나 등불(火)이 밝게 빛나는 모습이다. 멀리서 다른 사물이 내는 빛을 받아 반짝이는 것이 광(光), 광택(光澤)인데 이 광(光)을 받는 사물에는 그늘, 음(陰)이 생긴다.

자소 [회의] 화(⺌ ← 火)불 + 인(儿⫽)어진 사람

성부 **晃** 황

- ❶ 광{洸}[guāng]물이 용솟음 치다 ■황:물이 넓고 깊다
- ❷ 광{珖}[guāng]옥피리
- ❸ 광{侊}[guāng]성한 모양 /큰 모양
- ❹ 광{桄}[guàng](수레나 베틀의)가로대 나무 [guāng]광랑나무
- ❺ 광{胱}[guāng]오줌통:방광(膀胱)
- ❻ 황{恍}[huǎng]황홀(恍惚)하다
- ❼ 황{晄}[huǎng]밝다 참고 황(晃)과 같은 글자

(107) **先 선** [xiān]

뜻 ①먼저(미리):선수(先手),선결(先決),선생(先生),선착순(先着順) ②조상:선조(先祖),선친(先親),선영(先塋) ③앞:선두(先頭)

자원 앞으로 나아간다(之⫽)는 뜻이다.

자소 [회의] 지(土 ← 之⫽)가다 + 인(儿⫽)어진 사람 인

성부 **兟** 찬

- ❶ 세〈洗〉[xǐ]씻다:세련(洗練),세례(洗禮),세수(洗手),세탁(洗濯),성세(聖洗),영세(領洗) [xiǎn]깨끗이 하다
- ❷ 선{銑}[xiǎn]작은 끌 /무쇠:선철(銑鐵)
- ❸ 선{珗}[xiān]옥돌
- ❹ 선{跣}[xiǎn]맨발:선행(跣行:맨발로 다님)
- ❺ 선{詵}[shēn]많다 /물어보다 /덕을 흠모하여 모여들다
- ❻ 신{侁}[shēn]걷는 모양 /많은 모양

(108) **兆 조** [zhào]

뜻 ①조짐(兆朕):길조(吉兆),전조(前兆),징조(徵兆) ②숫자(1억의 만배)

자원 점칠 때 거북의 등껍질에 점괘를 새기고 불에구워 갈라지는 금을 보고 길흉을 판단했다. 그 등껍질이 갈라진 모양을 나타낸다.

자소 [상형]

성부 **乖** 괴

- ❶ 도〔挑〕[tiǎo]집적거리다:도전(挑戰),도발(挑發) [tiāo]가려내다
- ❷ 도〔桃〕[táo]복숭아 나무:도리(桃李),홍도(紅桃) /남녀의 정:도색(桃色)
- ❸ 도〔跳〕[tiào]뛰다:도약(跳躍),봉고도(棒高跳)
- ❹ 도〔逃〕[táo]피하다:도망(逃亡),도피(逃避),도주(逃走),포도(逋逃:죄를 짓고 도망감)
- ❺ 요{姚}[yáo]예쁘다 /날래다

[어진사람 인] 二 亠 人 儿 入 八 冂 ㄧ 冫 几 凵 刀 力 勹 匕 匸 匚 十 卜 卩 厂 厶 又

- ❻조{窕} [tiǎo] 얌전하고 곱다:요조숙녀(窈窕淑女) /깊고 멀다
- ❼조{晁} [cháo] 아침 참고 조(朝)의 옛글자
- ❽조(眺) [tiào] 멀리 바라보다:조망(眺望), 조람(眺覽)

⑤

(109) 克 극 [kè]

뜻 ①이기다:극기(克己), 극복(克服)
자원 지붕 아래에 다듬어 놓은 나무. 이것이 지붕의 무게를 지탱하는 것이나 사람이 무거운 짐을 견뎌내는 것이 상통하므로 「견디다」는 뜻으로 쓴다. stress는 원래 길다란 기둥이 받는 하중으로 건축 용어였다고 한다.
자소 [상형]
성부 競 긍

- ❶극{剋} [kè] 이기다:상극(相剋) 참고 극(克)과 통한다.

(110) 免 면 [miǎn]

뜻 ①면하다:면제(免除), 면책(免責), 사면복권(赦免復權) ②허락하다:면허(免許) ③내쫓다:파면(罷免)
자원 토끼가 도망한다는 뜻이다. 재빨리 도망쳐서 인간에게 잡히는 것을 면했다는 말이다.
자소 [회의] 토(兔)에서 한 획을 뺌
성부 兔 토

- ❶만〈晩〉 [wǎn] 늦다:대기만성(大器晚成), 만시지탄(晚時之歎), 조만간(早晚間)
- ❷면〈勉〉 [miǎn] 힘쓰다:면학(勉學), 근면(勤勉), 권면(勸勉)
- ❸면{冕} [miǎn] 면류관(冕旒冠)
- ❹만(娩) [miǎn] 해산하다:분만(分娩) [wǎn] 수더분하다:완만(婉娩)
- ❺만(挽) [wǎn] 당기다:만가(挽歌), 만류(挽留), 만장(挽章,輓章:상여 앞의 깃발)
- ❻만(輓) [wǎn] 수레를 끌다:만가(輓歌), 만사(輓詞:죽은 사람을 애도하는 글), 만장(輓章)

(111) 兌 태 [duì]

뜻 ①바꾸다:태환지폐(兌換紙幣)
자원 기쁜 일이 있어서 입을 벌려 웃는다는 뜻이다.
자소 [형성] 연(㕣)산 속의 늪+인(儿)어진 사람
성부 祝 축

- ❶설〈說〉 [shuō] 말씀:설교(說敎), 설명(說明), 설득(說得) ■세 [shuì] 달래다:유세(遊說) ■열 [yuè] 기쁘다
- ❷세〈稅〉 [shuì] 세금(稅金):세관(稅關), 납세(納稅), 세무(稅務), 과세(課稅)
- ❸열〈悅〉 [yuè] 기쁘다:희열(喜悅), 열락(悅樂), 열복(悅服), 법열(法悅)
- ❹탈〈脫〉 [tuō] 벗다:탈의(脫衣), 탈고(脫稿) /벗어나다:탈선(脫線), 탈락(脫落)
- ❺예〔銳〕 [ruì] 날카롭다:예각(銳角), 예리(銳利) /빠르다:신예(新銳), 예민(銳敏)
- ❻열〈閱〉 [yuè] 검열(檢閱)하다:열병(閱兵) /읽다:열람(閱覽) /겪다:열인(閱人)
- ❼세(帨) [shuì] 허리에 차고 다니던 수건
- ❽연(兗) [yǎn] 땅 이름 /단정하고 바르다

二亠人儿入八冂冖冫几凵刀力勹匕匚匸十卜卩厂厶又 [어진사람 인]

 ❾절(桖) [zhuō] 동자기둥 ■탈[tuō] 지팡이 ■예[ruì] 날카롭다

(112) 兔 토 [tù]
뜻 ①토끼 ②달의 별명:금오옥토(金烏玉兔)
자원 토끼 모양을 본뜬 것이다. 뒷부분은 토끼의 꼬리다.
자소 [상형]
성부 免면 冤冤원 覓覓환 逸일 毚참

(113) 兒 아 [ér]
뜻 ①아이:아동(兒童), 아녀자(兒女子), 남아(男兒), 여아(女兒) ②젊은 남자:행운아(幸運兒), 풍운아(風雲兒)
자원 아직 두개골이 채 굳지 않은 어린아이(孺子也). 숫구멍의 모양을 본뜬 신(囟)자에서 몇 획을 생략하여 아직 숫구멍이 채 굳지 않았다는 것을 나타내는 臼와 사람을 뜻하는 인(儿)을 합했다.
자소 [상형] 구(臼) ← 신(囟)숫구멍+인(儿)어진사람

 ❶예(霓) [ní] 무지개:홍예(虹霓), 예상(霓裳:무지개처럼 예쁜 치마)
❷예(猊) [ní] 사자 /부처가 앉는 자리
❸예(倪) [ní] 어린이 /곁눈질로 흘겨보다

(114) 兜 두 [dōu]
뜻 ①투구 ■도:①범어 Tusita의 음역:도솔가(兜率歌) ②쓰개
자원 범어 Tusita의 음역일 경우「도」로 읽는다.
자소 [회의] 고(兆.)가리다+모(皃)모양, 형태

(115)  兢 긍 [jīng]
뜻 ①삼가하다 ②조심하다:전전긍긍(戰戰兢兢)
자원 두 사람의 형(兄儿)이 서로 심하게(丰丰) 다툰다는 뜻이다. 어른들이 다투므로 조심해야 하는 것이다.
자소 [회의] 십(十) ← 개(丰丰)무성한 풀+형(兄儿)형+형(兄儿)형

[들입] 二亠人儿入八冂冖冫几凵刀力勹匕匚匸十卜卩厂厶又

---

214 부수글자 **011**　　　　2 - 5/23　　　　（2획부수）

11. 입 [rù]

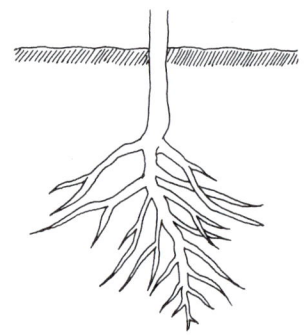

자원 초목의 뿌리가 땅 속으로 뻗어내려가는 모양을 본떴다.
뜻 ①**들어가다**:입학(入學),입시(入試),입원(入院),납입(納入),입학(入學),출입(出入)
자소 [지사·상형]

부수 성부　　　　부수글자가 성부로 쓰일 때

- ❶입(込)[rù]넣다
- ❷입(叺)[rù]쌀을 넣는 가마니　**참고** 일본에서 만든 한자다.

성부 글자　　　　성부와 부수가 결합된 형성자

(116) 內內**내**[nèi]
뜻 ①**속**:내용(內容),내부(內部),내무부(內務部),안내(案內) ②**아내**:내조(內助),내외(內外) ③**나라 안**:내응(內應),국내외(國內外),내우외환(內憂外患)
자원 정해진 일정한 구역 안으로 들어간다는 뜻이다.
자소 [회의] **경**(冂H)테두리, 국경＋**입**(入人)들어가다
성부 날 丙병

- ❶납〔納〕[nà]**드리다**:공납금(公納金),납부(納付),납세(納稅),납입금(納入金) /**거두어 들이다**:납량(納涼),수납(受納),출납(出納)
- ❷예{芮}[ruì]풀의 싹이 뾰족히 나는 모양 /나라 이름 /물가
- ❸납(衲)[nà]옷을 수선하다 /**중**(승려):납자(衲子:특히 선종을 따르는 중)
- ❹눌(訥)[nè]**말을 더듬다**:눌변(訥辯)
- ❺예(汭)[ruì]물굽이(굽어 흐르는 강의 안쪽 부분)

(117) 仝全**전**[quán]
뜻 ①**온전**(穩全)**하다**:전부(全部),전국(全國),전체(全體),완전(完全)
자원 옥(玉王)을 조심조심 다루어, 깨뜨리지 않고 완전하게 가공해 넣었다는 뜻이다.
자소 [회의] **입**(入人)들어가다＋**왕**(王)← **공**(工工)만들다

- ❶전{銓}[quán]**저울질하다**:전형(銓衡:시험해 뽑음)

二亠人儿入八冂冖冫几凵刀力勹匕匚匸十卜卩厂厶又　　[들입]

- ❷전{栓} [shuān] 나무못 /문빗장 /마개 /꼭지:소화전(消火栓)
- ❸전{詮} [quán] 설명하다:전석(詮釋:설명하여 밝힘)
- ❹전{佺} [quán] 신선 이름
- ❺전{荃} [quán] 향초 /통발 /가는 베
- ❻전(筌) [quán] 통발(물고기를 잡는 덫의 일종)

(118) 兩 량 [liǎng]

뜻 ①두개, 짝:양친부모(兩親父母), 일도양단(一刀兩斷), 양면성(兩面性), 양자택일(兩者擇一) ②양반(兩班)

자원 두 개의 저울 추가 균형이 잡힌 모양을 본떴다. 무게의 단위로 쓰이다가 돈을 헤아리는 말이 되었다. 조(粟) 알맹이 12개를 분(分), 12분(分)을 1수(銖). 1약(龠)은 1200수. 량(兩)은 12수(銖). 기장알 열개를 루(絫), 10루(T)를 1수(銖). 24수를 량(兩), 16량을 1근(斤), 30근을 1균(鈞), 4균을 1석(石)이라고 한다.

자소 [회의] 일(一) 1, 하나＋량(兩冊)량(兩)의 옛글자

- ❶량{倆} [liǎng] 재주:기량(技倆)
- ❷량(輛) [liàng] 수레:차량통행금지(車輛通行禁止) /차를 헤아리는 단위
- ❸량(魎) [liǎng] 도깨비:망량(魍魎)

(119) 兪 유 [yú]

뜻 ①응답하다 ②성씨(姓氏) ③점점
자원 나무를 파내어서 만든 통나무배를 말한다.
자소 [회의] 집(스A)모이다＋주(舟 ← 舟月)배＋도(刂) ← 괴(巜《)큰도랑
성부 愈유

- ❶수〔輸〕[shū] 나르다:수송(輸送), 수출입(輸出入), 밀수(密輸), 운수(運輸)
- ❷유{喻} [yù] 깨우치다:은유(隱喩) /비유(比喩)하다 /고하다
- ❸유{瑜} [yú] 아름다운 옥 /옥의 광채
- ❹유{愉} [yú] 즐겁다:유쾌(愉快)
- ❺유{楡} [yú] 느릅나무
- ❻유(諭) [yù] 깨우치다:유지(諭旨), 유시(諭示) /비유하다:직유법(直諭法)
- ❼유(踰) [yú] 타넘다:유월(踰越), 유년(踰年)
- ❽유(鍮) [yù] 놋쇠:유기(鍮器)
- ❾유(揄) [yú] 빈정거리며 희롱하다:야유(野揄) /칭찬하다
- ❿유(逾) [yú] 넘어가다:유월(逾月), 유월(逾越)
- ⓫투(偸) [tōu] 훔치다 /엷다:투박(偸薄)

[여덟 팔] 二亠人儿入八冂冖冫几凵刀力勹匕匚匸十卜卩厂厶又

214 부수글자 **012**　　　　2 - 6/23　　　　(2획부수)

12. 팔 八 [bā]

[자원] 둘로 나뉘어져 서로 등지고 있는 모양. 숫자의 8. 나누고 또 나누어지는 수. 「나누다, 퍼지다, 흩어지다」는 뜻을 나타낸다.
[뜻] ①**여덟**:팔자(八字), 사주팔자(四柱八字), 팔방미인(八方美人)
[자소] [지사]

부수 성부

부수글자가 성부로 쓰일 때

❶**팔**(叭) [bā] **나팔**(喇叭)

성부 글자

성부와 부수가 결합된 형성자

(120) 公 공 [gōng]
[뜻] ①**공평**(共平)**하다**:공정(公正), 공명정대(公明正大) ②**여러 사람**:공공(公共) ③**관공서**(官公署):공직(公職), 공무원(公務員)
[자원] 개인적인 마음(厶)을 없앤다는 뜻인데 팔(八)이 「등진다」는 뜻을 나타낸다. 멸사봉공(滅私奉公), 개인적인 것을 없애고 공적인 것을 받든다는 말이다.
[자소] [회의] 팔(八)8, 나누다 ＋사(厶)개인적인 것
[성부]  송 衮곤

❶송〔訟〕[sòng]**고소하다**:송사(訟事), 형사소송법(刑事訴訟法)
❷송〔頌〕[sòng]**칭송**(稱頌)**하다**:찬송가(讚頌歌), 송덕비(頌德碑), 송축(頌祝)
❸옹〔翁〕[wēng]**늙은이**:노옹(老翁), 어옹(漁翁), 주인옹(主人翁) /아버지
❹공〔蚣〕[gōng]**지네**
❺옹〔甕〕[wèng]**항아리**

(121) 六 륙 [liù]
[뜻] ①**여섯**, 6:육친(六親), 육갑(六甲), 사육신(死六臣), 생육신(生六臣)
[자원] 사물을 뚫고 들어가는(入入) 끝이 뾰족한 물건의 모양. 혹은 두 손의 손가락을 세 개씩 나란히 펴서 양손을 붙인 모양.
[자소] [회의] 두(亠) ← 입(入入)들어가다＋팔(八)여덟, 나누다
[성부]  록 冥명

二 亠 人 儿 入 八 冂 冖 冫 几 凵 刀 力 勹 匕 匚 匸 十 卜 卩 厂 厶 又　[여덟 팔]

(122) **兮 혜** [xī]

뜻 ①어조사
자원 하던 말을 멈추었다가(丂) 다시 더 큰 소리를 낸다는 뜻이다. 계(稽)는 여기서「머무른다」는 뜻으로 쓰였다. 역발산혜 기개세(力拔山兮 氣蓋世:힘은 산을 뽑고, 기개는 세상을 덮는다).
자소 [회의] 팔(八)()8, 나누다 ＋ 교(丂)기운이 막히다
성부 盆혜 乎호 羲희

☐ ❶시(謚)죽은 신하의 공적을 기리어 임금이 내려 주는 이름
☐ ❷혜(盻)[xì]눈을 흘기다:혜한(盻恨:원망함)

(123) **共 공** [gòng]

뜻 ①함께:공동(共同),공조(共助),공통(共通) ②공산주의:반공(反共),멸공(滅共),승공(勝共),용공(容共)
자원 20(卄)개나 되는 양손(廾)이 함께 맞잡고 있는 모습이다.
자소 [회의] 입(卄)20 ＋ 공(六 ← 廾)받들다
성부 巷항 鬨항 異이 巽손

☐ ❶공〔供〕[gòng]이바지하다 /바치다:공양미(供養米),공출(供出) [gōng]주다:제공(提供),공급(供給)
☐ ❷공〔恭〕[gōng]공손(恭遜)하다:공경(恭敬),공순(恭順),불공(不恭)
☐ ❸홍〔洪〕[hóng]큰물:홍수(洪水) /크다:홍복(洪福),홍은(洪恩)
☐ ❹공{珙}[gǒng]한 움큼 정도의 커다란 옥
☐ ❺홍{烘}[hōng]횃불을 켜다
☐ ❻홍{銾}[hóng]쇠뇌의 살을 발사하는 장치
☐ ❼공(栱)[gǒng]두공(기둥머리를 장식하는 넓적하게 네모진 나무)
☐ ❽공(拱)[gǒng]두 손을 맞잡다 /아름:공목(拱木:한 아름드리 나무)
☐ ❾홍(哄)[hòng]큰소리로 웃고 떠들다 [hōng]일제히 소리를 지르다

(124) **兵 병** [bīng]

뜻 ①군사:졸병(卒兵),병사(兵士),보병(步兵),장병(將兵) ②무기:병기(兵器),병마(兵馬) ③전쟁:병화(兵禍)
자원 양손(廾)으로 도끼(斤)를 잡고 있는 모양. 군인들이 사용하는 모든 무기나 모든 날이 있는 물건을 상징한다.
자소 [회의] 근(斤)도끼 ＋ 공(六 ← 廾)두손으로 받들다

☐ ❶병(浜)[bāng]선거(船渠:배를 매어 두는 곳) ■빈:물가

(125) **具 구** [jù]

뜻 ①갖추다:구비(具備),구체적(具體的),구상(具象) ②그릇:기구(器具),도구(道具)
자원 돈(貝)을 들여서 마련한 귀중품을 두 손으로 잡고 있는 모양을 본떴다.
자소 [회의] 目 ← 패(貝)조개, 돈 ＋ 기(ㅠ) ← 공(廾)받들다
성부 算산

☐ ❶구〔俱〕[jù]다 함께:부모형제구존(父母兄弟俱存:부모형제가 다 살아 있음) [jù]성(姓)

[여덟 팔]　二 亠 人 儿 入 八 冂 冖 冫 几 凵 刀 力 勹 匕 匚 匸 十 卜 卩 厂 厶 又

(126) 其 기 [qí]
- 뜻 ①그 것:각기(各其),기타(其他)
- 자원 곡식의 불순물을 가려내는 키가 상 위에 놓여 있는 모양. 상 기(丌)는 나중에 덧붙인 것이다. 이것이 많이 쓰이자 원래의 글자는 쓰이지 않게 되었다.
- 자소 [상형] 廿 : 키 모양＋기(丌)상
- 성부 **基**기 **斯**사

- ☐ ❶기〈期〉[qī,jī] 기약(期約)하다 /바라다:기대(期待) /시기(時期):기간(期間),사춘기(思春期),만기(滿期),적기(適期) [jī]돌:일주기(一週期)
- ☐ ❷기〔欺〕[qī] 속이다:기만(欺瞞),사기(詐欺)
- ☐ ❸기〔旗〕[qí] 대장기(곰과 범을 그렸다):국기(國旗),군기(軍旗),우승기(優勝旗)
- ☐ ❹기{棋}[qí] 바둑:기보(棋譜),기왕전(棋王戰)
- ☐ ❺기{麒}[qí] 기린(麒麟:상상의 동물)
- ☐ ❻기{淇}[qí] 강 이름
- ☐ ❼기{琪}[qí] 옥:기화요초(琪花瑤草:신선들이 사는 곳에 있다는 꽃과 식물)
- ☐ ❽기{祺}[qí] 복 /상서롭다 /마음이 편안하다 /편지 끝에 쓰는 말
- ☐ ❾기{箕}[jī] 키 /쓰레받기 /사람 이름:기자(箕子)
- ☐ ❿기{騏}[qí] 털총이(검고 푸른 무늬가 장기판처럼 나 있는 말)
- ☐ ⓫기{錤}[jī] 호미
- ☐ ⓬기{朞}[jī] 돌(꼭 1년이 지난 그날)
- ☐ ⓭기(碁)[qí] 바둑　참고 기(棋)와 같은 글자

(127) 典 전 [diǎn]
- 뜻 ①책:사전(辭典),원전(原典),법전(法典) ②법:전례(典例),전거(典據) ③전당포(典當鋪) ④잔치:제전(祭典),체전(體典),축전(祝典)
- 자원 중요한 말씀을 적은 책(冊)이 책상(丌) 위에 놓인 모양을 본떴다.
- 자소 [회의] 책(冊←冊)책, 문서＋기(丌)상, 판

- ☐ ❶전{琠}[tiǎn] 귀막이 옥

(128) 兼 겸 [jiān]
- 뜻 ①겸하다:겸비(兼備),겸용(兼用),겸애설(兼愛說),겸업(兼業)
- 자원 한꺼번에 두 포기의 벼를 잡고 있는 모양(持二禾). 잡을병(秉)은 한 포기의 벼를 잡고 있는 모양(持一禾)이다.
- 자소 [회의] 우(彐←㕜)오른손＋력(秝秝)두 포기의 벼
- 성부 **廉**렴

- ☐ ❶겸〔謙〕[qiān] 겸손(謙遜)하다:겸양(謙讓),겸허(謙虛),겸양지덕(謙讓之德)
- ☐ ❷겸{鎌}[lián] 낫:겸리(鎌利:낫처럼 날카롭다)
- ☐ ❸혐(慊)[xián] 혐의 ■겸 [qiǎn] 흡족하다 /불만스럽다:겸연(慊然)
- ☐ ❹혐(嫌)[xián] 싫어하다:혐오(嫌惡) /수상하다:살인혐의(殺人嫌疑)

二 亠 人 儿 入 八 冂 一 冫 几 凵 刀 力 勹 匕 匚 匸 十 卜 卩 厂 厶 又　[여덟 팔]

(129)  冀 기 [jì]

뜻 ① **바라다**: 기도(冀圖)
자원 배반하지(北) 않기(異)를 바란다는 뜻이다.
자소 [회의] 북(北⑶)등진 두 사람 ＋ 이(異⑷)다르다

□ ❶기 {驥} [jì] 천리마

[멀경] 二一人儿入八冂冖冫几凵刀力勹匕匚匸十卜卩厂厶又

214 부수글자 **013**   2 - 7/23   (2획부수)

13. 경 [jiōng]

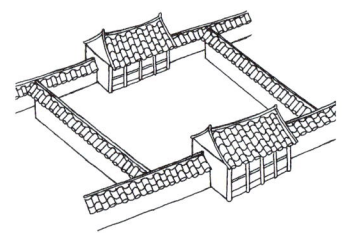

자원 나라의 중심지에서 벗어난 국경 부근의 먼 곳.「일정한 구역 안」을 뜻할 때가 많다. 시내 밖을 교(郊), 교(郊) 밖을 야(野), 야(野) 밖을 림(林), 림(林) 밖이 경(冂)이다. 옛 글자는 경(冋)이다.
뜻 ①먼 곳 ②들밖
자소 [상형]

성부 글자   성부와 부수가 결합된 형성자

(130) 𦥯 弔 염 [rǎn]
뜻 ①나아가다 ②부드럽고 약하다
자원 수염이 부드럽고 약하게 죽 늘어진 모양을 본뜬 것이다.
자소 [상형]
성부 那나 冓구 㜝㜝애 再재 爯승

- ❶염(髯) [rán] 구레나룻 /수염이 많은 사람
- ❷염(苒) [rǎn] 풀이 우거진 모양 /연약한 모양
- ❸남(枏) [nán] 녹나무
- ❹담(聃) [dān] 귓바퀴가 없다 /사람 이름

(131) 冋 冋 경 [jiōng]
뜻 ①멀다 ■형:①같은 뜻
자원 멀다는 뜻의 경(冂H)의 옛 글사다(冋古文).
자소 [상형] 경(冂H)멀다＋구(口) ← 위(口口)둘러싸다
성부 高고 喬교 冕면 尙상

- ❶경{坰} [jiōng] 들 /교외
- ❷형{炯} [jiōng] 빛나다 /밝게 살피다
- ❸형{泂} [jiōng] 멀다 /깊고 넓다 /차갑다
- ❹경{絅} [jiōng] 끌어쥐다 /심하다 /엄하다

(132)  원
뜻 ①둥글 원(圓)의 약자
자원 원래는 둥글 원(圓)의 약자였는데 일본의 화폐단위를 뜻하는 「엔」을 음으로 한 것은 일본음으로 한국의 한자를 택한 것이므로 잘못된 것이다.

二 亠 人 儿 入 八 冂 冖 冫 几 凵 刀 力 勹 匕 匸 匚 十 卜 卩 厂 厶 又　[멀경]

(133) 冊 册 책 [cè]
- 뜻 ①책:서책(書冊),책방(冊房),공책(空冊) ②봉하다:책봉(冊封)
- 자원 글을 쓴 대나무 쪽의 아래 위를 가죽끈으로 엮은 모양. 옛날에는 종이가 없었다. 임금이 신하에게 준 임명장 역시 대나무에 글을 적은 것이었으므로 「제후를 봉한다」는 뜻이 되었다.
- 자소 [상형]
- 성부 侖륜 典전 扁편

☐ ❶산{珊} [shān] 산호(珊瑚):산호초(珊瑚礁)
☐ ❷산{刪} [shān] 깎다(종이가 없던 시절 대나무에 쓰인 글이 명확하지 않은 것은 칼로 깎아 버리고 다시 썼었다)
☐ ❸책{柵} [zhà] 울타리:목책(木柵),성책(城柵),철책(鐵柵)

(134) 再 재 [zài]
- 뜻 ①두번:재발(再發),재회(再會) ②거듭:재삼재사(再三再四),재차(再次)
- 자원 쌓아(冓冓) 올린 것 위에 다시 하나(一) 더 쌓는다는 뜻이다.
- 자소 [회의] 일(一)하나 + 염(冉) ← 구(冓冓)재목을 쌓다

(135) 冏 경 [jiǒng]
- 뜻 ①밝다(光然) ②빛나다(光也)
- 자원 집의 창문이 환한 모양을 본떴다. 낮은 소리로 말하다는 뜻의 볼[내(內)안, 속 + 구(口ㅂ)입, 말하다]과 구별이 어렵다.
- 자소

☐ ❶경{熲} [jiǒng] 불꽃이 타오르다

(136) 冒 모 [mào]
- 뜻 ①무릅쓰다:모험(冒險),모두(冒頭:책머리) ②범하다:신성모독(神性冒瀆)
- 자원 두건으로 눈(目)을 가린 채 행동하므로 「무모한 것이다」.
- 자소 [회의] 왈(曰) ← 모(冃冐)덮다 + 목(目罒)눈
- 성부 曼만

☐ ❶모{帽} [mào] 모자(帽子):군모(軍帽),등산모(登山帽),탈모(脫帽),철모(鐵帽)
☐ ❷모{瑁} [mào] 서옥/대모(열대지방 거북의 일종)
☐ ❸욱{勖} [xù] 힘쓰다(勉也)

(137) 冓 구 [gòu]
- 뜻 ①재목을 어긋매겨 쌓다
- 자원 재목이 우물 정(井)자 모양으로 쌓인 것을 본떴다.「엮어 짜는 것, 치밀한 계산이 필요한 것」을 나타낸다.
- 자소 [상형]
- 성부 再재 爯승

☐ ❶강〈講〉 [jiǎng] 강의(講義)하다:개강(開講),강당(講堂),수강(受講),청강(聽講) /화해하다:강화조약(講和條約)
☐ ❷구〔構〕 [gòu] 얽어 짜 맞추다:구조(構造),구성(構成) /집:구내식당(構內食堂)
☐ ❸구{溝} [gōu] 논밭 도랑:배수구(排水溝),하수구(下水溝) /성(城) 주위의 연못
☐ ❹구{購} [gòu] 사들이다:구입(購入),구독(購讀),구매(購買),구판장(購販場)

[멸경]　　二 一 人 儿 入 八 冂 冖 冫 几 凵 刀 力 勹 匕 匚 匸 十 卜 卩 厂 厶 又

⑨

(138) 芇 兩 [mán]

뜻 ①**평평하다**(平也).
자원 많은(卄) 물건이 나란히(兩) 있다는 뜻이다. 량(兩)은 두 개의 저울추의 모양을 본뜬 것으로 두 개(再也)를 뜻한다.
자소 [회의] **입**(卄)스물＋**량**(兩)두 개

- ❶**만**〈滿〉[mǎn] **가득차다**:만기(滿期), 만료(滿了), 만신창이(滿身瘡痍), 만원(滿員)
- ❷**만**{鏋}[mǎn] **황금**
- ❸**만**(瞞)[mán] **속이다**:기만(欺瞞) ■**문**:부끄러워하다

二十人儿入八冂一冫几凵刀力勹匕匚匸十卜卩厂厶又　[덮을 멱]

214 부수글자 **014**　　　2 - 8/23　　　(2획부수)

14. 멱 冂 ⺆ [mì]

자원 물건을 가리어 덮다. <민갓머리>라고도 한다. 위에서 늘어뜨려 아래의 것을 덮는 모양을 본뜬 것이다.
뜻 ①덮다
자소 [상형]

| 성부 글자 | 성부와 부수가 결합된 형성자 |

(139) 宀冗용 [rǒng]
뜻 ①쓸데 없다
자원 집 안에만 들어박혀 빈들거리기만 하고 농사일을 하지 않는 사람을 말한다.
자소 [회의] 멱(冖) ← 면(宀冖)집 + 궤(几) ← 인(人⺅)사람

(140) [yín]
뜻 ①나아가다(行也) ■유 [yóu] ①머뭇거리다
자원 사람(儿⺅)이 경계선(冂⺆)에서 망설이는 것을 말한다. 경(冂⺆)은 학교 안, 집 안과 같은 일정한 구역 안을 뜻한다.
자소 [회의]

- ❶침 [枕] [zhěn] 베개 : 원앙금침(鴛鴦衾枕), 목침(木枕), 고침단명(高枕短命)
- ❷침 [沈] [chén] 가라 앉다 : 침몰(沈沒), 침묵(沈默), 침전물(沈澱物), 침착(沈着) ■심 [shěn] 성(姓)씨 : 심청(沈淸)
- ❸탐 {眈} [dān] 노려보다 : 호시탐탐(虎視眈眈 : 호랑이가 노려보는 것)
- ❹짐 (鴆) [zhèn] 짐새 : 짐독(鴆毒 : 짐새의 털로 만든 심한 독), 짐살(鴆殺 : 짐독으로 사람을 죽임)
- ❺탐 (耽) [dān] 즐기다 : 탐닉(耽溺), 탐독(耽讀), 탐식(耽食)

8

(141) 冥명 [míng]
뜻 ①어둡다 : 명복(冥福) ②깊숙하다 ③저승 : 유명(幽冥)
자원 음력 15일이면 보름달이 되고, 16일이면 달이 작아지기 시작한다는 뜻인데, 덮는다는 뜻의 멱(冖)을 합하여 어두워진다는 뜻을 강조했다.
자소 [회의] 멱(冖)덮다 + 일(日)해, 태양 + 륙(六) 6,여섯

- ❶명 {溟} [míng] 바다 : 북명(北溟), 명주(溟洲 : 큰 바다 가운데의 섬)
- ❷명 (暝) [míng] 어둡다 : 회명(晦暝)
- ❸명 (瞑) [míng] 눈을 감다 : 명상(瞑想＝冥想)

55

[덮을 멱]　二 亠 人 儿 入 八 冂 冖 冫 几 凵 刀 力 勹 匕 匚 匸 十 卜 卩 厂 厶 又

- ❹명(螟) [míng] 식물의 줄기 속을 파먹는 벌레 : 이화명충(二化螟蟲)
- ❺명(蓂) [míng] 명협(蓂莢)풀 : 달력 풀 (전설상의 풀인데 초하루부터 한 잎씩 나고 보름부터는 한 잎씩 떨어지기 때문에 그 잎만 보면 날짜를 알 수 있었다고 한다.)

(142)  [méng]
- 뜻 ①뒤집어 쓰다 ②어리석다(幼學未通)
- 자원 돼지(豕)같은 어리석음에 덮혀있다(冃)는 말이다. 몽(蒙)자를 만든다.
- 자소 [회의] 모(冃)덮다＋시(豕)돼지
- 성부 蒙몽

(143)  [zhǒng]
- 뜻 ①무덤 ②크다
- 자원 꽁꽁(勹으) 묶어서(冢) 염한 시체를 높이 파묻었다는 뜻이다. 매우 흡사한 몽(冡)자는 [모(冃)＋시(豕)]이므로 몽(冢)과는 다르다.
- 자소 [회의] 멱(冖) ← 포(勹)싸다＋축(豖)발 묶인 돼지

- ❶총(塚) [zhǒng] 높은 무덤 : 패총(貝塚)

(144)  [yuān]
- 뜻 ①원통(冤痛)하다 : 원귀(冤鬼), 원혼(冤魂)
- 자원 사람에게 잡혀서 집 안(冖)에 갇힌 토끼(兔)가 몸을 옴추린다는 말이다.
- 자소 [회의] 면(宀) ← 멱(冖)덮다＋토(兔)토끼

二亠人儿入八冂冖冫几凵刀カ勹匕匚匸十卜卩厂厶又 [얼음빙]

214 부수글자 015　　2 - 9/23　　(2획부수)

15. 빙 冫仌[bīng]

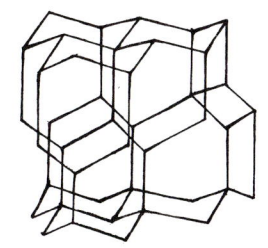

[자원] 얼음이 갈라 터진 모양. <이수변>이라고도 한다.
[뜻] ①얼음
[자소] [상형]

| 성부 글자 | 성부와 부수가 결합된 형성자 |

(145) [dōng]

[뜻] ①겨울:동복(冬服),동계(冬季),동장군(冬將軍),춘하추동(春夏秋冬)
[자원] 계절의 맨 끝(夊)에 있으며 얼음(仌仌)이 어는 계절이라는 뜻이다. 끝난다는 뜻의 종(終)의 옛글자인데 후에 뒤쳐져 온다는 뜻의 치(夊키)로 바뀐 것이다.
[자소] [회의] 치(夊) ← 종(夂)끝 + 빙(冫 ← 仌仌)얼음
[성부] 夅 뢰

- ❶종⟨終⟩[zhōng] 끝나다:종말(終末),종료(終了),시종(始終),임종(臨終)
- ❷동(鼕)[dōng] 북소리
- ❸동(疼)[téng] 아프다
- ❹종(螽)[zhòng] 메뚜기:종사(螽斯)

57

[안석 궤] 二亠人儿入八冂冖冫几凵刀力勹匕匚匸十卜卩厂厶又

214 부수글자 016　　　　　2 - 10/23　　　　　(2획부수)

16. 궤 几  [jǐ]

자원 기대어 앉거나 책을 올려 놓는 작은 책상의 모양을 본떴다.
뜻 ①안석, 책상
자소 [상형]

부수 성부　　부수글자가 성부로 쓰일 때

- ❶기〔飢〕[jī] 굶주리다 : 기근(飢饉), 기아(飢餓), 기갈(飢渴), 요기(療飢)
- ❷기〔肌〕[jī] 살갗(피부) : 기색(肌色)
- ❸궤〔机〕[jǐ] 책상
- ❹부〔鳧〕[fú] 물오리(집오리) /산 이름　참고 원래는 궤(几)가 아니라 수(九)다

성부 글자　　성부와 부수가 결합된 형성자

(146)  수 [shū]
뜻 ①새의 깃털이 짧다(鳥之短羽) ②군사를 치다(擊兵)
성부 殳수 朵타 殳진
자원 깃털이 완전해지면 우(羽)가 된다.
자소 [상형]

- ❶부〔鳧〕[fú] 오리(집오리, 물오리) /산 이름

(147)  범 [fán]
뜻 ①무릇 : 비범(非凡), 평범(平凡)
자원 하늘과 땅 사이(二)에 이르는 모든 사물을 포괄해서 일컫는 말이다(最括也). 가운데의 점이 땅을, 둘러싼 부분은 하늘을 말한다.
자소 [회의] 이(二) 2, 하늘과 땅+급(及乁)급(及)의 옛글자
성부 佩패 風풍 贏라 夙숙 玐공

- ❶범〔汎〕[fàn] 물에 뜨다 /넓다 : 범신론(汎神論), 범칭(汎稱), 범람(汎濫:물이 넘치다)
- ❷봉〔鳳〕[fēng] 봉황(鳳凰)의 수컷 : 봉침(鳳枕:봉황을 수놓은 베개), 봉태용간(鳳胎龍肝)
- ❸범{帆}[fān] 돛 : 범선(帆船), 출범(出帆) [fān] 돛을 올리다
- ❹범{杋}[fān] 나무 이름

二 亠 人 儿 入 八 冂 冖 冫 几 凵 刀 力 勹 匕 匚 匸 十 卜 卩 厂 厶 又　[안석 궤]

- ❺**황**{凰} [huáng] 봉황새의 암컷
- ■ ❻**범**(梵) [fàn] 범어(梵語:산스크리트어), 범천왕(梵天王)

(148) 処 처 [chǔ]

뜻 ①**거처하다** 참고 처(處)와 같은 글자, 약자 [chù]①곳
자원 안석(几几)으로 가서(夂) 기대어 머물렀다는 뜻이다.
자소 [회의] **치**(夂)뒤쳐져오다+**궤**(几几)책상

- ❶**처**⟨處⟩[chù]곳:각처(各處),접수처(接受處) [chǔ] 처리(處理)하다:처벌(處罰),처형(處刑) /살다 /다스리다

59

[입벌릴 감] 二亠人儿入八冂一冫几凵刀力勹匕匚匸十卜卩厂厶又

214 부수글자 017　　2-11/23　　(2획부수)

2획

17. 감 凵 [qiǎn]

[자원] 입을 벌린 모양. <위터진 입구>라고도 한다.
[뜻] ①입을 벌리다 ②위가 터진 그릇(受物之器)
[자소] [상형]

성부 글자	성부와 부수가 결합된 형성자

(149)  [xiōng]
[뜻] ①흉하다 : 길흉(吉凶), 흉조(凶兆) ②흉악(凶惡)하다 : 흉계(凶計)
[자원] 땅에 구덩이를 파서 만든 함정(凵)을 만나서 빠졌다는 뜻이다. 함정에 빠져서「나쁘다, 흉하다」는 뜻이다.
[자소] [지사] 감(凵凵)구덩이 모양＋예(乂) ← 빠지는 모양
[성부] 匈흉 离리 禽금

□ ❶흉(兇)[xiōng] 흉악하다 : 흉기(兇器), 원흉(元兇)

(150)  [chū]
[뜻] ①태어나다 : 출생(出生) ②나가다 : 출발(出發), 출석(出席), 입출력(入出力) ③뛰어나다 : 출세(出世), 출중(出衆), 특출(特出), 걸출(傑出)
[자원] 초목이 조금씩 자라서 점점 위로 올라가는 모양을 본떴다.
[자소] [상형]
[성부] 祟祟수 敖敫오 暴曓폭 屈굴

□ ❶졸〔拙〕[zhuó] 못 생기다 : 졸렬(拙劣), 졸작(拙作), 졸속(拙速), 치졸(稚拙)
□ ❷찰{茁}[zhuó] 싹트다 ■줄 : 풀이 처음 나는 모양
□ ❸출(黜)[chù] 내쫓다 : 출척(黜陟)

(151)  [āo]
[뜻] ①오목하다 : 요철(凹凸)
[자원] 중간이 움푹하게 들어간 모양을 본떴다.
[자소]

(152)  [tū]
[뜻] ①볼록하다 : 요철(凹凸)
[자원] 볼록하게 튀어나온 모양을 본떴다.
[자소]

二 亠 人 儿 入 八 冂 冖 冫 几 凵 刀 力 勹 匕 匚 匸 十 卜 卩 厂 厶 又 [입벌릴 감]

(153) [kuài]
뜻 ①흙덩이(塊同)
자원 다다를 계(屆)자의 아랫부분에 쓰인다. 나중에는 괴(塊)자를 만들게 된다. 흔히들 괴(凷)자를 유(由)자처럼 쓴다. 치(甾)자와는 다르다.
자소 【상형】 토(土)흙,땅,토지 ＋ 감(凵) ← 거(凵凵)밥그릇

□ ❶계(屆) [jiè]다다르다 /다하다 /신고서:결석계(缺席屆) 참고 계(届)로도 쓴다

(154) [hán]
뜻 ①함(상자):투표함(投票函) ②감싸다(包容)
자원 원래는 혀 모양. 뜻이 확대되어 물건 담는 통이 된 것이다(凡能容物者. 皆謂之函).
자소 【상형】 교(丂) ← 함(马) 꽃봉오리 ＋ 혀 모양

□ ❶함{涵} [hán]젖다 /적시다 /잠기다 /받아들이다:함양(涵養)

61

[칼도]　二亠人儿入八冂一冫几凵刀力勹匕匚匸十卜卩厂厶又

214 부수글자 **018**　　　　　2 - 12/23　　　　　(2획부수)

18. 도 刀刂 [dāo]

자원 칼날이 구부정한 칼(一刃兵).
뜻 ①칼:단도(短刀),도검(刀劍),단도직입(單刀直入) ②돈:명도전(明刀錢)
자소 [상형]

성부 글자

성부와 부수가 결합된 형성자

(155) 刃 인 [rèn]
뜻 ①칼날:백인(白刃:하얀 칼날)
자원 칼날을 나타내려고 칼 도(刀刂)에 한점을 보탠 것이다.
자소 [지사] 도(刀刂)칼＋주(丶)칼날
성부 忍인 刅창

- ❶인(靭) [rèn] 질기다　참고 인(靱)과 같은 글자
- ❷인(仞) [rèn] 길다 /길이나 높이 /길이를 재다
- ❸인(韌) [rèn] 질기다:인대(靭帶:뼈마디를 잇고 있는 힘줄)

(156) 分 분 [fēn]
뜻 ①나누다:분리(分離),구분(區分),분류(分類),분간(分揀),분별(分別) ②신분(身分):성분(性分),본분(本分) ■푼:①엽전의 단위 [fèn]①분수(分數) ②일부:부분(部分)
자원 칼(刀刂)로 잘라서 나눈다(八)()는 뜻이다.
자소 [회의] 팔(八)() 8, 나누다＋도(刀刂)칼
성부 頒반 棼棻이

- ❶빈〈貧〉[pín] 가난하다:극빈(極貧),빈곤(貧困),빈부(貧富),청빈(淸貧) /모자라다:빈약(貧弱),빈혈(貧血)
- ❷분〔紛〕[fēn] 어지러워지다:노사분규(勞使紛糾),분쟁(紛爭),내분(內紛)
- ❸분〔粉〕[fěn] 가루:분말(粉末),분골쇄신(粉骨碎身),분쇄(粉碎)
- ❹분{盆}[pén] 동이:분재(盆栽),분지(盆地),복수불귀분(覆水不歸盆:엎질러진 물)
- ❺분{芬}[fēn] 향기롭다
- ❻분{汾}[fén] 강물 이름 /물이 구르는 모양(水轉貌) /물이 많고 성(盛)한 모양
- ❼반（攽）[bān] 나누다　참고 반(頒)과 같은 글자

62

二 亠 人 儿 入 八 冂 冖 冫 几 凵 刀 力 勹 匕 匚 匸 十 卜 卩 厂 厶 又　　[칼도]

- ⑧ 반(盼) [pàn] 예쁘다 / 곁눈질하다 / 바라다
- ⑨ 분(忿) [fèn] 성내다: 분노(忿怒), 격분(激忿)
- ⑩ 분(扮) [bàn] 꾸미다
- ⑪ 분(雰) [fēn] 안개: 분무(雰霧), 분위기(雰圍氣)
- ⑫ 분(昐) [wēn] 햇빛
- ⑬ 분(吩) [fēn] 명령하다: 분부(吩咐)
- ⑭ 분(氛) [fēn] 기운: 분위기(氛圍氣＝雰圍氣)

(157) 切 체 [qiè]
- 뜻 ①전부 다: 일체(一切) ■절[qiè] ①끊다: 절단(切斷) ②매우: 간절(懇切), 절박(切迫), 절실(切實)
- 자원 칠(七)은 아래 끝을 잘라내는 모양. 물건을 베는 모양이라는 설(說)이 있다. 여기에 칼 도(刀刂)를 덧붙여 「자른다」는 뜻을 분명하게 했다.
- 자소 [형성] 칠(七)7, 잘라내는 모양＋도(刀刂)칼

(158) 㓞 갈 [qià]
- 뜻 ①교묘하게 새기다
- 자원 칼(刀刂)로 많은(丯丯) 무늬를 화려하게 새긴다는 뜻이다.
- 자소 [형성] 개(丯丯)풀이 어지럽게 나다＋도(刀刂)칼, 자르다
- 성부 契계 挈결

- ❶괄(恝) [jiá] 소홀히 하다: 괄시(恝視: 업신여김)
- ❷설(齧) [niè] 씹다: 설치동물(齧齒動物: 쥐나 토끼처럼 물건을 써는 버릇이 있는 동물)

(159) 列 렬 [liè]
- 뜻 ①줄: 대열(隊列), 도열(堵列), 반열(班列), 행렬(行列) ②나열(羅列)하다: 진열(陳列), 열거(列擧) ③차례: 서열(序列)
- 자원 짐승을 도살하여 뼈(歹)와 살을 갈라서(刀刂) 나열하는 모양을 본떴다.
- 자소 [형성] 알(歹) ← 렬(歺)뿌리＋도(刂 ← 刀刂)칼
- 성부 歺렬

- ❶렬〈烈〉 [liè] 세차다: 맹렬(猛烈), 열녀(烈女), 선열(先烈), 장렬(壯烈), 치열(熾烈)
- ❷례〈例〉 [lì] 법식: 관례(慣例), 예외(例外) / 본보기: 예문(例文), 예제(例題)
- ❸렬〔裂〕 [liè] 찢어지다: 균열(龜裂), 파열(破裂), 지리멸렬(支離滅裂)
- ❹렬{洌} [liè] 물이 맑다
- ❺렬(冽) [liè] 차갑다: 열수(洌水: 한강의 옛이름)

(160) 刑 형 [xíng]
- 뜻 ①형벌(刑罰): 사형(死刑), 처형(處刑), 형사(刑事), 실형(實刑)
- 자원 정전법(井田法)에 의하면 땅을 정(井)자 모양으로 나누어 주변의 8개를 백성들에게 나누어 주고, 가운데의 1구역을 공동으로 경작하여 나라에 세금으로 바치게 했다. 이 8가구가 하나의 정(井)이 되며(八家爲一井), 일종의 공동체가 된다. 이 공동체의 법도를 어긴 사람을 처벌한다는 뜻이다. 칼 도(刀刂)가 처벌한다는 뜻을 나타낸다.
- 자소 [형성] 견(开) ← 정(井)우물＋도(刂 ← 刀刂)

- ❶형{型} [xíng] 거푸집: 모형(模型), 원형(原型), 전형(典型), 지형(紙型)

[칼 도]　二亠人儿入八冂一冫几凵**刀**力勹匕匚匸十卜卩厂厶又

5획

- ❷형(荊) [jīng] 가시나무: 형극(荊棘)

(161) **利 리** [lì]
- 뜻 ①**이롭다**: 이익(利益), 이해(利害), 유리(有利), 이자(利子) ②**날카롭다**: 예리(銳利) ③**이용**(利用)**하다**: 편리(便利)
- 자원 칼을 잘못 쓰면 오히려 손해를 불러온다. 마음을 평정한 후에 써야 제대로 이용(利用)하는 것이다. 혹은 낫으로 벼를 베는 모양이라고도 한다.
- 자소 [회의] 화(禾) ← 화(和)화합하다 ＋ 도(刂 ← 刀刀)칼

- ❶리〔梨〕[lí] 배나무: 이화(梨花)
- ❷리{悧} [lì] 영리하다
- ❸리{莉} [lì] 말리나무
- ❹리(痢) [lì] 설사: 이질(痢疾)
- ❺리(犁) [lí] 쟁기 /얼룩소 ■려: 쟁기 /검다
- ❻리(唎) [lì] 소리(聲也)

(162) **別 별** [bié]
- 뜻 ①**다르다**: 구별(區別), 특별(特別) ②**헤어지다**: 작별(作別), 이별(離別), 송별(送別)
- 자원 칼(刀刂)로 뼈에 붙은 살을 떼어내는(咼吕) 모양. 「함께 있던 것이 떨어진다」는 뜻이다.
- 자소 [회의] 과(另 ← 咼吕)살 발라낸 뼈 ＋ 도(刂 ← 刀刀)칼

- ❶팔(捌) [bā] 깨뜨리다 /나누다 ■별: 처리하다

(163) **初 초** [chū]
- 뜻 ①**처음**: 초보(初步), 초년(初年), 초야(初夜), 초임(初任), 연초(年初), 초장(初場)
- 자원 옷감(衣衤)에 칼(刀刂)을 대는 모양에서 「일의 시작」을 뜻하게 된 것이다.
- 자소 [회의] 의(衤 ← 衣衤)옷 ＋ 도(刀刀)칼

6획

(164) **刹 갑** [chū]
- 뜻 ①**빠지다**(陷也)
- 자원 설문해자에 없다. 아래의 차(箚)자가 외견상 이 글자와의 결합으로 보이기에 설정했다. 어쩌면 답(答)과 도(刀)의 결합일 수도 있다.
- 자소 합(合)합하다 ＋ 도(刂 ← 刀刀)칼

- ❶차(箚) [zhā,zhá] 찌르다: 차자(箚刺: 문신을 새기는 일)

(165) **到 도** [dào]
- 뜻 ①**이르다**(닿다): 도착(到着) ②**용의주도**(用意周到)**하다** ③**도저**(到低)**히**
- 자원 칼날(刀)이 자르려는 물건에 닿듯이(至), 어느 곳에 도달한다는 뜻이다.
- 자소 [형성] 지(至凷)닿다, 이르다 ＋ 도(刂 ← 刀刀)칼

- ❶도〔倒〕[dǎo] 넘어지다: 졸도(卒倒) [dào] 거꾸로 되다: 도착(倒錯), 전도(轉倒), 주객전도(主客顚倒)

64

二十人儿入八冂一冫几凵**刀**力勹匕匚匸十卜卩厂厶又　　[칼 도]

(166) 制 제 [zhì]
- 뜻 ①누르다:억제(抑制),강제(强制),통제(統制),규제(規制) ②만들다:제정(制定) ③법도:제도(制度),법제(法制)
- 자원 미(朱)는 갓 익은 싱싱한 과일로 미(味)와 통한다. 잘 익은 맛있는 과일을 잘라서 (刀刂) 식용으로 만든다는 뜻이다.
- 자소 [회의] 미(朱 ← 未)덜 자랐다 ＋ 도(刂 ← 刀刂)칼

2획

- ❶제〈製〉[zhì] 옷을 만들다 / 만들다:제작(製作),제품(製品),수제(手製)
- ❷철〈掣〉[chè] 당기다 ■체:끌어당기다

(167) 剌 랄 [là, lá]
- 뜻 ①어그러지다 ②물고기 뛰는 소리
- 자원 다발로 묶인(束朿) 것을 칼(刀刂)로 잘라 풀어헤친다는 뜻이다. 혹은 다발로 묶은 것이 가지런하지 않고 헝클어진 모양이라고도 한다.
- 자소 [회의] 속(束朿)묶다 ＋ 도(刂 ← 刀刂)칼
- 성부 賴 뢰

- ❶라(喇)[lǎ] 나팔(喇叭) / 승려:라마교(喇嘛教)

(168) 前 전 [qián]
- 뜻 ①앞:전생(前生),전진(前進),전후(前後) ②적과 마주한 곳:최전방(最前方),전선(前線)
- 자원 [회의] 자른다는 뜻으로 도(刀刂)를 덧붙였다. 지금의 전(剪)에 해당된다.
- 자소 전(歬 ← 𣦃)나아가다 ＋ 도(刂 ← 刀刂)칼

- ❶전(煎)[jiān] 달이다:전병(煎餠:번철에 구워낸 넓고 둥근 떡),전다(煎茶:차를 끓이다)
- ❷전(箭)[jiàn] 화살:전촉(箭鏃:화살촉)
- ❸전(剪)[jiǎn] 가위 / 잘라내다:전정(剪定:나무의 가지치기),전지(剪枝)
- ❹전(翦)[jiǎn] 자르다:전발역서(翦髮易書:머리를 잘라서 책과 바꾸다)

(169) 則 칙 [zé]
- 뜻 ①법:법칙(法則),규칙(規則) ■즉:①곧:빈천즉인경이지(貧賤則人輕易之:가난하면 사람들이 쉽고, 가볍게 여긴다)
- 자원 재물(貝)을 공평하게 나눈다(刀刂)는 뜻이다.
- 자소 [회의] 패(貝)조개, 돈 ＋ 도(刂 ← 刀刂)칼

- ❶적〔賊〕[zéi] 도적(盜賊):적반하장(賊反荷杖),산적(山賊),마적(馬賊),화적(火賊)
- ❷측〔側〕[cè] 곁:측근(側近),측면(側面),양측(兩側),좌측통행(左側通行)
- ❸측〔測〕[cè] 측량(測量)하다:측정(測定),관측(觀測),예측(豫測),추측(推測)
- ❹측(惻)[cè] 슬퍼하다:측은지심(惻隱之心)
- ❺측(廁)[cì] 뒷간:측간(廁間:변소)

13

(170) 劉 류 [liú]
- 뜻 ①죽이다 ②성씨(姓氏)
- 자원 흔히「묘금도(卯金刀)류」라고 하여 유(兪)자와 구별한다. 둘 다 성씨로 쓰이는 글자다.
- 자소 [형성] 묘(卯) ← 주(丣)문닫다 ＋ 금(金)쇠,금속,광물 ＋ 도(刂 ← 刀刂)칼

- ❶류(瀏)[liú] 물이 맑은 모양 / 바람이 빠른 모양

65

[힘력] 二 亠 人 儿 入 八 冂 冖 冫 几 凵 刀 力 勹 匕 匚 匸 十 卜 卩 厂 厶 又

214 부수글자 019　　　2 - 13/23　　　(2획부수)

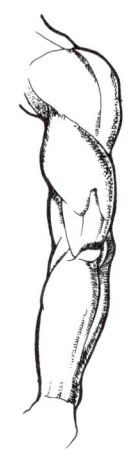

19. 력 力 [lì]

[자원] 힘을 쓰는 팔에 근육이 튀어나온 모양. 갑골문에서는 쟁기의 모양을 본뜬 글자라고 한다.
[뜻] ①힘:활력(活力),능력(能力) ②힘들이다:역작(力作),역설(力說)
[자소] [상형]

부수 성부 — 부수글자가 성부로 쓰일 때

- ❶륵(肋)[lèi,lè]갈빗대:늑골(肋骨),계륵(鷄肋:소용은 없으나 버리긴 아까운 것)
- ❷륵(勒)[lè,lēi]굴레/억지로 하다:늑매(勒買),늑장(勒葬) /다스리다 /새기다

성부 글자 — 성부와 부수가 결합된 형성자

(171)  加 가 [jiā]

[뜻] ①더하다:가공(加工),가세(加勢),증가(增加),첨가(添加) ②참가(參加)하다:가담(加擔),가입(加入)
[자원] 두 사람이 말다툼하는 것을 생각하면 된다. 서로가 힘(力)주어 말하니 말(口)이 자꾸 많아지는 것이다.
[자소] [회의] 력(力)힘, 힘쓰다＋구(口)입, 말하다

- ❶하〈賀〉[hè]축하(祝賀)하다:하객(賀客),치하(致賀),연하장(年賀狀)
- ❷가〔架〕[jià] 나무 시렁:서가(書架) /건너지르다:가교(架橋),가설(架設),고가도로(高架道路) /터무니없다:가공인물(架空人物)
- ❸가{嘉}[jiā]착하고 아름답다:가상(嘉尚) /경사스러움:가례(嘉禮)
- ❹가{伽}[qié]절:가람(伽藍) /스님(범어 ka,kha, ga,gha의 음역):승가(僧伽)
- ❺가{駕}[jià]멍에(수레에 말을 매는 도구) /능가(凌駕)하다
- ❻가{袈}[jiā]스님의 옷(법의, 범어 kasaya의 음역):가사장삼(袈裟長衫)
- ❼가{跏}[jiā]책상다리를 하다:미륵보살 반가사유상(彌勒菩薩半跏思惟像)
- ❽가{迦}[jiā]막다 /부처 이름:석가모니(釋迦牟尼)
- ❾가{痂}[jiā]상처가 아물었을 때 생기는 딱지
- ❿가{茄}[qié]가지(채소의 일종) [jiā]연줄기
- ⓫가{枷}[jiā]죄인의 목에 거는 칼 /도리깨 /횃대

66

二 亠 人 儿 入 八 冂 冖 冫 几 凵 刀 **力** 勹 匕 匚 匸 十 卜 卩 厂 厶 又　　[힘력]

☐ ⓬갈(圠) [*]땅 이름

(172) 劦 **협** [xié]
- 뜻 ①힘을 합하다
- 자원 여러 사람의 힘을 합하였으므로 힘 력(力)을 3개 겹쳤다.
- 자소 [회의] **력**(力)힘＋**력**(力)힘＋**력**(力)힘

☐ ❶협⟨協⟩[xié]**돕다**:협력(協力),협동(協同),협상(協商),협주(協奏),타협(妥協)
☐ ❷협〔脅〕[xié]**으르다**:공갈협박(恐喝脅迫),위협(威脅) /갈빗대
☐ ❸협(脇)[xié]협〔脅〕과 같은 글자

(173) 劣 **렬** [liè]
- 뜻 ①**못나다**:열등감(劣等感),졸렬(拙劣),비열(卑劣),열세(劣勢),우열(優劣)
- 자원 힘(力)이 적다(少)는 것인데, 힘은 팔힘 뿐만 아니라 여러가지 능력을 말한다. 능력이 없으므로 「수준 이하」라는 뜻으로 쓰인다.
- 자소 [회의] **소**(少)적다＋**력**(力)힘

[5]

(174) 助 **조** [zhù]
- 뜻 ①**돕다**:협조(協助),보조(補助),조수(助手),내조(內助:아내의 도움),외조(外助:남편의 도움)
- 자원 여러(且) 사람이 힘(力)을 모아서 돕는다는 뜻이다.
- 자소 [형성] **차**(且)쌓인 모양＋**력**(力)힘

☐ ❶서(鋤) [chú]**호미**:서제(鋤除:호미로 김을 매듯이 악인을 제거함)

[7]

(175) 勇 **용** [yǒng]
- 뜻 ①**날래다**:용감(勇敢),용맹(勇猛),용기(勇氣),만용(蠻勇)
- 자원 날쌔게 행동하는 사람의 근육(力)이 우쩍우쩍 일어나는(甬) 모양을 본뜬 것이다.
- 자소 [형성] **용**(甬)물이 솟아오르다＋**력**(力)힘

☐ ❶용{湧} [yǒng]**물이 솟구치다**:용천(湧泉),용출(湧出)

(176) 勃 **발** [bó]
- 뜻 ①**발끈하다**(우쩍 일어나다):발기(勃起),발발(勃發),발흥(勃興)
- 자원 힘(力)을 쓰느라 안색이 변한다는 말이다.
- 자소 [형성] **발**(孛)안색이 변하다 ■**패**:혜성＋**력**(力)힘

☐ ❶발{渤} [bó]**바다 이름**:발해(渤海)

[9]

(177) 務 **무** [wù]
- 뜻 ①**힘쓰다**:무실역행(務實力行) ②**일**:사무실(事務室),근무(勤務),업무(業務),임무(任務),잡무(雜務),집무(執務)
- 자원 전쟁터에서 창을 휘둘러 치고 찌르고 하듯이, 온 힘(力)을 다한다는 뜻이다.
- 자소 [형성] **무**(敄←敄)힘쓰다＋**력**(力)힘

☐ ❶무〔霧〕[wù]**안개**:무산(霧散:흔적도 없이 사라짐),오리무중(五里霧中),농무(濃霧)

67

[힘력] 二亠人儿入八冂一冫几凵刀**力**勹匕匸匚十卜卩厂厶又

(178) **動 동** [dòng]　뜻 ①**움직이다**:동작(動作),동기(動機),동원(動員),동정(動靜),행동(行動)
　　　　　　　　②**일어나다**:기동(起動),기동(機動),발동(發動)
　　자원 무거운(重🦏) 힘(力勆)이 가해지면 움직인다.
　　자소 【형성】 중(重🦏)무겁다＋**력**(力勆)힘

　　☐ ❶**통**(慟) [tòng] **애통해 하다**:통곡(慟哭),애통(哀慟)

⑩

(179) **勞 로** [láo]　뜻 ①**수고하다**:노동(勞動),노고(勞苦) ②**노동자**(勞動者):노조(勞組) ③위로(慰勞)하다
　　자원 집이 불타니 힘써 끄는 것이다.
　　자소 【회의】 형(熒 ← 熒)빛나다＋**력**(力勆)힘

　　☐ ❶**로**(撈) [lāo] (물 속에서)**건져내다**:어로작업(漁撈作業)

⑪

(180) **勤 근** [qín]　뜻 ①**부지런하다**:근면(勤勉) ②**근무**(勤務)하다:상근(常勤)
　　자원 밭에서 힘쓰는 것이 남자라고 했다(男子力於田也). 그 밭의 흙이 황토(黃土)다.
　　자소 【형성】 근(堇🦏)노란 진흙＋**력**(力勆)힘

　　☐ ❶**근**(懃) [qín] **은근**(慇懃)**하다**:근간(懃懇:정성스럽고 친절함)

二 亠 人 儿 入 八 冂 冖 冫 几 凵 刀 力 勹 匕 匚 匸 十 卜 卩 厂 厶 又 　[감쌀 포]

214 부수글자 **020**　　　　2 - 14/23　　　　　　　　(2획부수)

20. 포 勹 [bāo]

[자원] 사람이 몸을 앞으로 굽히고 물건을 안는 모양. 몸을 앞으로 구부리고 물건을 감싸 안는 모양. 〈쌀포부〉라고도 한다.
[뜻] ①감싸 안다
[자소] [상형]

성부 글자　　　　성부와 부수가 결합된 형성자

(181)  [zhuó]
[뜻] ①구기 ②양의 단위(10작=1홉)
[자원] 자루가 달린 국자. 가운데의 점은 국자에 담긴 내용물을 말한다. 사실상 조 두 조(刁)와 구별이 어렵다.
[자소] [상형]
[성부] 与여 約약

- ❶작〈酌〉[zhuó] 술을 따르다:대작(對酌),독작(獨酌) /짐작하다:참작(參酌),작정(酌定)
- ❷적〈的〉[de,dí,dì] 과녁:적중(的中),표적(標的),목적(目的) /꼭:적확(的確) /형용사, 명사를 만든다:단적(端的),전적(全的),과학적(科學的)
- ❸작{芍}[sháo] 작약(芍藥)
- ❹작{灼}[zhuó] 불사르다:작열(灼熱) /밝다:작작(灼灼)
- ❺조{釣}[diào] 낚시:조대(釣臺:돈대로 된 낚시터),조황(釣況),출조(出釣)
- ❻표{杓}[biāo] 별 이름 ■작[sháo] 구기
- ❼표{豹}[bào] 표범:표변(豹變:갑자기 변함),표피(豹皮),호표(虎豹)

(182)  [jūn]
[뜻] ①고르다(똑같다) ②조각조각 흩어지다
[자원] 똑같게 이등분한다는 뜻이다. 이(二)는 두 개가 가지런한 모양에서 「똑같다」는 뜻을 나타낸다.
[자소] [회의] 포(勹)감싸다+이(二) 2, 두 개
[성부] 均균 旬현 頵굉

- ❶균{鈞}[jūn] 무게의 단위(30근) /도자기 만드는 물레
- ❷균{畇}[yún] 밭을 일구어 개간하다

[감쌀 포]　二 亠 人 儿 入 八 冂 冖 冫 几 凵 刀 力 勹 匕 匚 匸 十 卜 卩 厂 厶 又

2획

(183) 勿 물 [wù]

뜻 ①말다(금지사, ~하지 말라):물망초(勿忘草),물경(勿驚),물론(勿論)
자원 사대부가 마을 입구에 내세웠던 깃발. 이로써 백성들을 불러 모았으며 3개의 깃발(三游)이 있고, 깃발 상하 양쪽의 색깔이 달랐다. 깃발에 따라 어떤 일을 하고, 못하게 했으므로 「~하지 말라」는 금지사로 쓰이게 된 것이다.
자소 [상형]
성부 易역 忽홀 昜양 匆총

- ❶물〈物〉[wù]만물(萬物):물가(物價),물질(物質),물건(物件) /일:물정(物情) /살피다:물색(物色),물망(物望)
- ❷문(吻)[wěn]입술:접문(接吻:뽀뽀) /사물의 뾰족한 부분
- ❸문(刎)[wěn]목을 베다:문경지교(刎頸之交:목이 떨어져도 두렵지 않은 사이)
- ❹물(沕)[wù]아득한 모양 ■밀[mì]샘물이 흐르는 모양
- ❺홀(笏)[hū]홀 ■문[wěn]손가락으로 피리의 구멍을 막는 모양

3획

(184) 包 포 [baō]

뜻 ①(감)싸다:포장(包裝),포옹(包擁),포용(包容),소포(小包)
자원 뱃속의 아기가 (巳) 모태에 싸여 있는(勹) 모양을 본떴다. 뜻이 확대되어 둘러싸는 모든 것을 나타낸다.
자소 [상형] 포(勹)감싸다＋사(巳)여기서는 태아
성부 匋도 軍匍군

- ❶포〈抱〉[bào]껴안다:포옹(抱擁),회포(懷抱),포복절도(抱腹絕倒),포부(抱負)
- ❷포[胞][bāo]태(胎) /세포(細胞):포자(胞子) /동포(同胞):재일교포(在日僑胞)
- ❸포[飽][bǎo]물리다:포식(飽食),포화(飽和)
- ❹포{砲}[pào]대포(大砲):포탄(砲彈),포연(砲煙),포화(砲火),공포(空砲)
- ❺포(咆)[páo]으르렁거리다:포효(咆哮)
- ❻포(泡)[pào,pāo]거품:포말(泡沫),수포(水泡)
- ❼박(雹)[báo]우박(雨雹)
- ❽포(袍)[páo]두루마기:도포(道袍)
- ❾포(苞)[bāo]싸매다:포저(苞苴:짚으로 씬 선물과 짚을 깐 선물),포천(苞天:기량이 큼)
- ❿포(鮑)[bào]절인 어물:포척(鮑尺:깊은 물의 전복을 따서 먹고 사는 사람)
- ⓫포(匏)[páo]바가지(박을 쪼개어 만든 그릇) 참고 원래는 [호(瓠)＋포(包)]다.
- ⓬포(疱)[pào]천연두 /부르트다
- ⓭포(庖)[páo]부엌:푸줏간〈포주간(庖廚間),포정(庖丁:백정)
- ⓮포(炮)[páo]통째로 굽다:포자(炮煮:굽다),포락지형(炮烙之刑:달군 쇠로 지지는 형벌)

4획

(185) 匈 흉 [xiōng]

뜻 ①가슴(膺也) ②요란하다 ③좋아서 떠들다
자원 사람의 몸 안에 함정처럼 비어 있는 부분을 말한다.
자소 [형성] 포(勹)감싸다＋흉(凶)흉하다

- ❶흉〈胸〉[xiōng]가슴:흉금(胸襟),흉중(胸中)
- ❷흉(洶)[xiōng]물결이 용솟음 치다

70

二 亠 人 儿 入 八 冂 冖 冫 几 凵 刀 力 勹 匕 匚 匸 十 卜 卩 厂 厶 又　[감쌀 포]

- ❸흉(恟) [xiōng] 두려워하다 : 인심흉흉(人心恟恟)

(186) 匊 國 [jū]
- 뜻 ①움켜잡다 ②한줌
- 자원 손에 쌀알(米㐅)을 움켜 쥔(勹勺) 모양. 흩어진 쌀알을 싸 모으는 것을 말한다. 두(兜)는 여기서 둘러싼다(蒙蔽)는 뜻이다.
- 자소 [회의] 포(勹)감싸다+미(米㐅)쌀, 입자

- ❶국〔菊〕[jú] 국화(菊花):황국(黃菊), 국판(菊判:종이:93×63, 책:15×22Cm)
- ❷국{鞠}[jū] 기르다 /굽혀 절하다:국궁(鞠躬:몸을 굽혀 절함) /고문하다:국문(鞠問)
- ❸국(麴)[qū] 누룩:국자(麴子), 국모(麴母)

(187) 匋 陶 [táo]
- 뜻 ①질그릇. 참고 도[陶]의 옛 글자
- 자원 흙을 쌓아 올려서 만든 질그릇(瓦器也). 테라코타.
- 자소 [형성] 포(勹) ← 포(包⑱)감싸다+부(缶⑩)장군

- ❶도〔陶〕[táo] 질그릇:도자기(陶瓷器) /즐기다:도취(陶醉) /가르쳐 이끌다:도야(陶冶)
  - ■요[yáo] 순임금의 신하 이름:고요(皐陶)
- ❷도(淘) [táo] 가려내다(물 속에 넣고 흔들어서 못 쓸 것을 고르다):도태(淘汰)
- ❸도(萄) [táo] 포도(葡萄):건포도(乾葡萄), 청포도(靑葡萄), 포도주(葡萄酒)

(188) 匍 匍 [pú]
- 뜻 ①(바닥을)기다:포복(匍匐)
- 자원 손을 써서 기어가는 것을 말한다. 배를 땅에 대고 기는 것을 말한다.
- 자소 [형성] 포(勹)감싸다+보(甫)겨우, 남자의 미칭

- ❶포{葡}[pú] 포도:포도주(葡萄酒), 포도당(葡萄糖)

(189) 匐 匐 [fú]
- 뜻 ①(바닥을)기다 ②달리다 ③엎드리다
- 자원 바닥을 기는 것을 말한다. 사람이 급해서 최선을 다하는 모습이다.
- 자소 [형성] 포(勹)감싸다+복(畐⑩)가득차다

- ❶복(萄) [bó] 무

21. 비 匕 [bǐ]

자원 숟가락의 모양. 혹은 숟가락을 닮은 비수 모양. ①밥숟가락. ②사람 인(人)을 돌려 쓴 비(匕)는 「나란하다」는 뜻을 나타낸다. 인(人)은 왼쪽, 비(匕)는 오른쪽을 향한 사람이다
뜻 ①비수 ②숟가락
자소 [상형]

부수 성부 — 부수글자가 성부로 쓰일 때

- ❶빈(牝) [pìn] 암컷: 빈계(牝鷄) /골짜기
- ❷질(叱) [chì] 꾸짖다 /욕하며 야단치다: 질타(叱打) 참고 원래는 비(匕)가 아니라 칠(七)이다

성부 글자 — 성부와 부수가 결합된 형성자

(190) 化 화 [huà]
뜻 ①화하다: 변화(變化), 미화(美化), 화장(化粧), 화학(化學), 화석(化石), 문화(文化) ②교화(敎化)하다: 덕화(德化), 순화(醇化)
자원 바로 서 있는 사람(人)과 거꾸러진 사람(匕)을 나란히 썼다. 심성이 바르지 못한 사람을 덕으로 교화시킨다는 뜻이다.
자소 [회의] 인(亻 ← 人)사람+비(匕) ← 화(匕)변하다

- ❶화〈花〉[huā] 꽃: 화초(花草), 화촉(花燭), 화환(花環), 야생화(野生花) /노는 여자: 노류장화(路柳牆花), 야생화(夜生花), 화류계(花柳界)
- ❷화〈貨〉[huò] 재화(財貨): 금은보화(金銀寶貨), 잡화(雜貨), 화물(貨物) /돈: 금화(金貨), 은화(銀貨), 화폐(貨幣)
- ❸와(訛) [é] 그릇되다: 와전(訛傳)
- ❹화(靴) [xuē] 신발: 군화(軍靴), 단화(短靴), 장화(長靴), 제화(製靴)

(191) 北 북 [běi]
뜻 ①북녘: 북한(北韓), 남북(南北) ■배 [bèi] ①배반하다
자원 두 사람이 서로 등진 모양에서 등지다, 배반하다는 뜻을 나타낸다. 후에 「북쪽」을 뜻하게 되자 원래의 뜻으로는 배(背)를 따로 만들었다.
자소 [회의] 인(亻 ← 人)사람+비(匕)우측을 향한 사람
성부 丘구 翼기 背배 乖괴 燕연 乘승

二 亠 人 儿 入 八 冂 冖 冫 几 凵 刀 カ ク ヒ ㄷ ㄷ 十 卜 卩 厂 厶 又 [비수비]

(192)  [nǎo]

[뜻] ①뇌 ②머릿골(頭髓)
[자원] 털이 난 머리 모양. 사람의 머리뼈는 여러 개의 뼈가 결합된 것인데, 그 부분이 아직 굳지 않아서 생기는 연약한 부분을 「숫구멍」이라고 한다. 숨을 쉴 때에는 팔딱거리는 것이 보이며 자라면 없어진다.
[자소] [회의] 비(ヒ匕)우측을 향한 사람＋천(川巛)머리털＋신(囟⊗)숫구멍

- ❶뇌〔惱〕[nǎo] 괴로워하다 : 번뇌(煩惱), 뇌쇄〈뇌살(惱殺 : 남자를 괴롭힐 정도로 어여쁜 여자)
- ❷뇌〔腦〕[nǎo] 머리 속의 골 : 두뇌(頭腦), 뇌일혈(腦溢血), 뇌진탕(腦震蕩)
- ❸노(瑙)[nǎo] 마노(瑪瑙 : 보석의 일종)

[상자 방] 二亠人儿入八冂冖冫几凵刀力勹匕匚匸十卜卩厂厶又

22. 방 匚 [fāng]

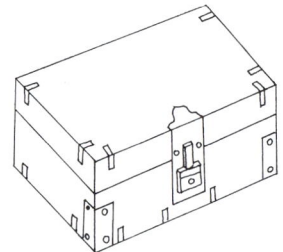

자원 물건을 담는 상자를 옆에서 본 모양. <터진 입구>라고도 한다. 혜(匸)와 다르다.
뜻 ①상자
자소 [상형]

성부 글자 — 성부와 부수가 결합된 형성자

(193) 久 匛 구 [jiù]
뜻 ①널(棺也)
자원 비단옷은 잠깐 입는 것이고, 이 나무 상자 속에서 영원을 맞는 것이다.
자소 [형성] 방(匚)상자 + 구(久)오래다

□ ❶구(柩)[jiù] 널(관, 사람의 시체를 넣는 나무상자) : 영구차(靈柩車), 운구(運柩)

(194) 坒 匡 광 [kuāng]
뜻 ①바루다(바로잡다) : 광정(匡正) ②구원하다
자원 풀로 만든 5되짜리 밥그릇을 말한다. 거(筥)는 쌀담는 광주리. 소(篍)는 춤추는 사람이 잡는 상소(象箾). 밥그릇을 뜻하기도 한다.
자소 [형성] 왕(王) ← 황(坒)초목이 무성하다 + 방(匚)상자

□ ❶광(筐)[kuāng] 광주리 / 침상
□ ❷광(恇)[kuāng] 겁내다 / 두려워하다
□ ❸광(劻)[kuāng] 급하다 / 갑자기
□ ❹광(框)[kuàng] 문테 / 관문

(195) 匠 장 [jiàng]
뜻 ①장인(匠人) : 거장(巨匠)
자원 목수가 연장(斤)을 사용하여 기구를 만든다는 뜻이다.
자소 [회의] 방(匚)상자 + 근(斤)도끼

(196)  匪 비 [fěi]
뜻 ①비적(匪賊), 무장공비(武裝共匪) ②아니다 ■분[fēn]①나누다
자원 귀중한 물건이 상자(匚)에 담겨 있는 모양.
자소 [형성] 방(匚) 상자 + 비(非)아니다

□ ❶비(榧)[fěi] 비자나무(살충제로 쓰던 나무)

二 亠 人 儿 入 八 冂 冖 冫 几 凵 刀 力 勹 匕 匚 匸 十 卜 卩 厂 厶 又　[상자방]

(197) 匱 궤 [guì]

뜻 ①상자(함) [kuì]①다하여 없어지다
자원 귀중한 물건이 상자(匚)에 담겨 있는 모양.
자소 [형성] 방(匚)상자＋귀(貴)귀하다

□ ❶궤(櫃) [guì]함 : 궤봉(櫃封: 물건을 넣고 봉하여 두다)

75

[감출 혜] 二亠人儿入八冂冖冫几凵刀力勺匕匚匸十卜卩厂厶又

214 부수글자 **023**　　　　2 - 17/23　　　　(2획부수)

23. 혜 匚ㄆ [xì]

[자원] 덮어서 감춘다는 뜻이다. <터진 에운담>이라고도 한다. 방(匚)과 다르다.
[뜻] ①감추다
[자소] [회의] 일(一)덮은 모양+은(乚ㄆ)숨다

| 성부 글자 | 성부와 부수가 결합된 형성자 |

(198) 匹 필 [pǐ]
[뜻] ①짝:배필(配匹) ②사람:필부필부(匹夫匹婦) ③수량:필마(匹馬)
[자원] 짝이 본래의 뜻이고 비단을 세는 단위로 쓰는 것은 뜻이 확대된 것이다. 팔(八)()은 부부유별(夫婦有別)이라는 뜻이고 혜(匚ㄆ)는 남녀의 사생활이다.
[자소] [회의·형성] 혜(匚ㄆ)감추다+팔(八)()나누다, 여덟
[성부] 甚 심

(199) 丙 루 [lòu]
[뜻] ①벗어나다(側逃) ②옆으로 피하다
[자원] 옆으로 피한다는 뜻이다.
[자소] [형성] 은(乚) ← 혜(匚ㄆ)숨다+병(丙)3째천간
□ ❶루(陋) [lòu] (장소가)좁다:비루(鄙陋) /추하다:누추(陋醜)

(200) 匽 언 [yǎn]
[뜻] ①숨기다(匿也. 隱也) ②길 곁의 뒷간(路厠也)
[자원] 안(匽)에서 일(日)은 남자, 녀(女)는 여자라고 했다. 남녀가 숨어서 데이트하는 모양이다.
[자소] [형성] 혜(匚ㄆ)감추다+안(匽)편안하다
□ ❶언(堰) [yàn] 방죽(제방):낙동강 하구언 공사(落東江河口堰工事)
□ ❷언(偃) [yǎn] 눕다 /쓰러지다 /편안히 쉬다

(201) 區 구 [qū]
[뜻] ①구별(區別)하다:구역(區域),구분(區分) ②자잘하다:구구(區區) ③행정구역:구청(區廳),종로구(鍾路區)
[자원] 일정한 칸을 나누어 여러 가지 자잘한 물건들을 정리해 놓은 모양.
[자소] [회의] 방(匚) ← 혜(匚ㄆ)감추다+품(品)물건
□ ❶구[鷗] [ōu] 갈매기:백구(白鷗)
□ ❷구[驅] [qū] 말을 달리다:구사(驅使),구보(驅步) /몰아내다:구축함(驅逐艦)

二十人几入八冂一冫几凵刀力勹匕匚匸十卜卩厂厶又　[감출 혜]

- ☐ ❸구{軀} [qū] 몸 : 체구(體軀), 노구(老軀)
- ☐ ❹추{樞} [shū] 문의 지도리(가장 중요한 점) : 추기경(樞機卿) / 북두칠성의 첫번째 별
- ☐ ❺구(嘔) [ǒu] 토하다 : 구토(嘔吐), 구역(嘔逆)질　■후[ōu] 노래하다
- ☐ ❻구(嶇) [qū] 산이 가파르고 험하다 : 기구(崎嶇)
- ☐ ❼구(毆) [ōu] 때리다 : 구타(毆打)
- ☐ ❽구(歐) [ōu] 토하다 / 구라파(歐羅巴, Europe) : 서구문화(西歐文化), 구미(歐美)
- ☐ ❾구(謳) [ōu] 노래하다 : 구가(謳歌)

(202)  [nì]

뜻 ①숨기다 : 은닉(隱匿), 익명(匿名)
자원 혜(匸)는 감춘다는 뜻. 약(若)이 발음을 나타낸다.
자소 [회의] 방(匚) ← 혜(匸)감추다 ＋ 약(若)같다

- ☐ ❶특(慝) [tè] 사특(邪慝)하다 / 악하다

[열십] 二 亠 人 儿 入 八 冂 冖 冫 几 凵 刀 力 勹 匕 匚 匸 十 卜 卩 厂 厶 又

214 부수글자 **024**　　　　2 - 18/23　　　　（2획부수）

24. 십 十 [shí]

자원 동서와 남북이 교차하여 사방과 중앙이 갖추어진 완전한 수라는 뜻이다(. 십(十)에는 「완전하다, 충분하다」는 뜻이 포함되기도 한다. 영수증에는 십(拾)을 대신 쓴다.
뜻 ①열:십자가(十字架),십중팔구(十中八九), 십인십색(十人十色) ②충분히:십분발휘(十分發揮) |
자소 [지사] 일(一)하나＋곤(丨)꿰뚫다

부수 성부　　　　부수글자가 성부로 쓰일 때

- ❶십{什}[shí]열사람:십장(什長) ■집:세간살이:생활집기(生活什器)
- ❷즙{汁}[zhī]진액:과즙(果汁)
- ❸침〈針〉[zhēn]바늘:침소봉대(針小棒大),초침(秒針),침로(針路)
- ❹협(叶)[xié]화합하다 /여러 사람이 한마음이 되다

성부 글자　　　　성부와 부수가 결합된 형성자

(203) 千 卂 신 [xùn]
뜻 ①빠르다 ②급히 날다(疾飛)
자원 빨리 날면 깃털이 안 보인다. 날 비(飛)자의 아랫 부분을 생략했다.
자소 [회의]

- ❶신{迅}[xùn]빠르다:신속정확(迅速正確) /억세다
- ❷신{訊}[xùn]묻다 /신문(訊問)하다
- ❸슬(蝨)[shī]이 /참깨

(204) 千 천 [qiān]
뜻 ①일천(1,000):천년(千年),천고(千古),천만다행(千萬多幸)
자원 사람의 수명을 흔히 100년이라고 한다. 열 사람의 수명을 합하면 1,000이 되는 것이다. 갑골문에서는 사람 인(人)의 밑부분에 한 획을 더하면 1000명, 두 획을 더하면 2000면, 세 획을 더하면 3000명을 뜻했다고 한다.
자소 [형성] 별(丿)←인(人)사람＋십(十)10, 열
성부 年년 乖괴 矛수 薰훈 舌설 函삼 秉병 升승 重중

- ❶천{仟}[qiān]1,000:천백(仟伯:1000,100) /밭두둑 **참고** 천(阡)과 통한다
- ❷천{阡}[qiān]밭두둑:천맥(阡陌:밭 사이에 난 길, 동서로 난 것은 천[阡],남북으로 난 것은 맥[陌])
- ❸천(芊)[qiān]풀이 우거지다

[열 십]

(205) 升승 [shēng]
- 뜻 ①되:십승일두(十升一斗) ②오르다:승진(升進)
- 자원 곡물의 양을 재는 되로 곡물을 담아서 퍼 올린다는 뜻이다. 한 말은 10되, 1되는 10홉이며, 약 1.8리터이다. 기장 알갱이 24,000개를 담는 그릇의 크기라고도 한다.
- 자소 [상형] 두(斗촉)말, 10되
- 성부 陞승

- ☐ ❶승〔昇〕[shēng] 오르다:승강기(昇降機), 상승(上昇), 승화(昇華), 승진(昇進)
- ☐ ❷승{陞}[shēng] 오르다:승진(陞進=昇進)

(206) 午오 [wǔ]
- 뜻 ①7째지지〔정오, 정남쪽, 5월, 말띠〕 ②한 낮:정오(正午)
- 자원 5월에 음기(陰氣)가 양기(陽氣)를 거슬러서 땅을 뚫고 나오는 모양을 본떴다. 하루 중에 음기와 양기가 교차하는 때를 정오(正午), 그 이전을 상오(上午), 그 이후를 하오(下午)라고 한다.
- 자소 [상형]
- 성부 卸사 杵저 許허 缶부

- ☐ ❶오{旿}[wǔ] 대낮 /밝다
- ☐ ❷오(忤)[wǔ] 거스르다 /거역하다 /어지럽다

(207) 半반 [bàn]
- 뜻 ①반:절반(折半), 전반전(前半戰), 반감(半減), 남반구(南半球), 반분(半分)
- 자원 커다란 소(牛⫽)를 잡아서 그 몸을 반으로 가르는(八)() 모양을 나타낸다.
- 자소 [회의] 팔(八)() 8, 나누다+우(⫽←牛⫽)소

- ☐ ❶판〈判〉[pàn] 판가름하다:판단(判斷), 판정(判定), 담판(談判), 심판(審判)
- ■ ❷반〔叛〕[pàn] 배반(背叛)하다:반역(叛逆), 반란(叛亂), 모반(謀叛), 반도(叛徒)
- ☐ ❸반{伴}[bàn] 짝:반려자(伴侶者), 반주(伴奏), 부부동반(夫婦同伴), 수반(隨伴)
- ☐ ❹반{畔}[pàn] 밭두둑 /물가:호반(湖畔), 하반(河畔)
- ☐ ❺반(拌)[bàn] 내버리다 /쪼개다
- ☐ ❻반(絆)[bàn] 줄로 얽어매다:반창고(絆瘡膏), 기반(羈絆:속박)
- ☐ ❼반(泮)[pàn] 주나라 때의 대학 /녹다
- ☐ ❽반(胖)[pàn] 희생의 반쪽 [pán] 편안하다:심광체반(心廣體胖:마음이 넓으면 몸이 편안하다)

(208) 卉훼 [huì]
- 뜻 ①풀:화훼류(花卉類) ②많다
- 자원 풀이 돋는다는 뜻의 철(屮屮)을 3개 겹쳐 썼다. 풀의 총칭으로 사용되며 3개를 겹친 것은 많다는 뜻을 암시한다.
- 자소 [회의] 십(十) ← 철(屮屮) 풀이 나다, 3개 중복
- 성부 賁賁분 奔훌

- ☐ ❶분〔奔〕[bēn] 달아나다 /성내다:광분(狂奔) [fèn] 패하다:분주(奔走)

[열십] 二 亠 人 儿 入 八 冂 一 冫 几 凵 刀 力 勹 匕 匚 匸 十 卜 卩 厂 厶 又

---

(209) 𤰞 **卑** 비 [bēi]

뜻 ①낮다(신분이 천하다):비천(卑賤),야비(野卑) ②나라이름
자원 갑(甲)은 여기서 사람의 머리 모양. 옛날에는 좌측을 천하게 여겼다. 왼쪽에 있는 천한 사람을 말한다.
자소 [회의] 갑(甶 ← 甲)여기서는 머리 + 십(十) ← 좌(ナ手)왼손

- ❶ 비 [碑] [bēi] 비석(碑石):기념비(紀念碑),묘비(墓碑),비각(碑閣)
- ❷ 비 [婢] [bì] 여자종:비첩(婢妾),노비(奴婢),관비(官婢),비복(婢僕)
- ❸ 패 {牌} [pái] 패:마패(馬牌),문패(門牌),위패(位牌),호패(號牌)
- ❹ 비 (痺) [bì] 암메추리 /저리다:마비(痲痺)
- ❺ 비 (脾) [pí] 지라:비위(脾胃),비장(脾臟)
- ❻ 비 (裨) [bì] 돕다:비익(裨益),비보사찰(裨補寺刹) [pí] 부차적이다:비장(裨將)
- ❼ 비 (髀) [bì] 넓적다리:비육지탄(髀肉之歎:오래 말을 타지 못해 넓적다리가 살찐 것을 한탄하다)
- ❽ 비 (俾) [bì] 더하여 보태다 /시키다 /좇다 /흘겨보다
- ❾ 패 (稗) [bài] 피 /자잘한 것:패설(稗說),패관(稗官:민간에 떠도는 이야기를 수집하던 관리)

---

(210) 衣 **卒** 졸 [zú]

뜻 ①군사:군졸(軍卒),병졸(兵卒) ②마치다:졸업(卒業) ③갑자기:졸도(卒倒) ④죽다:생졸(生卒)
자원 하인을 뜻하는 표지가 붙은 옷(衣)을 입고 일하는 하인을 뜻하는 글자였다. 후에 군대에서 온갖 일을 다 해야 하는「졸병」이란 뜻이 되었고, 졸병은 잘 죽으므로「죽다」는 뜻이 되었다.
자소 [회의] 의(衣) 옷 + 일(一) 1, 표시
성부 萃 췌

- ❶ 취 [醉] [zuì] 취하다:취생몽사(醉生夢死),도취(陶醉),심취(心醉),마취(痲醉)
- ❷ 수 {粹} [cuì] 순수(純粹)하다:청수(淸粹)
- ❸ 취 {翠} [cuì] 물총새의 암컷 /푸르다:비취색(翡翠色),취장(翠帳)
- ❹ 쇄 (碎) [suì] 부수다:분골쇄신(粉骨碎身),분쇄(粉碎),옥쇄(玉碎:깨끗이 죽음)
- ❺ 수 (晬) [zuì] 돌:수연(晬宴:생일 잔치)
- ❻ 쉬 (淬) [cuì] 담금질하다:쉬장(淬掌:공부하던 사람이 졸음을 쫓기 위하여 손바닥을 지짐)
- ❼ 졸 (猝) [cù] 갑자기:졸지(猝地),졸부(猝富:어느날 갑자기 부자가 된 사람),창졸간(倉猝間)
- ❽ 췌 (悴) [cuì] 파리하다:초췌(憔悴)

---

(211) 𣅽 **卓** 탁 [zhuō]

뜻 ①높다 ②뛰어나다:탁월(卓越),탁견(卓見) ③책상:탁구(卓球),탁상공론(卓上空論),탁자(卓子),교탁(敎卓)
자원 비교했을(匕卩) 때 가장 앞서는(早) 것이라는 뜻이다.
자소 [회의] 조(早)일찍 + 복(卜) ← 비(匕卩)나란하다

- ❶ 도 {棹} [zhào] 노 /노를 젓다:도가(棹歌:뱃노래)
- ❷ 탁 {倬} [zhuō] 크다 /밝다 /뛰어나다
- ❸ 탁 {晫} [zhuó] 왕성하다
- ❹ 탁 {琸} [tuō] 사람의 이름 ■착:본음(本音)

二一人儿入八冂一冫几凵刀力勹匕匚匸十卜卩厂厶又　　［열십］

- ❺뇨(淖) [nào]진흙(수렁)
- ❻도(掉) [diào]흔들다 /상앗대
- ❼도(悼) [dào]슬퍼하다:애도(哀悼) /어린이
- ❽작(綽) [chuò,chāo]너그럽다 /여유있다:여유작작(餘裕綽綽) /유순하다
- ❾작(婥) [chuò]예쁘다(용모가 아리땁다)

(212) 南 남 [nán]

뜻 ①남녘:남국(南國),남가일몽(南柯一夢),남북(南北),남향(南向)
자원 남(南)쪽은 양기(陽氣)가 성한 곳이다. 양기는 만물을 기른다. 남쪽은 여름을 상징한다. 여름에는 초목의 잎이 무성하고(宋) 왕성하게(羊) 자란다. 갑골문에서는 고대 묘족이 사용하던 악기 모양이라고 한다.
자소 [형성] 발(帀 ← 宋)초목이 무성하다＋임(羊)조금 심하다

- ❶남(楠) [nán]녹나무
- ❷남{湳} [nǎn]강 이름
- ❸남(喃) [nán]재잘거리다:남남세어(喃喃細語:수다스럽게 재잘거리는 소리,책 읽는 소리)

[점칠복] 二 亠 人 儿 入 八 冂 冖 冫 几 凵 刀 力 勹 匕 匚 匸 十 卜 卩 厂 厶 又

214 부수글자 **025**　　　　　2 - 19/23　　　　　(2획부수)

2획

25. 복  [bǔ]

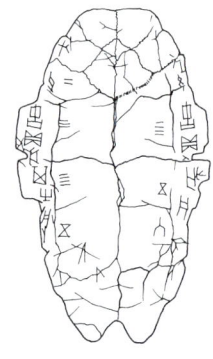

자원 점을 치기 위하여 동물의 뼈나 거북의 등껍질을 불에 태웠을 때 나타나는 갈라진 금을 말한다. 글자는 가로세로 갈라진 금의 모양을, 발음은 터질 때 나는 소리를 본뜬 것이다.
뜻 ①점:복채(卜債), 점복(占卜)
자소 [상형]

부수 성부　　　　　부수글자가 성부로 쓰일 때

☐ ❶박〔朴〕[pò]후박나무 /순박(淳朴)하다:소박(素朴), 질박(質朴) /성씨(姓氏)
☐ ❷부〔赴〕[fù]도착하다:부임(赴任) /통지하다
☐ ❸부〔訃〕[fù]부고(訃告:사람이 죽은 것을 알리는 글):부음(訃音)

성부 글자　　　　　성부와 부수가 결합된 형성자

(213) 弁 변 [biàn]
뜻 ①법 ②조급하다 ③성씨(姓氏)
자원 고깔을 양손으로 잡는 모양을 본뜬 변(弁)의 변형이다.
자소 [상형] 변(弁)의 별체

(214) 占 점 [zhān]
뜻 ①점치다:점복(占卜), 점성술(占星術), 점술사(占術師) [zhàn]①차지하다:점령(占領)하다:점거(占據), 강점(强占)독점(獨占)
자원 거북의 등껍질이 갈라진 것을 보고 길흉을 묻는다는 뜻이다. 복(卜)은 불에 태운 거북 등껍질이나 동물의 뼈가 갈라진 모양, 구(口)가 묻는다는 뜻을 나타낸다.
자소 [회의] 복(卜)점치다＋구(口)입, 말하다
성부 沾첨

☐ ❶점⟨店⟩[diàn]가게:점포(店鋪), 상점(商店), 점원(店員), 노점(露店), 반점(飯店)
☐ ❷점〔點〕[diǎn]점:홍일점(紅一點), 오점(汚點), 요점(要點) /불을 켜다:점화(點火) /조사하다:점검(點檢), 점호(點號)
☐ ❸점{点}[diǎn]점〔點〕의 속자
☐ ❹첩{帖}[tiè]문서:수첩(手帖), 화첩(畫帖)
☐ ❺념〔拈〕[niān]손에 들다:염화시중(拈華示衆)　■점[diǎn]같은 뜻:점향/염향(拈香)

82

二一人儿入八冂冖冫几凵刀力勹匕匚匸十卜卩厂厶又　[점칠 복]

- ❻점(坫) [diàn] 재(고개)
- ❼점(粘) [zhān, nián] 붙이다: 점액질(粘液質), 점토(粘土)
- ❽점(鮎) [nián] 메기
- ❾점(苫) [shān] 거적자리 [shàn] 덮다
- ❿점(覘) [hān] 몰래 엿보다
- ⓫참(站) [zhàn] 역마을: 병참기지(兵站基地), 역참(驛站) / 우두커니 서다
- ⓬첩(貼) [tiē] 붙이다: 첩부(貼附) / 한약을 세는 단위: 첩약(貼藥)
- ⓭침(砧) [zhēn] 다듬잇돌: 침석(砧石), 침저(砧杵: 방망이), 침성(砧聲: 다듬이 소리)

4
(215) 卞 롱 [biàn]　뜻 ①희롱(戱弄)하다　참고 롱(弄)과 같은 글자
　　자원 들었다(上二) 놓았다(下) 하는 것이다.
　　자소 상(上二)위 ＋ 하(下)아래

- ❶상⟨峠⟩ [shàng] 고개 / 재

6
(216) 卦 괘 [guà]　뜻 ①(주역의) 64괘: 점괘(占卦)
　　자원 괘(卦)는 음(--)과 양(—)의 어느 3개를 한 조로 삼는데 모두 8가지가 있어 팔괘(八卦)라고 한다. 이 8괘를 두 개씩 겹치면 모두 64가지가 되며, 저마다 고유한 성격들이 있다. 이것을 풀이한 글이 주역(周易)의 중심을 이루는 괘사(卦辭)다.
　　자소 [형성] 규(圭)서옥 ＋ 복(卜)점치다

- ❶괘[掛] [guà] 걸어놓다: 괘종시계(掛鍾時計) / 마음에 걸리다: 괘념(掛念)
- ❷괘(罫) [guà] (바둑판처럼) 가로세로 그은 선: 양면괘지(兩面罫紙), 괘선(罫線)

9
(217) 卨 설 [xiè]　뜻 ①(은나라를 처음 세운 사람) 이름
　　자원 벌레(禸㐬)를 본뜬 글자. 한나라 때 설(偰契)로 고쳐썼다.
　　자소 [상형]

- ❶절(竊) [qiè] 훔치다(도둑질하다): 절도(竊盜), 절취(竊取)　참고 절(窃)은 약자

[병부절] 二亠人儿入八冂冖冫几凵刀力勹匕匚匸十卜卩厂厶又

214 부수글자 **026**　　　　2 - 20/23　　　　(2획부수)

26. 절 㔾卩 [jié]

자원 병부(兵符)는 신표(信票)의 일종. 병사를 동원할 수 있었다. 임금과 지방의 군사담당자가 미리 나누어 가지고 있었다. 무릎을 꿇은 사람의 모습으로 삼가하고 조심한다는 뜻을 나타낸다 ①**무릎 꿇은 사람**:위(危),액(厄),비(肥) ②**병부**:읍(邑),인(印).
뜻 ①**병부**(신표나 계약서) ②무릎을 꿇고 조심하는 사람
자소 [상형]

성부 글자　　　　성부와 부수가 결합된 형성자

(218)  [áng]
뜻 ①바라다 ②기다리다 ③오르다
자원 오른쪽의 무릎 꿇은 사람(卩 절)이 왼쪽의 오른쪽을 향해 서 있는 사람(匕 비)을 쳐다본다는 뜻이다.
자소 [회의] 비(匕 ← 匕 卩)왼쪽을 향한 사람＋절(卩 절)무릎 꿇은 사람

- ❶앙〈仰〉[yǎng]**우러러보다**:앙불괴어천(仰不愧於天) /사모하다:신앙(信仰)
- ❷영〈迎〉[yíng]**맞이하다**:환영(歡迎),영빈관(迎賓館),영접(迎接),영합(迎合)
- ❸억〔抑〕[yì]**누르다**:억압(抑壓),억양(抑揚),억울(抑鬱),억제(抑制),억류(抑留)
- ❹앙{昂}[yáng]**높이 오르다**:앙등(昂騰),사기앙양(士氣昂揚),격앙(激昂)

(219)  [mǎo]
뜻 ①토끼 ②4째지지(동쪽, 05~07시, 토끼띠)
자원 문짝이 좌우로 열리는 모양을 본떴다. 2월은 만물이 하늘의 문을 열고 땅을 뚫고 나온다. 이와는 반대로 유(酉)는 가을 문으로서 만물이 잠기는 뜻을 나타내며 문이 닫히는 상이다.
자소 [상형]
성부 卯주 劉류

- ❶류〈柳〉[liǔ]**버드나무**:노류장화(路柳牆花),양류관음(楊柳觀音) /성:류씨(柳氏)
  참고 원래는 주(丣)자를 쓴 류(桺)다.
- ❷무〔貿〕[mào]**장사하다** /서로 바꾸다:무역(貿易),교역(交易)
- ❸료(聊)[liáo]**애오라지** /잠시 잠깐 /힘을 입다
- ❹묘(昴)[mǎo]**별자리 이름**

二十人几入八冂一冫几凵刀力勹匕匚冫丁十卜 卩厂厶又 [병부절]

- (220) 危 위 [wēi]
  - 뜻 ①위태하다:위험(危險),위기(危機) ②높다
  - 자원 높은 절벽 위(厂)에서 떨어질까 두려워하는 사람. 절(卩)은 무릎 꿇은 사람인데「조심한다」는 뜻을 나타낸다.
  - 자소 [회의] 첨(产)절벽+절(卩)무릎 꿇은 사람
  - □ ❶궤(詭) [guǐ]속이다:궤변(詭辯) /이상하다
  - □ ❷궤(跪) [guì]꿇어앉다
  - □ ❸취(脆) [cuì]연하고 무르다:취약점(脆弱點),취약지구(脆弱地區),취박(脆薄)

- (221) 印 인 [yìn]
  - 뜻 ①도장:인장(印章),낙인(落印),인장(印章),서명날인(署名捺印),인주(印朱) ②허가:인가(印可)
  - 자원 관리가 손(爪凶)에 신분을 증명하는 신표(信標)를 들고 있는 모양인데 조(爪凶)가 직각으로 세워졌다.
  - 자소 [회의] 조(爫 ← 爪凶)손톱, 손+절(卩)부절, 신표

- (222) 卵 란 [luǎn]
  - 뜻 ①알:계란(鷄卵),산란(産卵),난생(卵生),난자(卵子),수정란(受精卵)
  - 자원 물고기, 개구리 등의 얽혀 있는 알. 후에는 새, 닭 등의 알을 뜻하게 되었다.
  - 자소 [상형]
  - □ ❶부(孵) [fū]알을 까다:부화(孵化)

- (223) 却 각 [què]
  - 뜻 ①물러나다:퇴각(退却),망각(忘却) ②발어사:각설(却說)
  - 자원 좌측은 골짜기 곡(谷)이 아니라「입 둘레 굽이」를 뜻하는 각(谷)이었다.
  - 자소 [회의·형성] 거(去) ← 각(谷)입 둘레 굽이+절(卩)무릎 꿇은 사람
  - □ ❶각〈脚〉 [jiǎo,jué]다리:각선미(脚線美),각기병(脚氣病),각광(脚光),각본(脚本)

- (224) 卷 권 [juàn]
  - 뜻 ①책:상권(上卷),수불석권(手不釋卷:손에서 책을 놓지 않음) [juǎn]①둘둘 말다:석권(席卷),궐연〈권연(卷煙)
  - 자원 사람이 무릎을 꿇듯이(卩) 사물을 굽혀서 둘둘 말다.
  - 자소 [형성] 권(关 ← 关失)한웅큼+절(卩)무릎 꿇은 사람
  - □ ❶권(倦) [juàn]게으르다:권태(倦怠),노권(勞倦)
  - □ ❷권{圈} [juàn]짐승우리 /범위:세력권(勢力圈),지역권(地域圈),대기권(大氣圈)
  - □ ❸권(捲) [quǔn]둘둘 말다:권토중래(捲土重來:먼지를 일으키며 다시 오다),권렴(捲簾)
  - □ ❹권(港) [juàn]물 이름 /물이 돌아 흐르다

- (225) 卸 사 [xiè]
  - 뜻 ①짐을 부리다(解載車馬),(舍車解馬) ②벗다(脫衣解甲)
  - 자원 정오(午)에 길을 멈추고 수레의 멍에를 내린다는 뜻이다.
  - 자소 [회의] 오(𠂉 ← 午𠂉)정오+지(止)멈추다+절(卩)병부
  - 성부 御어
  - □ ❶함(啣) [hǎn]재갈 /명함 참고 함(銜)의 속자

[병부 절] 二 亠 人 儿 入 八 冂 冖 冫 几 凵 刀 力 勹 匕 匚 匸 十 卜 卩 厂 厶 又

(226)  卽 즉 [jí]

뜻 ①나아가다:즉위(卽位) ②곧:즉시(卽時),즉효(卽效),즉각(卽刻),즉심(卽審)
자원 맛있는 음식을 앞에 두고도 절제한다는 뜻이다.
자소 [회의] 흡(皀←自←皀皃)고소하다＋절(卩己)무릎 꿇은 사람
성부 節節節절

□ ❶즐(喞) [jí] 벌레소리 /낮게 이야기하는 소리

(227)  卿 경 [qīng]

뜻 ①벼슬:공경(公卿),객경(客卿),경후백자남(卿侯伯子男)
자원 두 사람이 무릎을 맞대고 마주 앉아(卯) 밥(皀) 먹는 모양을 본떴다. 여러 사람을 먹여 살리는「지위가 높은 사람」을 말한다.
자소 [회의] 묘(卯)←경(卯皃)무릎꿇은 두사람＋흡(皀皃)고소하다

二十人儿入八冂一冫几凵刀力勹匕匚匸十卜卩厂厶又　[바위 한]

214 부수글자 027　　2 - 21/23　　(2획부수)

27. 한 厂「 [hǎn]

[자원] 바위의 윗부분이 튀어 나와서 사람이 살 만한 곳. 흔히 <민엄호>라고도 한다.
[뜻] ①벼랑 ②언덕(山之厓巖 人可居)
[자소] [상형]

| 성부 글자 | 성부와 부수가 결합된 형성자 |

(228) 厄 액 [è]
[뜻] ①재앙(災殃):액운(厄運)
[자원] 원래는 나무에 불거지게 튀어나온 옹이(木節:목절)를 뜻하는 말이었다. 사람에게는 악성 종기인 암이 재앙이듯이 나무로 봐서도 옹이는 좋은 것이 못된다.
[자소] [형성] 한(厂「)바위 절벽 ＋ 절(卩¤)무릎 꿇은 사람

□ ❶애(阨) [è]좁다 ■액:막히다:액궁(阨窮:운이 막혀 궁함)
□ ❷액(扼) [è]움켜쥐다:액궁(扼窮:운이 나빠 궁지에 빠짐)

6
(229) 厓 애 [yá]
[뜻] ① 언덕(낭떠러지) ②물가(山邊水畔).
[자원] 절벽(厂「)의 모양을 본떴다. 규(圭)가 층이진 모양을 나타낸다.
[자소] [형성] 한(厂「)절벽 ＋ 규(圭)층이 진 모양

□ ❶애〔涯〕 [yá]물가 /끝:생애(生涯), 천애고아(天涯孤兒)
□ ❷애{崖} [yá]낭떠러지:단애(斷崖)
□ ❸애(睚) [yá]눈초리 /눈을 흘기다 /노려보다

7

(230) 厚 후 [hòu].
[뜻] ①두텁다:농후(濃厚), 후덕(厚德), 후의(厚意).
[자원] 향(啇ㅎ)은 향(享), 후(旱ᆯ)는 후(厚)의 옛글자. 「향(享)은 인간이 조상에게, 후(厚)는 윗사람이 아랫사람에게」후한 것을 말한다.
[자소] [회의] 한(厂「)언덕 ＋ 후(旱ᆯ)향(享)을 거꾸로 썼다

8

(231) 原 원 [yuán]
[뜻] ①근원:원고(原告), 원고지(原稿紙), 원래(原來), 원시(原始), 원천봉쇄(源泉封鎖) ②들판:성동 원두(城東原頭), 초원(草原), 평원(平原)
[자원] 바위(厂「) 밑에서 처음으로 많은 샘물(灥)이 솟아 나오는 곳을 말한다.
[자소] [회의] 한(厂「)절벽 ＋ 천(泉 ← 灥)샘물

87

[바위 한]   二 亠 人 儿 入 八 冂 冖 冫 几 凵 刀 力 勹 匕 匚 匸 十 卜 卩 厂 厶 又

- ❶원〈願〉[yuàn] 바라다 : 입학원서(入學願書), 기원(祈願), 소원(所願), 숙원(宿願)
- ❷원〔源〕[yuán] 근원(根源) : 원천(源泉), 기원(起源), 전원(電源), 재원(財源)
- ❸원{愿}[yuàn] 삼가하다
- ❹원{嫄}[yuán] 사람 이름

9

(232) 斄 리 [lí]

뜻 ①터지다 ②벌리다(쪼개다)
자원 절벽이 무너져 내리는 것처럼 잘 익은 과일이 떨어진다는 말이다. 탁(坼)은 터진다는 뜻이다.
자소 【회의】 미(未米)아니다 ＋ 복(夂 ← 攴夊)막대로 치다 ＋ 한(厂)절벽

- ❶리(釐)[lí] 다스리다 : 이정(釐正 : 다스려서 바르게 하다) /주다

10

(233) 厥 궐 [jué]

뜻 ①그것(其也) ②짧다 : 궐미(厥尾)
자원 채석장에서 돌을 캐는 것을 말한다. 한(厂)은 바위산, 궐(欮)은 숨이 차서 헐떡거린다는 뜻이다.
자소 【형성】 한(厂)절벽 ＋ 궐(欮)숨이 차다

- ❶궐(蹶)[jué] 벌떡 일어나다 : 궐기대회(蹶起大會), 궐연(蹶然) /넘어지다
- ❷궐(獗)[jué] 날뛰다 : 창궐(猖獗 : 나쁜 세력이 자꾸 일어나서 날뜀)
- ❸궐(蕨)[jué] 고사리

(234) 秝 력 [lì]

뜻 ①달력 참고 력〔曆〕의 옛 글자
자원 벼포기(秝)를 널어 말리는 모양을 나타낸 것이다.
자소 【형성】 한(厂)바위 절벽 ＋ 력(秝)벼가 드문드문 난 모양
성부 歷력

- ❶력(曆)[lì] 달력 : 양력(陽曆), 음력(陰曆), 책력(冊曆)

12

(235) 厭 염 [yàn]

뜻 ①싫어하다 : 염증(厭症) ②만족하다 ■엽[yā] ①주술로 사람을 누르다 : 엽승(厭勝)
자원 맛있는 개고기를 실컷 먹었다는 뜻이다. 더 들어갈 여지가 없다는 말이다. 한(厂)이 기암 절벽이 있는 장소를 나타낸다.
자소 【형성】 한(厂)절벽 ＋ 염(猒)배가 부르다

- ❶압〔壓〕[yā] 누르다 : 압력(壓力), 압박(壓迫), 압축(壓縮), 고압(高壓), 기압(氣壓)
- ❷염(魘)[yàn] 가위 눌리다
- ❸엽(靨)[yiè] 보조개

13

(236) 厲 려 [lì]

뜻 ①사납다 ②악귀 ③숫돌
자원 무서운 독을 가진 전갈, 혹은 바위 틈에 집을 짓고 사는 벌을 말한다.
자소 【형성】 한(厂)바위 절벽 ＋ 만(萬) ← 채(蠆)전갈

- ❶려〔勵〕[lì] (어떤 일에)힘을 쓰다 : 격려(激勵), 장려(獎勵), 독려(督勵)
- ❷려(蠣)[lì] 조개의 일종인 굴
- ❸려(礪)[lì] 거친 숫돌 /갈고 닦다

| 214 부수글자 **028** | 2 - 22/23 | (2획부수) |

28. 사 厶 ㅇ [sī]

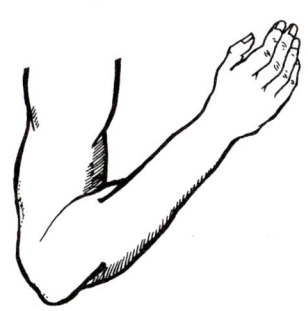

자원 팔꿈치를 구부려 물건을 자기 쪽으로 당겨 감싸는 모양. 여러 사람을 위한 일이 아닌, 「자기 자신을 위한 일(自營)」을 말한다. <마늘모>라고도 한다.
뜻 ①사사 사(개인적이며 사적인 일)
자소 [지사]

부수 성부 — 부수글자가 성부로 쓰일 때

☐ ❶사〈私〉[sī] 개인적인 것 :사생활(私生活), 사리사욕(私利私慾) /간통하다

성부 글자 — 성부와 부수가 결합된 형성자

(237)  厷 굉 [gōng]
뜻 ①둥글다 ②팔꿈치(臂上一節).
자원 팔꿈치 모양에 오른손(又ㅋ)을 더한 것이다. 사(厶ㅇ)는 굉(肱)의 옛글자가 모양이 변한 것이다.
자소 [상형] 우(ナ←又ㅋ)또, 손+굉(厷)굉(肱)古字

☐ ❶웅〈雄〉[xióng] 수컷 :자웅(雌雄) /뛰어나다 :웅장(雄壯), 웅변(雄辯), 영웅(英雄)
☐ ❷굉{宏}[hóng] 크다 :굉장(宏壯)하다
☐ ❸굉{肱}[gōng] 팔뚝 :곡굉이침지(曲肱而枕之 :팔을 굽혀 베개를 삼다)
☐ ❹굉〈紘〉[hóng] 갓끈 /넓히다

(238) 去 거 [qù]
뜻 ①가다 :거래(去來), 거취(去就) 서거(逝去) ②없애다 :제거(除去)
자원 떠나가서 서로 헤어지는 것을 말한다. 그릇과 뚜껑의 모양을 본떴다. 떠나는 사람에게 음식을 대접하는 것은 흔한 일이다.
자소 [회의] 토(土)←대(大大)그릇 뚜껑+사(厶)←거(凵凵)그릇
성부 法瀍법 却각 盍합

☐ ❶거〈祛〉[qū] 재앙을 떨쳐 없애다 /떠나다
☐ ❷거{法}[qiè] 한묶음(一束)이 되지 못하다 ■겁 :지명(地名)
☐ ❸겁{劫}[jié] 힘을 써서 억지로 빼앗다 :겁탈(劫奪) /아주 긴 시간 :억겁(億劫)
☐ ❹겁〈怯〉[qiè] 겁내다 /무서워하다 :비겁(卑怯)

[사사 사]　二 亠 人 儿 入 八 冂 冖 冫 几 凵 刀 力 勹 匕 匚 匸 十 卜 卩 厂 厶 又

(239) 参 참 [cān]

뜻　①참여(參與)하다:참가(參加),참석(參席),참여(參與),동참(同參). [cēn]①가지런하지 않다 ■삼[sān]①삼(三)자 대신 쓰는 글자 [shēn]①별이름

자원　빛(晶)을 내는 아름다운(㐱) 것이라는 뜻이다. 원래의 글자는 참(參)이었는데 예서에서 참(参)으로 썼다.

자소　[회의] 류(厽) ← 정(晶)반짝이다＋진(㐱)고운 머리털

□ ❶참〔慘〕[cǎn]참혹(慘酷)하다:참패(慘敗),비참(悲慘),처참(悽慘),무참(無慘)
□ ❷삼{蔘}[shēn]인삼(人蔘):산삼(山蔘),홍삼(紅蔘),수삼(水蔘),건삼(乾蔘)
□ ❸삼(滲)[shèn]스며들다:삼투압(滲透壓)
□ ❹참(驂)[cān]곁 말:참마(驂馬:4 필의 말이 끄는 마차에서 바깥 쪽의 2마리의 말을 말한다)

二十人儿入八冂一冫几凵刀力勹匕匚匸十卜卩厂厶又 [또우]

214 부수글자 029　　　2 - 23/23　　　(2획부수)

29. 우 又 ㄱ [yòu]

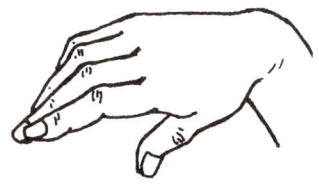

[자원] 오른손의 다섯 손가락을 다 그리지 않고, 세 손가락만을 그렸다. 「손, 돕는다」는 뜻이다. [又] [ㅋ] [ナ] 등 3가지 형태로 변한다.
[뜻] ①또
[자소] [상형]

부수 성부　　　부수글자가 성부로 쓰일 때

- ❶우〈友〉[yǒu] 친구 : 우정(友情), 우애(友愛), 우방(友邦), 우호(友好), 교우(敎友)
- ❷어〈馭〉[yù] 말〈馬〉을 부리다 /다스리다

성부 글자　　　성부와 부수가 결합된 형성자

(240)  [chā]
[뜻] ①갈래 ②깍지를 끼다
[자원] 오른손(又ㅋ)을 펴서 물건의 틈새에 넣어 움켜잡은 모양을 말한다. 나중에는 「끝이 갈라진 물건, 비녀」를 뜻하게 된다.
[자소] [지사·상형] 우(又ㅋ)오른손＋주(丶) ← 일(一一)하나, 물건
[성부] 叉 조

- ❶채〈釵〉[chāi] 비녀 ■차: 같은 뜻

(241)  [mò]
[뜻] ①빠지다(沈也)
[자원] 빙빙도는 물(回) 속에서 건져내는(又ㅋ) 모양. 이것이 포함된 글자는 얻는다는 뜻보다는 오히려 「잃는다」는 뜻이 더 많다.
[자소] [지사] 인(勹) ← 회(回)빙빙 도는 물＋우(又ㅋ)오른 손

- ❶몰〔沒〕[méi] 물에 빠지다 : 몰두(沒頭), 몰입(沒入) /다하다 : 몰락(沒落) /없다 : 몰인정(沒人情) /죽다 : 생몰(生沒) /전부 : 몰살(沒殺), 몰수(沒收)
- ❷몰〈歿〉[mò] 죽다 : 전몰장병(戰歿將兵), 생몰연도(生歿年度)

[또우] 二十人儿入八冂一冫几凵刀カ勹匕匚厂十卜卩厂厶

(242) 及 급 [jí]
- 뜻 ①미치다(닿다):보급(普及),후회막급(後悔莫及)
- 자원 뒤쫓는 사람(人亻)의 손(又彐)이 앞사람의 등에 막 닿는 순간을 말한다.
- 자소 [회의] 인(亻←人亻)사람＋우(又←又彐)또,손
- 성부 急급

☐ ❶흡〈吸〉[xī]숨을 들이쉬다:호흡(呼吸),흡수(吸收),흡연(吸煙),흡혈귀(吸血鬼)
☐ ❷급〈級〉[jí]등급(等級):진급(進級),고급(高級),학급(學級),계급(階級)
☐ ❸급{汲}[jí]물을 긷다:급수(汲水) /힘쓰다:급급(汲汲:무슨 일에 몰두하여 정신이 없음)
☐ ❹급〈扱〉[qì]취급(取扱)하다 /미치다(이르다)
☐ ❺급〈伋〉[jí]속이다
☐ ❻삽〈鈒〉[sà]창 /새기다 /널조각

(243) 反 반 [fǎn]
- 뜻 ①돌이키다:반응(反應),반사(反射),반격(反擊),반향(反響) ②반대(反對)하다:반공(反共),:반박(反駁),반론(反論),찬반(贊反)
- 자원 바위(厂冖)를 뒤집는다(又彐)는 뜻이다. 위에서 아래로 엎는 것을 복(覆), 이 둘을 합하면 반복(反覆)한다는 말이 된다.「같은 일을 되풀이한다」는 뜻이다.
- 자소 [회의] 한(厂冖)바위 절벽＋우(又彐)오른손
- 성부 爰원

☐ ❶반〈飯〉[fàn]밥:반찬(飯饌),반점(飯店),조반(朝飯),반상기(飯床器)
☐ ❷반〈返〉[fǎn]돌아오다:반납(返納),반환(返還),반신(返信),반품(返品)
☐ ❸반〈叛〉[pàn]배반(背叛＝背反)하다:반역(叛逆)
☐ ❹판〈板〉[bǎn]널빤지:판자(板子),칠판(漆板),간판(看板),철판(鐵板)
☐ ❺판〈版〉[bǎn]널:목판화(木版畵) /인쇄:판권(版權),출판(出版),판도(版圖)
☐ ❻판〈販〉[fàn]팔다:판로(販路),판매(販賣),시판(市販),공판장(共販場)
☐ ❼판{坂}[bǎn]비탈길
☐ ❽판〈阪〉[bǎn]비탈:판상주환(阪上走丸:비탈에서 공을 굴린다, 기세를 타서 일을 하면 쉽다)
☐ ❾판〈鈑〉[bǎn]금박(얇은 판자 모양의 황금)

(244) 𠬝 복 [fú]
- 뜻 ①다스리다(治也) ②일하다(以手治事)
- 자원 손을 써서 무릎 꿇게 하다. 절(卩㔾)은 무릎 꿇은 사람 모양을 본뜬 것인데 「조심하며 삼가한다」는 뜻을 나타낸다. 년(𠂉)과 다르다.
- 자소 [회의] 절(卩㔾)병부, 무릎 꿇은 사람＋우(又彐)오른손
- 성부 報보

☐ ❶복〈服〉[fú]옷:의복(衣服) /복종(服從)하다:항복(降服) /약을 복용(服用)하다

二 亠 人 儿 入 八 冂 冖 冫 几 凵 刀 力 勹 匕 匚 匸 十 卜 卩 厂 厶 **又** [또 우]

(245) 𠬺 **受** 수 [shòu]
- 뜻 ①받다:영수증(領受證),인수(引受),수령(受領),수수(授受)
- 자원 배를 타고 강을 건너는 것처럼 물건을 이쪽에서 전해 주면 저쪽에서 받는다는 뜻이다.
- 자소 [회의] 표(爫)주고받다＋멱(冖)←주(舟月)배

- □ ❶수〈授〉[shòu]주다:수업(授業),수수(授受),수여(授與),전수(傳授),교수(敎授)
- □ ❷수(綬)[shòu]인끈:인수(印綬)

(246) 尗 **叔** 숙 [shū]
- 뜻 ①아재비(아저씨,삼촌):숙부(叔父),시숙(媤叔),숙모(叔母)
- 자원 원래는 콩(尗)을 줍는다(又)는 뜻이었다. 콩의 싹은 어리다는 데서 아버지의 동생인「삼촌」을 뜻하게 되었다.
- 자소 [형성] 우(又)오른손＋숙(尗)콩

- □ ❶숙〈淑〉[shū]맑다:숙녀(淑女),정숙(貞淑),현숙(賢淑)
- □ ❷독〔督〕[dū]감독(監督)하다:제독(提督),총독(總督) /재촉하다:독촉(督促)
- □ ❸적〔寂〕[jì]고요하다:적막강산(寂寞江山),적멸위락(寂滅爲樂),적적(寂寂)
- □ ❹숙{琡}[chù]옥 이름 /큰 홀
- □ ❺숙(菽)[shū]콩:숙맥(菽麥:콩과 보리를 구별하지 못하는 어리석은 사람)
- □ ❻초(椒)[jiāo]산초나무:후추〈호초(胡椒)〉

(247) 叕 **叕** 철 [zhuó]
- 뜻 ①잇다(連也) ②짧다
- 자원 한덩어리로 잇대어 엮을 모양을 나타낸다.
- 자소 [지사]

- □ ❶철{綴}[zhuì]꿰매다:철자법(綴字法),점철(點綴)
- □ ❷철(輟)[chuò]그치다
- □ ❸철(啜)[chuò]마시다 /훌쩍거리다 /먹다 /핥다

(248) 㕞 **刷** 쇄 [shuā]
- 뜻 ①닦다(拂也) ②쓸다(掃也) ③청소하다(淸也)
- 자원 수건(巾)으로 먼지를 닦았으니(又) 광이 나는 것에서 꾸민다는 뜻이 되었다. 시(尸)는 여기서 집을 나타낸다. 옥(屋)자 아래의 주를 보면「시(尸)는 집모양이다」라는 풀이가 있다(尸象屋形).
- 자소 [지사] 시(尸)시체,사람＋건(巾)수건＋우(又)오른손

- □ ❶쇄〔刷〕[shuā]인쇄(印刷)하다:별쇄본(別刷本),초판삼쇄(初版三刷)

(249) 取 **取** 취 [qǔ]
- 뜻 ①가지다:탈취(奪取),취재(取材),취급(取扱),취사선택(取捨選擇),취소(取消),취하(取下),갈취(喝取),채취(採取)
- 자원 죄인을 사로잡는다는 뜻이다. 죄인을 사로잡으면 그 왼쪽 귀(耳)를 잘라 가졌다고 한다. 혹은 전쟁에서 죽인 적의 귀를 잘라 가진다는 뜻이라고도 한다.
- 자소 [형성] 이(耳)귀＋우(又)또, 손
- 성부 **最最**최 **聚**취

- □ ❶취〔趣〕[qù]빨리 가다 /뜻:취미(趣味),취지(趣旨),취향(趣向),흥취(興趣)

93

[또우] 二一人 儿入八冂一冫几凵刀力勹 匕匚匸 十卜卩厂厶 **又**

- ❷총 {叢} [cóng] 모이다 : 한국학총서(韓國學叢書) /식물의 떨기 : 총생(叢生)
- ❸추 (諏) [zōu] 물어보다 /모여서 꾀하다
- ❹추 (鄒) [zōu] 고을 이름(공자가 탄생한 곳)
- ❺추 (陬) [zōu] 모퉁이(구석) /정월 : 추월(陬月)
- ❻취 (娶) [qǔ] 장가 들다 : 취처(娶妻), 재취(再娶)

7

(250) 叜 **수** [sǒu]
- 뜻 ①늙은이
- 자원 사람의 맥(脈)은 촌구에 큰 징후가 나타난다. 재(灾)는 맥이 쇠퇴했다는 뜻이다. 이보다 큰 재앙은 없다. 수(叟)의 원래 글자.
- 자소 [회의] 재(灾)재앙＋우(又ㅋ)오른 손

(251) 叚 **가** [jiǎ]
- 뜻 ①빌리다(借也)
- 자원 옛뜻을 분명히 알 수가 없다(不可以說古義).
- 자소 [회의]
- 성부 𠭊 가

- ❶가〈假〉[jiǎ] 가짜 : 가면(假面), 가명(假名) /임시 : 가건물(假建物), 가설(假設) /빌리다 : 가차(假借) /어조사 : 가령(假令) [jià] 틈(여가)
- ❷가 (暇) [xiá] 겨를(틈) : 휴가(休暇), 한가(閑暇), 여가(餘暇), 병가(病暇)
- ❸하 {霞} [xiá] 놀(이내) : 모하(暮霞 : 저녁 노을)
- ❹하 (瑕) [xiá] 옥에 난 흠(티) : 하자(瑕疵 : 결점이나 허물)
- ❺하 (蝦) [xiā, há] 두꺼비 : 하마(蝦蟆) /새우 : 대하(大蝦)
- ❻하 (遐) [xiá] 멀다 /멀리 가다 : 승하(昇遐 : 임금의 죽음)
- ❼하 (鰕) [xiā] 새우 : 대하(大鰕) [참고] 하(蝦)와 같은 글자

8

(252) 叟 **수** [sǒu]
- 뜻 ①늙은이 [참고] 원래의 글자는 叜다.
- 자원 예서에서 글자의 모양이 변한 것이다.
- 자소 [회의]

- ❶수 (嫂) [sǎo] 형제의 아내 : 형수(兄嫂), 계수(季嫂), 제수(弟嫂)
- ❷수 (搜) [sōu] 찾다 : 수사(搜查), 수색(搜索), 수소문(搜所聞)
- ❸수 (瘦) [shòu] 파리하다 : 수척(瘦瘠)
- ❹수 (溲) [sōu] 반죽하다 /오줌

14

(253) 叡 **예** [ruì]
- 뜻 ①슬기롭다 ②깊고 밝다
- 자원 깊은 골짜기 사이로 흐르는 냇물을 말한다. 329페이지의 예(睿)와 같은 글자. 예(叡)의 고문이 예(睿)라고 했다.
- 자소 [회의] 잔(𣦼 ← 奴)구멍 뚫다＋목(目)눈＋곡(谷)골짜기

- ❶선 {璿} [xuán] 아름다운 옥 : 선기옥형(璿璣玉衡 : 천체관측기구)
- ❷준 {濬} [jùn] 깊다 : 준원(濬源 : 깊은 근원) /개천의 바닥 밑을 치다

한자 시험 연습문제
〈제1영역〉 漢子2

〈1~3〉 다음 한자(漢字)의 부수(部首)는 무엇입니까?

1. 語 : ① 口 ② 正 ③ 言 ④ 吾
2. 球 : ① 王 ② 玉 ③ 朱 ④ 求
3. 寒 : ① 共 ② 寒 ③ 宀 ④ 一

〈4~7〉 다음 한자(漢字)의 획수는 모두 몇 획입니까?

4. 希 : ① 7   ② 8   ③ 9   ④ 10
5. 難 : ① 17 ② 18 ③ 19 ④ 20
6. 番 : ① 11 ② 12 ③ 13 ④ 14
7. 革 : ① 8   ② 9   ③ 10 ④ 11

〈8~9〉 다음 필순(筆順)에 대한 설명에 가장 알맞은 한자는 어느 것입니까?

8. 가운데를 꿰뚫는 획은 나중에 쓴다.
① 車 ② 木 ③ 去 ④ 水
9. 왼쪽에서 오른쪽으로 쓴다.
① 夕 ② 川 ③ 門 ④ 甘

〈10~12〉 다음 한자(漢字)와 그 조자(造字)의 방식이 같은 한자는 어느 것입니까?

  예: 한자 '靴'는 그 조자(造字)의 방식이 뜻을 나타내는 '革혁'과 음을 나타내는 '化화'가 결합하여 이루어진 형성자이다. 이와 비슷한 한자로 '喉후'가 있다.

10. 邂 : ① 高 ② 群 ③ 兄 ④ 令

11. 堀 : ① 堂 ② 長 ③ 光 ④ 自
12. 者 : ① 責 ② 皆 ③ 圍 ④ 慧

〈13~25〉 다음 한자(漢字)의 음(音)은 무엇입니까?

13. 那 : ① 니 ② 나 ③ 아 ④ 사
14. 券 : ① 곤 ② 분 ③ 책 ④ 권
15. 擬 : ① 희 ② 구 ③ 의 ④ 이
16. 剛 : ① 강 ② 항 ③ 굉 ④ 각
17. 默 : ① 흑 ② 묵 ③ 먹 ④ 훈
18. 捐 : ① 현 ② 손 ③ 완 ④ 연
19. 縮 : ① 축 ② 숙 ③ 완 ④ 압
20. 耐 : ① 이 ② 추 ③ 내 ④ 니
21. 蝶 : ① 엽 ② 협 ③ 접 ④ 섭
22. 蔬 : ① 소 ② 초 ③ 류 ④ 도
23. 寂 : ① 숙 ② 적 ③ 국 ④ 척
24. 肩 : ① 견 ② 현 ③ 구 ④ 갑
25. 勵 : ① 거 ② 려 ③ 라 ④ 주

〈26~35〉 다음의 음(音)을 가진 한자는 어느 것입니까?

26. 포 : ① 浩 ② 皐 ③ 飽 ④ 操
27. 긴 : ① 窘 ② 緊 ③ 箕 ④ 桔
28. 험 : ① 驗 ② 纖 ③ 鈴 ④ 禁
29. 호 : ① 俱 ② 逃 ③ 悟 ④ 護
30. 군 : ① 壹 ② 鎰 ③ 鉉 ④ 裙
31. 선 : ① 陳 ② 旋 ③ 損 ④ 震
32. 주 : ① 追 ② 抽 ③ 奏 ④ 泰
33. 총 : ① 衝 ② 瞳 ③ 聰 ④ 瀧
34. 획 : ① 獲 ② 檜 ③ 眛 ④ 旣
35. 화 : ① 廻 ② 華 ③ 葉 ④ 裹

[연습 문제]

⟨36~45⟩ 다음 한자(漢字)와 음(音)이 같은 한자는 어느 것입니까?

36. 感: ① 擔 ② 監 ③ 蔘 ④ 濫
37. 浴: ① 辱 ② 谷 ③ 稿 ④ 皓
38. 拂: ① 不 ② 秘 ③ 備 ④ 撥
39. 納: ① 耐 ② 笠 ③ 拉 ④ 踏
40. 荊: ① 擎 ② 螢 ③ 剋 ④ 戒
41. 閣: ① 炭 ② 糊 ③ 恪 ④ 顧
42. 型: ① 暻 ② 閔 ③ 盦 ④ 亨
43. 紛: ① 憤 ② 裙 ③ 枯 ④ 毆
44. 盍: ① 顔 ② 翊 ③ 妙 ④ 楣
45. 惑: ① 哭 ② 珏 ③ 酷 ④ 忽

⟨46~55⟩ 다음 한자(漢字)의 뜻은 무엇입니까?

46. 埋: ① 묻다 ② 누르다
　　　 ③ 알다 ④ 가다
47. 覽: ① 다루다 ② 타다
　　　 ③ 보다 ④ 더하다
48. 懇: ① 도로 ② 줄기
　　　 ③ 도리 ④ 정성
49. 競: ① 가볍다 ② 다투다
　　　 ③ 공경하다 ④ 밭 갈다
50. 軋: ① 삐걱거리다 ② 관리하다
　　　 ③ 아뢰다 ④ 가로막다
51. 署: ① 덥다 ② 용서하다
　　　 ③ 관청 ④ 용서
52. 暴: ① 굳다 ② 터지다
　　　 ③ 사납다 ④ 끌다
53. 疑: ① 마땅하다 ② 의지하다
　　　 ③ 아름답다 ④ 의심하다
54. 磨: ① 저리다 ② 갈다
　　　 ③ 재다 ④ 작다
55. 尾: ① 소리 ② 꼬리
　　　 ③ 길이 ④ 머리

⟨56~65⟩ 다음의 뜻을 가진 한자(漢字)는 어느 것입니까?

56. 희다: ① 素 ② 黑 ③ 赤 ④ 墨
57. 순수하다: ① 洙 ② 純
　　　　　　 ③ 鈍 ④ 隱
58. 고치다: ① 笠 ② 更
　　　　　 ③ 成 ④ 擎
59. 얼굴: ① 肥 ② 頁 ③ 周 ④ 顔
60. 기리다: ① 讚 ② 煮
　　　　　 ③ 奏 ④ 邢
61. 곱다: ① 廬 ② 盧 ③ 麗 ④ 帽
62. 침: ① 陀 ② 唾 ③ 安 ④ 打
63. 잡다: ① 調 ② 組 ③ 助 ④ 操
64. 별: ① 辰 ② 珍 ③ 軫 ④ 鎭
65. 뇌물: ① 乃 ② 瑠 ③ 賂 ④ 需

⟨66~75⟩ 다음 한자(漢字)와 뜻이 비슷한 한자는 어느 것입니까?

66. 慮: ① 想 ② 糖 ③ 剛 ④ 拱
67. 就: ① 退 ② 進 ③ 數 ④ 尙
68. 典: ① 杳 ② 裳 ③ 尊 ④ 式
69. 訓: ① 校 ② 較 ③ 敎 ④ 轎
70. 着: ① 度 ② 赴 ③ 附 ④ 討
71. 舍: ① 室 ② 載 ③ 庫 ④ 迷
72. 怨: ① 痛 ② 恨 ③ 奸 ④ 苛
73. 謠: ① 童 ② 斜 ③ 嗒 ④ 歌
74. 末: ① 始 ② 端 ③ 初 ④ 未
75. 終: ① 了 ② 昨 ③ 廻 ④ 苗

[정답] 1③ 2① 3② 4① 5② 6② 7② 8① 9② 10② 11① 12② 13① 14② 15③ 16① 17② 18④ 19① 20③ 21③ 22① 23② 24① 25② 26② 27② 28① 29④ 30④ 31② 32③ 33② 34① 35② 36② 37② 38④ 39③ 40② 41③ 42④ 43① 44② 45③ 46① 47③ 48④ 49② 50① 51③ 52③ 53④ 54② 55② 56① 57② 58② 59④ 60① 61③ 62② 63④ 64① 65③ 66① 67② 68④ 69③ 70③ 71① 72② 73④ 74② 75①

【 3획 부수 】

3획 부수 〔 32개 〕

암기

세 입구(口)의 에운담(囗)에 흙(土) 쌓던 선비(士)가
뒤쳐져서(夂) 천천히 걸어오니(夊) 저녁(夕)이다.
큰(大) 계집(女) 아들(子)의 갓머리(宀)는 마디(寸)가 작아서(小)
절름발이(尢) 시체(尸)의 왼쪽 좌측(屮) 산(山)에 버렸다.
개미허리(巛) 장인(工)은 몸(己)의 수건(巾)으로 방패(干)를 닦다가
작은요(幺) 엄호 밑(广)으로 민책받침(廴)을 만들었다.
스므개(廾) 주살(弋)을 활(弓)로 쏴서 가로왈을 터트리니(彑)
털(彡)난 두사람(彳) 마음(心)이여!

口	[입 구]	가(可) 고(古) 사(史) 구(句) 사(司) 소(召) 우(右) 지(只) 태(台) 각(各) 리(吏) 길(吉) 동(同) 명(名) 합(合) 향(向) 후(后) 고(告) 군(君) 려(呂) 부(否) 오(吳) 오(吾) 정(呈) 취(吹) 폐(吠) 구(咎) 명(命) 주(周) 재(哉) 자(咨) 품(品) 함(咸) 가(哥) 곡(哭) 당(唐) 원(員) 유(唯) 교(喬) 단(單) 계(啓) 상(喪) 선(善) 희(喜) 색(嗇) 기(器) 엄(嚴)
囗	[에울 위]	수(囚) 사(四) 인(因) 회(回) 곤(困) 고(固) 국(國)
土	[흙 토]	재(在) 규(圭) 좌(坐) 균(均) 수(垂) 기(基) 근(堇) 집(執) 당(堂) 요(堯) 보(報) 새(塞) 진(塵) 학(壑)
士	[선비 사]	임(壬) 장(壯) 일(壹) 호(壺) 수(壽)
夂	[뒤쳐져 올 치]	
夊	[천천히 걸을 쇠]	하(夏) 기(夔)
夕	[저녁 석]	외(外) 다(多) 숙(夙) 야(夜)
大	[큰 대]	부(夫) 요(夭) 천(天) 태(太) 실(失) 앙(央) 이(夷) 협(夾) 기(奇) 내(奈) 봉(奉) 엄(奄) 계(契) 주(奏) 환(奐) 해(奚) 전(奠) 오(奧)
女	[계집 녀]	노(奴) 호(好) 여(如) 타(妥) 위(委) 처(妻) 첩(妾) 간(姦) 위(威) 루(婁) 부(婦) 눈(嫩)
子	[아들 자]	혈(孑) 공(孔) 잉(孕) 부(孚) 효(孝) 고(孤) 계(季) 맹(孟) 손(孫) 숙(孰) 잔(孱) 학(學)

97

【 3획 부수 】

宀　　　　　[집 면]　　수(守) 안(安) 택(宅) 송(宋) 완(完) 관(官) 복(宓) 탕(宕) 완(宛)
　　　　　　　　　　　의(宜) 정(定) 종(宗) 객(客) 선(宣) 가(家) 궁(宮) 재(宰) 용(容) 해(害) 숙(宿)
　　　　　　　　　　　인(寅) 구(寇) 한(寒) 녕(寧) 찰(察) 과(寡) 사(寫) 심(審)

寸　　　　　[마디 촌]　　사(寺) 봉(封) 사(射) 위(尉) 장(將) 전(專) 심(尋) 존(尊) 대(對)

小　　　　　[작을 소]　　소(少) 첨(尖) 상(尙)

尢(允兀)　　[절름발이 왕]　방(尨) 취(就)

尸　　　　　[주검 시]　　윤(尹) 척(尺) 니(尼) 국(局) 뇨(尿) 미(尾) 거(居) 굴(屈) 옥(屋)
　　　　　　　　　　　전(展) 리(履) 속(屬)

屮(ナ十)　　[왼 좌]　　　둔(屯)

山　　　　　[뫼 산]　　　강(岡) 악(岳) 암(岩) 도(島) 최(崔) 붕(崩) 숭(崇) 외(嵬)

巛(川)　　　[내 천]　　　주(州) 소(巢)

工　　　　　[장인 공]　　거(巨) 좌(左) 무(巫) 차(差)

己　　　　　[몸 기]　　　사(巳) 이(已) 파(巴) 항(巷) 손(巽)

巾　　　　　[수건 건]　　시(市) 포(布) 희(希) 백(帛) 제(帝) 석(席) 사(師) 대(帶) 상(常)
　　　　　　　　　　　막(幕)

干　　　　　[방패 간]　　평(平) 년(年) 병(幷) 행(幸) 간(幹)

幺　　　　　[작을 요]　　환(幻) 유(幼) 기(幾)

广　　　　　[바위 엄]　　장(庄) 상(床) 경(庚) 부(府) 도(度) 고(庫) 강(康) 서(庶) 용(庸)
　　　　　　　　　　　렴(廉) 전(廛) 광(廣)

廴　　　　　[길게 걸을 인]　연(延) 정(廷) 건(建)

廾(卄丌)　　[스물 입]　　변(弁) 롱(弄)

弋　　　　　[주살 익]　　식(式)

弓　　　　　[활 궁]　　　인(引) 조(弔) 불(弗) 홍(弘) 제(弟) 약(弱) 강(強) 장(張) 강(彊)
　　　　　　　　　　　미(彌) 만(彎)

彑(크彐)　　[돼지머리 계]　단(彖) 혜(彗) 휘(彙) 이(彝)

彡　　　　　[터럭 삼]　　언(彦) 욱(彧) 팽(彭)

彳　　　　　[걸을 척]　　역(役) 후(後) 어(御) 사(徙) 종(從) 복(復) 미(微) 징(徵) 철(徹)

心(忄㣺)　　[마음 심]　　필(必) 인(忍) 지(志) 념(念) 홀(忽) 급(急) 사(思) 식(息) 자(恣)
　　　　　　　　　　　실(悉) 총(悤) 덕(悳) 유(惟) 혜(惠) 감(感) 애(愛) 유(愈) 의(意)
　　　　　　　　　　　경(慶) 려(慮) 우(憂) 게(憩) 헌(憲)

98

口口土士夂夊夕大女子宀寸小尢尸屮山川工己巾干幺广廴廾弋弓彐彡彳心　　［입구］

214 부수글자 **030**　　3 - 1/32　　(3획부수)

30. 구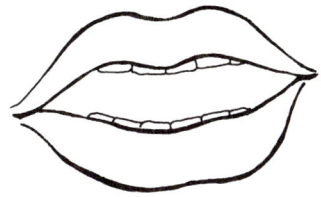[kǒu]

자원 밥을 먹거나 말을 하는, 사람의 입 모양을 본떴다.
뜻 ①입:이목구비(耳目口鼻),구강위생(口腔衛生) ②인구(人口):식구(食口)
③말하다:구전(口傳),구술(口述)
자소 【상형】

부수 성부　　부수글자가 성부로 쓰일 때

□ ❶고{叩}[kòu]두드리다 /머리를 조아리다:고두사죄(叩頭謝罪)

성부 글자　　성부와 부수가 결합된 형성자

(254) 可 가[kě]
뜻 ①옳다:가부(可否) ②가능(可能)하다:가망(可望),불가능(不可能) ③허가(許可)하다:인가(認可)④할 만하다:가관(可觀),가소(可笑) ■극[kè]
①오랑캐 이름
자원 막혔던 기운이 출구를 만나서 퍼져 나간다는 뜻. 교(丂)는 기운이 막히는 것, 이것을 돌려 쓴 하(ᄀ)는 기운이 퍼진다는 뜻이다.
자소 【회의】 하(丁←ᄀ)기운이 퍼지다＋구(口ㅂ)입, 말하다
성부 가 奇기 何하

□ ❶하〈河〉[hé]강:하천(河川),하류(河流),하구(河口),산하(山河),하해(河海)
　　참고 원래는 황하(黃河)를 뜻하는 글자였다.
□ ❷아[阿][ā,a,ē]언덕:아구(阿丘) /아첨(阿諂)하다:아부(阿附)
□ ❸가(呵)[hē]꾸짖다:가책(呵責) /껄껄 웃다:가가대소(呵呵大笑) /내불다
　　　　■아[ā]어조사
□ ❹가(訶)[hē]꾸짖다(꾸지람하다):가힐(訶詰)
□ ❺가(苛)[kē]가혹(苛酷)하다:가렴주구(苛斂誅求) /맵다 /까다롭다 /자잘한 풀
□ ❻가(軻)[kē]가기 힘들다 /때를 못 만나서 일이 뜻대로 안 되다 /굴대
□ ❼가(柯)[kē]도끼자루 /나뭇가지:남가일몽(南柯一夢)
□ ❽가(珂)[kē]옥 이름 /백마노(白瑪瑙) /굴레장식 자개

【입구】 口凵土士夂夊夕大女子宀寸小尤尸屮山巛工己巾干幺广廴廾弋弓彐彡彳心

(255) 古 고 [gǔ]
- 뜻 ①옛날:고대(古代),고금(古今),고궁(古宮),고적(古蹟),상고(上古) ②낡다:고물(古物),고색창연(古色蒼然)
- 자원 입(口ㅂ)에서 입으로 전해져서 10(十)대나 내려온 것은 다 그만한 「까닭이 있다」는 뜻이다.
- 자소 [회의] 십(十)10, 많다＋구(口ㅂ)입, 말하다
- 성부 居거 固고 故고 胡호 敢감 克극 啇적

- ❶고〈苦〉[kǔ] 쓰다:고배(苦杯) /괴롭다:고생(苦生),고민(苦悶) /씀바귀
- ❷고〔姑〕[gū] 시어미:고부간(姑婦間) /고모(姑母) /잠깐:고식(姑息)
- ❸고〔枯〕[kū] 마르다:고목(枯木),영고성쇠(榮枯盛衰),고엽(枯葉)
- ❹호{祜} [hù] 신이 내려주는 행복
- ❺고(沽) [gū] 팔다 /사다:고주(沽酒:술을 사 오다)
- ❻고(辜) [gū] 허물 /죄:무고(無辜)
- ❼호(岵) [hù] 초목이 우거진 산 /민둥산

(256) 史 사 [shǐ]
- 뜻 ①역사(歷史):문화사(文化史),사실(史實),청사(青史),야사(野史)
- 자원 역사를 기록하는 사관은 한쪽 편을 들지 않고 공평해야 한다는 뜻이다.
- 자소 [회의] 중(中)가운데＋우(乂 ← 又)오른손
- 성부 吏리 事사 叟사

(257) 句 구 [jù]
- 뜻 ①문장의 구절(句節):문구(文句),절구(絕句),명구(名句),시구(詩句)
  ■[gōu] ①굽다 ②유혹하다
- 자원 한숨에 다 읽을 수 있을 만큼의 문장을 하나의 단위로 묶어 싼다는 뜻이다.
- 자소 [형성] 구(口ㅂ)입, 말하다＋포(勹) ← 구(丩얽)얽히는 모양
- 성부 昫구 苟극

- ❶구〔苟〕[gǒu] 참으로 /구차(苟且)하다:불구득 불구면(不苟得不苟免:이익을 구차하게 얻지 않고, 어려움을 구차하게 면하지 않는다)
- ❷구〔拘〕[jū] 체포하다:구속(拘束) /거리끼다:불구(不拘:구애받지 않음)
- ❸구〔狗〕[gǒu] 개(강아지):상가지구(喪家之狗),황구(黃狗),계명구도(雞鳴狗盜)
- ❹구{耇} [gǒu] 늙다 /늙은이의 얼굴에 난 검버섯
- ❺구(鉤) [gǒu] 갈고리 /낚시바늘:구이(鉤餌:미끼를 단 낚시) /끌어당기다
- ❻구(駒) [jū] 망아지:백구과극(白駒過隙:망아지가 틈새를 지나치듯 세월이 빠름)
- ❼구(枸) [jǔ] 구기자(枸杞子) 나무 [gōu] 구부정하다 [gōu] 굽다

(258) 司 사 [sī]
- 뜻 ①맡다:사회자(司會者),사제(司祭),사령관(司令官)
- 자원 임금이 안에서 명령하면 신하는 밖에서 그 명령을 실행한다는 뜻이다. 임금을 뜻하는 후(后)자를 꺼꾸로 썼다.
- 자소 [지사] 후(后)자를 좌우반대로 돌려 쓴 것

- ❶사〔詞〕[cí] 말:명사(名詞),동사(動詞),가사(歌詞),품사(品詞),형용사(形容詞)
- ❷사{嗣} [sì] 대를 잇다:후사(後嗣),사자(嗣子) /대를 잇는 자손(子孫)

口冂土士夂夊夕大女子宀寸小尢尸屮山巛工己巾干幺广廴廾弋弓彐彡彳心　　[입구]

- ❸사(祠) [cí] 사당(祠堂):현충사(顯忠祠) /봄제사
- ❹사(飼) [sì] 가축을 먹여 기르다:사료(飼料),사육(飼育),방사(放飼)
- ❺사(伺) [cì] 보살피다 [sì] 엿보다:사찰(伺察)
- ❻사(覗) [sī] 엿보다 /훔쳐보다 참고 사(伺)와 같은 글자

(259) 召 소 [zhào]
뜻 ①부르다:소환(召喚),소집(召集),소명(召命) [shào] ①땅이름
자원 손짓하며 사람을 부른다는 뜻이다. 윗사람의 부르는 소리(口)가 칼날(刀) 같이 매섭고 위엄이 있다는 뜻이다.
자소 [형성] 도(刀 ← 刀刂)칼+구(口ㅂ)입, 말하다
성부 昭소

- ❶초〈招〉[zhāo] 부르다:초대(招待),초래(招來),초인종(招人鐘),초청(招請)
- ❷초〔超〕[chāo] 뛰어넘다:초월(超越),초인(超人),초과(超過),초탈(超脫)
- ❸소{沼}[zhǎo] 늪:소택지(沼澤地)
- ❹소{紹}[shào] 소개(紹介)하다 /계승하다
- ❺소{韶}[sháo] 풍류 이름 /아름답다:소광(韶光:봄의 화창한 경치)
- ❻소{邵}[shào] 고을 이름
- ❼소{玿}[sháo] 고운 옥
- ❽소{柖}[sháo,zhāo] 과녁 /나무가 흔들리다
- ❾소{炤}[zhào] 밝다 ■조:비추다
- ❿조{詔}[zhào] 고하다:조서(詔書:임금의 명령을 쓴 문서),조칙(詔勅)
- ⓫초(苕) [tiáo] 능소화풀 ■소[sháo] 풀이름
- ⓬초(貂) [diāo] 담비:초선(貂蟬:높은 사람들의 관을 장식하던 담비 꼬리와 매미 날개)

(260) 㕣 연 [yǎn]
뜻 ①산 속의 늪(山間陷泥地).
자원 산 속의 움푹 파인 곳에 고인 물을 말한다. 여기에 한 획을 더하면 하천 바닥 칠 준(容)자가 된다.
자소 [회의] 구(口ㅂ)입,말하다+팔(八) ← 물이 갈라지는 모양
성부 兗태 袞衮곤

- ❶선〈船〉[chuán] 배:선박(船舶),조선소(造船所),어선(魚船),선장(船長)
- ❷연〔沿〕[yán] 물을 따라 내려가다:연안(沿岸),연혁(沿革)
- ❸연〔鉛〕[qiān,yán] 납:연필(鉛筆),아연(亞鉛),흑연(黑鉛) /화장품:연분(鉛粉)

(261) 另 령 [lìng]
뜻 ①홀로 ②나누어 살다(分居)
자원 속된 말로 말발도 있고 능력도 있으니 따로 나가서 산다는 말이다.(人之筋力與能力, 皆足以自食, 便可獨立營生. 分開居住而各自謀生活)

- ❶괴〈拐〉[guǎi] 속이다:유괴(誘拐)

【입구】　口囗土士夂夊夕大女子宀寸小尢尸屮山巛工己巾干幺广廴廾弋弓彐彡彳心

(262) 음 **右** 우 [yòu]

뜻 ①오른 쪽:좌충우돌(左衝右突), :좌우(左右), 좌우명(座右銘:앉은 자리 오른쪽에 써 붙인 문구) ②숭상하다:우무(右武)

자원 말(口ㅂ)만으로는 모자라서 손으로도 돕는다는 뜻이다(言不足, 以左復手助之).

자소 [회의] 우(ナ ← 又ㅋ)오른손＋구(口ㅂ)입, 말하다

성부 **若** 약

☐ ❶우{佑} [yòu] 돕다:보우(保佑), 천우신조(天佑神助)
☐ ❷우{祐} [yòu] 돕다　참고 우(佑)와 같은 글자

(263) 음 **只** 지 [zhǐ]

뜻 ①다만:단지(旦只) ②지금(只今)
자원 기운이 위로 뻗지 못하고 입(口ㅂ) 아래로 퍼지는(八)() 모양을 나타낸다.
자소 [지사] 구(口ㅂ)입, 말하다＋팔(八)() 8, 나누다

■ ❶지(咫) [zhǐ] 길이의 단위(약 18Cm) /짧다:지척(咫尺)
☐ ❷지(枳) [zhǐ] 탱자나무:지각(枳殼:탱자를 썰어 말린 약재)

(264) 음 **号** 호 [háo]

뜻 ①통곡하다　참고 호〈號〉의 약자로 쓴다.
자원 글자 그대로 기가 막히는 일이 있어서 통곡한다는 뜻이다.
자소 [회의] 구(口ㅂ)입, 말하다＋교(丂)기운이 막히다

■ ❶호〈號〉[háo] 부르짖다:호령(號令)　[hào] 이름:국호(國號), 상호(商號), 부호(符號) /번호(番號):일호(一號), 호수(號數) /일컫다

(265) 음 **台** 태 [tái]

뜻 ①별이름:삼태성(三台星) ■이:①기쁘다
자원 말(口ㅂ)로 시작된다는 말이다. 이(㠯)는 그칠 이(已)자를 거꾸로 써서「시작한다」는 뜻을 나타낸다.
자소 [형성] 사(厶) ← 이(㠯)시작＋구(口ㅂ)입, 말하다

☐ ❶시〈始〉[shǐ] 처음:시작(始作), 시조(始祖), 시종(始終), 개시(開始), 창시(創始)
☐ ❷치〈治〉[zhì] 다스리다:치수(治水), 치료(治療), 치장(治裝) /정치(政治):덕치(德治), 법치(法治), 자치(自治), 통치(統治)
☐ ❸태〔怠〕[dài] 게으르다:태만(怠慢), 태업(怠業), 권태(倦怠), 나태(懶怠)
☐ ❹태〔殆〕[dài] 위태(危殆)하다:지지불태(知止不殆) /거의:태반(殆半)
☐ ❺야{冶} [yě] 쇠를 단련하다:인격도야(人格陶冶), 야금(冶金) /예쁘고 요염하다
☐ ❻이{怡} [yí] 기쁘다:이열(怡悅), 이안(怡顔)
☐ ❼태{胎} [tāi] 아이를 배다:잉태(孕胎), 태교(胎教), 태아(胎兒), 태몽(胎夢)
☐ ❽태{邰} [tái] 나라 이름
☐ ❾대(坮) [tái] 대〔臺〕의 옛글자
☐ ❿시(枲) [xǐ] 모시풀
☐ ⓫이(飴) [yí] 엿:이당(飴糖) ■사:먹이다
☐ ⓬이(貽) [yí] 끼치다:이훈(貽訓:조상이 자손에 남긴 교훈)

口口土士夂夊夕大女子宀寸小尤尸屮山川工己巾干幺广廴廾弋弓彐彡彳心　　[입구]

- ⑬ 태(苔) [tái] 이끼 : 청태(靑苔), 해태(海苔)
- ⑭ 태(笞) [chī] 볼기를 치다 : 태장(笞杖), 태형(笞刑)
- ⑮ 태(颱) [tái] 태풍(颱風)
- ⑯ 태(跆) [tái] 밟다 : 태권도(跆拳道)
- ⑰ 태(迨) [dài] 일정한 것에 도달하다 : 태길(迨吉:결혼할 시기)

3

(266) **各 각** [gè]

뜻 ①각각(各各) : 각종(各種), 각자(各自), 각개전투(各個戰鬪), 각양각색(各樣各色)

자원 치(夂ㄘ)는 가려고 하나 뒤에서 잡아끌므로 갈 수 없다는 뜻이다. 의견이 다르므로 「서로가 듣지 않는다」는 말이다.

자소 [회의] 치(夂ㄘ)뒤처져오다＋구(口ㅂ)입, 말하다

성부 咎구 路로 閣각 客객 洛락

- ❶ 격〔格〕 [gé] 격식(格式) : 품격(品格) /품위 : 자격(資格), 합격(合格), 성격(性格)
- ❷ 락〔絡〕 [luò] 얽다 : 연락(連絡), 맥락(脈絡), 농락(籠絡:얕은 꾀로 사람을 놀림)
- ❸ 략〔略〕 [luè] 생략(省略)하다 : 약도(略圖), 약자(略字) /꾀 : 계략(計略)
- ❹ 각{恪} [kè] 삼가하다 : 각근(恪勤:조심하며 부지런히 힘씀)
- ❺ 락{珞} [luò] 목걸이 : 영락(瓔珞)
- ❻ 락{酪} [lào] 소(말,양 따위의) 젖으로 만든 것 : 낙농업(酪農業)
- ❼ 락(烙) [lào] 지지다 : 낙인(烙印), 낙형(烙刑)
- ❽ 락(駱) [luò] 낙타(駱駝)
- ❾ 로(輅) [lù] 수레 ■락 : 끌다 ■아 : 맞이하다
- ❿ 뢰(賂) [lù] 뇌물(賂物) : 수뢰혐의(受賂嫌疑)

(267) **吏 리** [lì]

뜻 ①아전 : 관리(官吏) ②이두문(吏讀文)

자원 나라 일을 맡아서 백성을 다스리는 자는 반드시 일관된 원칙을 가져야 한다는 뜻이다.

자소 [회의] 일(一)한마음＋사(史몫)역사

- ❶ 사〈使〉 [shǐ] 일을 시키다 : 사역(使役), 노사(勞使) /가령 : 설사(設使) /사신(使臣) : 특사(特使), 함흥차사(咸興差使), 사자(使者)

(268) **吉 길** [jí]

뜻 ①길하다 : 불길(不吉), 길조(吉兆), 길조(吉鳥), 길흉(吉凶), 대길(大吉)

자원 출세를 위해서 공부하는 것이 아니라, 자신의 완성을 위해서 공부하는 것이 선비(士士)이므로, 그의 말(口ㅂ)을 듣는 것이 좋다는 뜻이다.

자소 [회의] 사(士士)선비＋구(口ㅂ)입, 말하다

성부 壹일 壴주

- ❶ 결〈結〉 [jié] 맺다 : 결과(結果), 결혼(結婚) /마치다 : 결국(結局), 결론(結論)
- ❷ 길{桔} [jié] 도라지 : 길경(桔梗)
- ❸ 길{佶} [jí] 건장하다 /굽다 : 길굴오아(佶屈聱牙:글 뜻이 어려워 잘 알 수 없음)

【입구】 口囗土士夂夊夕大女子宀寸小尢尸屮山川工己巾干幺广廴廾弋弓彐彡彳心

- ❹길{姞} [jí] 성씨 (황제(黃帝)가 내려준 14개의 성 중의 하나)
- ■❺철{喆} [zhé] 밝다 참고 철(哲)과 같은 글자
- ❻힐{詰} [jié] 꾸짖다 : 힐난(詰難), 힐책(詰責)
- ❼길{拮} [jié] 바쁘게 일하다 / 조이다 : 길항작용(拮抗作用)

(269) 同 동 [tóng]

뜻 ①한가지(같다) : 동일(同一), 동포(同胞), 동기동창(同期同窓), 동심(同心) ②함께 : 협동(協同), 동시다발(同時多發), 동심원(同心圓), 합동(合同)
자원 겹쳐 덮는다(冂)는 뜻이다. 함께 덮혀 있다는 말이다.
자소 [회의] 모(冃 ← 冂)겹쳐 덮다 +구(口ㅂ)입, 말하다
성부 興흥

- ❶동〈洞〉 [dòng] 마을 : 동리(洞里) /구렁 : 동굴(洞窟) /깊다 : 화촉동방(華燭洞房)
  ■통 : 밝다 : 통찰(洞察), 통촉(洞燭)
- ❷동〔桐〕 [tóng] 오동(梧桐)나무 : 벽오동(碧梧桐)
- ❸동〔銅〕 [tóng] 구리 : 동전(銅錢), 동상(銅像), 동판화(銅版畫), 청동(靑銅)
- ❹동{垌} [dòng] 둑을 쌓다
- ❺동(胴) [dòng] 몸통 : 동체(胴體) : 팔다리,날개,꼬리를 제외한 몸통부분
- ❻통(筒) [tǒng] 통 : 필통(筆筒), 수통(水筒)

(270) 名 명 [míng]

뜻 ①이름 : 명칭(名稱), 악명(惡名), 명실상부(名實相符), 유명무실(有名無實), 무명(無名) ②유명(有名)하다 : 명성(名聲), 명인(名人)
자원 저녁(夕)이 되면 어두워져 서로 알아 볼 수 없어서 스스로 자기의 이름을 외쳐서 알린다(口ㅂ)는 뜻이다.
자소 [회의] 석(夕)저녁 +구(口ㅂ)입, 말하다

- ❶명〔銘〕 [míng] 새기다 : 명심(銘心), 감명(感銘), 좌우명(座右銘), 명정(銘旌)
- ❷명(酩) [mǐng] 술 취하다 : 명정(酩酊 : 몹시 취함)
- ❸명(茗) [míng] 차싹

(271) 合 합 [hé,gě]

뜻 ①합하다 : 합계(合計), 합창(合唱), 합동(合同), 합석(合席) ②맞다 : 합격(合格) [gě]①홉(한 되의 1/10)
자원 여기저기서 모인 많은 사람들이 같은 말을 한다는 뜻. 1.그릇이 뚜껑과 일치하는 모양. 2.많은 물건들이 여기저기서 모이는 모양.
자소 [회의] 집(亼A)모이다 +구(口ㅂ)입, 말하다
성부 劊갑 荅답

- ❶급〈給〉 [gěi] 주다 : 급식(給食), 월급(月給), 지급(支給), 봉급(俸給), 자급(自給)
- ❷답〈答〉 [dá] 대답(對答)하다 : 회답(回答), 응답(應答), 정답(正答), 문답(問答) /갚다 : 보답(報答), 답례(答禮)
- ❸습〈拾〉 [shí] 줍다 : 습득물(拾得物), 수습(收拾) ■십 : 영수증에 십〈十〉대신 쓴다
- ❹흡{恰} [qià] 흡사(恰似)하다
- ❺흡{洽} [qià] 윤택하다 : 흡족(洽足) /젖다 /두루두루

口冂土士夂夊夕大女子宀寸小尢尸屮山巛工己巾干幺广廴廾弋弓彐彡彳心　　[입구]

- ☐ ❻ 흡{翕} [xī] 화합하다 /새 떼가 날아 오르듯이 많은 것이 일제히 일어나다
- ■ ❼ 감(龕) [kān] 감실(탑 맨 아래에 만든 방) 참고 원래는 함(含)+룡(龍)이다.
- ☐ ❽ 나(拿) [ná] 붙잡다:나포(拿捕)
- ☐ ❾ 합(盒) [hé] 합:향합(香盒)
- ☐ ❿ 합(蛤) [gé,há] 조개:홍합(紅蛤),대합(大蛤)
- ☐ ⓫ 합(閤) [gé] 쪽:합하(閤下:신분이 높은 사람에 대한 경칭)
- ☐ ⓬ 합(哈) [hā,hē] 물고기가 많은 모양 /물고기가 입을 오물거리는 모양

(272) 向 향 [xiàng]
뜻 ①향하다:북향(北向),의향(意向),향배(向背),북향(北向) ②이후:향후(向後) ③나가다:향상(向上)
자원 집(宀冂)에 있는 창문의 모양을 본뜬 것이다. 원래는 북쪽으로 낸 창문이라는 뜻이었다. 창문은 벽의 중간에 있으므로 에울 위(囗冂)를 썼다.
자소 [회의] 면(冂 ← 宀冂)집 +구(口) ← 위(囗冂)에워싸다
성부 尙상 杏행

- ☐ ❶ 향{珦} [xiàng] 옥 이름 /사람 이름
- ☐ ❷ 향(餉) [xiǎng] 군량 /건량(먼 길에 가지고 다니기 좋게 말린 식량)
- ☐ ❸ 형(迥) [jiǒng] 멀다
- ■ ❹ 향(嚮) [xiàng] 향하다:향도(嚮導:길을 안내하다)

(273) 后 후 [hòu]
뜻 ①임금:왕후(王后) ②뒤(後也)
자원 명령을 내려(一口,發號者,君后也) 사방으로 지시하는 사람. 이것을 돌려쓰면 임금의 명령을 실천한다는 뜻의 사(司)자가 된다.
자소 [회의] 인(厂 ← 人⼉)사람 +구(口⼌)입, 말하다
성부 司사

- ☐ ❶ 후{逅} [hòu] 만나다:해후(邂逅)
- ☐ ❷ 후{垕} [hòu] 후(厚)의 옛글자
- ☐ ❸ 구(垢) [gòu] 때 /때가 묻다 /더럽다:순진무구(純眞無垢)

(274) 舌 괄 [guā]
뜻 ①입을 막다(塞口)
자원 입(口⼌)을 막는다는 뜻이다. 대체로 혀 설(舌늘)자처럼 변형되어 사용된다.
자소 [형성] 설(舌) ← 괄(氒)뿌리 +구(口⼌)입,말하다
성부 活활

- ☐ ❶ 화〈話〉 [huà] 말하다:화제(話題),대화(對話),신화(神話),회화(會話)
- ☐ ❷ 괄{括} [kuò] 묶다:괄호(括弧:(),[],<> 등),개괄(概括),총괄(總括),포괄(包括)
- ☐ ❸ 괄(刮) [guā] 눈을 비비다:괄목상대(刮目相待:학문이 갑자기 는 것을 경탄하다) /갈다
- ☐ ❹ 괄(适) [kuò] 빠르다

【입구】 口囗土士夂夊夕大女子宀寸小尢尸屮山巛工己巾干幺广廴廾弋弓彑彡彳心

(275) **告 고** [gào]
- 뜻 ①고하다(알리다):고백(告白),고발(告發),충고(忠告) ■곡:①뵙고 아뢰다
- 자원 소가 사람을 떠받으므로 소의 뿔에 나무를 가로 묶어서 사람들에게 경고했던 데서,「알린다」는 뜻이 되었다.
- 자소 [회의] 우(牛 ← 牛半)소, 제물 + 구(口ㅂ)입, 말하다
- 성부 皓호

□ ❶조〈造〉[zào] 만들다:조작(造作) /처음:창조(創造) /잠깐:조차간(造次間)
□ ❷호〔浩〕[hào] 물이 질펀하게 흐르는 모양:호탕(浩蕩),호연지기(浩然之氣)
□ ❸호{晧}[hào] 밝다 /빛나다 /해가 뜨는 모양(日出貌)
□ ❹고(誥)[gào] 아랫사람을 깨우쳐 주다
□ ❺곡(鵠)[hú] 고니새 [gǔ] 과녁:정곡(正鵠)
□ ❻곡(梏)[gù] 수갑(쇠고랑):질곡(桎梏)
□ ❼혹(酷)[kù] 심하다:가혹(苛酷),혹독(酷毒),혹평(酷評),혹한(酷寒),혹사(酷使)

(276) **君 군** [jūn]
- 뜻 ①임금:군신(君臣),성군(聖君),폭군(暴君) ②남편:부군(夫君),낭군(郎君) ③군자(君子)
- 자원 손에 지휘봉 같은 것을 들고(尹) 호령(口ㅂ)하는 모양을 본떴다.
- 자소 [회의] 윤(尹)다스리다 + 구(口ㅂ)입, 말하다

□ ❶군〈郡〉[jùn] 고을:군읍면동리(郡邑面洞里),군현(郡縣),군수(郡守)
□ ❷군〔群〕[qún] 무리:군중심리(群衆心理),군상(群像),군계일학(群鷄一鶴)
□ ❸군(裙)[qún] 치마:군대(裙帶:치마와 허리띠)
□ ❹군(窘)[jiǒng] 군색(窘塞)하다:군핍(窘乏)
□ ❺훈(焄)[xūn] 연기에 그을리다

(277) **呂 려** [lǚ]
- 뜻 ①등뼈 ②음률:율려(律呂)
- 자원 등뼈가 죽 이어져 있는 모양을 본떴다.
- 자소 [상형]
- 성부 閭려 躬躳궁 宮궁 營영

□ ❶려{侶}[lǚ] 짝:반려자(伴侶者),승려(僧侶)

(278) **否 부** [fǒu]
- 뜻 ①아니다:부정(否定),부인(否認),여부(與否) ■비[pǐ]①막히다
- 자원 아니라고 말하는 것이니, 부인하는 것이다(不可之意也).
- 자소 [회의] 불(不ㅈ)아니다 + 구(口ㅂ)입, 말하다
- 성부 音부 否밀

□ ❶배(桮)[bēi] 술잔 /나무를 구부려서 만든 그릇

(279) **吳 오** [wú]
- 뜻 ①오나라:오월동주(吳越同舟) ②크게 말하다
- 자원 원래는 귀를 기울여 노랫소리를 듣는다는 뜻이다. 혹은「과장해서 크게 말한다」는 뜻이다.
- 자소 [회의] 구(口ㅂ)입, 말하다 + 녈(矢ㅊ)고개를 숙이다

口 囗 土 士 夂 夊 夕 大 女 子 宀 寸 小 尢 尸 屮 山 巛 工 己 巾 干 幺 广 廴 廾 弋 弓 彐 彡 彳 心   [입구]

- ❶오〈誤〉[wù]잘못하다:오해(誤解),오발(誤發),오차(誤差),오산(誤算)
- ❷오〔娛〕[yú]즐거워하다:오락(娛樂)
- ❸오(蜈)[wú]지네:오공(蜈蚣)
- ❹오(筽)[wú]버들고리
- ❺우(虞)[yú]생각하다 /즐기다 /우제(虞祭):초우,재우,삼우(初虞,再虞,三虞)

(280) 吾 오 [wú]
뜻 ①나 자신:오등(吾等:우리들)
자원 나 자신을 지칭하는 말. 음이 여(余), 여(予)와 통하므로「나」라는 뜻으로 쓰이게 된 것이다.
자소 [형성] 오(五)다섯＋구(口)입, 말하다

- ❶어〈語〉[yǔ]말씀:어록(語錄),어불성설(語不成說),표준어(標準語),밀어(密語) [yù]깨우치다
- ❷오〈悟〉[wù]깨닫다:대오각성(大悟覺醒),각오(覺悟),돈오점수(頓悟漸修)
- ❸오〔梧〕[wú]오동(梧桐)나무:벽오동(碧梧桐),오류(梧柳)
- ❹아{衙}[yá]관청:관아(官衙),아전(衙前) ■어:가다
- ❺오{晤}[wù]밝다 /만나다
- ❻오{珸}[wú]옥돌
- ❼어(圄)[yǔ]감옥:영어(囹圄)
- ❽어(齬)[yǔ]아랫윗니가 서로 어긋나다
- ❾오(寤)[wù]잠에서 깨다:오매불망(寤寐不忘)
- ❿오(牾)[wù]맞이하다(迎也)

(281) 呈 정 [chéng]
뜻 ①바치다:증정(贈呈) ②드러나다:노정(露呈)
자원 똑바로 서서(壬) 분명하게 말(口)을 한다는 뜻이다. 바르지 못한 말을 할 때는 태도 역시 바르지 못한 것이 인지상정이다.
자소 [형성] 구(口)입, 말하다＋왕(王)← 정(壬)착하다
성부 戜 戥 절 聖 성

- ❶정〔程〕[chéng]법:규정(規程),방정식(方程式) /한도:정도(程度) /길:이정표(里程表),일정(日程),과정(課程),과정(過程)
- ❷정{桯}[tīng] 탁자
- ❸정{鋥}[zèng]날이 번뜩거리다
- ❹령(逞)[chěng]마음대로 하다:불령선인(不逞鮮人)
- ❺영(郢)[yǐng]땅이름

(282) 吹 취 [chuī]
뜻 ①불다:취입(吹入),취주악단(吹奏樂團),고취(鼓吹)
자원 하품(欠夊)하듯이 입(口)을 크게 벌리고, 숨을 내쉰다는 뜻이다.
자소 [회의] 구(口)입, 말하다＋흠(欠夊)하품하다

- ❶취(炊)[chuī]불을 때어 밥을 짓다:자취생(自炊生),취사장(炊事場)

107

【입구】  口凵土士夂夊夕大女子宀寸小尢尸屮山川工己巾干幺广廴廾弋弓彐彡彳心

(283) 吠 폐 [fèi]
- 뜻 ①(개가)짖다:폐일지괴(吠日之怪:해를 보기 힘들던 파촉 지방의 개가 해를 보고 놀라서 짖음)
- 자원 개(犬犭)가 짖는(口ㅂ) 것을 말한다.
- 자소 [회의] 구(口ㅂ)입, 말하다＋견(犬犭)개, 짐승

(284) 吶 눌 [nè]
- 뜻 ①말을 더듬다(言之訥) ②말소리가 나직하다(下聲, 言不出口)
- 자원 기어 들어가는(內) 소리로 말하는(口ㅂ) 것이다. 말이 입에서 잘 나오지 않는 모습이다.
- 자소 [회의] 내(內)속, 안＋구(口ㅂ)입, 말하다

성부 雟휴 矞율

- □❶상〈商〉[shāng]상업(商業):상가(商街),상인(商人),상품(商品) 참고 장(章)이 생략되어 음을 나타낸다.
- □❷예(裔)[yì]후손:후예(後裔)

(285) 咎 구 [jiù]
- 뜻 ①허물:구실재아(咎實在我:내 탓이오!) ②꾸짖다:수원수구(誰怨誰咎)
- 자원 각자(各)의 생각만 내세우면 서로 어긋나게 되고, 결국은 나쁜 일이 생긴다는 뜻이다.
- 자소 [회의] 각(夂←各)개인＋인(人人)사람

- □❶구(晷)[guǐ]해그림자/해시계:구루(晷漏:해시계와 물시계)

(286) 咅 부 [pǒu]
- 뜻 ①비웃다 ②침을 뱉다(唾也)
- 자원 서로가 침을 뱉으며 아니라고 부인한다는 뜻이다.
- 자소 [회의] 주(丶)불똥＋부(否)아니다

- □❶부〈部〉[bù]거느리다:부하(部下)/무리:부대(部隊)/부서:문교부(文敎部)
- □❷배〔倍〕[bèi]곱(두배):천배만배(千倍萬倍)/더하다/어긋나다
- □❸배〔培〕[péi]북돋우어 가꾸다:배양(培養),식물재배(植物栽培)
- □❹배{陪}[péi]돕다:배심원(陪審員)/윗사람을 모시다:배석(陪席),배식(陪食)
- □❺보{菩}[pú]보살:관세음보살(觀世音菩薩),보리수〈보제수(菩提樹)
- □❻배(賠)[péi]물어 주다:손해배상(損害賠償)
- □❼배(焙)[bèi]불에 쬐어 말리다:배다(焙茶:찻잎을 불에 말림, 말린 찻잎)
- □❽부(剖)[pōu]쪼개다:해부(解剖),부관참시(剖棺斬屍),사체부검(死體剖檢)

(287) 命 명 [mìng]
- 뜻 ①목숨(天之所賦, 人所稟受):가인박명(佳人薄命),생명(生命),운명(運命),운명(殞命),지천명(知天命:50세) ②표적:명중(命中) ③부리다:명령(命令)
- 자원 사람들을 불러 모아서 무릎 꿇어 놓고(令) 소리를 지르는(口ㅂ) 모양이다.
- 자소 [회의] 구(口ㅂ)입,말하다＋령(令←令)명령

- □❶명(椧)[*]홈통/(경주 북쪽에 있는)절이름 참고 우리 나라에서 만든 한자

口冂土士夂夊夕大女子宀寸小尢尸屮山川工己巾干幺广廴廾弋弓彐彡彳心　　[입구]

(288) 周周주 [zhōu]
뜻 ①두루:주도면밀(周到綿密), 회담주선(會談周旋) ②주위(周圍):원주율(圓周率), 주변(周邊), 세계일주(世界一周)
자원 입(口)을 사용하여(用) 말을 할 때는 신중하여야 한다는 뜻이다.
자소 [회의] 용(周 ← 用)사용하다＋구(口)입, 말하다

- ❶조〈調〉[tiáo] 조절(調節)하다:조미료(調味料) [diào] 헤아리다:조사(調査), 조서(調書) /가락:곡조(曲調), 장조(長調) /계조(階調):경조(硬調)
- ❷조{彫}[diāo] 칼로 새기다:조각(彫刻), 부조(浮彫), 환조(丸彫), 목조(木彫)
- ❸주{週}[zhōu] 돌다:주기(週期) /일주일:매주(每週), 주간(週刊), 주일(週日)
- ❹조(雕)[diāo] 독수리 /새기다 참고 조(彫)와 통용한다.
- ❺조(凋)[diāo] 시들다:조락(凋落)
- ❻조(稠)[chóu] 빽빽하다:오밀조밀(奧密稠密)
- ❼주(綢)[chóu] 비단:주단(綢緞) /얽어매다 /빽빽하다:주밀(綢密)
- ❽척(倜)[tì] 대범하여 세속에 얽매이지 않다:척당불기(倜黨不羈:세상에 얽매이지 않음)

(289) 哉哉재 [zāi]
뜻 ①어조사:애재(哀哉:슬프다!), 쾌재(快哉:좋다!) ②비롯하다:재생백(哉生魄:달에 검은 부분이 생기기 시작하는 음력 16일)
자원 한마디 말(口)이 끝난(戈) 것을 말한다.
자소 [형성] 재(𢦏)손상하다＋구(口)입, 말하다

- ❶재{溨}[zāi] 강이름

(290) 咼咼괘 [wāi]
뜻 ①입이 비뚤어지다
자원 입이 어긋나서 바르지 않다는 뜻이다. 呙(戾)는 「어긋난다」는 뜻이다.
자소 [형성] 과(冎)앙상한 뼈＋구(口)입, 말하다
성부 高禹咼설

- ❶과〈過〉[guō] 지나치다:과식(過食) [guò] 지나가다:과정(過程), 과도기(過渡期), 과거(過去), 경과(經過) /실수:과태료(過怠料), 과실치상(過失致傷) [guo] 동사 뒤에서 완료나 과거를 나타냄
- ❷화〔禍〕[huò] 재앙:화근(禍根), 전화위복(轉禍爲福)
- ❸과(鍋)[guō] 노구솥 /냄비
- ❹와(渦)[wō] 소용돌이:와중(渦中), 와선(渦線)
- ❺와(窩)[wō] 움집 /굴 /감추다
- ❻와(蝸)[wō] 달팽이:와우각상쟁하사(蝸牛角上爭何事:좁은 곳에서 펼 다투느냐)

(291) 咢号악 [è]
뜻 ①깜짝 놀라다 ②바른말을 하다
자원 시끄럽게 부르짖는(吅) 소리가 귀에 거슬린(丂)다는 뜻이다.
자소 [형성] 현(吅)울부짖다＋우(丂) ← 역(屰)거슬리다

- ❶악(顎)[è] 턱
- ❷악(鰐)[è] 악어
- ❸악(愕)[è] 깜짝 놀라다:경악(驚愕) /직언하다 /갑자기

109

【입구】　　口口土士夂夊夕大女子宀寸小尢尸屮山川工己巾干幺广廴廾弋弓彐彡彳心

- ❹악(鄂) [è] 나라 이름 /고을 이름
- ❺악(鍔) [è] 칼날 /칼등 /높은 모양

(292) 咨자 [zī]
뜻 ①묻다(상의하다)
자원 차례대로(次) 말(口ㅂ)을 하니, 여러 사람의 의견을 듣는 것이다.
자소 [형성] 차(次)차례＋구(口ㅂ)입, 말하다
- ❶자(諮) [zī] (윗사람이 아랫사람에게)물어 보다:자문위원(諮問委員) /꾀하다

(293) 咠집 [qì]
뜻 ①귓속 말(을 하다)
자원 입(口ㅂ)을 귀(耳ㅌ)에다 대고 작은 말로 속삭인다는 뜻이다.
자소 [회의] 구(口ㅂ)입, 말하다＋이(耳ㅌ)귀
- ❶집(楫) [jí] 노
- ❷집{輯} [jí] 모으다:편집(編輯),수집(蒐輯＝蒐集) /화목하다
- ❸읍(揖) [yī] 읍을 하다 /모이다
- ❹즙(葺) [qì] 지붕을 이다 /덮다 /기워서 때우다
- ❺집(緝) [jī,jí] 길쌈하다 /잡다 /모으다

(294) 品품 [pǐn]
뜻 ①물품(物品):물건(物件),품질(品疾),물품(物品),상품(商品),상품(賞品) ②등급:품위(品威),품평회(品評會),일품(逸品),상품(上品)
자원 여러가지 말이 많은 것. 많은 사람들의 비판을 통해서 물건의 좋고 나쁜 품질이 가려진다는 뜻이다. 혹은 많은 물건들이 모여 있는 모양을 나타낸다고도 한다.
자소 [회의] 구(口ㅂ)입, 말하다＋구(口ㅂ)입, 말하다＋구(口ㅂ)입, 말하다
성부 區구 喿조 僉약 嵒암
- ❶림〔臨〕 [lín] 임하다:임기응변(臨機應變),임박(臨迫),임석(臨席),군림(君臨)하다 /임시(臨時):임정(臨政)

(295) 咸함 [xián]
뜻 ①(모두)다(皆也,悉也) ②남의 조카:함씨(咸氏)
자원 고함을 지르며 적을 쳐부순다는 뜻이다.
자소 [회의] 술(戌ㅅ)개,11번째 지지＋구(口ㅂ)입,말하다
성부 感감 鹹함
- ❶감〈減〉 [jiǎn] 덜다:감소(減少),감가상각(減價償却),감축(減縮),가감(加減)
- ❷잠{箴} [zhēn] 바늘 /경계하는 말:잠언(箴言),잠훈(箴訓)
- ❸침(鍼) [zhēn] 침:침술(鍼術),침구(鍼灸:침술과 뜸질)
- ❹함(喊) [hǎn] 소리:함성(喊聲),고함(高喊)
- ❺함(緘) [jiān] 봉하다:함구령(緘口令),함구무언(緘口無言),봉함엽서(封緘葉書)

口冂土士夂夊夕大女子宀寸小尢尸屮山巛工己巾干幺广廴廾弋弓彐彡彳心　　［입구］

(296) 哥 가 [gē]

- 뜻 ①형 ②노래 ③성〈姓〉 밑에 붙이는 말: 김가(金哥)
- 자원 가(可⃞)는 막혔던 기운이 출구를 만나서 뻗어나가는 모양이다. 노래란 곡조와 장단에 따라 숨을 죽이거나 내뿜는 것이다. 기운이 막히고 트이는 일이 반복되므로 두 개를 겹쳤다.
- 자소 [회의] 가(可⃞)가능하다＋가(可⃞)가능하다

□ ❶가〈歌〉[gē] 노래: 가곡(歌曲), 가요(歌謠), 가사(歌辭), 가무(歌舞), 가수(歌手)

(297) 哭 곡 [kū]

- 뜻 ①울다: 곡성(哭聲), 통곡(痛哭), 귀곡성(鬼哭聲), 통곡(痛哭)
- 자원 감옥(獄)에 갇히는 사람이 슬픔을 이기지 못하고 애절하게 울부짖는다(皿⃞)는 뜻이다.
- 자소 [형성] 현(皿⃞)울부짖다＋견(犬) ← 옥(獄)감옥
- 성부 喪⃞상

(298) 唐 당 [táng]

- 뜻 ①당나라: 당수(唐手) ②황당(荒唐)하다 ③갑자기: 당돌(唐突)
- 자원 황당무계(荒唐無稽)한 말을 한다는 뜻이다. 글자 그대로는 「입방아 찧는다」는 것이다.
- 자소 [형성] 경(庚⃞ ← 庚⃞)절구질하다＋구(口⃞)입, 말하다

□ ❶당〔糖〕[táng] 사탕〈사당(沙糖)〉: 당분(糖分), 당뇨병(糖尿病), 설탕〈설당(雪糖)〉
□ ❷당｛塘｝[táng] 못: 지당(池塘), 연당(蓮塘)
□ ❸당(搪) [táng] 막다 /뻗다 /찌르다

(299) 員 원 [yuán]

- 뜻 ①인원(人員): 회원(會員), 요원(要員), 전원(全員), 결원(缺員)
- 자원 원래는 화물(貨物)의 개수를 가리키는 말이었다. 나중에 인원수(人員數)를 헤아리는 말이 되었다.
- 자소 [형성] 구(口) ←위(囗)에워싸다＋패(貝⃞)조개, 돈

□ ❶원〈圓〉[yuán] 둥글다: 원형(圓形), 반원(半圓), 타원(楕圓) /무난하다: 원만(圓滿)
□ ❷운〔韻〕[yùn] 운율(韻律): 운문(韻文), 운치(韻致), 여운(餘韻)
□ ❸손〔損〕[sǔn] 덜다: 손해(損害), 손상(損傷), 손실(損失), 손익(損益), 결손(缺損)
□ ❹훈｛塤｝[xūn] 질나팔 참고 훈(壎)의 옛글자
□ ❺운(殞) [yǔn] 죽다: 운명(殞命) /떨어지다
□ ❻운(隕) [yǔn] 떨어지다: 운석(隕石) /잃다 참고 운(殞)과 같은 글자
□ ❼운(煇) [yún] 노란 모양
□ ❽훈(勛) [xūn] 공 참고 훈(勳)의 옛글자

(300) 啚 비 [bǐ, tú]

- 뜻 ①다랍다(嗇也) ②인색하다
- 자원 곡식을 창고에 넣어 보관하면서 남에게 베풀지 않는다는 뜻이다.
- 자소 [지사] 구(口)←위(囗)둘러싸다＋름(㐭)창고

□ ❶도〈圖〉[tú] 그림: 도면(圖面), 도형(圖形) /도모(圖謀)하다: 의도(意圖)
□ ❷비(鄙) [bǐ] 더럽다: 비열(鄙劣＝卑劣), 비루(鄙陋) /두메 산골: 변비(邊鄙)

【입구】　　口囗土士夂夊夕大女子宀寸小尢尸屮山巛工己巾干幺广廴廾弋弓彑彡彳心

3획

(301) 唯 유 [wéi]
- 뜻: ①오직: 유일(唯一), 유물론(唯物論), 유심론(唯心論), 유아독존(唯我獨尊) ②대답하다
- 자원: 새(隹)가 짖듯이 짧고 날카롭게 짧고 확실한 소리로 대답한다(口)는 뜻이다.
- 자소: [형성] 구(口)입, 말하다 ＋ 추(隹)꽁지가 짧은 새

☐ ❶수〈雖〉[suī] 비록: 수걸식 염배알(雖乞食厭拜謁: 비록 빌어먹으나 절하긴 싫다)

(302) 啇 적 [chì, tì]
- 뜻: ①밑둥, 근본(本也) ②과일의 꼭지
- 자원: 황제(帝)의 말(口)은 이 세상의 단 하나의 진리, 하나뿐인 것, 만법의 근원이라는 뜻의 시(啻)자가 변형된 것이다.
- 자소: [형성] 제(㐁 ← 帝)제왕 ＋ 구(口)입, 말하다

☐ ❶적〈敵〉[dí] 원수: 적개심(敵愾心), 강적(強敵), 천하무적(天下無敵), 적군(敵軍)
☐ ❷적〈適〉[shì] 알맞다: 적당(適當), 적자생존(適者生存), 적재적소(適材適所), 적절(適切) /즐겁다: 유유자적(悠悠自適), 쾌적(快適) /가다
☐ ❸적〔滴〕[shī] 물방울: 적력(滴瀝: 물방울이 똑똑 떨어짐)
☐ ❹적〔摘〕[zhāi] 손으로 따내다: 적발(摘發), 적요(摘要: 요점만 적음), 지적(指摘)
☐ ❺적〈嫡〉[dí] 정실: 적자(嫡子), 적서(嫡庶: 본부인이 낳은 아이와 첩이 낳은 아이)
☐ ❻적〈謫〉[zhé] 귀양 보내다: 적거(謫居), 적선(謫仙: 귀양온 신선), 적소(謫所: 귀양 간 곳)
☐ ❼적〈鏑〉[dī, dí] 화살촉

8

(303) 啟 계 [qǐ]
- 뜻: ①(문을)열다: 계몽주의(啓蒙主義), 계도(啓導)
- 자원: 무지로 닫힌 마음의 문을 열도록 만드는 것을 말한다. 어리석은 마음을 깨우치는 것이 계몽이다.
- 자소: [형성] 계(启)열다 ＋ 복(夂 ← 攴攵)막대로 치다

☐ ❶계〈棨〉[qǐ] 창(무기)의 일종
☐ ❷조{肇}[zhào] 시작되다: 조업(肇業), 조종(肇宗) /바로잡다 [참고] 원래는 조(肇)다.

9

(304) 喬 교 [qiáo]

- 뜻: ①높다: 교목(喬木)
- 자원: 아주 높아서 윗부분이 휘어져 보인다는 뜻이다.
- 자소: [회의] 요(夭)굽은 모양 ＋ 고(冏 ← 高)높다

☐ ❶교〈橋〉[qiáo] (나무로 만든)다리: 교량(橋梁), 교두보(橋頭堡), 철교(鐵橋) /강하다
☐ ❷교〔矯〕[jiǎo] 바로잡다: 치열교정(齒列矯正), 교도소(矯導所)
☐ ❸교{僑}[qiáo] 붙어 살다: 재일교포(在日僑胞), 화교(華僑)
☐ ❹교〈嬌〉[jiāo] 요염하다 /아양 떨다: 교태(嬌態), 애교(愛嬌), 교성(嬌聲)
☐ ❺교〈嶠〉[qiáo] 산이 뾰족하게 높은 모양 [jiào] 산길
☐ ❻교〈驕〉[jiāo] 교만(驕慢)하다
☐ ❼교〈轎〉[jiào] (두 사람이 앞뒤에서 메고 가는)작은 가마: 교군(轎軍)
☐ ❽교〈蕎〉[qiáo] 메밀

112

口囗土士夂夊夕大女子宀寸小尢尸屮山川工己巾干幺广廴廾弋弓彑彡彳心　　[입구]

(305) 單 단 [dān]
뜻 ①홀(하나):단독(單獨),단일(單一) ②죽 나열한 글:명단(名單),식단(食單) ■선[chán]①흉노족의 군장:선우(單于)
자원 여러가지 설이 많고 풀이가 일정하지 않다. 울부짖는다는 뜻의 현(吅)이 발음을 나타낸다. 갑골문에서는 양끝에 돌멩이가 달린 사냥용 그물이라고 한다.
자소 [상형] 현(吅)울부짖다 ＋ 필(甲 ← 苹苹)키의 모양

☐ ❶전〈戰〉[zhàn]싸움:전쟁(戰爭),결전(決戰),악전고투(惡戰苦鬪) /무서워하다:전전긍긍(戰戰兢兢),전율(戰慄)
☐ ❷선〔禪〕[chán]참선(參禪)하다:선정(禪定),입선(入禪),좌선(坐禪) [shàn]물러나다:선양(禪讓),선위(禪位)
☐ ❸탄〔彈〕[dàn]탄알:탄환(彈丸),포탄(砲彈) [tán]쏘다:탄력(彈力),규탄(糾彈)
☐ ❹선{嬋}[chán]곱다:선연(嬋娟:예쁘고 아름답다)
☐ ❺단{簞}[dān]대나무 광주리(도시락):단사두갱(簞食豆羹:변변치 못한 적은 음식)
☐ ❻단(鄲)[dān]지명:한단(邯鄲:조나라의 서울)
☐ ❼선(蟬)[chán]매미:선탈(蟬脫:매미가 허물을 벗듯이 새로와지는 것)
☐ ❽천(闡)[chǎn]열다:입장 재천명(立場 再闡明)
☐ ❾탄(憚)[dān]꺼리다:기탄(忌憚)

(306) 喪 상 [sāng]
뜻 ①복을 입다:상주(喪主),초상(初喪) [sàng]①잃다:상실(喪失) ②죽다 ③도망하다 ④멸망하다
자원 사람이 죽어서 목을 놓아 우는 것을 말한다. 차마 죽음이란 말을 쓸 수 없어서 상(喪)이라 했다고 한다.
자소 [회의] 망(亡)죽다, 망하다 ＋ 곡(哭)울다, 곡하다

(307) 善 선 [shàn]
뜻 ①착하다:선악(善惡),진선미(眞善美),선행(善行),선인선과(善因善果) ②잘하다:여가선용(餘暇善用),선사(善射),선전(善戰)
자원 의견을 절충하여(誩) 어떤 일을 더 좋아지게 한다는 뜻이다. 의(義), 미(美)와 통하며, 양(羊)처럼 착하다는 뜻이 포함된다.
자소 [회의] 양(羊)양 ＋ 경(誩 ← 誩誩)다투다

☐ ❶선{繕}[shàn]해진 것을 기우다:영선(營繕),수선(修繕)
☐ ❷선{膳}[shàn]반찬 /먹다 /선물(膳物):선사(膳賜)
☐ ❸선{墡}[shàn]백토(白土)
☐ ❹선(饍)[shàn]반찬 참고 선(膳)과 같은 글자
☐ ❺선(敾)[shàn]다스리다 /기우다(補也)
☐ ❻선(鐥)[shàn]복자(기름을 될 때 쓰는 쇠그릇) /낫

(308) 喜 희 [xǐ]
뜻 ①기쁘다:환희(歡喜),희극(喜劇),희열(喜悅),희희낙락(喜喜樂樂)
자원 기쁜 일이 있어서 악기(壴)를 연주하며 노래한다(口)는 뜻이다. 잔칫날 풍악을 울리며 흥청거리는 것을 생각하면 된다.
자소 [회의] 주(壴)세워 놓은 악기 ＋ 구(口)입, 말하다

【입구】　口冂土士夂夊夕大女子宀寸小尢尸屮山川工己巾干幺广廴廾弋弓彐彡彳心

- ❶희 {僖} [xī] 기쁘다 /즐거워하다
- ❷희 {嬉} [xī] 즐기다 /희학질하다
- ❸희 {熹} [xī] 성하다 /희미(稀微)하다
- ❹희 {熺} [xī] 희(熹)와 같은 글자
- ❺희 {禧} [xī] 복: 희년(禧年:50년마다 돌아오는 기쁜 해. 노예를 풀어 주고 빚을 없애 준다)
- ❻희 {憙} [xī] 기뻐하다 /좋아하며 즐기다
- ❼희 (憘) [xī] 기뻐하다　[xī] 탄식하는 소리
- ❽희 (囍) [xī] 쌍희(희<喜>자를 두 개 나란히 쓴 것으로 장식용으로 많이 쓴다)
- ❾희 (嘻) [xī] 탄식하는 소리 /즐거워하는 모양

(309) 嗇 색 [sè]
뜻 ①아끼다: 인색(吝嗇) ②농부: 색부(嗇夫)
자원 창고(㐭)에 거두어 넣기만(來) 하고, 베풀 줄은 모르므로 인색한 것이다. 농부를 색부(嗇夫)라고 하는 것은 「창고로 들여놓는 사람」이라는 말이다.
자소 [회의] 래(來 ← 來) 오다 ＋ 회(回) ← 름(㐭) 창고

- ❶장 〔牆〕 [qiáng] 담: 월장(越牆:담을 넘다), 장외한(牆外漢)
- ❷장 〔墻〕 [qiáng] 장(牆)의 속자
- ❸색 {穡} [sè] 거두어들이다: 색부(穡夫:농사꾼), 가색(稼穡:농사)
- ❹장 {薔} [qiáng] 장미(薔薇): 흑장미(黑薔薇)
- ❺장 (檣) [qiáng] 돛대

(310) 喿 조 [zào]
뜻 ①새들이 떼지어 울다(鳥群鳴).
자원 나무(木) 위의 수많은 새들(品)이 한꺼번에 지저귀는 모양을 나타낸다.
자소 [회의] 품(品)여기서는 새 떼 ＋ 목(木)나무
성부 澡조

- ❶조 〔操〕 [cāo] 조종(操縱)하다: 조심(操心), 조작(操作), 조타수(操舵手) /지조(志操): 절조(節操), 정조(貞操)
- ❷조 〔燥〕 [zào] 마르다: 건조(乾燥), 초조(焦燥), 조갈(燥渴)
- ❸소 (繰) [sāo] 고치에서 실을 켜다 ■조 [zǎo] 감색 비단
- ❹조 (躁) [zào] 성급하다: 조급(躁急), 경조부박(輕躁浮薄)
- ❺조 (璪) [zǎo] 면류관에 드리운 옥 /옥에 새긴 무늬

(311) 器 기 [qì]
뜻 ①그릇: 용기(容器), 기물(器物), 기구(器具), 집기(什器) ②도량: 대기만성(大器晚成), 기량(器量)
자원 개를 잡아서 여러 사람이 둘러앉아 나누어 먹던 그릇을 말한다. 싫어할 염(厭)자는 [연(猒)개고기 ＋ 감(甘)달다]의 합자로, 「맛있는 개고기를 실컷 먹어서 싫어졌다」는 뜻이다.
자소 [회의] 즙(品)많은 입, 뭇입 ＋ 견(犮 ← 犬)개, 짐승

口冂土士夂夊夕大女子宀寸小尢尸屮山川工己巾干幺广廴廾弋弓彑彡彳心　　　　[입구]

(312)  [yán]

뜻 ①**엄하다**:엄격(嚴格),엄숙(嚴肅),엄정(嚴正) ②**혹독하다**:엄동(嚴冬),냉엄(冷嚴) ③**경계하다**:계엄령(戒嚴令) [yǎn] ①장엄(莊嚴)하다
자원 아랫사람을 부리는 소리(吅)가 높은 산(厰)과 같은 위엄이 있다. 험한 절벽처럼 급박하다는 말이다.
자소 [형성] **현**(吅)울부짖다＋**엄**(厰)높은 산

☐ ❶**암**⟨巖⟩[yán] **바위**:암굴(巖窟),암벽(巖壁),암석(巖石),기암괴석(奇巖怪石)
☐ ❷**엄**(儼)[yǎn] **의젓하다**:엄연(儼然)

3 획

115

【에울 위】 口囗土士夂夊夕大女子宀寸小尢尸屮山川工己巾干幺广廴廾弋弓彐彡彳心

214 부수글자 **031**　　　3 - 2/32　　　(3획부수)

31. 위 ■囗 [wéi]

자원 사방을 둘러싼 모양을 본떴다.
뜻 ①둘러싸다 ■국 [guó] ①나라 국(國)의 옛글자
자소 [상형·지사]

성부 글자 / 성부와 부수가 결합된 형성자

(313) 八囚수 [qiú]
뜻 ①가두다:죄수(罪囚),사형수(死刑囚)
자원 사람(人亻)이 갇혀 있는(囗○) 모양을 본떴다.
자소 [회의] 위(囗○)둘러싸다＋인(人亻)사람
성부 昷昷온 鹵초 因첨

(314) 八四사 [sì]
뜻 ①넷, 4:사계절(四季節),사방(四方),사계(四季),사면초가(四面楚歌),사방(四方),사시(四時),사촌(四寸),재삼재사(再三再四)
자원 방이나 네 모퉁이를 나눈다는 뜻이다.
자소 [지사] 위(囗○)둘러싸다＋인(儿) ← 팔(八)()여덟, 8
성부 西서

□ ❶사〈泗〉 [sì] 강 이름 /콧물
□ ❷사〈梱〉 [sì] 수저 /숟가락 /윷:척사(擲柶)
□ ❸사〈駟〉 [sì] 사마(駟馬:수레에 매는 4마리의 말)

(315) 八因인 [yīn]
뜻 ①인하다:원인(原因),인과응보(因果應報) ②인연(因緣)
자원 어떤 지역을 근거로 삼아서 점차 확충해(大亠)나간다는 뜻이다. 군사용어로 교두보(橋頭堡)나 거점(據點)을 말한다.
자소 [회의] 위(囗○)둘러싸다＋대(大亠)크다, 많다

□ ❶은〈恩〉 [ēn] 은혜(恩惠):은총(恩寵),은덕(恩德),은인(恩人),결초보은(結草報恩),배은망덕(背恩忘德),보은(報恩)
□ ❷인〔姻〕 [yīn] 혼인(婚姻):인척(姻戚)
□ ❸연〔烟〕 [yān] 연기 ■인 [yīn] 김 /기운 참고 연(煙)과 같은 글자
□ ❹인〔咽〕 [yān] 목구멍:이비인후과(耳鼻咽喉科) ■열 [yè] 목이 메다:오열(嗚咽)

口囗土士夂夊夕大女子宀寸小尢尸屮山巛工己巾干幺广廴廾弋弓彐彡彳心　[에울위]

- ⑤인(茵) [yīn] 방석 /사철쑥:인진(茵蔯)쑥
- ⑥인(絪) [yīn] 천지의 기운(이 성한 모양)

(316) **回 회** [huí]
- 뜻 ①돌아오다:회귀(回歸),회수(回收),회답(回答),회생(回生) ②돌다:선회(旋回),회전(回轉) ③횟수:제1회(第一回) ④피하다:회피(回避)
- 자원 물같은 것이 빙빙도는 모양을 본떴다. 집 모양을 나타낼 때가 자주 있다.
- 자소 [상형]
- 성부 亶亶곽 亘선 夂맟몰 盲름 嗇색

- ❶회{廻} [huí] 빙빙 돌다:우회(迂廻)
- ❷회(徊) [huí] 어정거리며 노닐다:배회(徘徊)
- ❸회(蛔) [huí] 회충(蛔蟲)
- ❹회(茴) [huí] 회향풀

(317) **囟 신** [xìn]
- 뜻 ①숫구멍(小兒頂門)
- 자원 갓 태어난 아기의 앞이마에 생기는 숫구멍. 숨구멍이 아니다. 머리를 구성하는 여러 개의 뼈가 아직 굳지 않았기 때문에 생긴다.
- 자소 [상형]
- 성부 甾노 思사 兒아 奧선 鼠렵 農농 要요 高설

- ❶세⟨細⟩ [xì] 가늘다:미세(微細),섬세(纖細),영세민(零細民) /자세(仔細)하다:상세(詳細),세밀(細密),세심(細心)

4

(318) **困 곤** [kùn]
- 뜻 ①곤하다:곤란(困難) ②가난하다:빈곤(貧困) ③피곤(疲困)하다:노곤(勞困),식곤증(食困症)
- 자원 나무(木)가 사방으로 갇혀서(囗) 제대로 자랄 수가 없는 모양. 원래는 울타리 안에 고목나무만 우뚝한, 낡고 허물어진 집을 뜻하는 말이었다.
- 자소 [회의] 위(囗)둘러싸다＋목(木)나무

- ❶곤(梱) [kǔn] 문지방:곤외지임(梱外之任:병마를 통솔하는 장군의 임무)
- ❷곤(捆) [kǔn] 두드려서 단단하게 다지다
- ❸곤(閫) [kǔn] 문지방:곤외(閫外:문밖,성밖),곤덕(閫德:부녀자의 덕)

5

(319) **固 고** [gù]
- 뜻 ①굳다:고체(固體),견고(堅固),확고(確固) ②진부하다:고루(固陋),고집불통(固執不通)
- 자원 사방을 둘러싸서(囗) 물샐틈없이 지킨다는 뜻이다.
- 자소 [형성] 위(囗)둘러싸다＋고(古)옛것

- ❶개⟨個⟩ [gè,gě] 낱개:개별(個別),별개(別個),개인(個人),개성(個性)
- ❷개⟨箇⟩ [gè] 물건을 세는 단위:개개(箇箇),개수(箇數)
- ❸고(痼) [gù] 고치기 어려운 병:고질(痼疾),고벽(痼癖)
- ❹고(錮) [gù] 막다:금고형(禁錮刑) /땜질하다

117

【에울 위】　口囗 土士夂夊夕大女子宀寸小尢尸屮山川工己巾干幺广廴廾弋弓彐彡彳心

(320)  [qūn]

뜻 ①(둥근)**곳집**, 곳간(地上爲之圓曰囷, 方曰倉)

자원 벼를 저장하는 둥그런 창고를 말한다. 둥근 모양의 창고를 환(圜), 모가 난 창고를 경(京)이라 했으며, 환(圜)은 균(囷)과 같은 말이다.

자소 [회의] 위(囗)둘러싸다＋화(禾⿱)벼, 곡식

　　□ ❶균〔菌〕[jùn] 버섯 /곰팡이 /세균(細菌):병균(病菌), 살균(殺菌)
　　□ ❷균(麕)[jūn] 노루 [qún] 떼 지어 모이다　참고 줄여서 균(麇)으로도 쓴다

8

(321)  [guó]

뜻 ①**나라**:국민(國民), 국가(國家), 국가(國歌), 국민(國民), 대한민국(大韓民國)

자원 창(戈)을 들고 일정한(一) 구역 안(囗)의 백성을 지킨다는 뜻이다.

자소 [회의] 혹(或)혹시, 국(國)의 옛글자＋위(囗)둘러싸다

口囗土士夂夊夕大女子宀寸小尢尸屮山巛工己巾干幺广廴廾弋弓彐彡彳心　　[흙토]

32. 토 土 [tǔ]

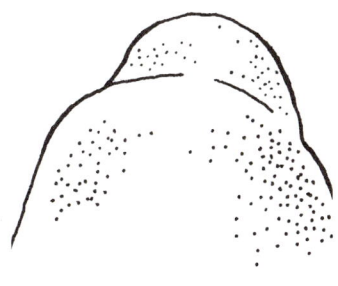

자원 만물이 땅을 뚫고 자라나는 모양을 본떴다.
뜻 ①흙:점토(粘土),적토성산(積土成山),토굴(土窟) ②땅:토질(土質),신토불이(身土不二) ③지방:토속(土俗),토종(土種)
자소 [회의]

부수 성부 ─ 부수글자가 성부로 쓰일 때

- ❶토[吐] [tǔ] 토하다: 토로(吐露), 구토(嘔吐), 토사곽란(吐瀉癨亂)
- ❷도(徒) [tú] 무리: 화랑도(花郎徒), 도당(徒黨) 참고 원래는 도(辻)다
- ❸두(杜) [dù] 막다: 두문불출(杜門不出), 두견(杜鵑), 교통두절(交通杜絶)
- ❹두(肚) [dù,dǔ] 배: 두리누락(肚裏淚落:마음 속으로 울다), 두리(肚裏:뱃속)
- ❺모(牡) [mǔ] 수컷: 모란〈목단(牡丹), 빈모(牝牡:암컷과 수컷)

성부 글자 ─ 성부와 부수가 결합된 형성자

(322) 𡈼 정 [tǐng]
뜻 ①착하다(善也) ②땅에서 헤쳐 나는 모양(物出地挺生)
자원 똑바로 서 있는 사람(人𠆢)의 모양을 본뜬 글자. 혹은 초목이 땅을 뚫고 나오는 모양이라고도 한다. 아래는 흙 토(土)가 아니라 선비 사(士±)다.
자소 [회의] 별(丿) ← 인(人𠆢)사람 ＋토(土) ← 사(士±)선비
성부 㾕음 㼖경 罣壁망 呈정 廷정 重중 徵징 聽청

(323)  골 [kū]
뜻 ①힘쓰다 ■성[shèng]①성(聖)의 속자
자원 땅(土)을 가꾸는 데 온갖 힘을 다했으나 되남길 공이 없다는 뜻이다(致力無餘功貌). 물줄기를 뜻하는 경(巠)의 약자로 주로 쓰인다.
자소 [회의] 우(又ㅋ)또, 손 ＋토(土土)흙, 땅, 토지

- ❶괴[怪] [guài] 괴이(怪異)하다: 괴상(怪常), 괴상망측(怪常罔測), 괴물(怪物), 괴한(怪漢), 요괴(妖怪)

【흙토】 口囗土士夂夊夕大女子宀寸小尢尸屮山川工己巾干幺广廴廾弋弓彑彡彳心

(324) 在재 [zài]
- 뜻 ①있다:존재(存在), 재위(在位), 재직(在職)
- 자원 땅(土土) 위에 새싹(才才)이 돋아 있는 모양이다.
- 자소 [형성] 재(才才)재주＋토(土土)흙, 땅, 토지

□ ❶존〈存〉[cún] 있다:존망(存亡), 존재(存在), 존폐(存廢)

(325) 圭규 [guī]
- 뜻 ①(옥으로 만든)홀 ②용량의 단위:도규(刀圭:의사)
- 자원 천자가 제후를 봉할 때 신표로 주던 서옥(위는 둥글고 아래는 모가 졌으며, 봉하는 땅의 양에 따라 그 크기가 달랐다).
- 자소 [회의] 토(土土)흙, 땅, 토지＋토(土土)흙, 땅, 토지
- 성부 卦괘 厓애 閨규 封봉

□ ❶가〈街〉[jiē] 거리:시가지(市街地), 가로수(街路樹), 가두방송(街頭放送)
□ ❷가〈佳〉[jiā] 아름답다:재자가인(才子佳人), 백년가약(百年佳約) /좋다:가작(佳作), 점입가경(漸入佳境)
□ ❸계〔桂〕[guì] 계수(桂樹)나무 /월계수(月桂樹):계관시인(桂冠詩人)
□ ❹규〔閨〕[guī] 부녀자가 기거하는 방:규수(閨秀), 규방(閨房)
□ ❺규{奎}[kuí] 별 이름(28수(宿)의 하나로 서쪽 하늘에 있다):규장각(奎章閣)
□ ❻규〔珪〕[guī] 홀 참고 규(圭)의 옛글자
□ ❼규〔硅〕[guī] 규소 /깨뜨리다
□ ❽와〔蛙〕[wā] 개구리:정저와(井底蛙:우물안 개구리) /음란하다:와성(蛙聲)
□ ❾왜〔娃〕[wá] 예쁘다 /아름다운 여자
□ ❿혜〔鞋〕[xié] 짚신:죽장망혜(竹杖芒鞋)
□ ⓫휴〔畦〕[qí] 밭두둑 /밭

(326) 圼녈 [niè]
- 뜻 ①막다(塞也) ■열:①막히다 ②내리다
- 자원 훼손한다는 뜻의 훼(毁)의 우측을 생략한 글자.
- 자소 구(臼臼)절구＋토(土土)흙, 땅, 토지

□ ❶날〔捏〕[niē] 반죽하다 /없는 일을 있는 것처럼 만들다:허위날조(虛僞捏造)
□ ❷녈〔涅〕[niè] 개흙 /범어 Nirvana의 음역:열반(涅槃) 참고 원래는〔수(水)＋토(土)＋일(日)聲〕이다.

(327) 坒비 [bì]
- 뜻 ①잇닿다 ②견주다
- 자원 층계진 땅을 말한다.
- 자소 [회의] 비(比比)비교하다＋토(土土)흙

□ ❶폐{陛}[bì] 섬돌 /돌층계
□ ❷폐〔狴〕[bì] 짐승 이름
□ ❸폐〔棔〕[bì] 울짱 /감옥

口冂土士夂夊夕大女子宀寸小尢尸屮山巛工己巾干幺广廴廾弋弓彑彡彳心　　[흙토]

(328) 坐 좌 [zuò]
- 뜻: ①앉다:좌선(坐禪),좌초(坐礁),행주좌와(行住坐臥:가고, 서고, 앉고, 눕는 모든 행동)
- 자원: 땅(土土) 위에 머물러(留) 앉는 것이다. 두 사람이 마주 보고 앉았다는 뜻으로 종(从从)으로 바꾸었다.
- 자소: [회의] 종(从) ← 류(留)머무르다 + 토(土土)흙

- □ ❶좌〔座〕[zuò] 자리:좌석(座席),좌우명(座右銘),좌담(座談),강좌(講座)
- □ ❷좌(挫) [cuò] 꺾다:좌절감(挫折感)

(329) 均 균 [jūn]
- 뜻: ①고르다:균등(均等),균형(均衡),평균(平均)
- 자원: 고르게(勻) 나눈 땅(土) 주위가 평편하다는 말이다.
- 자소: [형성] 토(土土)흙, 땅, 토지 + 균(勻)고르다

- □ ❶균(筠) [yún] 대나무 /대나무의 푸른 껍질

5

(330) 坴 륙 [liù]
- 뜻: ①언덕 ②흙덩이(土塊)
- 자원: 흙덩이(土)가 버섯(圥)처럼 볼록한 것을 말한다.
- 자소: [형성] 록(圥)버섯 + 토(土土)흙, 땅, 토지

성부 執 예

- □ ❶륙〈陸〉[lù,liù] 뭍:육지(陸地),육군(陸軍),상륙(上陸),수륙양용(水陸兩用)
- □ ❷목〔睦〕[mù] 화목(和睦)하다:친목회(親睦會)
- □ ❸규{逵}[kuí] 큰 길:규로(逵路:사통팔달의 큰 길)

(331) 垂 수 [chuí]
- 뜻: ①드리우다:수직(垂直),현수막(懸垂幕) ②베풀다:솔선수범(率先垂範)
- 자원: 원래는 나라의 변두리인 국경지방이란 뜻이었다. 수(乘)자가 쓰이지 않게 되자 수(垂)자를 땅에서 자란 초목의 잎이나 줄기가 드리워진다는 뜻으로 전용(轉用)하게 된 것이다.
- 자소: [회의] 수(乖 ← 乘)늘어진 모양 + 토(土土)흙, 땅

- □ ❶수〔睡〕[shuì] 잠을 자다:수면(睡眠),오수(午睡),혼수상태(昏睡狀態)
- □ ❷우〔郵〕[yóu] 우편(郵便):우체국(郵遞局),우표(郵票),우송(郵送)
- □ ❸추{錘} [chuí] 저울 추:방추차(紡錘車)
- □ ❹타〔唾〕[tuò] 침(을 뱉다):타액(唾液),타기(唾棄),앙천이타(仰天而唾)

6

(332) 垔 인 [yīn]
- 뜻: ①막다(塞也)
- 자원: 흙(土土)으로 둘러싸서 막는다는 뜻이다. 하(賽)는 터질 하/변방 새/막을 색으로 풀이 된다.
- 자소: [형성] 아(西) ← 서(西鹵)서쪽 + 토(土土)흙, 토지, 땅

- □ ❶연〈煙〉[yān] 연기(煙氣):연막(煙幕) /엽연초(葉煙草):금연(禁煙),끽연(喫煙),애연(愛煙),흡연(吸煙) ■인[yīn] 김 /기운
- □ ❷인(湮) [yān,yīn] 물에 잠기다:증거인멸(證據湮滅)
- □ ❸견(甄) [zhēn] 질그릇 /살피다:견도(甄陶:흙을 이겨 그릇을 만들다,임금이 백성들을 기르다)

8

121

【흙토】 口冂土士夂夊夕大女子宀寸小尢尸屮山川工己巾干幺广廴廾弋弓彑彡彳心

3획

(333) 基 **基** 기 [jī]
- 뜻 ①터:기초(基礎),기본(基本),기조연설(基調演說) ②자리잡다:기반(基盤) ③비롯하다:始也
- 자원 담장을 쌓으려고 닦은 터를 말한다.
- 자소 [형성] 기(其𦰒)그것,키 모양＋토(土土)흙,땅,토지

☐ ❶기{璂} [qí] 가죽 꼬깔(皮弁:피변)을 장식하는 12개의 5색 옥으로 된 장식

(334) 菫 **堇** 근 [qín]
- 뜻 ①노란 진흙 [jǐn] ①조금
- 자원 노란(黃黃) 진흙(土土)을 말한다.
- 자소 [회의] 황(革←黃黃)누렇다＋토(土土)흙
- 성부 勤근 莫난 難난

☐ ❶근〔僅〕[jǐn, jìn] 겨우:근근(僅僅),근소(僅少)
☐ ❷근〔謹〕[jǐn] 삼가하다:근신(謹慎),근하신년(謹賀新年),근엄(謹嚴)
☐ ❸근{槿} [jǐn] 무궁화나무:근화(槿花),근역(槿域:우리나라의 별칭)
☐ ❹근{瑾} [jǐn] 아름다운 옥:근유익하(瑾有匿瑕:아름다운 옥에도 티가 있다)
☐ ❺근{嫤} [jǐn] 여자 이름 /아름답다
☐ ❻근{墐} [jìn] 진흙을 바르다 /도랑 옆길
☐ ❼근{漌} [jǐn] 맑다
☐ ❽근(饉) [jǐn] 흉년이 들다:기근(饑饉＝飢饉)
☐ ❾근(覲) [jìn] 뵙다:근친(覲親:시집간 딸이 친정으로 부모를 뵈러 감)
☐ ❿근(菫) [jǐn] 제비꽃 /오랑캐꽃 /무궁화나무

(335) 莫 **莫** 난 [qín]
- 뜻 ①노란 진흙
- 자원 노란 진흙을 뜻하는 근(堇)의 변형, 혹은 어렵다는 뜻의 난(難)의 생략형이라고도 한다.
- 자소 근(堇)자의 변형
- 성부 難난

☐ ❶한〈漢〉[hàn] 물 이름:한수(漢水):한강(漢江) /사나이:문외한(門外漢),악한(惡漢) /종족 이름:한방(漢方),한족(漢族),한자(漢字)
☐ ❷탄〔歎〕[tàn] 탄식(歎息)하다:한탄(恨歎) 참고 원래는〔從欠. 難省〕이다.
☐ ❸탄(嘆) [tàn] 탄(歎)과 통해서 쓴다 참고 원래는 從口. 歎省]이다.

(336) 埶 **埶** 예 [yì]
- 뜻 ①심다 ■세 [shì] ①세력
- 자원 손으로 잡고(丮) 심는다는 뜻. 환(丸)은 극(丮𠃨)자의 변형인데 때로는 범(凡)자처럼 보이기도 한다.
- 자소 [회의] 륙(坴)흙덩이＋환(丸)←극(丮𠃨)양손으로 잡다
- 성부 埶예

☐ ❶세〈勢〉[shì] 기세(氣勢):세력(勢力),거세(去勢),권세(權勢)
☐ ❷열〈熱〉[rè] 열:열기(熱氣),가열(加熱) /열광(熱狂)하다:열성(熱誠),열심(熱心)

口囗土士夂夊夕大女子宀寸小尢尸屮山巛工己巾干幺广廴廾弋弓彐彡彳心　　[흙 토]

- ❸설(褻) [xiè] 더럽다 : 외설잡지(猥褻雜紙)

(337) 執 집 [zhí]
뜻 ①잡다 : 집무실(執務室), 집달리(執達吏), 집행(執行) ②고집(固執) : 집념(執念), 집착(執着)
자원 나쁜 짓을 해서 사람을 놀라게 한 범인을 체포한다는 뜻이다. 녑(幸幸)은 계속 도둑질하다, 놀라게 한다는 뜻이다. 환(丸)은 손으로 잡는다는 뜻의 극(丮𠬠)의 모양이 변한 것이다.
자소 [회의] 행(幸) ← 녑(幸幸)놀라다＋환(丸) ← 극(丮𠬠)잡다

- ❶지{摯} [zhì] 손으로 잡다 /지극하다 : 진지(眞摯)하다
- ❷칩{蟄} [zhé] 겨울잠을 자다 : 칩거(蟄居), 경칩(驚蟄 : 24절기의 하나, 땅 속의 벌레가 나옴)
- ❸지{贄} [zhì] 사람을 만날 때 가지고 가는 예물
- ❹집{縶} [jí] 말이나 소를 잡아매다 /고삐

(338) 堂 당 [táng]
뜻 ①집 : 법당(法堂), 강당(講堂), 사당(祠堂) ②근친 : 당숙(堂叔) ③당당하다 : 위풍당당(威風堂堂), 정정당당(正正堂堂)
자원 계단이 있고 4개의 기둥이 높이 솟아서 당당하므로 당(堂)이라 한다. 옛날에는 전(殿)이라고도 했다. 한(漢)나라 때 이후는 아래 위가 모두 전(殿)이라고 했다. 옛날에는 상하 모두 당(堂)이라고 했다. 당(唐)나라 이후 백성이나 신하들은 전(殿)이라는 말을 쓰지 않았다. 남의 어머니를 높여 부를 때 자당(慈堂), 북당(北堂)이라 한다.
자소 [형성] 상(尙)오히려＋토(土土)흙, 땅, 토지

- ❶당(螳) [táng] 버마재비 /사마귀 : 당랑(螳螂)

(339) 堯 요 [yáo]
뜻 ①요임금 ②높다
자원 윗쪽이 높고 토(垚)가 평평한 곳을 말한다.
자소 [회의] 요(垚)흙을 쌓은 모양＋올(兀)우뚝한 모양

- ❶소〔燒〕 [shāo] 불태우다 : 소각(燒却), 소주(燒酒), 소실(燒失), 전소(全燒)
- ❷효〔曉〕 [xiǎo] 새벽 : 잔월효성(殘月曉星) /깨닫다 : 효득(曉得), 효유(曉諭)
- ❸요{饒} [ráo] 넉넉하다 : 풍요(豊饒), 부요(富饒)
- ❹효{驍} [xiāo] 날쌔고 용감하다
- ❺교(翹) [qiáo] 뛰어나다 /새의 꽁지 [qiào] 치켜세우다 /여자의 다리
- ❻뇨(撓) [náo] 어지럽다 /휘어지다 /굽히다
- ❼뇨(橈) [náo] 구부러지다 (휘다, 꺾이다) ■요[ráo] 작은 노
- ❽요(僥) [jiǎo] 바라다 : 요행수(僥倖數) [jiāo] 거짓말하다 [yáo] 난쟁이
- ❾요(繞) [rào] 둘러싸다 : 요대(繞帶) /얽히다 : 분요(紛繞)
- ❿요(蟯) [náo] 회충 요충(蛔蟲蟯蟲)
- ⓫요(嶢) [yáo] 산이 높은 모양

【흙토】 口囗土士夂夊夕大女子宀寸小尢尸屮山川工己巾干幺广廴廾弋弓彐彡彳心

(340) 報 보 [bào]
- 뜻 ①갚다:보복(報復),보은(報恩),업보(業報) ②알리다:급보(急報),보고(報告),보도(報道) ③신문:순보(旬報),연보(年報),월보(月報),일보(日報),주보(週報)
- 자원 녑(㚔)은 죄를 짓는 사람. 복(𠬝)은 다스린다는 뜻. 죄인을 잡아서 그 죄를 캐고 벌을 준 후 그 일을 상부에 보고하는 것을 말한다.
- 자소 [회의] 행(幸) ← 녑(㚔)놀라게 하다 ＋ 복(𠬝)다스리다

10

(341) 塞 새 [sài]
- 뜻 ①변방:요새(要塞) ■색[sè] ①막다 ②채우다
- 자원 집을 짓고 벽부분을 흙이나 기타 재료로 세밀하게 채운다는 뜻이다. 찰 한(寒)자는 면(宀), 인(人), 망(茻), 빙(冫)으로 이루어졌다.
- 자소 [형성] 하(寒 ← 𡨄)틈 ＋ 토(土土)흙, 땅, 토지

☐ ❶사(僿) [sì]잘게 부수다:성호사설(星湖僿說) /성의가 없다 ■새:같은 뜻

11

(342) 塵 진 [chén]
- 뜻 ①티끌, 먼지:풍진(風塵)
- 자원 사슴은 겁이 많아서 잘 놀란다. 많은 사슴들이 흙 먼지를 일으키면서 달린다는 뜻이다.
- 자소 [회의] 추(鹿 ← 麤)멀리가다 ＋ 토(土土)흙, 땅, 토지

14

(343) 壑 학 [hè]
- 뜻 ①골짜기 ②구렁텅이(坑也)
- 자원 땅을 파서(叡) 물이 흐르게 했다는 뜻이다. 참고 학(壡)과 같은 글자.
- 자소 [회의] 잔(𣦵 ← 叡)뚫다 ＋ 곡(谷𧮫)골짜기

☐ ❶학(壡) [hè]골짜기:만학천봉(萬壑千峰)

口冂土士夂夊夕大女子宀寸小尢尸屮山巛工己巾干幺广廴廾弋弓彐彡彳心　［선비 사］

214 부수글자 **033**　　　3 - 4/32　　　（3획부수）

33. 사 土士 [shì]

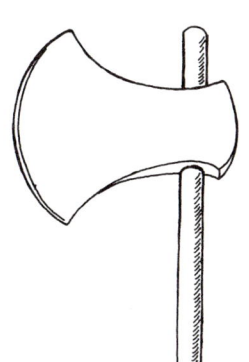

[자원] 하나를 들으면 열을 아는 사람, 혹은 시작(一)과 완성(十)의 합자. 기초를 닦아서 완성에 이르는 사람을 말한다고 흔히들 풀이한다. 원래는 「도끼같은 무기」를 든 사람을 본뜬 글자다.
[뜻] ①선비 : 사대부(士大夫) /군사(軍士) : 병사(兵士), 사관생도(士官生徒) /사내 : 장사(壯士), 기사(技士)
[자소] [회의·상형] 십(十)10, 열, 완성＋일(一)하나

| 부수 성부 | 부수글자가 성부로 쓰일 때 |

□ ❶사〈仕〉[shì] 벼슬하다 : 급사(給仕), 봉사(奉仕), 사가(仕家)

| 성부 글자 | 성부와 부수가 결합된 형성자 |

(344) 壬임 [rén]　[뜻] ①북방 ②9째 천간(북쪽, 水) ③아이 배다
[자원] 무(巫)자는 두 소매 모양을 본떴고, 임(壬)자는 사람의 배가 커진 모양을 본떴다(巫象人兩袖. 壬象人腹大).
[자소] [상형]
[성부]  任임 䇎음

□ ❶임{妊}[rèn]아이를 배다 : 임신(妊娠), 임산부(妊産婦), 불임(不妊), 피임(避妊)
□ ❷임(紝)[rèn]베틀에서 베를 짜다

4
(345) 壯장 [zhuàng]　[뜻] ①씩씩하다 : 웅장(雄壯), 장렬(壯烈), 건장(健壯), 천하장사(天下壯士)
[자원] 키가 크고 훌륭한 남자(士)를 말한다.
[자소] [형성] 장(爿)널판지＋사(士)사나이

□ ❶장〔莊〕[zhuāng]장엄(莊嚴)하다 : 장중(莊重) /별장(別莊) : 산장(山莊) /장자(莊子) : 노장사상(老莊思想)
□ ❷장〔裝〕[zhuāng]꾸미다 : 장식(裝飾), 분장(扮裝) /물품 : 장비(裝備), 장치(裝置), 무장(武裝)
□ ❸장{奘}[zàng,zhuǎng]몸집이 크다

9

【선비 사】 口囗土士攵夂夕大女子宀寸小尢尸屮山川工己巾干幺广廴廾弋弓彐彡彳心

(346) [yī]
- 뜻 ①하나 참고 일(一)과 같은 글자.
- 자원 항아리의 모양을 본뜬 호(壺壷)와, 그 속에 좋은 것이 들어 있다는 뜻으로 음을 나타내는 길(吉)자를 합했다. 영수증 같은 것에서는 일(一)대신 일(壹)을 사용한다.
- 자소 [형성] 두(豆) ← 길(吉)좋다 ＋ 호(壺 ← 壺壷)항아리

- ❶의{懿}[yì] 훌륭하고 좋다 /칭찬하다
- ❷에(殪)[yì] 죽어 쓰러지다
- ❸열(噎)[yē] 목이 메이다

(347) [hú]
- 뜻 ①병(瓶):투호(投壺),청자양각운용문호(青瓷陽刻雲龍紋壺)
- 자원 뚜껑과 아가리가 좁고 배가 부른 병의 모양을 본떴다.
- 자소 [상형] 사(士) ← 대(大大)뚜껑 모양 ＋ 亞:그릇 모양
- 성부 壹일

11
(348) [shòu]
- 뜻 ①목숨:장수(長壽),수명(壽命),만수무강(萬壽無疆)
- 자원 구불구불한 밭고랑의 모양에서,「산전수전(山戰水戰), 우여곡절(迂餘曲折), 온갖 역경을 이겨내며 오래 살았다」는 뜻을 나타낸다.
- 자소 [형성] 사(士) ← 로(老耂)노인 ＋ 주(壽 ← 畺)구부러진 밭고랑

- ❶도{濤}[tāo] 물결:파도(波濤),질풍노도(疾風怒濤)
- ❷도{燾}[dào,tāo] 널리 비추다 /덮어 가리다
- ❸도{禱}[dǎo] 빌다:기도(祈禱),묵도(默禱),기원(祈願:소원을 빌다)
- ❹숙{璹}[dào,shú] 옥그릇 /옥 이름
- ❺주{疇}[chóu] 밭두둑 /무리:범주(範疇) /지난 번:주석지야(疇昔之夜:지난밤)
- ❻주{鑄}[zhù] 쇳물을 부어 만들다:주물(鑄物),주조(鑄造),기념주화(紀念鑄化)
- ❼도{擣}[dǎo] 절구에 찧다 /다듬이질하다:도의성(擣衣聲:다듬잇 소리)
- ❽주{籌}[chóu] 계산할 때 쓰는 산가지 /꾀하다:주비위원회(籌備委員會)
- ❾주{躊}[chóu] 머뭇거리다:주저(躊躇)

口囗土士夂夊夕大女子宀寸小尢尸屮山巛工己巾干幺广廴廾弋弓彐彡彳心 [뒤져올치]

214 부수글자 **034** 3 - 5/32 (3획부수)

34. 치夂 [zhǐ]

[자원] 정강이를 뒤에서 잡는 모양을 본떴다. 쇠(夊)와는 달리 마지막 획이 관통하지 않는다.
[뜻] ①뒤처져 오다
[자소] [지사]

| 성부 글자 | 성부와 부수가 결합된 형성자 |

(349)  [jiàng, xiáng]
[뜻] ①내려가다 [참고] 강(降)의 옛 글자.
[자원] 상대방을 높이 받들어서 감히 나란히 서지 않는다는 뜻이다. 옛날에는 스승의 그림자도 밟지 않았다. 천(舛)과 구성요소가 같다.
[자소] [회의] 치(夂)뒤처져오다＋과(ㅗ)치(夂)자를 돌려 썼다
[성부] 夅감 降강
- ❶강(絳) [jiàng] 진홍색
- ❷홍(洚) [jiàng] 물이 불어서 세차게 흐르는 모양

(350)  [fēng]
[뜻] ①만나다(遇也) ②서로 바둥거리며 끌어 당기다
[자원] 길에서 서로 마주치는 것을 말한다. 이것이 포함된 글자는「뾰족하다」는 뜻이 공통된다.
[자소] [형성] 치(夂)뒤처져오다＋봉(丰)풀이 무성하다
[성부] 逢봉
- ❶봉〔蜂〕 [fēng] 벌꿀 : 여왕봉(女王蜂), 양봉(洋蜂), 양봉(養蜂), 밀봉(蜜蜂)
- ❷봉〔峯〕 [fēng] 산봉우리 : 만학천봉(萬壑千峯), 최고봉(最高峯)
- ❸봉〔峰〕 [fēng] 산봉우리 [참고] 봉〔峯〕과 같은 글자
- ❹봉{烽} [fēng] 봉화(烽火) : 봉수대(烽燧臺)
- ❺봉{鋒} [fēng] 칼끝 : 선봉장(先鋒將), 예봉(銳鋒), 봉망(鋒芒) : 날이 있는 무기의 끝

127

【천천히 걸을쇠】 口囗土士夂**夊**夕大女子宀寸小尢尸屮山巛工己巾干幺广廴廾弋弓彐彡彳心

214 부수글자 **035**　　　　3 - 6/32　　　　　　　　　　(3획부수)

35. 쇠 夊 [suī]

[자원] 정강이를 가로막고 있는 모양을 본떴다
[뜻] ①**천천히 걷다**(行遲貌) ②편안히 걷다(安行)
[자소] [지사]

| 성부 글자 | 성부와 부수가 결합된 형성자 |

(351) 夋 **준** [qūn]
[뜻] ①**천천히 걷다**
[자원] 느릿느릿 팔자 걸음을 하는 사람의 모양을 본떴다.
[자소] [형성] 윤(允)진실로+쇠(夊)천천히 걷다

- ❶산〔酸〕[suān] **식초**:초산(醋酸),황산(黃酸),산소(酸素),산화(酸化),산성(酸性)
- ❷준〔俊〕[jùn] **뛰어난 사람**:준걸(俊傑),준수(俊秀),준재(俊才),영준(英俊)
- ❸준{峻}[jùn] **높다**:태산준령(泰山峻嶺),험준(險峻) /**심하다**:준엄(峻嚴)
- ❹준{浚}[jùn] **물 밑바닥을 긁어내다**:준설선(浚渫船),준정(浚井) /깊다
- ❺준{竣}[jùn] **마치다**:준공검사(竣工檢査)
- ❻준{畯}[jùn] **농부**:전준(田畯:농사를 권장하는 관리)
- ❼준{埈}[jùn] **가파르다** [참고] 준(陖)과 같은 글자
- ❽준{駿}[jùn] **빠르다**:준마(駿馬),준족(駿足),준족사장판(駿足思長阪)
- ❾준{焌}[jùn] **태우다** /귀갑을 태워서 점을 치다
- ❿준{晙}[jùn] **밝다** /이른 아침
- ⓫사(唆)[suǒ] **부추기다**:교사(敎唆),시사(示唆)
- ⓬사(梭)[suō] **베틀의 북**
- ⓭전(悛)[quān] **고치다**:개전(改悛)의 정〈情〉
- ⓮준(逡)[qūn] **물러가다** /뒷걸음질하다
- ⓯준(皴)[cūn] **주름살**:준법(皴法:특히 동양화에서 산,바위,돌의 주름살을 그리는 방법)

(352) 夌 **릉** [líng]
[뜻] ①**범하다**
[자원] 버섯(坴)처럼 크고 높은 곳을 넘는다(夊)는 말이다.
[자소] [지사] 록(坴)버섯+쇠(夊)천천히 걷다

口囗土士夂**夂**夕大女子宀寸小尢尸屮山巛工己巾干幺广廴廾弋弓彑彡彳心 [천천히 걸을 쇠]

- **❶ 릉**〔陵〕[líng] 큰 언덕:구릉(丘陵) /무덤:능침(陵寢) /업신여기다:능멸(陵滅) /형벌: 능지처참(陵遲處斬:머리,손,몸,발을 토막 내어 죽이던 극형)
- **❷ 릉**{綾}[líng] 비단:능라(綾羅),
- **❸ 릉**{菱}[líng] 마름:능형(菱形:마름모꼴)
- **❹ 릉**(凌)[líng] 능가(凌駕)하다:능멸(凌蔑),능욕(凌辱),능운지지(凌雲之志)
- **❺ 릉**(稜)[léng] 모서리:능선(稜線) /위엄:능위(稜威)

6
(353) 复 **복** [fù]

뜻 ①가득차다 ②되돌아가다(行故道).
자원 어떤 곳까지 갔다가 다시 되돌아가는 것. 복(畐)은 배가 불룩한 항아리. 배를 중심으로 위아래가 같으므로,「동일한 일을 되풀이한다」는 뜻을 나타낸다.
자소 [형성] 복(𠮷 ← 畐)가득찬 항아리 + 쇠(夂)천천히 걷다
성부 復복

- **❶ 복**〔複〕[fù] 겹치다:복사(複寫),복잡(複雜),중복(重複),복제불허(複製不許)
- **❷ 복**〔腹〕[fù] 배:복막염(腹膜炎),요절복통(腰絶腹痛),복안(腹案),공복(空腹)
- **❸ 복**{鍑}[fú] 아가리가 큰 솥
- **❹ 복**{馥}[fù] 향기:복욱(馥郁:향기가 높은 모양)
- **❺ 복**{鰒}[fù] 전복(全鰒)
- **❻ 복**{輹}[fù] 복토(수레와 굴대를 연결시키는 나무)
- **❼ 복**(蝮)[fù] 살무사,살모사(殺母蛇)
- **❽ 퍅**(愎)[bì] 괴퍅스럽다:괴퍅(乖愎)

7
(354) 夏 **하** [xià]

뜻 ①여름:하복(夏服),하지(夏至),하절기(夏節期),상하(常夏) ②중국:화하(華夏)
자원 사람의 머리(頁)와 양손(臼)과 두 발(夂)의 모양을 합했다.
자소 [상형] 혈(頁)머리 + 국(臼)양손으로 맞잡다 + 쇠(夂)천천히 걷다

- **❶ 하**{廈}[xià] 큰집:하옥(廈屋),광하(廣廈) 참고 하(厦)의 약자
- **❷ 하**{廈}[shà,xià] 규모가 큰 집

11
(355) 夐 **형** [xiòng]

뜻 ①눈짓하다(人在穴上. 擧目注視, 意乃有所求者, 乃廣爲搜求之意) ②높다
자원 사람(人)이 동굴(穴內) 위에서 이리저리 살피는 (䀠)모습이다. 아랫부분은 치(夂)나 쇠(夂)가 아니라 칠 복(攴)이다.
자소 [지사] 인(𠂉 ← 人)변형 + 혈(冂 ← 穴內)구멍 + 혈(䀠)눈짓하다
성부 奐奠환

- **❶ 경**{瓊}[qióng] 아름다운 옥 /붉은 옥

16
(356) 夔 **기** [kuí]

뜻 ①조심하다 ②외발짐승(一足怪獸)
자원 상상상(想像上)의 동물을 말한다.
자소 [회의] 혈(頁)머리 + 지(止)발 + 사(巳)뱀 + 쇠(夂)뒤쳐져오다

【저녁 석】 口囗土士夂夊 夕 大女子宀寸小尢尸屮山川工己巾干幺广廴廾弋弓彐彡彳心

214 부수글자 **036**　　　　　3 - 7/32　　　　　　　　(3획부수)

36. 석 夕 [xī]

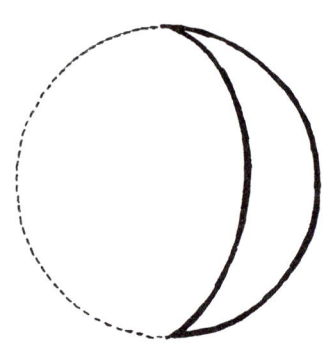

[자원] 달 월(月)에서 한 획을 생략했다. 완전히 어두워지지 않고, 달이 반쯤 뜬 상태의 저녁 무렵을 말한다. 석(夕)은 저녁, 월(月)은 달, 야(夜)는 밤을 말한다.

[뜻] ①**저녁**:조석(朝夕),조삼모사(朝三暮四),비일석일조지사(非一夕一朝之事:갑자기 생긴 일이 아니다)

[자소] [지사]

부수 성부　　　　　　　　부수글자가 성부로 쓰일 때

□ ❶석{汐} [xī] 썰물:조석(潮汐:밀물과 썰물)
□ ❷석(窍) [xī] 광중(무덤 구덩이)

성부 글자　　　　　　　　성부와 부수가 결합된 형성자

(357) 外 외 [wài]

[뜻] ①**밖**:외계인(外界人),외투(外套),내외(內外),실외(室外),외박(外泊) ② **멀리하다**:외면(外面),도외시(度外視) ③ **외국**:외제(外製),해외(海外) ④ **남편**:외조(外助)

[자원] 점(卜)은 아침에 치는 것이 보통인데 저녁(夕)에 점을 치는 것은 「예외적인 일」이라는 뜻이다.

[자소] [회의] 석(夕)저녁＋복(卜)점치다

(358) 夗 원 [yuàn]

[뜻] ①**누워서 뒹굴다**(臥轉貌)

[자원] 저녁(夕)에 다리를 구부리고(㔾극) 뒹구는 모양을 본떴다. 누워서 이리저리 뒹굴며 뒤척거리는 것을 말한다.

[자소] [회의] 석(夕)저녁, 밤＋절(㔾극)무릎 꿇은 사람

[성부] 宛 완

□ ❶원〈怨〉[yuàn] 원망(怨望)하다:원성(怨聲),원한(怨恨),원수(怨讐)
□ ❷원{苑} [yuàn] 동산:화원(花苑) /여럿이 모인 곳:문원(文苑),예원(藝苑)
□ ❸완(盌) [wǎn] 주발:은완(銀盌)
□ ❹원(鴛) [yuān] 원앙(鴛鴦)새:원앙금침(鴛鴦衾枕:원앙을 수놓은, 부부가 사용하는 이불과 베개)

口囗土士夂夊夕大女子宀寸小尢尸屮山巛工己巾干幺广廴廾弋弓彐彡彳心　　[저녁 석]

(359) **多 다** [duō]
- 뜻 ①많다:다소(多少),다다익선(多多益善),다수결(多數決),다행(多幸)
- 자원 오늘 저녁이 가면 내일 저녁이 와서, 나날들이「한없이 계속된다」는 뜻이다.
- 자소 [회의] 석(夕)저녁＋석(夕)저녁
- 성부 宜의

☐ ❶이〈移〉[yí]옮기다:이사(移徙),이동(移動),이민(移民) /변하다:추이(推移)
☐ ❷치〈侈〉[chǐ]사치(奢侈)하다

(360) **夙 숙** [sù]
- 뜻 ①일찍:숙성(夙成),숙흥야매(夙興夜寐) ②새벽:숙야(夙夜)
- 자원 저녁 달과 새벽 달을 다 보면서 일한다는 뜻이다. 글자의 모양이 많이 변했다.
- 자소 [회의] 석(夕)저녁＋극(凡←𠬞)손으로 잡다

⑤

(361) **夜 야** [yè]
- 뜻 ①밤:야경(夜景),주야(晝夜),야간(夜間),심야(深夜)
- 자원 역시 역(亦)자는 큰 대(大)자 아래에 뭔가를 끼고 있는 모습인데, 여기에 저녁 석(夕)을 넣은 것이 밤 야(夜)자가 된다. 낄 협(夾)은 두 사람을 끼고 있는 모습, 도둑질한 물건 가질 섬(夾)은 들 입(入)자가 두 개이다.
- 자소 [회의·형성] 역(亦←亦夾)또한, 역시 ＋석(夕)저녁

☐ ❶액{液}[yè]진(즙):액체(液體),용액(溶液),점액(粘液),정액(精液),타액(唾液)
☐ ❷액(掖)[yè]겨드랑이 /겨드랑이를 끼고 부축하다
☐ ❸액(腋)[yè]겨드랑이:액취(腋臭),부액(扶腋)

【큰대】 口囗土士夂夊夕大女子宀寸小尢尸屮山巛工己巾干幺广廴廾弋弓彐彡彳心

214 부수글자 **037**　　　3 - 8/32　　　(3획부수)

37. 대 大 [dà, dài]

[자원] 사람이 팔다리를 벌린 모양. 이 세상의 큰 것 세 가지. 하늘, 땅, 그리고 그 사이의 사람을 삼재(三才)라고 한다.
[뜻] ①크다:거대(巨大),대인(大人),막대(莫大) ②대강(大綱) ③많다:대중(大衆)
[자소] [상형]

부수 성부 — 부수글자가 성부로 쓰일 때

☐ ❶타(馱)[tuó] (마소의 등에)짐을 싣다

성부 글자 — 성부와 부수가 결합된 형성자

(362) 夫 부 [fū]
[뜻] ①지아비:부부(夫婦),부인(夫人) ②사내:대장부(大丈夫) ③일하는 사람:농부(農夫),광부(鑛夫),잡부(雜夫)
[자원] 남자가 스무살이 되면 관을 쓴다. 일(一)은 그 관이 벗겨지지 않도록 찌르던 비녀를 본뜬 것이다(…一以象先).
[자소] [회의] 일(一) 1, 여기서는 비녀 + 대(大)크다, 사람
[성부] 規규 扶반

☐ ❶부〈扶〉[fú] 돕다:상호부조(相互扶助) /부축하다:부양가족(扶養家族)
☐ ❷부{芙}[fú] 연꽃:부용(芙蓉)
☐ ❸부(趺)[fū] 책상다리하다:결가부좌(結跏趺坐),귀부(龜趺)
☐ ❹부(鈇)[fū] 도끼:부월(鈇鉞) /작도(가축의 풀을 써는 칼)

(363) 夭 요 [yāo]
[뜻] ①일찍 죽다:요절(夭折),수요(壽夭:오래 삶과 일찍 죽음) ②젊다, 어여쁘다
[자원] 사람의 머리가 한 쪽으로 기울어진 모양. 사람이 죽을 때 고개를 떨구는 모양과, 여자가 고개를 갸우뚱하게 젖히며 교태를 부리는 모양을 나타낸다.
[자소] [상형] 대(大)크다, 많다
[성부] 喬교 走추주 幸奔행 笑소 奏주 忝첨

☐ ❶소〈笑〉[xiào] 웃다:미소(微笑),담소(談笑) [참고] 원래는 〔죽(竹)+견(犬)〕이다
☐ ❷옥{沃}[wò] 기름지다:문전옥답(門前沃畓),옥토(沃土),옥소(沃素),비옥(肥沃)
☐ ❸요(妖)[yāo] 아리땁다:요염(妖艶),요망(妖妄),요사(妖邪),요부(妖婦) /요정(妖

口囗土士夂夊夕大女子宀寸小尢尸屮山巛工己巾干幺广廴廾弋弓彐彡彳心　　[큰대]

精):요괴(妖怪),요물(妖物)

(364) 天 천 [tiān]
뜻 ①하늘:천지(天地),천하(天下),천고마비(天高馬肥),천상천하(天上天下)
②하느님:천사(天使) ③자연:천연(天然),천혜(天惠) ④날 때부터:천재(天才),천부적(天賦的)
자원 지고무상(至高無上),지극히 높아서 그 위에는 아무 것도 있을 수 없다는 뜻으로 팔다리를 벌리고 서 있는 사람의 머리 위에 한 획을 더한 것이다.
자소 [회의] 일(一) 1, 여기서는 비녀 + 대(大大)크다, 사람
성부 无무 忝첨 癸계 昊호 朕짐 送송 佚잉

☐ ❶탄{吞}[tūn] 삼키다:감탄고토(甘吞苦吐) /가로채다

(365) 夬 쾌 [guài]
뜻 ①결단하다 ②나누어서 정하다 ■결[jué]①깍지
자원 손(又ヨ)에 도구를 잡고 물건을 깨뜨린다는 뜻이다. 활을 쏠 때 엄지손가락에 끼우는 뿔로 만든 기구 모양이라고 한다.
자소 [지사] ヰ : 터지는 모양 + 인(人) ← 우(又ヨ)오른손
성부 吳오 놋녈

☐ ❶결〈決〉[jué] 터지다:결렬(決裂) /결정(決定)하다:결단(決斷),판결(判決)
☐ ❷쾌〈快〉[kuài] 상쾌하다:쾌락(快樂),쾌거(快擧),통쾌(痛快),흔쾌(欣快) /빠르다:쾌속정(快速艇),경쾌(輕快)
☐ ❸결〔缺〕[quē] 이지러지다:결격사유(缺格事由),결석(缺席),결점(缺點) /모자라다:결손(缺損),결핍(缺乏)
☐ ❹결{訣}[jué] 이별하다:결별(訣別),영결식(永訣式) /비결(秘訣):묘결(妙訣)
☐ ❺결(抉)[jué] 도려 내다:비리척결(非理剔抉)
☐ ❻메(袂)[mèi] 소매:메별(袂別),불메(拂袂)

(366) 太 태 [tài]
뜻 ①크다:태평(太平) ②처음:태극(太極),태초(太初) ③콩:태두(太豆)
자원 소주를 '쐬주'라고 말하는 것처럼 대(大大)자의 쓰임을 더 강조할 때 썼다.
자소 [형성] 대(大大)크다, 많다 + 주(丶) ← 빙(仌仌)얼음

☐ ❶태{汰}[tài] 씻다:자연도태(自然淘汰),산사태(山沙汰)

(367) 失 실 [shī]
뜻 ①잃다:실망(失望) ②잘못하다:실수(失手) ③손해:득실(得失)
자원 손(手ヰ)에 들고 있던 물건을 놓쳤다(乙乚)는 뜻이다. 비슷한 글자로 허물 우(尤)는 오른손(又ヨ)에서 물건이 빠져나갔다는 말이다.
자소 [형성] 수(乑 ← 手ヰ)손 + 을(乚 ← 乙乚)빠지는 모양

☐ ❶질〔秩〕[zhì] 차례:질서정연(秩序整然) /봉급:질미(秩米),녹질(祿秩)
☐ ❷질(佚)[yì] 방탕하다 ■일:편안하다:일민(佚民) /달아나 숨다:산일(散佚)
☐ ❸질(跌)[diē] 넘어지다:차질(蹉跌) /지나치다:질탕(跌蕩)
☐ ❹질(迭)[dié] 교대로 번갈아:경질(更迭),질흥(迭興):교대로 번갈아 일어나다
☐ ❺질(帙)[zhì] 여러 권으로 이루어진 한 벌의 책:전질(全帙) /책을 넣는 갑

133

【큰 대】 口囗土士夂夊夕**大**女子宀寸小尢尸屮山川工己巾干幺广廴廾弋弓彐彡彳心

(368) 央 앙 [yāng]

- 뜻 ①가운데:중앙(中央) ②구하다
- 자원 사람(大ᄉ)이 정해진 구역 안(冂H)의 중앙에 서 있는 모양을 본떴다.
- 자소 [회의] 경(冂←冂H)멀다, 경계 + 대(大ᄉ)크다, 많다
- 성부 英영

  - ❶앙〔殃〕[yāng] 재앙(災殃):앙화(殃禍)
  - ❷영〔映〕[yìng] 비추다:반영(反映), 상영(上映), 영화(映畵), 영상(映像)
  - ❸앙〔鴦〕[yāng] 원앙(鴛鴦)새:원앙금침(鴛鴦衾枕)
  - ❹앙(秧)[yāng] 모:이앙(移秧)
  - ❺앙〔怏〕[yàng] 원망하다:앙심(怏心)

(369) 夸 과 [kuā]

- 뜻 ①허풍치다 ②자랑하다
- 자원 말은 거창하고 화려하나 실속이 없다는 뜻이다(華言無實曰夸).
- 자소 [형성] 대(大ᄉ)크다 + 우(亏)어조사
- 성부 瓠호

  - ❶과〔誇〕[kuā] 자랑하다:과시(誇示) /과장(誇張)하다:과대망상(誇大妄想)
  - ❷과〔跨〕[kuà] 사타구니를 벌려 타넘다 /걸터앉다 /(말 따위에)올라타다
  - ❸고〔袴〕[kù] 바지 ■과:사타구니:과하욕(袴下辱)

(370) 夷 이 [yí]

- 뜻 ①오랑캐:이이제이(以夷制夷) ②다치다:상이군인(傷夷軍人) ③동이족(東夷族)
- 자원 큰(大ᄉ) 활(弓彐)을 사용하는 동방 종족. 옛날 우리민족을 칭하던 말이었다.
- 자소 [회의] 대(大ᄉ)크다, 많다 + 궁(弓彐)활

  - ❶이(姨)[yí] 이모(姨母):이종사촌(姨種四寸)
  - ❷이(痍)[yí] 상처:상이군인(傷痍軍人), 만신창이(滿身瘡痍)
  - ❸이(荑)[yí] 새로 싹튼 띠 /돌피

(371) 夾 협 [jiā]

- 뜻 ①(벌어진 사이에)끼다 ②부축하다(左右持)
- 자원 큰 사람(大ᄉ)이 양쪽 겨드랑이에 한 사람(人П)씩 끼고 있는 모양이다.
- 자소 [회의] 인(人П)사람 + 대(大ᄉ)크다, 사람

  - ❶협{俠}[xiá] 의협심(義俠心)이 있다:협객(俠客) /사이에 끼다 /곁
  - ❷협{峽}[xiá] 골짜기:협곡(峽谷), 해협(海峽) /시내 /땅 이름
  - ❸협{挾}[xié] 끼다:협공(挾攻) /으르다:공갈협잡(恐喝挾雜) [jiā] (집게로)집다
  - ❹협〔浹〕[jiā] 두루 미치다 /통하다 /젖다 /끼고 돌다
  - ❺협(狹)[xiá] 좁다(좁히다):협소(狹小), 협의(狹義), 편협(偏狹=褊狹)
  - ❻협(鋏)[jiā] 검 /부젓가락 /칼
  - ❼협(莢)[jiá] 콩꼬투리 /깍지
  - ❽협(陜)[xiá] 협(狹)과 같은 글자 참고 섬(陝)과는 다른 글자
  - ❾협(頰)[jiá] 뺨

口凵土士夂夊夕大女子宀寸小尢尸屮山川工己巾干幺广廴廾弋弓彐彡彳心　　[큰 대]

(372) 夾 섬 [shǎn]
뜻 ①도둑질한 물건을 가지다(盜竊懷物)
자원 훔친 물건을 겨드랑이 밑에 숨겨둔 모양을 나타낸다. 낄 협(夾)자는 사람 인(人)인데 반해 여기서는 들 입(入)자로 서로 다르다.
자소 [지사] 역(亦夾)원래는 양 겨드랑이＋량(从) ← 2개의 숨긴 물건

☐ ❶섬(陝) [shǎn]고을 이름:섬서성(陝西省)

⁵

(373) 奇 기 [qí]
뜻 ①기이(奇異)하다:신기(新奇),기괴(奇怪),기적(奇蹟),기상천외(奇想天外),기인(奇人),호기심(好奇心) [jī]①기수(奇數:홀수) ②나머지
자원 가능성이 최대한 발휘된 상태. 진정한 정상(頂上)은 상대가 없어 외로우므로「홀수」를 뜻한다.
자소 [형성] 대(大亣)크다＋가(可)가능하다

☐ ❶기 {寄} [jì]부쳐 보내다:기고(寄稿) /붙어 살다:기숙사(寄宿舍)
☐ ❷기 {騎} [qí]말 타다:기호지세(騎虎之勢:내릴 수 없음. 멈출 수 없음) /말 탄 군사:기병대(騎兵隊),기사도(騎士道)
☐ ❸기 {綺} [qǐ]무늬가 있는 고운 비단:기라성(綺羅星) /곱다(아름답다)
☐ ❹기 {錡} [qí]세발 달린 솥 /가마솥
☐ ❺기 {崎} [qí]산길이 험하다:기구(崎嶇)
☐ ❻기 {琦} [qí]옥 이름 /기이(奇異)하다
☐ ❼기 {埼} [qí]낭떠러지 /언덕 /머리
☐ ❽의 {倚} [yǐ]의지(依支)하다
☐ ❾기 (畸) [jī]떼기밭(귀퉁이 땅) /불구:기형아(畸形兒)
☐ ❿의 (椅) [yǐ]등받이가 있는 의자(椅子) [yī]의나무

(374) 奈 내 [nài]
뜻 ①어찌:나하(奈何:어찌 할까?) ■나:①같은 뜻
자원 제사에 쓰는 커다란 능금이 달리는 나무를 말한다. 원래는 내(柰)였으나 후에 목(木)이 대(大)로 바뀐 것이다.
자소 [형성] 대(大) ← 목(木)나무＋시(示礻)신, 제사

☐ ❶날 {捺} [nà]손으로 누르다:서명날인(署名捺印),나염〈날염(捺染)
■ ❷례 (隷) [lì]종:노예(奴隷) /글씨체:예서체(隷書體) 참고 례(隷)의 전서(篆書)체. 예서에서 지금의 례(隷)가 되었다.

(375) 奉 봉 [fèng]
뜻 ①받들다:봉사정신(奉仕精神),봉헌미사(奉獻彌撒:드리는 미사),멸사봉공(滅私奉公:사적인 것을 없애고 공적인 것을 받듦)
자원 꽃다발(丰) 같은 것을 두 손(手)으로 받들어(廾) 바친다는 뜻이다.
자소 [회의] 봉(丰)풀이 무성하다＋공(廾)양손으로 받들다＋수(手)손

☐ ❶봉 {俸} [fèng]녹:봉급(俸給),봉록(俸祿),감봉(減俸),박봉(薄俸),본봉(本俸)
☐ ❷봉 {捧} [pěng]받들어 올려 바치다
☐ ❸봉 {棒} [bàng]몽둥이:봉술(棒術),봉고도(棒高跳),철봉(鐵棒)
☐ ❹봉 {琫} [běng]칼집을 장식하던 옥

【큰대】 口囗土士夂夊夕大女子⺖寸小尤尸屮山川工己巾干幺广廴廾弋弓彐彡彳心

(376) 奄 엄 [yǎn]
뜻 ①문득 ②덮다(覆也) [yān]①오래다
자원 크게(大大) 펴서 쫙 펼친다(申팁)는 뜻이다.
자소 [회의] 대(大大)크다, 사람＋신(电←申팁)퍼지다

- ❶암{菴} [ān]암자 /나무가 우거진 모양
- ❷암{庵} [ān]초막 /암자(庵子)
- ❸엄{俺} [ǎn]자기 자신
- ❹엄{掩} [yǎn]가리다:은폐엄폐(隱蔽掩蔽) /덮다 /덮치다 /닫다
- ❺암{唵} [ǎn]음식물을 입에 넣고 있다
- ❻엄{淹} [yān]담그다 /머무르다

(377) 契 계 [qì]
뜻 ①약속:계약(契約),묵계(默契) ②계:친목계(親睦契) ■글:①나라 이름:거란(글단(契丹) ■설[xiè]①사람 이름
자원 갈(韧)이 새긴다는 뜻을 나타낸다. 개인적인 사소한 약속이 아닌 「사회적인 중대한 약속」을 말한다. 설로 읽히는 것은 설(禼)자가 한나라 때에 契로 변한 것이다.
자소 [형성] 갈(韧㓞)새기다＋대(大大)크다, 사람

- ❶설{楔} [xiē]문설주 /쐐기:설형문자(楔形文字)
- ❷끽{喫} [chī]마시다:끽다(喫茶) /먹다 /담배를 피우다:끽연(喫煙)

(378) 奏 주 [zòu]
뜻 ①아뢰다:주청(奏請) ②연주(演奏)하다:합주(合奏)
자원 두 손(廾㕚)으로 물건(屮屮)을 받들고 나아가서(夲夲)「윗사람에게 바친다」는 뜻이다.
자소 [회의] 철(屮屮)새싹이 돋다＋공(廾㕚)두 손으로 받들다＋토(夲夲)나가다

- ❶주{湊} [còu]모이다 /항구 /살결
- ❷주(輳) [còu](바퀴살이 바퀴통에 모이듯이)사물이 한 곳으로 모이다:폭주(輻輳)

(379) 奐 환 [huàn]
뜻 ①빛나다(성하다) ②크다
자원 멀리 아득히 바라보는 모양을 본뜬 형(夐)과 두 손으로 받든다는 뜻을 나타내는 공(廾㕚)을 합했다.
자소 [형성] 형(夐←敻)멀다, 길다＋공(廾㕚)받들다

- ❶환〔換〕 [huàn]바꾸다:교환(交換),환기(換氣),환절기(換節期),전환(轉換)
- ❷환{煥} [huàn]불꽃:환연(煥然) /환(煥)한 모양
- ❸환{喚} [huàn]부르다:소환(召喚),아비규환(阿鼻叫喚:아비지옥에서 고통의 소리를 지름)
- ❹환{渙} [huàn]흩어지다:환연빙석(渙然氷釋:얼음이 녹듯이 의심이 풀리는 모양)

口冂土士夂夊夕大女子宀寸小尢尸屮山巛工己巾干幺广廴廾弋弓彑彡彳心　　[큰대]

(380) 奚 해 [xī]
뜻 ①어찌 ②종,노비
자원 원래는 사람의 배가 크다(大腹)는 뜻이었다. 지금은 어조사로 쓰인다. 머리를 땋은 사람의 모양을 본떠서, 머리를 땋고 살던 종족을 가리키는 글자라고도 한다.
자소 [형성] 계(丝 ← 絲)계(系)의 옛글자 ＋ 대(大)크다

□ ❶계〈溪〉[xī] 시내：계곡(溪谷),계천(溪川)
□ ❷계〈鷄〉[jī] 닭：계란(鷄卵),계륵(鷄肋：버리긴 아까운 것),계명구도(鷄鳴狗盜)
□ ❸계〈谿〉[xī] 시내：계곡(谿谷),계천(谿川) 참고 계〈溪〉와 같은 글자
□ ❹계〈磎〉[xī] 시내 /물 이름
□ ❺혜〈蹊〉[xī] 좁은 지름길 ■계[qī] 야릇야릇하다

8
(381) 奞 수 [xùn]
뜻 ①날개 치다(鳥張毛羽自奮) ■순：①같은 뜻
자원 새가 크게(大) 날개짓하여 떨쳐 날리고 하는 모양이다.
자소 [지사] 대(大)크다, 많다 ＋ 추(隹)꽁지가 짧은 새

□ ❶분〔奮〕[fèn] 드날리다：분발(奮發),흥분(興奮),고군분투(孤軍奮鬪)
□ ❷탈〔奪〕[duó] 빼앗다：약탈(掠奪),겁탈(劫奪),쟁탈(爭奪),탈취(奪取),강탈(强奪)

9
(382) 奠 전 [diàn]
뜻 ①드리다：제전(祭奠)
자원 제사를 지내는 상(丌) 위에 술병(酋)이 놓여 있는 모양을 본떴다.
자소 [회의] 추(酋)술항아리 ＋ 대(大) ← 기(丌)상

성부 鄭정

10
(383) 奧 오 [ào]
뜻 ①깊다：오지(奧地),심오(深奧) ②아랫목 ■욱[yù]①따뜻하다
자원 방안의 서남쪽 모퉁이를 말한다. 집을 뜻하는 면(宀)자가 길게 늘어났다.
자소 [회의] 권(采 ← 悉)주먹밥 ＋ 면(冂 ← 宀)집

□ ❶오〈墺〉[ào] 물가 ■욱：물가
□ ❷오〈懊〉[ào] 한탄하다 /괴로워하다
□ ❸오〈澳〉[ào] 깊다 ■욱：물굽이가 우묵하게 들어간 곳

【계집 녀】 口囗土士夂夊夕大女子宀寸小尢尸屮山巛工己巾干幺广廴廾弋弓彐彡彳心

214 부수글자 **038**　　　3 - 9/32　　　(3획부수)

38. 녀 女 [nǚ]

자원　여자가 두 손을 모으고 얌전히 꿇어 앉아 있는 모양. 가슴은 정면에서 본 모양, 엉덩이, 다리, 몸통은 측면에서 본 모양이 합성된 것이다.
뜻　①여자(女子):아녀자(兒女子),여인(女人),열녀(烈女),효녀(孝女) ②딸: 부녀(婦女),부녀(父女)
자소　[상형]

부수 성부 — 부수글자가 성부로 쓰일 때

□ ❶여〈汝〉[rǔ] 너(이인칭 대명사:You)

성부 글자 — 성부와 부수가 결합된 형성자

(384)  노 [nú]
뜻　①종:노비(奴婢),노예(奴隸),관노(官奴),농노(農奴) ②남을 낮추는 말: 수전노(守錢奴)
자원　죄인을 잡아다 노비로 부리던 것을 말한다. 원래는 남녀의 구별이 없었으나 나중에는 주로 남자종을 뜻하게 된다. 옛날에 대역죄를 지으면 삼족을 멸했는데, 남자는 죽이고 여자는 데려다 관비(官婢)로 삼았다.
자소　[회의] 녀(女)여자 + 우(又ㅋ)오른손

□ ❶노〈怒〉[nù] 성내다:분노(忿怒),노기충천(怒氣沖天),노발대발(怒發大發)
□ ❷노〔努〕[nǔ] 힘써 노력(努力)하다
□ ❸나｛拏｝[ná] 붙잡다:어선 나포(漁船拏捕)
□ ❹노(弩) [nǔ] 쇠뇌〈쇠노(특별한 장치가 붙은 활)〉:궁노수(弓弩手)
□ ❺노(駑) [nú] 둔한 말 /사람이 어리석고 둔한 것
□ ❻노(帑) [tǎng] 처자식(妻子息) ■탕:나라의 금고(金庫)

(385) 好 호 [hǎo]
뜻　①좋다:우호(友好),호인(好人),호감(好感),호상(好喪) [hào]①좋아하다(즐기다):호기심(好奇心),애호(愛好),호색(好色),호사가(好事家)
자원　재자가인(才子佳人). 아리따운 여인과 일가를 이룬 훌륭한 남자가 함께 어울렸으므로 좋다는 뜻이다.
자소　[회의] 녀(女)여자 + 자(子)아들

口冂土士夂夊夕大**女**子宀寸小尢尸屮山川工己巾干幺广廴廾弋弓彐彡彳心　[계집 녀]

(386) **如 여** [rú]
- 뜻 ①같다:여전(如前),여차여차(如此如此),여일(如一),여래(如來),여반장(如反掌) ②어찌:여하(如何),여지하(如之何)
- 자원 삼종지도(三從之道)라고 하여 여자는 어려서 부모의 말씀(從父之敎)을, 커서는 남편의 말(從夫之命)을, 늙어서는 자식의 말을 따른다고 했다. 아버지, 남편, 아들의 「말(口ㅂ)」을 들은 그대로 따르는 여자(女)」라는 뜻이다.
- 자소 [형성] 녀(女)여자+구(口ㅂ)입, 말하다

- ❶서〔恕〕[shù] 용서(容恕)하다 /어질다 /동정하다
- ❷서(絮)[xù] 솜 /지루하게 이야기하다
- ❸여(茹)[rú] 먹다 /썩다

(387) **晏 안** [yàn]
- 뜻 ①편안하게 지내다(安也)
- 자원 일(日)은 태양. 태양은 양기(陽氣)로 남자를 상징한다. 녀(女)는 여자. 음기(陰氣)를 상징한다. 양(陽)인 태양이 위에 있고 음(陰)인 땅이 아래에 있듯이 아내가 태양같은 남편에게 「복종하며 밑에서 사는 것이 편안하다」는 말이다.
- 자소 [회의] 일(日)해, 태양+녀(女)여자
- 성부 匽 언

- ❶연〔宴〕[yàn] 잔치:연회(宴會),송별연(送別宴),축하연(祝賀宴),피로연(披露宴)

(388) **妥 타** [tuǒ]
- 뜻 ①편안하다 ②온당하다:타당성(妥當性),타협(妥協)
- 자원 여자(女)를 어루만져서(爪) 달랜다. 혹은 여자를 어루만지고 있으니 편안하다는 뜻이다.
- 자소 [회의] 조(爪)손톱, 손가락+녀(女)여자

- ❶뇌(餒)[něi] 굶주리다:뇌사(餒死)
- ❷수(綏)[suí] 편안하다:수무(綏撫:주물러서 편안하게 함),수정(綏定:나라를 편안히 함)

(389) **委 위** [wěi]
- 뜻 ①맡기다:위탁(委託),위임(委任),위촉(委囑) ②위원회(委員會):상임위(常任委),소위(小委),임시위(臨時委),특위(特委)
- 자원 잘 익은 벼이삭(禾)이 고개를 숙이듯이, 다 자라서 성숙한 여자(女)가 다소곳이 고개를 숙이고 남편에게 모든 것을 맡기고 따른다는 뜻이다.
- 자소 [회의] 화(禾)벼, 곡식+녀(女)여자

- ❶위〔魏〕[wèi] 나라 이름:동위(東魏) /높다:위위(魏魏)
- ❷왜(倭)[wō] 왜국(일본):임진왜란(壬辰倭亂),왜국(倭國),왜구(倭寇),왜정(倭政)
- ❸왜(矮)[ǎi] 키가 작다:왜소(矮小) /난장이
- ❹외(巍)[wēi] 높고 크다 참고 〔산(山)+위(魏)〕가 아니라 외(嵬)+위(委)다.
- ❺위(萎)[wěi] 시들다:위축(萎縮) /쇠약해지다:위락(萎落)

【계집 녀】 口囗土士夂攵夕大**女**子宀寸小尢尸屮山巛工己巾干幺广廴廾弋弓彐彡彳心

(390) 妻 처 [qī]

- 뜻 ①아내:현모양처(賢母良妻),처남(妻男),처제(妻弟),처형(妻兄),악처(惡妻),애처가(愛妻家),공처가(恐妻家),엄처시하(嚴妻侍下) [qì]①시집보내다
- 자원 철(屮)은 여기서 잡초가 자라나듯이 매일매일 처리해야 하는 일들을 나타낸다. 우(又ㅋ)는 일하는 손이다. 남편과 함께 불어나는 집안 일을 맡아보는 것이 여자(女)의 일이라는 말이다. 아내를 뜻하는 부(婦)는 빗자루를 들고 청소하는 여자다.
- 자소 [회의] 십(十) ← 철(屮)새싹 + 우(ㅋ,又ㅋ)오른손 + 녀(女)여자

☐ ❶처〔悽〕[qī] **슬퍼하다**:처절(悽絶:너무 슬퍼 기절할 것 같음),처참(悽慘)
☐ ❷서{棲}[qī,xī] **깃들어 살다**:서식지(棲息地),양서류(兩棲類)
☐ ❸서(捿)[qī,xī] **깃들다** 참고 서(栖)와 같은 글자
☐ ❹처(凄)[qī] **쓸쓸하다**:처량(凄凉),처절(凄切:몹시 처량함),처절(凄絶:몹시 처참함)

(391) 妾 첩 [qiè]

- 뜻 ①첩(不聘小室):애첩(愛妾),첩부지도(妾婦之道),소첩(小妾)
- 자원 죄(辛)를 지은 여자(女)를 남자의 몸종으로 삼아서 일상 잡일을 시킨 것을 말한다.
- 자소 [회의] 립(立) ← 건(辛)죄, 허물 + 녀(女)여자

☐ ❶접〈接〉[jiē] **인접(隣接)하다**:접경(接境),접근(接近),접촉(接觸) / **대접(待接)하다**:접객업소(接客業所),접견실(接見室),접수(接受)
☐ ❷삽(霎)[shà] **가랑비** / **짧은 시간**:삽시간(霎時間)
☐ ❸접(椄)[jiē] **접붙이다**:접목(椄木:나무에 접붙이기를 하는 것)

(392) 姦 간 [jiān]

- 뜻 ①간음(姦淫)하다:간통(姦通),간부(姦夫, 姦婦)
- 자원 여자(女) 셋이 모이면 나쁜 일이 일어난다는 뜻이다. 남편의 사랑을 독차지 하기 위해 무슨 일이든 할 수 있기 때문이다.
- 자소 [회의] 녀(女)여자 + 녀(女)여자 + 녀(女)여자

(393) 威 위 [wēi]

- 뜻 ①위엄(威嚴):위신(威信),위세(威勢),위력(威力) ②위협(威脅)하다:위압(威壓)
- 자원 5행에서 술방(戌方)은 음기가 성해지는 곳이라고 하는데 여자는 음(陰)에 해당하므로, 위세 있는 여자(女)인 「시어머니」를 뜻한다.
- 자소 [회의] 녀(女)여자 + 술(戌)개, 11번째 지지

☐ ❶위(葳)[wēi] **초목이 무성한 모양** / **둥글레꽃**

(394) 婁 루 [lóu]

- 뜻 ①질질 끌다(曳也) ②어리석다(愚也) ③비었다(空之意也) [lǚ]①별
- 자원 속(中)에 든 것이 없는(毋) 어리석은 여자(女)를 말한다.
- 자소 [회의] 관(毌) ← 무(毋)없다 + 중(中)가운데, 중앙 + 녀(女)여자
- 성부 數수

☐ ❶루〔樓〕[lóu] **다락**:사상누각(砂上樓閣),마천루(摩天樓),고루거각(高樓巨閣)
☐ ❷루〔屢〕[lǚ] (여러 번)**되풀이하다**:누대(屢代),누차(屢次),누누(屢屢)
☐ ❸루(縷)[lǚ] **실** /(실처럼)**가늘고 길다** / **자세하다**

口冂土士夂夊夕大**女**子宀寸小尢尸屮山巛工己巾干幺广廴廾弋弓彐彡彳心　　[계집 녀]

- ❹루(褸) [lǚ] 남루(襤褸)하다 /누더기
- ❺루(鏤) [lòu] (쇠붙이에 무늬를)새기다 :누금(鏤金)
- ❻루(瘻) [lòu] 부스럼(연주창) /곱사등이
- ❼루(蔞) [lóu] 산쑥

(395) 婦 부 [fù]
뜻 ①며느리 :자부(子婦) ②아내 :부부(夫婦), 현부(賢婦)
자원 집안일을 돌보며 남편을 섬기는 사람. 벼슬아치들의 아내를 부(婦), 일반인들의 아내는 처(妻)라고 한다.
자소 [회의] 녀(女)여자 + 추(帚 ← 叜)빗자루

- ❶귀〈歸〉 [guī] 돌아가다 :귀국(歸國), 귀결(歸結), 귀성객(歸省客), 귀순(歸順)

(396) 嫩 눈 [nèn]
뜻 ①어리다 ②어여쁘다
자원 눈(嫩)은 속자. 어릴눈(媆)자가 눈(輭), 눈(嫩嫩)으로 변한 것이다. 형성(形聲)의 마땅한 근거가 없다.
자소 녀(女)여자

(397) 嬴 영 [yíng]
뜻 ①진나라 성(姓) ②(가득)차다
자원 오제(五帝)의 하나인 소호(少昊)가 내려준 성씨(姓氏)들을 말한다. 진(秦), 서(徐), 강(江), 황(黃), 담(郯), 거(莒) 등이다.
자소 [형성] 영(㎞ ← 嬴)이익 + 녀(女)여자

- ❶영(瀛) [yíng] 바다 /늪 속 /전설상의 산이름(신선이 산다고 한다)

(398) 嬰 영 [yīng]
뜻 ①어린이 ②매달다
자원 조개껍데기로 만든 목걸이가 목을 감싸듯이 그렇게 얽어 맨다는 뜻이다.
자소 [회의] 영(賏)조개 목걸이 + 녀(女)여자

- ❶영{瓔} [yīng] 옥돌 /구슬 목걸이
- ❷영(纓) [yīng] 갓끈 /관끈
- ❸앵(櫻) [yīng] 앵두나무 /벚나무
- ❹앵(鸚) [yīng] 앵무(鸚鵡)새

【아들 자】 口囗土士夂夊夕大女**子**宀寸小尢尸屮山巛工己巾干幺广廴廾弋弓彐彡彳心

214 부수글자 **039**　　　　3 - 10/32　　　　　　　　　(3획부수)

39. 자 子 [zǐ, zi]

[자원] 강보에 싸인 어린아이의 머리, 양팔, 다리의 모양을 그린 것이다.
[뜻] ①**아들**:자녀(子女),자손(子孫) ②**첫째 지지**(북쪽,쥐띠,11~13시) ③(학문이나 사상으로)일가를 이룬 사람:공자(孔子),맹자(孟子)
[자소] [상형]

부수 성부　　　　　부수글자가 성부로 쓰일 때

□ ❶자〈字〉[zì] **글자**:문자(文字),자해(字解),한자(漢字) / 이름 대신 부르는 말
□ ❷자{仔}[zǎi] **자세하다**(仔細):자상(仔詳) [zī] **이겨내다**
□ ❸자(孜)[zī] **힘쓰다** / 부지런하다

성부 글자　　　　　성부와 부수가 결합된 형성자

(399)  혈 [jié]
[뜻] ①**외롭다**:혈혈단신(孑孑單身) ②나머지
[자원] 아들 자(子)에서 돕는다는 뜻이 있는 오른팔이 없는 모양을 본뜬 것이다.
[자소] [상형] 료(了)마치다+은(乚) ← 여기서는 팔 모양

(400) 孔 공 [kǒng]
[뜻] ①**구멍**:동공(瞳孔),골다공증(骨多孔症),시추공(試錐孔) ②공자(孔子):공맹(孔孟) ③성씨(姓氏)
[자원] 옛날 고신씨(高辛氏)가 세상을 다스릴 때 융간(娀簡)이 제비가 준 알을 먹고 설(契)을 낳았다. 제비가 돌아 올 때면 임금이 친히 아들 낳기를 비는 제사인 고매(高禖)에 나가 큰 양을 바치고 제사 지냈다. 제비한테 아들 낳기를 빌어서 아들을 얻었다. 좋다는 뜻이다. 원래의 뜻은「가상하고 아름답다」는 뜻이었다. 지금의 뜻은 공(空)과 통하여 구멍이란 뜻으로 쓴다.
[자소] [회의] 자(子)아들+을(乙)제비
　□ ❶후(吼)[hǒu] **사나운 짐승이 우는 소리**:사자후(獅子吼:사자의 울음소리)

(401)  잉 [yùn]
[뜻] ①**아이를 배다**:잉태(孕胎).
[자원] 여자가 아이(子)를 배어서 배가 부른 모양을 본떴다.
[자소] [형성] 내(乃)기운이 막히는 모양+자(子)아들,아이

142

口冂土士夂夊夕大女子宀寸小尢尸屮山川工己巾干幺广廴廾弋弓彑彡彳心　　[아들 자]

(402) 孚 부 [fú]
- 뜻: ①미덥다 ②기르다
- 자원: 새가 발로 알을 굴리면서 부화시킨다는 뜻이다.
- 자소: [회의] 조(爪➝)손톱, 손＋자(子➝)아들

　□ ❶부〈浮〉[fú] 물 위에 뜨다: 부력(浮力), 부동(浮動) /떠다니다: 부랑배(浮浪輩) /가볍다: 부박(浮薄)
　□ ❷유〔乳〕[rǔ] 젖: 모유(母乳), 우유(牛乳), 유아(乳兒), 구상유취(口尙乳臭)
　□ ❸부(孵) [fū] 알을 까다: 부화(孵化), 부란(孵卵)
　□ ❹부(莩) [fú] 풀 이름 /갈대 청 ■표: 굶어 죽다
　□ ❺부(艀) [fú] 작은 배

(403) 孛 패 [bèi]
- 뜻: ①혜성 ②빛나는 모양 ■발[bó] ①안색이 변하다
- 자원: 아이(子➝)가 왕성하게(𣎵) 잘 자란다는 뜻이다.
- 자소: [회의] 발(𣎵 ← 𣎵)초목이 자라다＋자(子➝)아들
- 성부: 勃 발

　□ ❶발(哱) [bō] 바라 (哱囉:꽹과리 비슷한 악기)
　□ ❷발(浡) [bó] 우쩍 일어나다
　□ ❸패(悖) [bèi] 거스르다 /어그러지다 ■발[bó] 안색을 바꾸다 /왕성한 모양

(404) 孝 효 [xiào]
- 뜻: ①효도(孝道): 효자(孝子), 효녀(孝女), 효성(孝誠), 효행(孝行), 불효자(不孝子), 불효막심(不孝莫甚)
- 자원: 아들(자식)이 늙은 부모를 잘 받들어 모신다는 뜻이다. 흔히 아들(子➝)이 어버이(老➝)를 업고 있는 모양이라고 풀이한다.
- 자소: [회의] 로(耂 ← 老➝)노인＋자(子➝)아들
- 성부: 孝 교

　□ ❶효{涍} [xiào] 성씨(姓氏) /강 이름
　□ ❷효(哮) [xiāo] 으르렁거리다: 포효(咆哮)
　□ ❸효(酵) [xiào] 술이 익어 거품이 일다: 발효(醱酵), 효소(酵素), 효모(酵母)

(405) 孤 고 [gū]
- 뜻: ①외롭다: 고독(孤獨) ②부모가 없다: 고아(孤兒) ③고립(孤立): 고군분투(孤軍奮鬪), 고립무원(孤立無援)
- 자원: 아버지가 없는 사람을 말한다.
- 자소: [형성] 자(子➝)아들, 아이＋과(瓜➝)오이

　□ ❶고(菰) [gū] 줄풀 /버섯의 일종

(406) 季 계 [jì]
- 뜻: ①계절(季節): 사계(四季), 춘계(春季), 하계(夏季), 계간(季刊) ②어리다: 맹중계(孟仲季:첫째, 중간, 막내)
- 자원: 형제의 제일 「막내둥이」를 말한다.
- 자소: [회의] 화(禾) ← 치(稚)어리다＋자(子➝)아들

　□ ❶계(悸) [jì] 가슴이 두근거리다: 심계항진(心悸亢進) /늘어지다

143

【아들 자】 口囗土士久夂夕大女子宀寸小尢尸屮山川工己巾干幺广廴廾弋弓彐彡彳心

(407) 孟 맹 [mèng]
- 뜻 ①맏이:맹형(孟兄),맹중계(孟仲季) ②계절의 처음:맹하(孟夏:초여름) ③맹자(孟子):공맹(孔孟)
- 자원 형제 자매의 제일 맏이. 젖을 빠는 것이 아니라 그릇에 담긴 음식을 먹을 수 있을 만큼 자란 아이라는 뜻이다.
- 자소 [형성] 자(子우)아들 ＋ 명(皿益)그릇

☐ ❶맹〔猛〕[měng]사납다:맹수(猛獸),맹렬(猛烈),용맹(勇猛),맹호(猛虎)

(408) 孨 잔 [zhuǎn]
- 뜻 ①삼가하다(謹也) ②가련하다(孤露可憐)
- 자원 아이들은 나가서는 공손하고(出則悌), 들어와서는 효도해야 한다(入則孝).
- 자소 [회의] 자(子우)아들 ＋ 자(子우)아들 ＋ 자(子우)아들
- 성부 屛잔

(409) 孫 손 [sūn]
- 뜻 ①손자(孫子):자손(子孫),후손(後孫),손녀(孫女),장손(長孫),종손(宗孫)
- 자원 아들(子우)의 뒤를 이어(系系) 태어난 아이이니 손자를 말한다. 아들은 아버지 보다 낮고, 손자는 더욱 낮으므로 공손하다는 뜻이 생겼다.
- 자소 [회의] 자(子우)아들 ＋ 계(系系)잇다

☐ ❶손{遜}[xùn]겸손(謙遜)하다:손색(遜色),공손(恭遜),오만불손(傲慢不遜)
☐ ❷손{蓀}[sūn]향풀 이름(창포의 일종)

(410) 孰 숙 [shú]
- 뜻 ①누구:숙능어지(孰能禦之:누가 그것을 막으리오) ②익다
- 자원 조상들에게 바치는 제물을 뜻하는 순(臺)과 손에 잡는다는 뜻의 극(丮)의 합자로 삶은 고기를 손에 들고 있는 모양이다.
- 자소 [회의] 향(享) ← 순(臺)삶다 ＋ 환(丸) ← 극(丮)손으로 잡다

☐ ❶숙〔熟〕[shú]익히다:숙련(熟練),친숙(親熟),미숙(未熟),원숙(圓熟)
☐ ❷숙{塾}[shú]글방:사숙(私塾:혼자서 독학함)

(411) 屛 잔 [chán]
- 뜻 ①잔약하다 ②산이 높고 험하다
- 자원 조심함(孨)이 지나치면 우유부단해진다.
- 자소 [형성] 잔(孨)삼가하다 ＋ 시(尸)몸, 시체

☐ ❶잔{潺}[chán]물 흐르는 소리 / 물이 졸졸 흐르다

(412) 學 학 [xué]
- 뜻 ①배우다:학생(學生),학습(學習),학교(學校) ②학문(學問):경제학(經濟學),법학(法學),산학(産學)
- 자원 가르칠 교(教敎)에 덮을멱(冖)과 양손국(臼)을 더한 것이다. 지금의 효(斅)자에서 복(攵)이 생략되어 학(學)이 되었다.
- 자소 [회의] 교(爻)가르치다 ＋ 국(臼)양손을 맞잡다 ＋ 멱(冖)덮다, 지붕
- 성부 覺각

☐ ❶효{斅}[xiào]가르쳐서 깨우치다
☐ ❷곡{嚳}[kù]급히 고하다 / 제왕 이름
☐ ❸학{鷽}[xué]작은 비둘기 / 메까치

口冂土士夂夊夕大女子宀寸小尢尸屮山巛工己巾干幺广廴廾弋弓彑彡彳心　[집면]

214 부수글자 **040**　　　3 - 11/32　　　(3획부수)

40. 면 宀 冂 [mián]

[자원] 지붕이 양쪽으로 교차되어 덮혀있는 모양을 본떴다. <갓머리>라고도 한다. 집과 관련된 뜻을 나타낸다.
[뜻] ①움집
[자소] [상형]

| 성부 글자 | 성부와 부수가 결합된 형성자 |

(413)  [zhù]
[뜻] ①멈추어 서다 ②조회받는 곳
[자원] 물건을 저장할 때 종류별로 분류해서 저장했다는 말이다. 분류된 물건을 저장하는 저장고의 모습을 본뜬 것이다.
[자소] [상형]

- ❶저〈貯〉[zhù]쌓아 저장(貯藏)하다:저축(貯蓄),저수지(貯水池),저금(貯金)
- ❷저{苧}[zhù]모시:저마(苧麻:모시풀),한산세저(韓山細苧)
- ❸저(佇)[zhù]우두커니 서 있는 모양:저립(佇立)
- ❹저(紵)[zhù]모시

(414)  [tā]
[뜻] ①다르다 [shé]①뱀
[자원] 뱀이 구불구불 기어가면서 꼬리를 늘어뜨린 모양. 상고시대에 사람들은 숲 속에 살았는데 뱀을 두려워하여 서로 뱀이 없느냐고 물었다.
[자소] [상형] 훼(虫⑳)살모사. 벌레
[성부] 龜귀 黽맹

- ❶사〔蛇〕[shé]뱀:사갈(蛇蝎),사족(蛇足:쓸데없이 덧붙인 것),독사(毒蛇),백사(白蛇)
  - ■이 [yí]느긋하다
- ❷타(舵)[duò]키:방향타(方向舵),조타수(操舵手)　[참고] 타(柁)와 같은 글자
- ❸타(柁)[tuó]키:타수(柁手:키를 조종하는 사람)
- ❹타(陀)[tuó]비탈지다 /범어 Da,Dha의 음역:불타(佛陀),타라니경(陀羅尼經)
- ❺타(駝)[tuó]낙타(駱駝):타봉(駝峰),타조(駝鳥) /곱사등이:타배(駝背)

【집면】　　口囗土士夂夊夕大女子宀寸小尢尸屮山巛工己巾干幺广廴廾弋弓彑彡彳心

(415) 宀守수 [shǒu]
뜻 ①지키다:수비(守備),수청(守廳),파수(把守) [shòu]①벼슬아치:군수(郡守),태수(太守) ②보살피다:수호신(守護神),간수(看守)
성부 원래의 뜻은 관청에서 법도(寸)에 따라 일을 수행한다는 뜻이었다.
자소 [회의] 면(宀)집＋촌(寸)마디, 법도

□ ❶수〈狩〉[shòu] 사냥하다:수렵(狩獵) /천자가 영토를 돌아보다:순수비(巡狩碑)

(416) 宀安안 [ān]
뜻 ①편안(便安)하다:안녕(安寧),안부(安否) ②안전(安全)하다:보안(保安),안보(安保) ②어찌(의문사):안지(安知)
자원 일하는 여자(女)가 집(宀) 안에 있으니 그 시중을 받는 남자가 편안하다는 뜻이다. 혼자 사는 홀아비를 보면 흔히 '집 안에는 여자가 있어야 한다'고 말한다.
자소 [회의] 면(宀)집＋녀(女)여자

□ ❶안〈案〉[àn] 책상 /생각(계획):기안(起案),고안(考案) /안내(案內)하다
□ ❷안〈按〉[àn] 어루만지다:안마사(按摩師) /생각하다:안무(按舞),안배(按配)
□ ❸안〈晏〉[yàn] 늦다 /편안하다
□ ❹안〈鞍〉[ān] 안장(鞍裝)
□ ❺안〈鮟〉[ān] 아귀 /메기

(417) 宀宅택 [zhái]
뜻 ①집(所托居處):택배(宅配),택지(宅地),주택(住宅),자택(自宅),유택(幽宅),저택(邸宅) ■댁[zhè]①같은 뜻:안동댁(安東宅)
자원 사람이 몸을 의탁하고(乇) 사는 집(宀)을 말한다.
자소 [형성] 면(宀)집,지붕 모양＋탁(乇)붙이다

□ ❶타〈坨〉[chá] 성(城) 이름 /언덕
□ ❷차〈侘〉[chà] 실의하다(낙망하다) /뽐내다
□ ❸타〈咤〉[zhà] 입맛을 다시다 /꾸짖다 /자랑하다

(418) 宀宋송 [sòng]
뜻 ①송나라:당송팔대가(唐宋八大家),남송(南宋),북송(北宋)
자원 집과 집을 짓는 데 쓰이는 나무를 합했다.
자소 [회의] 면(宀)집＋목(木)나무

(419) 宀完완 [wán]
뜻 ①완전(完全)하다:완성(完成),완수(完遂),완료(完了)
자원 음을 나타내는 원(元)은 일(一)과 우뚝하다는 뜻의 올(兀)의 합자이다. 고문(古文)에서는 이것을 너그러울관(寬)자로 쓰기도 했다.
자소 [형성] 면(宀)집＋원(元)으뜸, 높다
성부 寇구

□ ❶원〔院〕[yuàn] 집:고아원(孤兒院),법원(法院),병원(病院),소년원(少年院),퇴원(退院),학원(學院)
□ ❷관〈梡〉[kuǎn] 도마 ■환:땔나무 단
□ ❸완〈莞〉[guān] 왕골 [wǎn] 빙그레 웃다:완이(莞爾:빙그레 웃는 모양),완연(莞然)
□ ❹완〈浣〉[huàn] 씻다:완설(浣雪:누명을 씻다) /열흘(열흘마다 관리에게 휴가를 주어 몸을 씻게 했다)

口冂土士夂夊夕大女子宀寸小尢尸屮山巛工己巾干幺广廴廾弋弓彐彡彳心　　[집면]

- ❺완{垸}[yuàn]칠에 재를 섞어 바르다
- ❻완{琓}[wán]옥이름
- ❼환{晥}[wǎn]환하게 밝은 모양
- ❽완(脘)[wǎn]밥통(위)

(420) 官 관 [guān]
뜻 ①관리(官吏):장관(長官),고관대작(高官大爵) ②정부:관공서(官公署), 관청(官廳),민관군(民官軍) ③신체기관:관능적(官能的)
자원 많은(自阝) 관리들이 관청(宀)에서 나라 일을 돌본다.
자소 [회의] 면(宀)집＋이(阝) ← 퇴(自阝)쌓이다

- ❶관〔館〕[guǎn]집:여관(旅館),체육관(體育館),본관(本館),대사관(大使館)
- ❷관〔管〕[guǎn]관:유리관(琉璃管) /관할(管轄):관리(管理)
- ❸관{琯}[guǎn]옥피리
- ❹관{錧}[guǎn]비녀장
- ❺완{婠}[wán]점잖다 /예쁘다 /통통하게 살찐 아기
- ❻관(棺)[guān]널(관):목관(木棺),석관(石棺),입관(入棺),관곽(棺槨:겉널과 속널)
- ❼관(菅)[jiān]왕골
- ■❽관(舘)[guǎn]관〔館〕의 속자

(421) 宓 밀 [mì]
뜻 ①잠잠하다 ②편안하다(安也) ■복[fú]①엎드리다
자원 담장을 튼튼하게 한 후 그 안에서 편안히 지낸다는 뜻이다. 나중에 밀(密)자가 쓰이면서 사용하지 않게 되었다.
자소 [형성] 면(宀)집＋필(必)반드시

- ❶밀〈密〉[mì]빽빽하다:오밀조밀(奧密稠密) /비밀(秘密):밀사(密使),밀명(密命) /가깝다:밀접(密接),친밀(親密),긴밀(緊密)
- ❷밀〔蜜〕[mì]꿀:밀월여행(蜜月旅行),밀랍(蜜蠟),밀어(蜜語),밀감(蜜柑)
- ■❸녕(寗)[níng]편안하다 [nìng]차라리 /소원　참고 녕〔寧〕의 위자(僞字).

(422) 宕 탕 [dàng]
뜻 ①굴집(洞屋) ②방탕하다 ③탕건
자원 벽이 없이 사방이 탁 트인 집을 말한다.
자소 [형성] 면(宀)집＋석(石) ← 탕(碭)지나치다

(423) 宛 완 [wǎn]
뜻 ①완연하다 ②가운데가 높은 언덕 ■원[yuǎn]①고을 이름
자원 풀이 뻗어 나가지 못하고 구부러져서(夗) 뒤집힌 모양을 나타낸다.
자소 [형성] 면(宀)집＋원(夗)누워서 뒹굴다

- ❶완{婉}[wǎn]아름답다 /은근하다:완곡(婉曲) /순하다:완만(婉娩)
- ❷완{琬}[wǎn]모가 없는 홀
- ❸완(腕)[wàn]팔:완력(腕力),완장(腕章) /재주(기량):수완(手腕),민완(敏腕)
- ❹완{椀}[wǎn]바리,주발(음식을 담는 작은 그릇)
- ❺완(碗)[wǎn]주발　참고 완(盌)의 속자

147

【집면】　　口囗土士夂夊夕大女子宀寸小尢尸屮山川工己巾干幺广廴廾弋弓彑彡彳心

- ❻완(豌) [wān] 완두(豌豆)

(424) 宜 의 [yí]
- 뜻 ①마땅하다:의당(宜當) ②편안하다:편의시설(便宜施設)
- 자원 집(宀) 안에 재물이 잔뜩(多多) 쌓여 있는 모양을 본떴다. 집 안에 재물이 넉넉하니 마땅하고 옳은 일이며 편안한 것이다.
- 자소 [상형] 면(宀)집 ＋차(且) ← 다(多多)많다 ＋일(一一)여기서는 지면
- 성부 疊첩

- ❶의{誼} [yì] 옳다 /좋다:의좋다:우의(友誼)

(425) 定 정 [dìng]
- 뜻 ①정하다:정가(定價),결정(決定),정착(定着),규정(規定),확정(確定),회자정리(會者定離:만난 사람은 반드시 헤어진다)
- 자원 방(宀)안에서 편안히 쉬는(正疋) 모습이다.
- 자소 [형성] 면(宀)집 ＋정(疋 ← 正疋)바르다

- ❶정(碇) [dìng] 닻:정박(碇泊)
- ❷정{錠} [dìng] 신선로 /알맹이:정제(錠劑),당의정(糖衣錠:당분을 입힌 알약)
- ❸정{淀} [diàn] 얕은 물
- ❹탄(綻) [zhàn] 옷이 터지다:탄로(綻露:비밀이 드러남),파탄지경(破綻之境)

(426) 宗 종 [zōng]
- 뜻 ①으뜸:종가(宗家),종주국(宗主國) ②사당:종교(宗敎),교종(敎宗),선종(禪宗) ③일족:종족(宗族),종가(宗家),종묘사직(宗廟社稷)
- 자원 신이나 제사(示)와 관련이 있는 집(宀). 사당(祠堂)은 장남의 집에 있으므로「장남」을 뜻하고, 그 집은 일가에서 가장 높은 집이므로「높다」는 뜻으로 쓰인다.
- 자소 [회의] 면(宀)집 ＋시(示礻)보이다

- ❶숭〈崇〉 [chóng] 높다:숭고(崇高),숭배(崇拜),숭상(崇尙),숭엄(崇嚴)
- ❷종{棕} [zōng] 종려(棕櫚)나무
- ❸종{琮} [cóng] 상서로운 옥(팔각형이며 가운데 둥근 구멍이 있다)
- ❹종{綜} [zōng,zèng] 모으다:종합대학(綜合大學)
- ❺종{淙} [cóng] 물소리
- ❻종{倧} [zōng] 아주 오랜 옛날의 신인(神人)
- ❼종{惊} [cóng] 즐거워하다 /생각 /마음
- ❽종(踪) [zōng] 발자취:종적(踪跡),실종자(失踪者)

⑥

(427) 客 객 [kè]
- 뜻 ①손님:객지(客地),불청객(不請客),빈객(賓客),승객(乘客) ②외계:객관(客觀) ③쓸데없다:객기(客氣)
- 자원 이쪽에서 저쪽에 맡긴 것. 제자리를 떠나 남의 자리에 가 있는 것. 뜻이 확대되어「손님」이 되었다.
- 자소 [형성] 면(宀)집, 지붕＋각(各)각자, 각각

- ❶액〔額〕 [é] 이마:액골(額骨) /돈:총액(總額),금액(金額) /현판:액자(額子)
- ❷객(喀) [kā] 토하다:객담(喀痰),객혈(喀血)

148

口囗土士夂夊夕大女子宀寸小尢尸屮山川工己巾干幺广廴廾弋弓彐彡彳心　　　[집면]

(428) 宣 선 [xuān]
- 뜻 ①베풀다(널리 알리다):선교사(宣敎師),선전(宣傳),선서(宣誓),선포(宣布) ②임금의 말:선지(宣旨)
- 자원 천자가 정사(政事)를 펴는 방. 세상일은 천자를 중심으로 퍼진다고 여겨, 「퍼뜨린다」는 뜻이 되었다. 선실(宣室)은 예가(禮家)에서 옛부터 서로 전해 오는 말이다.
- 자소 [형성] 면(宀∩)집 + 선(亘)뻗치다

- ❶선{渲} [xuàn] 채색을 차차 엷어지게 하다:선염(渲染)
- ❷선{瑄} [xuān] 도리옥(여섯 치의 큰 옥)
- ❸선{愃} [xuān,xuǎn] 너그럽다
- ❹훤{萱} [xuān] 원추리풀:훤당(萱堂:상대방의 어머니를 일컬음)
- ❺훤{喧} [xuān] 시끄럽다:훤소(喧騷:시끄럽다)
- ❻훤{暄} [xuān] 따뜻하다
- ❼훤(煊) [xuān] 따뜻하다(따스하다)

(429) 家 가 [jiā]
- 뜻 ①집:가옥(家屋)초가(草家) ②전문가(專門家):화가(畵家) ③학파:유가(儒家),도가(道家) ④가정(家庭):가족(家族),가사(家事),가문(家門)
- 자원 숲 속에서 엉성한 집을 짓고 살던 옛사람들에겐 뱀은 무서운 존재였다. 아침 인사가 '뱀을 만나지 않았느냐?' 하는 것이었다. 돼지는 뱀과 천적이므로 집집마다 돼지를 길렀다(陳家於屋下也).
- 자소 [회의] 면(宀∩)집 + 시(豕) ← 가(豭)숫돼지

- ❶가{嫁} [jià] 시집가다:출가외인(出嫁外人),재가(再嫁:다시 시집가다) /떠넘기다:책임전가(責任轉嫁:책임을 남에게 떠넘기다)
- ❷가{稼} [jià] 농사 /심다 /일하다:가동(稼動)

(430) 宮 궁 [gōng]
- 뜻 ①대궐:궁궐(宮闕),궁녀(宮女) ②궁합(宮合):자궁(子宮) ③생식기를 자르는 형벌:궁형(宮刑)
- 자원 사람이 몸(躬)담고 사는 집(宀∩)을 말한다. 집들이 연이어져 있는 모양을 본뜬 글자다. 밖에서 보이는 모습이 궁(宮)이고, 그 속이 실(室)이다.
- 자소 [회의] 면(宀∩)집 + 려(呂) ← 궁(躬)몸
- 성부 營 영

(431) 宰 재 [zǎi]
- 뜻 ①재상 ②주장하다:주재(主宰) ③짐승을 도살하다
- 자원 집(宀∩) 안에서 일을 처리하는 죄인(辛辜)이란 뜻이다. 재(宰)는 원래 요리사를 뜻하는 말이었다.
- 자소 [회의] 면(宀∩)집 + 신(辛辜)맵다, 문신하다

- ❶재{縡} [zài] 일(事也)
- ❷재{梓} [zǐ] 가래나무 /목수:재인(梓人) /판목:상재(上梓:문서를 출판하는 일)
- ❸재(滓) [zǐ] 찌꺼기(앙금) /더럽히다

149

【집면】 口口土士夂夊夕大女子宀寸小尢尸屮山川工己巾干幺广廴廾弋弓彑彡彳心

(432) 容 용 [róng]

- 뜻 ①얼굴:용모(容貌),위용(偉容),용태(容態) ②받아들이다:용서(容恕),용납(容納),관용(寬容),허용(許容) ③쉽다:용이(容易)
- 자원 골짜기(谷)나 집(宀)의 빈 공간은 비어있으므로 물건을 받아들이는 데 사용된다는 뜻이다.
- 자소 [회의] 면(宀)집 + 곡(谷)골짜기

- ❶용(溶)[róng] 물에 녹다:용액(溶液),용해(溶解),수용성(水溶性)
- ❷용(瑢)[róng] 패옥소리
- ❸용(蓉)[róng] 연꽃:부용(芙蓉)
- ❹용(鎔)[róng] 녹이다:용광로(鎔鑛爐),용해(鎔解),용접(鎔接),용융(鎔融)
- ❺용(榕)[róng] 용나무/벵골보리수
- ❻용(熔)[róng] 거푸집 [참고] 용(鎔)의 속자

(433) 塞 하 [sè]

- 뜻 ①틈새 ②터지다
- 자원 집을 짓고 틈새를 정성껏 막는다는 뜻이다. 모양은 비슷하나 색(塞)에는 망(辣)이, 하(寒)에는 전(⿱)이 들어있다.
- 자소 [회의] 면(宀)집 + 전(井 ← ⿱)정성껏 만들다 + 공(廾)양손에 잡다
- 성부 塞塞새 寒한

- ❶새(賽)[sài] 굿을 하다/주사위
- ❷채(寨)[zhài] 울짱/나무로 만든 우리

(434) 害 해 [hài]

- 뜻 ①해치다:피해(被害),해충(害蟲),상해(傷害),가해(加害) ②손해(損害):이해(利害),피해(被害) ③요충:요해지(要害地)
- 자원 집(宀) 안에서 어지러이(丰) 사람을 해치는 말(口)을 한다는 뜻이다. 갈(曷)의 가차자로 사용되어 「어찌」라는 뜻으로 사용되는 예가 있다. 시일갈상(是日害傷).
- 자소 [회의] 면(宀)집 + 개(丯 ← 丰丰)풀이 어지럽다 + 구(口)입, 말하다
- 성부 憲헌

- ❶할〔割〕[gē] 나누다:할복(割腹),할애(割愛),군웅 할거(群雄割據),할당(割當)
- ❷할(轄)[xiá] 비녀장:다스리다:관할경찰서(管轄警察署),직할시(直轄市)
- ❸활(豁)[huō,huò] 소통하다:활달(豁達),활연대오(豁然大悟:환히 깨달음)

8

(435) 宿 숙 [sù]

- 뜻 ①잠을 자다:숙박(宿泊),풍찬노숙(風餐露宿),하숙생(下宿生) ②오래되다:숙명(宿命),숙제(宿題),숙원사업(宿願事業),숙환(宿患) ■수[xiù]①별자리:진수(辰宿)
- 자원 잠자리에 든 것을 말한다. 첨(丙)은 혀 모양을 본뜬 글자였는데 일백백(百)으로 모양이 바뀐 것이다.
- 자소 [회의] 면(宀)집 + 백(佰) ← 숙(佰)자다

- ❶축〔縮〕[suō] 오그라들다:축소(縮小),위축(萎縮),신축(伸縮),수축(收縮)
- ❷숙(蓿)[sù] 거여목

口冂土士夂夊夕大女子宀寸小尤尸屮山川工己巾干幺广廴廾弋弓彑彡彳心　　［집면］

(436) 寅 인 [yín]
- 뜻 ①범 ②3째지지〔동북동,1월,05~07시〕 ③삼가하다
- 자원 집(宀)안에서 몸가짐을 엄숙하게 한다는 뜻이다. 두 손으로 화살을 잡고 곧게 펴는 모양이라고도 한다. 음양오행에 차용되면서 정월에 양기가 황천을 떠나 위로 나오려고 하나 아직 음기가 강하기 때문에 아래에서 움직이고 있는 중이라고 했다.
- 자소 [회의] 면(宀)집＋시(矢)화살＋국(臼)두 손을 맞잡다

 ❶연〔演〕[yǎn] 연습(演習)하다/연기(演技)하다:연극(演劇), 공연(公演)
 ❷연(縯)[yǎn] 길다 ■인: 잡아 당기다
 ❸인(夤)[yín] 조심하다/공손하다/의지하다

(437) 寇 구 [kòu]
- 뜻 ①도적:왜구(倭寇:옛날 일본인 해적) ②약탈하다
- 자원 가져갈 수 있는 것은 빼앗아 가며, 못 가져갈 것은 불태워 버리는 등 완전히 부수어 놓고 가는 도둑을 말한다.
- 자소 [회의] 완(宀 ← 完)완전하다＋복(攵 ← 攴)막대로 치다

⑨
(438) 寒 한 [hán]
- 뜻 ①차갑다:한파(寒波) ②떨다:오한(惡寒) ③적막하다:한촌(寒村)
- 자원 모양이 비슷한 새(塞)자는 하(寅)와 토(土)의 합자다.
- 자소 [회의] 인(人)사람＋면(宀)집＋망(茻)무성한 풀＋빙(冫 ← 仌)얼음

 ❶건(騫)[qiān] 이지러지다:건오(騫汚)/허물
 ❷건(蹇)[jiǎn] 다리를 절뚝거리다:건각(蹇脚)/교만하다

⑪
(439) 寧 녕 [níng]
- 뜻 ①편안하다:수복강녕(壽福康寧), 안녕(安寧) ②부모를 뵈러가다:영친(寧親) [nìng]①정녕 ②어찌
- 자원 원래는 원한다는 뜻이었다. 나중에 편안할 녕(寗)자의 뜻으로 가차되었다. 아래의 정(丁)은 기운이 막힌다는 뜻의 교(丂)가 변한 것이다. 방탕하지 않고 절제한다는 뜻이다.
- 자소 [회의] 녕(寗)편안하다＋정(丁) ← 교(丂)기운이 막히다

 ❶녕(獰)[níng] 모질고 사납다
 ❷녕(嚀)[níng] 간곡하다:정녕(叮嚀＝丁寧)

(440) 察 찰 [chá]
- 뜻 ①살피다:관찰(觀察), 시찰(視察), 경찰(警察), 순찰(巡察), 정찰(偵察)
- 자원 뚜껑(宀)을 열고 제사(祭)상에 늘어 놓은 음식을 살펴서 정성을 다한다는 뜻이다.
- 자소 [회의] 면(宀)집＋제(祭)제사 지내다

 ❶찰(擦)[cā] 문지르다:마찰(摩擦), 찰과상(擦過傷)

(441) 寡 과 [guǎ]
- 뜻 ①적다:다과(多寡) ②드물다 ③과부(寡婦)
- 자원 반(頒)의 혈(頁)자가 분(分)자 위로 올라갔다. 반(頒)은 나누어준다는 뜻이다. 나누어주면 적어지는 것이다.
- 자소 [회의] 면(宀)지붕 모양, 집＋반(寡 ← 頒)나누다

⑫

【집면】 口凵土士夂夊夕大女子宀寸小尢尸屮山川工己巾干幺广廴廾弋弓彐彡彳心

(442)  [xiě]
- 뜻 ①베끼다:사경(寫經),사본(寫本),사진(寫眞),복사(複寫),필사(筆寫)
- 자원 물건을 이쪽에서 저쪽으로 옮겨 놓는다는 것이 원래의 뜻이었다. 옮겨 쓴다→베끼다.
- 자소 [회의] 면(宀)집＋석(舃)까치

☐ ❶사(瀉)[xiè]쏟다 /설사(泄瀉):토사곽란(吐瀉癨亂:구토와 설사를 함께 하는 급작스러운 배탈)

(443) 審 심 [shěn]
- 뜻 ①살피다:심사(審査),배심원(陪審員)
- 자원 살필 심(宷)의 전서(篆書)체다.
- 자소 [회의] 면(宀)집＋번(番)차례, 번호

☐ ❶심(瀋)[shěn]즙 /물 이름

(444)  [mèng]
- 뜻 ①꿈 ②어둡다 참고 몽(夢)과 같은 글자
- 자원 꿈몽(夢)의 원래 글자다.
- 자소 [회의] 면(宀)지붕 모양,집＋장(爿) ← 녁(疒)질병＋몽(夢)꿈

■ ❶매(寐)[mèi]잠자다:오매불망(寤寐不忘:자나 깨나 잊지 못한다)
■ ❷오(寤)[wù]잠에서 깨다:오매불망(寤寐不忘)

口囗土士夂夊夕大女子宀寸小尢尸屮山川工己巾干幺广廴廾弋弓彐彡彳心　　[마디 촌]

214 부수글자 **041**　　　　3 - 12/32　　　　　　　　(3획부수)

41. 촌寸 [cùn]

[자원] 오른손의 맥박이 뛰는 곳. 우(又ㅋ)에다 한 점을 보탠 것이다. 이것이 들어간 글자는 「법도, 손」과 관계되는 뜻이 있다. 글자가 만들어지는 과정에서 우(又)와 촌(寸)이 같은 역할을 할 때가 더러 있다. 벼슬을 뜻하던 위(尉)자의 우측은 원래 又를 쓴 위(叞)였다.

[뜻] ①마디 ②작다 : 촌지(寸志), 촌철살인(寸鐵殺人) ③친척의 촌수(寸數) : 삼촌(三寸), 사촌(四寸)

[자소] [지사]

부수 성부 　　　　　부수글자가 성부로 쓰일 때

- ❶촌〈村〉[cūn] 마을 : 촌락(村落), 농촌(農村), 산촌(山村), 어촌(漁村), 벽촌(僻村)
- ❷촌(忖)[cùn] 헤아리다 : 촌탁(忖度)

성부 글자 　　　　　성부와 부수가 결합된 형성자

(445)

[뜻] ①절 : 사원(寺院), 불국사(佛國寺), 사찰(寺刹) ■시 : ①관아 : 내시(內寺)
[자원] 원래는 관청이란 뜻이었다. 불교를 전하러 온 인도의 스님들을 관청에 머물게 했던데서 「절」이란 뜻이 되었다.
[자소] [형성] 지(土) ← 지(之业)가다 + 촌(寸ㅋ)마디, 법도
[성부] 時시 等등

- ❶대〈待〉[dāi] 기다리다 : 대기(待期), 대령(待令 : 명령을 기다림), 대합실(待合室) [dài] 우대하다 : 대접(待接), 초대(招待), 박대(薄待), 후대(厚待)
- ❷시〈詩〉[shī] 시 : 시가(詩歌), 시상(詩想), 시집(詩集), 서정시(敍情詩, 抒情詩)
- ❸지〈持〉[chí] 가지고 있다 : 지론(持論), 소지품(所持品), 유지관리(維持管理) /견디다 : 지구력(持久力), 지속(持續), 견지(堅持)
- ❹특〈特〉[tè] 수소 /특별(特別)하다 : 특권(特權), 특기(特技), 특수(特殊)
- ❺시[侍][shì] 높은 사람 옆에서 시중들다 : 시녀(侍女), 시하(侍下 : 부모님이 살아 계신 가정)
- ❻시{恃}[shì] 믿고 의지하다
- ❼치{峙}[zhì] 산이 높이 우뚝 솟다 : 대치(對峙)
- ❽치(痔)[zhì] 치질(痔疾) : 치루(痔漏, 痔瘻 : 항문 주위에 새는 구멍이 생기는 병)

【마디촌】 口囗土士夂夊夕大女子㣺寸小尢尸屮山川工己巾干幺广廴廾弋弓彑彡彳心

(446) 得애 [āi]
뜻 ①그치다(止也) ②막히다
자원 법도(寸)에 따라 잘 살펴서(見見) 취할 것을 갖는다는 말이다. 흔히들 조개(귀중품,돈)를 손에 들고 있는 모양으로 풀이한다.
자소 [회의] 단(旦) ← 견(見見)보다＋촌(寸)마디, 법도

☐ ❶득〈得〉[dé,de,děi] 얻다 : 득도(得道), 득실(得失), 득의양양(得意揚揚), 소득(所得), 획득(獲得), 터득(攄得)

☐ ❷애(碍)[ài] 방해하다 : 장애(障碍) 참고 애(礙)의 속자로 쓰인다

(447) 封봉 [fēng]
뜻 ①(제후를)봉하다 : 봉건제도(封建制度) ②붙여서 막다 : 봉투(封套), 봉함엽서(封緘葉書), 봉쇄(封鎖)
자원 흙을 쌓아서 만든 경계선을 말한다. 나중에 제후를 봉한다는 뜻으로 확대되었다. 촌(寸)은 다스리는 법도를 뜻한다.
자소 [회의] 토(土) ← 지(之)가다＋토(土土)흙, 땅, 토지＋촌(寸)마디

☐ ❶방(幇)[bāng] 돕다 참고 방(帮,幫)과 같은 글자
■ ❷방(幫)[bāng] 돕다 : 방조죄(幫助罪)

(448) 尃부 [fū]
뜻 ①넓게 깔리다(布也) ■포[fū] ①널리 퍼지다
자원 쉽게 말해서 모내기하는 것처럼 「넓게 규칙적으로 펼치는 것」을 말한다.
자소 [형성] 보(甫)남자의 미칭＋촌(寸)손, 마디, 법도

성부 薄溥부

☐ ❶박〔博〕[bó] 넓다 : 박람회(博覽會), 박애(博愛), 박학다식(博學多識), 해박(該博) /도박(賭博)
☐ ❷부{傅}[fù] 스승 : 사부(師父), 부열(傅說):별 이름,아기를 원하는 후궁이 이 별에 빌었다고 한다)
☐ ❸박(搏)[bó] 치다 : 박살(搏殺:때려 죽임), 용호상박(龍虎相搏)
☐ ❹박(縛)[fù] 묶다 : 속박(束縛), 결박(結縛), 포박(捕縛)
☐ ❺박(膊)[bó] 팔 : 상박(上膊), 하박(下膊) /말린 고기
☐ ❻부(賻)[fù] 부의(賻儀:초상집에 부조로 내는 돈이나 물건)

(449) 射사 [shè]
뜻 ①(활을)쏘다 : 사격(射擊), 발사(發射) ②바라다 : 사행심(射倖心) ■야[yà] ①벼슬 이름 : 복야(僕射)
자원 화살은 먼 곳에 가서 명중한다. 시(矢)가 「활을 쏠 때의 법칙, 예의 범절」이란 뜻에서 촌(寸)으로 바뀌었다.
자소 [회의] 신(身)몸, 신체＋촌(寸) ← 시(矢)화살

☐ ❶사〈謝〉[xiè] 사례(謝禮)하다 : 사과(謝過), 후사(厚謝), 감사(感謝)
☐ ❷사(麝)[shè] 사향(麝香) 노루
☐ ❸사(榭)[xiè] (흙을 높이 쌓고 그 위에 세운,지붕이 있는)정자 /활터에 있는 정자

口冂土士夂夊夕大女子宀寸小尢尸屮山巛工己巾干幺广廴廾弋弓彐彡彳心　　[마디 촌]

(450) [wèi]
뜻 ①벼슬이름:위관(尉官),소위(少尉),중위(中尉),대위(大尉),부마도위(駙馬都尉:임금의 사위) [yùn, yù]■울:①다림질하다
자원 손(又ㅋ)에 불(火灬)을 잡고 눌러서 평평하게 한다는 뜻이다. 다리미를 들고 옷을 다리는 것을 말한다. 원래의 글자는 叞熨이었다.
자소 [회의] 인(𡰥)인(仁)의 옛글자＋소(小) ← 화(火灬)불＋촌(寸) ← 우(又ㅋ)오른손

　❶위〔慰〕[wèi]달래다:위로(慰勞),위문(慰問),위자료(慰藉料),위안(慰安)
　❷울{蔚}[wèi]풀 이름 /무성하게 우거지다:울연(蔚然) [yù]고을 이름

(451) 將장 [jiàng]
뜻 ①장수(將帥):장군(將軍),장병(將兵),독불장군(獨不將軍),명장(名將) [jiāng]①장차(將次):장래(將來)
자원 수많은 음식의 맛을 조화시키는 간장(醬)처럼, 다양한 부하를 조화시켜 법도에 따라 거느리는 것이 장수다. 촌(寸ㅋ)이 법도를 나타낸다.
자소 [회의] 장(爿 ← 醬)간장＋촌(寸ㅋ)마디,법도

　❶장〔獎〕[jiǎng]권하다:장려금(獎勵金),장학금(獎學金),권장(勸獎)
　❷장{蔣}[jiǎng]진풀 /성(姓)씨
　❸장(漿)[jiāng]미음 /즙 /액체
　❹장(醬)[jiàng]간장:장육(醬肉:장조림)

(452) [zhuān]
뜻 ①오로지:전공(專攻),전념(專念),전속(專屬) ②멋대로 하다:전제(專制),전횡(專橫)
자원 임금님의 말씀을 적어두고 잊지 않으려는 비망록 역할을 한 홀(笏)을 말한다. 크기가 6촌(寸)이라 했는데 아마 앞부분에 2척(尺)자가 생략되었을 것이다(疑上奪二尺字. 玉藻曰. 笏度二尺有六寸. 此法度也).
자소 [형성] 전(車叀)실 감는 실패＋촌(寸ㅋ)마디, 법도

　❶전〈傳〉[chuán]전하다:전달(傳達),전설(傳說),선전(宣傳) /옮기다:전염(傳染)
　　　　　　[zhuàn]전기(傳記):위인전(偉人傳),자서전(自敍傳)
　❷단〔團〕[tuán]모이다:단결(團結),단체(團體) /단속(團束)하다 /둥글다
　❸전〔轉〕[zhuǎn]구르다:자전거(自轉車),회전(回轉) /옮기다:전학(轉學)
　❹순(蓴)[chún]순채(연못 등에 자라나는 다년생 풀)
　❺전(塼)[zhuān]벽돌:삼층모전탑(三層模塼塔)

⑨

(453) [xún]
뜻 ①찾다:심방(尋訪),추심(推尋)
자원 어지러운 것을 이리저리 잘 살펴서 정리할 실마리를 찾는다는 뜻이다. 옛 글자에는 꾸민다는 뜻의 삼(彡)이 있어 발음을 나타내었다. 사람이 양팔을 벌린 길이를 심(尋)이라고 한다.
자소 [회의] 공(工ㄱ)만들다＋우(又ㅋ)오른손＋구(口ㅂ)입,말하다＋촌(寸ㅋ)마디,법도＋삼(彡)곱게 빗은 머리털

　❶담(蕁)[xún,qián]불길이 치솟다 ■심[xún]쐐기풀

【마디 촌】  口囗土士夂夊夕大女子宀寸小尢尸屮山川工己巾干幺广廴廾弋弓彐彡彳心

(454) **尊 존** [zūn]
- 뜻 ①높다:존귀(尊貴),존대(尊待),존비속(尊卑屬),존엄(尊嚴)
- 자원 술병(酋)을 양손(廾)으로 받들고 바치는 모양. 후에 받들 공(廾)이 법도를 뜻하는 촌(寸)으로 바뀐 것이다.
- 자소 [회의] 추(酋)술항아리＋촌(寸) ← 공(廾)양손

- ❶준〔遵〕[zūn] 따르다:준법정신(遵法精神),준수(遵守),준행(遵行),준거(遵據)
- ❷준(樽)[zūn] 나무로 만든 술단지

(455) **尌 주** [zhù]
- 뜻 ①세우다(立也) ②아이(童僕曰尌子)
- 자원 받침대 위에 세워 놓은 악기(壴)를 손(寸)으로 붙잡고 있는 모양을 나타낸 것이다.
- 자소 [회의] 주(壴)세워 놓은 악기＋촌(寸)마디, 법도

- ❶수〈樹〉[shù] 나무:수목(樹木),상록수(常綠樹) /세우다:수립(樹立)
- ❷투〔鬪〕[dòu] 싸우다:전투(戰鬪),투쟁(鬪爭),고군분투(孤軍奮鬪) 참고 투〔闘〕의 약자
- ❸주{澍}[zhù] 단비 /적시다
- ❹주(廚)[chú] 부엌:주방장(廚房長),푸주간〈포주간(庖廚間)
- ❺주(躕)[chú] 머뭇거리다

⑪
(456) **對 대** [duì]
- 뜻 ①대하다:대답(對答),답변(答辯),응대(應對) ②적수 ③반대(反對):대비(對備),적대(敵對)
- 자원 자유롭게 대답하지만 법도에 맞게 했다는 뜻이다. 원래의 글자는 對였는데, 한문제(漢文帝)가 마주 보고 질책하면 그 대답이 성실하지 않다 하여, 구(口)를 사(士)로 바꾸었다고 한다.
- 자소 [회의] 착(丵← 丵丵)풀이 무성하다＋토(土) ←사(士) ← 구(口)입＋촌(寸)마디, 법도

口囗土士夂夊夕大女子宀寸 小尢尸屮 山川工己巾干幺广廴廾弋弓彑彡彳心　[작을 소]

| 214 부수글자 **042** | 3 - 13/32 | (3획부수) |

42. 소 小 ⺌ [xiǎo]

자원 원래는 점을 3개 찍어서 자잘한 모양을 본뜬 것이었다. 후에 작은 것을 다시 나눈다(八)는 뜻으로 풀이했다.
뜻 ①작다: 대소(大小), 적소성대(積小成大), 소형(小型), 축소(縮小) ②자기를 낮추는 말: 소인(小人)
자소 [회의] 팔(八)( )여덟, 나누다+궐(｜) ← 곤(｜ ｜)꿰뚫다

| 성부 글자 | 성부와 부수가 결합된 형성자 |

(457)  [shǎo]
뜻 ①적다: 소량(少量), 다소(多少), 소수(少數) [shào]①젊다: 소년(少年), 소녀(少女)
자원 수적으로 적은 것을 나타내려고 삐침을 덧붙였다.
자소 [회의] 소(小⺌)작다+별(丿⺁)삐치다
성부 眇묘 沙사 劣렬 少달 省성

□ ❶묘〈妙〉[miào] 묘하다: 묘기(妙技), 묘령(妙齡: 20안팎의 여자 나이), 묘수(妙手)
□ ❷초〔抄〕[chāo] 베끼다: 호적초본(戶籍抄本), 초록(抄錄) /빼앗다: 초략(抄掠)
□ ❸사{砂}[shā] 모래: 사금(砂金), 사막(砂漠), 사탕〈사당(砂糖), 사상누각(砂上樓閣)
□ ❹사{紗}[shā] 비단: 나사(羅紗), 사모관대(紗帽冠帶), 청사등롱(靑紗燈籠)
□ ❺묘(渺)[miào] 묘(妙)와 같은 글자
□ ❻초(炒)[chāo] 볶다
□ ❼초(秒)[miào] 시간의 단위: 시분초(時分秒), 초침(秒針) ■묘: 까끄라기

(458)  [shū]
뜻 ①콩 숙(菽)과 같은 글자
자원 일(一)은 지면, 위는 콩의 싹. 아래는 콩과 식물의 뿌리에 달려 있는 혹을 말한다.
자소 [상형]
성부 叔숙 戚척

(459) 尖첨 [jiān]
뜻 ①뾰족하다: 첨단(尖端), 첨예(尖銳), 첨탑(尖塔)
자원 위로 갈수록 작아지고(小)( ), 아래로 갈수록 커진다(大)는 뜻이다.
자소 [회의] 소(小⺌)작다+대(大)크다

157

【작을소】 口冂土士夂夊夕大女子宀寸 小 尢尸屮山川工己巾干幺广廴廾弋弓彑彡彳心

(460) 尚 상 [shàng]

뜻 ①오히려:시기상조(時期尙早),미신불사 상유십이척(微臣不死. 尙有十二隻:미천한 신하가 살아 있고 아직도 12척이 있다) ②높이다:숭상(崇尙),상무(尙武) ③높다:고상(高尙)

자원 창문으로 공기가 빠져 나가는 모양. 쌓여서 높아진다는 뜻이다.「귀하게 여긴다」는 뜻이다.

자소 [형성] 팔(八)()여덟,나누다 ＋ 향(向)방향

성부 堂당 當당 常상 賞상 掌장 敞창 嘗탱

- ❶당(黨) [dǎng] 무리:당파(黨派),여당(與黨),야당(野黨),정당(政黨),악당(惡黨)
- ❷상(嘗) [cháng] 맛보다:와신상담(臥薪嘗膽) /일찍:미상불(未嘗不:아닌 게 아니라)
- ❸상(裳) [cháng] 치마:의상실(衣裳室),녹의홍상(綠衣紅裳:푸른 저고리 붉은 치마)
- ❹당(棠) [táng] 팥배나무 /아가위나무
- ❺상(徜) [cháng] 노닐다

(461) 隙 극 [xì]

뜻 ①틈(壁際孔)

자원 틈새(小)()로 가느다란 광선(白)이 새어 드는 모양. 비슷한 글자인 쇄(貨)는 자개소리를 뜻한다.

자소 [회의] 소(小)()작다 ＋ 왈(日) ← 백(白)희다 ＋ 소(小)()작다

- ❶극{隙} [xì] 구멍 /터진 틈

(462) 尞 료 [liào]

뜻 ①횃불 ②불 놓다 ③밝다 **참고** 료(燎)의 옛 글자

자원 삼가 조심하며 불을 때어 하늘에 제사하다.

자소 [회의] 화(火火)불 ＋ 신(㥧)신(慎)의 옛 글자

- ❶료{僚} [liáo] 동료(同僚) /관리:관료(官僚) /벼슬아치
- ❷료(遼) [liáo] 멀다:전도요원(前途遼遠) /강 이름 /땅 이름:요동(遼東)
- ❸료(療) [liáo] 치료(治療)하다:요양(療養),의료(醫療),요기(療飢)
- ❹료(瞭) [liáo] 명백하다:명료(明瞭) /눈이 밝다:일목요연(一目瞭然)
  [liǎo] 아득히 멀다
- ❺료(燎) [liáo] 불이 타다:요원(燎原),요란(燎亂) [liǎo] (불에 쬐어)말리다
- ❻료(寮) [liáo] 동관 /벼슬아치 /집 /작은 창문

口囗土士夂夊夕大女子宀寸小 尢 尸屮山川工己巾干幺广廴廾弋弓彐彡彳心 [절름발이 왕]

214 부수글자 **043**　　　3 - 14/32　　　(3획부수)

43. 왕 尢尣兀 [wāng]

자원 한쪽 다리가 더 긴 사람이라고 해서 대(大尢)자의 한 획을 길게 구부렸다.
뜻 ①절름발이
자소 [상형] 대(大尢)크다, 많다

| 성부 글자 | 성부와 부수가 결합된 형성자 |

(463) 尤 우 [yóu]
뜻 ①더욱 ②허물(過失)
자원 손(又ㅋ)에 잡고 있던 물건이 빠져 나가는(乙) 모양. 이와 비슷한 글자로 잃을 실(失)이 있다. 손(手)에 있던 물건을 놓쳤다(乙)는 뜻이다.
자소 [형성] 우(尢 ← 又ㅋ)오른 손, 또+을(乚 ← 乙ㄱ)빠지는 모양
성부 稽계 就취 抛포 尨방

　□ ❶우(疣) [yóu] 사마귀 /혹

(464) 尨 방 [máng]
뜻 ①삽살개 ②크다: 방대(尨大) ■봉[méng]①어지럽다
자원 털(彡)이 많은 개(犬尢)를 말한다. 개 견(犬尢)이 더욱 우(尤)자처럼 변했다.
자소 [회의] 우(尤) ← 견(尢 ← 犬尢)개+삼(彡)곱게 빗은 머리털

　□ ❶방(厖) [páng] 크다: 방대(厖大) /두껍다 /섞이다 /어지럽다

(465) 就 취 [jiù]
뜻 ①나아가다: 취임식(就任式), 성취(成就), 일취월장(日就月將)
자원 경(京𠅘)은 인공으로 쌓은 언덕, 우(尤)는 보통과 다르다(異於凡)는 뜻이다. 옛사람들은 대체로 높은 언덕에 집을 짓고 살았다.
자소 [회의] 경(京𠅘)서울, 높은 언덕+우(尤)더욱

　□ ❶축(蹴) [cù] 차다: 축구(蹴球)
　□ ❷취(鷲) [jiù] 독수리: 취와(鷲瓦:망새,큰 기와지붕 장식의 일종), 영취산(靈鷲山)

159

【주검 시】 口囗土士夂夊夕大女子宀寸小尢尸屮山川工己巾干幺广廴廾弋弓彑彡彳心

214 부수글자 **044**　　　　3 - 15/32　　　　　　(3획부수)

44. 시 尸厂 [shī]

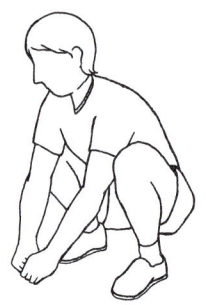

[자원] 사람이 구부리고 드러누운 모양을 본떴다고 하지만 오히려 쪼그리고 앉은 모양에 가깝다. 낱글자로는 잘 쓰이지 않고 대신 시(屍)자를 더 많이 쓴다. 때때로 집을 뜻할 때가 있다(屋下曰:尸象屋形). 사람의 몸을 뜻하기도 한다.
[뜻] ①시체 /주검
[자소] [상형]

부수 성부　　　　부수글자가 성부로 쓰일 때

☐ ❶시(屍)**주검**:시체(屍體),검시관(검시관(檢屍官),시신(시신(屍身)
☐ ❷시(屎)[shī,xǐ]**똥**

성부 글자　　　　성부와 부수가 결합된 형성자

(466) 尹尹윤 [yǐn]
[뜻] ①다스리다 ②바르다 ③성씨(姓氏)
[자원] 지휘봉이나 채찍을 들고 휘두르는 사람을 말한다.
[자소] [회의] 우(又ヨ)손＋별(丿ノ)지휘봉, 채찍
[성부] 伊이 君군 爭쟁

(467) 尺尺척 [chǐ]
[뜻] ①자:삼척동자(三尺童子),지척(咫尺) ②작다:지척(咫尺)
[자원] 진맥하는 곳의 동맥(動脈)을 촌구(寸口)라고 하는데 이곳에서 팔꿈치까지의 거리가 1척(尺)이다. 10푼(分)이 1촌(寸), 10촌(寸)이 1척(尺), 10척(尺)을 1장(丈), 8척(尺)이 1심(尋)인데 양팔을 벌린 길이를 말한다.
[자소] [지사] 시(尸厂)시체, 사람＋불(乀) ← 을(乙ㄱ)굽은 모양
[성부] 局국

(468) 尼尼니 [ní]
[뜻] ①여자 중:비구니(比丘尼)
[자원] 죽 줄지어 서 있는 사람들을 본떴다.
[자소] [회의·형성] 시(尸厂)사람, 시체＋비(匕八)오른쪽을 향한 사람
☐ ❶니〔泥〕[ní]**진흙**:이토(泥土),이전투구(泥田鬪狗) [nì]바르다 /빠지다(탐하다):이취(泥醉)

160

口冂土士夂夊夕大女子宀寸小尤 **尸** 屮山川工己巾干幺广廴廾弋弓彐彡彳心　[주검 시]

(469) **局** 국 [jú]
- 뜻 ①바둑·장기의 판:국면(局面),결국(結局) ②부분:국한(局限) ③부서:편집국(編輯局),국장(局長)
- 자원 자는 일을 재는 물건이다. 자 아래에 입을 둔 것은 입을 막는다는 말이다. 바둑의 형세를 나타낼 때 흔히 쓰인다.
- 자소 [회의] **척**(尺 ← 尺)자 + **구**(口)입, 말하다

☐ ❶국(跼) [jú] 구부리다: 국천척지(跼天蹐地: 하늘에 닿을까봐 구부리고,땅이 꺼질까봐 살살걷는다)

(470) **尿** 뇨 [niào]
- 뜻 ①오줌: 이뇨제(利尿劑),분뇨(糞尿),비뇨기과(泌尿器科),요소(尿素)
- 자원 사람의 소변이나 짐승들의 소변은 다 꼬리 밑으로 나온다. 주검 시(尸)가 사람의 몸을 나타낼 때가 자주 있다.
- 자소 [회의] 시(尸) ← **미**(尾)꼬리 + **수**(水)물

(471) **尾** 미 [wěi]
- 뜻 ①꼬리: 미행(尾行),연미복(燕尾服) ②끝: 말미(末尾) ③흘레하다: 교미(交尾) [yì]말총
- 자원 옛날에는 엉덩이 부분에 짐승의 꼬리를 장식으로 달고 다녔다고 한다.
- 자소 [상형] 시(尸)사람, 시체 + **모**(毛)털
- 성부 **尿**뇨 **犀**서 **隶**이 **屬**속 **屈**굴

☐ ❶미(梶) [wěi] 나무 끝 / 나무 꼭대기

⁵
(472) **居** 거 [jū]
- 뜻 ①살다: 거실(居室),거주(居住),거처(居處) ②어조사: 거지반(居之半)
- 자원 한 곳에 오래 머문다는 뜻. 의자에 앉아 있는 모양. 거(居)를 尻로 쓰기도 했다. 시(尸)가 집을 뜻할 때가 자주 있다(尸者,屋也).
- 자소 [형성] 시(尸)주검 + **고**(古)옛것

☐ ❶거(据) [jū] 힘써 일하다
☐ ❷거(倨) [jù] 거만(倨慢)하다 / 책상다리를 하고 앉다
☐ ❸거(踞) [jù] 무릎을 세우고 앉다 / 걸터앉다
☐ ❹거(鋸) [jù] 톱(질하다): 거치(鋸齒:톱니)

(473) **屈** 굴 [qū]
- 뜻 ①구부리다: 굴절(屈折),굴곡(屈曲) ②복종하다: 굴복(屈伏),비굴(卑屈)
- 자원 원래는 꼬리가 짧은(短尾) 곤충들을 뜻했다. 이 곤충들이 몸을 굽혔다 폈다 하면서 기어가는(出) 모양을 본뜬 것이다.
- 자소 [형성] 시(尸) ← **미**(尾)꼬리 + **출**(出)나아가다

☐ ❶굴(窟) [kū] 굴: 동굴(洞窟),석굴암(石窟庵),소굴(巢窟)
☐ ❷굴(堀) [kū] 굴 [참고] 굴(窟)과 통한다.
☐ ❸굴(掘) [jué] 파내다: 발굴조사(發掘調查),시굴(試掘),채굴(採掘)

⁶
(474) **屋** 옥 [wū]
- 뜻 ①집: 가옥(家屋),옥상(屋上),양옥(洋屋),옥외(屋外),한옥(韓屋)
- 자원 사람(尸)이 와서(至) 멈추어(所止) 사는 곳을 말한다.
- 자소 [회의] 시(尸)시체, 사람 + **지**(至)도달하다

☐ ❶악(握) [wò] 쥐다: 악수(握手),파악(把握),장악(掌握),악력(握力)

161

【주검 시】 口囗土士夂夊夕大女子宀寸小尢尸屮山川工己巾干幺广廴廾弋弓彑彡彳心

- ❷악(渥)[wò]두텁다:우악(優渥:은혜가 넓고 두터움)
- ❸악(齷)[wò]악착(齷齪)스럽다
- ❹악(幄)[wò]장막/군막

(475) 展 전 [zhǎn]
뜻 ①펴다:전람회(展覽會), 전시회(展示會), 발전(發展) ②살피다:전망대(展望臺)
자원 아직 구르지는 않았지만 장차 구르게 될 것을 말한다. 참고로 모양이 같은 것으로 정리되었지만 큰집을 뜻하는 전(殿)의 좌측은 전(展)과는 상관이 없는 둔(屍)자의 변형이다.
자소 [회의] 시(尸尸)시체, 사람＋전(𧝓←襄)왕비의 옷
성부 殿전

- ❶년(碾)[niǎn]맷돌:연자(碾子)방아, 연거(碾車:목화씨를 빼내는 기구)
- ❷전(輾)[zhǎn]구르다:전전반측(輾轉反側) ■년[niǎn]연자방아

(476) 屚 루 [lòu]
뜻 ①집에 비가 새다(屋穿水下)
자원 집에 구멍이 뚫려서 빗물이 떨어진다는 뜻이다.
자소 [회의] 시(尸尸)사람, 시체＋우(雨雨)비, 날씨

- ❶루〔漏〕[lòu](틈으로)새어들다:누설(漏泄), 누락(漏落), 누수(漏水), 누전(漏電)

(477) 履 리 [lǚ]
뜻 ①밟다 ②신:예리성(曳履聲:신발끄는 소리, 님이 오시는 소리) ③겪다:이력서(履歷書) ④순서대로 행하다:이행(履行)
자원 배 주(舟)가 신발의 모양을 나타낸다. 시(尸)가 음을 나타낸다고도 한다.
자소 [회의] 시(尸尸)주검＋척(彳)가다＋주(𣎆←舟月)배＋쇠(夊夂)천천히 걷다

(478) 屬 속 [shǔ]
뜻 ①딸리다:속성(屬性), 군속(軍屬), 귀속(歸屬), 소속(所屬) ■촉[zhǔ]①부탁하다 ②모으다
자원 원래는 산누에나방의 유충을 말하는데, 그 벌레가 나뭇잎에 달라 붙어 있는 모양에서 「이어진다(連)」는 뜻이 되었다.
자소 [회의] 미(屍←尾𡰣)꼬리＋촉(蜀)해바라기벌레

- ❶촉(囑)[zhǔ]부탁하다:위촉(委囑), 부촉(附囑)
- ❷촉(矚)[zhǔ]보다:촉망(矚望)

口囗土士夂夊夕大女子宀寸小尢尸屮山川工己巾干幺广廴廾弋弓彐彡彳心　[왼손 좌]

214 부수글자 **045**　　3 - 16/32　　(3획부수)

45. 좌 ナ � ㄓ ← [zuǒ]
　철 屮 ψ [chè]

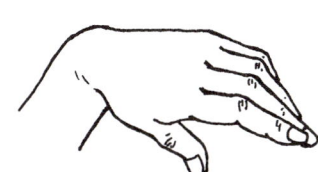

자원 좌(ナ ㄓ)의 모양이 ㄓ → 屮 → ナ로 정리된 것이다. 가운데 획이 곧으면 싹날 철(屮ψ)자가 된다. 자전(字典)에 따라 싹날 철(屮ψ)을 부수글자로 삼기도 한다. 이는 모양이 비슷한 글자들을 하나의 부수로 삼았기 때문이다.

뜻 ①왼손
자소 [상형]

| 성부 글자 | 성부와 부수가 결합된 형성자 |

(479) ψ 屮 **철** [chè]

뜻 ①싹트다(草木初生)
자원 초목이 처음 싹트는 모양. 가운데가 줄기, 양 옆은 잎이다. 가운데의 획이 왼쪽으로 구부러지면 왼손 좌(ナ ㄓ)가 된다.
자소 [상형]
성부 鼓고　离리　每매　舍사　奏주　壴주　之지　妻처　艸초
　　　卉훼　毒독　先록　木목　屯둔　尢빈　放언　車전　熏훈
　　　米발　肖얼　黹망　建첩　屰역　車전　出출

(480) 屯 **둔** [tún]

뜻 ①진을 치다: 둔전(屯田), 주둔(駐屯)　[zhūn] ①어렵다
자원 여린 새싹이 지면을 뚫고 처음으로 싹트는 모양을 본떴다. 처음 시작해서 완전히 펴지 못했다는 뜻으로 꼬리를 구부렸다.
자소 [상형] 철(屮 ← 屮ψ)새싹이 돋다＋일(一)1, 하나, 지면
성부 春　箐춘

- ❶순〈純〉 [chún] 순수(純粹)하다: 순결(純潔), 순정(純情), 순진(純眞), 불순(不純)
- ❷둔〔鈍〕 [dùn] 무디다: 둔기(鈍器), 둔각(鈍角), 둔재(鈍才), 우둔(愚鈍)
- ❸돈{頓} [dùn] 머리를 조아리다: 돈수(頓首) /가지런히 하다: 정돈(整頓)
- ❹돈(沌) [dùn] 어둡다: 혼돈(渾沌, 混沌)　■전 [zhuàn] 강이름
- ❺돈(旽) [tūn] 밝다 /친밀하다
- ❻둔(芚) [tún] 싹이 나오다 /채소 이름 /어리석다
- ❼촌〈邨〉 [cūn] 마을　참고 촌〈村〉과 같은 글자

【왼손좌】 口囗土士夂夊夕大女子宀寸小尢屮山川工己巾干幺广廴廾弋弓互彡彳心

(481) 屰 **逆** 역 [nì]

뜻 ①거슬리다(不順)
자원 간(干屰)은 「간섭한다, 침범한다」는 뜻이다. 감(凵)은 입을 벌린 모양인데, 역시 올바르지 못한 태도다.
자소 [지사] 간(ㄚ ← 干屰)방패, 침범하다 + 감(凵)입 벌리다
성부 朔삭 号嚳악 斥庐屏屈척 欮궐 幸夻행

□ ❶역〈逆〉[nì] 거스르다 : 역경(逆境), 역적(逆賊), 역류(逆流), 대역죄인(大逆罪人) / 맞이하다 : 역려(逆旅:여관)

(482) 㞷 **황** [wǎng]

뜻 ①초목이 무성하다(草木妄生)
자원 초목이 어지럽고 무성하게 자란(之屮) 것을 말한다.
자소 [회의] 지(之屮)새싹이 자라다 + 토(土)흙, 땅, 토지
성부 匡匩광

□ ❶왕〈往〉[wǎng] 가다 : 왕년(往年), 극락왕생(極樂往生), 왕복(往復), 기왕(旣往)
□ ❷왕{旺}[wàng] 성하다 : 왕성(旺盛), 흥왕(興旺)
□ ❸왕{枉} [wǎng] 굽다 : 왕림(枉臨:귀한 몸을 굽혀서 오시다)
□ ❹왕{汪} [wāng] 넓고 큰 모양
□ ❺광(狂) [kuáng] 미치다 : 광견병(狂犬病), 광인(狂人), 광포〈광폭(狂暴)

口冂土士夂夊夕大女子宀寸小尢尸屮山川工己巾干幺广廴廾弋弓彐彡彳心　　[뫼산]

214 부수글자 **046**　　3 - 17/32　　(3획부수)

46. 산 山 [shān]

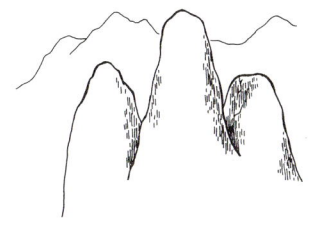

[자원] 산봉우리가 연이어 있는 모양. 세로의 세 선은 산의 뾰족한 봉우리, 아래의 일(一)은 땅이다.
[뜻] ①메:산악(山岳),산간(山間),산중(山中)
[자소] [상형]

부수 성부 — 부수글자가 성부로 쓰일 때

- ❶선〈仙〉[xiān] 신선(神仙):선녀(仙女),선약(仙藥),우화등선(羽化登仙)
- ❷산〈疝〉[shàn] 산증(疝症:아랫배와 불알에 탈이 생겨 붓고 아픈 병)
- ❸산〈汕〉[shàn] 오구(물고기 잡는 도구)

성부 글자 — 성부와 부수가 결합된 형성자

(483)  [yǎn]
[뜻] ①높은 언덕(岸高)
[자원] 절벽이 높은 모양. 얼(厴)은 수레에 짐을 높이 싣고 가는 모양을 말한다.
[자소] [회의] 산(山凵)산＋한(厂厂)바위 절벽

- ❶안〔岸〕[àn] 언덕:피안(彼岸),해안(海岸),연안(沿岸),안벽(岸壁)
- ❷탄〔炭〕[tàn] 숯:목탄(木炭) /석탄(石炭) /탄소(炭素):탄수화물(炭水化物)

(484)  [gāng]
[뜻] ①언덕 ②뫼 ③산등성이(山脊)
[자원] 그물(网罓)의 모양이 산등성이와 닮았으므로 산(山凵)을 덧붙였다.
[자소] [형성] 망(网 ← 罓)그물＋산(山凵)산

- ❶강〔剛〕[gāng] 굳세다:강건(剛健),외유내강(外柔內剛),강직(剛直),금강(金剛)
- ❷강〔綱〕[gāng] 기강(紀綱):강령(綱領),입시요강(入試要綱),정강(政綱)
- ❸강〔鋼〕[gāng] 강철(鋼鐵):제강(製鋼)
- ❹강{堈}[gāng] 언덕 /큰 오지그릇
- ❺강{崗}[gāng] 강(岡)의 속자

【뫼 산】 口囗土士夂夊夕大女子宀寸小尢尸屮山川工己巾干幺广廴廾弋弓彑彡彳心

(485) 岳 악 [yuè]
뜻 ①큰 산:산악(山岳) ②장인장모:악부악모(岳父岳母), 악장(岳丈)
자원 산 위에 다시 언덕이 있는 커다란 산(山)을 말한다. 악(嶽)의 옛글자다.
자소 [상형] 구(丘ㅉ)언덕〔변형〕＋산(山山)산

(486) 岩 암 [yán]
뜻 ①바위 참고 암(巖)과 같은 글자
자원 바위 암(巖)의 속자로 쓰인다.
자소 산(山山)산＋석(石ᵒ)돌

(487) 島 도 [dǎo]
뜻 ①섬:독도(獨島), 무인도(無人島), 제주도(濟州島), 도서(島嶼), 다도해(多島海)
자원 바다 가운데에 간혹 섬이 솟아 있어서 새들이 쉴 수 있는 곳을 말한다.
자소 [형성] 조(鳥 ← 鳥鳥)새＋산(山山)산
□ ❶도(搗)[dǎo](곡식을 방아에 넣고)찧다:도정(搗精)

(488) 崔 최 [cuī]
뜻 ①(아주)높다 ②성씨(姓氏)
자원 새(隹隹)가 산(山山) 아래에 있는 글자의 모양 그대로, 새도 날아 넘지 못할 만큼 아주 높은 산을 말한다.
자소 [형성] 산(山山)산＋추(隹隹)꽁지가 짧은 새
□ ❶최(催)[cuī]재촉하다:최루탄(催淚彈), 최면술(催眠術), 최고장(催告狀) /베풀다:주최(主催), 개최(開催)
□ ❷최(摧)[cuī]꺾다 /억누르다 ■좌[cuò]꼴을 먹이다

(489) 崩 붕 [bēng]
뜻 ①산이 무너지다(山壞):붕괴(崩壞) ②임금이 죽다:붕어(崩御)
자원 산이 무너진다는 뜻이다. 뜻이 확대되어 임금의 죽음을 나타낸다.
자소 [형성] 산(山山)산봉우리＋붕(朋)봉황새
□ ❶붕(繃)[bēng]묶다:붕대(繃帶)
□ ❷붕(漰)[pēng]물결치는 소리

(490) 嵩 숭 [chóng]
뜻 ①높다:숭고(崇高) ②우뚝 솟다 ③산 이름:숭산(嵩山)
자원 숭(崧)과 숭(嵩) 모두 숭(崇)의 이체자다.
자소 [회의] 산(山山)산＋고(高高)높다

(491) 嵒 암 [yán]
뜻 ①바위 ②가파르다
자원 큰 돌이 연이어 있는 낭떠러지(大石連續形)를 말한다.
자소 [회의] 품(品品)물건＋산(山山)산봉우리
□ ❶암(癌)[yán]암:간암(肝癌), 위암(胃癌), 후두암(喉頭癌), 피부암(皮膚癌)

(492) 嵬 외 [wéi]
뜻 ①산이 높고 험한 모양(山高下盤曲貌)
자원 산(山山)이 높고, 평평하지 않다는 말이다.
자소 [형성] 초(艹 ← 艸艸)풀,식물＋귀(鬼鬼)귀신
□ ❶외(巍)[wēi]높고 크다 참고〔산(山)＋위(魏)〕가 아니다

口囗土士夂夊夕大女子宀寸小尢尸屮山川工己巾干幺广廴廾弋弓彐彡彳心　　[내 천]

47. 천 川巛  [chuān]

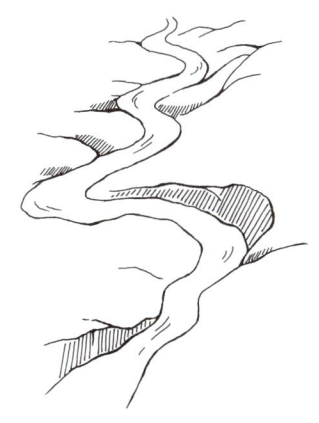

[자원] 두 언덕 사이를 뚫고 흘러가는 물을 말한다. 혹은 파낸 도랑(甽穿) 사이로 흐르는 물의 모양이라고도 한다. <개미허리>라고도 한다.
[뜻] ①내 : 천렵(川獵), 하천(河川)
[자소] [상형]

부수 성부 — 부수글자가 성부로 쓰일 때

- ❶순〈順〉[shùn] 순하다 : 온순(溫順) / 따르다 : 순종(順從) / 차례 : 순서(順序)
- ❷훈〈訓〉[xùn] 가르치다 : 훈계(訓戒), 훈련(訓鍊), 훈시(訓示) / 가르침 : 교훈(敎訓), 가훈(家訓), 급훈(級訓)
- ❸순〔巡〕[xún] 임금이 영토 안을 돌아보다 : 순행(巡行), 순찰(巡察), 순경(巡警)
- ❹순(馴)[xún] 길들이다 : 순치(馴致 : 짐승을 길들이다, 조금씩 어떤 상태에 이르게 하다)
- ❺천(釧)[chuàn] 팔찌
- ❻천(玔)[chuān] 옥고리 / 옥팔찌

성부 글자 — 성부와 부수가 결합된 형성자

(493)  [zhōu]

[뜻] ①고을 : 주군현(州郡縣). 경주(慶州), 청주(淸州), 상주(尙州), 진주(晋州)
[자원] 내 천(川巛) 두 개를 겹쳐썼다. 물 가운데에 있는 사람이 살 수 있는 땅. 옛날 요임금 때 홍수를 만나서 천하가 다 물에 잠겼을 때, 사람들은 물 가운데의 높이 솟은 땅에서 살았다. 9곳이 있었으므로 이를 9주(州)라고 했다.
[자소] [상형] 천(巛←川巛)하천 ➕ 천(川巛)하천

- ❶주〔洲〕[zhōu] 물가 : 삼각주(三角洲) / 육지 : 구주(歐洲), 미주(美洲), 오대양육대주(五大洋六大洲), 아주(亞洲)
- ❷수(酬)[chóu] 술잔을 돌리다 : 수작(酬酌), 응수(應酬) / 보수(報酬) : 수가(酬價)

【내 천】 口囗土士夂夊夕大女子宀寸小尢尸屮山川工己巾干幺广廴廾弋弓彑彡彳心

(494) 巟 황 [huāng, máng]
뜻 ①물이 질펀하다(水廣) ②거칠다
자원 물이 질펀한 모양. 확대되어 광대하다는 뜻을 나타낸다. 황(荒)자가 주로 쓰이자 이 글자는 쓰이지 않게 되었다.
자소 [형성] 망(亡ㄣ)없다＋천(ㄍ ← 川巛)하천
성부 荒 巟 황

(495) 巠 경 [jīng]
뜻 ①물줄기(水脈)
자원 땅(一) 밑을 흐르는 맑은 물줄기(川巛)라는 뜻이다. 정(壬)은 원래 사람이 똑바로 서있는 모양이다. 「땅에서 나오다, 맑다」는 뜻으로 쓰인다.
자소 [회의] 일(一)여기서는 땅＋천(川巛)하천＋공(工) ← 정(壬)바로 선 사람

☐ ❶경〈經〉[jīng] 경서(經書):불경(佛經),성경(聖經) /경영(經營)하다:경제(經濟) /경과(經過)하다:경험(經驗),경력(經歷)
☐ ❷경〈輕〉[qīng] 가볍다:경쾌(輕快),경멸(輕蔑),경시(輕視),경솔(輕率)
☐ ❸경〔徑〕[jìng] 지름길:첩경(捷徑),직경(直徑) /곧다:경정직행(徑情直行)
☐ ❹경{勁}[jìng] 굳세다:경직(勁直)
☐ ❺경{涇}[jīng] 통하다 /물 이름
☐ ❻경{莖}[jīng] 줄기:근경(根莖),음경(陰莖:자지)
☐ ❼경{逕}[jìng] 좁은 길
☐ ❽경{俓}[jìng] 지름길 참고 경〔徑〕과 같은 글자
☐ ❾경(痙)[jìng] 힘줄이 당기다:경련(痙攣)
☐ ❿경(脛)[jìng] 정강이:경무모(脛無毛:정강이에 털이 다 빠질 정도로 바삐 돌아다님),경골(脛骨)
☐ ⓫경(頸)[jǐng] 목:문경지교(刎頸之交:아주 친함),경추(頸椎:목의 척추뼈),경골(頸骨)
☐ ⓬경(剄)[jǐng] 목을 베다

(496) 㐬 돌 [tú]
뜻 ①애기가 꺼꾸로 태어나다 ②불효자
자원 아들 자(子)의 옛글자인 자(𠫓)를 거꾸로 쓴 것이다. 머리털이 내천(川)자로 오인될 여지가 있다.
자소 [지사]
성부 疏 疎 소 毓 육 醯 혜 鬻 육

☐ ❶류〈流〉[liú] 흐르다:유행(流行),유통(流通) /귀양 보내다:유배(流配) 참고 원래는 〔추(林)＋㐬〕인 류(㲒)였다.
☐ ❷류{琉}[liú] 유리:유리창(琉璃窓) 참고 류(瑠)와 같은 글자
☐ ❸류(硫)[liú] 유황(硫黃):유산(硫酸)
☐ ❹류(旒)[liú] 깃발 /면류관의 끝

口囗土士夂夊夕大女子宀寸小尢尸屮山川工己巾干幺广廴廾弋弓彐彡彳心　　　[내천]

(497) 巢 소 [cháo]
뜻 ①새집：소굴(巢窟) ②깃들이다
자원 나무 위에 있는 새집의 모양을 본떴다.
자소 [상형] 치(囟) : 새집＋목(木朩)나무
성부 叟수

- ❶초(剿) [jiǎo] 죽이다 /토벌하다 [chāo] 표절하다
- ❷소(繅) [xiāo] 고치를 켜다 /옥받침

(498) 鼡 렵 [liè]
뜻 ①말갈기 ②쥐털
자원 머리(囟)에 털(川)이 난 모양을 본떴다.
자소 [상형] 천(巛 ← 川)머리털＋신(囟)숫구멍＋鼡 ← 몸통 모양

- ❶렵{獵} [liè] 사냥하다：수렵견(狩獵犬),엽총(獵銃),엽기소설(獵奇小說)
- ❷랍(臘) [là] 납향：납향(臘享) /섣달：납월(臘月)
- ❸랍(蠟) [là] 밀랍(蜜蠟)：봉랍(封蠟),납서(蠟書：밀랍으로 봉한 서류)
- ❹랍(鑞) [là] 땜납
- ❺렵(躐) [liè] 밟다 /넘다
- ❻렵(鬣) [liè] 갈기 /빗자루 끝

【장인 공】 口囗土士夂夊夕大女子宀寸小尢尸屮山川工己巾干幺广廴廾弋弓彐彡彳心

214 부수글자 **048**　　　　3 - 19/32　　　　(3획부수)

48. 공 工 [gōng]

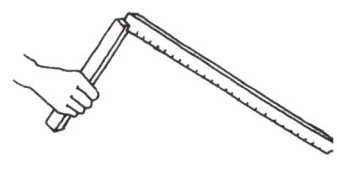

자원 교묘하게 장식한다는 뜻. 사람이 곡선이나 직선을 그리는 자를 들고 있는 모양을 본떴다. 규(規)는 컴퍼스, 구(矩)는 직각자.
뜻 ①장인:사농공상(士農工商),선반공(旋盤工) ②만들다:공업(工業),공작(工作) ③공부(工夫)하다
자소 [지사]

부수 성부　　　부수글자가 성부로 쓰일 때

☐ ❶공〈功〉[gōng] 공적(功績):일등공신(一等功臣),부귀공명(富貴功名),성공(成功),훈공(勳功)
☐ ❷홍〈紅〉[hóng] 붉다:홍안(紅顔),홍일점(紅一點),홍조(紅潮),진홍색(眞紅色)
☐ ❸공〔攻〕[gōng] 치다:공격(攻擊),난공불락(難攻不落) /연구하다:전공(專攻)
☐ ❹항〔項〕[xiàng] 목:족쇄항쇄(足鎖項鎖) /조목:항목(項目),조항(條項),사항(事項)
☐ ❺강{杠}[gàng] 깃대 /외나무 다리 ■공[gāng] 곤봉
☐ ❻홍{虹}[hóng] 무지개:홍예문(虹霓門),홍채(虹彩:눈에서 빛의 양을 조절하는 부분)
☐ ❼강(舡)[chuán] 오나라배
☐ ❽동(仝)[tóng] 같다　참고 동〈同〉과 같은 글자
☐ ❾항(肛)[gāng] 똥구멍:항문(肛門)
☐ ❿항(缸)[gāng] 항아리
☐ ⓫홍(訌)[hòng] 무너지다:내홍(內訌)
☐ ⓬홍(汞)[gǒng] 수은:승홍(昇汞)

성부 글자　　　성부와 부수가 결합된 형성자

(499)  [jù]
뜻 ①크다:거대(巨大) ②많다:거금(巨金),거액(巨額) ③뛰어난 사람:거인(巨人),거장(巨匠)
자원 목수들이 사용하는 ㄱ 모양의 자를 손에 들고 있는 모양. 가운데가 손잡이를 나타낸다.
자소 [상형] 공(工工)작은 자＋ㄱ : 손잡이 모양

☐ ❶거〔拒〕[jù] 막다:항거(抗拒) /거절(拒絶)하다:거부(拒否),거역(拒逆)

口囗土士夂夊夕大女子宀寸小尢尸屮山巛工己巾干幺广廴廾弋弓彐彡彳心　　[장인 공]

- ❷거[距] [jù] (시간·공간적)거리(距離):상거만리(相距萬里) /며느리발톱
- ❸거{鉅} [jù] 크다 /강하다 /갈고리
- ❹구{矩} [jù] 직각자(곱자) /네모(사각형):구형(矩形) /법도
- ❺거(炬) [jù] 횃불:거화(炬火)

(500) **左 좌** [zuǒ]
- 뜻 ①왼쪽:좌측통행(左側通行),좌우(左右),좌익(左翼),좌충우돌(左衝右突)
  ②증거:증좌(證左) ③낮다:좌천(左遷)
- 자원 왼손(ナ扌)이 오른손을 거드는 보조적인 역할을 한다는 뜻이다.
- 자소 [회의] 좌(ナ扌)왼손+공(工工)일, 도구
- 성부 差차 㾕휴

- ❶좌〔佐〕[zuǒ] 돕다:보좌(輔佐, 補佐)

(501) **巩 공** [gǒng]
- 뜻 ①끌어 안다, 품다
- 자원 자(工工)나 그것으로 만든 물건을 잡고있다(凡丮)는 뜻이다.
- 자소 [형성] 공(工工)만들다+환(丸) ← 극(凡丮)손에 잡다
- 성부 筑축

- ❶공〔恐〕[kǒng] 두려워하다:공포(恐怖),공갈(恐喝),공수병(恐水病),가공(可恐)
- ❷공(鞏) [gǒng] 묶다:공고(鞏固:확고하다,견고하다)

(502) **巫 무** [wū]
- 뜻 ①무당(巫堂):무녀(巫女),무속(巫俗)
- 자원 제단 앞에서 소매를 늘어뜨리고 춤추는 무당 모습.
- 자소 [회의] 공(工工)장인, 만들다+종(从巫) ← 소매 모양
- 성부 筮簭서

- ■❶령〔靈〕[líng] 신령(神靈)스럽다
- ❷격(覡) [xí] 박수(남자무당)
- ❸무(誣) [wū] 무고(誣告)하다 /꾸미다 /억지로 시키다

(503) **差 차** [chā]
- 뜻 ①다르다:차등(差等),차이(差異),차별(差別) ②나머지:차액(差額),오차(誤差) [chāi]①심부름가는 벼슬아치:함흥차사(咸興差使) ②선택하다 [chà]①남다르다 ■치[cī]①가지런하지 않다
- 자원 드리워진(垂禾) 곡식의 싹들이 들쭉날쭉한 모양에서 「차이」가 있다는 뜻이 된다.
- 자소 [형성] 임(羊) ← 수(垂禾)드리우다+좌(左 ← 左ナ)왼쪽
- 성부 着착

- ❶차{瑳} [cuō] 곱다 /웃다 /갈다　참고 차(磋)와 통용.
- ❷차(嵯) [cuó] 산이 높다:차아(嵯峨:산이 높고 험하다)
- ❸차(磋) [cuō] 갈다:절차탁마(切磋琢磨)
- ❹차(蹉) [cuō] 넘어지다:차질(蹉跌),차타(蹉跎:발을 헛디며 넘어짐,시기를 놓치다)
- ❺차(嗟) [jiē] 탄식하다 /감탄하다 /발어사

171

【몸기】 口囗土士夂夊夕大女子宀寸小尢尸屮山巛工己巾干幺广廴廾弋弓彑彡彳心

214 부수글자 **049**　　　3 - 20/32　　　(3획부수)

49. 기 己 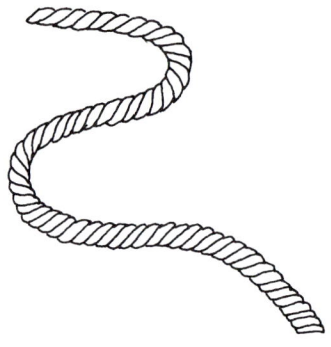 [jǐ]

[자원] 오행의 중심이 되는 무기(戊己)는 중궁(中宮)을 뜻한다. 만물이 이 중궁에서 옴츠리고 숨어 있는 모양을 본뜬 것이다.
[뜻] ①자기(自己) /6째 천간(중앙, 土)
[자소] [지사]

부수 성부 — 부수글자가 성부로 쓰일 때

- ❶기〈記〉[jì] 기록(記錄)하다:기록(記錄),기사(記事),기입(記入),기자(記者),속기(速記) /기억(記憶)하다:
- ❷기〈起〉[qǐ] 일어나다:기상나팔(起床喇叭) /처음 시작하다:기안(起案)
- ❸개〈改〉[gǎi] 바르게 고치다:개량(改良),개선(改善),개과천선(改過遷善),개혁(改革),개표(改票)
- ❹기〔忌〕[jì] 꺼리다:기피(忌避),기휘(忌諱), 금기(禁忌) /기일(忌日):기제사(忌祭祀) /미워하다:시기(猜忌),투기(妬忌)
- ❺기〔紀〕[jì] 기강(紀綱):군기(軍紀) /해:기원전(紀元前),서기(西紀),단기(檀紀) /기록하다:기념(紀念) [jì] 성(姓)
- ❻배〔配〕[pèi] 짝:배필(配匹) /나누다:배급(配給),배치(配置) /돕다:배려(配慮)
- ❼비〔妃〕[fēi] 왕비(王妃):비빈(妃嬪),후비(后妃) /짝(배필)
- ❽기{杞}[qǐ] 구기자나무 /나라 이름:기우(杞憂)
- ❾기{玘}[jǐ] 패옥 /노리개

성부 글자 — 성부와 부수가 결합된 형성자

(504)  사 [sì]
[뜻] ①뱀 ②6째 지지[동남쪽,09-11시,뱀띠] ③뱀(蛇也)
[자원] 원래는 뱀 모양을 본뜬 글자였다.
[자소] [상형]
[성부] 巸巸기 圯이 巴파 㠯선 巷항

- ❶사〔祀〕[sì] 제사(祭祀):향사(享祀),봉사(奉祀)

口囗土士夂夊夕大女子宀寸小尢尸屮山川工己巾干幺广廴廾弋弓彐彡彳心　　[몸기]

(505) [yǐ]
- 뜻 ①이미:이왕(已往) ②그치다(止也) ③뿐:부득이(不得已)
- 자원 원래는 사(巳)자와 같은 글자였다. 앞획을 조금 잘라서 구별하였고, 음을 빌려서 그치다는 뜻으로 쓴다. 기(己)와 달리 사(巳)는 사방이 완전히 가려졌으며 이(已)는 이가 빠지듯 조금 떨어졌다.
- 자소 [상형]
- 성부 巳이 㠯이

[1]

(506) 巴파 [bā]
- 뜻 ①땅이름 ②뱀(코끼리를 잡아 먹는다:食象蛇)
- 자원 코끼리를 잡아먹는다고 하는 커다란 뱀. 파사(巴蛇)라고 한다. 많은 글자에서 병부 절(卩=㔾)이 이 글자로 변형된다. 비(肥), 색(色), 읍(邑), 절(絶) 등등.
- 자소 [상형]
- 성부 肥비 危치 色색 邑읍 絶절 邑읍 殼경

☐ ❶파{把} [bǎ] 잡다(쥐다):파악(把握) /지키다:파수(把守) [bà] 자루(손잡이)
☐ ❷파{芭} [bā] 파초(芭蕉) /꽃 /풀 이름
■ ❸파{琶} [pá] 비파(琵琶)
☐ ❹파(爬) [pá] 긁어내다:소파수술(搔爬手術) /기어 다니다:파충류(爬蟲類) /잡다
☐ ❺파(杷) [pá] 비파나무

[4]

(507) [zhī]
- 뜻 ①술잔 ②둥근 그릇(酒器. 滿則傾, 空則仰)
- 자원 삼가 조심하여(卩=㔾) 술을 마신다는 뜻이다. 가득 차면 기울어지고 비면 바로 서는 술잔이라고 한다. 치(卮)는 속자다.
- 자소 [상형] 인(厃←人⺆)사람+파(巴) ← 절(卩=㔾)병부

☐ ❶치(梔) [zhī] 치자나무

[6]

(508) [xiàng]
- 뜻 ①거리:항간(巷間), 항설(巷說)
- 자원 항(邟)의 원(吕)은 고을 읍(邑≡)자를 돌려 쓴 것으로 「인접한 두 개의 마을」이라는 뜻이다. 여기에 함께 한다는 뜻의 공(共)을 더했다. 길은 마을의 한복판에 있으면서 모든 사람들이 함께 사용하기 때문이다.
- 자소 [회의·형성] 사(巳) ← 항(邟)인접한 마을+공(共)함께

☐ ❶항〔港〕[gǎng] 항구(港口):항만(港灣), 공항(空港), 군항(軍港)

[9]

(509) 巽손 [xùn]
- 뜻 ①사양하다(讓也) ②손괘(주역 64괘 중의 하나)
- 자원 제사상(丌)에 온갖 사물을(㔾) 갖추어 놓고 바치는 모양. 윗부분은 정성껏 준비했다는 뜻이다. 아래의 상 기(丌)는 제사상이다. 예서에서 손(巽)으로 바뀌었다.
- 자소 [형성] 선(㔾)나란한 물건+공(共) ← 기(丌)상

☐ ❶선〈選〉[xuǎn] 가려 뽑다:선택(選擇), 선수(選手), 선발(選拔), 특선(特選) /선거(選擧):낙선(落選), 당선(當選), 선관위(選管委), 입선(入選)
☐ ❷찬{撰} [zhuàn] 글을 짓다:찬술(撰述), 신찬(新撰) /가려 뽑다
☐ ❸찬(饌) [zhuàn] 반찬(飯饌):진수성찬(珍羞盛饌), 찬모(饌母), 찬합(饌盒)

【수건 건】 口囗土士夂夊夕大女子宀寸小尢尸屮山巛工己巾干幺广廴廾弋弓彐彡彳心

214 부수글자 **050**　　　　3 - 21/32　　　　(3획부수)

50. 건 巾 [jīn]

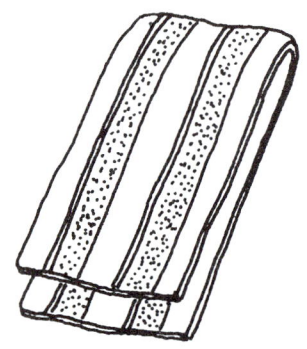

[자원] 걸어 놓은 천이 늘어진 모양.「옷감」과 관련된 뜻을 나타낸다.
[뜻] ①헝겊:수건(手巾),백두건(白頭巾)
[자소] [상형] 멱(冖)덮다＋곤(丨)꿰뚫다

| 성부 글자 | 성부와 부수가 결합된 형성자 |

(510) 巿 불 [fú]
[뜻] ①슬갑 ②앞치마 ③초목이 무성한 모양
[자원] 앞치마 모양. 옛날에는 이것으로 앞을 가렸다. 천자는 주불(朱巿), 제후는 적불(赤巿), 경대부는 총형(蔥衡)을 착용했다. 불(巿), 시(市朩), 잡(帀朩)을 구분해 보라.
[자소] [회의] 丿: 매어 달린 모양＋**건**(巾)수건,헝겊,옷감

(511) 帀 잡 [zā]
[뜻] ①두르다(周也) ②널리
[자원] 갈 지(之屮)자를 거꾸로 썼다.
[자소] [회의]
[성부] 師사 帀시

(512) 市 시 [shì]
[뜻] ①시장(市場):시가(市價),야시장(夜市場),증시(證市) ②도시(都市):시가(市街),시내(市內),시외(市外)
[자원] 옛날 시장에는 담장이 있었다고 한다. 거기에 물건들이 서로 모이므로, 「그곳에 가서 물건을 사고 판다」는 뜻이다. ※ 자(姉), 시(柿) 등은 자(朿屮)의 변형이다.
[자소] [회의·형성] 두(亠) ← **지**(之屮)가다＋**경**(冂)구역 안＋**곤**(丨) ← **급**(及)고자
[성부] 巿불 帀잡

(513) 布 포 [bù]
[뜻] ①베:모포(毛布) ②펴다:선포(宣布),포교(布敎)
[자원] 부(父)는 손에 막대를 든 모양. 옷감(巾)을 다듬질하여 잘 편다는 뜻이다.
[자소] [형성] 좌(ナ) ← **부**(父)아버지＋**건**(巾)수건, 헝겊

□ ❶포(佈) [bù] 펴다:포고(佈告)

174

口冂土士夂夊夕大女子宀寸小尢尸屮山巛工己巾干幺广廴廾弋弓彐彡彳心　[수건 건]

☐ ❷포(怖) [bù] 두려워하다 : 공포(恐怖)

(514) 聿 섭 [niē]
- 뜻 ①손놀림이 빠르다(手之聿巧)
- 자원 오른손(又彐)에 수건(巾)을 들고 있는 모양을 본뜬 것이다. 숙(肅),신(妻), 율(聿) 등의 글자를 만든다.
- 자소 [지사] 우(又彐)또, 손＋건(巾)수건,옷감
- 성부 肅숙 聿율

(515) 希 희 [xī]
- 뜻 ①바라다 : 희망(希望),희구(希求),희원(希願) ②희랍(希臘:그리스) ③드물다(寡也)
- 자원 실을 엮어서 짠 천. 귀한 것이어서 누구나 얻기를 바란다는 뜻이다.
- 자소 [상형] 효(㐅 ← 爻✕)뒤섞이다＋건(巾)수건, 헝겊

☐ ❶희〔稀〕 [xī] 드물다 : 희귀(稀貴),희미(稀微),희박(稀薄),희소(稀少),희한(稀罕)
☐ ❷희{晞} [xī] 마르다 /말리다
☐ ❸치(絺) [chī] 가느다란 칡으로 만든 베 [zhǐ] 수를 놓다

(516) 帛 백 [bó]
- 뜻 ①비단 : 폐백(幣帛)
- 자원 색깔이 하얀(白) 옷감(巾)이라는 뜻이다. 누에고치로 만든 견직물, 목화로 만든 면포 등을 말한다.
- 자소 [형성] 백(白)희다＋건(巾)수건

☐ ❶금〔錦〕 [jǐn] 비단 : 금의환향(錦衣還鄕),금상첨화(錦上添花),금수강산(錦繡江山)
☐ ❷면〔綿〕 [mián] 솜 : 면사(綿絲) /이어지다 : 면면(綿綿) /촘촘하다 : 면밀(綿密)
☐ ❸면{棉} [mián] 목화(木花) : 목면(木棉＝木綿),면화(棉花)

(517) 帚 추 [zhǒu]
- 뜻 ①빗자루 ②먼지를 털다
- 자원 손(又彐)에 걸레(巾)를 들고 정해진 구역 안(冂ᄇ)을 닦는다는 뜻이다. 빗자루를 거꾸로 세워 놓은 모양을 본뜬 것이라고도 한다.
- 자소 [회의] 우(彐, 又彐)또, 손＋멱(冖) ← 경(冂ᄇ)구역 내＋건(巾)수건
- 성부 婦부 侵侵寢침

☐ ❶귀〈歸〉 [guī] 돌아가다 : 귀국(歸國),귀순(歸順) 참고 원래는 〔從止. 婦省. 𠂤聲〕
☐ ❷부〈婦〉 [fù] 지어미 : 부부(夫婦),신부(新婦) 참고 원래는 〔從女持帚〕
☐ ❸소〔掃〕 [sǎo] 쓸다 : 소지(掃地),소제(掃除),소탕전(掃蕩戰),청소(淸掃)

(518) 帝 제 [dì]
- 뜻 ①임금 : 제왕(帝王),황제(皇帝),제국주의(帝國主義)
- 자원 만인(萬人) 위에서 군림하는 임금을 말한다. 상(ᅩ)은 위 상(上)의 옛글자. 차(朿)는 나무의 가시인데, 여기서는 사람을 억압하는 「권위의 상징」으로 쓰였다.
- 자소 [형성] 두(亠) ← 상(二)上古字＋차(帝 ← 朿)나무가시
- 성부 商啇적

☐ ❶체{締} [dì] 얽어매다 : 조약체결(條約締結)

175

【수건 건】 口囗土士夂夊夕大女子宀寸小尢尸屮山川工己 巾 干幺广廴廾弋弓彐彡彳心

- ❷체{諦} [dì] 살펴서 밝히다: 체관(諦觀), 체념(諦念), 요체(要諦), 진체(眞諦)
- ❸제(啼) [tí] 울다: 제혈(啼血: 피를 토하며 운다는 두견새의 울음)
- ❹제(蹄) [tí] 짐승의 발굽: 마제(馬蹄), 제철(蹄鐵: 굽쇠)

3획

(519) **席 석** [xí]
- 뜻 ①자리: 좌석(座席), 말석(末席), 착석(着席) ②차례: 석차(席次), 수석(首席), 차석(次席)
- 자원 자리는 손님에 대한 예의이며, 손님은 여러 사람이다.
- 자소 [형성] 서(庶 ← 庶)많은 사람 + 건(巾)수건

- ❶석(蓆) [xí] 자리: 석천(蓆薦: 깔개)

(520) **師 사** [shī]
- 뜻 ①스승: 군사부일체(君師父一體), 사제(師弟), 사부(師父, 師傅) ②전문가: 의사(醫師) ③군대: 사단(師團)
- 자원 높은 언덕에 빙 둘러 진치고 있는 군대라는 뜻이다. 주나라 때에는 2,500명을 사(師)라고 했다.
- 자소 [회의] 퇴(𠂤)쌓아 올리다 + 잡(帀)둘러싸다

- ❶사(獅) [shī] 사자(獅子): 사자후(獅子吼)
- ❷사(篩) [shāi] 불순물을 골라내는 체 / 체로 치다

8획

(521) **帶 대** [dài]
- 뜻 ①띠: 혁대(革帶), 관대(冠帶) ②차다: 대검(帶劍), 부대시설(附帶施設) ③가지고 있다: 휴대(携帶), 대동(帶同), 대처승(帶妻僧), 세대주(世帶主)
- 자원 윗부분은 매달린 장식, 아래는 가지런히 늘어진 모양. 건(巾)을 2개 겹쳐 썼다. 옛사람들의 옷에는 주머니가 없었으므로 필요한 물건을 허리에 차고 다녔다.
- 자소 [상형] 㡀: 매달린 모양 + 멱(冖) ← 건(巾)수건 + 건(巾)수건

- ❶체(滯) [zhì] 막혀서 쌓이다: 체납(滯納) / 머무르다: 체류(滯留), 체증(滯症)

(522) **常 상** [cháng]
- 뜻 ①항상(恒常): 상투(常套), 무상(無常), 평상(平常) ②떳떳하다
- 자원 원래는 치마라는 뜻이었다. 존귀한 사람이 사용하던, 길이가 1장 6척인 깃발(朱駿聲說)이라고도 한다. 일상이라는 뜻은 뜻이 확대된 것이다.
- 자소 [형성] 상(尙)오히려 + 건(巾)수건

- ❶항(嫦) [cháng] 항아(嫦娥) ■상: 상아(嫦娥)

11획

(523) **幕 막** [mù]
- 뜻 ①장막: 막사(幕舍) ②군막 ③덮다(覆也)
- 자원 장막 아래에 폐물(幣物)을 펼쳐 놓았으므로 장막은 위에 있는 것이다.
- 자소 [형성] 막(莫)없다 + 건(巾)수건, 헝겊

- ❶멱(冪) [mì] 덮다 / 멱수(冪數: 같은 수의 제곱이 되는 수, 누승수)

口冂土士夂夊夕大女子宀寸小尢尸屮山巛工己巾干幺广廴廾弋弓彐彡彳心　[방패 간]

214 부수글자 **051**　　3 - 22/32　　(3획부수)

51. 간 干 [gān]

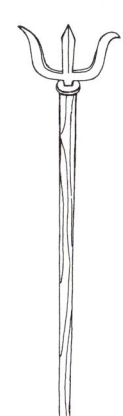

자원 원래는 끝이 양 갈래진 창의 모양을 본뜬 것이다. 혹은 일(一)과 들어갈 입(入)자를 거꾸로 쓴 아(丫)의 합자라고도 한다.
간지(干支) : 천간(天干:甲乙丙丁戊己庚辛壬癸:갑을병정무기경신임계),
지지(地支:子丑寅卯辰巳午未申酉戌亥:자축인묘진사오미신유술해).
뜻 ①방패:간성(干城) ②범하다:간섭(干涉) ③얼마:약간(若干)
자소 [상형·지사] 입(丁 ← 入)들어가다+일(一)하나

부수 성부　　부수글자가 성부로 쓰일 때

- ❶간〔刊〕[kān]책을 펴내다:간행(刊行), 발간(發刊), 일간(日刊), 주간지(週刊誌)
- ❷간〔肝〕[gān]간장(肝臟):간장(肝腸:간과 창자), 간담(肝膽), 간유(肝油)
- ❸안〔岸〕[àn]언덕:피안(彼岸), 해안(海岸), 연안(沿岸), 안벽(岸壁)
- ❹한〔汗〕[hàn]땀:한증탕(汗蒸湯), 불한당(不汗黨) [hán]오랑캐 추장
- ❺헌〔軒〕[xuān]처마(집):오죽헌(烏竹軒), 헌두(軒頭), 동헌(東軒) /난간
- ❻간{杆}[gān]장대 [gàn]박달나무
- ❼간{竿}[gān]장대:백척간두(百尺竿頭:긴 막대기의 끝)
- ❽간{玕}[gān]옥돌
- ❾간(奸)[jiān]간사(奸邪)하다:간교(奸巧), 간신(奸臣), 간웅(奸雄), 농간(弄奸)
- ❿간{秆}[gǎn]짚 [참고] 간(稈)과 같은 글자
- ⓫한(罕)[hǎn]드물다:희한(稀罕)하다

성부 글자　　성부와 부수가 결합된 형성자

(524) 평 平 [píng]

뜻 ①평평하다:평지(平地), 편평(扁平), 평균(平均) ②평화(平和):태평(泰平), 화평(和平) ③보통:평범(平凡)
자원 막혔던 기운이 고루고루 평평하게(于于) 퍼져(八)() 나간다는 뜻이다.
자소 [회의] 간(干) ← 우(于于)기운이 퍼지다+팔(八)()여덟,나누다,퍼지다
성부 苹평 爾이

- ❶평〔評〕[píng]평론(評論)하다:평판(評判), 비평(批評), 정평(定評), 호평(好評)
- ❷칭{秤}[chèng]저울:천칭(天秤) [chēng]저울질하다
- ❸평{坪}[píng]평평하다 /넓이의 단위:건평(建坪)

177

【방패 간】 口囗土士夂夊夕大女子宀寸小尢尸屮山川工己巾干幺广廴廾弋弓彐彡彳心

- ❹평{枰}[píng] 바둑판 / 장기판 / 의자 / 침상

(525) 开开견 [jiān]
뜻 ①평평하다 ②종족이름
자원 간(干)을 2개 나란히 써서 표면이「평평하다」는 뜻을 나타낸 것이다.
자소 [지사] 간(干 ← 干)방패, 범하다 ＋ 간(干)방패, 범하다
성부 井井병 刑형

- ❶개〈開〉[kāi] 열다 : 개간(開墾), 개학(開學), 개척(開拓), 개업(開業), 개화(開花)
- ❷연〈研〉[yán] 갈다 : 연마(研磨) / 연구(研究)하다 : 연수(研修), 연찬(研鑽)
- ❸형〈形〉[xíng] 모양 : 형성(形成), 형식(形式), 형태(形態), 형편(形便), 유형(有形)
- ❹연{姸}[yán] 예쁘다 : 연추(姸醜)
- ❺형〈邢〉[xíng] 나라 이름
- ❻계{笄}[jī] 비녀 : 계년(笄年 : 시집 갈 나이, 처음으로 비녀를 꽂는 15살), 계관(笄冠 : 남녀의 성인식)

(526) 秊年년 [nián]
뜻 ①해 : 연륜(年輪), 연소자(年少者), 십년감수(十年減壽), 천년만년(千年萬年)
자원 원래는 년(秊)이었다. 글자의 모양이 많이 바뀌었다. 곡식이 잘 익었다는 뜻이었다. 곡식이 한 번 익는 기간인 1년(年)을 말한다. 하(夏)나라는 세(歲), 상(商)나라는 사(祀), 주(周)나라는 년(年)이라 했다.
자소 [형성] 화(ㄏ ← 禾)벼 ＋ 천(ㄗ ← 千)1,000년

(527) 幷并병 [bìng]
뜻 ①합하다 ②같다 ③아우르다
자원 두 사람(从)이 어깨를 나란히(幵) 하고 있는 모양을 본떠서 서로 따른다는 뜻을 나타낸다. 혹은 두 개의 방패를 한꺼번에 들고 있는 모양을 본떴다고도 한다. 예서에서 并이 되었다.
자소 [형성] 종(〃 ← 从)따라가다 ＋ 견(幵)나란하다

- ❶병〔屛〕[píng] 병풍(屛風) [bǐng] 감추다
- ❷병{倂}[bìng] 아우르다 : 합병(合倂), 병탄(倂吞) / 나란하다 : 병용(倂用＝竝用)
- ❸병{甁}[píng] 병 : 화병(花甁)
- ❹병{軿}[pēng] 거마(車馬)소리 [píng] 사방에 휘장을 두른 수레
- ❺병{餠}[bǐng] 금·은으로 만든 떡 모양의 화폐
- ❻병(餠)[bǐng] 떡 : 전병(煎餠)
- ❼병(骿)[pián] 나란하다 : 사육병려문(四六骿儷文) ■변 : 같은 뜻
- ❽병{絣}[píng] 두레박 / 병
- ❾병(迸)[bèng] 달아나다 / 내뿜다

口 囗 土 士 夂 夊 夕 大 女 子 宀 寸 小 尢 尸 屮 山 川 工 己 巾 干 幺 广 廴 廾 弋 弓 彐 彡 彳 心　　[방패 간]

(528)  [xìng]
뜻 ①다행(多幸):행운(幸運),행복(幸福) ②총애하다:행신(幸臣)
자원 일찍 죽는(夭) 것을 면했으므로(屰) 다행이라는 뜻이다. 요(夭)는 천수(天壽)를 다하지 못하고 죽는 것을 말한다.
자소 [회의] 토(土) ← 요(夭)일찍 죽다 ＋ 임(羊) ← 역(屰)거슬리다
성부 報報報보 圉圉圉어 睪역 幸녑

☐ ❶행(倖) [xìng] 요행(僥倖):사행심(射倖心)

10

(529)  [gàn]
뜻 ①줄기:근간(根幹),간선(幹線) ②주관하다:간부(幹部),재간(才幹)
자원 원래는 담쌓을 때 쓰던 나무(木朩)를 일컫는 말이었다.
자소 [형성] 간(倝 ← 朝倝)깃발 ＋ 간(干) ← 목(木朩)나무

☐ ❶한{澣} [hàn] 빨래하다 /열흘(10일)
☐ ❷극(戟) [jǐ] 갈래진 창:자극(刺戟)

179

【작을 요】 口口土士夂夊夕大女子宀寸小尢尸屮山川工己巾干幺广廴廾弋弓彐彡彳心

214 부수글자 **052**　　　3 - 23/32　　　(3획부수)

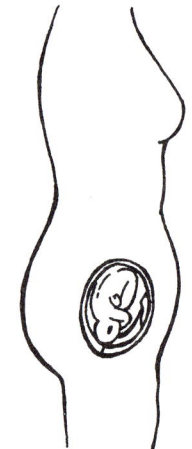

52. 요 幺 [yāo]

[자원] 아기가 갓 잉태되었을 때의 모양을 본떴다.
[뜻] ①작다 ②어리다
[자소] [상형]

성부 글자

성부와 부수가 결합된 형성자

(530) 幻환 [huàn]
[뜻] ①허깨비 ②미혹하다 : 환상(幻像), 환멸(幻滅), 환영(幻影), 환각(幻覺), 몽환(夢幻)
[자원] 베틀에서 사용하는 북의 모양을 본뜬 여(予)자를 거꾸로 쓴 것이다.
[자소] [지사] 여(予)자를 돌려 썼다

(531) 幼유 [yòu]
[뜻] ①어리다 : 유치원(幼稚園), 유아(幼兒), 유충(幼蟲 : 애벌레)
[자원] 갓난 어린애(幺옹). 힘(力력)없이 약하다는 뜻이다.
[자소] [회의] 요(幺옹)작다 + 력(力력)힘

 ❶요(拗) [ǎo]꺾다(꺾이다) [niù]마음이 비뚤어지다 : 집요(執拗)　[ào]어긋나다
❷요(窈) [yǎo]그윽하다 : 요조숙녀(窈窕淑女)

(532) 幺幺유 [yōu]
[뜻] ①작다
[자원] 작을 요(幺옹)를 두개 겹쳐서 더욱 작다는 것을 나타내었다. 작아서 눈에 잘 뜨이지 않는다는 말이다.
[자소] [회의] 요(幺옹)작다 + 요(幺옹)작다
[성부] 幾기　繼계　茲자　樂악　絲관　㬎현　繼절

 ❶유〔幽〕 [yōu]그윽하다 : 유현(幽玄) / 귀신 : 유령(幽靈) / 저승 : 유명(幽冥)

(533) 絲관 [guān]
[뜻] ①북에 실을 꿰다
[자원] 알사탕처럼 줄줄이(絲) 엮인 모양을 말한다.
[자소] [형성] 관(卝)상투 모양 + 유(絲) ← 사(絲絲)실

❶관〈關〉 [guān]문의 빗장 / 관문(關門) : 현관(玄關), 관건(關鍵) / 관계(關係)하다 : 관련(關聯), 연관(聯關)

180

口冂土士夂夊夕大女子宀寸小尢尸屮山川工己巾干幺广廴廾弋弓彐彡彳心 [작을 요]

- ❷련〔聯〕[lián]잇닿다:연상(聯想),연립(聯立),연방(聯邦),연합(聯合)

⑨
(534) 幾 기 [jī] 뜻 ①거의:서기(庶幾:거의) ②geo의 음역:기하급수(幾何級數) [jǐ]①얼마 (열개 미만의 몇몇개)
자원 전방을 지키는 얼마 안되는 군대가 위태롭다는 뜻이다.
자소 [회의] 유(絲幾)작다+戌 ← 수(戍)수자리 서다

- ❶기〔機〕[jī]복잡한 부품의 기계(機械) /베틀 /비밀:기밀(機密) /마음의 움직임:동기(動機),계기(契機) /기회(機會):위기(危機),호기(好機)
- ❷기〔畿〕[jī]서울에서 가까운 땅:경기(京畿),기호지방(畿湖地方:우리나라 서쪽 중앙지방)
- ❸기{譏}[jī]나무라다 /살펴서 조사하다
- ❹기{璣}[jī]구슬:선기옥형(璇璣玉衡:천체관측용 기구)
- ❺기{磯}[jī]강가의 자갈밭 /물결이 바위에 부딪치는 모양
- ❻기(耭)[jī]논밭을 갈다
- ❼기(饑)[jī]굶주리다:기근(饑饉),기아(饑餓)

⑪
(535) 繼 계 [jī] 뜻 ①계〔繼〕의 옛 글자
자원 가느다란 실 끝을 모아서 잇는다는 뜻으로 자른다는 뜻의 절(㡭)자를 돌려 써서 반대의 뜻을 나타낸 것이다.
자소 [회의] 절(㡭)자를 돌려 썼다

- ❶계〔繼〕[jī]잇다:계속(繼續),계모(繼母),계승(繼承),인계(引繼),후계(後繼)
- ❷단〔斷〕[duàn]끊다:절단(截斷,切斷),단식(斷食),단념(斷念),결단(決斷)

3
획

181

【바위 엄】 口囗土士夂夊夕大女子宀寸小尢尸屮山川工己巾干幺广廴廾弋弓彑彡彳心

214 부수글자 **053**　　　3 - 24/32　　　(3획부수)

53. 엄 广 [yǎn]

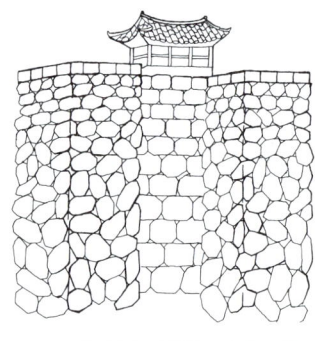

자원 절벽 위에 높이 솟아 있는 집 모양을 본떴다. 지붕이 있고 사방에 벽이 없는 방(室無四壁)을 말한다. <엄호>라고도 한다.
뜻 ①바위에 의지하여 지은 집
자소 [지사]

성부 글자
성부와 부수가 결합된 형성자

(536) 庄 장 [zhuāng]
뜻 ①농막(農幕)　**참고** 장(莊)의 속자
자원 농토(土) 부근에 있는 집(广广), 농막(農幕)을 말한다.
자소 엄(广广)집＋토(土士)흙, 땅, 토지

□ ❶장〔粧〕[zhuāng] 화장(化粧)하다: 은장도(銀粧刀), 미장원(美粧院), 단장(丹粧)

(537) 床 상 [chuáng]
뜻 ①상: 책상(冊床), 병상(病床), 주안상(酒案床) ②자리: 온상(溫床)
자원 원래는 나무(木)로 만든 길다란 침대(爿). 후에 물건을 받치는 상으로 뜻이 확대된 것이다. 원래의 글자는 상(牀)이다.
자소 엄(广) ← 장(爿)장수＋목(木米)나무

(538)  庚 경 [gēng]
뜻 ①7째 천간[서쪽,金,가을]
자원 양손(廾)에 절구공이(干)를 잡고 절구를 찧는 모양. 오행에서 서쪽은 가을에 해당된다. 가을은 만물의 성장을 멈추고 열매를 촉진하므로「바꾼다(更)」는 뜻을 갖는다.
자소 [회의] 간(干)방패. 절구공이＋공(廾)두 손으로 받들다
성부 康강 唐당 庸용

(539) 府 부 [fǔ]
뜻 ①관청: 정부(政府), 의정부(議政府), 행정부(行政府) ②창고: 부고(府庫) ③죽은 아비: 학생부군(學生府君)
자원 요즘 말로 모든 규정이 적힌 책들을 보관하고, 그에 따라 일하면서, 모든 증명서를 교부하는 곳인 관청을 말한다.
자소 [형성] 엄(广广)집＋부(付)주다, 부탁하다

□ ❶부〔腐〕[fǔ] 썩다: 부패(腐敗), 진부(陳腐) /마음을 괴롭히다: 부심(腐心)
□ ❷부〔俯〕[fǔ] 구부리다: 부복(俯伏:엎드림), 부앙무괴(俯仰無愧:하늘과 사람에게 부끄럼이 없음)

182

口囗土士夂夊夕大女子宀寸小尢尸屮山巛工己巾干幺广廴廾弋弓彐彡彳心　[바위 엄]

□ ❸부(腑) [fǔ] 5장 6부(五臟六腑)

6

(540) 度 도 [dù]
- 뜻 ①법도(法度):제도(制度),도량형(度量衡) ②정도(程度):온도(溫度),습도(濕度) ③자:척도(尺度) ■탁[duó]①헤아리다
- 자원 여러 사람(庶)을 다스리는 법도(寸). 우(又)와 촌(寸)은 모두 오른손의 모양을 본뜬 것이다. 글자가 만들어지는 과정에서 서로 바꾸어 쓸 때가 종종 있다.
- 자소 [회의] 서(庐 ← 庶)많은 사람 + 우(又ㅋ)오른손

□ ❶도〔渡〕[dù] 물을 건너가다:도미(渡美), 도래(渡來) /건네주다:양도세(讓渡稅)

□ ❷도{鍍}[dù] 도금(鍍金)하다

7

(541) 庫 고 [kù]
- 뜻 ①창고(倉庫):금고(金庫),고방(庫房),냉장고(冷藏庫),보고(寶庫)
- 자원 원래는 전차(戰車)를 보관하던 창고였다. 나중에 일반적인 「창고」로 뜻이 확대된 것이다.
- 자소 [회의] 엄(广广)집 + 차(車車)마차, 수레

8

(542) 康 강 [kāng]
- 뜻 ①편안하다:건강(健康),기체후 일향만강(氣體侯一向滿康:정신과 건강이 항상 편안하신지요!) ②5거리:강구연월(康衢煙月)
- 자원 절구질하여(庚) 벗긴 곡식(米)의 겉껍질. 원래는 쌀겨를 뜻하는 말이었다.
- 자소 [형성] 경(庚 ← 庚)절구질하다 + 미(米 ← 米)쌀, 곡식

□ ❶강{慷}[kāng] 개탄하다:비분강개(悲憤慷慨)

□ ❷강(糠)[kāng] 겨:조강지처(糟糠之妻:고생할 때의 아내)

□ ❸강(鱇)[kāng] 아귀

(543) 庶 서 [shù]
- 뜻 ①무리:서무과(庶務科),서민(庶民) ②첩의 아들:서자(庶子)
- 자원 집 안의 불이 있는 곳에 모여 있는 많은 사람들이라는 뜻이다.
- 자소 [회의] 엄(广广)집 + 광(灬 ← 灻)광(光)의 옛글자
- 성부 度도 席석

□ ❶자(蔗)[zhè] 사탕수수 /맛이 좋은 것

□ ❷차(遮)[zhē] 막아서 가리다:차일(遮日),차양(遮陽),차단(遮斷),차폐(遮蔽)

□ ❸척(蹠)[zhí] 밟다 /발바닥

(544) 庸 용 [yōng]
- 뜻 ①떳떳하다 ②어리석다:용렬(庸劣)
- 자원 경(庚)은 고친다, 바꾼다는 뜻이다. 1년은 봄·여름·가을·겨울의 순환이 있고, 인간은 이에 맞추어 봄에 씨뿌리고, 여름에 가꾸고, 가을에 수확한다. 항상 변화하는 그 순리(順理)를 이용하는 것이다.
- 자소 [회의·형성] 경(庚 ← 庚)절구질하다 + 용(用用)사용하다

□ ❶용{鏞}[yōng] 커다란 쇠북

□ ❷용(傭)[yōng] 품팔이:고용인(雇傭人),용원(傭員)

183

【바위 엄】 口囗土士夂夊夕大女子宀寸小尢尸屮山巛工己巾干幺广廴廾弋弓彑彡彳心

☐ ❸용(墉) [yōng] 담장 /벽 /성 /보루

⑩

(545) 廉렴 [lián]
뜻 ①**청렴하다** ②살피다:염탐(廉眈) ③값싸다:염가(廉價), 저렴(低廉)
자원 원래는 이쪽 벽과 저쪽 벽이 만나는 집 모퉁이라는 뜻이 확대되어 청렴하다, 값싸다는 뜻이 되었다.
자소 [형성] 엄(广)집＋겸(兼←𠔁←秉)겸하다

☐ ❶렴{簾} [lián] 발:수렴청정(垂簾聽政:발을 치고 어린 왕 대신 왕대비가 정치를 함), 주렴(珠簾)
☐ ❷렴{濂} [lián] 물 이름 /엷다
☐ ❸렴{蠊} [lián] 바퀴벌레 /땅풍뎅이

⑫

(546) 廛전 [chán]
뜻 ①가게 ②집
자원 한 가족이 집(广) 지어 살라고 나누어(八)() 준 땅(土土)을 말한다.
자소 [회의] 엄(广)집＋리(里里)마을＋팔(八)()나누다＋토(土土)흙

☐ ❶전(纏) [chán] 얽히다:전대(纏帶:자루) /얽다:전족(纏足) /감다(감기다)

(547) 廣광 [guǎng]
뜻 ①**넓다**:광대(廣大), 광범위(廣範圍), 광장(廣場) ②널리:광고(廣告)
자원 원래는 지붕만 있고 벽이 없는 큰 집이란 뜻이었다. 벽이 없으므로 크고 멀리 통할 수 있다.
자소 [형성] 엄(广)집＋황(黃黃)노랗다

☐ ❶광〔鑛〕 [kuàng] 광석(鑛石):광맥(鑛脈), 광물(鑛物), 광산(鑛山), 금광(金鑛)
☐ ❷확〔擴〕 [kuò] 넓히다:확대(擴大), 확충(擴充), 확장(擴張), 확산(擴散)
☐ ❸광{曠} [kuàng] 휑하니 비다:광야(曠野)
☐ ❹광{壙} [kuàng] 광중(壙中:송장을 넣는 구덩이)
☐ ❺광(纊) [guāng] 솜

口囗土士夂夊夕大女子宀寸小尢尸屮山巛工己巾干幺广廴 廾弋弓彐彡彳心 [길게걸을인]

214 부수글자 **054** 3 - 25/32 (3획부수)

54. 인 廴 [yǐn]

자원 척(彳)의 아래 획을 길게 뽑은 것이다. <민책받침>이라고도 한다.
뜻 ①길게 걷다(長行) ②끌다(引之)
자소 [지사]

| 성부 글자 | 성부와 부수가 결합된 형성자 |

(548)  [yán]
뜻 ①늘이다:연기(延期),연장전(延長戰) ②잇다:연명(延命)
자원 잠깐 걷는 것이 아니라 「오래 걸어서 멀리 간다」는 뜻이다.
자소 [회의] 별(丿) ← 예(厂丿)끌다 + 천(延廴)천천히 걷다
성부 蜒蜒단

□ ❶연{筵}[yán] 대나무로 만든 자리:연석(筵席),경연(經筵:임금이 학문을 배우던 곳)
□ ❷탄{誕}[dàn] 태어나다:탄생(誕生),석탄절(釋誕節),성탄절(聖誕節),탄신(誕辰)
□ ❸연{涎}[xián] 침:연말(涎沫:침과 거품)
□ ❹연{挻}[shān] 길게 늘이다 /반죽하다

(549)  [tíng]
뜻 ①조정(朝廷):궁정(宮廷) ②법정(法廷)
자원 임금 앞에서 나라의 정사를 돌보던 대신들(壬㐄)이 조정의 뜰에서 점잖게 느릿느릿 걷는 모양을 본떴다(朝中也). 길게 걸을 인(廴㐄)은 척(彳㐄)자의 마지막 획을 길게 쓴 것이다.
자소 [형성] 정(壬㐄)착하다 + 인(廴㐄)길게 걷다

□ ❶정〈庭〉[tíng] 뜰:정원(庭園),교정(校庭) /집안:가정(家庭),친정(親庭)
□ ❷정{挺}[tǐng] 골라서 뽑아내다:여자정신대(女子挺身隊)
□ ❸정{鋌}[dìng] 쇳덩어리
□ ❹정{綎}[tíng] 패옥 따위를 띠에 차는 끈
□ ❺정{珽}[tǐng] 옥 이름
□ ❻정{艇}[tǐng] 작은 배:어뢰정(魚雷艇),함정(艦艇),비행정(飛行艇)
□ ❼정{霆}[tíng] 천둥소리

【길게 걸을 인】口囗土士夂夊夕大女子宀寸小尢尸屮山川工己巾干幺广廴廾弋弓彐彡彳心

(550) 建 건 [jiàn]

뜻 ①세우다:건립(建立), 건설(建設), 건물(建物), 창건(創建)

자원 조정에서 법률을 제정한다(聿★)는 뜻인데 후에「세운다」는 뜻으로 쓰게 된다. 법률은 나라를 세우고 다스리는 기본이다.

자소 [회의] 인(廴)길게 걷다＋율(聿★)붓을 잡고 쓰다

- ❶건〔健〕[jiàn]건강(健康)하다:건아(健兒), 건전(健全) /잘한다:건망증(健忘症)
- ❷건{鍵}[jiàn]자물쇠:관건(關鍵) /악기:건반악기(鍵盤樂器)
- ❸건{楗}[jiàn]문의 빗장 /둑
- ❹건(腱)[jiàn]힘줄:아킬레스건(Achiles腱)

3획

186

口囗土士夂夊夕大女子宀寸小尢尸屮山川工己巾干幺广廴廾弋弓彐彡彳心　[스물입]

55. 입 廿 [niàn]
　　공 廾 [gǒng]
　　기 丌 [jī]

자원 10을 뜻하는 십(十)을 두 개 나란히 썼다. 자전(字典)에 따라 위의 셋 중 하나를 부수로 삼는다.
뜻 ①스물, 20.
자소 십(十)열,10＋십(十)열,10

| 성부 글자 | 성부와 부수가 결합된 형성자 |

(551) 廾 공 [gǒng]
뜻 ①두손으로 받들다
자원 두 손으로 물건을 잡은 모양. 스물 입(廿)과 모양이 비슷하다. 두손으로 받드는 모습이다. 자전에 따라 「받들공부」, 「밑스물입부」라고 달리 부르기도 한다.
자소 [회의] 좌(ナ屮)왼손＋우(又ㅋ)오른손
성부 戒계 具구 棄기 舁여 異이 舜이 奏주 泰태 奐하 業복 暴폭 番권 𠬜반 糞분 羑선 尊존 奐환 庚경 共공 弄롱 兵병 奉봉 丞승 承승 舂용 开견 弁변 算산 幷병 升승 宗종

(552) 丌 기 [jī]
뜻 ① 물건을 받쳐 놓는 대, 상
자원 물건을 올려 놓는 받침대, 상 모양을 본뜬 글자. 스물 입(廿), 받들 공(廾), 상 기(丌)를 하나의 부수로 삼았기에 책에 따라 부수명칭이 다를 때가 있다. 낱글자로는 잘 쓰이지 않는다.
자소 [상형]
성부 其기 畀비 屍둔 巽손 典전 奠전 具구 舁여 奐하 共공

(553) 弁 변 [biàn]
뜻 ①고깔:변복(弁服:관과 옷) ②즐거워 하다
자원 두 손(廾)으로 고깔을 잡고 있는 모양. 주문(籒文)은 변(㝸), 고문은 변(覍), 혹체(或體)는 변(弁), 와체(譌體)가 변(卞)이다.
자소 [상형] 사(厶ㅿ)개인적인 것, 고깔＋공(廾)양손으로 받들다

【스물입】 口囗土士夂夊夕大女子宀寸小尢尸屮山巛工己巾干幺广廴廾弋弓彐彡彳心

(554)  [nòng, lòng]
- 뜻 ①**희롱**(戲弄)**하다**:농담(弄談),농장지경(弄璋之慶:아들을 낳은 기쁨),농와지경(弄瓦之慶:딸을 낳은 기쁨),조롱(嘲弄)
- 자원 두 손(廾)에 옥(玉王)을 가지고 노는 모양을 본떴다.
- 자소 [회의] 왕(王) ← 옥(玉王)구슬 ＋ 공(廾)양손으로 받들다

☐ ❶산(筭) [suàn] 수판 /계산하다

─────────

(555)  [juàn]
- 뜻 ①주먹밥 ②한웅큼
- 자원 원래는 주먹밥(搏飯:박반)이라는 뜻이었다. 후에 뜻이 변하여 한주먹에 잡을 수 있는 양(量)인「한 움큼」을 뜻하게 된 것이다.
- 자소 [형성] 변(釆米)분별하다 ＋ 공(廾)받들다
- 성부 奧오 卷권

☐ ❶권〔拳〕 [quán] 주먹:권투(拳鬪),권총(拳銃),철권(鐵拳),적수공권(赤手空拳)
☐ ❷권〔券〕 [quàn] 문서:입장권(入場券),증권(證券),채권(債券),할인권(割引券)
☐ ❸권{眷} [juàn] 돌아보다:권념(眷念:염려하다),권속(眷屬):권솔(眷率:딸린 식구들)

口囗土士夂夊夕大女子宀寸小尢尸屮山巛工己巾干幺广廴廾弋弓彐彡彳心　[주살익]

214 부수글자 **056**　　　3 - 27/32　　　(3획부수)

56. 익 弋 [yì]

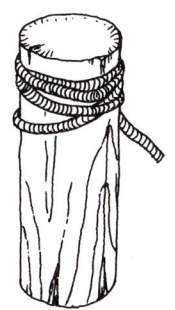

[자원] 꺾여진 나무의 곁가지에 물건이 달린 모양.
[뜻] ①주살
[자소] [상형]

부수 성부
부수글자가 성부로 쓰일 때

□ ❶연(鳶) [yuān] 소리개

성부 글자
성부와 부수가 결합된 형성자

(556) 式 식 [shì]

[뜻] ①법:법식(法式), 형식(形式), 공식(公式) ②의식(儀式):형식(形式), 기념식(紀念式) ③양식(樣式):한식(韓式), 양식(洋式), 일식(日式)
[자원] 공(工)은 물건을 만들 때 사용하는 자(尺), 익(弋)은 경계를 구분짓는 말뚝, 둘 다 「기준이나 법도」라는 뜻이 내포되어 있다.
[자소] [형성] 익(弋)주살＋공(工)공작용 자

□ ❶시⟨試⟩ [shì] 시험(試驗)하다:시금석(試金石), 시도(試圖) /시험:경시대회(競試大會), 고시(考試), 입시(入試)
□ ❷식{軾} [shì] 수레 앞턱에 가로 댄 나무
□ ❸식{栻} [shì] 점치는 판
■ ❹시(弑) [shì] 아랫사람이 윗사람을 죽이다:시역(弑逆), 시해(弑害), 시살(弑殺)
□ ❺식(拭) [shì] 닦다:불식(拂拭), 식목(拭目:눈을 닦고 주의해서 보다)

【주살 익】 口囗土士夂夊夕大女子宀寸小尢尸屮山巛工己巾干幺广廴廾弋 弓 彐 彡 彳 心

214 부수글자 **057**　　　　3 - 28/32　　　　　　　　(3획부수)

57. 궁 弓 ⼸ [gōng]

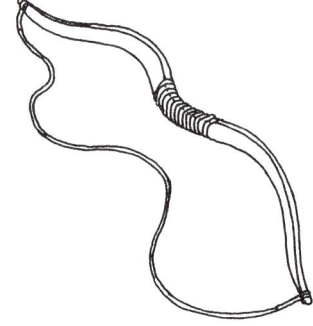

[자원] 시위를 풀어 놓은 활 모양. 평소에 사용하지 않을 때에는 시위를 풀어서 활의 탄력을 유지했다. 활에 시위를 메는 것을 장(張)이라고 한다.
[뜻] ①활 : 궁술(弓術), 국궁(國弓), 양궁(洋弓)
[자소] [상형]

부수 성부 — 부수글자가 성부로 쓰일 때

- ❶궁(穹) [qióng] 하늘 : 궁창(穹蒼) / 활 모양 : 궁륭(穹窿 : 활모양)
- ❷궁(芎) [xiōng] 궁궁이풀

성부 글자 — 성부와 부수가 결합된 형성자

(557) 弓 함 [hàn]
[뜻] ①꽃봉오리(草木之華未發函然)
[자원] 활짝 피지 않고 맺혀 있는 꽃봉오리 모양.
[자소] [상형]
[성부] 氾범 圅圂함 甬용

- ❶범[犯] [fàn] 범하다 : 범죄(犯罪), 범인(犯人), 재범(再犯), 현행범(現行犯)

(558) 弓| 인 [yǐn]
[뜻] ①끌다 : 인력(引力) ②이끌다 : 인솔(引率) ③올리다 : 인상(引上)
[자원] 활(弓)에 화살(|)을 먹여 잡아당기는 모양을 본떴다.
[자소] [회의] 궁(弓)활＋곤(|)뚫다, 화살모양

- ❶신(矧) [shěn] 하물며 / 잇몸
- ❷인(蚓) [yǐn] 지렁이 : 구인(蚯蚓)
- ❸인(靷) [yǐn] 가슴걸이(말안장이나 소의 가슴에 거는 끈) : 발인(發靷 : 상여가 집을 떠나 장지로 감)

(559) 弔 조 [diào]
[뜻] ①조문(弔問)하다 : 조상(弔喪)
[자원] 옛날에는 사람이 죽으면 시체를 풀로 덮어 두었다. 고인(故人)과 가까운 사람(人)인 아들이나 친족이 짐승들이 해치지 못하도록 활(弓)을 들고 지켰다. 장(葬)은 풀(艸) 속에 가려진 시체(死)를 뜻한다.
[자소] [회의] 궁(弓)활＋곤(|) ← 인(人)사람

口囗土士夂夊夕大女子宀寸小尢尸屮山川工己巾干幺广廴廾弋 弓彐彡彳心　　［주살 익］

(560) 弗 弗 불 [fú]
뜻 ①아니다 ②미국돈($)
자원 좌우로 뒤틀린 것을 바로잡는다는 뜻이다.
자소 [회의] 궁(弓)←위(韋韋)가죽＋별(丿ノ)삐치다＋곤(丨)←불(八)별(ノ) 자를 돌려 씀

- ❶불〈佛〉[fú] 부처: 불경(佛經), 불심(佛心), 성불(成佛), 염불(念佛), 불교(佛敎)
- ❷불〔拂〕[fú] 떨쳐 없애다: 불식(拂拭) / 치르다: 선불(先拂), 후불(後拂)
- ❸비〔費〕[fèi] 돈을 쓰다: 비용(費用), 여비(旅費), 경비(經費), 학비(學費)
- ❹불〈彿〉[fú] 비슷하다: 방불(彷彿＝髣髴)
- ❺불〈髴〉[fú] 비슷하다: 방불(彷彿＝髣髴)
- ❻비〔沸〕[fèi] 물이 끓다: 비등점(沸騰點)

(561) 弘 弘 홍 [hóng]
뜻 ①넓다: 홍문관(弘文館), 홍익인간(弘益人間: 널리 인간을 이롭게 한다)
자원 팔꿈치(肱)를 굽혀 활(弓)을 쏠 때 나는 핑 하는 소리를 말한다(弓聲也).
자소 [형성] 궁(弓ㄎ)활＋사(厶)←굉(肱)의 옛글자
성부 強 强 강

- ❶홍｛泓｝[hóng] 물이 깊다
- ❷횡（宖）[héng] 집이 울리다(屋宖) / 편안하다

(562) 弜 弜 강 [jiàng]
뜻 ①강하다(强也)
자원 옛날에는 활이 아주 강력한 무기였다. 고문 격(鬲)에서는 솥 옆에서 솟아나는 김모양을 나타내기도 한다.
자소 [회의] 궁(弓ㄎ)활＋궁(弓ㄎ)활
성부 韼 감 降 강 彌 격 粥 죽

- ■❶필｛弼｝[bì] 돕다: 보필(輔弼) / 도지개

(563) 弟 弟 제 [dì]
뜻 ①아우: 형제(兄弟), 제자(弟子), 난형난제(難兄難弟)
자원 무기 따위의 손잡이 부분에 부드러운 가죽을 차례로 감아 내리는 모양.
자소 [상형]

- ❶제〈第〉[dì] 차례: 제일(第一) / 집: 사제(私第) / 과거: 급제(及第), 낙제(落第)
- ❷제｛悌｝[tì] 공경하다: 효제(孝悌), 제우(悌友)
- ❸제｛梯｝[tī] 사다리: 제형(梯形: 사다리꼴) / 일의 단계: 계제(階梯)
- ❹제〈娣〉[dì] 여동생
- ❺제〈睇〉[dì] 흘끗흘끗 훔쳐보다 ■체[tì] 바라보다
- ❻체〈涕〉[tì] 눈물: 체루(涕淚), 체읍(涕泣)
- ❼체〈剃〉[tì] 머리를 깎다: 체발(剃髮)

【주살익】 口囗土士夂夊夕大女子宀寸小尢尸屮山川工己巾干幺广廴廾弋弓彐彡彳心

(564) 弱 약 [ruò] 뜻 ①약하다: 약점(弱點), 허약(虛弱), 약소(弱少), 강약(强弱) ②20세: 약관(弱冠)
자원 부드럽게 휘며 깃털처럼 섬세한 것. 섬세한 것이므로 2개를 겹쳤다.
자소 [상형] 궁(弓) ← 굽은 모양 + 삼(彡) ← 연약한 모양

❶닉(溺) [nì] 물에 빠지다: 익사(溺死), 익애(溺愛), 탐닉(眈溺), 몰닉(沒溺)
❷약(蒻) [ruò] 구약나물 / 부들풀

(565) 强 강 [qiáng] 뜻 ①강하다: 강력(强力), 막강(莫强) ②강대국(强大國): 열강(列强)
[qiǎng] ①억지로: 강도(强盜), 강제(强制), 강압(强壓), 강요(强要) ②힘쓰다
자원 원래는 쌀바구미라는 뜻이었다. 벌레는 작으나 그 해는 큰 것이다.
자소 [형성] 홍(弘 ← 弘)넓다 + 훼(虫)살모사

❶강(襁) [qiǎng] 포대기: 강보(襁褓): 포대기

(566) 張 장 [zhāng] 뜻 ①활시위를 매다: 긴장(緊張), 양궁난장(良弓難張): 좋은 활은 시위를 걸기 어렵다), 긴장(緊張) ②벌리다: 확장(擴張) ③성씨(姓氏)
자원 평소에 풀어 놓았던 활에 시위를 건다는 뜻이다.
자소 [형성] 궁(弓)활 + 장(長)길다

❶창(漲) [zhǎng] 물이 불어나다: 창일(漲溢)

(567) 彊 강 [qiáng] 뜻 ①강하다 [qiǎng] ①애쓰다 ②억지로
자원 원래는 강한 활이라는 뜻이었으나 확대되어 모든 강한 것을 뜻하게 되었다.
자소 [형성] 궁(弓)활 + 강(畺)나란히 있는 밭

❶강(疆) [jiāng] 지경 / 경계를 정하다: 강역(疆域), 강토(疆土), 만수무강(萬壽無疆), 아방강역고(我邦疆域考)

(568) 彌 미 [mí] 뜻 ①범어 Maitreya(부처)의 음역: 미륵(彌勒), 나무아미타불(南無阿彌陀佛) ②활을 부리다 ③널리
자원 부처라는 뜻은 가차된 것이다. 새(璽)는 도장, 옥새를 말한다.
자소 궁(弓)활 + 이(爾) ← 새(璽)옥새

❶미(獼) [mí] 원숭이
❷미(瀰) [mí] 물이 가득찬 모양 / 치런치런하다

(569) 彎 만 [wān] 뜻 ①활시위를 당기다 ②활처럼 휘다: 만곡(彎曲)
자원 활(弓)시위에 화살을 메겨서 당긴다는 뜻이다.
자소 련(䜌)다스리다 + 궁(弓)활

❶만(灣) [wān] 육지로 쑥 들어온 바다(만,물굽이): 진주만(眞珠灣), 항만(港灣)

口囗土士夂夊夕大女子宀寸小尢尸屮山川工己巾干幺广廴廾弋弓彐彡彳心 [돼지머리 계]

214 부수글자 **058**　　　3 - 29/32　　　(3획부수)

58. 계 彐彑彐 [jì]

[자원] 돼지의 머리만 그린 것이다. <튼가로왈>이라고도 한다.
[뜻] ①돼지머리(豕頭)
[자소] [상형]

성부 글자　　　　성부와 부수가 결합된 형성자

(570) 彔 **록** [lù]
[뜻] ①청동기에 생기는 푸른 녹 ②나무를 깎다(刻木)
[자원] 돼지(彐)가 나무의 진액(水氺)을 빨아먹으려고 나무껍질을 벗긴다는 뜻이다.
[자소] [지사] 계(크彑彐)돼지머리 + 수(氺 ← 水氺)물

- ❶록〈綠〉[lǜ] 초록(草綠)빛 : 초록동색(草綠同色), 녹음(綠陰), 산림녹화(山林綠化)
- ❷록〔祿〕[lù] 복 : 천록(天祿) /봉급 : 녹봉(祿俸), 국록(國祿), 녹읍(祿邑)
- ❸록〔錄〕[lù] 기록(記錄)하다 : 목록(目錄), 녹음(錄音), 등록(登錄), 부록(附錄)
- ❹록(菉) [lù] 조개풀 /녹두 /푸르다
- ❺록(碌) [lù] 돌이 많은 모양 /따르고 좇는 모양 /용렬하다
- ❻박(剝) [bō] 벗겨 내다 : 박제(剝製), 박탈(剝奪), 박피(剝皮)

---

(571) 彖 **단** [tuàn]
[뜻] ①주역의 단사
[자원] 돼지가 우리를 뚫고 달아난다는 뜻이다. 주역(周易)에는 64괘(卦)가 있다. 각 괘의 성격을 풀이하는 머리말에 해당하는 글을 단사(彖辭)라고 하는데, 주(周)나라의 문왕(文王)이 지었다. 전부 64개가 있다.
[자소] [회의] 계(彑彐)돼지머리 + 시(豕 ← 豕豕)돼지

- ❶연〔緣〕[yuán] 가장자리 : 연변(緣邊) /인연(因緣) : 연분(緣分), 연유(緣由)
- ❷연(椽) [chuán] 서까래 : 연대지필(椽大之筆 : 서까래처럼 큰 붓,당대의 명문장)
- ❸전(篆) [zhuàn] 전서체 : 전각(篆刻 : 전서체로 새긴 도장)
- ❹훼(喙) [huì] 부리 (주둥이)

【돼지머리계】ロ口土士夂夊夕大女子宀寸小尢尸屮山川工己巾干幺广廴廾弋弓彑彡彳心

(572) 彗 혜 [huì]

뜻 ①빗자루 ②꼬리별
자원 풀을 엮어서 만든 빗자루(掃竹)를 손(ㅋㅋ)에 들고 깨끗이 쓴다는 뜻이다.
자소 [회의] 봉(丰丰) ← 신(牲)많다 ＋ 우(ㅋ, ㅋㅋ)오른손
성부 雪설

 ❶혜〔慧〕[huì] 슬기롭다 : 혜안(慧眼), 지혜(智慧)
 ❷혜{譓}[huì] 총명하다 / 살피다 / 뛰어난 지혜
❸혜(嘒)[huì] 별이 반짝이다

8

(573) 彙 휘 [huì]

뜻 ①무리 : 어휘(語彙) ②고슴도치 ③모으다
자원 원래는 고슴도치를 뜻하는 말이었다.
자소 [형성] 이(希)털이 긴 돼지 ＋ 위(胃)밥통

13

(574) 彝 이 [yí]

뜻 ①떳떳하다 : 이훈(彝訓 : 사람이 항상 지켜야할 바른 도리) ②종묘제기(宗廟常器)
자원 제사 그릇은 항상 보자기로 덮어두었으므로 실 사(糸 纟)를 썼고, 쌀 미(米 米)는 그릇 안에 들어있는 곡식을 본뜬 것이며, 두손으로 받들므로 받들 공(廾)을 썼다. 주나라 때는 6가지 제기(祭器)가 있었다고 한다.
자소 [회의] 계(ㅋ ← ㅋㅋ)돼지머리 ＋ 미(米 米)쌀 ＋ 분(分) ← 사(糸 纟)실 ＋ 공(廾)두 손으로 받들다

口囗土士夂夊夕大女子宀寸小尢尸屮山川工己巾干幺广廴廾弋弓彐彡彳心　[터럭 삼]

59. 삼 彡 [shān]

자원 곱게 빗질하여 단장한 머리털의 모양을 본떴다.「꾸민다. 단장한다」는 뜻을 나타낸다.
뜻 ①터럭 ②긴 머리
자소 [상형]

부수 성부

부수글자가 성부로 쓰일 때

□ ❶삼{杉} [shān] 삼나무
□ ❷삼(衫) [shān] 적삼, 옷

성부 글자

성부와 부수가 결합된 형성자

(575) 彦 언 [yàn]
뜻 ①선비 ②뛰어난 남자
자원 아름답게 채색된 옷을 곱게 차려 입은, 학식 높은 선비를 말한다. 문(㐭彡)은 붉은빛과 푸른빛이 혼합된 색을 말한다(赤靑混色).
자소 [형성] 문(彣 ← 㐭彡)적청 혼색＋한(厂)바위 절벽
성부 産産 산
□ ❶안〈顔〉[yán] 얼굴:안면(顔面), 안색(顔色), 용안(龍顔:임금의 얼굴), 파안대소(破顔大笑), 홍안(紅顔), 후안무치(厚顔無恥)
□ ❷언{諺} [yàn] 속담:언문(諺文:한글을 낮춰 부를 때), 두시언해(杜詩諺解)

(576) 彧 욱 [yù]
뜻 ①문채가 빛나는 모양(有文章)
자원 물(川)이 흐르는 동네(或), 서울에서는 청계천 같은 곳을 말한다. 혹(或)은 역(域)의 옛글자다.
자소 [형성] 혹(或)혹시, 국(國)의 옛글자＋삼(彡 ← 천(川)하천
□ ❶욱(稶) [yù] 서직(黍稷:기장과 피)이 무성한 모양

(577) 彡 목 [mù]
뜻 ①가는 무늬(細文)
자원 삼(彡)이 빗질하는 것처럼「꾸민다」는 뜻을 나타낸다.
자소 [형성] 극(寽 ← 㣎)틈＋삼(彡)머리털

【터럭삼】 口囗土士夂夊夕大女子宀寸小尢尸屮山川工己巾干幺广廴廾弋弓彐彳心

☐ ❶목{穆} [mù] 화목하다 /공경하다 /아름답다 /온화하다

(578) 彭 팽 [péng]

뜻 ①나라이름 ②성씨(姓氏) ■방[bāng]①많은 모양
자원 많은(彡) 북(壴)들이 울릴 때 나는 웅장한 소리를 말한다.
자소 [회의] 주(壴)세워 놓은 악기＋삼(彡)머리털

☐ ❶팽(膨) [péng] 불룩해지다:팽만(膨滿) /부풀다:팽창(膨脹), 팽팽(膨膨)
☐ ❷팽{澎} [péng] 물결 부딪치는 소리 /왕성하게 흘러내리는 모양:팽배(澎湃)

口囗土士夂夊夕大女子宀寸小尢尸屮山川工己巾干幺广廴廾弋弓彐彡彳心 [걸을 척]

214 부수글자 **060**　　　　3 - 31/32　　　　(3획부수)

60. 척 彳 [chì]

[자원] 다리를 구성하는 세 부분인 허벅지, 정강이, 발의 모양을 본떴다. <두인변>이라고도 한다. 마지막 획을 길게 쓰면 길게 걸을 인(廴)이 된다.
[뜻] ①조금 걷다
[자소] [상형]

| 성부 글자 | 성부와 부수가 결합된 형성자 |

(579) 役 **역** [yì]
　[뜻] ①일을 시키다:역할(役割),사역(使役),노역(勞役) ②전쟁:전역(戰役) ③감옥:징역(懲役) ④수자리 살다:병역(兵役):전역(轉役),현역(現役),예비역(豫備役),퇴역(退役)
　[자원] 변방에서 이곳 저곳 다니며(彳) 국경을 지킨다(殳)는 뜻이다.
　[자소] [회의] **척**(彳)왼발, 가다+**수**(殳)손의 동작

❶**역**(疫) [yì] 염병:역질(疫疾),방역(防疫),면역(免疫)

(580) 後 **후** [hòu]
　[뜻] ①뒤:후배(後輩),후기(後期),후방(後方),전후(前後) ②아들:후사(後嗣),후계자(後繼者)
　[자원] 길다란 행렬의 뒤에 처져 오는 사람들이 가물거리며, 작게 보이는 것을 말한다.
　[자소] [회의] **척**(彳)가다+**요**(幺)작다+**쇠**(夂)천천히 걷다

(581) 御 **어** [yù]
　[뜻] ①거느리다:제어(制御) ②임금:어전(御殿),암행어사(暗行御史),어의(御醫)
　[자원] 마차를 몰고 길을 가다가(彳) 쉴 때에는 말에 맨 멍에를 푼다(卸)는 뜻이다. 멍에를 메고 푸는 것은 말을 모는 사람의 일(御者之職)이다. 옛글자는 어(馭)자였다.
　[자소] [회의] **척**(彳)가다+**사**(卸)짐을 부리다

❶**어**(禦) [yù] 막다:방어(防禦),제어(制禦)

(582) 徙 **사** [xǐ]
　[뜻] ①옮기다:이사(移徙) ②피하다 ③귀양가다
　[자원] 쉬엄쉬엄갈 착(辵)의 모양이 일반적인 변화(辶)와 다르다. 따를 종(從), 무리도(徒) 등 세개가 같은 모양으로 변했다.
　[자소] [형성] **착**(徙←辵)가다+**지**(止)멈추다, 발모양

【걸을 척】 口囗土士夂夊夕大女子宀寸小尢尸屮山巛工己巾干幺广廴廾弋弓彑彡彳心

3획

(583) 從 종 [cóng]

뜻 ①뒤따라 가다:추종(追從) ②복종(服從)하다:순종(順從) ③친족:이종(姨從) [zòng]①버금 ②하인

자원 신분이 낮은 뒷사람이 신분이 높은 앞사람을 따라간다는 뜻이다. 원래의 글자는 사람 인(人)을 나란히 쓴 종(从)이었다. 나중에 간다는 뜻의 착(辵)이 더해진 것이다.

자소 [회의] 착(從 ← 辵)쉬엄쉬엄 가다 ＋ 종(从)따르다

❶종{縱}[zòng]세로:종횡무진(縱橫無盡), 종단(縱斷), 일렬종대(一列縱隊) /놓아주다:칠종칠금(七縱七擒) /멋대로 하다:방종(放縱)

❷종{瑽}[cōng]패옥 소리

❸용{聳}[sǒng]솟다:용립(聳立)

❹종{慫}[sǒng]권하다:종용(慫慂:무엇을 하도록 권하다)

(584) 復 복 [fù]

뜻 ①회복(回復)하다:복습(復習) ■부:①다시:부활(復活)

자원 복(复)은 왔던 길을 되돌아간다는 뜻. 그 뜻을 더욱 분명히 하기 위하여 간다는 뜻의 척(彳)을 덧붙인 것이다.

자소 [형성] 복(复)되돌아가다 ＋ 척(彳)걷다

성부 履리

❶복{覆}[fù]뒤집히다:전복(顚覆) /덮다:복면(覆面) /다시:반복(反覆)

(585) 微 미 [wēi]

뜻 ①아주 작다:미세(微細), 희미(稀微) ②미묘(微妙)하다:미소(微笑)

자원 눈에 잘 뜨이지 않게 간다는 뜻이다.

자소 [형성] 미(散)묘하다 ＋ 척(彳)가다

성부 徵징

❶미{薇}[wēi]고비(고사리) /장미(薔薇)

❷휘{徽}[huī]아름답다:휘언(徽言) /표기:휘장(徽章) /기러기발:휘금(徽禁)

❸미{黴}[méi]곰팡이 /검다 /썩다 /붓을 먹에 적시다

(586) 徵 징 [zhēng]

뜻 ①부르다:징병(徵兵), 징용(徵用) ②거두다:징발(徵發), 징수(徵收), 추징금(追徵金) ③조짐:징조(徵兆), 징후(徵候) ■치[zhǐ]①풍류소리:궁상각치우(宮商角徵羽)

자원 미천(微)하더라도 선함(壬)이 알려지면, 나라의 부름을 받는다.

자소 [회의] 미(微 ← 散)가늘다 ＋ 정(𡈼 ← 壬)바로 선 사람

❶징{懲}[chéng]징계(懲戒)하다:징벌(懲罰), 징역(懲役), 응징(應懲)

(587) 徹 철 [chè]

뜻 ①철(徹)의 생략형

자원 아이가 세상의 일반적인 법들을 익히며 자라도록(育) 매를 들고 때린다(攴)는 뜻이다.

자소 [회의] 육(育)기르다 ＋ 복(攵 ← 攴)치다

❶철{徹}[chè]뚫다:철저(徹底), 철두철미(徹頭徹尾), 투철(透徹)

❷철{撤}[chè]거두다:철거민(撤去民), 철수(撤收), 철폐(撤廢), 철회(撤回)

口囗土士夂夊夕大女子宀寸小尢尸屮山川工己巾干幺广廴廾弋弓彑彡彳心　[걸을 척]

- ❸철{澈} [chè] 물이 맑다 : 철저(澈底,徹底), 징철(澄澈)
- ❹철{轍} [zhé] 바퀴자국 : 전철(前轍 : 앞 사람의 경우), 철환천하(轍環天下)

【마음심】 口囗土士夂夊夕大女子心寸小尢尸屮山川工己巾干幺广廴廾弋弓彐彡彳 心

61. 심 心 [xīn]

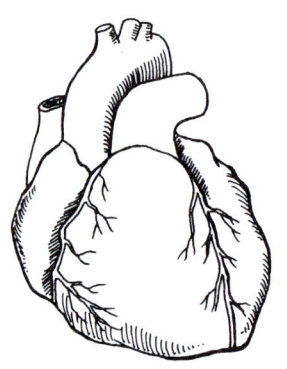

자원 심장의 모양을 본떴다. 이곳에 마음이 있다고 생각해서 「마음, 생각」이란 뜻이 된 것이다.
뜻 ①마음 : 심신(心身), 일심(一心) ②심장(心臟) : 협심증(狹心症) ③중심(中心) : 핵심(核心)
자소 [상형]

부수 성부

부수글자가 성부로 쓰일 때

- ❶심 {沁} [qìn] 물이름 /더듬어 찾다
- ❷심 (芯) [xīn] 등심초 /골풀

성부 글자

성부와 부수가 결합된 형성자

(588)  必 필 [bì]

뜻 ①반드시 : 필승(必勝), 필수(必須), 필살(必殺), 필요(必要), 하필(何必)
자원 말뚝(弋)을 박아서 땅의 경계를 결정 짓거나 구획을 분명하게 한다는 뜻이다.
자소 [형성] 익(匕 ← 弋)주살, 말뚝＋팔(八)() 8, 나누다
성부 宓밀 盗밀 瑟슬

- ❶비 [秘] [mì] 숨기다 : 비밀(秘密), 비서(秘書), 극비(極秘), 신비(神秘), 비법(秘法)
- ❷비 {泌} [bì] 분비(分泌)하다 : 비뇨기과(泌尿器科), 내분비(內分泌), 분비물(分泌物)
  ■필 : 물결이 부딪치는 모양
- ❸필 {珌} [bì] 칼집을 장식하는 옥
- ❹필 {苾} [bì] 향기롭다 /풀 이름
- ❺필 {馝} [bì] 향기롭다
- ❻필 {佖} [bì] 점잖다 /가득하다 /견주다
- ❼필 {鉍} [bì] 창자루
- ❽비 {祕} [mì] 비 [秘] 의 속자

 [마음 심]

(589) 忍 인 [rèn]
뜻 ①참다 : 인내심(忍耐心), 잔인(殘忍), 인고(忍苦), 불인지심(不忍之心), 목불인견(目不忍見)
자원 곰은 속이 견실하여 능히 어떤 일을 감행하고, 또 능히 인내하여 어떤 일을 하지 않을 수도 있다. 마음(心솀)에 칼날(刃ఎ)을 품었으니 심한 고통을 참는다는 뜻이다.
자소 [형성] 인(刃 ← 刃ఎ)칼날 ＋ 심(心솀)심장, 마음

□ ❶인〈認〉[rèn] 인정(認定)하다 : 인식(認識), 시인(是認), 인가(認可), 묵인(默認)

(590) 志 지 [zhì]
뜻 ①뜻 : 의지(意志), 지조(志操)
자원 마음(心솀)이 향하여 가는(之ఎ) 바의 뜻을 말한다.
자소 [형성] 사(士) ← 지(之ఎ)가다 ＋ 심(心솀)마음

□ ❶지〔誌〕[zhì] 기록하다 : 지석(誌石) /문서 : 일지(日誌) /책 : 월간지(月刊誌), 잡지(雜誌), 주간지(週刊誌)

□ ❷지{銕}[zhì] 새기다 /기록하다

4

(591) 念 념 [niàn]
뜻 ①생각 : 단념(斷念), 신념(信念), 염력(念力), 염려(念慮), 염원(念願), 묵념(默念)
자원 지금(今) 마음(心솀) 속에 있는 것, 항상 생각하는 것을 말한다.
자소 [형성] 금(今) 지금 ＋ 심(心솀) 마음, 심장

□ ❶임{稔}[rěn] 곡식이 여물다 /벼가 한 번 익는 기간 즉, 일년

□ ❷념(捻)[niǎn] 비틀다 : 염출(捻出 : 돈이나 생각을 짜내다)

(592) 忝 첨 [tiǎn]
뜻 ①욕되다(辱也)
자원 앙불괴어천(仰不愧於天)이라고 하여, 하늘을 우러러 한 점 부끄럼이 없다는 것은 성인의 마음이요, 마음의 때를 벗지 못한 평범한 사람으로서는 푸른 하늘을 우러러 부끄러운 바가 있다는 뜻이다.
자소 [형성] 요(天) ← 천(天)하늘 ＋ 심(小 ← 心솀)마음

□ ❶첨〔添〕[tiān] 더하다 : 첨가(添加), 별첨(別添), 첨부(添附), 첨삭(添削 : 더하거나 뺌)

(593) 忽 홀 [hū]
뜻 ①문득 : 홀연(忽然) ②소홀(疏忽)하다
자원 흔들리는 깃발처럼 때때로 깜빡깜빡 잊는다는 뜻이다.
자소 [형성] 물(勿)깃발 ＋ 심(心솀)마음

□ ❶홀{惚}[hū] 황홀(恍惚)하다

5

(594) 急 급 [jí]
뜻 ①빠르다 : 급행(急行) ②급하다 : 급박(急迫), 급진(急進), 긴급(緊急) ③뜻밖의 일(不意之事) : 급보(急報), 급성(急性)
자원 원래는 옷이 작아서 몸에 끼인다는 뜻이었다. 급(及)자의 우(又 → 彐)가 모양이 바뀌었다.
자소 [형성] 심(心솀)심장, 마음 ＋ 급(刍 ← 及)미치다, 이르다

□ ❶살{煞}[shā] 죽이다 /액운, 독기 : 역마살(驛馬煞), 도화살(桃花煞) 참고 살(殺)과 같다.

201

【마음 심】

(595) 思 사 [sī]
- 뜻: ①생각하다: 사상(思想), 사고(思考), 사려분별(思慮分別) ②그리워하다: 사모(思慕) ■새[sāi] ①수염이 많다
- 자원: 마음에 있는 것을 머리로 생각한다는 뜻이다.
- 자소: [회의] 전(田) ← 신(囟)숫구멍 + 심(心↔)마음
- 성부: 慮려

  - ❶시(媤) [shì] 시집: 시댁(媤宅), 시부모(媤父母)

(596) 息 식 [xī]
- 뜻: ①숨쉬다 ②자식(子息) ③소식(消息) ④쉬다: 휴식(休息)
- 자원: 힘든 일을 하면 심장(心)의 박동이 뛰고, 코(自)의 호흡이 거칠어진다. 이것을 정상으로 되돌리는 것이 휴식이다. 열심히 일했으면 남는 것이 있으므로, 「이자(利子)나 자식(子息)」을 뜻하는 말이 된다.
- 자소: [회의] 자(自)자기 자신, 코 + 심(心↔)마음, 심장
- 성부: 憩게

  - ❶식(熄) [xī] 꺼지다: 종식(終熄), 식멸(熄滅)

(597) 恣 자 [zì]
- 뜻: ①방자하다: 자행(恣行)
- 자원: 차(次)는 둘째, 마음(心)에 긴장감이 없는 것이다.
- 자소: [형성] 차(次)차례, 둘째 + 심(心↔)마음

  - ■ ❶의{懿} [yì] 훌륭하고 좋다 / 칭찬하다

(598) 悉 실 [xī]
- 뜻: ①모두 다: 실유불성(悉有佛性: 모두 부처님이 될 가능성이 있다) ②다 알다: 실달다(悉達多)
- 자원: 사냥꾼은 발자국만 봐도 많은 것을 알(采) 수 있다.
- 자소: [회의] 변(采)분별하다 + 심(心↔)마음

(599) 悤 총 [cōng]
- 뜻: ①바쁘다 ②갑자기
- 자원: 구멍과 틈(囪)이 하도 많아서 마음(心)이 어지럽다는 뜻이다. 약자는 총(忽)이다.
- 자소: [형성] 창(囪)창문 + 심(心↔)마음

  - ❶창〈窓〉[chuāng] 창문(窓門): 동창(同窓), 학창시절(學窓時節), 창구(窓口)
  - ❷총[總] [zǒng] 모두: 총계(總計), 총무(總務), 총장(總長), 총리(總理) / 머리를 묶다: 총각(總角)
  - ❸총[聰] [cōng] 총명(聰明)하다: 총기(聰氣)
  - ❹총(蔥) [cōng] 파: 총죽지교(蔥竹之交: 파로 만든 피리를 불고 죽마를 타고 함께 자란 친구)
  - ❺총(悤) [còng] 바쁘다 / 뜻을 얻지 못한 모양 / 어리석은 모양
  - ❻총(摠) [zǒng] 거느리다

口 囗 土 士 夂 夊 夕 大 女 子 宀 寸 小 尢 尸 屮 山 巛 工 己 巾 干 幺 广 廴 廾 弋 弓 彐 彡 彳 心 [마음심]

(600)  [dé]
- 뜻 ①덕(德)과 같은 글자
- 자원 마음을 바로 가져서 자신을 이기고 남에게 인정받는다. 덕(德), 청(聽) 등의 글자를 만든다.
- 자소 [회의] 직(㥁 ← 直)바르다 ＋ 심(心❀)심장, 마음
- 성부 聽청

□ ❶덕〈德〉[dé] 덕: 도덕(道德), 미덕(美德), 박덕(薄德), 덕분(德分), 덕택(德澤)

(601) 惟 유 [wéi]
- 뜻 ①생각하다: 사유(思惟) ②오직: 유독(惟獨)
- 자원 일반적인 생각을 말한다.
- 자소 [형성] 추(隹❀)꽁지가 짧은 새 ＋ 심(忄 ← 心❀)마음

□ ❶리(罹)[lí] 근심 /병(재앙)에 걸리다: 이재민(罹災民) 참고 원래는 유(惟)와 관련없다.

(602)  [huì]
- 뜻 ①은혜(恩惠): 혜택(惠澤), 시혜(施惠), 자혜(慈惠), 호혜(互惠)
- 자원 계산 없이 순수한 (叀❀) 마음(心❀)에서 은혜를 베푼다는 뜻이다.
- 자소 [형성] 전(叀❀)실패, 물레 ＋ 심(心❀)마음

□ ❶수 {穗} [suì] 이삭: 낙수(落穗)
□ ❷혜 {蕙} [huì] 혜초(난초의 일종): 혜란(蕙蘭)
□ ❸혜 {憓} [huì] 유순하다
□ ❹혜 {寭} [ ] 밝다 /살피다

⑨

(603)  [gǎn]
- 뜻 ①느끼다: 감각(感覺), 소감(所感), 촉감(觸感) ②감동(感動)하다: 감격(感激), 감상(感想), 감상(感傷), 감정(感情), 감탄(感歎)
- 자원 마음(心❀)에 살짝 느껴지는 바가 있다는 뜻이다. 깊이 느껴지는 것은 원한이나 분노같은 것이다.
- 자소 [형성] 함(咸)다, 전부 ＋ 심(心❀)마음

□ ❶감(憾)[hàn] 서운해 하다: 유감(遺憾), 감정(憾情)
□ ❷감(撼)[hàn] 흔들다: 감천동지(撼天動地: 눈부신 활동, 천지를 뒤흔들다)
□ ❸감(轗)[kǎn] 가기 힘들다: 감가불우(轗軻不遇: 때를 만나지 못하여 불행함)

(604)  [ài]
- 뜻 ①사랑하다: 연애(戀愛), 애연(愛煙), 애인(愛人), 애정(愛情), 애주(愛酒), 신망애(信望愛), 애호(愛護)
- 자원 목이 메는 마음을 말한다. 사랑하는 사람과 벅찬 가슴으로 거니는 모양(夊) 을 본떴다. 원래의 글자는 목메일 기(旡)와 마음 심(心)의 합자인 애(㤅)였다.
- 자소 [형성] 애(㤅 ← 㤅)사랑하다 ＋ 쇠(夊) 뒤처져 오다

□ ❶애(曖)[ài] 햇빛이 흐릿하다 /가려 숨기다: 애매모호(曖昧模糊)
□ ❷애(曖)[ài] 가리다 /숨다

【마음심】 口囗土士夂夊夕大女子忄寸小尢尸屮山川工己巾干幺广廴廾弋弓彑彡彳心

(605)  [yù]
- 뜻 ①병이 낫다:쾌유(快愈) ②더욱 더
- 자원 불안, 우울, 스트레스 따위에서 마음(心♥)을 옮겨, 밝고 희망찬 쪽으로 생각하면 병도 낫는다는 뜻이다.
- 자소 [형성] 심(心♥)마음＋유(俞)성, 점점

  - □ ❶유(癒) [yù] 병이 낫다:치유(治癒),쾌유(快愈)

(606)  [yì]
- 뜻 ①뜻:의미(意味),의사(意思),의식(意識),의의(意義),의역(意譯),경의(敬意),사의(辭意)
- 자원 말(音)을 잘 들으면 마음(心♥) 속의 뜻(志)을 알 수 있다는 말이다.
- 자소 [회의] 음(音)소리＋심(心♥)마음

  - □ ❶억〈億〉[yì] 수의 단위:백천만억(百千萬億) /많다:억조창생(億兆蒼生),억겁(億劫),억수(億數)
  - □ ❷억〈憶〉[yì] 생각하다:추억(追憶),기억(記憶)
  - □ ❸희〔噫〕[yī] 탄식하다 /트림하다
  - □ ❹억｛檍｝[yì] 감탕나무
  - □ ❺억(臆) [yì] 가슴 /사사로운 생각:억측(臆測),억설(臆說)
  - □ ❻의(薏) [yì] 율무 /연밥알 ■억:같은 뜻

(607)  [yǐn]
- 뜻 ①삼가하고 조심하다(謹也)
- 자원 덮어 가려서(䖂) 드러내지 않는 마음(心♥)을 뜻한다.
- 자소 [형성] 은(䖂)숨다＋심(心♥)심장,마음

  - □ ❶은〔隱〕[yǐn] 숨기다:은밀(隱密),은신(隱身) /가엾게 여기다:측은(惻隱)
  - □ ❷온｛穩｝[wěn] 편안하다:온당(穩當),온건(穩健),평온(平穩),온전(穩全)
  - □ ❸은(檼) [yǐn,yìn] 도지개(굽은 나무 뒤틀린 활을 바로잡는 기구)

(608)  [qìng]
- 뜻 ①경사(慶事):경축(慶祝),경하(慶賀),농와지경(弄瓦之慶),농장지경(弄璋之慶)
- 자원 옛날에는 경사스러운 일이 있는 사람에게 사슴가죽(鹿廌)을 가지고 가서(夂) 축하하는 것이 보통이었다.
- 자소 [회의] 록(严←鹿廌)사슴＋심(心♥)마음＋쇠(夂)천천히 걷다

(609)  [lù]
- 뜻 ①생각하다:사려(思慮),고려(考慮),사려분별(思慮分別),배려(配慮),심려(心慮),염려(念慮),우려(憂慮)
- 자원 사나운 호랑이를 잡으려면 깊이 생각해야 한다는 뜻이다.
- 자소 [형성] 호(虍)범의 문채＋사(思)생각

  - □ ❶려(濾) [lù] 액체를 걸러내다:여과기(濾過器)
  - □ ❷터(攄) [shū] 말이나 생각을 나타내다:터득(攄得)

204

口囗土士夂夊夕大女子宀寸小尢尸屮山巛工己巾干幺广廴廾弋弓彐彡彳心　[마음 심]

(610) 憂우 [yōu]
- 뜻 ①근심하다:우려(憂慮),우울(憂鬱),우수(憂愁)
- 자원 처음의 뜻은 화기애애(和氣靄靄)하게 걷는다는 것이었다. 원래의 글자는 머리에 근심이 가득하다는 뜻으로 머리 혈(頁혈)과 마음 심(心忄)을 합한 惪였다. 후에 근심이 많으면 발걸음이 무거워져 발을 질질 끌게되므로 천천히 걸을 쇠(夂夊)를 덧붙였다.
- 자소 [회의] 우(惪 ← 憂)근심하다＋쇠(夂夊)천천히 걷다

□ ❶우[優] [yōu] 넉넉하다 /품위 있다:우아(優雅) /뛰어나다:우월(優越),우수(優秀) /광대:남우(男優),배우(俳優),여우(女優)

□ ❷요[擾] [rǎo] 어지럽다:요란(擾亂＝搖亂),소요사태(消擾事態)

12

(611) 憩게 [qì]
- 뜻 ①쉬다:휴게실(休憩室)
- 자원 휴식 시간에는 보통 먹고 마신다. 혀 설(舌혀)이 그것을 나타낸다. 원래의 글자는 게(愒)였다.
- 자소 설(舌혀)혀＋식(息)쉬다

(612) 憲헌 [xiàn]
- 뜻 ①표준이 되다(表也):헌장(憲章) ②법:헌법(憲法),입헌국가(立憲國家) ③관리:관헌(官憲),헌병(憲兵)
- 자원 널리 듣고 다재다능한 것을 말한다. 뜻이 확대되어 법이 되었다. 눈(目目)과 마음(心忄)이 함께 하므로 빠른 것이다.
- 자소 [형성] 해(宀 ← 害)해롭다＋목(目目)눈＋심(心忄)마음

□ ❶헌{櫶} [xiàn] 알다(깨닫다) /한탄하다

205

한자 시험 연습문제
〈제1영역〉 漢子3

〈1~4〉 다음 한자(漢字)의 부수(部首)는 무엇입니까?

1. 葉 : ① 木　② 世　③ ⺾　④ 卉
2. 觀 : ① 見　② ⺾　③ 口　④ 隹
3. 複 : ① 日　② 夕　③ 衣　④ 夂
4. 認 : ① 刀　② 言　③ 心　④ 忍

〈5~8〉 다음 한자(漢字)의 획수는 모두 몇 획입니까?

5. 衆 : ① 11　② 12　③ 13　④ 14
6. 適 : ① 13　② 14　③ 15　④ 16
7. 帶 : ① 10　② 11　③ 12　④ 13
8. 機 : ① 16　② 17　③ 18　④ 19

〈9〉 다음 필순(筆順)에 대한 설명에 가장 알맞은 한자는 어느 것입니까?

9. 삐침을 먼저 쓰고 파임을 나중에 쓴다.
　① 八　② 大　③ 木　④ 士

〈10~12〉 다음 한자(漢字)와 그 조자(造字)의 방식이 같은 한자는 어느 것입니까?

예: 한자 '長'은 그 조자(造字)의 방식이 이미 만들어진 글자를 가지고 유추하여 만든 전주자이다. 이와 비슷한 한자로 '樂'이 있다.

10. 度 : ① 冬　② 設　③ 甚　④ 數
11. 下 : ① 丸　② 易　③ 函　④ 側
12. 特 : ① 羅　② 學　③ 鉛　④ 等

〈13~25〉 다음 한자(漢字)의 음(音)은 무엇입니까?

13. 苛 : ① 하　② 가　③ 구　④ 고
14. 灘 : ① 간　② 난　③ 단　④ 탄
15. 諷 : ① 흉　② 궁　③ 풍　④ 당
16. 檻 : ① 함　② 람　③ 감　④ 담
17. 遞 : ① 처　② 체　③ 제　④ 태
18. 鞠 : ① 혁　② 석　③ 곡　④ 국
19. 堀 : ① 굴　② 출　③ 설　④ 필
20. 誇 : ① 화　② 나　③ 과　④ 고
21. 滾 : ① 군　② 굴　③ 곤　④ 긴
22. 披 : ① 피　② 파　③ 처　④ 군
23. 馮 : ① 충　② 궁　③ 홍　④ 풍
24. 供 : ① 공　② 홍　③ 흥　④ 동
25. 偈 : ① 거　② 게　③ 제　④ 세

〈26~35〉 다음의 음(音)을 가진 한자

는 어느 것입니까?

26. 격 : ① 加 ② 奕 ③ 擊 ④ 考
27. 필 : ① 峙 ② 匹 ③ 漆 ④ 頁
28. 하 : ① 厦 ② 駭 ③ 靴 ④ 鎬
29. 한 : ① 幹 ② 竿 ③ 肝 ④ 汗
30. 거 : ① 激 ② 淅 ③ 悽 ④ 遽
31. 간 : ① 建 ② 翰 ③ 渾 ④ 繕
32. 옹 : ① 瞳 ② 泓 ③ 壅 ④ 鞏
33. 연 : ① 顚 ② 顫 ③ 鉛 ④ 蹇
34. 준 : ① 俊 ② 櫺 ③ 軍 ④ 迼
35. 치 : ① 琦 ② 稚 ③ 推 ④ 椎

⟨36~45⟩ 다음 한자(漢字)와 음(音)이 같은 한자는 어느 것입니까?

36. 減 : ① 加 ② 監 ③ 居 ④ 柯
37. 酸 : ① 算 ② 俊 ③ 竣 ④ 駿
38. 序 : ① 敍 ② 著 ③ 操 ④ 註
39. 純 : ① 頓 ② 沌 ③ 荀 ④ 鬚
40. 削 : ① 鎖 ② 朔 ③ 俗 ④ 簇
41. 健 : ① 軒 ② 簒 ③ 乾 ④ 準
42. 檢 : ① 驗 ② 險 ③ 蟬 ④ 黔
43. 斥 : ① 拓 ② 縮 ③ 築 ④ 觸
44. 迦 : ① 咨 ② 嘉 ③ 賀 ④ 逅
45. 董 : ① 重 ② 種 ③ 桐 ④ 腫

⟨46~55⟩ 다음 한자(漢字)의 뜻은 무엇입니까?

46. 遺 : ① 남기다 ② 머무르다
③ 밀다 ④ 움직이다
47. 裝 : ① 면하다 ② 씩씩하다
③ 권하다 ④ 가로막다
48. 養 : ① 태우다 ② 죽다
③ 더하다 ④ 기르다
49. 銘 : ① 밝다 ② 새기다
③ 어둡다 ④ 밝다
50. 議 : ① 의논하다 ② 의지하다
③ 옳다 ④ 의심하다
51. 謠 : ① 노래 ② 동료
③ 구멍 ④ 옥
52. 剋 : ① 넘다 ② 옳다
③ 이기다 ④ 해치다
53. 垈 : ① 터 ② 띠
③ 일 ④ 공
54. 暇 : ① 시렁 ② 겨를
③ 거짓 ④ 거리
55. 悟 : ① 넘보다 ② 검다
③ 깨닫다 ④ 달아나다

⟨56~65⟩ 다음의 뜻을 가진 한자(漢字)는 어느 것입니까?

56. 다리 : ① 脚 ② 覺 ③ 角 ④ 殼
57. 바다 : ① 煌 ② 曠 ③ 狂 ④ 貢
58. 정성 : ① 聖 ② 誠 ③ 城 ④ 性
59. 오르다 : ① 凉 ② 强
③ 謝 ④ 揚
60. 무리 : ① 輩 ② 橡 ③ 將 ④ 剝

【연습 문제】

61. 그늘 : ① 陽 ② 雲 ③ 陰 ④ 楊
62. 견주다 : ① 遣 ② 較
③ 舒 ④ 商
63. 던지다 : ① 遣 ② 遂
③ 週 ④ 投
64. 병 : ① 疾 ② 質
③ 迭 ④ 桎
65. 취하다 : ① 涉 ② 葉
③ 醉 ④ 率

〈66~75〉 다음 한자(漢字)와 뜻이 비슷한 한자는 어느 것입니까?

66. 音 : ① 聲 ② 省 ③ 整 ④ 都
67. 群 : ① 尙 ② 衆 ③ 鐘 ④ 刊
68. 皇 : ① 相 ② 桔 ③ 陳 ④ 帝
69. 刻 : ① 祖 ② 射 ③ 彫 ④ 粹
70. 始 : ① 脣 ② 記 ③ 初 ④ 立
71. 住 : ① 居 ② 生 ③ 死 ④ 矢
72. 硏 : ① 札 ② 究 ③ 壽 ④ 局
73. 樹 : ① 珠 ② 祚 ③ 復 ④ 木
74. 覺 : ① 性 ② 悟 ③ 望 ④ 精
75. 辭 : ① 說 ② 明 ③ 節 ④ 共

[정답] 1 ③ 2 ① 3 ① 4 ② 5 ② 6 ③ 7 ② 8 ① 9 ① 10 ② 11 ① 12 ④ 13 ② 14 ④ 15 ③ 16 ① 17 ② 18 ④ 19 ① 20 ③ 21 ③ 22 ① 23 ④ 24 ① 25 ② 26 ② 27 ② 28 ① 29 ④ 30 ④ 31 ② 32 ③ 33 ③ 34 ① 35 ② 36 ② 37 ① 38 ① 39 ③ 40 ② 41 ③ 42 ① 43 ① 44 ② 45 ③ 46 ① 47 ③ 48 ④ 49 ② 50 ① 51 ① 52 ① 53 ① 54 ② 55 ③ 56 ① 57 ② 58 ② 59 ④ 60 ① 61 ③ 62 ② 63 ④ 64 ① 65 ③ 66 ① 67 ② 68 ④ 69 ③ 70 ③ 71 ① 72 ② 73 ④ 74 ② 75 ①

4획 부수 〔33개〕

암기
사 창(戈)으로 만든 지게문(戶)을 손(手)으로 지탱하고(支)
글월문(攴文)을 말(斗)이나 근(斤)으로 잰다.
방법(方)은 없으나(无) 날마다(日) 일러 가로되(曰)
매달(月) 나무(木)가 하품(欠)하면 그쳐라(止).
죽도록(歹) 해서 갖은 글월(殳)을 말다(毋)하니
비피컨대(比) 털(毛)난 모각시(氏)가 기운(气)나면
물(水) 불(火) 가리지 않고 손톱(爪)으로 지아비(父)를 할큄이니,
사귀는(爻) 장수(爿)는 조각(片)난 어금니(牙)로 소(牛)와 개(犬)를 쫓았다.

戈	[창 과]	무(戊) 술(戌) 수(戍) 융(戎) 계(戒) 성(成) 아(我) 혹(或) 척(戚)
戶	[지게문 호]	려(戾) 편(扁) 선(扇)
手(扌)	[손 수]	재(才) 승(承) 절(折) 포(抛) 배(拜) 장(掌)
支	[지탱할 지]	
攴(攵)	[칠 복]	유(攸) 방(放) 고(故) 정(政) 교(敎) 민(敏) 오(敖) 감(敢) 산(散) 돈(敦) 창(敞) 경(敬) 수(數)
文	[글월 문]	빈(斌)
斗	[말 두]	료(料)
斤	[도끼 근]	척(斥) 참(斬) 사(斯) 신(新) 단(斷)
方	[모 방]	어(於) 려(旅) 방(旁) 족(族) 선(旋)
无	[이미 기]	기(旣)
日	[날 일]	단(旦) 조(早) 지(旨) 욱(旭) 순(旬) 한(旱) 호(昊) 창(昌) 석(昔) 혼(昏) 역(易) 곤(昆) 명(明) 성(星) 소(昭) 욱(昱) 시(是) 춘(春) 진(晉) 시(時) 황(晃) 정(晶) 경(景) 보(普) 폭(暴)
曰	[가로 왈]	곡(曲) 예(曳) 갱(更) 갈(曷) 만(曼) 조(曹) 증(曾) 체(替) 최(最) 회(會)
月	[달 월]	붕(朋) 삭(朔) 짐(朕) 조(朝)

[ ]

木　　　[나무 목]　찰(札) 말(末) 미(未) 본(本) 출(朮) 주(朱) 타(朶) 속(束) 리(李)
　　　　　　　　　행(杏) 과(果) 송(松) 동(東) 림(林) 묘(杳) 매(枚) 저(杵) 걸(杰) 석(析) 염(染)
　　　　　　　　　간(柬) 모(某) 사(查) 유(柔) 걸(桀) 률(栗) 상(桑) 량(梁) 조(條) 효(梟) 조(棗)
　　　　　　　　　극(棘) 기(棄) 무(楙) 업(業) 초(楚) 영(榮) 악(樂) 번(樊) 벽(檗)
欠　　　[하품할 흠]　차(次) 욕(欲) 관(款) 탄(歎)
止(止)　[그칠 지]　정(正) 차(此) 보(步) 무(武) 세(歲) 력(歷)
歹(歺)　[뼈앙상할 알] 사(死)
殳　　　[칠 수]　　단(段) 은(殷) 살(殺) 각(殼) 전(殿) 훼(毀)
毋　　　[말 무]　　모(母) 매(每) 독(毒)
比　　　[견줄 비]
毛　　　[털 모]
氏　　　[각시 씨]　민(民)
气　　　[기운 기]　기(氣)
水(氵氺)　[물 수]　영(永) 빙(氷) 범(氾) 구(求) 강(江) 답(沓) 사(沙) 박(泊) 첨(沾)
　　　　　　　　　법(法) 천(泉) 태(泰) 파(波) 락(洛) 활(活) 포(浦) 섭(涉) 용(涌) 회(淮) 탕(湯)
　　　　　　　　　연(淵) 부(溥) 반(潘)
火(灬)　[불 화]　　회(灰) 재(災) 광(昳) 염(炎) 자(炙) 오(烏) 증(烝) 언(焉) 무(無)
　　　　　　　　　연(然) 분(焚) 초(焦) 번(煩) 희(熙) 형(熒) 훈(熏) 연(燕) 섭(燮) 영(營)
爪　　　[손톱 조]　쟁(爭) 원(爰) 위(爲) 작(爵)
父　　　[아비 부]
爻　　　[사귈 효]　상(爽) 이(爾)
爿　　　[장수 장]
片　　　[조각 편]
牙　　　[어금니 아]
牛(牜)　[소 우]　　모(牟) 뢰(牢) 서(犀)
犬(犭)　[개 견]　　적(狄) 옥(獄) 수(獸)

[창 과]

62. 과 戈 [gē]

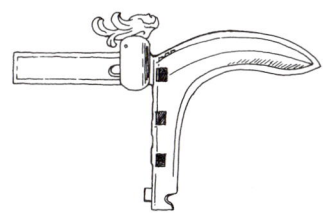

[자원] 찌르고 잡아당기는 무기. 찌르고 잡아 당기는 것을 겸한 무기이므로, 지나치게 잔인하다고 해서 그 발음이 「과」가 되었다.
[뜻] ①창의 일종(戟小支. 上向則爲戟. 平之則爲戈)
[자소] [상형]

성부 글자 / 성부와 부수가 결합된 형성자

(613) 戊 무 [wù]
[뜻] ①다섯째 천간(土,중앙,03-05시) ②때려 부수다
[자원] 도끼같은 무기의 모양을 본떴다.
[자소] [상형]
[성부] 戊술 成戌성 戊수 戚척 戉월

☐ ❶무〈茂〉[mào] 무성(茂盛)하다 /왕성하다 /아름답다

(614) 戉 월 [yuè]
[뜻] ①큰 도끼(戚斧)
[자원] 위엄을 갖출 때 쓰는 커다란 의장용 도끼를 말한다.
[자소] [상형] 과(戈)창+일(一)하나
[성부] 戚척

☐ ❶월〔越〕[yuè] 넘다:월권(越權),월장(越墻) /뛰어나다:월등(越等),우월(優越)/나라이름:오월동주(吳越同舟),월남(越南)

☐ ❷월(鉞)[yuè] 도끼:부월(斧鉞)

(615) 戌 술 [xū]
[뜻] ①개 ②11번째 지지〔서북,19-21시,土〕
[자원] 원래는 창 모양을 본뜬 것. 9월이 되면 만물은 성장을 멈추고 양기(陽氣)는 땅속으로 들어간다. 음양오행에서 토(土)는 무(戊)에서 생겨나 술(戌)에서 성한다고 한다. 화(火)는 술(戌)에서 죽으므로 양기도 여기서 끝난다.
[자소] [회의] 무(戊)5째 천간+일(一)하나, 양기
[성부] 歲세 威위 威멸 威함

【창 과】 戈 戶 手 支 攴 文 斗 斤 方 无 日 曰 月 木 欠 止 歹 殳 毋 比 毛 氏 气 水 火 爪 父 爻 爿 片 牙 牛 犬

(616) 戍 수 [shù]
- 뜻 ①수자리 서다(국경을 지키다)
- 자원 사람이 창을 들고 있는 모양. 칠벌(伐)과 구성요소가 똑같다.
- 자소 [회의] 인(亻 ← 人)사람+과(戈)창
- 성부 幾기 蔑蔑멸

(617) 戎 융 [róng]
- 뜻 ①병장기:융거(戎車) ②군사:융복(戎服:갑옷) ③오랑캐
- 자원 병사들이 착용하는 「갑옷(甲)과 무기(戈)」를 말한다.
- 자소 [회의] 과(戈)창의 일종+갑(十 ← 甲)갑옷
- ❶융〈絨〉[róng]융단:융단(絨緞)
- ❷융〈毧〉[róng]솜털

(618) 㦰 재 [zāi]
- 뜻 ①손상하다 ②해치다(傷也)
- 자원 다친다, 상처를 입는다는 뜻이다. 창(戈)이 가진 재주(才)는 사람을 다치게 하는 것이다.
- 자소 [형성] 십(十) ← 재(才)재주+과(戈)창
- 성부 㦰재
- ❶재〈栽〉[zāi]식물을 심고 가꾸다:재배(栽培), 분재(盆栽)
- ❷재〔裁〕[cái]옷을 재단(裁斷)하다 /결단하다:결재(決裁), 재판(裁判), 총재(總裁), 독재(獨裁)
- ❸재〔載〕[zāi]싣다:적재(積載), 만재(滿載), 게재(揭載) [zǎi]해(1년) /등재(登載)하다:연재(連載), 전재(轉載:옮겨 실음), 전재(全載:모두 실음)
- ❹대{戴}[dài]머리에 이다:대관식(戴冠式), 추대(推戴), 대천부지천(戴天不知天)
- ❺절(截)[jié]끊다:절단(截斷), 절장보단(截長補短) 참고 원래는 절(㦰)이다.

(619) 戒 계 [jiè]
- 뜻 ①경계(警戒)하다:계엄(戒嚴) ②계율(戒律):십계(十戒)
- 자원 두 손으로 창을 잡은 모양. 무기를 들고 경계를 선다는 뜻이다. 비슷한 모양의 융(戎)은 창 과(戈)와 갑옷을 뜻하는 갑(甲)이 합한 글자.
- 자소 [회의] 과(戈)창+공(廾)두 손으로 받들다
- ❶계〔械〕[xiè]기계(機械:machine,동력장치가 있는 기구) /형틀 /기계(器械: instrument, 동력장치가 없는 기구):기계체조(器械體操)
- ❷계{誡}[jiè]경계하다 /삼가하고 조심하다:계명(誡命)

(620) 成 성 [chéng]
- 뜻 ①이루다:성공(成功), 양성(養成), 성취(成就), 완성(完成)
- 자원 많이 많이 자주 자주 왕성하게 하면 이루어 진다는 뜻이다. 음양오행에서 무(戊)는 중앙의 토(土)에 해당하는데, 토(土)는 만물을 길러 준다고 한다.
- 자소 [형성] 정(丁 ← 丁)왕성하다+무(戊)무성하다
- ❶성〈盛〉[shèng]성(盛)하다:무성(茂盛), 성황리(盛況裏), 왕성(旺盛), 전성(全盛), 번성(繁盛) [chéng]담다 /받아들이다

212

戈戶手攴攵文斗斤方无日曰月木欠止歹殳毋比毛氏气水火爪父爻爿片牙牛犬　　[창 과]

- ❷성〈誠〉[chéng]정성(精誠):성실(誠實),지성(至誠),충성(忠誠),성의(誠意)
- ❸성〈城〉[chéng]성:성곽(城郭),성벽(城壁),서낭당〈성황당(城隍堂),성채(城砦)
- ❹성{珹}[chéng]옥 이름 /아름다운 옥구슬 /사람 이름
- ❺성{晟}[shèng]밝다
- ❻성{晠}[shèng]성(晟)과 같은 글자
- ❼성{娍}[chéng]헌걸차다 /아름답다 /여자 이름
- ❽성(筬)[chéng]바디(베틀이나 가마니 짜는 틀에 딸린 기구의 한 가지)
- ❾성(宬)[chéng]서고(書庫) /장서실(藏書室)

(621) 我 아 [wǒ]

뜻 ①나자신:자아(自我),아집(我執),아전인수(我田引水) ②우리편:아군(我軍),피아(彼我)

자원 원래는 톱의 모양을 본뜬 글자였다. 톱을 사용할 때는 나 자신 쪽으로 끌어 당기게 되므로 「나」라는 뜻이 생겼다.

자소 【상형】 수(手)수(垂),살(殺)의 옛글자 + 과(戈)창의 일종

성부 義의

- ❶아〔餓〕[è]굶주리다:아사(餓死),아귀(餓鬼),기아(飢餓,饑餓)
- ❷아{娥}[é]예쁘다:아영(娥影:달 속에 살고 있다는 항아)
- ❸아{峨}[é]산이 높고 험한 모양 /산 이름:아미산(峨嵋山)
- ❹아(俄)[é]갑자기:아연(俄然) /러시아:아관파천(俄館播遷)
- ❺아(蛾)[é,yǐ]누에나방:아미(蛾眉:미인의 눈썹)
- ❻아(鵝)[é]거위
- ❼아(莪)[é]쑥 /지칭개풀

(622) 戔 잔 [cān]

뜻 ①해치다(상하다) ②나머지 [jiān]①적다

자원 창(戈)으로 찔러서 다치게 한다는 뜻이다. 이것이 포함된 글자는 「얼마 없다, 얄팍하다」는 뜻이 공통된다.

자소 【회의】 과(戈)창의 일종 + 과(戈)창의 일종

- ❶전〈錢〉[qián]돈:금전(金錢),동전(銅錢),본전(本錢),무전여행(無錢旅行)
- ❷천〈淺〉[qiǎn]물이 얕다:심천(深淺) /(학문이)깊지 않다:천학(淺學),천박(淺薄)
- ❸잔〔殘〕[cán]남다:잔류(殘留) /해치다:동족상잔(同族相殘) /잔인(殘忍)하다
- ❹천〔踐〕[jiàn]실천(實踐)하다 /밟다 /오르다
- ❺천〔賤〕[jiàn]천하다:귀천(貴賤),미천(微賤),비천(卑賤),천대(賤待)
- ❻잔(棧)[zhàn]잔도(棧道:험한 벼랑에 난간을 붙여 만든 길):잔교(棧橋)
- ❼잔(盞)[zhǎn]잔:등잔(燈盞),주잔(酒盞)
- ❽전(箋)[jiān]글 /편지 /책의 어려운 곳에 주를 달다
- ❾전(餞)[jiàn]떠나는 이에게 술·음식을 대접하다:전송객(餞送客),전별(餞別)

4획

213

【창과】 戈戶手支攴文斗斤方无日曰月木欠止歹及毋比毛氏气水火爪父爻爿片牙牛犬

(623) 或 혹 [huò]
뜻 ①혹시(或是):의혹(疑或), 혹자(或者:어떤 사람), 간혹(間或), 설혹(設或)
■역:나라
자원 창(戈)을 들고 지키는 일정한(一) 영역(口). 나중에 흙 토(土)를 덧붙여 역(域)이 되었다.
자소 【회의】 과(戈)창, 무기＋구(口) ← 위(口)에워싸다＋별(丿) ← 일(一)하나

성부 國국 馘욱

□ ❶국〈國〉[guó] 나라:국민(國民), 국가(國家)애국(愛國), 조국(祖國), 국경(國境)
□ ❷역〔域〕[yù] 지경:성역(聖域), 구역(區域), 영역(領域), 지역(地域), 유역(流域)
□ ❸혹〔惑〕[huò] 미혹(迷惑)하다:유혹(誘惑), 의혹(疑惑), 현혹(眩惑)

7
(624) 戚 척 [qī]
뜻 ①겨레:친척(親戚):외척(外戚) ②근심하다
자원 원래는 작은 도끼. 친척(親戚)이라는 뜻은 가차된 것이다.
자소 【형성】 무(戊) ← 월(戉)도끼＋숙(尗)콩

□ ❶척〔慼〕[qī] 근심:수척(愁慼), 애척(哀慼), 우척(憂慼)
□ ❷축〔蹙〕[cù] 찌푸리다 /찡그리다:빈축(嚬蹙＝顰蹙)

9
(625) 戠 직 [chì, shì, zhú]
뜻 ①찰진 흙(粘土) ■시:①찰흙
자원 원래의 뜻은 말씀 언(言)과 칼 도(刀)의 합자로서 말을 새긴다는 뜻이었다고 한다. 후에 소리 음(音)과 창 과(戈)로 바뀌었다고 하는데, 말을 하지 않고 보기만 해도 알 수 있는 표지를 말한다.
자소 【회의】 음(音)소리, 음악＋과(戈)창의 일종

□ ❶식〈識〉[shí] 알다:식별(識別) /지식(知識):무식(無識), 상식(常識), 유식(有識)
　■지[zhì] 기록하다:표지(標識)
□ ❷직〔織〕[zhī] 베를 짜다:직녀(織女), 방직(紡織), 조직(組織), 수직(手織)
□ ❸직〔職〕[zhī] 벼슬:직위(職位), 직책(職責), 명예직(名譽職), 한직(閑職) /직업(職業):실직(失職), 취직(就職), 퇴직(退職), 휴직(休職)
□ ❹치〔熾〕[chì] 왕성하다:치열(熾熱)
□ ❺치〔幟〕[zhì] 깃발:기치(旗幟), 표치(標幟)

10
(626) 戜 철 [zhì]
뜻 ①크다(大也). 참고 혹음〔질〕
자원 칼날(戈)이 있는 철제대형무기(鐵製大形武器)를 말한다.
자소 【형성】 십(十) ← 대(大)크다, 사람＋절(戜)날카롭다

□ ❶철〈鐵〉[tiě] 쇠:철갑(鐵甲), 철권(鐵拳), 철칙(鐵則), 강철(綱鐵), 철봉(鐵棒)

214

63. 호 戶 戶 [hù]

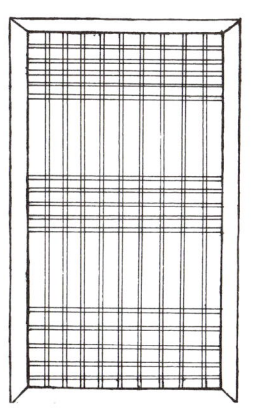

[자원] 집으로 드나드는 외짝 문(半門曰戶)의 모양을 본떴다.
[뜻] ①집:가가호호(家家戶戶) ②지게문:문호개방(門戶開放)
[자소] [상형]

부수 성부 — 부수글자가 성부로 쓰일 때

- ❶ 소〈所〉[suǒ] 것(~하는 바):소감(所感),소용(所用),소문(所聞) /곳:장소(場所),처소(處所),휴게소(休憩所)
- ❷ 호{扈}[hù] 뒤따르다:도적의 발호(跋扈)
- ❸ 로〈芦〉[lú] 갈대 [참고] 로(蘆)의 속자 ■호[hù] 지황

성부 글자 — 성부와 부수가 결합된 형성자

(627) 戾 戾 려 [lì]
[뜻] ①어그러지다 ②사납다
[자원] 개(犬犭)가 문(戶戶) 밑으로 빠져 나오려고 몸을 굽힌 모양을 본떴다.
[자소] [회의] 호(戶戶)집+견(犬犭)개, 짐승

- ❶ 루〔淚〕[lèi] 눈물:낙루(落淚:눈물을 흘림),혈루(血淚:피눈물),누흔(淚痕)

(628) 扁 扁 편 [biǎn]
[뜻] ①납작하다:편평(扁平) ②현판
[자원] 관공서의 대문 위에 글을 써서 걸어 놓은 현판을 말한다. 진나라 때 여덟가지 서체인 진서팔체(秦書八體) 중 서서(署書)에 해당된다. 8체란 대전(大篆), 소전(小篆), 각부(刻符), 충서(蟲書), 모인(摹印), 서서(署書), 수서(殳書), 예서(隸書)를 말한다.
[자소] [회의] 호(戶戶)대문+책(冊←册冊)책, 문서

- ❶ 편〈篇〉[piān] 책:단편(短篇),천편일률(千篇一律),옥편(玉篇),속편(續篇)
- ❷ 편〔編〕[biān] 책을 짓다:편집부(編輯部) /엮어 만들다:편성(編成),개편(改編)
- ❸ 편〔遍〕[biàn] 널리 두루두루:편력(遍歷),편재(遍在),보편적(普遍的)
- ❹ 편{偏}[piān] 한 쪽으로 치우치다:편애(偏愛),편견(偏見),편식(偏食)
- ❺ 편(騙)[piàn] 속이다:편취(騙取:속여서 빼앗다) /말 위에 뛰어오르다

【지게문호】戈 戶 手 支 攴 文 斗 斤 方 无 日 曰 月 木 欠 止 歹 殳 毋 比 毛 氏 气 水 火 爪 父 爻 爿 片 牙 牛 犬

☐ ❻편(翩) [piān] 펄럭이다 /빨리 날다 : 편편(翩翩)

(629)  [shàn, shān]

뜻 ①**부채** : 선풍기(扇風機) ②사립문
자원 새가 날개를 폈다 접는 것처럼 열고 닫는 사립문. 나무로 만든 것을 합(闔), 대나무나 갈대로 만든 것을 선(扇)이라고 한다.
자소 [회의] 호(戶尸)문 ＋ 우(羽羽)깃

☐ ❶선(煽) [shàn]부채 /문짝 [shān]부추기다 /부채질하다 : 선동(煽動), 선정적(煽情的)

4획

戈戶**手**支攴文斗斤方无日曰月木欠止歹殳毋比毛氏气水火爪父爻爿片牙牛犬　　[손 수]

214 부수글자 **064**　　4 - 3/33　　(4획부수)

64. 수 手 扌 [shǒu]

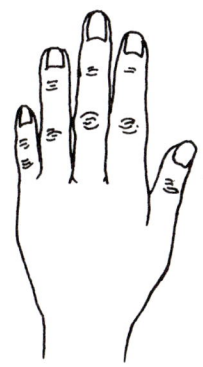

자원 다섯 손가락의 모양을 본떴다. 부수로 쓰일 때는 재(扌), 물건을 집는 모양은 조(爪爫), 법도 있는 손의 동작은 촌(寸丮), 손에 막대를 잡고 치는 모양은 복(攵,攴攵), 손으로 친다는 뜻은 수(殳殳), 양손으로 잡는 것은 극(丮丮), 양손으로 받드는 것은 공(廾廾), 왼손은 좌(屮丮), 오른손은 우(又丮, 彐)다.

뜻 ①손:수족(手足) ②재주:수완(手腕) ③잘 하는 사람:투수(投手), 포수(捕手), 선수(選手), 기수(旗手)

자소 [상형]

성부 글자　　성부와 부수가 결합된 형성자

(630) 屮 **才 재** [cái]
뜻 ①재주: 재능(才能), 귀재(鬼才), 천재(天才), 수재(秀才)
자원 새싹이 땅을 뚫고 나오는 모양. 큰 나무가 될 것이므로「어떤 일을 이룰 수 있는 재주」라는 뜻으로 쓰인다. 손 수(手扌)의 부수글자로 쓰일 때는「재방변」이라고 한다.
자소 [지사] 궐(亅) ← 곤(丨丨)뚫다＋일(一)하나. 땅
성부 **哉**재 **在**재 **閉**폐

☐ ❶**재**〈材〉[cái] 재목(材木):재료(材料), 인재(人材), 자재(資材), 제재(題材)
☐ ❷**재**〈財〉[cái] 재산(財産):재물(財物), 재벌(財閥), 재력(財力), 축재(蓄財)
☐ ❸**시**〈豺〉[chái] 승냥이 /늑대

4
(631) 承 **承 승** [chéng]
뜻 ①잇다:승계(承繼), 전승(傳承) ②받들다(奉也):승복(承服) ③주춧돌 ④ 보좌역:도승지(都承旨)
자원 두손으로 무릎 꿇고 있는 사람을 받드는 모양이다.
자소 [회의] **절**(卩 ← 卪꾾)무릎 꿇은 사람＋**공**(八 ← 廾廾)받들다＋**수**(扌 ← 手手)손

(632) 折 **折 절** [zhé]
뜻 ①꺾다:골절(骨折), 좌절(挫折) ②일찍 죽다:요절(夭折) ③굽다:절충(切衷)
자원 도끼(斤卪)와 그것으로 자른 풀 모양을 나란히 쓴 것. 원래는 재(扌)가 아니라 풀을 뜻하는 초(艸艸)였다.
자소 [회의] 재(扌) ← 초(艸艸)풀＋근(斤卪)도끼

☐ ❶**철**〔哲〕[zhé] 사리에 밝다:철학(哲學), 철인(哲人), 명철(明哲), 성철(聖哲)
☐ ❷**서**{誓}[shì] 맹세하다:서약서(誓約書), 서원(誓願), 선서(宣誓), 맹서(盟誓)
☐ ❸**절**{晢}[zhé] 밝다 ■**제**[zhì] 별이 반짝반짝하다

217

【손수】 戈戶手支攴文斗斤方无日曰月木欠止歹殳毋比毛氏气水火爪父爻爿片牙牛犬

☐ ❹서(逝)[shì]가다:서거(逝去),서자여사부 주야불식(逝者如斯夫 晝夜不息)
☐ ❺절(浙)[zhè]강 이름:절강성(浙江省)

(633) 拑겸 [qián]
뜻 ①재갈을 물리다(拑口不敢後言) ②입을 다물다:겸구(拑口:입을 막다, 언론의 자유를 제한하다) ③끼다(脅持)
자원 손(手キ)으로 꽉잡고 놓지 않는 것을 말한다.
자소 수(扌←手キ)손+감(甘臼)달다

☐ ❶겸(箝)[qián]재갈을 먹이다:겸제(箝制:재갈을 먹여 구속하듯이 자유를 구속함)

(634) 抛포 [pāo]
뜻 ①던지다:포물선(抛物線) ②버리다:포기(抛棄),포물선(抛物線)
자원 걸을 때 종아리가 엇갈리는 모양을 본뜬 력(尣)과 손 수(手キ)의 부수글자인 재(才)를 합했다.
자소 [형성] 재(才)←수(手)손+력(尣)비꼬며 걷다

(635) 拜배 [bài]
뜻 ①절하다:북향재배(北向再拜),세배(歲拜) ②공경하다:참배(參拜),숭배(崇拜),예배(禮拜)
자원 두 손을 펴서 치켜 들고 머리를 숙여서 절하는 것을 말한다.
자소 [회의] 공(廾←手手)두 손을 맞잡다+하(丅)下古字

☐ ❶배{湃}[pài]물결이 일어나는 모양:팽배(澎湃)

(636) 掌장 [zhǎng]
뜻 ①손바닥(手中,手心 謂指本) ②맡다(主也) ③고달프다
자원 손바닥을 말한다.
자소 [형성] 상(尙)오히려+수(手キ)손

☐ ❶탱(撑)[chēng]버티다:지탱(支撑)/버팀 나무 참고 원래의 글자는 탱(撑)이다.

218

戈戶手**支**攴文斗斤方无日曰月木欠止歹殳毋比毛氏气水火爪父爻爿片牙牛犬 [지탱할 지]

214 부수글자 **065**　　　　4 - 4/33　　　　　　　　(4획부수)

65. 지 支 [zhī]

자원 십(十)은 대나무 죽(竹艸)의 반쪽을 뜻하는 개(个)의 변형. 그것을 오른손(又크)에 잡고 있다는 말이다.

뜻 ①갈라지다 : 지류(支流), 지점(支店) ②지탱(支撑)하다 : 지지(支持), 의지(依支)

자소 [회의] 십(十) ← 개(个)竹의 반쪽 + **우**(又크)오른손

부수 성부　　부수글자가 성부로 쓰일 때

- ❶ **기**〈技〉[jì] **재주** : 기능(技能), 기술(技術), 기교(技巧), 경기(競技), 묘기(妙技)
- ❷ **지**〈枝〉[zhī] **나뭇가지** : 지엽(枝葉) / **버티다** [qí] **덧나다** : 지지(枝指 : 육손이)
- ❸ **기**{岐} [qí] **여러 갈래로 갈라지다** : 기로(岐路), 기구(岐嶇), 다기망양(多岐亡羊)
- ❹ **기**{伎} [jì] **재주** : 기량(技倆) 참고 기〈技〉와 통해서 쓴다.
- ❺ **기**(妓) [jì] **기생**(妓生) : 기녀(妓女), 창기(娼妓), 관기(官妓), 동기(童妓)
- ❻ **시**(翅) [chì] **날개** : 금시조(金翅鳥 : 용을 잡아먹는다는 새)
- ❼ **지**(肢) [zhī] **사지**(四肢 : 두 팔과 두 다리) : 지체(肢體 : 전신, 신체)

【칠복】 戈戶手支攴文斗斤方无日曰月木欠止歹殳毋比毛氏气水火爪父爻爿片牙牛犬

214 부수글자 **066**　　　4 - 5/33　　　(4획부수)

66. 복 攵攴攴[pū]

자원 복은 여기서는 막대기를 나타낸다. 오른손(又ㅋ)에 막대기(卜ㅏ)를 잡고 친다는 뜻이다. 「시킨다」는 뜻이 공통된다. 복[攴], 복[攵] 두가지 형태로 쓰인다. <등글월문>이라고도 한다.
뜻 ①치다
자소 [형성] 복(卜ㅏ)점치다, 막대기 + 우(又ㅋ)또, 손

부수 성부
부수글자가 성부로 쓰일 때

□ ❶목〔牧〕[mù] 가축을 기르다 : 목장(牧場), 유목(遊牧), 목동(牧童) / 사람을 교화하다 : 목사(牧使), 목민관(牧民官)

성부 글자
성부와 부수가 결합된 형성자

(637) 攸攸유 [yōu]
뜻 ①아득하다 ②~하는 바〈所〉
자원 지팡이를 짚고 물을 건너간다는 뜻이다. 물 수(水氵)가 곤(丨)으로 바뀐 것이다. 원래대로 쓰면 유(浟)가 된다.
자소 [회의] 인(亻← 人𠆢)사람 + 곤(丨) ← 수(水氵)물 + 복(攵 ← 攴ㅊ)치다
성부 修수 條조

□ ❶유〔悠〕[yōu] 아득하다 : 유구(悠久) / 한가하다 : 유유자적(悠悠自適) / 근심하다
□ ❷수(脩)[xiū] 길다 / 말린 고기 / 닦다 [참고] 수(修)와 통한다

(638) 放放방 [fāng]
뜻 ①놓다 : 해방(解放), 방임(放任), 방자(放恣) ②내쫓다 : 추방(追放) ③사방으로 뻗히다 : 방사선(放射線), 방사능(放射能)
자원 죄인을 나라의 중심지에서 멀리 떨어진 외딴 곳으로 내쫓는(攵ㅊ) 것을 말한다.
자소 [형성] 방(方ㅎ)방향, 각 + 복(攵 ← 攴ㅊ)치다
성부 敖敫오 斅약

□ ❶방〔倣〕[fǎng] 본뜨다 : 모방(模倣)

戈戶手支攴文斗斤方无日曰月木欠止歹殳毋比毛氏气水火爪父爻爿片牙牛犬　　［칠 복］

(639) **政 정** [zhèng]
- 뜻 ①정사(政事):정치(政治),정권(政權),선정(善政),재정(財政) ②정부(政府):군정(軍政),민정(民政),폭정(暴政)
- 자원 올바르게(正짇) 살도록 만든다(攴)는 뜻이다.
- 자소 [형성] 정(正짇)바르다＋복(攵←攴)치다

　□ ❶정{敐} [zhěn] 해뜨는 모양

(640) **敄 무** [wù]
- 뜻 ①힘쓰다 ②서로 ③굳세다(彊也)
- 자원 창을 잡고 치고 찌르고 한다.
- 자소 [형성] 모(矛뫼)창＋복(攵←攴)막대로 치다
- 성부 鶩무

　□ ❶모(蟊) [máo] 뿌리를 잘라먹는 해충
　□ ❷목(鶩) [wù] 집오리
　□ ❸무(瞀) [mào] 눈이 어둡다 ■목:야맹증

(641) **故 고** [gù]
- 뜻 ①옛것:고국(故國),온고지신(溫故知新) ②연고(緣故):고의(故意),유고(有故) /죽다:고인(故人)
- 자원 시키는 사람이 있으므로 행하는 사람이 있다. 사람은 얻는 것이 있을 때만 행동한다(故, 所得而後成也).
- 자소 [형성] 고(古고)옛것,옛날＋복(攵←攴)막대로 치다

　□ ❶주(做) [zuò] 만들다:주착(做錯),간주(看做)

(642) **敃 민** [mǐn]
- 뜻 ①힘쓰다 ②굳세다(彊也) ■분:①어지럽다(亂也)
- 자원 백성들(民민)로 하여금 일하도록 강제하는(攴) 모양을 나타낸다.
- 자소 [형성] 민(民민)백성＋복(攵←攴)치다

　□ ❶민(愍) [mǐn] 근심하다

(643) **敎 교** [jiào]
- 뜻 ①가르치다:교육(敎育) ②학교:교실(敎室) ③종교(宗敎):교회(敎會)
- 자원 윗사람이 본을 보이면 아랫 사람이 본뜬다는 말이다. 아이들이 본받게 만드는 것, 그 방법은 매를 들고 때리는 것이었다.
- 자소 [회의] 교(孝←孝)본받다＋복(攵←攴)치다
- 성부 學학

(644) **敏 민** [mǐn]
- 뜻 ①민첩(敏捷)하다:예민(銳敏),기민(機敏),민완(敏腕)
- 자원 어머니(母)가 매일 매번 매양(每) 잡초(屮)처럼 생겨나는 일들을 처리하려면(攴) 빨라야 한다.
- 자소 [형성] 매(每)매양＋복(攵←攴)치다

　□ ❶번[繁] [fán] 많다:번영(繁榮),번문욕례(繁文縟禮),번창(繁昌),번화(繁華) ■반[pán] 말 뱃대끈 ■파[pó] 희다
　□ ❷민{慜} [mǐn] 민첩하다

221

【칠복】　戈戶手支攴文斗斤方无日曰月木欠止歹殳毋比毛氏气水火爪父爻爿片牙牛犬

4획

(645) **敖 오** [áo]
- 뜻: ①놀다 ②거만하다 ③희롱하다
- 자원: 원래는 나가서(出) 논다(放)는 뜻이었다. 정상적인 예의법도에서 벗어나 「제멋대로 논다」는 말이다.
- 자소: [회의] 토(土) ← 출(出)나가다＋방(放攵)내쫓다

- ❶오(傲) [ào] 거만하다: 오만(傲慢), 오기(傲氣) / 업신여기다: 오상고절(傲霜孤節)
- ❷오(熬) [áo] 볶다 / 근심하는 소리
- ❸오(獒) [áo] 키가 4척인 큰 개
- ❹오(鰲) [áo] 자라 / 큰 바다거북
- ❺오(鼇) [áo] 자라 [참고] 오(鰲)의 속자 / 큰 바다거북
- ❻췌(贅) [zhuì] 혹(군더더기): 췌언(贅言: 쓸데없는 너절한 말)

8

(646) **敢 감** [gǎn]
- 뜻: ①감히: 불감청이언고소원(不敢請而固所願) ②용감(勇敢)하다: 감행(敢行), 과감(果敢)
- 자원: 앞으로 나아가서 어른이 주시는 것을 감히 받는다는 뜻이다.
- 자소: [회의] 표(孚🅱)주고 받다＋고(古)오래다
- 성부: 厰엄

- ❶감(瞰) [kàn] 내려다보다: 조감도(鳥瞰圖), 부감(俯瞰)
- ❷감(橄) [gǎn] 감람(橄欖)나무: 감람석(橄欖石: 유리같은 광택이 있는 돌)
- ❸감(憨) [hān] 어리석다: 감태(憨態: 몸은 성숙하였으나 아직은 남녀의 정사를 모르는 앳된 모양)

(647) **散 산** [sàn]
- 뜻: ①흩어지다: 해산(解散) ②가루약 [sǎn] ①느슨해지다: 산만(散漫), 산책(散策), 한산(閒散)
- 자원: 삼줄기가 어지러이 흩어진 것(㪔)을 말한다.
- 자소: [회의] 산(㪔 ← 㪔)흩어지다＋월(月) ← 육(肉🅱)고기

- ❶산(霰) [xiàn] 싸라기눈 [sǎn] 산탄: 산탄 공기총(霰彈空氣銃)
- ❷살(撒) [sā,sǎ] 뿌리다: 살포(撒布)

(648) **敦 돈** [dūn]
- 뜻: ①도탑다: 돈독(敦篤) ■퇴[duì] ①다스리다
- 자원: 원래는 화를 내어 친다는 뜻. 혹은 제기(祭器),서직 담는 그릇으로, 조상님 들께 바치는 모양이다. 향(享), 형(亨), 후(厚)의 어원이 모두 관련있다.
- 자소: [형성] 향(享) ← 순(鼻)삶다＋복(攴攵)치다

- ❶돈(墩) [dūn] 돈대(墩臺: 약간 높고 평평한 땅)
- ❷돈(燉) [dùn] 이글거리다 / 지명: 돈황석굴(燉煌石窟)
- ❸돈(暾) [tūn] 아침 해 / 해가 돋는 모양

(649) **敞 창** [chǎng]
- 뜻: ①높다 ②드러나다 ③탁 트이다
- 자원: 땅을 높이 쌓고(尙) 평평하게 다져서(攴) 멀리 볼 수 있는 곳을 말한다.
- 자소: [형성] 상(尙)숭상하다＋복(攴攵)막대로 치다

- ❶창(廠) [chǎng] 헛간 / 마구 / 공장: 조병창(造兵廠), 병기창(兵器廠)

戈戶手支攴文斗斤方无日曰月木欠止歹殳毋比毛氏气水火爪父爻爿片牙牛犬　　　［칠 복］

- ❷창(氅) [chǎng] 새털

(650) 敝 **敝** 폐 [bì]
- 뜻 ①(옷이) 해지다
- 자원 옷감을 뜻하는 건(巾㡀)과 나눈다는 뜻의 팔(八)()을 아래 위에 덧붙였다. 여기에 시킨다는 뜻을 나타내는 복(攴)을 덧붙였다.
- 자소 [회의] 폐(㡀㡀) 옷이 해지다 ＋ 복(攵 ← 攴支) 치다

- ❶폐〔蔽〕[bì] 덮어 가리다 : 엄폐(掩蔽), 은폐(隱蔽), 일언이폐지(一言以蔽之)
- ❷폐〔幣〕[bì] 비단 / 선물 : 폐백(幣帛), 폐물(幣物) / 돈 : 지폐(紙幣), 화폐(貨幣)
- ❸폐〔弊〕[bì] 옷이 해지다 : 피폐(疲弊) / 나쁘다 : 폐습(弊習), 폐사(弊社)
- ❹별〔瞥〕[piē] 언뜻보다 : 별안간(瞥眼間), 일별(一瞥)
- ❺별(鱉) [biē] 자라 : 별갑(鱉甲 : 자라 등껍데기, 한약재로 쓴다)
- ❻별(鼈) [biē] 자라 〔참고〕 별(鱉)과 같은 글자
- ❼폐(斃) [bì] 죽어 엎어지다 : 폐사(斃死)

(651) 敬 **敬** 경 [jìng]
- 뜻 ①공경(恭敬)하다 : 존경(尊敬), 경례(敬禮), 경배(敬拜), 경어(敬語), 경이원지(敬而遠之)
- 자원 하나에 전념하고 딴 짓을 하지 않게 만든다 뜻이다. 극(茍)은 말을 삼가해서 양처럼 착해진다는 뜻이다. 구차할 구(苟)와 다르다.
- 자소 [회의] 극(茍) 삼가하다 ＋ 복(攵 ← 攴支) 치다

- ❶경〈驚〉[jīng] 놀라다 : 경악(驚愕), 경이(驚異), 대경실색(大驚失色), 경탄(驚歎)
- ❷경〔警〕[jǐng] 경계(警戒)하다 : 경각심(警覺心), 경비(警備) / 경찰(警察) : 군경(軍警)
- ❸경{擎} [qíng] 높이 들어올리다
- ❹경{檠} [qíng] 도지개 / 바로잡다 / 등잔걸이
- ❺경{儆} [jǐng] 경계하다 / 매우 위급한 일
- ❻경(璥) [jǐng] 경옥

(652) 敫 **敫** 약 [jiǎo, yào]
- 뜻 ①해그림자(日影) ■교:①노래하다
- 자원 햇빛(白)이 사방으로 퍼져 나간다(放)는 뜻이다.
- 자소 [지사] 백(白) 희다 ＋ 방(放 ← 放) 놓다

- ❶격〔激〕[jī] 물결이 부딪쳐 흐르다 : 격류(激流) / 심하다 : 과격(過激), 격렬(激烈)
- ❷격{檄} [xí] 격문(檄文 : 각처에 알려 충격을 주거나 선동하는 글) : 격서(檄書)
- ❸규(竅) [qiào] 구멍 : 규여칠성(竅如七星 : 집에 구멍이 많이 난 것이 별처럼 많음)
- ❹요(邀) [yāo] 맞이하다 : 요격기(邀擊機＝要擊機)

(653) 數 **數** 수 [shǔ]
- 뜻 ①셈하다 : 수학(數學) ②몇몇(개) : 수차(數次) ■삭[shuò]①자주 : 삭삭(數數) ■촉[cù]①촘촘하다 : 촉고(數罟)
- 자원 마음을 비우고(婁) 집중해서 계산한다는 말이다.
- 자소 [형성] 루(婁) 비었다 ＋ 복(攵 ← 攴支) 치다

- ❶수(藪) [sǒu] 늪 / 수풀 / 덤불

223

【글월 문】 戈戶手支攴**文**斗斤方无日曰月木欠止歹殳毋比毛氏气水火爪父爻爿片牙牛犬

67. 문 文 [wén]

자원 원래는 여러가지 무늬가 뒤섞인 모양을 본뜬 것이었다. 문자(文字)라고 할 때 문(文)은 그림에 가까운 상형(象形)문자를 뜻하며, 자(字)는 결합해서 만들어진 지사(指事), 회의(會意), 형성(形聲) 문자를 말한다.
뜻 ①글:문장(文章),명문(名文),장문(長文) ②문화(文化):문명(文明),문물(文物) ③무늬:운룡문(雲龍文) ※문(紋)과 통한다.
자소 [상형]

부수 성부 — 부수글자가 성부로 쓰일 때

- ❶건{虔} [qián] 정성:경건(敬虔)
- ❷문{汶} [wèn] 더럽히다:문문(汶汶:불명예,치욕)
- ❸문{紋} [wén] 무늬:문채(紋彩:아름다운 광채),화문석(花紋席),파문(波紋)
- ❹문{炆} [wén] 따뜻하다
- ❺민{旼} [mín] 화락하다 / 온화하다
- ❻민{旻} [mín] 하늘:민천(旻天:가을 하늘,모든 사람을 사랑으로 돌봐주는 어진 하늘)
- ❼민{忞} [mín] 힘쓰다
- ❽민{玟} [mín] 옥돌:민배유(玟坯油:도자기 표면에 발라서 광택을 내고 방수가 되게 하는 가루)
- ❾린(吝) [lìn] 아끼다:인색(吝嗇)
- ❿문(紊) [wěn] 어지럽다:풍기문란(風紀紊亂)
- ⓫문(蚊) [wén] 모기:문각해행(蚊脚蟹行:가늘고 구불구불하게 쓰는 로마 문자)
- ⓬문(雯) [wén] 구름 무늬
- ⓭반(斑) [bān] 얼룩:반백(斑白:검은 머리와 흰 머리가 섞여 있는 머리)

성부 글자 — 성부와 부수가 결합된 형성자

(654)  [bīn]

뜻 ①빛나다(文質貌):문질빈빈(文質斌斌) ②아롱지다
자원 학문과 무술이 다 뛰어나다는 뜻으로 썼다. 원래는 빈(份)자였다. 고자는 빈(彬)으로 썼었다.
자소 문(文)글 ＋ 무(武)무기

- ❶윤(贇) [yūn] 예쁘다

戈戶手支攴文斗斤方无日曰月木欠止歹殳毋比毛氏气水火爪父爻爿片牙牛犬　　[말두]

214 부수글자 068　　4 - 7/33　　(4획부수)

68. 두 斗 [dǒu]

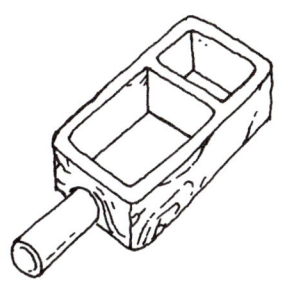

자원 자루가 달린 말의 모양을 본떴다.
뜻 ①말(10되):두주불사(斗酒不辭) ②북두칠성(北斗七星)
자소 [상형]

부수 성부　　부수글자가 성부로 쓰일 때

 ❶두{枓} [dǒu] 두공(枓栱:지붕을 받치는 기둥머리를 장식하는 구조물)

성부 글자　　성부와 부수가 결합된 형성자

(655) 料 료 [liào]
뜻 ①헤아리다:요량(料量) ②값:요금(料金),과태료(過怠料) ③재료(材料):안료(顔料),원료(原料),식료품(食料品)
자원 말(斗)로 곡식(米)의 양을 잰다는 뜻이다.
자소 [회의] 미(米) 쌀, 가루, 입자 ＋ 두(斗)자루 달린 말

225

【도끼 근】 戈戶手支攵文斗斤方无日曰月木欠止歹殳毋比毛氏气水火爪父爻爿片牙牛犬

214 부수글자 **069**　　4 - 8/33　　(4획부수)

69. 근 斤 [jīn]

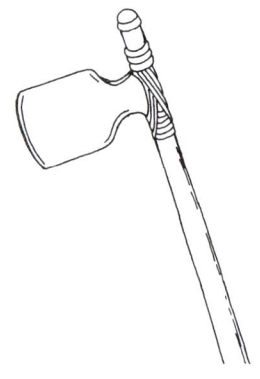

[자원] 도끼의 날과 자루 그리고 그 도끼에 찍힌 나무의 모양. 도끼는 무거운 물건이므로 저울추로 사용했던 데서 무게를 뜻하는 근(600g)을 뜻하게 된다.
[뜻] ①도끼 ②무게 단위(약 600g)
[자소] [상형]

부수 성부　　부수글자가 성부로 쓰일 때

- ❶근〈近〉[jìn] 가깝다 : 근처(近處), 근묵자흑(近墨者黑), 근시(近視), 부근(附近)
- ❷기〔祈〕[qí] 빌다 : 기도(祈禱), 기원(祈願), 기우제(祈雨祭)
- ❸근{劤}[jìn] 힘세다
- ❹기{沂}[yí] 물 이름 : 기산(沂山)
- ❺기{圻}[qí] 서울을 중심으로 사방 천리의 땅 ■은 [yín] 땅의 끝
- ❻흔{昕}[xīn] 아침 해가 돋으려 할 때
- ❼흔{炘}[xīn] 화끈거리다 / 불사르다
- ❽근(芹)[qín] 미나리 : 근채(芹菜)
- ❾기(旂)[qí] 쌍룡을 그린 깃발
- ❿흔(欣)[xīn] 기뻐하다

성부 글자　　성부와 부수가 결합된 형성자

(656)  斥 척 [chì]

[뜻] ①물리치다 : 배척(排斥) ②엿보다 : 척후병(斥候兵)
[자원] 집안(广)의 어른에게 거슬리는 짓(屰)을 한 사람을 내쫓는다는 뜻이다. 혹은 집을 고쳐서 넓힌다는 뜻이다.
[자소] [형성] 엄(广)집 + 역(屰)거슬리다

- ❶소〔訴〕[sù] 하소연하다 : 소송(訴訟), 고소(告訴), 항소(抗訴), 호소(呼訴)
- ❷소(泝)[sù] 거슬러 올라가다 : 소류(泝流 : 흐르는 물을 따라 거슬러 올라가다)
- ❸탁(柝)[tuò] 쪼개다 : 탁성(柝聲 : 딱딱이 치는 소리)
- ❹탁(坼)[chè] 갈라져 터지다

戈戶手支攴文斗斤方无日曰月木欠止歹及毋比毛氏气水火爪父爻爿片牙牛犬　［도끼 근］

(657) 斬 **참** [zhǎn]
뜻 ①베다:참수(斬首),능지처참(陵遲處斬) ②매우:참신(斬新)
자원 옛날의 극형 중의 하나인 거열형(車裂刑)을 말한다. 사람을 수레(車)바퀴에 끼워 넣어서 찢어 죽이는 형벌이었다. 나중에는 도끼(斤)로 머리를 자르는 것을 뜻하게 된다.
자소 [회의] 차(車)수레, 마차＋근(斤)도끼

□ ❶점〔漸〕[jiàn]조금씩:점점(漸漸),점입가경(漸入佳境),점차(漸次),점진(漸進),돈오점수(頓悟漸修) [jiān]젖다 /잠기다
□ ❷잠〔暫〕[zàn]잠깐〈잠간(暫間):잠시(暫時),잠정적(暫定的)
□ ❸참〔慚〕[cǎn]부끄러워하다:무참(無慚:말할 수 없이 부끄러움)
□ ❹참(塹)[qiàn]구덩이:참호(塹壕)

(658) 斯 **사** [sī]
뜻 ①이것:여사(如斯:이같이) ②쪼개다
자원 원래의 뜻은 도끼로 잘게 쪼갠다는 뜻이었다. 후에 뜻이 바뀌어 「이것」이라는 지시대명사로 쓰이게 된다.
자소 [형성] 기(其)상 위의 키＋근(斤)도끼

□ ❶서(撕)[sī]훈계하여 일깨우다 /잡아당겨서 찢다
□ ❷시(嘶)[sī](말, 새,벌레)가 울다 /목이 쉬다
□ ❸시(廝)[sī]하인 /천하다

(659) 新 **신** [xīn]
뜻 ①새롭다:최신식(最新式),신혼(新婚),신랑(新郎),신문(新聞),신부(新婦),신선(新鮮),온고지신(溫故知新) ②새롭게 하다:혁신(革新)
자원 원래는 땔나무를 만든다는 뜻이었다. 새로 시작한다는 뜻으로 확대되었다.
자소 [형성] 신(辛) ← 진(亲)개암나무＋근(斤)도끼

□ ❶신{薪}[xīn]땔나무:신목(薪木),와신상담(臥薪嘗膽:복수를 위해 애씀)

(660) 斲 **착** [zhuó]
뜻 ①깎다(削也) ②나무를 쪼개다(斫也)
자원 도끼(斤)로 쳐서 그릇(䀝)을 깨뜨린다는 뜻이다. 투(鬭＝鬪)자를 만든다.
자소 [회의] 두(䀝)술잔＋근(斤)도끼

□ ❶투〔鬪〕[dòu]싸우다:전투(戰鬪),고군분투(孤軍奮鬪)

(661) 斷 **단** [duàn]
뜻 ①끊다:단절(斷絶),일도양단(一刀兩斷),절단(絶斷) ②결단(決斷):단연(斷然),단호(斷乎)
자원 도끼(斤)로 실을 자른다(𢇍)는 뜻이다.
자소 [회의] 계(𢇍) ← 절(𢇍)자르다＋근(斤)도끼

4획

【모방】 戈戶手支攴文斗斤方无日曰月木欠止歹殳毋比毛氏气水火爪父爻爿片牙牛犬

214 부수글자 **070**　　　4 - 9/33　　　(4획부수)

70. 방 方 [fāng]

자원 두 척의 배를 나란히 놓고 뱃머리를 묶은 모양다. 원래의 뜻은 나란하다는 것이었으나, 지금은 「네모진 것, 모난 것」을 뜻한다.
뜻 ①모:방형(方形) ②방향(方向):사방팔방(四方八方) ③방법(方法):비방(秘方),사후 약방문(死後藥方文),처방(處方)
자소 [상형]

부수 성부　　　부수글자가 성부로 쓰일 때

- ❶방〈房〉[fáng] 방:냉난방(冷煖房),다방〈차방(茶房),독수공방(獨守空房)
- ❷방〈防〉[fáng] 막다:방어(防禦),방수(防水) /둑:제방(堤防),방파제(防波堤)
- ❸방〈訪〉[fǎng] 방문(訪問)하다:탐방(探訪),심방(尋訪)
- ❹방〔芳〕[fāng] 꽃답다:방향(芳香),방년(芳年),방명록(芳名錄)
- ❺방〔妨〕[fáng,fāng] 방해(妨害)하다:무방(無妨)
- ❻방{彷}[páng] 거닐다:방황(彷徨) [fǎng] 비슷하다:방불(彷彿)
- ❼방{坊}[fāng] 동네:방방곡곡(坊坊曲曲)
- ❽방{昉}[fǎng] 밝다 /때마침 /비로소
- ❾릉(楞)[léng] 모 릉(棱,稜)과 같은 글자
- ❿방(紡)[fǎng] 물레를 자아서 실을 뽑다:방직(紡織),방적(紡績),방추(紡錘)
- ⓫방(肪)[fáng] 살찌다:지방질(脂肪質)
- ⓬방(枋)[fāng] 박달나무
- ⓭방(舫)[fǎng] 쌍배

성부 글자　　　성부와 부수가 결합된 형성자

(662) 㫃 언 [yǎn]
뜻 ①깃발을 날리다(旌旗之游. 㫃寨之貌)
자원 깃발이 펄럭이는 모양. 옛날 통신 수단이 발달하지 못하였을 때 깃발은 중요한 신호 방법이었다.
자소 [상형]
성부 旅려 斿유 族족 㫃간 旋선

戈戶手支攴文斗斤方无日曰月木欠止歹殳毋比毛氏气水火爪父爻爿片牙牛犬　　[모방]

(663) 於 어 [yú]
뜻 ①어조사:심지어(甚至於:심하기가 ~에까지 이르다) [yū]①성(姓) ■오[wú]①탄식하다
자원 원래는 까마귀의 모양을 본뜬 글자였다. 지금은 원래의 뜻이 없어지고 어조사로 주로 쓰인다.
자소 [상형]

□ ❶알(閼) [è] 가로막다:알색(閼塞:막히다) ■연[yān] 흉노 왕비
□ ❷어(瘀) [yù] 멍들다:어혈(瘀血)

(664) 斿 유 [yōu]
뜻 ①놀다 참고 유(游)의 생략형 [liú]①깃술
자원 아이들이 가지고 노는 깃발 모양. 자(子ᗄ)는 헤엄칠 수(汙)가 생략된 것이다. ※수(汙)헤엄치다 ■유:깃발
자소 [형성] 언(㫃)깃발+자(子) ← 수(汙)헤엄치다

□ ❶유〈遊〉[yóu] 놀다:선유동(仙遊洞), 야유회(野遊會), 유희(遊戲), 유흥(遊興) /떠돌다:유격대(遊擊隊), 유람선(遊覽船), 유세(遊說)
□ ❷유(蚰) [yóu] 하루살이
□ ❸유(游) [yóu] 헤엄치다:유영(游泳), 부유물(浮游物) /놀다

(665) 旅 려 [lǚ]
뜻 ①군사:여단(旅團) ②많은 사람 ③여행(旅行)하다:행려병자(行旅病者), 여관(旅館), 여인숙(旅人宿)
자원 깃발(㫃) 아래에 많은 사람(从ᗄ)이 모여 있는 모양을 나타낸다.
자소 [회의] 언(㫃 ← 㫃)깃발+종(氏 ← 从)따르다

(666) 旁 방 [páng]
뜻 ①곁 ②두루두루
자원 풀이가 확실하지 않다. 담을 쌓을 때 담의 양쪽에 대던 담틀의 모양을 본뜬 글자라는 설이 있다.
자소 [형성] 이(二)둘+방(方ᗄ)방향, 모

□ ❶방〔傍〕[pàng] 곁:수수방관(袖手傍觀), 방약무인(傍若無人), 근방(近傍)
□ ❷방(榜) [bǎng] 패:낙방(落榜) [bàng] 노(를 젓다)
□ ❸방(膀) [páng] 오줌통:방광(膀胱) [bǎng] 어깨뼈
□ ❹방(謗) [bàng] 헐뜯다:비방(誹謗), 훼방(毀謗)
□ ❺방(磅) [bàng,pāng] 돌 떨어지는 소리 /파운드(0.4536Kg)
□ ❻방(蒡) [bàng] 인동덩굴 /우엉
□ ❼방(滂) [pāng] 비가 죽죽 퍼붓는 모양

(667) 族 족 [zú]
뜻 ①겨레:민족(民族), 종족(種族) ②일가친족:족보(族譜), 가족(家族), 친족(親族), 족속(族屬)
자원 원래는 화살촉을 뜻하는 말이었다. 화살 50개, 혹은 100개를 한 묶음으로 한 것을 1속(束ᗄ)이라고 하는데, 깃발 아래에 여러 속(束ᗄ)의 화살촉(矢ᗄ)이 모여 있는 모양을 본뜬 것이다.
자소 [회의] 언(㫃 ← 㫃)깃발+시(矢ᗄ)화살

4획

229

【모방】 戈戶手支攴文斗斤方无日曰月木欠止歹殳毋比毛氏气水火爪父爻丬片牙牛犬

- ❶족(簇) [cù] 모이다 : 족자(簇子 : 글씨나 그림을 거는 것), 족생(簇生 : 연달아 생겨남)
- ❷주(嗾) [sǒu] 부추기다 : 사주(使嗾)
- ❸촉(鏃) [zú] 화살촉

(668) 旋 선 [xuán]

뜻 ①돌다 : 선회(旋回), 나선형(螺旋形) [xuàn] ①소용돌이 치다 ②돌아오다 : 개선(凱旋)

자원 지휘자가 휘두르는 깃발(㫃)에 따라 군사들이 움직이는(疋) 것을 말한다. 좌전(左傳)에 '군사들의 이목(耳目)이 나의 기와 북에 집중되어 있으니 진퇴(進退)가 이를 따른다'는 말이 있다.

자소 [회의] 언(𠂉 ← 㫃)깃발 + 소(疋)발 모양

- ❶선{璇} [xuán] 아름다운 옥 : 선기옥형(璇璣玉衡 : 천체 관측기)
- ❷선{琔} [xuán] 옥

戈戶手支攴文斗斤方无日曰月木欠止歹殳毋比毛氏气水火爪父爻爿片牙牛犬　【없을 무】

214 부수글자 **071**　　　4 - 10/33　　　(4획부수)

71. 무 无 旡 [wú, mó]

[자원] 무(無)자와 통한다.
[뜻] ①없다
[자소] [회의]

| 성부 글자 | 성부와 부수가 결합된 형성자 |

(669) [jì]

[뜻] ①이미: 기득권(旣得權), 기혼(旣婚), 기존(旣存), 기성세대(旣成世代), 기정사실(旣定事實), 기왕(旣往)
[자원] 식사량이 적은 것. 비록 맛있는 것이지만 목에 걸려 삼킬 수 없으니 조금 먹을 수 밖에 없는 것이다.
[자소] [회의·형성] 흡(皀 ← 𣎆 ← 皀𩙿)고소하다＋기(旡旡)목이 메다

☐ ❶개〔慨〕[kǎi] 분개(憤慨)하다: 비분강개(悲憤慷慨) / 슬퍼하다: 개탄(慨嘆) / 감개무량(感慨無量)
☐ ❷개〔概〕[gài] 대개(大概): 개론(概論) / 절개(節槪) / 기개(氣概)
☐ ❸개{漑}[gài] 물을 끌어대다: 관개시설(灌漑施設)
☐ ❹구(廐)[jiù] 마구간: 마구(馬廐) / 말에 관한 일을 담당하던 벼슬　[참고] 원래는【구(殷)＋엄(广)】인 구(廏)다.

【날일】 戈戶手支攴文斗斤方无日日月木欠止歹殳毋比毛氏气水火爪父爻爿片牙牛犬

214 부수글자 **072**　　　4 - 11/33　　　(4획부수)

72. 일 日 [rì]

자원 태양의 모양을 본떴다. 옛날에 종이와 붓이 없을 때, 단단한 대나무에 칼로 글씨를 새기다 보니 원래의 둥근 모양이 없어지고, 사각형으로 변한 것이다.
뜻 ①하루:일신 일일신 우일신(日新. 日日新. 又日新),일당(日當),일용(日用) ②태양:일월성신(日月星辰)
자소 [상형]

부수 성부　　　부수글자가 성부로 쓰일 때

☐ ❶일{馹} [rì] 역말
☐ ❷녈(涅) [niè] 개흙 /범어 Nirvana의 음역:열반(涅槃) 참고 원래는 〔수(水)+토(土)+일(日)聲〕.
☐ ❸멱(汨) [gǔ] 강 이름:멱라수(汨羅水) 참고 골(汨:빠지다)과 혼동되어 사용된다.

성부 글자　　　성부와 부수가 결합된 형성자

(670) 旦단 [dàn]
뜻 ①아침:원단(元旦:새해 아침)
자원 지평선(一) 위로 태양(日)이 막 떠오르는 모양을 본떴다.
자소 [지사] 일(日)태양+일(一)하나, 지평선
성부 靬간 亶단 㝵애 量량 昜양

☐ ❶단〈但〉[dàn] 다만:단지(但只),단서(但書)
☐ ❷탄{坦}[tǎn] 평평하다:탄탄대로(坦坦大路:평평하고 큰 길),평탄(平坦)
☐ ❸걸(担) [jiē] 들어올리다 ■담[dān] 어깨에 둘러메다
☐ ❹단(靼) [dá] 다룬가죽 /종족 이름(타타르 족)
☐ ❺단(袒) [tǎn] 윗옷을 벗다:우견편단(右肩偏袒:부처상에서 오른쪽 어깨를 드러낸 모양)
☐ ❻달(妲) [dá] 여자이름:달기(妲己:은나라를 망하게 한 주왕의 애첩, 못된 짓을 많이 했다)
☐ ❼달(疸) [dǎn] 황달병(黃疸病):주달(酒疸)
☐ ❽달(怛) [dá] 슬프다 /슬퍼하다 /놀라다

戈戶手支攴文斗斤方无日  月木欠止歹殳毋比毛氏气水火爪父爻爿片牙牛犬　　　[날 일]

(671) **早 조** [zǎo]
- 뜻 ①일찍:조기교육(早期敎育),조만간(早晚間),조숙(早熟),조로(早老),조생종(早生種) ②새벽:조기축구(早起蹴球)
- 자원 윗부분은 날일(日日), 아래의 열 십(十)은 갑(甲⊕)의 변형인데 사람의 머리를 뜻한다. 태양이 사람의 머리 위에서 빛나기 시작하는 때를 말한다.
- 자소 [회의] 일(日日)해,태양,날 ＋ 십(十) ← 갑(甲⊕)갑옷
- 성부 卓阜탁 覃담

□ ❶초〈草〉[cǎo] 풀:초식(草食),초가(草家) /처음:초창기(草創期),초고(草稿)

(672) **旨 지** [zhǐ]
- 뜻 ①뜻:요지(要旨),논지(論旨),취지(趣旨) ②맛
- 자원 맛있는 것(甘甘)을 숟가락(匕⼔)으로 뜨는 모양을 나타낸다.
- 자소 [형성] 비(匕⼔)숟가락 ＋ 왈(曰) ← 감(甘甘)달다,맛있다
- 성부 稽계 耆기

□ ❶지〈指〉[zhǐ] 손가락:지문(指紋) /가리키다:지적(指摘),지휘(指揮),지시(指示)
□ ❷계〈稽〉[jī,qǐ] 생각하다:계고(稽考) /머리를 조아리다 /익살부리다:골계(滑稽)
□ ❸예〈詣〉[yì] 나아가 이르다:조예(造詣),참예(參詣),예알(詣謁)
□ ❹지〈脂〉[zhī] 기름:지방질(脂肪質),합성수지(合成樹脂) /화장품:연지(臙脂)

(673) **旭 욱** [xù]
- 뜻 ①아침해 ②해 돋는 모양(日出貌)
- 자원 해가 처음 돋는 모양(日始出)을 말한다.
- 자소 [형성] 구(九⼉)아홉 ＋ 일(日日)해,태양

(674) **旬 순** [xún]
- 뜻 ①열흘:상순(上旬),중순(中旬),초순(初旬),하순(下旬)
- 자원 날짜를 헤아림에 있어서 갑을병정무기경신임계(甲乙丙丁戊己庚申壬癸) 10개의 천간을 한 단위로 감싼(勹⼓) 것을 말한다.
- 자소 [회의] 포(勹⼓)둘러싸다 ＋ 일(日日)해,태양

□ ❶순〔殉〕[xùn] 따라 죽다:순교(殉敎),순국(殉國),순장(殉葬),순직(殉職)
□ ❷순{洵} [xún] 참으로:순미차이(洵美且異:참으로 아름답고 이상하다) /소리없이 울다
□ ❸순{珣} [xún] 옥 이름 /옥그릇
□ ❹순{荀} [xún] 풀 이름 /사람 이름:순자(荀子)
□ ❺순{筍} [sǔn] 죽순:우후죽순(雨後竹筍:한꺼번에 많이 일어나는 모양)
□ ❻순(詢) [xún] 물어보다:순계(詢計)
□ ❼순(恂) [xún] 진실하다 /두려워하다
□ ❽순(徇) [xùn] 두루두루 /좇다　참고 순〔殉〕과 통해서 쓰는 글자
□ ❾순(栒) [xún] 가름대나무(종이나 경쇠를 매단다) /나무이름
□ ❿현(絢) [xuàn] 무늬:현란(絢爛)

3
(675) **旱 한** [hàn]
- 뜻 ①가뭄:한발(旱魃),한해(旱害)
- 자원 비가 오지 않아서 태양(日日)으로 인한 침범(干⼲)을 받았다는 뜻이다.
- 자소 [형성] 일(日日)해, 태양 ＋ 간(干⼲)방패, 침범하다

233

【날 일】 戈戶手支攴文斗斤方无日日月木欠止歹殳毋比毛氏气水火爪父爻爿片牙牛犬

- ❶간(稈) [gǎn] 볏짚
- ❷간(杆) [gàn] 박달나무 참고 간(杆)의 속자 [gān] 장대
- ❸한(扞) [hàn] 막다:한변(扞邊:국경을 수비하다)
- ❹한(悍) [hàn] 사납다:한려(悍戾:포악하고 도리에 어그러짐)

(676) 昊 호 [hào]
뜻 ①하늘 ■고:①놓다 ②큰 모양
자원 태양(日)이 빛나는 하늘이라는 뜻이다. 글자의 모양이 많이 변했다.
자소 [회의] 일(日)태양+천(天) ← 호(夵)하늘

- ❶호{滈} [hào] 맑다

(677) 昌 창 [chāng]
뜻 ①창성(昌盛)하다:번창(繁昌)
자원 태양(日)처럼 영원히 빛날 좋은 말을 한다(曰)는 뜻이다.
자소 [회의] 일(日)해, 태양+왈(曰)말하다

- ❶창⟨唱⟩ [chàng] 노래:합창(合唱),독창(獨唱),선창(先唱),제창(提唱)
- ❷창{菖} [chāng] 창포(菖蒲)
- ❸창(倡) [chāng] 광대:창우(倡優) /기생 [chàng] 노래하다
- ❹창(娼) [chāng] 몸 파는 여자:창녀(娼女),남창(男娼),창기(娼妓)
- ❺창(猖) [chāng] 미쳐 날뛰다:창궐(猖獗)

(678) 昔 석 [xī]
뜻 ①옛날:금석지감(今昔之感)
자원 원래는 말린 고기라는 뜻이었다. 고기를 말려 두면 오래 보관할 수가 있다. 지금의 이 고기는 옛날에 잡은 것이다.
자소 [회의] 艹 ← ⺍ : 고기 조각 모양+일(日)태양, 해
상부 耤 적

- ❶석⟨惜⟩ [xī] 아끼다:석별(惜別),애석(哀惜),석일와옥량좌(惜一瓦屋梁挫)
- ❷차⟨借⟩ [jiè] 빌리다:차용증(借用證),차관(借款),차청입실(借廳入室:조금씩 뺏음)
- ❸착〔錯〕 [cuò] 섞이다:착오(錯誤),정신착란(精神錯亂),착잡(錯雜),착각(錯覺)
- ❹작{鵲} [què] 까치:작소(鵲巢:까치 집),오작교(烏鵲橋),작소구거(鵲巢鳩居)
- ❺조{措} [cuò] 놓다/처리하다:조처(措處),조치(措置),부지소조(不知所措)
- ❻작(醋) [cù] 술을 권하다 ■초:식초(食醋):초산(醋酸)

(679) 昏 혼 [hūn]
뜻 ①어둡다:황혼(黃昏) ②어지럽다:혼수상태(昏睡狀態),혼미(昏迷),혼절(昏絕)
자원 해가 서쪽으로 넘어가서 어두워진다는 뜻. 옛날의 결혼식은 어두워진 후에 거행되었다(禮聚婦,以昏時). 여자가 음(陰)에 해당되기 때문이다(婦人陰也). 보낼 송(送)에도 횃불을 들고 따라간다는 뜻이 있다.
자소 [회의] 씨(氏) ← 저(氐)낮다+일(日)해,태양,날

- ❶혼⟨婚⟩ [hūn] 혼인(婚姻)하다:결혼(結婚),신혼(新婚),약혼(約婚),미혼(未婚)

戈戶手支攴文斗斤方无日日月木欠止歹殳毋比毛氏气水火爪父爻爿片牙牛犬　　[날 일]

(680) 易 역 [yì]
- 뜻: ①바꾸다:교역(交易) ②주역(周易) ■이:①쉽다:용이(容易)
- 자원: 도마뱀. 도마뱀은 햇빛을 받으면 피부의 색깔이 쉽게 변한다. 혹은 태양(日)과 달(月)의 변형인 물(勿)의 합자이다. 해와 달은 서로 교대로 나타나서 밤낮이 바뀌게 된다는 뜻이다.
- 자소: [상형] 일(日)해, 태양 + 소(召)부르다

- ❶사 [賜] [cì] 주다:사약(賜藥),사사(賜死),사액서원(賜額書院:임금이 현판을 내려준 서원)
- ❷역 {暘} [yì] 해가 언듯보이다 /날씨가 흐리다 ■석:같은 뜻
- ❸석 {錫} [xī] 주석(朱錫) /지팡이:석장(錫杖:중이 짚고 다니는 지팡이)
- ❹척 (剔) [tī] 뼈를 발라내다:파라척결(爬羅剔抉:결점을 파헤침,인재를 널리 찾아냄)

(681) 昆 곤 [kūn]
- 뜻: ①맏형 ②많다
- 자원: 태양(日) 아래 만물(萬物)이 즐비(比)하니 많다는 뜻이다.
- 자소: [회의] 왈(日) ← 일(日)해,태양 + 비(比)나란하다

- ❶혼〈混〉[hùn] 섞다:혼합(混合),혼동(混同),혼성(混成),혼혈아(混血兒) /뒤섞여 어지럽다:혼잡(混雜),혼란(混亂),혼탁(混濁) [hún]모두
- ❷곤 {崑} [kūn] 산 이름:곤륜산(崑崙山)
- ❸곤 {琨} [kūn] 옥돌 /아름다운 돌
- ❹곤 {錕} [kūn] 산이름(유명한 칼을 만드는 돌이 난다고 한다)
- ❺곤 (棍) [gùn] 몽둥이:곤장(棍杖),곤봉체조(棍棒體操)
- ❻곤 (鯤) [kūn] 곤이(물고기 뱃속의 알) /커다란 물고기의 이름

(682) 否 밀 [mì]
- 뜻: ①숨다(不見) ②어둡다
- 자원: 원래는 밀(宿), 밀(宿)은 잘못된 글자. 원래는 밀(否)이었다(誤作宿,本作否). 이것과 멱(冖)이 합쳐서 지금의 멱(冪)자가 만들어졌다.
- 자소: [형성] 불(不) ← 부(否)아니다 + 일(日)해,태양

- ❶멱 (冪) [mì] 찾다 /구하다

(683) 明 명 [míng]
- 뜻: ①밝다:명백(明白),명암(明暗) ②똑똑하다:명확(明確),분명(分明),자명(自明)
- 자원: 어두운 밤의 달빛이 더 빛다운 것이다. 원래는 창문(囧)으로 달빛(月)이 스며드는 모양이었다.
- 자소: [회의] 일(日) ← 경(囧)창문이 밝다 + 월(月)달, 한달

- ❶맹 〔盟〕 [méng] 맹세〈맹서(盟誓)〉하다:동맹(同盟),맹방(盟邦)
- ❷맹 {萌} [méng] 싹:맹아(萌芽) /백성:여맹(黎萌)

(684) 星 성 [xīng]
- 뜻: ①별:혜성(慧星),점성술(占星術)
- 자원: 수많은 별들(晶)이 반짝반짝 빛을 내는(生) 것을 말한다.
- 자소: [형성] 생(生)나다 + 왈(日) ← 정(晶)빛나다

- ❶성 {醒} [xǐng] 술이 깨다:각성(覺醒),성주탕(醒酒湯:해장국)
- ❷성 {惺} [xīng] 영리하다 /꾀꼬리의 울음소리

235

【날 일】 戈戶手攴攵文斗斤方无日日月木欠止歹殳毋比毛氏气水火爪父爻爿片牙牛犬

- ☐ ❸성{理}[xīng]옥빛 /옥의 광채
- ☐ ❹성(猩)[xīng]성성이 /붉은 빛:성홍열(猩紅熱)
- ☐ ❺성(腥)[xīng]비린내:성혈(腥血)

(685) 昭 소 [zhāo]
뜻 ①밝다:소상(昭詳),소소(昭昭)
자원 태양이 비추니 만물이 부르듯이 나타난다는 뜻이다.
자소 [형성] 일(日)해, 태양＋소(召)부르다
성부 照조

(686) 昫 구 [xù]
뜻 ①(해가 떠서)따뜻하다(日出溫) ②덥다 ③애무하다
자원 태양이 떠올라서 대지(大地)가 따뜻해지는 것을 말한다.
자소 [형성] 일(日)해,태양,날＋구(句)글귀
- ☐ ❶후(煦)[xù]따뜻하게 하다:후육(煦育:온정을 베풀어 기르다)

(687) 昱 욱 [yù]
뜻 ①햇빛이 빛나는 모양
자원 땅위에 서 있는(立) 사람의 머리 위에 태양(日)이 빛나는 모양이다.
자소 [형성] 일(日)해, 태양＋소(召)부르다
- ☐ ❶욱{煜}[yù]빛나다 /불꽃

(688) 昏 혼 [hūn]
뜻 ①어둡다 참고 혼(昏)과 같은 글자
자원 혼(昏)자의 윗부분을 때로는 백성 민(民)자로 쓰기도 했다.
자소 [형성] 민(民民)백성＋일(日日)해, 태양
- ☐ ❶민(緡)[mín]낚싯줄 /돈꿰미 ■면:새 우는 소리

(689) 是 시 [shì]
뜻 ①옳다:시비(是非),시비곡직(是非曲直),시시비비(是是非非),시정(是正)
②이것:지지왈지지 부지왈부지시지야(知之曰知之, 不知曰不知. 是知也:아는 것을 안다 하고 모르는 것을 모른다고 하는 것,이것이 곧 안다는 것이다).
자원 이 우주의 온갖 삼라만상(森羅萬象) 중에서「가장 옳고 바른 것이 태양」이라는 뜻이다.
자소 [회의] 일(日)해, 태양＋정(疋←正疋)바르다

- ☐ ❶제〈題〉[tí]이마 /표제(標題):제목(題目),문제(問題),주제(主題),숙제(宿題)
- ☐ ❷제〔堤〕[dī]방죽:제방(堤防),방파제(防波堤)
- ☐ ❸제〔提〕[tí]내놓다:제공(提供),제기(提起),제안(提案),제출(提出),제의(提議)
- ☐ ❹식{湜}[shí]물이 맑은 모양 /마음을 바르게 가지다
- ☐ ❺식{寔}[shí]이것 /참으로(진실로)
- ☐ ❻제{瑅}[tí]제당옥 /옥 이름
- ☐ ❼시(匙)[chí]숟가락:시저(匙箸),십시일반(十匙一飯) [shi]열쇠
- ☐ ❽제(醍)[dī]맑은 술(淸酒):제호(醍醐)
- ☐ ❾지(禔)[tí]행복 /편안하다 /다만

236

戈戶手支攴文斗斤方无曰日月木欠止歹殳毋比毛氏气水火爪父爻爿片牙牛犬　　　[날 일]

(690) **昜** 양 [yáng]
- 뜻 ①날아 오르다 ②빛
- 자원 깃발(勿) 위에서 태양(日)이 빛나는 모양을 본떴다. 태양의 고도가 높은, 「정오에 가까운 때」를 말한다.
- 자소 [회의] 일(一)하나, 높다는 표지＋일(日)해,태양＋물(勿)깃발
- 성부 傷상 昜양 湯탕 碭탕 昜창

- ☐ ❶양〈揚〉[yáng] 오르다:게양(揭揚),찬양(讚揚),억양(抑揚),의기양양(意氣揚揚)
- ☐ ❷양〈陽〉[yáng] 볕:태양(太陽),석양(夕陽) /드러나다:양성(陽性) /음양(陰陽)
- ☐ ❸장〈場〉[cháng] 마당:장소(場所),공장(工場),목장(牧場) /무대:등장(登場),입장(入場),퇴장(退場),장면(場面)
- ☐ ❹양〔楊〕[yáng] 버드나무:양류(楊柳),수양(垂楊) /성씨:양귀비(楊貴妃)
- ☐ ❺장〔腸〕[cháng] 창자:맹장염(盲腸炎),단장(斷腸),대장(大腸)
- ☐ ❻창〔暢〕[chàng] 펴다:만화방창(萬化方暢:봄에 온갖 사물이 자라남),유창(流暢)
- ☐ ❼양(煬)[yáng] 굽다 /불에 쬐어 말리다 /수양제(隋煬帝)
- ☐ ❽양(瘍)[yáng] 종기:위궤양(胃潰瘍),종양(腫瘍) /머리가 헐다
- ☐ ❾양(暘)[yáng] 해돋는 곳
- ☐ ❿양(敭)[yáng] 날리다 [참고] 양〈揚〉의 옛글자

(691) **春** 춘 [chūn]
- 뜻 ①봄:춘추복(春秋服),신춘(新春),춘추(春秋),춘하추동(春夏秋冬) ②남녀의 정:사춘기(思春期),춘심(春心),춘정(春情),춘화(春畵),매춘(賣春)
- 자원 봄날의 따뜻한 햇볕(日)을 받고 초목(艸)의 싹이 처음으로 돋아난다(屯)는 뜻이다. 둔(屯)은 아직 남아 있는 추위 속에 새싹이 어렵게 자란다는 뜻이다.
- 자소 [형성] 둔(屯)머물다＋일(日)해, 태양＋초(艸)풀, 식물

- ☐ ❶준(蠢)[chǔn] 꿈틀거리다:준동(蠢動:보잘것없는 잔당(殘黨)들이 소동을 일으킴)
- ☐ ❷춘{椿}[chūn] 동백나무 /신기하다 /아버지:춘부장(椿府丈,春府丈)
- ☐ ❸춘{瑃}[chūn] 옥 이름
- ☐ ❹춘{賰}[shǔn] 부유하다 /후하다

(692) **晉** 진 [jìn]
- 뜻 ①나아가다 ②진나라
- 자원 햇볕(日)을 받아서 만물이 잘 자라난다(臸)는 뜻이다.
- 자소 [회의] 진(㬜←쯧←臸)나아가다＋일(日)태양

- ☐ ❶진{瑨}[jìn] 아름다운 옥
- ☐ ❷진(縉)[jìn] 꽂다 /분홍빛
- ☐ ❸진(搢)[jìn] 꽂다 /점잖은 벼슬아치 /떨치다

(693) **時** 시 [shí]
- 뜻 ①때:시간(時間),시대(時代),시계(時計),시시각각(時時刻刻),시절(時節) ②때때로
- 자원 원래는 4계절을 뜻하는 말이었다.
- 자소 [형성] 일(日) 해,태양＋사(寺)절

237

【날 일】　戈戶手支攴文斗斤方无日日月木欠止歹殳毋比毛氏气水火爪父爻丬片牙牛犬

- ☐ ❶시(蒔) [shì]모종을 옮겨 심다 [shí]소회향

(694) 晄 황 [huǎng]
- 뜻 ①밝다
- 자원 빛은 빛인데 움직이는 빛을 말한다.
- 자소 [형성] 일(日)해, 태양＋광(光 ← 㒫)빛

- ☐ ❶황{榥} [huàng]책상 /천을 바른 창문
- ☐ ❷황{滉} [huàng]물이 넓고 깊다
- ☐ ❸황{熀} [huàng]환하다
- ☐ ❹황{慌} [huàng]요동하다 [huǎng]들뜨다
- ☐ ❺황{幌} [huǎng]휘장 /덮개

8

(695) 晶 정 [jīng]
- 뜻 ①맑다(精光) ②수정 ③빛나다(光也)
- 자원 사물이 많다는 것을 나타낼 때는 흔히 세개를 겹쳐썼다.
- 자소 [회의] 일(日)해,태양＋일(日)해,태양＋일(日)해,태양
- 성부 參曑참　疊첩　星曐성

(696) 景 경 [jǐng]
- 뜻 ①경치(景致):광경(光景),절경(絶景),근경(近景),배경(背景),원경(遠景),풍경(風景) ②사모하다:경모(景慕)
- 자원 경(京)은 사람이 만든 인공적인 언덕이라 했다. 그 위에 태양(日)이 빛나는 모습이다.
- 자소 [형성] 왈(日)←일(日)해,태양＋경(京)높은 언덕
- 성부 顥호

- ☐ ❶영〔影〕[yǐng]그림자:영상(影像),영향력(影響力),영인본(影印本),환영(幻影)
- ☐ ❷경{憬} [jǐng]깨닫다 /그리워하다:동경(憧憬) /멀다:경집(憬集)
- ☐ ❸경{曔} [jǐng]밝다
- ☐ ❹경{璟} [jǐng]옥이 빛나는 모양

(697) 普 보 [pǔ]
- 뜻 ①넓다:보급(普及),보통(普通),보편(普遍) ②침침하다(日無色)
- 자원 하늘에 구름이 넓게 깔렸으므로 그늘이 덮힌다는 뜻이다.
- 자소 [형성] 병(並 ← 竝)나란하다＋일(日)태양

- ☐ ❶보〔譜〕[pǔ]체계 있게 적어 놓은 글:족보(族譜),악보(樂譜),계보(系譜)
- ☐ ❷보{潽} [pū]물 이름

10

(698) 㬎 현 [xiǎn]
- 뜻 ①고치 ②미묘하다 ③드러나다
- 자원 가늘고 작은 끄트머리들이 많다는 뜻인데, 태양(日) 아래서 실(絲)을 살펴 보는 것을 말한다.
- 자소 [지사] 일(日)해, 태양, 날＋사(絲 ← 絲絲)실

- ☐ ❶습〔濕〕[shī]축축이 젖다:습기(濕氣),습도(濕度),습지(濕地),습진(濕疹)
- ☐ ❷현〔顯〕[xiǎn]나타나다:현미경(顯微鏡),현저(顯著),현달(顯達:출세함)

戈戶手支攴文斗斤方无日 日 月木欠止歹殳毋比毛氏气水火爪父爻爿片牙牛犬　　[날 일]

□ ❸습(隰) [xí] 진펄：습초(隰草), 하습지(下隰地)

(699) 暴 폭 [pù]

뜻　①드러내다：폭로(暴露)　②사납다：폭군(暴君), 폭행(暴行)　■포[bào] ① 사납다：포악(暴惡), 횡포(橫暴)

자원　두 손(廾)으로 쌀(米)이나 곡식을 햇볕(日)에 드러내어(出) 말린다는 뜻이다.

자소　[회의] 일(日)해, 태양＋출(出)나가다＋공(廾)양손＋수(氺) ← 미(米)쌀, 곡식

□ ❶폭[爆] [bào] 터지다：폭발(爆發), 폭격(爆擊), 폭소(爆笑), 폭파(爆破)
□ ❷폭(瀑) [pù] 폭포(瀑布) ■포[bào] 소나기 /거품
□ ❸폭(曝) [pù,bào] 볕에 쬐어 말리다

【가로 왈】 戈戶手支攴文斗斤方无日曰月木欠止歹殳毋比毛氏气水火爪父爻爿片牙牛犬

214 부수글자 **073**　　　4 - 12/33　　　(4획부수)

73. 왈 曰 [yuē]

[자원] 말을 할 때 김이 나오므로 입 구(口⋃) 밖에 한 획을 보태었다. 입 안에 한 획을 더하면 달 감(甘⋃)이 된다.
[뜻] ①말하다:공자왈(孔子曰) ②얌전하지 못한 여자:왈패(曰牌)
[자소] [지사] 구(口⋃)입, 말하다+일(一) ← 은(乚ㄴ)숨이 나오다

부수 성부　　　부수글자가 성부로 쓰일 때

☐ ❶골(汨)빠지다:골몰(汨沒) /물이 흘러가다

성부 글자　　　성부와 부수가 결합된 형성자

(700) 곡 [qū,qǔ]
[뜻] ①굽다:곡절(曲折) ②노래가락:곡조(曲調), 악곡(樂曲)
[자원] 우묵해서 물건을 담을 수 있는 그릇 모양을 본떴다. 혹은 누에를 치는 구부정한 잠박(蠶薄)을 말한다.
[자소] [상형]
[성부] 豊례 齒棘조 曹조 農농 豊풍

(701) 예 [yè]
[뜻] ①끌다:예광탄(曳光彈)
[자원] 양손으로 절구공이를 들어올리는 모양.
[자소] [회의] 신(申 ← 申펼쳐지다+예(丿← 丆)끌다

☐ ❶설(洩) [xiè]물이 새다:누설(漏洩) ■예:훨훨 날다

(702) 更갱 [gèng]
[뜻] ①다시:갱생(更生), 갱신(更新) ■경[gēng]①고치다:변경(變更), 갑오경장(甲午更張) ②시간:삼경(三更) ③교대로
[자원] 밝고 새로워(丙丙)지게 만든다(攴攵)는 뜻이다.
[자소] [형성] 병(丙丙)밝다+복(攴攵)치다
[성부] 便편

☐ ❶경〔硬〕[yìng]단단하다:경직(硬直), 강경노선(强硬路線) /낯설다:생경(生硬)
☐ ❷경{梗}[gěng]대개:경개(梗概:대강의 줄거리)
☐ ❸갱(粳)[jīng]메벼

戈戶手支攴文斗斤方无日 日 月木欠止歹殳毋比毛氏气水火爪父爻爿片牙牛犬　[가로 왈]

- ❹소(甦) [sū] 짚을 긁어모으다 /다시 살아나다　참고 소(穌)의 속자

(703) 曷 갈 [hé]
뜻 ①어찌(언제,누가)
자원 아무 것도 없는 사람이 구걸하는(匃) 말을 한다(曰ᄂ)는 뜻이다. 경전(經傳)에서 해(害)자를 갈(曷)자로 가차해서 쓸 때가 있다.
자소 [형성] 왈(曰ᄂ)말하다 + 갈(匃)구걸하다
성부 謁알

- ❶갈〈渴〉 [kě] 목마르다 : 갈증(渴症), 갈망(渴望), 기갈(飢渴), 해갈(解渴)
- ❷갈{葛} [gé] 칡 : 갈근(葛根), 갈등(葛藤:사이가 좋지 못함), 갈건(葛巾)
- ❸게{揭} [jiē] 높이 들다 : 국기게양(國旗揭揚), 게시판(揭示板), 게재(揭載)
- ❹갈(喝) [hè] 꾸짖다 : 대갈일성(大喝一聲), 공갈(恐喝) /고함치다 : 갈채(喝采)
- ❺갈(碣) [jié] 비석 : 비갈(碑碣), 묘갈(墓碣)
- ❻갈(竭) [jié] 다하다 : 갈력(竭力), 갈충보국(竭忠報國), 갈진(竭盡)
- ❼갈(鞨) [hé] 종족 이름 : 말갈족(靺鞨族), 갈고(鞨鼓:악기의 일종)
- ❽갈(褐) [hè] 굵은 베옷 : 갈관박(褐冠博:천인의 옷), 갈색(褐色), 갈탄(褐炭)
- ❾갈(蝎) [xiē] 나무굼벵이 /뽕나무벌레
- ❿게(偈) [jì] 중의 글 : 게송(偈頌:부처의 공덕을 찬양한 글로 된 노래)　■걸 [jié] 힘쓰는 모양
- ⓫헐(歇) [xiē] 쉬다 : 간헐적(間歇的) /값싸다 : 헐가(歇價)

(704) 曼 만 [màn]
뜻 ①끌다 ②퍼지다 ③멀다
자원 무리하게(冒) 잡아당겨(又ㅋ) 늘인다는 뜻이다.
자소 [형성] 모(昌 ← 品 ← 冒)무릅쓰다 + 우(又ㅋ)오른손

- ❶만〔慢〕 [màn] 거만(倨慢)하다 : 오만(傲慢), 교만(驕慢), 자만(自慢), 태만(怠慢)
- ❷만〔漫〕 [màn] 물이 질펀한 모양 : 만담(漫談), 산만(散漫), 낭만파(浪漫派)
- ❸만{蔓} [màn] 덩굴 : 만연(蔓然), 만생(蔓生)　[mán] 순무
- ❹만(饅) [mán] 만두(饅頭)
- ❺만(鰻) [mán] 뱀장어

(705) 曹 조 [cáo]
뜻 ①무리 : 법조계(法曹界) ②마을 ③성(姓) : 조조(曹操)
자원 조정의 동쪽에 자리잡은(在廷東) 두 재판관이 판결의 말(曰ᄂ)을 한다는 뜻이다.
자소 [회의] 조(曲 ← 棘)싸움 + 왈(曰ᄂ)말하다

- ❶조{遭} [zāo] 만나다 : 조우(遭遇), 조난(遭難:뜻하지 않은 어려움을 당함)
- ❷조(槽) [cáo] 구유 /액체를 담는 통 : 수조(水槽), 욕조(浴槽)
- ❸조(糟) [zāo] 지게미(재강) : 조강지처(糟糠之妻)
- ❹조(漕) [cáo] 배로 실어서 나르다 /배를 젓다
- ❺조(曹) [cáo] 성씨(姓氏)　참고 우리나라에서는 주로 성(姓)씨로만 쓰인다.

241

【가로 왈】 戈戶手支攴文斗斤方无日曰月木欠止歹及毋比毛氏气水火爪父爻爿片牙牛犬

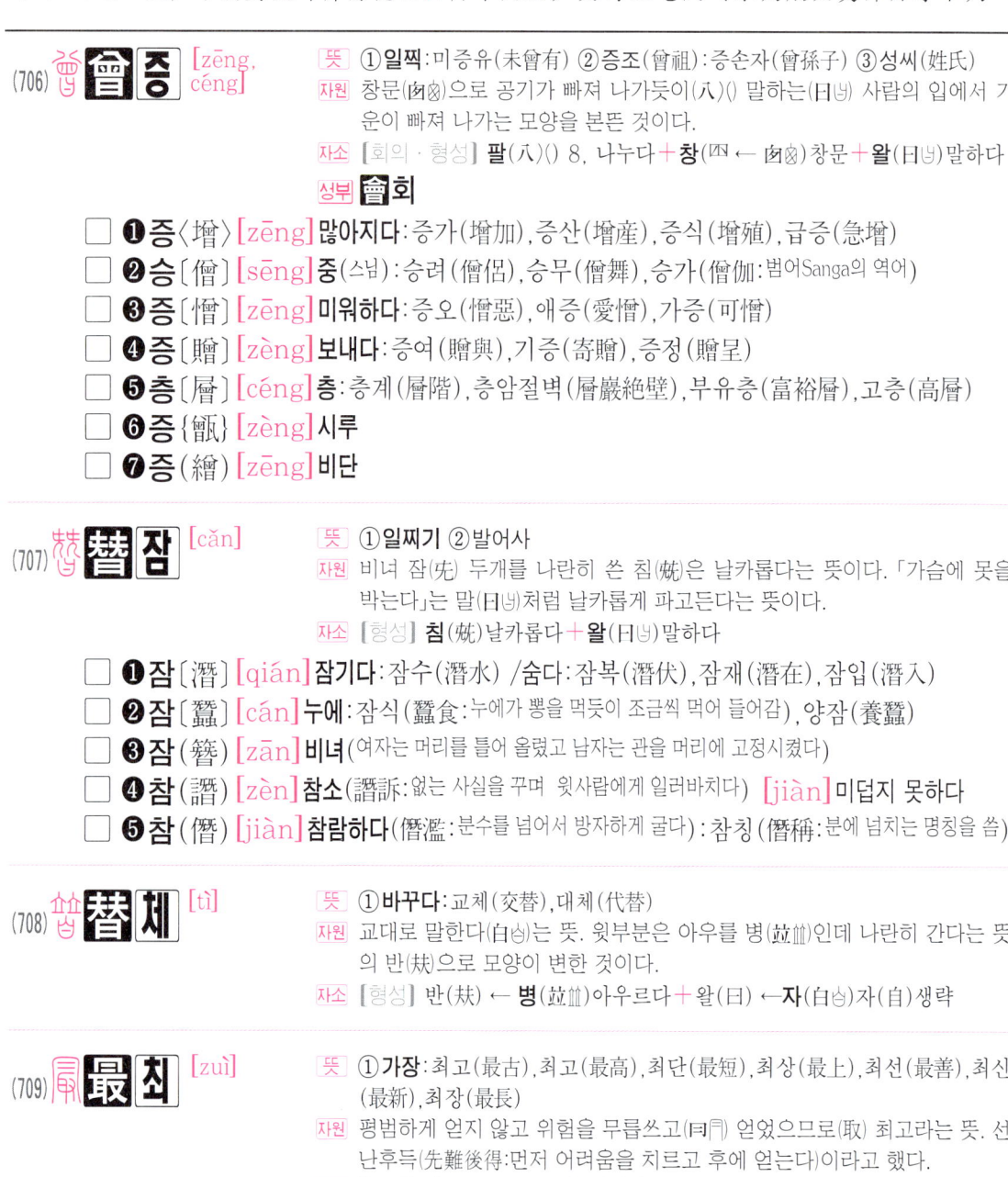

(706) 曾 증 [zēng, céng]
뜻 ①일찍:미증유(未曾有) ②증조(曾祖):증손자(曾孫子) ③성씨(姓氏)
자원 창문(囱)으로 공기가 빠져 나가듯이(八)( ) 말하는(曰) 사람의 입에서 기운이 빠져 나가는 모양을 본뜬 것이다.
자소 [회의·형성] 팔(八)( ) 8. 나누다＋창(四 ← 囱)창문＋왈(曰)말하다
성부 曾회

□ ❶증〈增〉[zēng] 많아지다:증가(增加), 증산(增産), 증식(增殖), 급증(急增)
□ ❷승〔僧〕[sēng] 중(스님):승려(僧侶), 승무(僧舞), 승가(僧伽:범어 Sanga의 역어)
□ ❸증〔憎〕[zēng] 미워하다:증오(憎惡), 애증(愛憎), 가증(可憎)
□ ❹증〔贈〕[zèng] 보내다:증여(贈與), 기증(寄贈), 증정(贈呈)
□ ❺층〔層〕[céng] 층:층계(層階), 층암절벽(層巖絶壁), 부유층(富裕層), 고층(高層)
□ ❻증{甑}[zèng] 시루
□ ❼증(繒)[zēng] 비단

(707) 朁 잠 [cǎn]
뜻 ①일찌기 ②발어사
자원 비녀 잠(兂) 두개를 나란히 쓴 침(兓)은 날카롭다는 뜻이다. 「가슴에 못을 박는다」는 말(曰)처럼 날카롭게 파고든다는 뜻이다.
자소 [형성] 침(兓)날카롭다＋왈(曰)말하다

□ ❶잠〔潛〕[qián] 잠기다:잠수(潛水) /숨다:잠복(潛伏), 잠재(潛在), 잠입(潛入)
□ ❷잠〔蠶〕[cán] 누에:잠식(蠶食:누에가 뽕을 먹듯이 조금씩 먹어 들어감), 양잠(養蠶)
□ ❸잠(簪)[zān] 비녀(여자는 머리를 틀어 올렸고 남자는 관을 머리에 고정시켰다)
□ ❹참(譖)[zèn] 참소(譖訴:없는 사실을 꾸며 윗사람에게 일러바치다) [jiàn] 미덥지 못하다
□ ❺참(僭)[jiàn] 참람하다(僭濫:분수를 넘어서 방자하게 굴다) : 참칭(僭稱:분에 넘치는 명칭을 씀)

(708) 替 체 [tì]
뜻 ①바꾸다:교체(交替), 대체(代替)
자원 교대로 말한다(曰)는 뜻. 윗부분은 아우를 병(竝)인데 나란히 간다는 뜻의 반(夶)으로 모양이 변한 것이다.
자소 [형성] 반(夶) ← 병(竝)아우르다＋왈(曰) ← 자(自)자(自)생략

(709) 最 최 [zuì]
뜻 ①가장:최고(最古), 최고(最高), 최단(最短), 최상(最上), 최선(最善), 최신(最新), 최장(最長)
자원 평범하게 얻지 않고 위험을 무릅쓰고(冒) 얻었으므로(取) 최고라는 뜻. 선난후득(先難後得:먼저 어려움을 치르고 후에 얻는다)이라고 했다.
자소 [회의] 왈(曰) ← 모(冒)덮다＋취(取)가지다

□ ❶촬(撮)[cuō] 휙 채어 가지다:촬영(撮影) /요점을 취하다:촬요(撮要)

(710) 會 회 [huì]
뜻 ①모이다:회합(會合), 회자정리(會者定離:만나면 반드시 헤어지게 되어 있다), 집회(集會) ②깨닫다 ③기회(機會) ④회의(會議), 의회(議會), 국회(國會), 폐회(閉會) [kuài]①거간꾼
자원 모여 들어서「점점 불어난다, 많아진다」는 뜻이다.
자소 [회의] 집(亼)모이다＋증(曾 ← 曾)시루

戈戶手支攵文斗斤方无日 日 月木欠止歹殳毋比毛氏气水火爪父爻爿片牙牛犬　[가로 왈]

- ❶회 {檜} [guì] 노송나무 /전나무
- ❷회 {澮} [kuài, huì] 봇도랑 /물 이름
- ❸회 {繪} [huì] 그림 : 회화(繪畵), 회사후소(繪事後素 : 바탕을 먼저 하고 채색은 뒤에)
- ❹쾌 (儈) [kuài] 중개인(거간) /상인(장사꾼)
- ❺회 (獪) [kuài] 간교하다 : 회활(獪猾), 노회(老獪)
- ❻회 (膾) [huì] 잘게 썬 고기 : 생선회(生鮮膾), 육회(肉膾), 회자(膾炙)

【달월】 戈戶手支攴文斗斤方无日曰**月**木欠止歹殳毋比毛氏气水火爪父爻爿片牙牛犬

214 부수글자 **074**　　　4 - 13/33　　　(4획부수)

74. 월 月月月 [yuè]

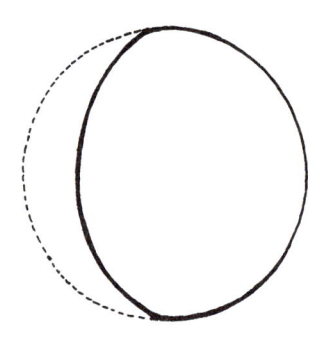

[자원] 달은 둥글 때 보다는 이지러진 때가 더 많으므로 반달을 본떴다. 고기 육(肉)의 부수글자인 육달월(月)은 가운데 두 획을 양쪽에 다 붙인다. 달 월(月)은 두 획이 왼쪽에만 붙는다. 배 주(舟)의 변형은 두 획을 다 띄운다.
[뜻] ①달:명월(明月),만월(滿月),반월(半月) ②한달:월간(月刊),월급(月給),월세(月貰)
[자소] [상형]

성부 글자　　　　　성부와 부수가 결합된 형성자

(711)  有 유 [yǒu]
[뜻] ①있다:유무(有無),유망주(有望株),유야무야(有耶無耶),유명무실(有名無實),유비무환(有備無患) [yòu]①또
[자원] ①월식(月蝕)과 같은, 있어서는 안될 일이 일어났다는 말(本是不當有而有之稱). ②오른손(又ㅋ)에 고기(月쉭) 한 덩어리 들고 있는 모양.
[자소] [형성] 우(𠂇←又ㅋ)오른손＋월(月쉭)달
[성부] 肴 효

□ ❶욱{郁} [yù]왕성하다 /문채나다
□ ❷유{宥} [yòu]용서하다:유화정책(宥和政策) /어질고 너그럽다
□ ❸유{洧} [wěi]강 이름
□ ❹유{侑} [yòu]권하다 /돕다
□ ❺유(楢) [yù]산이스랏나무 ■유 [yǒu]유목(楢木)
□ ❻유(囿) [yòu]짐승이나 물고기 따위를 놓아 기르는 동산
□ ❼회(賄) [huì]뇌물:수회사건(收賄事件)

(712) 朋 붕 [péng]
[뜻] ①벗:붕우(朋友) ②무리:붕당(朋黨)
[자원] 봉황새. 봉황새가 날아가면 수만(數萬)은 다른 뭇 새들이 따라서 날았다고 하며, 여기서「무리, 붕당(朋黨)」이라는 뜻이 생겼다.
[자소] [상형]
[성부] 崩 붕

□ ❶붕{鵬} [péng]붕새:대붕(大鵬)
□ ❷붕(棚) [péng]시렁:대륙붕(大陸棚)
□ ❸붕(硼) [péng]붕사(硼砂):붕소(硼素)

戈戶手支攴文斗斤方无日曰月木欠止歹殳毋比毛氏气水火爪父爻爿片牙牛犬　　　[달 월]

(713) 朔 삭 [shuò]
- 뜻 ①초하루:삭월세(朔月貰) ②북쪽:삭풍(朔風)
- 자원 1일에서 시작하여 30일에 한 달(月)이 끝나고, 다시(屮) 처음부터 1일이 시작된다는 뜻이다.
- 자소 [형성] 역(屮)거스르다 ＋ 월(月月)달

- ❶소{溯} [sù] 거슬러 올라가다:소급적용(遡及適用)
- ❷소(塑) [sù] 토우(土偶) /흙으로 만들다:조소(彫塑), 가소성(可塑性)
- ❸소(溯) [sù] 소(遡)와 같은 글자

(714) 朕 짐 [zhèn]
- 뜻 ①나자신(我也) ②조짐(兆朕)
- 자원 배는 나무를 접합해서 만든다. 이때 나무가 연결된 부분에서 물이 새는지를 살핀다는 뜻에서 조짐(兆朕)이라는 말이 만들어졌다. 천자는 지극히 높은 존재이므로, 신하들이 그의 얼굴을 보기가 어렵다는 뜻에서「천자를 지칭하는 말」로 쓰이게 되었다.
- 자소 [회의] 월(月) ← 주(舟月)배 ＋ 선(矢 ← 关)불씨
- 성부 勝등

- ❶승〈勝〉 [shèng] 이기다:승리(勝利), 승패(勝敗), 연전연승(連戰連勝), 필승(必勝)
  [shēng] 견디다 /어울리다(걸맞다)
- ❷등{騰} [téng] 오르다:비등점(沸騰點), 등락(騰落), 폭등(暴騰), 앙등(昂騰)
- ❸등{謄} [téng] 베끼다:등사(謄寫), 호적등본(戶籍謄本)
- ❹잉(媵) [yìng] 보내다:잉첩(媵妾:귀한 집 딸이 시집갈 때 따라가던 몸종)

(715) 朝 조 [zhāo]
- 뜻 ①아침:조석(朝夕), 조회(朝會) [cháo] ①조정(朝廷):입조(入朝) ②왕조(王朝):조선(朝鮮)
- 자원 배 주(舟月)는 여기서「이동한다」는 뜻을 나타낸다. 동에서 떠서 서쪽으로 이동하는(舟月)「태양이 깃발 위에서 빛나기 시작하는 때」라는 뜻이다.
- 자소 [회의] 간(卓 ← 𠦝 ← 倝𠦝)아침해 ＋ 주(月 ← 舟月)배

- ❶묘〔廟〕 [miào] 사당:종묘(宗廟) /조정:종묘사직(宗廟社稷)
- ❷조〔潮〕 [cháo] 조수(潮水:밀물과 썰물):조류(潮流), 풍조(風潮), 사조(思潮)
- ❸조(嘲) [cháo, zhāo] 조롱(嘲弄)하다:조소(嘲笑), 자조(自嘲)

(716) 望 망 [wàng]
- 뜻 ①보름
- 자원 바랄 망(望)과는 다른 글자였다. 태양의 빛을 받아 빛을 내는 것이므로 조정에 비유했다.
- 자소 [회의] 월(月)달 ＋ 신(臣𦣝)신하 ＋ 정(壬𡈼)착하다

- ■❶망〈望〉 [wàng] 바라다:희망(希望), 소망(所望), 야망(野望) /바라보다:망루(望樓) /보름:삭망(朔望:초하루와 보름), 기망(旣望:음력 16일)

【나무 목】 戈戶手支攴文斗斤方无日曰月木欠止歹殳毋比毛氏气水火爪父爻爿片牙牛犬

214 부수글자 **075**　　　　　4 - 14/33　　　　　(4획부수)

4획

75. 목 木 [mù]

- 자원 나무의 가지가 위로 뻗고 뿌리가 땅 속으로 내려간 모양을 본떴다.
- 뜻 ①나무:목재(木材),목제(木製),수목(樹木),목수(木手)
- 자소 [상형] 철(中屮)초목이 자라다

부수 성부
부수글자가 성부로 쓰일 때

- ❶목〔沐〕[mù] 머리를 감다:목욕(沐浴),목후이관(沐猴而冠:겉꾸밈은 점잖으나 속은 원숭이)

성부 글자
성부와 부수가 결합된 형성자

(717)  [bèi,pō]
- 뜻 ①초목이 무성하다
- 자원 새싹(中屮)이 자라서 가지가 벌어지는(八)() 모양이다. 삼줄기를 뜻하는 빈(朩)과 비슷해진다.
- 자소 [지사] 철(中屮)새싹이 돋다 + 팔(八)() 여덟, 나누다
- 성부 朩자 孛패 索삭 南남
- ❶폐〔肺〕[fèi] 허파:폐렴(肺炎),폐병(肺病) /마음
- ❷패(沛)[pèi] 늪 /비가 세차게 오는 모양:패연(沛然)

(718)  [zhá]
- 뜻 ①편지:서찰(書札) ②(쇠, 나무 등의)얇은 조각:명찰(名札),개찰구(改札口) ③돈:현찰(現札)
- 자원 옛날에는 종이가 없었으므로 대나무쪽에 글을 실었다(古未有紙. 載文於簡. 謂之簡札). 얇고 작은 찰(札), 길고 큰 것을 참(槧)이라고 한다.
- 자소 [형성] 목(木朩)나무 + 을(乙乚)굽은 모양
- ❶찰(紮)[zhá] 묶다 /감다 /머물러 주둔하다

(719) 末 말 [mò]
- 뜻 ①끝:본말(本末),전말(顚末) ②보잘 것 없다:미관말직(微官末職),말단 관리(末端官吏)
- 자원 나무(木朩)의 끝보다 더 위(上一) 쪽. 땅 속으로 들어가는 뿌리의 반대 개념이다.
- 자소 [지사] 상(亠)상(上)의 옛글자 + 목(木朩)나무

246

戈戶手支攴文斗斤方无日曰月**木**欠止歹殳毋比毛氏气水火爪父爻爿片牙牛犬　　[나무 목]

- ❶말(抹) [mò] 지워 없애다:말살(抹殺), 말소(抹消) /스쳐 지나다:일말(一抹)
- ❷말(沫) [mò] 물거품:포말(泡沫), 비말(飛沫)
- ❸말(靺) [mò] 버선 /종족 이름:말갈족(靺鞨族)
- ❹말(茉) [mò] 기둥:표말(標茉)
- ❺말(杗) [mò] 기둥:말목(杗木:말뚝)
- ❻말(秣) [mò] 말 먹이는 풀(을 먹이다)
- ■❼말(旀) [*] 지명이나 인명을 표기하던 이두문의 하나

(720) **未 미** [wèi]
뜻 ①아니다:미래(未來:아직 오지 않았다), 미숙(未熟), 미안(未安), 미완성(未完成) ②8째 천간(서남쪽, 6월, 13~15시)
자원 나뭇가지 끝에 다른 가지들이 더 많이 있다는 뜻이다.
자소 [상형] 일(一)여기서는 겹친다는 표지 + 목(木)나무
성부 楚리　制剌제　朱주

- ❶미〈味〉 [wèi] 맛:미각(味覺) /취미(趣味):구미(口味), 흥미진진(興味津津) /뜻:의미(意味), 완미(玩味), 음미(吟味)
- ❷매〈妹〉 [mèi] 손아랫누이:매부(妹夫), 매제(妹弟), 매형(妹兄), 자매(姉妹)
- ❸매(昧) [mèi] 어둡다:매상(昧爽), 무지몽매(無知蒙昧), 우매(愚昧)
- ❹매(魅) [mèi] 도깨비 /마음을 호리다:매혹(魅惑), 매력(魅力), 매료(魅了)
- ❺매(寐) [mèi] 잠자다:오매불망(寤寐不忘:자나 깨나 잊지 못한다)
- ❻매(眛) [mèi] 눈이 어둡다

(721) **本 본** [běn]
뜻 ①근본(根本):본말(本末), 본분(本分) ②본래(本來):본심(本心) ③책:영인본(影印本), 제본(製本), 희귀본(稀貴本), 납본(納本)
자원 나무(木)의 아래쪽 밑둥을 말한다.
자소 [지사] 목(木)나무 + 하(下) 아래

- ❶발{鉢} [bō] 바리때:발우(鉢盂:스님들의 식기)
- ❷분(体) [bèn] 용렬하다 참고 지금은 체〈體〉의 속자로 쓰인다.

(722) **朮 출** [zhú]
뜻 ①삽주뿌리 [shú] ①차조(稷之粘者)
자원 손에 낟알이 붙어 있는 모양. 북쪽 지방에서는 고량(高粱), 혹은 홍량(紅粱)이라고 했다. 누른 것과 흰 것 두 종류가 있다. 삽주뿌리는 한약재로 쓰이며, 잎은 계란모양, 결구(結球)된 것은 백출(白朮), 그렇지 않은 것을 창출(蒼朮)이라고 한다. 죽일살(殺)의 옛글자라고도 한다.
자소 [상형]
성부 朮찰

- ❶술〔述〕 [shù] 짓다:저술(著述) /말하다:술회(述懷), 서술(敍述), 진술(陳述)
- ❷술〔術〕 [shù] 재주:기술(技術), 검술(劍術), 마술(魔術), 미술(美術), 예술(藝術)
- ❸술(鉥) [shù] 돗바늘(길고 굵은 바늘)

【나무 목】 戈戶手支攴文斗斤方无日曰月**木**欠止歹殳毋比毛氏气水火爪父爻爿片牙牛犬

(723) 朿 차 [cì]
- 뜻 ①까스랭이 ②가시
- 자원 나무에 달린 가시의 모양을 본뜬 글자.
- 자소 [상형]
- 성부 帝제 棗조 棘극 責책

□ ❶자〔刺〕[cì] 찔러 죽이다:자객(刺客) /가시:자극(刺戟), 풍자(諷刺) /수놓다:자수(刺繡) ■척[qì] 찌르다 /정탐하다
□ ❷책〔策〕[cè] 꾀:묘책(妙策), 상책(上策), 실책(失策), 대책(對策) /대쪽 /채찍

(724) 朱 주 [zhū]
- 뜻 ①붉다:주작(朱雀), 주목(朱木)
- 자원 나무(木)의 중심부분이 붉은 것을 말한다.
- 자소 [지사]

□ ❶수〔殊〕[shū] 다르다:특수(特殊), 수훈(殊勳), 수도동귀(殊塗同歸:모로 가도 서울에 간다) /베어 죽이다
□ ❷주〔株〕[zhū] 그루터기:수주대토(守株待兎) /주식(株式):신주(新株), 주가(株價)
□ ❸수{洙}[zhū] 물 이름:수사학(洙泗學:공자의 가르침. 주자류(朱子類)의 신유학에 대한 초기의 유학. 공자의 고향에 있는 수수(洙水)와 사수(泗水)에서 유래한 말)
□ ❹수{銖}[zhū] 무게의 단위(한냥의 1/24) /작은 물건 /무디다
□ ❺주{珠} [zhū] 구슬:여의주(如意珠), 염주(念珠), 주산(珠算), 주옥(珠玉)
□ ❻수{茱} [zhū] 수유나무 열매(머릿기름으로 쓴다)
□ ❼주{侏} [zhū] 난장이:주유(侏儒), 동자기둥
□ ❽주{蛛} [zhū] 거미:주망(蛛網), 주사마적(蛛絲馬跡:문장의 맥락이 잘 갖추어짐)
□ ❾주{誅} [zhū] 베어서 죽이다:주륙(誅戮), 가렴주구(苛斂誅求) /야단치다
□ ❿주{姝} [shū] 예쁘다 /수줍어하는 앳된 모양
□ ⓫주{硃} [zhū] 주사(硃砂)

(725) 朶 타 [duǒ]
- 뜻 ①(나무가) 휘늘어지다 ②꽃떨기
- 자원 나무(木) 줄기가 느러진 모양을 나타낸다.
- 자소 [상형] 내(乃) ← 几 : 느러진 모양 + 목(木)나무
- 성부 染염

□ ❶타〔梁〕[duǒ, duò] 화살받이(과녁에 화살이 꽂히도록 쌓은 것)

3

(726) 束 속 [shù]
- 뜻 ①묶다:속박(束縛), 약속(約束), 결속(結束), 구속(拘束), 단속(團束)
- 자원 나무(木) 주위를 칭칭 감는(口) 모양. 혹은 나뭇단을 묶어 맨 모양을 본떴다.
- 자소 [회의] 목(木)나무 + 구(口) ← 위(囗)에워싸다
- 성부 欶수 柬간 剌랄 橐혼 疎소

□ ❶속〈速〉[sù] 빠르다:속단(速斷), 속도(速度), 속성(速成), 속력(速力), 급속(急速)
□ ❷칙{勅}[chì] 칙서(勅書):칙령(勅令), 조칙(詔勅), 칙사대접(勅使待接)

戈戶手支攴文斗斤方无日曰月**木**欠止歹殳毋比毛氏气水火爪父爻爿片牙牛犬　　［나무 목］

- ❸랄(辣)[là] 맵다:신랄(辛辣),악랄(惡辣)
- ❹속(涑)[sù] 세탁한 것을 헹구다 /강 이름
- ❺송(悚)[sǒng] 두려워하다:황송(惶悚),죄송(罪悚),송구(悚懼)
- ❻송(竦)[sǒng] 두려워하다

(727) 柔 찰
- 뜻 ①가야할 곳을 모른다(未知所出) ②손에 나무를 잡고 치다
- 자원 삽주뿌리(약초의 일종)를 베는 모양을 본뜬 것이다.
- 자소 [회의] 예(乂)풀을 베다＋출(朮)삽주 뿌리
- 성부 殺살

- ❶시(弑)[shì] 윗사람을 죽이다:시역(弑逆),시해(弑害)
- ❷찰(刹)[chà] 절:사찰(寺刹),고찰(古刹) /극히 짧은 시간:찰나(刹那)

(728) 李 리 [lǐ]
- 뜻 ①오얏:도리(桃李) ②성〈姓〉:이씨(李氏),이성계(李成桂)
- 자원 원래의 글자는 杍로 두 개를 나란히 썼다.「자두나무의 열매」를 말한다.
- 자소 [형성] 목(木)나무＋자(子)아들,아이,열매

(729) 杏 행 [xìng]
- 뜻 ①살구나무:은행(銀杏),행림(杏林)
- 자원 집의 앞쪽에 심은 나무. 오나라의 동봉(董奉)이 치료의 대가로 중환자는 살구나무 5그루, 경환자는 1그루를 심게 해서 숲이 되었는데 동선행림(董仙杏林)이라 불렀다. 지금도 의원(醫院)을 행림(杏林)이라고 한다.
- 자소 [형성] 목(木)나무＋구(口) ← 향(向)방향

(730) 果 과 [guǒ]
- 뜻 ①과일:과실(果實) ②결과(結果):성과(成果),인과응보(因果應報) ③과감(果敢)하다:과단(果斷)
- 자원 나무 위에 과일이 달려 있는 모양.「나무열매, 껍데기와 씨가 있는 열매」를 말한다.
- 자소 [상형] 전(田)밭, 여기서는 열매모양＋목(木)나무
- 성부 巢소

- ❶휘{彙}[huì] 고슴도치 /무리:어휘(語彙) 참고 원래는【이(希)＋위(胃)】의 생략
- ❷과〈課〉[kè] 할당하다:과업(課業),학과(學課),과세(課稅),과제물(課題物) /일:일과(日課),과외(課外)
- ❸과{菓}[guǒ] 과일 /과자(菓子):다과회(茶菓會),제과점(製菓店)
- ❹과(顆)[kē] 낱알:과립(顆粒):조그마한 둥근 알갱이 /흙덩이
- ❺라(裸)[luǒ] 옷을 모조리 벗다:나체(裸體),적나라(赤裸裸),반나(半裸)

(731) 松 송 [sōng]
- 뜻 ①소나무:송죽(松竹),세한연후지송백지후조(歲寒然後知松柏之後凋):날이 추워 봐야 송백이 늦게 시듦을 알 수 있다)
- 자원 옛사람들은 소나무를 지조 있는(公) 나무(木)로 여겼다.
- 자소 [형성] 목(木)나무＋공(公)공평하다

- ❶송(淞)[sōng] 물 이름

4획

【나무 목】 戈戶手支攴文斗斤方无日曰月**木**欠止歹殳毋比毛氏气水火爪父爻爿片牙牛犬

- ❷숭(崧) [sōng] 산이 우뚝 솟다

(732) 東 동 [dōng]
- 뜻 ①동녘: 동양(東洋), 동해(東海), 동가식 서가숙(東家食西家宿), 동문서답(東問西答), 동방(東方), 동서남북(東西南北), 동향(東向), 서세동점(西勢東漸)
- 자원 원래는 보따리의 양끝을 묶어서 막대를 꿰어 놓은 전대 모양. 한(漢)대 이래로 아직 해가 지평선 아래에 있어서 어두운 때는 묘(杳), 해가 떠오르는 동쪽은 동(東), 해가 완전히 떠서 밝은 때는 고(杲)라고 풀이하였다.
- 자소 [회의] 목(木朩)나무＋왈(曰) ← 일(日日)해, 태양
- 성부 曲棘조 重叀중 陳진

- ❶동〔凍〕 [dòng] 얼다: 동상(凍傷), 동결(凍結), 냉동(冷凍), 해동(解凍), 동태(凍太)
- ❷동{棟} [dòng] 용마루: 동량(棟樑) / 건물을 세는 단위: 3동(三棟), 병동(病棟)

(733) 林 림 [lín]
- 뜻 ①수풀: 산림(山林), 밀림(密林)
- 자원 원래는 산악지대의 숲이 아니라 평지 위에 많은 나무들이 있는 숲을 말한다. 나무가 빽빽이 차 있는 모양은 삼(森)이다.
- 자소 [회의] 목(木朩)나무＋목(木朩)나무
- 성부 楙무 森무 楚초 梺번 焚焚분 鬱울 禁금

- ❶삼〔森〕 [sēn] 나무가 빽빽하다: 삼림(森林), 임산물(林産物) / 엄숙하다: 삼엄(森嚴) / 많다: 삼라만상(森羅萬象)
- ❷림{琳} [lín] 아름다운 옥: 임궁(琳宮: 절이나 사원)
- ❸림{淋} [lín] 물을 뿌리다: 임리(淋漓: 물이 똑똑 떨어지다), 임파선(淋巴腺)
- ❹림{霖} [lín] 장마: 임우(霖雨: 장맛비), 매림(梅霖: 곰팡이가 피는 장마철)
- ❺빈{彬} [bīn] 빛나다 ■반: 밝다
- ❻림{痳} [lín] 임질(痳疾): 임균(痳菌)
- ❼범(梵) [fàn] 중의 글: 범어(梵語)

(734) 杳 묘 [yǎo]
- 뜻 ①어둡다(冥也) ②아득하다
- 자원 태양이 나무가 자라는 지평선 아래에 있는, 일출 전과 일몰 후의 어둠을 말한다. 동(東)은 해 뜨는 모양, 고(杲)는 해가 높이 솟은 모양이다.
- 자소 [회의] 목(木朩)나무＋왈(曰) ← 일(日日)해, 태양

(735) 枚 매 [méi]
- 뜻 ①낱 ②나무줄기 ③함매(銜枚) ④채찍
- 자원 회초리로 사용할 수 있는 나무를 말한다.
- 자소 [회의] 목(木朩)나무＋복(攵 ← 攴복)막대기로 치다

(736) 杵 저 [chǔ]
- 뜻 ①절구공이 ②다듬이 방망이
- 자원 나무(木朩)로 만든 절구공이(午⇞)를 말한다.
- 자소 [형성] 목(木朩)나무＋오(午⇞)절구공이
- 성부 舂용

戈戶手支攴文斗斤方无日曰月木欠止歹殳毋比毛氏气水火爪父爻爿片牙牛犬　[나무 목]

(737) 林 파 [pài]
- 뜻: ①삼베(麻紵) ②꽃봉오리(葩之總名)
- 자원: 줄기에서 벗겨낸 가느다란 삼껍질의 모양을 본떴다.
- 자소: [상형] 빈(朩)삼＋빈(朩)삼
- 성부: 麻마 槭산

□ ❶마(痲) [má] 손발이 저리다: 마비(痲痺), 마취(痲醉), 마약(痲藥)

(738) 杰 걸 [jié]
- 뜻: ①사람 이름
- 자원: 설문해자에는 없는 글자다. [참고] 걸(傑)의 속자로 쓰인다.
- 자소: 목(木)나무＋화(灬 ← 火火)불

(739) 析 석 [xī]
- 뜻: ①쪼개다: 분석(分析), 해석(解析) ②흩어지다
- 자원: 절단된 나무(木)를 다시 잘게 쪼개(斤)는 것을 말한다. 서 있는 나무를 자르는 것은 절(折)이라고 한다.
- 자소: [회의] 목(木)나무＋근(斤)도끼

□ ❶석{晳} [xī] 밝다: 두뇌명석(頭腦明晳)
□ ❷석{淅} [xī] 쌀을 일다

5
(740) 染 염 [rǎn]
- 뜻: ①물들이다: 염색(染色), 염료(染料), 나염(捺染), 오염(汚染) ②전염병(傳染病): 감염(感染)
- 자원: 옷감을 나무나 식물의 즙(汁)으로 만든 물감에 여러 번 담구어서 물들인다는 뜻이다. 아홉 구(九)가 많다는 뜻을 나타낸다. 한번 담근 것이 전(縓)인데 붉은 빛의 비단이란 뜻. 두번 담근 것이 정(䞓)인데 붉은 빛이란 뜻, 세번 담근 것이 훈(纁)인데 분홍빛을 물들인다는 뜻, 네번 담근 것이 주(朱), 다섯번 담근 것을 추(緅)라 하는데 아청빛, 보랏빛깔을 말한다. 여섯번 담근 것을 현(玄)이라 하고 일곱번 담근 것을 치(緇)라 하는데 검은 빛이란 뜻이다.
- 자소: [회의·형성] 수(氵 ← 水)물＋타(朵 ← 朵)다발

(741) 柬 간 [jiǎn]
- 뜻: ①분별하다(分別簡之) ②가려내다(擇也)
- 자원: 묶은 것(束)을 풀어 헤쳐서 八() 필요한 것을 가려낸다는 뜻이다. 팔(八)()이 풀어 헤친다는 뜻을 나타낸다.
- 자소: [회의] 속(束)묶다＋팔(八)()나누다
- 성부: 闌란

□ ❶련〈練〉 [liàn] 익히다: 연마(練磨), 세련(洗練), 숙련(熟練), 훈련(訓練)
□ ❷련〔鍊〕 [liàn] 단련(鍛鍊)하다: 연금술(鍊金術), 연마(鍊磨, 硏磨), 수련(修鍊, 修煉), 연습(鍊習)
□ ❸간{諫} [jiàn] 간하다: 간언(諫言), 충간(忠諫), 사간원(司諫院),
□ ❹간{揀} [jiǎn] 가려내다: 간택(揀擇: 임금·왕자의 배우자를 뽑음), 분간(分揀), 선간(選揀)
□ ❺련{煉} [liàn] 오래 가열하다: 연옥(煉獄), 연단(煉丹), 연유(煉乳)

4획

251

【나무 목】 戈戶手支攴文斗斤方无日曰月**木**欠止歹殳毋比毛氏气水火爪父爻爿片牙牛犬

(742) 柜柜 거 [jǔ]
- 뜻 ①고리 버들 ②고을 이름
- 자원 나무이름.
- 자소 [형성] 거(巨)크다, 많다 + 목(木米)나무

□ ❶거(渠) [qú] 도랑 : 구거(溝渠) / 크다 : 거대(渠大) / 우두머리 : 거수(渠帥)

(743) 某某 모 [mǒu]
- 뜻 ①아무개 : 모씨(某氏), 모종(某種)
- 자원 원래는 신맛이 나는 매실(梅實)을 뜻하는 글자였다. 임산부가 신맛을 좋아하므로, 어떤 아이가 태어날지 몰라서 「막연한 어떤 사람」을 칭하게 되었다.
- 자소 [회의] 감(甘廿)달다 + 목(木米)나무

□ ❶매(媒) [méi] 중매(仲媒) : 매파(媒婆), 매개물(媒介物), 촉매(觸媒)
□ ❷모(謀) [móu] 꾀하다 : 역적모의(逆賊謀議), 모함(謀陷), 권모술수(權謀術數)
□ ❸매(煤) [méi] 그을음 : 매연(煤煙), 매탄(煤炭)

(744) 査 사 [zhá]
- 뜻 ①조사(調査)하다 : 심사(審査) ②사돈(査頓)
- 자원 차(且)는 층층이 쌓인 모양이니 요즘 말로 길에 바리케이트를 설치하고 통행하는 사람을 조사한다는 뜻이다.
- 자소 [형성] 목(木米)나무 + 차(且且)층층이 쌓인 모양

□ ❶사(渣) [zhā] 찌꺼기 : 잔사(殘渣)
□ ❷사(楂) [chá] 뗏목 [zhā] 풀명자나무

(745) 葉 엽 [yè]
- 뜻 ①각이진 나무 ②엷다(薄也)
- 자원 통나무(木米)를 여러번(世) 켜서 만든 얇은 나무판. 이것이 포함된 글자는 「얄팍하다」는 뜻이 포함된다.
- 자소 [형성] 세(世)30년 + 목(木米)나무

□ ❶엽〈葉〉[yè,yié] 나뭇잎 : 낙엽(落葉), 엽전(葉錢), 엽서(葉書) / 세대 : 초엽(初葉)
    ■섭 : 사람이름 : 가섭(迦葉)
□ ❷설(渫) [xiè] 바닥을 파내다 : 준설선(浚渫船)
□ ❸접(蝶) [dié] 나비 : 호접(蝴蝶),
□ ❹첩(牒) [dié] 글씨판 : 청첩장(請牒狀), 최후통첩(最後通牒)
□ ❺첩(諜) [dié] 염탐하다 : 첩보(諜報), 첩자(諜者), 간첩(間諜), 반공방첩(反共防諜)
□ ❻첩(堞) [dié] 성가퀴(성벽 위에 쌓은 작은 담)

(746) 柔 유 [róu]
- 뜻 ①부드럽다 : 유연성(柔然性), 외유내강(外柔內剛 : 겉으로 약하고, 속으로 강함), 유순(柔順), 유약(柔弱)
- 자원 굽힐 수도 있고, 펼 수도 있는 유연한 나무(木米)를 말한다.
- 자소 [형성] 모(矛矛)창의 일종 + 목(木米)나무

□ ❶유(蹂) [róu] 짓밟다 : 인권유린(人權蹂躪)

戈戶手支攴文斗斤方旡日曰月木欠止歹殳毋比毛氏气水火爪父爻爿片牙牛犬　[나무 목]

(747) 桀 걸 [jié]
- 뜻 ①홰 ②찢어 발기다 ③사납다(흉포하다)
- 자원 두 발(舛)이 나무(木)에 걸린 모양을 본떴다. 원래는 죄인의 사지(四肢)를 찢어 죽이는 형벌인 책형(磔刑)을 말한다. 천(舛)은 왼발과 오른발이 서로 어긋난 모양이다.
- 자소 [회의] 천(舛)두 발이 어긋나다＋목(木)나무
- 성부 桀승

  - ❶걸(傑) [jié] 뛰어나다: 걸출(傑出), 영웅호걸(英雄豪傑), 걸작(傑作), 쾌걸(快傑)
  - ❷책(磔) [zhé] 찢다: 책형(磔刑: 사람이 많은 저잣거리에서 몸뚱이를 찢어 죽이는 형벌)

(748) 栗 률 [lì]
- 뜻 ①밤나무: 황율(黃栗) ②두려워 하다 ③몹시 춥다
- 자원 나무(木) 위에 밤송이(卤)가 주렁주렁 달린 모양을 본떴다.
- 자소 [상형] 아(西) ← 초(卤)열매＋목(木)나무

  - ❶률(慄) [lì] 두려워하다: 전율(戰慄)

(749) 桑 상 [sāng]
- 뜻 ①뽕나무: 상전벽해(桑田碧海)
- 자원 누에가 먹는 뽕나무잎을 말한다.
- 자소 [상형] 약(叒)뽕잎을 따는 손＋목(木)나무

  - ❶상(顙) [sǎng] 이마

(750) 梁 량 [liáng]
- 뜻 ①대들보: 동량(棟梁) ②다리: 교량(橋梁)
- 자원 나무(木)를 잘라서(刃) 물(水) 위에 걸쳐 놓은 다리를 말한다.
- 자소 [형성] 수(氵← 水)물＋창(刃)상처＋목(木)나무

  - ❶량{樑} [liáng] 대들보: 동량(棟樑: 마룻대와 대들보, 훌륭한 인재)
  - ❷량(粱) [liáng] 기장: 고량주(高粱酒), 고량진미(高粱珍味) /강아지풀

(751) 條 조 [tiáo]
- 뜻 ①나뭇가지 ②조목(條目): 1조(一條), 조항(條項), 조리(條理) ③조건(條件): 사건 무마조(事件 撫摩條)
- 자원 바람에 유유히(攸) 흔들리는 작은 나뭇가지(木)를 말한다.
- 자소 [형성] 유(攸 ← 攸)아득하다＋목(木)나무

  - ❶소(篠) [xiǎo] 조릿대(화살을 만들기에 알맞은 대)
  - ❷척(滌) [dí] 씻어서 세척(洗滌)하다

(752) 梟 효 [xiāo]
- 뜻 ①올빼미 ②머리를 베어 매달다: 효수(梟首)
- 자원 어미를 잡아 먹는다는 새로 알려져서 잡는대로 찢어서 나무에 걸어두었다. 하지(夏至)가 되면 백관들에게 이것으로 끓인 국을 하사(下賜)했다. 어미를 잡아먹는 불효 새이므로 먹어버리는 것이다. 파경(破鏡)이라는 짐승은 아버지를 잡아먹는 다고 한다.
- 자소 [회의] 조(鳥 ← 鳥)꽁지가 긴 새＋목(木)나무

4획

253

【나무 목】 戈戶手支攴文斗斤方旡日曰月木欠止歹殳毋比毛氏气水火爪父爻爿片牙牛犬

(753) 漆 칠 [qī]
- 뜻 ①옻나무
- 자원 옻나무(木米)의 진액이 물방울져 떨어지는(彡) 모양. 옻나무의 껍질을 칼로 벗겨 놓으면 진이 나오는데, 이것을 모아서 가구의 표면에 바르면 검붉은 색깔을 띠고, 벌레가 쓿지 않는다.
- 자소 [상형] 목(木米)나무 ＋ 氽 ← 彡 ← 떨어지는 나무즙

- ❶칠〔漆〕[qī] 옻칠하다: 칠기(漆器), 건칠(乾漆) /검다: 칠판(漆板), 칠흑(漆黑)
- ❷슬{膝}[xī] 무릎: 부모슬하(父母膝下), 슬개골(膝蓋骨), 슬갑(膝甲)

(754) 棗 조 [zǎo]
- 뜻 ①대추 나무 ②대추
- 자원 두 개를 나란히 쓰면 가시나무 극(棘)자가 된다.
- 자소 [회의] 차(朿米)나무 가시 ＋ 차(朿米)나무 가시

(755) 棘 극 [jí]
- 뜻 ①가시나무
- 자원 차(朿米)자 2개를 상하로 나란히 쓰면 대추 조(棗)자가 된다.
- 자소 [회의] 차(朿米)나무 가시 ＋ 차(朿米)나무 가시

(756) 棄 기 [qì]
- 뜻 ①내다 버리다: 포기(抛棄), 자포자기(自暴自棄), 기각(棄却), 기권(棄權)
- 자원 상서롭지 못한 아이, 주로 장애아를 쓰레받기에 담아 내다 버린다는 뜻이다.
- 자소 [회의] 돌(去厶)거꾸로 태어나는 아이 ＋ 필(卅 ← 華華)키 ＋ 인(人) ← 공(卄)받들다

(757) 楙 무 [mào]
- 뜻 ①무성하다 ②모과나무
- 자원 나무가 무성하다는 뜻이다.
- 자소 [형성] 림(林米)숲 ＋ 모(矛)창의 일종

- ❶무{懋}[mào] 힘쓰다 /성하다

(758) 業 업 [yè]
- 뜻 ①업:업보(業報), 과업(果業), 악업(惡業) ②일:직업(職業), 농업(農業)
- 자원 악기를 매다는 널판지. 톱니 모양을 하고 있는데, 그러한 널판지를 만드는 일을 한다는 뜻. 착(丵丵)은 여기서 무늬가 화려하다는 뜻이다.
- 자소 [상형] 착(丵丵)풀이 무성하다 ＋ 건(巾巾)수건, 헝겊

- ❶업{嶪}[yè] 산이 높고 험준한 모양
- ❷착(鑿)[záo] 파내다 참고 착(鑿)과 같은 글자

(759) 楚 초 [chǔ]
- 뜻 ①회초리:초달(楚撻) ②나라이름:초왕(楚王), 사면초가(四面楚歌)
- 자원 작은 나무들(林米)이 연이어 늘어선(疋) 모양을 본떴다. 초왕호세요 궁중다 아사자(楚王好細腰宮中多餓死者):초나라 왕이 허리가 가는 사람 좋아하니 궁중에서는 굶어죽는 선비가 수두룩 했다).
- 자소 [형성] 림(林米)나무 숲 ＋ 소(疋)발 모양

- ❶초〔礎〕[chǔ] 주춧돌:초석(礎石), 기초(基礎), 주초(柱礎)

戈戶手支攴文斗斤方无日曰月**木**欠止歹殳毋比毛氏气水火爪父爻爿片牙牛犬　　[나무 목]

(760) 榮 영 [róng]
뜻 ①영화:부귀영화(富貴榮華),영고성쇠(榮枯盛衰),허영(虛榮),번영(繁榮)
②영예(榮譽):영광(榮光),영욕(榮辱)
자원 원래는 오동 나무를 뜻하는 말이었다. 처마를 영(榮)이라고도 하는데 양쪽의 처마가 번쩍 들린 모습에서 드날리는 것을 영(榮), 낮고 더러운 것을 욕(辱)이라 한다.
자소 [형성] 형(熒 ← 熒)빛나다＋목(木)나무

- ❶영(嶸) [róng] 산이 높고 가파르다
- ❷영(濚) [yíng] 물이 졸졸 흐르다　참고 영(瀯)과 같은 글자

11

(761) 樂 악 [yuè]
뜻 ①풍류:음악(音樂),악기(樂器),성악(聲樂),기악(器樂) ■락[lè]①즐겁다:낙원(樂園) ■요[yào]①즐기다:요산요수(樂山樂水)
자원 목(木)은 나무 받침대. 사(絲)는 현악기. 백(白)은 북과 같은 타악기. 모든 악기들이 내는 소리를 뜻한다.
자소 [상형] 백(白)희다＋목(木)나무＋유(絲) ← 사(絲)실

- ❶약⟨藥⟩ [yào] 약:약효(藥效),약주(藥酒),사후약방문(死後藥方文),약초(藥草)
- ❷력(礫) [lì] 조약돌:역암(礫岩)
- ❸력(轢) [lì] 삐걱거리다:알력(軋轢) /치다:역살(轢殺:수레에 깔아 죽임)

(762) 樊 번 [fǎn]
뜻 ①울타리 ②새장:번롱(樊籠)
자원 깊이 빠져서 움직이지 못하는 모양.
자소 [회의] 번(棥) 울타리＋대(大) ← 반(奴)반(攀)의 옛글자

- ❶반(礬) [fán] 백반:명반(明礬)
- ❷반(攀) [pān] 무엇을 붙잡고 올라가다:등반(登攀)

13

(763) 檗 벽 [bò]
뜻 ①황벽나무 ②회양목 소반 ③쟁반
자원 벽(辟)이 음을 나타낸다.
자소 [형성] 벽(辟)물리치다＋목(木)나무

- ❶벽(蘗) [bò] 황벽나무 ■얼:그루터기

14

(764) 橐 혼 [hùn]
뜻 ①묶다(束也) ②묶음
자원 묶을 속(束)자의 모양이 東으로 변했다.
자소 [형성] 속(橐 ← 束)묶다＋혼(豕 ← 圂)돼지 우리

- ❶낭(囊) [náng] 주머니:낭중지추(囊中之錐),배낭(背囊),침낭(寢囊),행낭(行囊)

16

(765) 糵 얼 [niè]
뜻 ①나무의 그루터기에 난 싹 ②나무의 싹
자원
자소 [형성] 설(辥)허물,나라 이름＋목(木)나무

- ❶얼(蘖) [niè] 그루터기 /나무 벤 그루 /움(그루터기에 난 싹)

255

【하품할 흠】戈戶手支攴文斗斤方无日曰月木欠止歹殳毋比毛氏气水火爪父爻爿片牙牛犬

76. 흠 欠 [qiàn]

[자원] 입에서 기운이 빠져 나오는 모양. 몸 안의 공기가 모자라서 하품을 하는 것이므로 「모자란다」는 뜻을 나타낼 때가 많다. 때로는 결(缺)의 약자로도 쓰인다.

[뜻] ①하품하다 ②모자라다

[자소] [상형] 기(𠂉← 气)기운＋인(人)← 인(儿)어진사람

부수 성부 — 부수글자가 성부로 쓰일 때

- ❶음〈飮〉[yǐn] 마시다: 음료(飮料), 음식(飮食: 마실 것과 먹을 것) /술: 음주(飮酒), 과음(過飮), 폭음(暴飮)
- ❷흠{欽}[qīn] 공경하다: 흠모(欽慕)
- ❸감〈坎〉[kǎn] 구덩이 /괘 이름 /험하다
- ❹흠〈歆〉[xīn] 조상의 혼령이나 신령이 제사 음식을 받다 /마음이 동하다

성부 글자 — 성부와 부수가 결합된 형성자

(766)  次차 [cì]

[뜻] ①버금(둘째): 차남(次男), 차녀(次女), 차자(次子), 차석(次席), 차장(次長) ②차례(次例): 순차(順次), 석차(席次) ③행차(行次): 관광차(觀光次)

[자원] 첫째를 포기하고 앞으로 나가지 않고 하품(欠)이나 하면서 긴장을 풀고 있는 모양. 정신이 해이해진 것을 말한다.

[자소] [형성] 빙(冫)← 이(二) 2, 두 개＋흠(欠)하품하다

[성부] 咨자 恣자

- ❶자〔姿〕[zī] 맵시: 자태(姿態), 자세(姿勢), 웅자(雄姿) /성품
- ❷자〔恣〕[zì] 방자(放恣)하다: 자행(恣行), 자의(恣意)
- ❸자〔資〕[zī] 자본(資本): 자재(資材) /바탕: 자질(資質) /신분: 자격(資格)
- ❹자{瓷}[cí] 오지그릇: 자기(瓷器), 청자(靑瓷), 백자(白瓷), 도자(陶瓷)
- ❺자〈茨〉[cí] 가시나무: 자극(茨棘: 곤란한 일)

戈戶手支攴文斗斤方无日曰月木 **欠** 止歹及毋比毛氏气水火爪父爻爿片牙牛犬 [하품할 흠]

(767) 厥 궐 [jué]
- 뜻 ①땅을 파다(掘也) ②뚫다(穿也) ③숨이 차다(逆氣)
- 자원 몹시 숨이 차서(屰) 헐떡거린다(欠气)는 뜻이다.
- 자소 [회의] 흠(欠气)하품하다＋수(朔) ← 최(氒)변방
- 성부 厥궐

  ❶궐{闕}[quē,què] 대궐(大闕):구중궁궐(九重宮闕) /빠지다:궐석(闕席)

(768) 欲 욕 [yù]
- 뜻 ①하고자 하다:욕망(欲望),욕구불만(欲求不滿),욕정(欲情)
- 자원 곡(谷ϙ)은 골짜기처럼 비었다는 뜻. 흠(欠气)은 입 벌리고 하품하는 모양. 둘 다「모자란다」는 뜻이 있다. 욕(慾)은 명사, 욕(欲)은 동사.
- 자소 [형성] 곡(谷ϙ)골짜기＋흠(欠气)하품하다

  ❶욕[慾][yù]욕심:욕망(慾望),욕심(慾心),탐욕(貪慾)

(769) 嗽 수 [sòu]
- 뜻 ①기침하다 ②달라붙다 ■삭[shuò]①빨아 들이다
- 자원 입을 둥글게 오므리고(束) 빨아들인다는 뜻이다.
- 자소 [형성] 속(束米)묶다＋흠(欠气)입을 벌리다

  ❶수(嗽)[sòu]기침하다:해수천식(咳嗽喘息)
  ❷수(漱)[shù]양치질하다:관수(盥漱)
  ❸눈(嫩)[nèn]어리고 예쁘다 참고 눈(嫩㜷)의 속자

(770) 款 관 [kuǎn]
- 뜻 ①정성 ②조목:정관(定款),약관(約款) ③새기다:낙관(落款)
- 자원 귀신의 재앙이 무섭다는 것을 깨달은 사람은 스스로 조심하여 벗어나려고 한다는 뜻이다(人悟於神禍之可畏而自飭圖免爲款).
- 자소 [회의] 흠(欠气)하품하다＋수(朔) ← 최(氒)변방

(771) 欲 감 [kǎn]
- 뜻 ①음식이 배에 덜 차다 ②구덩이
- 자원 흠(欠气)이 모자란다는 뜻을 나타낸다.
- 자소 [형성] 심(甚)심하다＋흠(欠气)하품하다

  ❶감(嵌)[qiàn,kàn] 산이 깊다 /아로새겨 넣다:상감청자(象嵌靑瓷),감입(嵌入)

(772) 歎 탄 [tàn]
- 뜻 ①탄식하다 참고 탄(嘆)과 통해서 쓴다.
- 자원 기분이 좋아서 흥얼거리는 것을 말한다. 원래 탄(歎)은 기분이 좋은 것, 탄(嘆)은 화가 나거나 슬플 때의 탄식을 뜻했다.
- 자소 [형성] 난(莫 ← 難)어렵다＋흠(欠气)하품하다

  ❶탄(嘆)[tàn]탄식(嘆息)하다:통탄(痛嘆),탄원서(嘆願書) /감탄(感嘆)하다:탄성(嘆聲),탄복(嘆服),경탄(驚嘆)

4획

【그칠 지】 戈戶手支攴文斗斤方无日曰月木欠止歹殳毋比毛氏气水火爪父爻爿片牙牛犬

214 부수글자 **077**　　　　4 - 16/33　　　　（4획부수）

77. 지 止 [zhǐ]

자원 새싹의 밑둥 부분을 말한다. 혹은 발목 아래의 발 모양을 본뜬 글자. 윗부분이 발가락, 아랫부분이 발뒤꿈치의 모양이다.
뜻 ①**멈추다**:정지(停止:걸음을 멈춤),정지(靜止:부동),중지(中止),명경지수(明鏡止水) ②**거동**:행동거지(行動擧止)
자소 [상형]

부수 성부　　　부수글자가 성부로 쓰일 때

- ❶ 지 {址} [zhǐ] **터**:지대석(址臺石),성지(城址)
- ❷ 지 {趾} [zhǐ] **발가락 /터** [참고] 지(址)와 통해서 쓴다.
- ❸ 지 {祉} [zhǐ] **복**:복지국가(福祉國家)
- ❹ 지 {沚} [zhǐ] **물가 /강 속의 조그만 섬**
- ❺ 지 {芷} [zhǐ] **풀 이름**(구리때:향초의 일종)

성부 글자　　　성부와 부수가 결합된 형성자

(773) 正 정 [zhèng]
뜻 ①**바르다**:정통(正統),정의(正義) [zhēng]①정월(正月):신정(新正) ②**한가운데**:정곡(正鵠),정중앙(正中央),정통(正統)
자원 일(一)은 말무(毋)나 잠깐사(乍)에서처럼 그치게 한다는 뜻이다. 하나의 머물 곳(제 할일)을 갖는 것이 올바르다는 말이다.
자소 [회의] 일(一一)1, 하나+**지**(止)그치다
성부  是시 <U+FA00> 면 乏핍 定정 政정 焉언

- ❶ 정 {征} [zhēng] **정복(征服)하다**:정벌(征伐),원정(遠征),장정(長征)
- ❷ 정 {整} [zhěng] **정리(整理)하다**:정돈(整頓),정렬(整列),단정(端整)
- ❸ 증 {症} [zhèng] **증세(症勢)**:갈증(渴症),염증(炎症),통증(痛症)
- ❹ 정 {鉦} [zhēng] **징**:정고(鉦鼓:휴식을 알리거나 진격을 알리는 징소리와 북소리)
- ❺ 정 {桯} [jiū,jiù] **나무의 결이 바른 모양**
- ❻ 정 {姃} [zhēng] **여자가 단정한 모양 /여자의 이름**
- ❼ 정 {炡} [zhēng] **불이 번쩍거리다**
- ❽ 하 {昰} [shì] **시(是)의 옛글자**

258

戈戶手支攴文斗斤方无日曰月木欠 止 歹殳毋比毛氏气水火爪父爻爿片牙牛犬　　[그칠 지]

- ⑨왜(歪) [wāi] 비뚤다: 왜곡(歪曲)
- ⑩증(証) [zhèng] 증거(証據) 참고 증(證)과 통한다.

(774) **此 차** [cǐ]
- 뜻 ①이것: 차후(此後), 여차(如此), 여차저차(如此這此), 차일피일(此日彼日)
- 자원 두 사람이 나란히 서 있는 이곳이라는 뜻이다. 비(比)는 오른쪽을 향해 나란히 서 있는 두 사람의 모양을 본뜬 것이다.
- 자소 [회의] 지(止 ← 止)그치다 ＋비(匕 ← 匕)오른쪽을 향한 사람
- 성부 **觜 취**

- ❶자〔紫〕 [zǐ] 자줏빛: 자색(紫色), 자외선(紫外線), 산자수명(山紫水明)
- ❷자〔雌〕 [cí] 암컷: 자웅(雌雄: 암컷과 수컷,승부), 자웅미결(雌雄未決: 승부가 나지 않음)
- ❸시{柴} [chái] 땔나무: 시량(柴糧: 땔나무와 양식), 시비(柴扉: 시골의 사립문), 시탄(柴炭)
  - ■치 [cī]가지런하지 않다 ■지 [zì]더미 ■채 [zhài]울타리
- ❹사(些) [xiē] 적다: 사소(些小), [suǒ] 어조사
- ❺자(疵) [cī] 흠: 하자(瑕疵), 자국(疵國: 어지러운 나라)
- ❻자(訾) [zǐ] 헐뜯다: 자훼(訾毀: 비방하다) [zī] 따져서 가늠하다
- ❼채(砦) [zhài] 울타리: 성채(城砦), 채책(砦柵: 적을 막기 위한 나무 울타리)

(775) **步 보** [bù]
- 뜻 ①걸음: 오십보백보(五十步百步) ②걷다: 도보(徒步), 보행(步行)
- 자원 오른발과 왼발을 교대로 내딛는 모양에서 「걷는다」는 뜻이 되었다. 지(止)와 달(少)을 나란히 쓰면 발(癶)자가 된다.
- 자소 [회의] 지(止)그치다 ＋달(少 ← 止)지(止)자를 돌려 씀
- 성부 **歲 세**　**涉 섭**

- ❶척{陟} [zhì] 올라가다 /나아가다: 진척(進陟), 출척(黜陟)

(776) **武 무** [wǔ]
- 뜻 ①군사: 무사(武士), 무기(武器), 무장(武裝) ②굳세다: 무용담(武勇談)
- 자원 군사란 이미 공을 세웠으면 무기를 거두어 들여야 한다.
- 자소 [회의] 과(弋 ← 戈)창의 일종＋지(止)그치다
- 성부 **斌 빈**

- ❶부〔賦〕 [fù] 세금을 거두다: 부과(賦課), 부여(賦與) /주다: 천부적(天賦的) /글: 시부(詩賦)
- ❷무(鵡) [wǔ] 앵무(鸚鵡)새
- ❸무{珷} [wǔ] 무부(옥 비슷한 아름다운 돌)

(777) **澁 삽** [sè]
- 뜻 ①깔깔하다
- 자원 지(止)자를 2개는 바로 쓰고 2개는 거꾸로 썼다. 맛이 떫어서 쉽게 넘어가지 않고 걸린다는 뜻이다.
- 자소 [회의] 지(止)그치다 ＋지(止)그치다 ＋지(止)그치다

- ❶삽(澁) [sè] 떫다: 난삽(難澁)

【그칠지】 戈戶手支攴文斗斤方无日曰月木欠 止 歹及毋比毛氏气水火爪父爻爿片牙牛犬

(778)  歲 세 [suì]
- 뜻 ①해:세배(歲拜),세월(歲月) ②나이:연세(年歲)
- 자원 목성(木星)을 세성(歲星)이라고도 하는데, 이 별이 운행하다가 한 번씩 제 자리로 돌아오는 그 기간이 1년이 된다는 뜻이다.
- 자소 【형성】 보(步 ← 步)걷다+술(戌)11번째 지지

□ ❶예(穢) [huì] 더럽다:예토(穢土:이 세상) /거칠다:황예(荒穢)
□ ❷회(濊) [huì] 물이 많은 모양 ■예[huò] 흐리다 /종족 이름:예맥(濊貊)

(779)  歷 력 [lì]
- 뜻 ①지내다:역대(歷代),역사(歷史),경력(經歷),약력(略歷),이력서(履歷書) ②분명하다:역력(歷歷)
- 자원 벼를 베어서 널어 말릴 때까지의 여러 과정을 말한다.
- 자소 【형성】 력(厤)력(曆)의 옛글자+지(止)발모양

□ ❶력(瀝) [lì] 물방울이 떨어지다 /찌꺼기:역청(瀝青)
□ ❷력(靂) [lì] 벼락:청천벽력(靑天霹靂:마른 하늘의 날벼락),벽력고함(霹靂高喊)

戈戶手支攴文斗斤方无日曰月木欠止歹殳毋比毛氏气水火爪父爻爿片牙牛犬　[죽을 사]

214 부수글자 078　　　4 - 17/33　　　(4획부수)

78. 알 歺 歹 𣦵 [dǎi]

[자원] 살 발라낼 과(冎)자를 다시 반으로 쪼갠 것이다.
　　　<죽을사부>라고도 한다.
[뜻] ①살바른 뼈 [è] ①악하다
[자소] [지사]

성부 글자　　　성부와 부수가 결합된 형성자

(780)  [sǐ]
[뜻] ①죽다 : 사망(死亡), 사상자(死傷者), 과실치사(過失致死), 생사(生死), 결사대(決死隊)
[자원] 부드러운 생명의 기운이 다 빠져 나가고 딱딱한 뼈만 남은 것을 말한다. 육체와 영혼이 분리되고 앙상한 뼈만 남았다는 뜻이다.
[자소] [회의] 알(歹 ← 歺)앙상한 뼈＋비(匕) ← 인(人几)사람
□ ❶시(屍) [shī] 사람의 죽은 몸뚱이 (주검) : 시체(屍體), 시신(屍身), 검시관(檢屍官)
■ ❷장(葬) [zàng] 묻다 /장사지내다 : 장례식(葬禮式), 장지(葬地)

(781)  [cán]
[뜻] ①구멍 뚫다(穿) ②뚫다 남았다
[자원] 구멍을 뚫다가 조금 남았다는 뜻이다.
[자소] [회의] 알(歹)뼈가 앙상하다＋우(又)오른손
[성부] 叡예 𢾭해 叡학 餐찬
□ ❶찬(餐) [cān] 먹다 /음식 /칭찬하다 [참고] 찬(餐)을 찬(湌)으로 쓰기도 하는데 이를 줄인 것이 찬/손(飡)이다.

【칠수】 戈戶手支攴文斗斤方无日曰月木欠止歹殳毋比毛氏气水火爪父爻爿片牙牛犬

214 부수글자 079   4 - 18/33   (4획부수)

79. 수 殳 [shū]

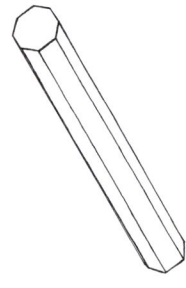

[자원] 손으로 창을 잡은 모양. 길이는 1장 2척. 날은 없고, 대나무로 만든 8각 진 창. 병거에 세웠다. 「시킨다(使人也)」는 뜻을 갖는다.
[뜻] ①때리다 ②창의 일종
[자소] [형성] 수(殳←䇄)새의 깃이 짧다+우(又ㅋ)오른손

부수 성부

부수글자가 성부로 쓰일 때

- ❶투〈投〉[tóu] 던지다 : 투수(投手), 투타(投打) /주다 : 투고(投稿), 투서(投書) /머무르다 : 투숙(投宿) /맞다 : 투합(投合) /버리다 : 투항(投降)
- ❷고(股)[gǔ] 넓적다리 : 고굉지신(股肱之臣)

성부 글자

성부와 부수가 결합된 형성자

(782) 段 단 [duàn]
[뜻] ①계단(階段) : 단계(段階), 상단(上段), 하단(下段) ②수단(手段) ③등급 : 단수(段數), 승단(昇段)
[자원] 물건을 망치로 두들긴다는 뜻. 쇠를 망치로 두들길 때 그 두들긴 자국이 차례로 쌓이는 모양에서 「차례」를 뜻한다.
[자소] [형성] 단(𠂆←耑糸)끝+수(殳)치다

- ❶단{鍛}[duàn] 단련(鍛鍊)하다 : 단철(鍛鐵)
- ❷단{緞}[duàn] 비단 : 주단(綢緞)

6

(783) 殼 각 [què]
[뜻] ①겉 껍질 [참고] 각(殼)의 옛 글자 ②내려치다(從上擊下)
[자원] 위에서 아래로 내려치므로 제대로 맞혀서 분명히 소리가 난다는 뜻이다. 각(殼)이라고도 쓴다.
[자소] [형성] 강(青←肯)홑휘장+수(殳)창의 일종
[성부]  각

- ❶곡〈穀〉[gǔ] 곡식(穀食) : 곡가(穀價), 곡물(穀物), 오곡백과(五穀百果),
- ❷곡(觳)[hú] 두려워하다 : 곡속(觳觫 : 도살장에 끌려가는 소처럼 두려워하는 것)

戈戶手支攴文斗斤方无日曰月木欠止歹殳毋比毛氏气水火爪父炎爿片牙牛犬　　［칠 수］

(784) 殷 은 [yīn]
뜻 ①은나라: 은허(殷墟), 하은주(夏殷周)　[yǐn]①천둥 소리
자원 성대한 음악에 맞추어 창을 들고 춤추는 모양.
자소 [회의] 은(殷)신(身)을 돌려 썼다＋수(殳)치다

□ ❶은{㥯} [yǐn]은(隱)과 같은 글자
□ ❷은(慇) [yīn]은근(慇懃)하다 / 괴로와하다

(785) 磬 경 [shēng]
뜻 ①경쇠(樂石): 풍경(風磬)소리, 편경(編磬)　■성: ①소리 성(聲)의 옛글자
자원 돌로 만든 악기인 경쇠를 뜻하는 경(磬)에서 돌 석(石)이 생략된 것. 수(殳)가 친다는 뜻이다.
자소 [상형] 声 ← 악기 모양＋수(殳)손으로 친다＋석(石)돌

□ ❶성〈聲〉[shēng]소리: 성악(聲樂), 육성(肉聲) / 소리치다: 성토(聲討), 성원(聲援) / 명예: 명성(名聲), 성가(聲價)
□ ❷형{馨}[xīn]향기롭다: 형향(馨香)
□ ❸경(磬) [qìng]공허하게 비다

(786) 殺 살 [shā]
뜻 ①죽이다: 살인(殺人), 살균(殺菌), 살풍경(殺風景), 살기(殺氣)
■쇄[shài]①매우: 쇄도(殺到), 뇌쇄(惱殺) ②감하다
자원 찰(柔)이 소리를 나타낸다고 했으나 원래 설문해자에는 찰(柔)자가 없는데 죽일 살(殺)의 옛 글자라는 사람도 있다.
자소 [형성] 찰(柔)가야할 곳을 모르다＋수(殳)손으로 치다

■ ❶시(弑) [shì]윗사람을 죽이다: 시역(弑逆), 시해(弑害)

(787) 殹 예 [yì]
뜻 ①소리가 마주치다
자원 무기에 맞거나 다쳐서(殳) 신음소리를 낸다는 뜻이다. 예(医)는 활과 화살을 넣어서 등에 짊어지는 통(盛弓弩矢器)을 말한다.
자소 [형성] 예(医)활집, 동개＋수(殳)손으로 치다

□ ❶의〈醫〉[yī]의원(醫院): 의사(醫師), 의료(醫療), 군의관(軍醫官), 수의사(獸醫師)
□ ❷예(瞖)[yì]임금의 수레에 따르던 일산(日傘) / 가리다 / 그늘

(788) 殼 각 [qiào]
뜻 ①껍질(物皮空)
자원 작을 미(微)자의 兀 비슷한 부분은 책상 궤(几∩)인지 사람 인(人)인지 확인할 수는 없다.
자소 각(殼 ← 殼)껍질, 내려치다＋

□ ❶각(慤) [què]삼가하다: 각근(慤勤: 삼가고 조심하는 것)

(789) 殿 전 [diàn]
뜻 ①큰 집: 궁전(宮殿), 전각(殿閣), 전당(殿堂) ②임금: 전하(殿下) ②후진의 부대
자원 엉덩이를 치다 → 죄인의 볼기를 치는 집 → 관청 → 큰집
자소 [형성] 전(展)← 둔(屍)궁둥이＋수(殳)치다

□ ❶둔(臀) [tún]엉덩이(볼기): 둔부(臀部)

263

【칠수】 戈戶手支攴文斗斤方无日曰月木欠止歹殳毋比毛氏气水火爪父爻爿片牙牛犬

☐ ❷전(澱) [diàn] 앙금 /찌꺼기: 침전물(沈澱物) /괴이다

(790) 毀 훼 [huǐ]

뜻 ①헐다: 훼손(毀損), 훼방(毀謗) ②험담하다
자원 원래의 절구는 흙을 파서 만들었다. 벼의 껍질을 깎듯이 「남을 깎아내린다」는 말이다.
자소 [형성] 훼(毇)쌀 10말 쓿어 8말 되다 ＋ 토(土土)흙, 땅, 토지

⑩

(791) 轂 격 [jī]

뜻 ①맞부딪히는 소리 ②충돌하다
자원 전차(車車)가 돌격하여 서로 부딪친다(殳)는 뜻이다.
자소 [회의] 세(叀)수레 굴대 ＋ 수(殳)손으로 치다

☐ ❶격 [擊] [jī] 치다: 격파(擊破), 공격(攻擊), 돌격(突擊), 사격(射擊) /눈이 마주치다: 목격자(目擊者)
☐ ❷계 (繫) [xì, jì] 얽어매어 묶다: 계류중(繫留中), 연계(連繫)

4획

264

戈戶手支攴文斗斤方无日曰月木欠止歹殳毋比毛氏气水火爪父爻爿片牙牛犬　　[말 무]

214 부수글자 **080**　　　4 - 19/33　　　（4획부수）

80. 무 毋 [wú]

자원 여자를 범하지 못하게 막는다는 뜻이다.
뜻 ①금지, 부정을 나타내는 말
자소 [회의] 녀(毋 ← 女)여자＋일(一)막는 모양

| 성부 글자 | 성부와 부수가 결합된 형성자 |

(792) 毌 관 [guàn]
뜻 ①꿰뚫다
자원 옛날에 화폐로 사용되던 조개를 꿰어 놓은 모양.
자소 [상형] 일(一)꿰뚫는 모양＋口 ← 값비싼 물건
성부 虜로 貫관 婁루

(793) 母 모 [mǔ]
뜻 ①어미：모정(母情), 모성애(母性愛), 모친(母親) ②사물의 근원：모교(母校), 모국(母國)
자원 유방을 강조하기 위하여 여자 녀(女)자에 젖꼭지를 뜻하는 두 점을 찍었다.
자소 [상형] 녀(母 ← 女)여자＋두점：2개의 젖꼭지
성부 每매

　□ ❶무{拇} [mǔ] 엄지손가락：무인(拇印), 손도장, 무지(拇指)
　□ ❷모(姆) [mǔ] 여자 스승 /유모：보모(保姆)

(794) 每 매 [měi]
뜻 ①매양(每樣)：매년(每年), 매일(每日), 매월(每月), 매번(每番)
자원 싹날 철(屮)을 머리장식이라고도 한다. 그러나 매일 매번 매양 똑같이 처리해야하는, 잡초처럼 끊임없이 생겨나는 일들을 상징하는 것으로 보는 것이 낫겠다. 아내를 뜻하는 처(妻)의 윗부분도 싹날 철(屮)이 변한 것이다.
자소 [형성] 인(亻) ← 철(屮)풀나다＋모(母)어미
성부 毓육 敏민

　□ ❶해〈海〉 [hǎi] 바다：해수욕(海水浴), 하해(河海), 동해(東海), 해삼(海蔘)
　□ ❷매〔梅〕 [méi] 매화(梅花)나무：일지매(一枝梅), 매독(梅毒), 매실(梅實)
　□ ❸회〔悔〕 [huǐ] 뉘우치다：후회(後悔), 참회록(懺悔錄), 회개(悔改)

265

【말무】 戈戶手支攴文斗斤方无日曰月木欠止歹殳毋比毛氏气水火爪父爻爿片牙牛犬

- ❹회{晦} [huì] 그믐:회삭(晦朔:그믐과 초하루) /어둡다:회명(晦冥)
- ❺회{誨} [huì] 가르쳐서 인도하다 /교훈
- ❻모(侮) [wǔ] 업신여기다:모욕(侮辱),모멸(侮蔑)
- ❼묘(畮) [mǔ] 밭이랑 ■무:같은 뜻 참고 묘(畝)의 원래 글자. 묘(畮)는 옛글자

(795) 毒 독 [dú]
뜻 ①독:독약(毒藥),소독(消毒),해독(害毒),해독(解毒),방독면(防毒面) ②심하다:혹독(酷毒),독기(毒氣)
자원 사회에 해를 끼치는 나쁜 선비처럼, 사람을 해치는 독초를 말한다. 애(毒)는 지조가 없는 선비(士之無行).
자소 [회의] 십(十) ← 철(屮)풀이 나다 ＋ 애(毒)음란하다

- ❶독(纛) [dào] 병영 앞에 세우는 커다란 깃발 ■도:같은 뜻

(796) 毓 육 [yù]
뜻 ①기르다
자원 육(育)의 옛글자.
자소 [회의] 매(每)매번 ＋ 돌(㐬)거꾸로 태어나는 아이
성부 육

戈戶手支攴文斗斤方无日曰月木欠止歹殳毋比毛氏气水火爪父爻爿片牙牛犬　[견줄 비]

81. 비 比 [bǐ]

자원 두 사람이 오른 쪽을 향해 서 있는 모양. 왼쪽은 따라가는 것. 오른쪽은「비슷하다」는 뜻이니 나란히 간다는 뜻이다.

뜻 ①**견주다**:비교(比較),대비(對比),비견(比肩) ②**나란하다**:비등비등(比等比等) [bì]①빽빽히 늘어서다:즐비(櫛比)

자소 [회의] 종(从)자를 좌우 반대로 돌려 쓴 것

부수 성부   부수글자가 성부로 쓰일 때

- ❶비〔批〕[pī] 비난하다:비판(批判),비평(批評) /비준(批准)하다
- ❷비{庇}[bì] 덮어 가리다:비호(庇護)
- ❸비{枇}[pí] 비파나무
- ❹비{琵}[pí] 비파(琵琶)
- ❺비(砒)[pī] 비소(砒素:살충제나 의약으로 씀) :비상(砒霜:비석을 태운 것, 무서운 독약의 일종)
- ❻비(毗)[pí] 돕다:비익(毗益),비보사찰(毗補寺刹) /다비(茶毗:화장,스님들의 장례식)
- ❼비(毘)[pí] 비(毗)와 같은 글자
- ❽비(秕)[bǐ] 쭉정이
- ❾비(粃)[bǐ] 쭉정이:비강(粃糠:쭉정이와 겨, 남은 찌꺼기)
- ❿비(毖)[bì] 삼가하다 /고달프다 /샘물이 흘러 나오다
- ⓫비(妣)[bǐ] 죽은 어미:선비(先妣:돌아가신 어머니)
- ⓬비(屁)[pì] 방귀:방비(放屁),비구(屁口:똥구멍)
- ⓭빈(玭)[pín] 구슬 이름(중국의 회수가에서 난다고 하며 아름다운 소리가 난다고 한다)

성부 글자   성부와 부수가 결합된 형성자

(797)  [chán]

뜻 ①약은 토끼 ②조금

자원 착(㲋)은 머리는 토끼와 같고, 발은 사슴과 같은 청색의 커다란 짐승으로 큰 토끼를 말한다. 참(毚)은 토끼 중 작은 토끼를 말한다.

자소 [회의] 착(㲋)토끼 비슷한 짐승＋토(兔)토끼

- ❶재(纔)[cái] 겨우 /잠깐 /잿빛
- ❷참(讒)[chán] 헐뜯는 말을 하다:참소(讒訴),참언(讒言)

【털모】 戈戶手支攴文斗斤方无日曰月木欠止歹殳毋比毛氏气水火爪父爻爿片牙牛犬

214 부수글자 **082**　　　4 - 21/33　　　(4획부수)

82. 모 毛 [máo]

[자원] 사람의 눈썹의 털, 머리털, 짐승의 털 등을 말한다.
[뜻] ①**터럭**:모발(毛髮), 모직물(毛織物), 모피(毛皮), 순모(純毛) ②**가늘다**:모세혈관(毛細血管), 섬모(纖毛)
[자소] [상형]

부수 성부　　　부수글자가 성부로 쓰일 때

☐ ❶호〔毫〕[háo] 가는 털:추호(秋毫), 백호(白毫) /붓:휘호대회(揮毫大會)
☐ ❷모〔耗〕[hào] 덜어 내어서 적어지다:소모전(消耗戰), 마모(磨耗) /어지럽다
☐ ❸모〔芼〕[mào] 풀이 우거지다 /국에 넣는 나물

戈戶手支攴文斗斤方无日曰月木欠止歹殳毋比毛氏气水火爪父爻爿片牙牛犬　[각시 씨]

214 부수글자 **083**　　4 - 22/33　　(4획부수)

83. 씨 氏 [shì]

자원 산기슭에 비죽이 튀어나온 바위산이 허물어져 가는 모양을 본떴다. 이것이 무너지는 소리는 수백리를 울렸다고 한다. 갑골문에서는 땅 속으로 뻗은 뿌리의 모양을 본뜬 글자라고 한다.

뜻 ①성씨(姓氏):김씨,이씨(金氏, 李氏),씨족(氏族),종씨(宗氏) ■지[zhī]
①나라 이름

자소 [상형]

부수 성부　　부수글자가 성부로 쓰일 때

☐ ❶지〈紙〉[zhǐ] 종이:지폐(紙幣),백지(白紙),편지(便紙),낙양지가귀(洛陽紙價貴) /신문:일간지(日刊紙),주간지(週刊紙)

☐ ❷기(祇)[qí,zhǐ] 땅귀신:지기(地祇) /다만

성부 글자　　성부와 부수가 결합된 형성자

(798) 氏 民 민 [mín]

뜻 ①백성:국민(國民),농민(農民),민중(民衆),만민(萬民),식민(植民),천민(賤民)

자원 옛날에는 백성(百姓)들을 일컬어 맹(萌)이라고 했다. 혹은 노예의 눈을 찔러 눈을 멀게 했다는 뜻이라고 한다.

자소 [지사]

성부 啟민 昏혼

☐ ❶면〈眠〉[mián] 잠자다:수면(睡眠),동면(冬眠),안면방해(安眠防害),영면(永眠)
☐ ❷민{珉}[mín] 옥 다음가는 아름다운 돌
☐ ❸민{岷}[mín] 산 이름 /강 이름
☐ ❹맹(氓)[máng,méng] 백성
☐ ❺민(泯)[mǐn] 망하다:민멸(泯滅:형적이 아주 없어져 버림)

(799) 氐 저 [dī]

뜻 ①낮다 ②도달하다

자원 씨(氏)는 불쑥 튀어나온 절벽이 무너질 듯한 모양. 일(一)은 지면. 곧 무너질 듯한 절벽이 붙어 있는 산기슭을 말한다.

자소 [회의] 씨(氏)성씨+일(一) 1, 하나, 지면

성부 昏혼

269

【각시 씨】 戈戶手支攴文斗斤方无日曰月木欠止歹殳毋比毛氏气水火爪父爻爿片牙牛犬

- ❶저〈低〉[dī] **낮다**: 저속(低俗), 저능아(低能兒), 저질(低質) / 고개 숙이다 / **값싸다**: 저가(低價), 저렴(低廉)
- ❷저〔底〕[dǐ] **밑바닥**: 저의(底意), 저변(底邊), 철저(徹底) [de] **도달하다**: 도저(到底) / 이루다
- ❸저〔抵〕[dǐ] **저항**(抵抗)**하다** / **거스르다**: 저촉(抵觸) / 대저(大抵) ⑨저당(抵當)
- ❹저{邸}[dǐ] **집**: 저택(邸宅), 사택(私宅), 관저(官邸)
- ❺지{祗}[zhī] **공경하다**: 지경(祗敬)
- ❻저(牴)[dǐ] **숫양**
- ❼저(羝)[dǐ] **숫양** / **닿다**(부딪히다): 저양촉번(羝羊觸藩)
- ❽지(砥)[dǐ] **숫돌**: 지석(砥石), 지평(砥平: 숫돌처럼 평평함)

戈戶手支攴文斗斤方无日曰月木欠止歹殳毋比毛氏气水火爪父爻爿片牙牛犬　[기운 기]

214 부수글자 **084**　　　4 - 23/33　　　(4획부수)

84. 기 气 [qì]

[자원] 구름이 피어 오르는 모양. 구걸하는 사람은 기운이 없으므로, 한 획을 생략하여 구걸한다는 뜻의 걸(乞)자를 만들었다.
[뜻] ①**구름이 피어 오르는 모양** ②**기운**
[자소] [상형]
[성부]

| 부수 성부 | 부수글자가 성부로 쓰일 때 |

☐ ❶기{汽}[qì]김:기차(汽車),기적(汽笛),증기기관(蒸氣汽罐:증기를 일으키는 가마솥)

| 성부 글자 | 성부와 부수가 결합된 형성자 |

(800) 氣 **기**氣[qì]
[뜻] ①**기운**(氣運):기공(氣功),기운(氣運),기진맥진(氣盡脈盡),혈기(血氣)
②**날씨**:기상대(氣象臺) ③**공기**(空氣):고기압(高氣壓),저기압(低氣壓),대기압(大氣壓)
[자원] 밥을 지을 때 김이 피어나는 모양, 원래는「손님을 위한 양식」이란 뜻이었다. 이 글자가 원래의 기(气)자를 밀어내고 그 뜻을 대신하게 된 것이다.
[자소] [형성] **기**(气)구름, 기운+**미**(米)쌀, 가루

☐ ❶개(愾)[kài]성내다 /분개하다:적개심(敵愾心)
☐ ❷기{曃}[qì]날씨 /일기

【물수】 戈戶手支攴文斗斤方无日曰月木欠止歹殳毋比毛氏气水火爪父爻爿片牙牛犬

214 부수글자 **085**　　　　4 - 24/33　　　　　　　　（4획부수）

85. 수 水 氺 [shuǐ]

[자원] 많은 물이 모여 드는 모양을 본떴다. 작은 도랑은 견(〈), 그보다 큰 도랑은 괴(巜), 그보다 큰 물줄기는 천(川), 이런 천(川)들이 사방에서 모이는 모양을 말한다. [水] [氺] [氵] 등의 형태로 변한다.
[뜻] ①물: 수면(水面), 수질(水質), 수포(水泡), 은하수(銀河水), 해수(海水) ②편평하다: 수평(水平)
[자소] [상형]

성부 글자　　　성부와 부수가 결합된 형성자

(801) 永 영 [yǒng]
[뜻] ①길다: 영원(永遠), 영생(永生), 영구불변(永久不變), 영속(永續), 영원불멸(永遠不滅), 영생불사(永生不死)
[자원] 물줄기가 이곳 저곳에서 모여들어, 하나로 합쳐 길게 흘러가는 모양. 이것을 반대로 쓴 비(厎)는 물줄기가 갈라지면서 지류가 되는 모양이다.
[자소] [상형]
[성부] 厎厎비 양

☐ ❶영〔泳〕[yǒng] 헤엄치다: 수영(水泳), 배영(背泳), 혼영(混泳), 접영(蝶泳)
☐ ❷영〔詠〕[yǒng] 읊다: 영탄(詠歎), 영가(詠歌)
☐ ❸창{昶}[chǎng] 밝다

(802) 冫 빙 [bīng]
[뜻] ①얼음: 빙하(氷河), 해빙(解氷), 빙설(氷雪), 빙고(氷庫), 빙과(氷菓), 결빙(結氷), 빙하(氷河)
[자원] 얼음이 갈라터진 모양.
[자소] [회의]

2
(803) 氾 범 [fàn]
[뜻] ①넘치다(水延漫): 범람(氾濫) ②넓다: 범론(氾論＝汎論)
[자원] 범(汎)과 통한다
[자소] [형성] 수(氵 ← 水氺)물＋절(卩) ← 함(卪)꽃봉오리
[성부] 范범

☐ ❶범{范}[fàn] 풀 이름

戈戶手支攴文斗斤方无日曰月木欠止歹殳毋比毛氏气 **水** 火爪父爻爿片牙牛犬　　[물 수]

(804) **求 구** [qiú]
- 뜻: ①구하다: 구걸(求乞), 요구(要求), 구인(求人), 구직(求職), 급구(急求)
- 자원: 머리, 앞뒤 다리가 다 붙어 있는 짐승 가죽으로 만든 갖옷. 나중에 옷 의(衣⾐)를 덧붙인 구(裘)자를 쓰게 되자 뜻이 변하여 「구하다」가 되었다.
- 자소: [상형]
- 성부: **求심**

☐ ❶구〈救〉[jiù] 구원(救援)하다: 구조(救助), 구호(救護), 구급약(救急藥)
☐ ❷구〔球〕[qiú] 구슬(옥) /공: 농구(籠球), 야구(野球), 배구(排球) /둥근 것: 구근(球根), 구형(球形), 전구(電球)
☐ ❸구{銶}[qiú] 끌(나무에 구멍을 파거나 다듬는 도구)
☐ ❹구(毬)[qiú] 둥글게 만들어 속을 털로 채운 공: 격구(擊毬)
☐ ❺구(逑)[qiú] 짝(배우자): 군자호구(君子好逑) /모으다
☐ ❻구(絿)[qiú] 급히 서두르다

(805) **江 강** [jiāng]
- 뜻: ①강: 강산(江山), 강촌(江村), 도강(渡江), 한강(漢江), 양자강(揚子江)
- 자원: 동양 제일, 세계 제 4위의 큰 강인 양자강(揚子江)을 말한다. 강(江)은 양자강(揚子江), 하(河)는 황하(黃河)로 통한다.
- 자소: [형성] **수**(氵←水⽔)물＋**공**(工⼯)만들다

☐ ❶홍〔鴻〕[hóng] 큰 기러기: 홍모(鴻毛), 안작언지홍곡지지(雁雀焉知鴻鵠之志)

(806) **汒 망** [máng]
- 뜻: ①아득하다 ②큰 물 ③바쁘다
- 자원: 수평선(水⽔)이 아득하니 멀어서 그 끝이 보이지 않는다(亡⼄)는 뜻이다.
- 자소: **망**(亡⼄)죽다, 없다＋**수**(氵←水⽔)물

☐ ❶망〔茫〕[máng] 아득하다: 망막(茫漠), 망연자실(茫然自失), 망망대해(茫茫大海)

(807) **沓 답** [tà]
- 뜻: ①유창하다 ②겹치다 ③수다스럽다
- 자원: 물(水⽔) 흐르듯이 말(曰⽈)을 유창하게 잘 한다는 뜻이다. 청산유수(靑山流水)처럼 말을 잘 한다는 말이다.
- 자소: [회의] **수**(水⽔)물＋**왈**(曰⽈)말하다

☐ ❶답〔踏〕[tà,tā] 밟다: 답사(踏査), 답습(踏襲), 답보상태(踏步狀態:제자리 걸음)

(808) **沙 사** [shā]
- 뜻: ①모래: 사막(沙漠), 사금(沙金), 사상누각(沙上樓閣:모래 위에 지은 집)
- 자원: 물이 적은 곳에 드러나 보이는 모래를 말한다.
- 자소: [형성] **수**(氵←水⽔)물＋**소**(少)적다

☐ ❶사{娑}[suō] 춤추다 /범어 Sa의 음역: 사바세계(娑婆世界:괴로움 많은 이 세상)
☐ ❷사(莎)[shā] 베짱이 [suō] 향부자(香附子:약초)
☐ ❸사(裟)[shā] 가사(袈裟:스님의 옷)
☐ ❹살(乷)[*] 인명이나 지명을 나타내던 이두문의 하나

【물 수】 戈戶手支攴文斗斤方无日曰月木欠止歹殳毋比毛氏气 水 火爪父爻爿片牙牛犬

(809) 涎 연 [xián]
뜻 ①침을 흘리다 참고 연(涎)과 같다
자원 몹시 바라는 것을 눈 앞에 두고 욕심이 동해서 침(水)을 흘리는 것을 말한다. 흠(欠)은 하품하느라 입을 크게 벌린 것을 말한다.
자소 [회의] 수(氵← 水)물＋흠(欠)하품하다
성부 도

□ ❶선(羨)[xiàn] 부러워하다 : 선망(羨望), ■연 : 무덤 속 길 : 연도(羨道)

5

(810) 泊 박 [bó]
뜻 ①배를 대다 : 정박(碇泊), 숙박(宿泊)
자원 물이 거의 없는 얕은 곳에 배를 정박시킨다는 뜻이다(止舟也). 원래의 글자는 박(洦)이었다.
자소 [형성] 수(氵← 水)물＋백(白)← 백(百)일백

□ ❶박(箔)[bó] 발(문 앞에 드리운 것) /얇은 금속판 : 금박지(金箔紙), 잠박(蠶箔)

(811) 沾 첨 [zhān]
뜻 ①젖다 : 첨습(沾濕 : 물기에 젖다) ②물 이름 ■점 : ①같은 뜻
자원 원래는 물이름이었다.
자소 [형성] 수(氵← 水)물＋점(占)점치다

□ ❶점(霑)[zhān] 젖다 : 균점(均霑)

(812) 法 법 [fǎ]
뜻 ①법률(法律) : 입법부(立法府), 합법(合法) ②진리 : 설법(說法), 야단법석(野壇法席) ③프랑스 : 법국(法國)
자원 채(廌)는 죄의 유무를 금방 알아내어서 나쁜 사람을 뿔로 들이 받았다고 한다. 이처럼 죄의 유무를 정확히 파악하여 물리쳤다(去)는 뜻으로 물 수(水)를 덧붙였다.
자소 [회의] 수(氵← 水)물＋채(廌)신령스러운 동물＋거(去)가다

□ ❶법(琺)[fà] 법랑(琺瑯) : 사기그릇, 쇠그릇 표면에 올리는 유리질의 유약), 법랑반상기(琺瑯飯床器)

(813) 泉 천 [quán]
뜻 ①샘 : 온천(溫泉), 원천(源泉) ②저승 : 황천(黃泉)
자원 샘물이 처음 솟아 나오는 모양을 본떴다.
자소 [상형]
성부 原원 천

□ ❶선〈線〉[xiàn] 줄 : 전선(電線) /경계선(境界線) : 전선(戰線), 일선(一線)
□ ❷선(腺)[xiàn] 몸 안의 분비물 샘 : 임파선(淋巴腺), 내분비선(內分泌腺)

(814) 泰 태 [tài]
뜻 ①크다 : 태산(太山) ②편안하다 : 태평(太平), 태연(太然)
자원 원래의 뜻은 양손(廾)을 물(水)에 담구었을 때처럼 미끄럽다는 뜻이었다.
자소 [회의·형성] 대(大)크다＋공(廾)양손으로 받들다＋수(氺← 水)물

戈戶手支攴文斗斤方无日曰月木欠止歹殳毋比毛氏气 水 火爪父爻爿片牙牛犬　　[물 수]

(815) 沮 저 [jǔ]
뜻 ①막다:저지(沮止),저해(沮害) [jù]①축축하다 [jū]①강이름
자원 차(且)는 쌓인 모양. 물(水)을 막으려고 많이 쌓은 것이다.
자소 [형성] 수(氵←水)물 ⑤ 8 + 차(且)쌓인 모양

□ ❶ 저(菹) [zū] 김치(채소절임)

(816) 波 파 [bō]
뜻 ①물결:파도(波濤),파란(波瀾),일파만파(一波萬波) ②파동(波動):단파(短波),장파(長波),전파(電波),초단파(超短波),전자파(電磁波),파장(波長)
자원 물(水)의 표면(皮)이 올라갔다 내려갔다 파도치는 모양을 말한다.
자소 [형성] 피(皮)가죽 + 수(氵←水)물

□ ❶ 파(婆) [pó] 할미:노파심(老婆心) /범어 Ba,Bha의 음역:바라문교(婆羅門敎)
□ ❷ 파(菠) [bō] 시금치

6

(817) 洛 락 [luò]
뜻 ①지명:낙양(洛陽),낙동강(洛東江) ②물이름
자원 원래는 중국에 있는 강 이름이었다.
자소 [형성] 수(氵←水)물 + 각(各)각각

□ ❶ 락⟨落⟩ [luò,là,lào] 떨어지다:낙방(落榜),낙선(落選),낙제(落弟),추락(墜落) /마을:부락(部落),촌락(村落) /비로소:낙성식(落成式)

(818) 活 활 [huó]
뜻 ①살다:생활(生活),사활(死活) ②생생하다:활발(活潑),활성화(活性化),활어(活魚) ③응용하다:활용(活用)
자원 막혔던 물이 힘차게 흘러나갈 때 나는 우렁찬 소리를 말한다. 물흐르는 소리라는 뜻이 확대되어 살아있는 모든 것을 지칭하게 되었다.
자소 [형성] 수(氵←水)물 + 설(舌)←괄(昏)입 막다

□ ❶ 활{闊} [kuò] 확 트이다:광활(廣闊),활엽수(闊葉樹:잎사귀가 넓은 나무)
□ ❷ 활{濶} [kuò] 활(闊)의 속자

7

(819) 浦 포 [pǔ]
뜻 ①물가:포구(浦口),포항(浦港)
자원 물(水)이 얇고 넓게(甫) 깔린 물가를 말한다. 이것이 들어간 지명은 대체로 강을 끼고 있거나 바닷가에 있는 곳이다.
자소 [형성] 수(氵←水)물 + 보(甫)넓다

□ ❶ 포(蒲) [pú] 부들:창포(菖蒲),포류수금문(蒲柳水禽紋:물가의 부들과 물새를 그린 무늬)

(820) 涉 섭 [shè]
뜻 ①건너다:섭렵(涉獵) ②관계하다:섭외(涉外),교섭(交涉)
자원 물(水)을 건널 때 무릎 이상으로 옷을 걷고 건너는 것을 말한다.
자소 [회의] 수(氵←水)물 + 추(隹雀)꽁지가 짧은 새
성부 頻빈

(821) 涌 용 [yǒng]
뜻 ①물이 힘차게 솟다 ②물 이름 ③물이 넘치다
자원 물(水)이 치솟는(甬) 모양이다.
자소 [형성] 수(氵←水)물 + 용(甬)꽃이 피는 모양

4 획

275

【물수】 戈戶手支攵文斗斤方无日曰月木欠止歹及毋比毛氏气 水 火爪父爻爿片牙牛犬

□ ❶용(慂) [yǒng] 권하다 : 종용(慫慂)

(822) 涂 도 [tú]
뜻 ①물 이름(水名) ②도랑길 ③이슬이 많이 내린 모양
자원 여(余)가 음을 나타낸다.
자소 [형성] 수(氵← 水)물 + 여(余)나 자신

□ ❶도{塗} [tú] 칠을 바르다 : 도료(塗料) / 진흙 : 도탄(塗炭)

(823) 淮 회 [huái]
뜻 ①강이름 ②물이 빙 돌아 흐르다
자원 강물 이름.
자소 [형성] 수(氵← 水)물 + 추(隹)꽁지가 짧은 새

□ ❶회{匯} [huì] 물이 빙빙 돌다

(824) 湯 탕 [tāng, shāng]
뜻 ①끓이다 : 탕약(湯藥), 보신탕(補身湯), 성주탕(醒酒湯 : 해장국)
■상[shāng] 물이 많은 모양
자원 물(水氵)이 부글부글 끓어 오르는(昜) 모양을 본떴다.
자소 [형성] 수(氵← 水)물 + 양(昜)날아 오르다

□ ❶탕(蕩) [dàng] 방자하다 : 방탕(放蕩), 탕자(蕩子), 호탕(豪蕩) / 쓸어 없애다 : 소탕(掃蕩), 탕진(蕩盡) / 넓고 크다 [참고] 원래는 [수(水)+양(昜)]이다.
□ ❷탕(盪) [tāng] 씻다 : 탕척(盪滌) / 움직이다

(825) 淵 연 [yuān]
뜻 ①못 : 연원(淵源), 천지연(天池淵) ②깊다 : 심연(深淵)
자원 샘물이 솟아서 흐르지 않는 모양(水出地而不流之貌)이라 했으니, 물(水氵)이 양안 사이를 빙빙도는 모양을 본떴다.
자소 [형성] 수(氵← 水)물 + 연(肙)연(淵)의 옛글자

□ ❶윤{渕} [yūn] 물이 깊고 넓다

(826) 滕 등 [téng]
뜻 ①나라 이름 : 등왕각(滕王閣) ②물이 솟아 오르다(沸騰, 水超涌) ③말을 줄줄하다(張口騁辭貌)
자원 짐(朕)은 배를 만드는 목재들이 접합된 부분을 말한다. 배를 만든 목재 사이(朕)로 물(水氵)이 새는 모습에서 물이 치솟는다는 뜻을 나타낸다.
자소 [형성] 수(氵← 水)물 + 짐(朕← 朕)나 자신

□ ❶등{藤} [téng] 등나무 : 갈등(葛藤)

(827) 溥 부 [fū]
뜻 ①펴다(布也) ■보[pǔ] ①넓다(廣也) ②두루 미치다(徧也)
자원 모심기하는 논에 잔잔한 물이 널찍히 깔려 있다는 뜻이다.
자소 [형성] 수(氵← 水)물 + 부(尃)넓다, 펴다

□ ❶부〔簿〕 [bù] 장부(帳簿) : 가계부(家計簿), 상업부기(商業簿記), 인명부(人名簿)
□ ❷박〔薄〕 [báo] 얇다 : 천박(淺薄), 박복(薄福) / 각박(刻薄)하다 : 박대(薄待) [bó] 가까워지다 [bò] 박하(薄荷)

　[물 수]

(828) 潘 반 [pān]
뜻 ①쌀뜨물 ②소용돌이
자원 쌀을 씻을(氵) 때 나오는 쌀뜨물을 말한다.
자소 [형성] 수(氵← 水)물＋번(番)번호, 차례

□ ❶번(藩) [fán] 덮다 /울타리 /지키다:번진(藩鎭)

⑬

(829) 藻 조 [zǎo]
뜻 ①깨끗이 씻다(玉飾如水藻之文) ②옥장식
자원 뜻만 있고 자원에 대한 풀이는 없다.
자소 [형성] 수(氵← 水)물＋조(喿)새들이 떼지어 울다

□ ❶조(藻) [zǎo] 마름:해조류(海藻類)

【불화】 戈戶手支攴文斗斤方无日曰月木欠止歹殳毋比毛氏气水火爪父爻爿片牙牛犬

214 부수글자 **086**　　　　4 - 25/33　　　　(4획부수)

86. 화 火 [huǒ]

[자원] 불꽃이 활활 타오르는 모양을 본떴다(炎而上. 象形). [火][灬] 등의 형태로 변한다.
[뜻] ①불:화력(火力),화산(火山),점화(點火),성화(聖火)
[자소] [상형]

성부 글자 / 성부와 부수가 결합된 형성자

(830) 灰 회 [huī]
[뜻] ①재:석회(石灰),회분(灰分),회색(灰色),석회(石灰),양회(洋灰:시멘트)
[자원] 불(火火)타고 남은 찌꺼기를 손(又ㅋ)으로 꺼내고 있는 모양을 본떴다.
[자소] [회의] 우(ナ←又ㅋ)또, 손+화(火火)불

□ ❶회(恢) [huī] 넓다 /돌이키다:회복(恢復)　[참고] 회(回)와 통하여 쓴다
□ ❷회(盔) [kuī] 바리(음식 담는 그릇),주발
□ ❸회(詼) [huī] 조롱하다

(831) 災 재 [zāi]
[뜻] ①재앙(災殃):화재(火災)
[자원] 재(巛)는 물로 인한 재앙, 재(灾)는 불로 인한 재앙, 재(災)는 이 두개를 한꺼번에 일컸는 것. 자연발생적인 화재를 재(災)라고 하는데 원래는 재(烖)였다. 집에 불이나서 열심히 끄는 것이 로(勞)다.
[자소] [회의] 면(宀∩)지붕+화(火火)불
[성부]  수

4
(832) 炅 경 [jiǒng]
[뜻] ①빛나다 ②열기 ■계[guì] ①성(姓)
[자원] 태양(日日)이나 불(火火)은 밝은 빛을 내므로 눈에 잘 뜨인다는 말이다. 두 개를 나란히 쓴 광(炚)은 「비치다, 밝다」는 뜻이다.
[자소] [회의] 일(日日)해,태양+화(火火)불

(833) 炚 광 [guáng]
[뜻] ①밝다(照明)　[참고] 광(光)과 같다
[자원] 일(日日)과 화(火火)를 아래 위로 쓰면 빛날 경(炅)자가 된다.
[자소] 일(日日)해,태양+화(火火)불

戈戶手支攴文斗斤方无日曰月木欠止歹殳毋比毛氏气水火爪父爻爿片牙牛犬　　[불 화]

(834) **炎 염** [yán]
- 뜻: ①불꽃:화염(火炎) ②덥다:폭염(暴炎) ③상처가 곪다:염증(炎症)
- 자원: 불이 세차게 타오른다는 것을 나타내려고, 불이 타오르는 모양을 본뜬 불 화(火小)를 두 개 겹쳤다.
- 자소: [회의] 화(火小)불 ＋ 화(火小)불
- 성부: 黑흑　燊燊린　燮섭　舜舜순

- ☐ ❶담〈談〉[tán] 이야기:담화(談話), 담판(談判), 대담(對談), 상담(相談)
- ☐ ❷담〔淡〕[dàn] 싱겁다:담담(淡淡), 농담(濃淡), 냉담(冷淡), 아담(雅淡)
- ☐ ❸염{琰}[yǎn] 옥을 갈아서 아름다운 빛이 나게 하다
- ☐ ❹담(痰)[tán] 가래:객담(喀痰)
- ☐ ❺담(啖)[dàn] 씹어 먹다
- ☐ ❻담(錟)[tán] 긴 창　■섬[xiān] 날카롭다 /찌르다
- ☐ ❼섬(剡)[shàn] 땅 이름　■염[yǎn] 날카롭다 /빛나다

(835) **炙 자** [zhì]
- 뜻: ①불에 굽다:회자(膾炙:날고기와 구운 고기, 사람들의 입에 오르내림) ②친근하다 ■적:①고기구이
- 자원: 고기(肉)를 불(火小) 위에 올려놓고 굽는 모양을 본떴다.
- 자소: [회의] 육(夕 ← 肉)고기, 몸, 살 ＋ 화(火小)불

(836) **烕 멸** [miè]
- 뜻: ①불이 꺼지다 ②멸하다(없애다)
- 자원: 음양오행의 상생상극(相生相克)에서 화(火)가 목(木)을 만나면 편안하고, 수(水)를 만나면 불편해진다고 한다. 화(火)가 술방(戌方)에 들어가면 기운이 소멸된다는 뜻이다.
- 자소: [회의] 술(戌)개, 11번째지지 ＋ 화(火小)불

- ☐ ❶멸〔滅〕[miè] 멸망(滅亡)하다:멸종(滅種), 박멸(撲滅), 전멸(全滅), 격멸(擊滅)

(837) **烏 오** [wū]
- 뜻: ①까마귀:오비이락(烏飛梨落), 오작교(烏鵲橋), 수지오지자웅(誰知烏之雌雄:누가 까마귀의 암수를 알겠는가?) ②감탄사 ③검다:오죽(烏竹:검은 대나무), 오석(烏石), 오궁(烏弓:검은 활) ④없다:오유(烏有)
- 자원: 까마귀는 검어서 눈이 보이지 않으므로 새 조(鳥)에서 한 획을 생략했다.
- 자소: [상형]
- 성부: 어

- ☐ ❶오〔嗚〕[wū] 탄식하는 소리:오호(嗚呼), 오열(嗚咽)
- ☐ ❷오(塢)[wù] 둑 /작은 성

(838) **烝 증** [zhēng]
- 뜻: ①찌다 ②겨울 제사 ③무리(백성):증민(烝民)
- 자원: 불기가 높이 올라가는 모양을 본떴다.
- 자소: [형성] 승(丞)받들다 ＋ 화(灬 ← 火小)불

- ☐ ❶증〔蒸〕[zhēng] 찌다:증발(蒸發), 증기(蒸氣), 한증탕(汗蒸湯), 수증기(水蒸氣)

【불화】 戈戶手支攴文斗斤方无日曰月木欠止歹殳毋比毛氏气水火爪父爻爿片牙牛犬

(839) 焉 언 [yān]
- 뜻 ①어찌 ②어조사:불감청이언고소원(不敢請而焉固所願:감히 청하지는 못하나 간절히 바라던 바)
- 자원 강회(江淮)지방에서 나는 황색 새. 윗부분은 머리 위에 뻗은 털. 지금은 어조사로 쓴다.
- 자소 【상형】

(840) 無 무 [wú]
- 뜻 ①없다:무심(無心),무식(無識),무례(無禮),무리(無理),무모(無謀),무방(無妨),유무(有無),허무(虛無)
- 자원 무(橆)는 풍성하다는 뜻이다. 여기에 없을 망(亡)을 합쳐서「없다」는 뜻을 나타내었다. 아래의 모든 글자들은 없을 무(無)의 망(亡)자가 있는 자리에 부수글자들이 들어 있는 것으로 위의 무(橆) 아래로 옮겨야 마땅하다.
- 자소 【상형】 무(橆)많다+망(亡兦)없다

- ❶무〈舞〉[wǔ] 춤추다:무용(舞踊),난무(亂舞),승무(僧舞)/고무(鼓舞)하다
- ❷무{撫}[fǔ] 어루만지다:애무(愛撫),무마(撫摩),선무(宣撫)
- ❸무(蕪)[wú] 잡초가 우거진 밭:황무지(荒蕪地)/순무
- ❹무(憮)[wǔ] 어루만지다/낙심하여 멍한 모양
- ❺무(廡)[wǔ] 행랑채(곁채)

(841) 然 연 [rán]
- 뜻 ①그러하다:막연(漠然),숙연(肅然),질서정연(秩序整然),초연(超然) ②자연(自然):천연(天然) ③그러나:연이(然而)
- 자원 개고기(肰)를 불에 구워 먹던 곳. 염(厭)은 달 감(甘)과 개고기 연(肰)자의 합자인데, 개고기를 실컷 먹어서 싫증이 났다는 말이다. 여기의 절벽 한(厂)이 개고기를 구워 먹던 산수 경치가 좋은 곳을 나타낸다.
- 자소 【형성】 연(肰)개고기+화(灬 ← 火火)불

- ❶연〔燃〕[rán] 불사르다:내연기관(內燃機關),연소(燃燒),연료(燃料)
- ❷년(撚)[niǎn] 비틀어 꼬다:연사(撚絲:꼬아서 만든 실)

(842) 焚 분 [fén]
- 뜻 ①불사르다:분서갱유(焚書坑儒)
- 자원 숲(林쌀)에 불(火火)을 질러서 사냥을 한다는 뜻이다.
- 자소 【회의】 림(林쌀)숲+화(火火)불

- ❶분(湓)물이 스며들다

(843) 焦 초 [qiáo]
- 뜻 ①불에 데다(火所傷) ②굽다(燒黑):초점(焦点) ③애태우다:초조(焦燥),노심초사(勞心焦思)
- 자원 불에 데어서 다친다는 뜻이다. 새 추(隹)는 원래 새떼를 뜻하는 잡(雥𪇾)이었다.
- 자소 【회의·형성】 화(火火)불+추(隹) ← 잡(雥𪇾)새 떼

- ❶초{蕉}[jiāo,qiáo] 파초(芭蕉)
- ❷초{樵}[qiáo] 땔나무/나무를 하다
- ❸초(憔)[qiáo] 파리하다/애태우다(憔悴)
- ❹초(礁)[jiāo] 암초(暗礁:물 속에 있는 바위)

戈戶手支攴文斗斤方无日曰月木欠止歹殳毋比毛氏气水**火**爪父爻爿片牙牛犬　　［불 화］

- ❺초(醮) [jiào] 제사 지내다 /술을 따르다 /초례(醮禮:혼인예식)
- ❻초(燋) [jiāo] 밝게 살피다 /난쟁이

(844) 煩 煩 번 [fán]
- 뜻 ①번거롭다:번뇌(煩惱),번민(煩悶)
- 자원 골치가 아파서 머리(頁혈)에 열(火화)이 난다는 뜻이다.
- 자소 [회의] 화(火火)불＋혈(頁혈)머리

(845) 熙 熙 희 [fán]
- 뜻 ①빛나다:광희(光熙) ②일어나다
- 자원 원래의 뜻은 말린다는 것이었다.
- 자소 [형성] 이(配)넓은 턱＋화(灬←火火)불
- ❶희{熙} [xì] 화하다 /누그러지다

(846) 熒 熒 형 [yíng]
- 뜻 ①빛나다
- 자원 집 아래에 많은 등불이 켜진 모양을 나타낸다. 등(鐙)은 기름(비계)를 쓰고, 촉(燭)은 찐 삼을 써서 불을 밝힌다.
- 자소 [회의] 염(炏焱)빛나다＋경(冂경)일정한 구역안
- 성부 勞로 榮영 螢영 營영 瑩형
- ❶형[螢] [yíng] 반딧불:형설지공(螢雪之功),형광등(螢光燈)
- ❷앵{鶯} [yīng] 꾀꼬리
- ❸영(塋) [yíng] 무덤:선영(先塋:조상님들의 무덤이 있는 곳)
- ❹형(滎) [xíng] 실개천 ■영[yíng] 물결이 용솟음치는 모양

(847) 熏 熏 훈 [xūn]
- 뜻 ①불길(火炎上出) ②연기가 끼이다
- 자원 연기가 위로 올라가므로 연기가 닿는 창문이 검게(黑흑) 변한다(屮철)는 뜻이다.
- 자소 [회의] 천(千)←철(屮철)새싹이 돋다＋흑(黑흑)검정
- ❶훈{鑂} [xùn] 금빛이 바래다
- ❷훈{壎} [xūn] 흙을 구워서 만든 나팔
- ❸훈{薰} [xūn] 향초 /덥다:훈기(薰氣) /덕으로 가르치다:훈육(薰育)
- ❹훈{勳} [xūn] 공로:훈장(勳章),공훈(功勳),수훈(首勳),수훈(殊勳)
- ❺훈{燻} [hūi] 불기운 /불에 태우다:훈제(燻製)
- ❻훈(醺) [xūn] 취하다 /냄새를 풍기다
- ❼훈(曛) [xūn] 석양빛 /어둑어둑하다 /황혼
- ❽훈(獯) [xūn] 종족 이름
- ❾훈(纁) [xūn] 분홍빛

【불화】 戈戶手支攴文斗斤方无日曰月木欠止歹殳毋比毛氏气水火爪父爻爿片牙牛犬

(848) 燕 연 [yàn]

뜻 ①제비:연미복(燕尾服) ②편안하다 ③잔치하다:문학연(文學燕) [yān] ①나라 이름

자원 제비 모양을 본떴다. 입(卄)은 제비의 부리, 북(北)은 양 날개, 화(火)는 몸통과 꼬리의 모양을 본뜬 것이다.

자소 [상형]

□ ❶연(嚥) [yàn] 삼키다:연하(嚥下:삼키다)
□ ❷연(臙) [yiān] 연지(臙脂)곤지

13

(849) 燮 섭 [xiè]

뜻 ①화합하다 ②불꽃
자원 여러가지 음식을 잘 조화시켜 맛을 내고 충분히 익힌다.
자소 [회의] 개(炏) ← 염(炎)불꽃 + 우(又ㅋ)오른손 + 언(言)말씀

(850) 營 영 [yíng]

뜻 ①다스리다(治也):경영(經營),영양(營養),영업(營業),운영(運營) ②진:병영(兵營),야영(野營),진영(陣營)
자원 머문 곳을 빙 둘러 싸고 있다는 뜻이다. 뜻이 확대되어 경영하다, 다스리다 등, 헤아려야 하는 모든 일들을 가리키게 되었다.
자소 [형성] 형(熒 ← 燊)빛나다 + 려(呂) ← 궁(宮)궁궐

□ ❶영{濚} [yíng] 물이 졸졸 흐르다

戈戶手支攴文斗斤方无日曰月木欠止歹殳毋比毛氏气水火爪父爻爿片牙牛犬　[손톱 조]

214 부수글자 **087**　　　4 - 26/33　　　(4획부수)

87. 조 [zhǎo]

자원　손가락을 아래로 향하여 물건을 집으려는 모양. 수(手ヰ)는 손을 펼친 모양.
　　　우(又ㅋ)는 오른손, 좌(ナヒ)는 왼손 모양이다.
뜻　①손톱 ②할퀴다 ③깍지
자소　[상형]

| 성부 글자 | 성부와 부수가 결합된 형성자 |

(851) 巠 **㸒** 음 [yín]
뜻　①가까이 하여 구하다(近求) ②탐하다
자원　아래 부분은 임(壬王)이 아니고 정(壬㐌)이다.
자소　[회의] 조(爪⺥)손톱, 손＋정(壬㐌)서 있는 사람, 착하다

　□ ❶음(淫) [yín] 음란(淫亂)하다 : 음탕(淫蕩), 음담패설(淫談悖說), 간음(姦淫)

(852) 爭 **爭** 쟁 [zhēng]
뜻　①다투다 : 경쟁(競爭), 항쟁(抗爭), 쟁탈(爭奪), 전쟁(戰爭), 투쟁(鬪爭)
자원　물건의 양끝을 하나씩 잡은 두 사람이 서로가 자기 쪽으로 끌어당기는
　　　(ㄏㄈ) 모습이다.
자소　[회의] 표(⺕ ← 爭⺕)주고받다＋궐(亅) ← 예(ㄏㄈ)끌어당기다
성부　靜 정

　□ ❶정〈淨〉[jìng] 깨끗하다 : 극락정토(極樂淨土), 정화(淨化), 부정(不淨), 청정(淸淨)
　□ ❷쟁{錚}[zhēng] 쇳소리 : 쟁쟁(錚錚 : 인물이 뛰어나다)
　□ ❸쟁(箏) [zhēng] 쟁(거문고 비슷한 13현의 악기)
　□ ❹쟁(諍) [zhèng] 간하다 : 간쟁(諫諍), 쟁신(諍臣)
　□ ❺쟁(崢) [zhēng] 가파르다 / 산이 높다
　□ ❻쟁(狰) [zhēng] 사납다
　□ ❼쟁(琤) [chēng] 옥소리
　□ ❽정(靖) [jìng] 편안하다 / 골라내다

【손톱조】 戈戶手支攴文斗斤方无日曰月木欠止歹殳毋比毛氏气水火爪父爻爿片牙牛犬

(853) 爯 칭 [chēng]
- 뜻 ①두가지를 한꺼번에 들다(幷擧) ②크다(大也)
- 자원 쌓인 물건을 들어올리다. 저울 위에 물건을 차곡차곡 쌓아 놓고 저울대를 들어올린다는 뜻이다.
- 자소 [회의] 조(爪⺥)손톱,손＋염(冉) ← 구(冓䕸)구조물

- ❶칭〔稱〕[chēng] 일컫다:자칭(自稱),가칭(假稱),명칭(名稱),존칭(尊稱) /칭찬(稱讚)하다:칭송(稱頌) [chèn] 저울

(854) 爰 원 [yuán]
- 뜻 ①이에(이리하여) ②이끌다,당기다(引也)
- 자원 한 물건을 양쪽에서 서로 잡아당기는 모양을 본떴다.
- 자소 [회의] 표(爫)주고받다＋우(ナ ← 于)서서히 퍼지다

- ❶난〈暖〉[nuǎn] 따뜻하다:난대(暖帶),난방(暖房) 참고 난(煖)과 같다.
- ❷원〈援〉[yuán] 돕다:구원(救援),원조(援助),응원(應援),후원(後援)
- ❸완〈緩〉[huǎn] 느슨하다:완화(緩和),이완(弛緩),완충(緩衝) /느리다:완급(緩急),완행(緩行)
- ❹난{煖}[nuǎn] 따뜻하다:난로(煖爐),난방(煖房)
- ❺원{媛}[yuàn] 예쁜 여자:재원(才媛:재주 있고 예쁜 여자)
- ❻원{瑗}[yuàn] 둥근 고리 모양의 도리옥
- ❼원(湲)[yuán] 물이 흐르는 모양

(855) 亂 란 [luàn]
- 뜻 ①다스리다(治也)
- 자원 아이들이 어지럽히는 것을 정리한다는 뜻이다. 표(爫)는 물건을 주고 받는 두 손. 요(幺)는 갓 태어난 아이(象子初生之形).
- 자소 [회의] 표(爫 ← 爫)주고받다＋경(冂ㅒ)구역 안＋요(幺)어린애

- ❶란〔亂〕[luàn] 어지럽다:난잡(亂雜),난동(亂動),소란(騷亂),난무(亂舞) /난리(亂離):난투(亂鬪),피란(避亂),6·25동란(動亂)
- ❷사〔辭〕[cí] 말:사설(辭說),사전(辭典),축사(祝辭) /사양(辭讓)하다:사임(辭任),사직(辭職),사퇴(辭退),사표(辭表)

(856) 爲 위 [wéi]
- 뜻 ①하다:소인한거 무소불위(小人閒居無所不爲),무위이무불위(無爲而無不爲) ②행위(行爲):무위도식(無爲徒食) [wèi]①위하여:위인(爲人),위기(爲己) ②～때문에
- 자원 원숭이가 발톱을 치켜든 모양을 본떴다. 갑골문에서는 코끼리를 손으로 잡고 부리는 모양이라고 풀이한다.
- 자소 [상형]
- 성부 皮 피

- ❶위〔僞〕[wěi] 거짓:위조(僞造),위선(僞善),위장(僞裝),위증(僞證),진위(眞僞)
- ❷위(蔿)[wěi] 애기풀 /고을 이름 ■화:떠돌다

戈戶手支攴文斗斤方无日曰月木欠止歹殳毋比毛氏气水火爪父爻爿片牙牛犬　　[손톱 조]

(857) 爵 작 [jué]

뜻 ①벼슬:작위(爵位), 백작(伯爵) ②술잔:헌작(獻爵)
자원 참새 모양으로 만들어진 중국의 옛술잔. 제사 지낼 때 울창주를 담은 술잔을 들고 있는 모양을 본뜬 것이다.
자소 [상형]

☐ ❶작(嚼) [jué] 씹어 먹다:저작운동(咀嚼運動:이로 음식물을 씹는 운동)
☐ ❷작(爝) [jué] 횃불

4획

285

【아버지 부】戈戶手支攴文斗斤方无日曰月木欠止歹殳毋比毛氏气水火爪父爻爿片牙牛犬

214 부수글자 **088**　　　4 - 27/33　　　(4획부수)

88. 부 父 [fù]

[자원] 막대기를 잡은 손을 치켜든 모양. 어머니는 젖을 먹이는 모양, 아버지는 때리는 모양. 한마디로 엄부자모(嚴父慈母)였다.

[뜻] ①**아버지**:부모(父母),부친(父親) ■보[fǔ]①남자의 미칭 ②노인:흥보(興父)

[자소] [지사] ノ : 돌도끼,회초리＋우(父 ← 又ㅋ)또, 손

부수 성부　　　부수글자가 성부로 쓰일 때

□ ❶부(斧) [fǔ] 도끼 /도끼로 베다
□ ❷부(釜) [fǔ] 발이 없는 큰 가마솥:부중생어(釜中生魚:솥 안에 물고기가 생김, 아주 가난함)

戈戶手支攴文斗斤方无日曰月木欠止歹殳毋比毛氏气水火爪父爻爿片牙牛犬　［사귈 효］

214 부수글자 **089**　　　4 - 28/33　　　（4획부수）

89. 효 爻 [yáo]

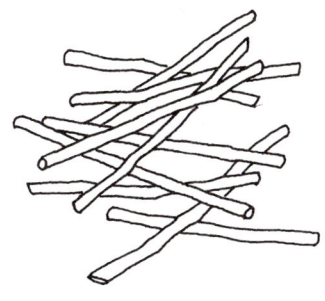

[자원] 주역에 쓰이는 6효(爻)의 머릿부분이 엇갈리는 모양을 본떴다.
[뜻] ①사귀다 ②본받다 ③주역의 6효：괘효(卦爻)
[자소] 〔지사〕

부수 성부　　　부수글자가 성부로 쓰일 때

☐ ❶박(駁) [bó] 얼룩말 / 논박(論駁)하다：반박(反駁), 면박(面駁)

성부 글자　　　성부와 부수가 결합된 형성자

(858)  상 [shuǎng]
[뜻] ①시원하다：삽상(颯爽)
[자원] 창살의 틈으로 들어오는 빛이 아주 밝다는 뜻이다.
[자소] 〔회의〕 대(大)크다, 사람 ＋ 리(爻)시원하다

☐ ❶상{塽} [shuǎng] 높은 땅

⑩
(859)  이 [ěr]
[뜻] ①너, 그 ②어조사 ③곱게 빛나다
[자원] 원래는 아름답다는 뜻이었다.
[자소] 〔회의·형성〕 멱(冂 ← 冂)덮다 ＋ 리(爻)밝다 ＋ 니(丅 ← 亦)너
[성부] 璽새 彌미

☐ ❶이(邇) [ěr] 가깝다

287

【장수 장】 戈戶手支攴文斗斤方无日曰月木欠止歹殳毋比毛氏气水火爪父爻爿片牙牛犬

90. 장 爿 [qiáng]

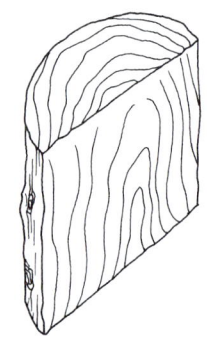

자원 통나무를 둘로 쪼갠 좌측 조각. 부수로 사용될 때, 장수를 뜻하는 장(將)과 모양이 같으므로 「장수장변」이라고 부른다. 그 우측 반 조각의 모양을 본뜬 것은 조각 편(片)자가 된다.

뜻 ①나무 조각 ②평상

자소 [지사]

부수 성부 — 부수글자가 성부로 쓰일 때

- ❶ **장** [狀] [zhuàng] **문서**: 장계(狀啓), 상장(賞狀), 청첩장(請牒狀), 장원급제(狀元及第) ■**상**: 형상(形狀): 상황(狀況), 상태(狀態), 이상(異狀)
- ❷ **장** [牆] [qiáng] **담**: 장외한(牆外漢), 월장(越牆: 담을 타넘다)
- ❸ **상** (牀) [chuáng] 평상(平牀)

288

戈戶手支攴文斗斤方无日曰月木欠止歹殳毋比毛氏气水火爪父爻爿片牙牛犬　[조각 편]

214 부수글자 **091**　　4 - 30/33　　(4획부수)

91. 편 [piàn]

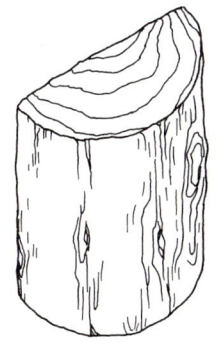

자원 통나무를 반으로 쪼갬, 우측 반 조각.
뜻 ①**조각**: 일엽편주(一葉片舟), 단편(斷片), 파편(破片)
자소 [지사]

4
획

성부 글자　　　　성부와 부수가 결합된 형성자

(860) 㳂㶜**연**[yuān]　**뜻** ①**연못** 참고 연(淵)의 옛글자
　　　　　　　　　　자원 연못의 물이 빙빙 도는 모양.
　　　　　　　　　　자소 [상형]
　　　　　　　　　　성부 肅숙　淵연

289

【어금니 아】戈戶手支攴文斗斤方无日曰月木欠止歹殳毋比毛氏气水火爪父爻爿片牙牛犬

214 부수글자 **092**　　　4 - 31/33　　　(4획부수)

92. 아 牙 [yá]

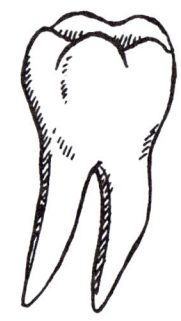

[자원] 아래위의 어금니가 맞물린 모양을 본떴다.
[뜻] ①어금니 : 치아(齒牙) ②대장의 기 : 아성(牙城)
[자소] [상형]

부수 성부
부수글자가 성부로 쓰일 때

❶사〔邪〕[xié] 사악(邪惡)하다 ■야[yé] 그런가 / 고을 이름 [참고] 예서(隷書)에서 아(牙)를 이(耳)로 바꾸어 야(耶)로 썼다.
❷아〔芽〕[yá] 새싹 : 맹아(萌芽)
❸아〔雅〕[yǎ,yā] 아담(雅淡)하다 : 아악(雅樂), 우아(優雅), 단아(端雅)
❹아(訝)[yà] 맞이하다
❺아(鴉)[yā] 갈가마귀 / 검다

성부 글자
성부와 부수가 결합된 형성자

(861)  탱 [chèng]　[뜻] ①버티다 : 지탱(支撐) ②버팀목
[자원]
[자소] 상(尙)높다＋아(牙)이, 치아

❶탱(撐)[hēng] 버티다 : 지탱(支撐) / 버팀나무 [참고] 약자로 탱(撑)을 쓴다.

290

戈戶手支攴文斗斤方无日曰月木欠止歹殳毋比毛氏气水火爪父爻爿片牙牛犬　　［소우］

93. 우 牛 牜 ヰ [niú]

자원 소의 뿔과 귀, 그리고 머리를 정면에서 본 모양을 본떴다.
뜻 ①소 : 우마차(牛馬車)
자소 [상형]

부수 성부
부수글자가 성부로 쓰일 때

□ ❶우(吽)[hōng]소울음 /개 짖는 소리 /물어 뜯다

성부 글자
성부와 부수가 결합된 형성자

(862) [mù]
뜻 ①소우는 소리 [móu]①탐내다 : 모리배(牟利輩)
자원 소(牛ヰ)가 울 때에 입에서 숨이 나오는 모양을 본떴다.
자소 [상형] 사(厶δ)김이 퍼지는 모양＋우(牛ヰ)소

□ ❶모(眸)[mào]눈동자

(863) [láo]
뜻 ①우리 ②새하얀 모양
자원 겨울에는 가축을 방목하지 않고 우리에 가두어 둔다.
자소 [회의] 면(宀)← 동(冬)겨울＋우(牛ヰ)소

(864) 犀서[xī]
뜻 ①코뿔소 ②무소뿔 ③날카롭다
자원 남쪽 경계선 밖에 있는 물소 비슷한 소를 말한다.
자소 [형성] 미(犀← 尾尾)꼬리, 엉덩이＋우(牛ヰ)소

□ ❶지〔遲〕[chí]늦어지다 : 지지부진(遲遲不進),지체(遲滯),지연(遲延),지각(遲刻)
□ ❷치(稺)[zhì]어리다 참고 치〔稚〕와 같은 글자

【개 견】 戈戶手支攴文斗斤方无日曰月木欠止歹殳毋比毛氏气水火爪父爻爿片牙牛犬

214 부수글자 **094**　　　　4 - 33/33　　　　　　　　　（4획부수）

94. 견 犬犭 [quǎn]

[자원] 개의 옆모양을 세워서 그린 것이다. 부수로 쓰일 때는 犭이 되며 주로「짐승」과 관련된 뜻을 나타낸다.
[뜻] ①개:견공(犬公),견마지로(犬馬之勞)
[자소] [상형]

부수 성부　　　　　부수글자가 성부로 쓰일 때

□ ❶견(甽) [quǎn] 밭도랑:견묘(甽畝:밭도랑,시골)　[참고] 견(〈)의 전문(篆文).

성부 글자　　　　성부와 부수가 결합된 형성자

(865) 犮발 [bá]
[뜻] ①개가 달아나는 모양(犬走貌)
[자원] 달리는 개(犬犭). 개가 발을 쭉 뻗치고(ㄏㄏ) 달린다는 뜻이다.
[자소] [회의] 별(丿) ← 예(ㄏㄏ)끌다 + 견(犬犭)개

□ ❶발〔髮〕[fà] 터럭:이발(理髮),금발(金髮),삭발(削髮),봉두난발(蓬頭亂髮)
□ ❷발〔拔〕[bá] 뽑아내다:발탁(拔擢),선발(選拔),발본색원(拔本塞源),발췌(拔萃)
□ ❸발(跋)[bá] 밟다:발호(跋扈:제멋대로 날뜀) /책 끝에 적는 글:발문(跋文)
□ ❹발(魃)[bá] 가뭄귀신:한발(旱魃)
□ ❺불(祓)[fú] 푸닥거리하다

(866) 狄적 [dí]
[뜻] ①북쪽 오랑캐:동이서융남만북적(東夷西戎南蠻北狄)
[자원] 원래는 개의 일종인 적적(赤狄)을 말한다.
[자소] [형성] 화(火) ← 역(亦犭)역시, 또한 + 견(犭 ← 犬犭)개

□ ❶적(荻) [dí] 갈대

(867) 猋표 [biāo]
[뜻] ①개가 달아나는 모양(犬走貌) ②회오리 바람
[자원] 많은 개(犬犭)가 달아나는 모양.
[자소] [회의] 견(犬犭)개 + 견(犬犭)개 + 견(犬犭)개

□ ❶표(飆) [biāo] 폭풍 /회오리 바람

戈戶手支攴文斗斤方无日曰月木欠止歹殳毋比毛氏气水火爪父爻爿片牙牛犬　　[개 견]

(868) 獄 옥 [yù]

뜻 ①감옥(監獄):지옥(地獄),출옥(出獄),탈옥(脫獄)
자원 잡혀 온 두 사람이 험한 말로 서로 자기의 옳은 점을 내세우며 싸우는 모양. 속된 말로 서로가 '개××(犾)'하며 싸우는 모양. 말을 뜻하는 언(言)을 가운데에 둔 것은 서로의 말이 상반된다는 뜻을 나타낸다.
자소 [회의] 언(言)말씀＋은(犾←狀)개싸움
성부 哭곡

□ ❶악{嶽} [yuè]큰 산:산악(山嶽),악부(嶽父:아내의 아버지,장인),악모(嶽母:장모)

15

(869) 獸 수 [shòu]

뜻 ①짐승:맹수(猛獸),수의(獸醫),금수(禽獸:날짐승과 땅짐승),인면수심(人面獸心),야수(野獸)
자원 원래는 지킨다는 뜻이었다(守備者也). 후에 뜻이 바뀌어 가축이나 산에 사는 짐승을 총칭하게 되었다. 「두 발이 달린 것을 금(禽),네 발이 달린 것을 수(獸)」라고 한다.
자소 [회의] 휴(嘼)산짐승＋견(犬犮)개

293

【 연습 문제 】

한자 시험 연습문제
〈제2영역〉語彙 1

〈1~2〉 다음 한자어(漢字語)와 그 새김의 방식이 같은 한자어는 어느 것입니까?

예: 한자어 '美人'은 그 새김의 방식이 관형어와 체언의 관계이다. 이와 비슷한 한자어로는 '廣場'이 있다.

1. 巨富
   ① 知人 ② 感謝 ③ 美化 ④ 花盆

2. 進退
   ① 興起 ② 恩惠 ③ 喜悲 ④ 京城

〈3~10〉 다음 한자어(漢字語)와 발음이 같은 한자어는 어느 것입니까?

3. 改過
   ① 負擔 ② 索引 ③ 勞動 ④ 蓋果

4. 動靜
   ① 同情 ② 面目 ③ 克己 ④ 禮儀

5. 婦人
   ① 苦悶 ② 否認 ③ 成果 ④ 新式

6. 動機
   ① 惜別 ② 開院 ③ 取得 ④ 同氣

7. 改訂
   ① 休息 ② 面談 ③ 開定 ④ 速達

8. 家具
   ① 架構 ② 記錄 ③ 綠翠 ④ 認識

9. 辭免
   ① 昆蟲 ② 操作 ③ 勞組 ④ 斜面

10. 相議
    ① 狀況 ② 尊敬 ③ 常衣 ④ 白蛇

〈11~12〉 다음 한자어(漢字語)들 중 괄호 안의 한자(漢字)의 발음(發音)이 다른 한자어는 어느 것입니까?

11. ① 極(樂) ② 憂(樂)
    ③ 娛(樂) ④ 音(樂)

12. ① (切)實 ② 一(切)
    ③ 懇(切) ④ 哀(切)

〈13~25〉 다음 단어들의 '□'에 공통으로 들어갈 알맞은 한자(漢字)는 어느 것입니까?

13. □前, 正□, □餐
    ① 午 ② 紀 ③ 夕 ④ 食

14. □野, □析, 成□
    ① 林 ② 名 ③ 分 ④ 富

15. □筆, □明, 名□
    ① 名 ② 文 ③ 開 ④ 古

16. □作, 學□, □慣
    ① 習 ② 操 ③ 製 ④ 分

17. □刊, □位, □品,
    ① 停 ② 廢 ③ 職 ④ 賞

294

18. 內□, □容, □攝
    ① 部   ② 外   ③ 包   ④ 受

19. 鉛□, □頭, □者
    ① 角   ② 筆   ③ 著   ④ 太

20. □收, □霜, 春□
    ① 秋   ② 內   ③ 雪   ④ 孟

21. 慶□, □賀, □電
    ① 事   ② 歌   ③ 慶   ④ 祝

22. □部, 完□, □力
    ① 一   ② 全   ③ 遂   ④ 戰

23. □白, □軍, 虛□
    ① 餘   ② 國   ③ 空   ④ 無

24. □點, □察, □光
    ① 汚   ② 査   ③ 後   ④ 觀

25. 解□, □苦, □業
    ① 俊   ② 工   ③ 痛   ④ 産

⟨26~28⟩ 다음 한자어(漢字語)와 뜻이 반대(反對)이거나 상대(相對)되는 한자어는 어느 것입니까?

26. 內包
    ① 外延 ② 外部 ③ 外面 ④ 外的

27. 攻擊
    ① 攻防 ② 打擊 ③ 防禦 ④ 防柵

28. 緊張
    ① 緊縮 ② 弛緩 ③ 縮小 ④ 收縮

⟨29~30⟩ 다음 성어(成語)에서 □에 들어갈 알맞은 한자(漢字)는 어느 것입니까?

29. 空理空□
    ① 戰   ② 語   ③ 論   ④ 盃

30. 坐井□天
    ① 觀   ② 之   ③ 廢   ④ 聞

⟨31~35⟩ 다음 성어(成語)의 뜻풀이로 적절한 것은 어느 것입니까?

31. 難兄難弟
    ① 형제가 곤란에 처함.
    ② 우열을 가리기 어려움.
    ③ 형제를 구분하기 어려움.
    ④ 형과 동생을 부르기 어려움.

32. 男負女戴
    ① 가난한 사람들이 떠도는 형상.
    ② 남자가 여자를 부담스럽게 여김.
    ③ 남자와 여자가 서로 책임을 짐.
    ④ 남자가 물건을 인 여자를 업음.

33. 騎虎之勢
    ① 도중에 포기하려는 형세.
    ② 호랑이를 공격하려는 태세.
    ③ 도중에 그만둘 수 없는 형세.
    ④ 호랑이를 타고 위세를 부림.

34. 手不釋卷
    ① 애를 써서 모든 일을 제대로 함.
    ② 손을 쓸 수 없을 정도로 위급함.
    ③ 더 이상 손볼 데가 없을 정도임.
    ④ 손에서 책을 놓지 않음.

35. 敎外別傳
    ① 마음과 마음으로 뜻을 전함.
    ② 밖에서 특별히 가르침을 받음.
    ③ 가르침 외에 더 배울 것을 찾음.
    ④ 배우는 것 외에는 관심 갖지 않음.

【 연습문제 】

〈36~40〉 다음의 뜻을 가장 잘 나타낸 성어(成語)는 어느 것입니까?

36. 사욕을 누르고 예의를 좇음.
　① 權謀術數　　② 勞心焦思
　③ 克己復禮　　④ 格物致知

37. 처한 환경에 따라 달라짐.
　① 南橘北枳　　② 馬耳東風
　③ 傍若無人　　④ 粉骨碎身

38. 서로 화합할 수 없음.
　① 累卵之勢　　② 氷炭之間
　③ 四顧無親　　④ 誰怨誰咎

39. 인재는 저절로 드러남.
　① 九折羊腸　　② 附和雷同
　③ 不俱戴天　　④ 囊中之錐

40. 고지식하고 융통성 없음.
　① 見物生心　　② 累卵之勢
　③ 畵龍點睛　　④ 守株待兎

[정답] 1 ② 2 ③ 3 ④ 4 ① 5 ② 6 ③ 7 ③ 8 ① 9 ④ 10 ③ 11 ④ 12 ② 13 ① 14 ③ 15 ② 16 ① 17 ② 18 ③ 19 ② 20 ① 21 ④ 22 ② 23 ③ 24 ④ 25 ④ 26 ① 27 ③ 28 ② 29 ③ 30 ① 31 ② 32 ① 33 ③ 34 ④ 35 ① 36 ③ 37 ① 38 ② 39 ④ 40 ③

5획 부수 〔 23개 〕

암기

검은(玄) 옥(玉) 같은 오이(瓜)는
기와(瓦)에 갈아서 단맛(甘)을 낼(生) 때 쓴다(用).
밭(田)에서 빌빌(疋)하면 병(疒)이 발생(癶)하니
흰(白) 가죽(皮) 그릇(皿)으로 눈(目) 가리고
창(矛)과 화살(矢)을 들고 돌(石)을 보면(示)
짐승발자국(内)이 벼(禾) 구멍(穴)에 서(立) 있다.

玄	[검을 현]	솔(率)
玉(王)	[구슬 옥]	왕(王) 각(珏) 반(班) 금(琴) 슬(瑟) 영(瑩)
瓜	[오이 과]	호(瓠)
瓦	[기와 와]	
甘	[달 감]	심(甚)
生	[날 생]	산(産)
用	[쓸 용]	보(甫)
田	[밭 전]	갑(甲) 신(申) 유(由) 남(男) 답(畓) 외(畏) 계(界) 류(留) 축(畜)
		이(異) 필(畢) 번(番) 화(畫) 당(當) 강(畺) 첩(疊)
疋	[필 필/소]	소(疏) 의(疑)
疒	[병질 녁]	질(疾)
癶	[어긋날 발]	계(癸) 등(登) 발(發)
白	[흰 백]	백(百) 개(皆) 황(皇) 고(皐) 호(皓)
皮	[가죽 피]	
皿	[그릇 명]	영(盈) 익(益) 도(盜) 감(監) 진(盡) 로(盧)
目(罒)	[눈 목]	직(直) 간(看) 성(省) 미(眉) 상(相) 순(盾) 진(眞) 착(着) 구(瞿)
矛	[창 모]	
矢	[화살 시]	의(矣) 지(知)

【 5획 부수 】

石	[돌 석]	뢰(磊)
示(礻)	[보일 시]	사(社) 축(祝) 제(祭) 표(票) 금(禁)
禸	[짐승발자국 유]	우(禹) 설(离) 금(禽)
禾	[벼 화]	독(禿) 수(秀) 병(秉) 과(科) 추(秋) 진(秦) 치(稚) 품(稟) 계(稽)
穴	[구멍 혈]	공(空) 돌(突) 천(穿) 착(窄) 질(窒) 찬(竄)
立	[설 립]	병(竝) 경(竟) 장(章) 동(童) 경(競)

玄 玉 瓜 瓦 甘 生 田 疋 疒 癶 白 皮 皿 目 矛 矢 石 示 内 禾 穴 立　[검을현]

214 부수글자 **095**　　5 - 1/23　　(5획부수)

95. 현 玄 [xuán]

자원 덮혀 가려진 것이 가물거리며 잘 보이지 않아서 파악하기 힘들다는 뜻이다. 검으면서 붉은 빛이 도는 것을 현(玄)이라고 한다. 염(染) 참조.
뜻 ①**검다** ②오묘하다: 현묘(玄妙) ③증손자: 현손(玄孫)
자소 [지사]

부수 성부　　부수글자가 성부로 쓰일 때

- ❶현〔絃〕[xián] 악기줄: 현악기(絃樂器), 관현악(管絃樂), 칠현금(七絃琴)
- ❷현〔弦〕[xuán] 활시위 /반달: 상현(上弦), 하현(下弦)
- ❸견{牽}[qiān] 끌다: 견인차(牽引車), 견제(牽制), 견우직녀(牽牛織女)
- ❹현{炫}[xuàn] 빛나다: 현요(炫燿)
- ❺현{眩}[xuàn] 아찔하다: 현혹(眩惑)
- ❻현{鉉}[xuàn] 솥귀 /삼공의 자리: 현석(鉉席)
- ❼현{泫}[xuàn] 이슬 빛나는 모양 /눈물 흘리다
- ❽현{玹}[xuàn] 옥 이름 /옥빛 /사람 이름
- ❾현(舷)[xián] 뱃전: 좌현(左舷), 우현(右舷)
- ❿현(衒)[xuàn] 자랑하다: 현학적(衒學的)

성부 글자　　성부와 부수가 결합된 형성자

(870) 率 솔 [shuài]　**뜻** ①**거느리다**: 통솔(統率) ■률[lǜ] ①비율(比率): 능율(能率)
자원 새 잡는 새그물. 아래 위는 그물의 손잡이를 본뜬 것이다.
자소 [상형]

299

【구슬옥】 玄玉瓜瓦甘生田疋疒癶白皮皿目矛矢石示内禾穴立

214 부수글자 **096**　　　5 - 2/23　　　(5획부수)

96. 옥 玉 王 [yù]

[자원] 3개의 옥을 꿰어 놓은 모양을 본떴다. 부수로 쓸 때는 점이 생략되어 왕(王)자처럼 쓰인다. 옥에는 5가지 미덕이 있다. 윤택은 인(仁), 무늬는 의(義), 소리는 지(智), 꺾이지 않는 것은 용(勇), 날카롭지만 사납지 않은 것은 결(絜)의 덕이다.

[뜻] ①옥:보옥(寶玉) ②임금과 관련된 것:옥체(玉體),옥음(玉音) ③아름답고 귀한 것:옥동자(玉童子)

[자소] [상형]

부수 성부　　　부수글자가 성부로 쓰일 때

□ ❶옥{鈺} [yù] 보배 /단단한 쇠
□ ❷욱{頊} [xū] 멍하다(茫然自失) /삼가하다

성부 글자　　　성부와 부수가 결합된 형성자

(871) 王 왕 [wáng]

[뜻] ①임금:왕국(王國),왕비(王妃),왕자(王子),왕후(王后),제왕(帝王)
[wàng] 왕노릇하다

[자원] 임금은 하늘과 땅과 사람의 일에 모두 통달하여야 한다는 뜻이다. 갑골문에서는 커다란 도끼의 모양으로 풀이한다.
　　[참고] 광(狂), 왕(旺), 왕(枉), 왕(汪) 등에서 왕(王)은 황(坒)자의 변형이다.

[자소] [상형·지사]

[성부] 閏윤 皇황 五오 主주 鬪투 珏각 玉옥 全전 匡광 朢망 聖성 呈정 徵징 聽청 坒황

(872) 珏 각 [jué]

[뜻] ①쌍옥(雙玉)
[자원] 두 개의 옥. 임금이 벼슬을 내리면 그 증거로 구슬을 쪼개어 한쪽을 관리에게 주었다. 그 종류에 따라 지위가 달랐으므로,「구별, 직급」의 뜻이 된 것이다.

[자소] [회의] 왕(王) ← 옥(玉王)옥 + 옥(玉王)옥

[성부] 班반 瑟슬 琴금

300

玄 玉 瓜 瓦 甘 生 田 疋 疒 癶 白 皮 皿 目 矛 矢 石 示 内 禾 穴 立　[구슬 옥]

(873) [bān]
- 뜻 ①나누다:일반이반(一班二班),각반(各班) ②지위:반열(班列) ③양반(兩班):반상구별(班常區別),문반(文班),무반(武班)
- 자원 칼(刀刂)로 옥(珏玨)을 자른 모양이다.
- 자소 [회의] 각(珏玨)쌍옥 ＋ 도(刂 ← 刀刂)칼

8
(874) [qín]
- 뜻 ①거문고:가야금(伽倻琴),오현금(五弦琴) ②부부사이:금슬(琴瑟)
- 자원 전체가 악기 모양을 본뜬 하나의 상형한자. 간사한 마음을 없애고 사람의 마음을 바로잡아준다는 뜻이다. 신농(神農)이 만들었다고 한다.
- 자소 [상형]
- 성부 瑟슬

9
(875) [sè]
- 뜻 ①큰 거문고:금슬(琴瑟:부부사이가 좋음)
- 자원 복희가 만든 현악기인데 거문고인 금(琴)과 아주 잘 어울리므로 부부사이를 금슬(琴瑟)이라고 한다.
- 자소 [형성] 각(珏) ← 금(琴瑟)거문고 ＋ 필(必)반드시

☐ ❶슬{璱}[sè]옥이 깨끗한 모양 /진주

10
(876) [yíng]
- 뜻 ①옥빛(玉色) ②아름다운 돌 ③밝다(明也)
- 자원 글자 그대로 하면 집에 불이 난듯이 빛나는 옥이라는 말이다. 로(勞)는 집에 불이 나서 열심히 끄는 모습이라고 했다.
- 자소 [형성] 형(炏 ← 熒)빛나다 ＋ 옥(玉王)옥

☐ ❶형{瀅}[yíng]물이 맑다

【오이 과】 玄玉瓜瓦甘生田疋广癶白皮皿目矛矢石示内禾穴立

214 부수글자 **097**　　　　5 - 3/23　　　　　　　　(5획부수)

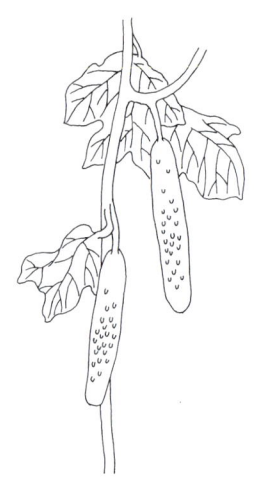

97. 과 瓜 [guā]

[자원] 덩굴에 열매가 달리는 참외, 오이, 수박 등의 과일. 바깥(爪)은 덩굴, 속 부분(ㄙ)이 열매를 나타낸다. 라(苽)는 「풀열매」를 말한다.
[뜻] ①오이
[자소] [상형]

부수 성부　　　부수글자가 성부로 쓰일 때

- ❶고(呱) [gū] 울다 /어린애가 우는 소리:고고지성(呱呱之聲):첫 울음소리, 아이가 태어남)
- ❷고(苽) [gū] 돗자리를 만드는 풀(줄풀) /산수국
- ❸호(弧) [hú] 나무로 만든 활 /활모양으로 굽은 선
- ❹호(狐) [hú] 여우:호사수구(狐死首丘):여우가 죽을 때 고향 쪽에 머리를 둠)

성부 글자　　　성부와 부수가 결합된 형성자

(877)  [hú]
[뜻] ①병 ②질그릇　[hù] ①표주박
[자원] 별다른 풀이가 없다.
[자소] [형성] 과(瓜)오이 ＋ 과(夸)허풍치다

- ❶포(匏) [páo] 바가지(박을 쪼개어 만든 그릇)
- ❷표(瓢) [piáo] 박(바가지):일단사일표음(一簞食一瓢飮:간소한 식생활)

302

玄 玉 瓜 瓦 甘 生 田 疋 疒 癶 白 皮 皿 目 矛 矢 石 示 内 禾 穴 立　[기와 와]

98. 와 瓦 [wǎ]

[자원] 암기와와 수키와가 맞물린 모양. 흙을 구워서 만든「질그릇」을 나타낸다.
[뜻] ①**기와**：개와(蓋瓦), 귀면와(鬼面瓦), 와당(瓦當), 와해(瓦解) [wà] (기와를)이다
[자소]【상형】

303

【달감】 玄玉瓜瓦甘生田疋疒癶白皮皿目矛矢石示内禾穴立

214 부수글자 **099**　　　5 - 5/23　　　(5획부수)

99. 감 甘 [gān]

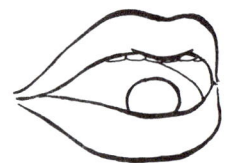

[자원] 맛을 본다는 뜻으로 입구(口ㅂ)에 음식물을 뜻하는 일(一一)을 넣었다. 맛있는 모든 것을 뜻한다.
[뜻] ①**달다**:감미(甘味) ②**달게 여기다**:감지덕지(感之德之)
[자소] [지사]

부수 성부 — 부수글자가 성부로 쓰일 때

- ❶**감**(柑) [gān] 홍귤나무:밀감(蜜柑)
- ❷**감**(疳) [gān] 감질(疳疾:원래는 어린애의 위장병.더 먹거나 가질려고 애태우는 것)
- ❸**감**(紺) [gàn] 감색(紺色):감청색(紺青色)
- ❹**감**(坩) [gān] 도가니(쇠를 녹이는 데 쓰는 토기):감과(坩堝)
- ❺**겸**(鉗) [qián] 항쇄:겸제(鉗制:목에 칼을 씌워 남의 자유를 구속함),겸자(鉗子:죄인의 목에 씌우는 칼)
- ❻**첨**(甜) [tián] 달다:첨언밀어(甜言蜜語:듣기 좋은 달콤한 말) [참고] 첨(甛)과 같다.
- ❼**한**(邯) [hán] 땅 이름:한단지몽(邯鄲之夢:한 순간의 낮잠 동안에 평생의 일을 꿈에서 겪은 일)

성부 글자 — 성부와 부수가 결합된 형성자

(878) 甚 심 [shèn]
[뜻] ①**심하다**:극심(極甚),심지어(甚至於)
[자원] 감(甘)은 맛있는 음식, 필(匹)은 배우자를 뜻한다.「달콤한 이성(異性)을 지나치게 즐긴다」는 뜻이다.
[자소] [회의] 감(ᅟᅳ ← 甘ㅂ)달다 + 필(匹)배우자, 짝
[성부]  감

- ❶**감**{勘} [kān] 헤아리다:감안(勘案),마감(磨勘:옛중국에서 관리들의 행적을 조사하던 제도)
- ❷**감**{堪} [kān] 견디다:감당(堪當),난감(難堪) /하늘:감여(堪輿:하늘과 땅,천지)
- ❸**감**(戡) [kān] 전쟁에서 모조리 죽이고 이기다
- ❹**담**(湛) [zhàn] 물이 고이다 ■침:잠기다 /담그다
- ❺**심**(諶) [chén] 참(진실.참으로)
- ❻**침**(斟) [zhēn] 술을 따르다:짐작〈침작(斟酌:어림잡아 헤아리다)

玄玉瓜瓦甘生用田疋广癶白皮皿目矛矢石示内禾穴立　　［날생］

214 부수글자 **100**　　　5 - 6/23　　　（5획부수）

100. 생 生[shēng]

[자원] 초목의 싹이 터서 땅 위로 뻗어나는 모양을 본떴다.
[뜻] ①**태어나다**:생일(生日),출생(出生),탄생(誕生) ②**살다**:생존(生存) ③**날 것**:생물(生物),생선(生鮮)
[자소] 〔상형〕

부수 성부　　　부수글자가 성부로 쓰일 때

- ❶성〈性〉[xìng] **성품**(性品):성격(性格),성질(性質),관성(慣性),천성(天性) /**이성**(異性):남성(男性),여성(女性),혼성(混性)
- ❷성〈姓〉[xìng] **성씨**(姓氏):성명(姓名),성함(姓銜),동성(同姓),백성(百姓)
- ❸생〈牲〉[shēng] **제사에 쓰이는 짐승**:희생(犧牲)
- ❹생〈甥〉[shēng] **조카**:생질(甥姪)
- ❺정〈旌〉[jīng] **깃발**:명정(銘旌:상여 앞에 가는 깃발),정문(旌門)
- ❻생〈笙〉[shēng] **생황**
- ❼성〈狌〉[xīng] **성성이** /**삵괭이** [shēng] **족제비**

성부 글자　　　성부와 부수가 결합된 형성자

(879)  [chǎn]
[뜻] ①**낳다**:산업(産業),출산(出産),해산(解産),순산(順産) ②**재산**(財産):생산(生産)
[자원] 훌륭한 선비(彦)가 될 아기가 태어난다(生)는 뜻에서「만물이 태어난다」는 뜻이 되었다.
[자소] 〔형성〕 언(产←彦)선비＋생(生)나다, 낳다

- ❶살｛薩｝[sā] **보살**(菩薩:범어 sat의 음역어):보리살타(菩提薩陀)

305

【쓸용】 玄玉瓜瓦甘生用田疋疒癶白皮皿目矛矢石示内禾穴立

214 부수글자 **101**　　5 - 7/23　　(5획부수)

101. 용 用 [yòng]

[자원] 일이 있으면 점(卜)을 쳐보고 적중한(中) 것을 시행했다는 뜻이다.
[뜻] ①쓰다: 용도변경(用途變更), 용불용설(用不用說), 사용(使用), 사용(私用), 상용(常用), 일용(日用), 전용(專用)
[자소] [회의] 복(卜)점치다＋중(中)적중하다

성부 글자　　　성부와 부수가 결합된 형성자

(880)  [yǒng]
[뜻] ①물이 솟아 오르다(湧也) ②꽃이 피는 모양(草木華)
[자원] 확 피지 않은 꽃봉오리(甬)가 많이 맺힌 모양을 본떴다.
[자소] [형성] 용(用)사용하다＋함(マ←甬)꽃봉오리
[성부] 涌용 勇勯용

- ❶송〔誦〕[sòng] 외우다: 암송(暗誦), 낭송(朗誦)
- ❷통〈通〉[tōng] 통하다: 통과(通過), 통로(通路), 통달(通達), 만사형통(萬事亨通) /온통: 공통(共通) /몹시: 통쾌(通快)
- ❸통〔痛〕[tòng] 아프다: 통증(痛症), 진통(陣痛) /슬퍼하다: 통탄(痛歎), 비통(悲痛)
- ❹용{踊}[yǒng] 뛰다: 무용(舞踊)
- ❺통{桶}[tǒng] 물건을 담는 통
- ❻용{埇}[yǒng] 길을 돋우다 /골목길 /땅 이름
- ❼용{俑}[yǒng] 나무로 만든 인형(옛날에 죽은 사람과 함께 묻었다)

(881) 甫 보 [fǔ]
[뜻] ①크다 ②남자의 미칭 ③비로소
[자원] 지아비(父) 노릇을 제대로 한다(用)는 뜻. 남자의 미칭으로 쓰인다.
[자소] [회의·형성] 부(⺮←父)아버지＋용(用)사용하다
[성부] 専專부 匍포 浦포

- ❶포〔捕〕[bǔ] 사로잡다: 포로(捕虜), 포박(捕縛), 포착(捕捉), 포획(捕獲)
- ❷보〔補〕[bǔ] 헤진 옷을 깁다: 보수(補修), 보충(補充) /돕다: 보강(補强), 보약(補藥), 보조(補助)
- ❸보{輔}[fǔ] 돕다: 보좌(輔佐), 보필(輔弼) /바퀴의 덧방나무
- ❹부{敷}[fū] 넓게 깔다: 부연설명(敷衍說明) /베풀다: 철도부설(鐵道敷設)

玄 玉 瓜 瓦 甘 生 用 田 疋 疒 癶 白 皮 皿 目 矛 矢 石 示 内 禾 穴 立　　［쓸용］

- ❺보(黼) [fǔ] 보불,수(수를 놓은 옷,혹은 그 수)
- ❻볼(乶) [*] 인명이나 지명을 나타내던 이두문의 하나.
- ❼유(牖) [yǒu] 격자창 /깨우쳐 인도하다
- ❽포(哺) [bǔ] 먹이다:포유류(哺乳類) /기르다:반포(反哺:까마귀는 자라서 어미를 먹여 살린다)
- ❾포(鋪) [pū] 깔다:도로포장(道路鋪裝) [pù] 가게:점포(店鋪)
- ❿포(圃) [pǔ] 밭:농포(農圃),포전(圃田)
- ⓫포(脯) [pú] 포(잘라서 말린 고기):오징어포(脯)
- ⓬포(逋) [bū] 달아나다 /세금을 안 내다:세금포탈(稅金逋脫)

---

(882) 甫備비 [bèi]

뜻 ①갖추다(具也)
자원 앞일을 걱정하여 미리 갖춘다는 뜻이다.
자소 【회의】 극(广 ← 茍䇂)경계하다＋용(用用)사용하다
성부 備비

307

【밭전】 玄玉瓜瓦甘生用田疋疒癶白皮皿目矛矢石示内禾穴立

214 부수글자 **102**　　5 - 8/23　　(5획부수)

102. 전 田 [tián]

자원 밭에 종횡으로 길이 나 있는 모양. 곡식 심는 곳을 전(田), 채소 심는 곳을 포(圃), 과일나무를 심는 곳을 원(園)이라고 한다. 우리나라에서는 벼를 심는 곳을 답(畓)이라고 한다.
뜻 ①밭:전답(田畓) ②시골:전원(田園) ③사냥하다
자소 [상형] 위(口) ← 밭 모양+십(十) ← 밭사이의 길

부수 성부 — 부수글자가 성부로 쓰일 때

- ❶전{甸} [diàn] 경기(京畿:서울 주변 500리 이내의 땅)
- ❷전(鈿) [tián] 비녀 [diàn] 상감하다:나전칠기(螺鈿漆器)
- ❸전(畋) [tián] 밭을 갈다:전식(畋食:밭을 갈아서 먹고 살다) /사냥하다:전어(畋漁)
- ❹전(畑) [tián] 훈독하는 일본 한자
- ❺전(佃) [tián] 밭을 갈다 [diàn] 소작인

성부 글자 — 성부와 부수가 결합된 형성자

(883) 由 불 [fú]
뜻 ①귀신머리(鬼頭)
자원 귀신의 형상을 한 가면 모양을 본뜬 글자, 흔히 「귀신 머리」라고 한다.
자소 [상형]
성부 鬼귀 畀비 畏외 禺우 卑비

(884) 甲 갑 [jiǎ]
뜻 ①갑옷:갑주(甲胄),기갑(機甲),장갑차(裝甲車) ②1째 천간[동쪽, 木] ③첫째:갑부(甲富),갑종(甲種)
자원 씨앗이 싹틀 때 겉껍질을 완전히 벗어 못한 채 뒤집어 쓰고 있는 모양. 또한 그 모양이 투구를 쓴 사람과 비슷하므로 「갑옷」을 뜻하기도 한다.
자소 [상형]
성부 卑卑비 早조 戎戜융

- ❶갑{鉀} [jiǎ] 갑옷
- ❷압{押} [yā] 손도장:압인(押印) /운을 밟다:압운(押韻) /누르다:압정(押釘) /압수(押收)하다:차압(差押), 압류(押留), 압송(押送)
- ❸압{鴨} [yā] 오리:안압지(雁鴨池), 압록강(鴨綠江)

玄玉瓜瓦甘生用 田 疋疒癶 白皮皿目矛矢石示内禾穴立　　[발전]

- ❹갑〔匣〕[xiá] 갑:문갑(文匣), 칠갑(漆匣)
- ❺갑〔岬〕[jiǎ] 곶(바다 쪽으로 내민 산허리)
- ❻갑〔胛〕[jiǎ] 어깨뼈:견갑골(肩胛骨)
- ❼갑〔閘〕[zhá] 수문:갑문(閘門:수문)
- ❽압〔狎〕[xiá] 친압(親狎:너무 지나칠 정도로 친하다) /익숙하다 /업신여기다

(885) 申 신 [shēn]
뜻 ①거듭 ②9째지지〔서남서쪽, 15~17시, 원숭이띠〕 ③아뢰다
자원 번개가 내리치는 모양을 본뜬 것이다.
자소 [상형] 왈(日) ← 국(臼꼭)두손으로 잡다
성부 曳예 臾유 身신 陳진 奄奄엄

- ❶곤〈坤〉[kūn] 땅:건곤일척(乾坤一擲:흥망이 걸린 한판 승부), 곤도(坤道:부녀자의 도리)
- ❷신〈神〉[shén] 귀신(鬼神):산신(山神), 신령(神靈), 신선(神仙), 신출귀몰(神出鬼沒) /정신(精神):신경(神經), 실신(失神) /아주 우수하다:신동(神童) /신기(神奇)하다:신비(神秘), 신통(神通)
- ❸전〈電〉[diàn] 번개:전격(電擊) /전기(電氣):전보(電報), 감전(感電), 누전(漏電)
- ❹신〔伸〕[shēn] 펴다:신장(伸張), 신축성(伸縮性), 굴신(屈伸), 추신(追伸)
- ❺신{紳}[shēn] 큰 띠:신사숙녀(紳士淑女)
- ❻신(呻)[shēn] 끙끙거리다:신음(呻吟)

(886) 由 유 [yóu]
뜻 ①말미암다:유래(由來), 자유(自由:스스로에게서 말미암는 것. 원인이 나에게 있다) ②이유(理由):연유(緣由), 사유(事由)
자원 나무에 열매가 대롱대롱 달린 모양을 본뜬 글자라고 흔히 풀이 한다. 원래는 부역을 뜻하는 요(繇)의 혹체(或體)인데, 요(繇)는 유(繇)의 와자(譌字)다.
자소 [상형]
성부 粤병

- ❶유〈油〉[yóu] 기름:유화(油畫), 유전(油田), 식용유(食用油) /구름이 일다
- ❷주〈宙〉[zhòu] 집 /하늘 /무한한 시간:우주(宇宙)
- ❸적〔笛〕[dí] 피리:기적(汽笛), 경적(警笛), 고적대(鼓笛隊)
- ❹추〔抽〕[chōu] 뽑다:추상명사(抽象名詞), 추첨(抽籤), 추출(抽出)
- ❺유{柚}[yòu] 유자나무 ■축[zhú] 바디(베틀이나 가마니틀에 딸린 기구의 일종)
- ❻유{柚}[yóu] 무성하다
- ❼적{迪}[dí] 나아가다 /길 /도달하다
- ❽주{胄}[zhòu] 맏아들 /자손
- ❾축{軸}[zhóu] 굴대:지축(地軸), 차축(車軸), 추축(樞軸)
- ❿수〈袖〉[xiù] 소매:수수방관(袖手傍觀), 영수회담(領袖會談)
- ⓫수〈岫〉[xiù] 산굴 /산봉우리 /산꼭대기
- ⓬수{峀}[xiù] 산굴 참고 수(岫)와 같은 글자
- ⓭유〈釉〉[yòu] 잿물 /윤이 나는 것:유약(釉藥)

【밭전】 玄 玉 瓜 瓦 甘 生 用 田 疋 疒 癶 白 皮 皿 目 矛 矢 石 示 内 禾 穴 立

- ⓮주(紬) [chōu] 명주: 주단(紬緞), 명주(明紬) /항낭폐슬(무릎가리개)

(887) 男 남 [nán]
- 뜻 ①사내: 남자(男子), 남아선호(男兒選好) ②벼슬 이름: 공후백자남(公侯白子男)
- 자원 밭(田)에서 힘써(力) 일하는 사람. 정전법(井田法)에 의하면 남자는 20이면 관례(冠禮)를 베풀고 어른이 되며, 나라로부터 땅을 부여받아 이를 경작하여 살며 세금을 내었다.
- 자소 [회의] 전(田)밭, 사냥 + 력(力)힘
- 성부 虜로

- ❶구(舅) [jiù] 시아비 /장인 참고 구(臼)가 음을 나타낸다.
- ❷생(甥) [shēng] 자매의 아들: 생질(甥姪) 참고 생(生)이 음을 나타낸다.

(888) 甹 병 [pīng]
- 뜻 ①이끌다 ②재물을 가벼이 여기는 사람 ③빠르다
- 자원 잠재되어 있던 기운(丂)이 뻗어 나갈 수 있는 기회(由)를 만난 것을 뜻한다. 어렵게 지내던 재주 있는 사람을 임금이 불러서 벼슬을 주는 것과 같은 일들을 말한다.
- 자소 [회의] 유(由)말미암다 + 교(丂)기운이 막히다

- ❶빙[聘] [pìn] 부르다: 초빙(招聘) /장가 가다: 빙모(聘母:장모), 빙장(聘丈:장인)
- ❷빙(騁) [chěng] 말을 치달리다: 치빙(馳騁)
- ❸빙(竮) [pīng] 묻다 /장가 들다

(889) 畀 비 [bì]
- 뜻 ①(남에게 무엇인가를)주다
- 자원 대좌 위에 있는 신불(神佛)에게 무엇인가를 「가져다 바친다」는 뜻이다.
- 자소 [형성] 전(田) ← 불(由)귀신머리 + 기(丌)상
- 성부 鼻비 異이

- ❶비(痺) [bì] 손발이 저리다 /마비되다

(890) 甾 치 [zāi]
- 뜻 ①꿩 ②강물 이름
- 자원 초나라 동쪽지방에서 부(缶)를 치(甾)라고 했다. (甾)는 치(緇), 치(輜)와 같다. 치(甾)는 「따비밭, 동방꿩」, 치(菑)는 「한해된 밭」인데 혼동되어 사용된다.
- 자소 [상형]
- 성부 膚膚鑢로

- ❶치(輜) [zī] 짐수레
- ❷치(緇) [zī] 검은 비단 /스님: 치문경훈(緇門警訓) /검은빛
- ❸치(淄) [zī] 검은빛

(891)  답 [dá]
- 뜻 ①논: 문전옥답(門前沃畓), 전답(田畓)
- 자원 우리나라에서 만든 한자. 물이 차 있는 밭, 논을 말한다.
- 자소 [회의] 수(水)물 + 전(田)밭, 사냥하다

310

玄玉瓜瓦甘生用 田 疋疒癶 白皮皿目矛矢石示内禾穴立　　[밭전]

(892) 畏 외 [wèi]
- 뜻 ①두려워하다:후생가외(後生可畏)
- 자원 귀신(由⊕)이나 호랑이(虎⊼)는 다 무서운 것들이다. 호랑이의 발톱을 나타내려고 호(虎)의 윗부분을 생략했다.
- 자소 [회의] 전(田) ← 불(由⊕)귀신머리 + 호(⊼ ← 虎⊼)범,호랑이

- □ ❶외(猥) [wěi] 외람(猥濫)되다 / 추잡하다:외설잡지(猥褻雜誌)

(893) 界 계 [jiè]
- 뜻 ①지경:경계(境界),한계(限界) ②한정된 분야:각계(各界),업계(業界) ③세계(世界):삼계무법(三界無法)
- 자원 밭과 밭 사이에 끼인 것은 내것과 네것을 구분짓는 경계선이다.
- 자소 [형성] 전(田⊕)밭,사냥하다 + 개(介)사이에 끼다

- □ ❶계(堺) [jiè] 계〈界〉와 같은 글자

(894) 畐 복 [fú]
- 뜻 ①가득차다(滿也) ②너비,폭(布帛廣)
- 자원 높다는 뜻의 고(高高)가 생략된 것이다. 두텁다는 뜻이다. 혹은 술을 넣는 항아리에 술이 가득 찬 모양을 본뜬 글자라고도 한다.
- 자소 [지사] 고(高高)의 생략형 + 전(田) ← 가득한 모양
- 성부 复夏복 匐복 良량

- □ ❶복〈福〉[fú]복:명복(冥福),축복(祝福),행복(幸福),전화위복(轉禍爲福)
- □ ❷부〈富〉[fù]넉넉하다:부자(富者),빈부(貧富),빈익빈부익부(貧益貧富益富)
- □ ❸부[副] [fù]둘째:부관(副官),부식(副食),부업(副業),부작용(副作用)
- □ ❹폭〔幅〕[fú]넓이:대폭인상(大幅引上),복건〈폭건(幅巾)〉
- □ ❺복〈輻〉[fú]바퀴살:복사열(輻射熱:바퀴살 처럼 사방으로 퍼지는 열) ■폭:같은 뜻:폭주(輻輳)
- □ ❻핍(逼) [bī]핍박(逼迫)하다
- □ ❼핍(偪) [bī]다가오다 ■복[fú]나라 이름

(895) 留 류 [liú]
- 뜻 ①머무르다:유임(留任),잔류(殘留),정류소(停留所),정류장(停留場)
- 자원 문을 닫고 밭에 나가서 일한다. 혹은 일정한 장소에 머무르게 한다는 뜻이다.
- 자소 [회의·형성] 묘(卯) ← 주(丣)문 닫다 + 전(田⊕)밭
- 성부 坐壘좌

- □ ❶류{瑠} [liú]유리 참고 류(琉)와 같은 글자
- □ ❷류(溜) [liù](물방울이)똑똑 떨어지다:증류수(蒸溜水) /여울 [liū]미끄러지다
- □ ❸류(榴) [liú]석류나무
- □ ❹류(瘤) [liú]혹

(896) 畟 직 [cè]
- 뜻 ①보습이 날카롭다(嚴利) ②나아가다
- 자원 농부(儿⊀)가 밭(田⊕)을 갈아 나간다(夂⊀)는 뜻이다.
- 자소 [회의] 전(田⊕)밭 + 인(儿⊀)어진사람 + 쇠(夂⊀)뒤쳐져 오다

- □ ❶직{稷} [jì]기장 /곡신(穀神):종묘사직(宗廟社稷)

【밭전】 玄玉瓜瓦甘生用田疋广癶白皮皿目矛矢石示内禾穴立

☐ ❷속(謖)[sù]일어나다 /높이 빼어난 모양

(897) 畜 축 [chù]
- 뜻 ①쌓다:저축(貯畜) ②가축(家畜)을 기르다:축산(畜産)
  ■휵[xù]①번식하다
- 자원 밭에서 자라난 수확물을 베어서 쌓아 놓은 것을 말한다. 현(玄)은 식물의 싹이 조밀하게 자란다는 뜻의 자(玆)의 생략형(省略形)이다.
- 자소 [형성] 현(玄)검붉은 빛＋전(田)밭, 사냥

☐ ❶축〔蓄〕[xù]쌓다:축전지(蓄電池),축농증(蓄膿症),축음기(蓄音器),축재(蓄財)

6획

(898) 異 이 [yì]
- 뜻 ①다르다:이단자(異端者),이성(異性),이상(異常),이질(異質),이종(異種),돌연변이(突然變異),특이(特異)
- 자원 두 손(廾)에 물건을 들고 남에게 준다(畀)는 뜻이었다.
- 자소 [회의] 비(畀)주다＋공(⺇←廾)양손
- 성부 冀기 翼翼익 糞분

☐ ❶대(戴)[dài]머리에 이다:대관식(戴冠式),추대(推戴)

(899) 畢 필 [bì]
- 뜻 ①마치다:필경(畢竟),필생(畢生),검사필증(檢査畢證),등록필증(登錄畢證) ②토끼 그물
- 자원 사냥하는 데 사용했던 자루가 달린 그물. 윗부분의 전(田)은 사냥한다는 뜻을 나타낸다 귀신머리 불(由)을 쓴 것은 잘못이다.
- 자소 [회의] 필(華)그물＋전(田)밭,사냥하다

☐ ❶필(筆)[bì]사립문 /악기 이름
☐ ❷필(韠)[bì]폐슬(무릎을 가리는 것)

7획

(900) 番 번 [fān]
- 뜻 ①차례:번지(番地),번호(番號),순번(順番),매번(每番),당번(當番) ②횟수:매번(每番) ■파[pó]①날랜 모양
- 자원 짐승 발자국. 변(采)은 짐승마다 서로 다른 발자국 모양, 아래의 전(田)은 여기서 짐승의 발바닥 모양이다.
- 자소 [상형] 변(采)분별하다, 짐승 발자국＋전(田) ← 짐승 발바닥
- 성부 潘반 審심

☐ ❶파〔播〕[bō]씨 뿌리다:파종(播種) /퍼뜨리다:전파(傳播) /달아나다:파천(播遷)
☐ ❷번〔飜〕[fān]날다 /뒤집다 참고 번(翻)과 통하여 쓴다.
☐ ❸번{蕃}[fān]무성하다:번성(蕃盛) /오랑캐:토번(吐蕃)
☐ ❹반(磻)[pán]강 이름 ■파[bō] 주살에 매다는 돌
☐ ❺반(蟠)[pán]주위를 빙 감돌다:반기(蟠氣),반룡(蟠龍:땅에 엎드려 있는 용)
☐ ❻번(幡)[fān]깃발(이 나부끼다) /막걸레
☐ ❼번(翻)[fān]펄럭이며 날다 /뒤집다:번복(翻覆) /번역(翻譯)하다:번안(翻案)
☐ ❽번(燔)[fān]굽다:번육(燔肉:구운 고기),번철(燔鐵:지짐할 때 쓰는 도구)
☐ ❾파(皤)[pó]희다:파파노인(皤皤老人)

玄玉瓜瓦甘生用田疋疒癶白皮皿目矛矢石示内禾穴立　　[밭전]

(901) [huà]
- 뜻 ①그림:벽화(壁畫),삽화(揷畫),화가(畫家),회화(繪畫) ■획:①가르다:구획(區畫)
- 자원 붓으로 밭의 동서남북의 경계선을 긋는 데서 그림을 그린다는 뜻으로 변한 것이다. 밭의 경계선을 측량하여 도면을 작성한다는 뜻이다.
- 자소 [회의] 율(聿←聿帇)붓의 모양＋화(田←画)밭의 경계선

□ ❶주〈晝〉[zhōu]낮:주간(晝間),주경야독(晝耕夜讀),주야불식(晝夜不息),백주(白晝)
□ ❷획〔劃〕[huà]쪼개다:구획(區劃)/구분하다:획기적(劃期的),획일(劃一)

⑧
(902) [dāng]
- 뜻 ①마땅하다:당연(當然),당위(當爲) ②대등하다 ③당하다:당국(當局),당사자(當事者) ④지금:당시(當時) [dàng] ①볼모:저당(抵當),전당포(典當鋪) ②알맞다
- 자원 이 밭(田)의 가치가 저 밭의 가치 만큼 높다(尙)는 뜻이다.
- 자소 [형성] 상(尙)오히려,높이다＋전(田)밭,사냥하다

□ ❶당｛鐺｝[dāng,tāng]종고소리/쇠사슬 ■쟁[chēng]세발 달린 솥

(903) [jiāng]
- 뜻 ①지경(界也)
- 자원 밭(畺)과 밭 사이의 경계선(三)을 말한다. 강(疆)과 같은 글자다.
- 자소 [지사] 강(畕)나란히 있는 밭＋삼(三三)밭 사이의 경계선
- 성부 疆강

□ ❶강｛橿｝[jiāng]굳세다/성하다/나무 이름
□ ❷강(薑)[jiāng]생강(生薑):강계지성(薑桂之性:늙을수록 강직해지는 성품)
□ ❸강(殭)[jiāng]시체가 썩지 않고 굳어지다:강시(殭屍)/마른 누에

⑩
(904) [léi]
- 뜻 ①구름덩어리가 얽히는 모양 ②밭사이의 땅(田間)
- 자원 음양의 기운이 뒤섞이며 회전하는 모양(象回轉形)을 본뜬 것이다.
- 자소 [상형]
- 성부 雷뢰 累纍루 疊첩 星曡성

□ ❶뢰(儡)[lěi]꼭둑각시:괴뢰(傀儡)/쇠퇴하다
□ ❷루(壘)[lěi]보루(堡壘):본루(本壘)/야구의 베이스(1,2,3루)·일루수(一壘手)

⑰
(905) 疊 첩 [dié]
- 뜻 ①포개다:중첩(重疊) ②쌓이다:첩첩산중(疊疊山中)
- 자원 사람을 심판하는 데는 3일(晶)을 생각함이 마땅하다(宜)는 말이다.
- 자소 [회의] 뢰(畾)←정(晶)여기서는 3일＋의(宜)옳다,마땅하다

313

【필필】 玄玉瓜瓦甘生用田疋疒癶白皮皿目矛矢石示内禾穴立

214 부수글자 **103**   5 - 9/23   (5획부수)

103. 소/필 疋 [shū]

- 자원 무릎 아래의 다리 모양을 본뜬 글자.
- 뜻 ①발 모양 ■필[pǐ]①짐승이나 피륙을 세는 단위:필마(匹馬) ②짝:필부 필부(匹夫匹婦) ■아[yǎ]①바르다
- 자소 [상형] 지(止ㄓ)멈추다. 발.

성부 글자 / 성부와 부수가 결합된 형성자

(906) 疌 첩 [jié]
- 뜻 ①빠르다(疾也)
- 자원 손발을 함께 사용하므로 빠르다는 뜻이다. 첩(捷)자는 당연히 이것을 써야 한다. 많은 책에서 베틀디딤판과 관련된 것으로 풀이했다.
- 자소 [회의] 십(十) ← 철(屮ㄓ)풀이 나다＋우(又ㅋ)손＋지(止ㄓ)발, 그치다

☐ ❶첩{捷} [jié]**빠르다**:민첩(敏捷),첩경(捷徑) /이기다:대첩(大捷),승첩(勝捷)
☐ ❷첩(睫) [jié]**속눈썹** /깜짝이다
☐ ❸첩(婕) [jié]**궁녀** /예쁘다

7
(907) 疏 소 [shū]
- 뜻 ①**성기다**:소원(疏遠),소외감(疎外感) ②**트이다**:의사소통(意思疏通)
- 자원 아기가 태어날 때 발을 움직여 머리가 아래로 향하며 머리부터 나온다. 발까지 다 나오면 출산의 고통도 끝 나는 것이다.
- 자소 [형성] 소(疋ㄓ)발의 모양＋돌(充)거꾸로 태어나다〔고문 자(子)를 거꾸로 썼다〕

☐ ❶소〔蔬〕[shū]**나물**(푸성귀):소반상(蔬飯床),채소(菜蔬),소식(蔬食)
☐ ❷소(梳) [shū]**얼레빗** /머리를 빗다:소발(梳髮)

9
(908) 疑 의 [yí]
- 뜻 ①**머뭇거리다** ②**의심**(疑心)**하다**:의문(疑問),혐의(嫌疑),의처증(疑妻症) ■응:①정하다
- 자원 사물을 인식하기 시작하는 또래의 어린애(子ㄓ)는 알고 싶은 것이 많으니, 그만큼 의혹이 많은 것이다.
- 자소 [형성] 의(矣 ← 矤)정하지 못하다＋자(ㄱ ← 子ㄓ)아들＋소(疋) ← 지(止ㄓ)멈추다

☐ ❶응{凝} [níng]**엉기다**:응결(凝結),응시(凝視),응고(凝固)
☐ ❷애(礙) [ài]**거리끼다**:구애(拘礙),장애(障礙)

314

玄玉瓜瓦甘生用田疋疒癶白皮皿目矛矢石示内禾穴立　　[필필]

- ❸의(擬) [nǐ] 헤아리다 /흉내내다 : 의성어(擬聲語), 의인화(擬人化), 의고(擬古)
- ❹이(肄) [yì] 연습하여 익히다 /노력　■시 : 죽여서 효시하다
- ❺치(癡) [chī] 어리석다 : 치한(癡漢), 치정살인(癡情殺人), 백치(白癡)

【병질녁】 玄 玉 瓜 瓦 甘 生 用 田 疋 疒 癶 白 皮 皿 目 矛 矢 石 示 内 禾 穴 立

214 부수글자 **104**　　　　5 - 10/23　　　　(5획부수)

104. 녁 疒 [nè]

자원 병든 사람이 침상에 기대어 누운 모양. 질병과 관련된 뜻을 나타낸다.
뜻 ①병든 사람이 기대어 누운 모양
자소 [상형]

성부 글자　　　　성부와 부수가 결합된 형성자

(909)  疾 질 [jí]

뜻 ①병: 질병(疾病), 고질(痼疾), 괴질(怪疾) ②빠르다: 질주(疾走) ③싫어하다: 질투(疾妬)
자원 병은 기약도 흔적도 없이 찾아온다. 화살 시(矢🈁)를 덧붙인 것은 사람을 다치게 하며, 또한 빠르다는 뜻을 나타내기 위함이다.
자소 [형성] 녁(疒疒)질병 ✛ 시(矢🈁)화살

□ ❶질(嫉) [jí] 시기하다: 질투(嫉妬), 질시(嫉視)
□ ❷질(蒺) [jí] 납가새 / 마름새풀

玄玉瓜瓦甘生用田疋广癶白皮皿目矛矢石示内禾穴立　　[필발]

214 부수글자 **105**　　5 - 11/23　　(5획부수)

105. 발 癶 [bō]

[자원] 두 발이 나란히 놓인 모양. 상하로 쓰면 보(步)가 된다. <필발머리>라고도 한다.
[뜻] ①두 다리가 어긋나다
[자소] [상형] 달(ㄨ ← 少)지(止)를 돌려썼다 +지(ㄨ ← 止)오른발

성부 글자 / 성부와 부수가 결합된 형성자

(910)  癸 계 [guǐ]
[뜻] ①열번째 천간[겨울,북쪽,水를 상징] ②월경(月經):천계(天癸)
[자원] 겨울이 되면 물이 얼어서 평평해지므로 발걸음(癶)으로 거리를 잴 수 있다는 뜻이다. 물이 사방에서 모여드는 모양을 본떴다.
[자소] [상형] 발(癶)두 발을 벌리다 +천(天) ← 시(矢)화살

- ❶규 {揆} [kuí] 헤아리다 / 법도 / 벼슬아치
- ❷규 {葵} [kuí] 해바라기: 규심(葵心:해를 따라가는 해바라기처럼 임금의 덕을 사모함)

(911) 登 등 [dēng]
[뜻] ①오르다:등산(登山) ②나가다:등단(登壇),등장인물(登場人物),등하교(登下校) ③책에 싣다:등기(登記),등록(登錄),등재(登載)
[자원] 발판(豆두)을 밟고 (癶) 수레에 오르는 모양을 본떴다.
[자소] [상형] 발(癶)양발의 모양 + 두(豆두)콩, 발판의 모양

- ❶증 〈證〉 [zhèng] 증거(證據):증명(證明),증인(證人),증언(證言),보증(保證)
- ❷등 〈燈〉 [dēng] 등잔(燈盞):풍전등화(風前燈火),등화가친(燈火可親),등대(燈臺),점등(點燈),소등(消燈)
- ❸등 {鄧} [dèng] 나라 이름
- ❹징 {澄} [chéng] 맑다:징철(澄澈:대단히 맑다) [dèng] 맑게 하다
- ❺등 {橙} [chéng] 등자나무 [dèng] 걸상
- ❻등 {嶝} [dèng] 나지막한 고개 /비탈길
- ❼등 {凳} [dèng] 등자(凳子:말을 탈 때 디디는 것)

317

【필발】 玄玉瓜瓦甘生用田疋疒 癶 白皮皿目矛矢石示内禾穴立

(912)  [fā]

뜻 ①쏘다:발사(發射) ②일어나다:발흥(發興) ③떠나다:출발(出發) ④시작하다:개발(開發),계발(啓發),발동(發動),발발(勃發)

자원 활을 쏠 때에 양발을 벌리고 서서, 땅바닥을 문질러 자리를 잡고 활을 당긴다는 뜻이다.

자소 [형성] 발(癶 ← 癹)발로 풀을 밟다 + 수(殳)치다

- ❶폐 〔廢〕 [fèi] 폐하다:폐기처분(廢棄處分), 폐업(廢業), 황폐(荒廢), 폐지(廢止)
- ❷발 {潑} [pō] 물을 뿌리다:발수(潑水) /활발(活潑)하다:발랄(潑剌) /사납다
- ❸발 (撥) [bō] 다스리다 /없애다 /퉁기다:반발심(反撥心)
- ❹발 (醱) [fā,pō] 술을 다시 빚다 /발효하다:발효식품(醱酵食品)
- ❺폐 (癈) [fèi] 폐질(고질병):폐질(癈疾), 폐인(癈人)

玄玉瓜瓦甘生用田疋疒癶 白 皮皿目矛矢石示内禾穴立　　[흰백]

214 부수글자 **106**　　5 - 12/23　　(5획부수)

106. 백 白 [bái]

자원 동쪽은 청(靑), 서쪽은 백(白)색이 되는데, 해질 무렵의 어스름한 빛깔을 말한다.

뜻 ①희다: 순백(純白), 백미(白眉) ②깨끗하다: 결백(潔白) ③말하다: 고백(告白), 독백(獨白), 자백(自白), 주인백(主人白) ④없다: 백수건달(白手乾達), 백병전(白兵戰)

자소 [지사] 입(入)들어가다+이(二)둘

부수 성부　　부수글자가 성부로 쓰일 때

- ❶박[迫][pò]닥치다: 박력(迫力), 박두(迫頭), 압박(壓迫), 협박(脅迫) /급박(急迫)하다: 구박(驅迫), 강박(强迫), 박해(迫害), 핍박(逼迫)
- ❷박[拍][pāi]손뼉을 치다: 박수(拍手), 박장대소(拍掌大笑), 박자(拍子) **참고** 원래는 박(捪)이었다.
- ❸백[伯][bó]맏이: 백중지세(伯仲之勢), 백부(伯父: 큰아버지) /우두머리: 화백(畵伯)
- ❹백[柏][bǎi]측백나무 /잣나무: 송백(松柏), 동백(冬柏)
- ❺벽[碧][bì]푸르다: 벽오동(碧梧桐), 상전벽해(桑田碧海), 벽안(碧眼)
- ❻박{珀}[pò]호박(장식품으로 사용되는 화석의 일종)
- ❼박{箔}[bó]얇은 금속판 **참고** 박(箔)과 통용한다.
- ❽박(粕)[pò]지게미(술을 짜내고 남은 찌꺼기)
- ❾박(舶)[bó]큰 배: 선박(船舶)
- ❿백(魄)[pò,]넋: 혼백(魂魄), 혼비백산(魂飛魄散) ■탁: 영락(零落)하다

성부 글자　　성부와 부수가 결합된 형성자

(913) [bǎi]

뜻 ①100: 백년(百年) ②많다: 백과사전(百科辭典), 백배사죄(百拜謝罪)

자원 100은 일단락 되는 큰 수, 많은 수로 상징되었다. 수를 헤아려 가다가 100이 되면 큰 소리로 외쳤다는 말이다.

자소 [회의] 일(一)하나, 1＋백(白) ← 자(白←自)

성부 泊박 佰벽 佰伯숙

- ❶백{佰}[bǎi]일백(100) /백 사람 ■맥: 밭두둑
- ❷맥(陌)[mò]밭두둑 길: 맥천(陌阡: 밭두둑 길), 맥상화(陌上花: 버려진 아름다운 것)

319

【흰백】 玄玉瓜瓦甘生用田疋疒癶 白皮皿目矛矢石示内禾穴立

- ❸맥(貊)[mò] 북방종족:예맥(濊貊)
- ❹백(栢)[bǎi] 측백나무

(914) 皃 모 [mào]
- 뜻 ①모양 참고 모(貌)의 옛 글자
- 자원 가면을 쓴 사람, 혹은 사람의 얼굴 모양을 말한다.
- 자소 [상형] 백(白)여기서는 얼굴+인(儿ℛ)어진 사람
- 성부 兜두 貌모 弁覓변

(915) 皆 개 [jiē]
- 뜻 ①(모두)다:개기일식(皆旣日蝕),개근상(皆勤賞)
- 자원 줄지어 늘어선 사람들이 모두 같은 말을 한다는 뜻. 아래의 白는 자(自)의 생략형. 백(白)자가 아니다.
- 자소 [회의] 비(比ℙ)늘어서다+백(白)←자(自白)자(自)의 생략

- ❶계[階][jiē] 섬돌:층계(層階),계단(階段) /차례:계급(階級),계제(階梯:사다리)
- ❷해{偕}[xié] 함께:백년해로(百年偕老) /굳세다
- ❸해{楷}[jiè] 나무 이름 [kǎi] 본보기 /글씨체:해서체(楷書體)
- ❹해{諧}[xié] 화합하다(어울리다) /농담하다:해학소설(諧謔小說)

(916) 皇 황 [huáng]
- 뜻 ①임금:황제(皇帝),천황(天皇) ②크다
- 자원 왕의 시작(始王者),왕중의 왕이라는 뜻이다. 자(白)는 자(自)의 생략형인데 코 모양을 본뜬 것으로 시작의 뜻을 나타낸다. 시조(始祖)를 비조(鼻祖)라고도 한다.
- 자소 [회의] 백(白)←자(自白)코+왕(王王)임금

- ❶황{煌}[huáng] 빛나다
- ❷황{凰}[huáng] 봉황새(수컷을 鳳, 암컷을 凰, 새끼를 鸞이라고 한다)
- ❸황{媓}[huàng] 어미
- ❹황{堭}[huáng] 벽없는 집 /해자
- ❺황(徨)[huáng] 노닐다:방황(彷徨)
- ❻황(惶)[huáng] 두려워하다:황공무지(惶恐無地),황송(惶悚),당황(唐慌,唐惶)
- ❼황(遑)[huáng] 허둥지둥하다:황급(遑急)
- ❽황(蝗)[huáng] 황충(메뚜기 비슷하며 떼 지어 다니면서 벼에 해를 끼친다)
- ❾황(篁)[huáng] 대나무밭
- ❿황(隍)[huáng] 해자(성 밖에 둘러판 도랑):서낭당〈성황당(城隍堂)〉
- ⓫황(湟)[huáng] 해자 /물이 빠르고 세차게 흐르는 모양

(917) 皋 고 [gāo]
- 뜻 ①언덕 ②느리다 ■호[hāo]①부르다
- 자원 사람이 죽은 뒤 5~6시간이 지났을 때 생전에 그가 입던 옷을 들고 지붕에 올라가 흔들며 「아무개가 몇년 몇월 몇일 몇시에 별세」라고 3번 외친 후 내려와 그 옷으로 시체를 덮는 것을 고복(皋復)이라고 한다.
- 자소 [회의] 백(白白)희다+토(㚖←夲㚖)나아가다

玄 玉 瓜 瓦 甘 生 用 田 疋 疒 癶 白 皮 皿 目 矛 矢 石 示 禸 禾 穴 立　　[흰 백]

(918) 皓 호 [hào]
- 뜻 ①희고 깨끗하다: 호호백발(皓皓白髮), 단순호치(丹脣皓齒)
- 자원 설문해자에는 없는 글자다.
- 자소 [형성] 백(白)희다＋고(告)고하다

☐ ❶호{澔}[hào] 물이 질펀한 모양 참고 호[浩]와 같은 글자

(919) 皕 벽 [bì,bī]
- 뜻 ①200
- 자원 석(奭)자의 중간에 보인다.
- 자소 [회의] 백(百)100＋백(百)100

☐ ❶석{奭}[shì] 크다 /성내다

5획

321

【가죽 피】玄玉瓜瓦甘生用田疋疒癶白 皮 皿目矛矢石示禸禾穴立

214 부수글자 **107**　　5 - 13/23　　(5획부수)

107. 피 皮 [pí]

자원 털이 달려 있는 짐승의 겉껍질. 우(又ㅋ)는 그 가죽을 벗기는 손이다.
뜻 ①가죽:피혁(皮革),모피(毛皮) ②표면:표피(表皮),피상적(皮相的),피부(皮膚)
자소 【상형】위(𠂆 ← 爲)원숭이 모양+우(又ㅋ)오른손

부수 성부　　부수글자가 성부로 쓰일 때

- ❶파〈破〉[pò]부수다:파괴(破壞),파죽지세(破竹之勢),파안대소(破顏大笑)
- ❷피〈彼〉[bǐ]저것:피차간(彼此間),피아(彼我),차일피일(此日彼日),피안(彼岸)
- ❸파〔頗〕[pō]자못:파다(頗多) /치우치다:편파적(偏頗的)
- ❹피〔疲〕[pí]피곤(疲困)하다:피로(疲勞),피마불외편추(疲馬不畏鞭箠)
- ❺피〔被〕[bèi]입다:피해(被害),피격(被擊),피고(被告) /이불:피복(被服)
- ❻파{坡}[pō]언덕:파안(坡岸:제방)
- ❼피(披)[pī]헤쳐 펴다:피력(披瀝),피로연(披露宴:세상에 널리 알리기 위한 잔치)
- ❽피(跛)[bǒ]비스듬히 서다:피의(跛依) ■파:절름발이:파행적(跛行的)
- ❾피(陂)[bēi,pí]방죽:피당(陂塘:둑),피지(陂池:못) [bì]비탈지다

玄玉瓜瓦甘生用田疋疒癶白皮皿目矛矢石示内禾穴立　[그릇 명]

214 부수글자 **108**　　5 - 14/23　　(5획부수)

108. 명 皿 [mǐn]

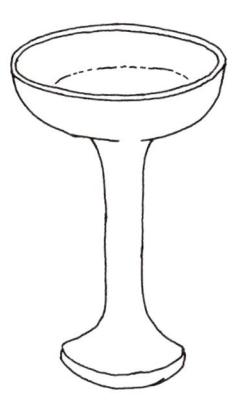

자원 받침대가 달린 납작한 접시같은 그릇.
뜻 ①그릇:기명절지화(器皿折枝畵:정물화)
자소 [상형]

성부 글자　　　성부와 부수가 결합된 형성자

(920)  盈 영 [yíng]
뜻 ①(가득)차다:영과이후진방호사해(盈科以後進放乎四海:웅덩이에 가득차면 나아간다), 과(科)는 웅덩이.
자원 시장에서 많은 물건을 사서 (夃) 그릇(皿⩊)에 가득하다는 뜻이다.
자소 [회의] 고(夃)물건을 많이 사다 ＋ 명(皿⩊)그릇

□ ❶영 {楹} [yíng] 둥글고 긴 기둥

(921) 盇 혜 [yíng]
뜻 ①작은 쟁반(小盆)
자원 설문해자에는 없는 글자다.
자소 혜(兮)어조사 ＋ 명(皿⩊)그릇

□ ❶시 (謚) [shì] 시호(謚號:충신의 죽음을 기려서 임금이 내려 주시는 칭호)

5

(922)  밀 [mì]
뜻 ①그릇
자원 그릇(皿⩊)을 닦는다는 뜻이다.
자소 필(必)반드시 ＋ 명(皿⩊)그릇

□ ❶밀 (謐) [mì] 고요하다:정밀(靜謐)

(923) 昷 溫 온 [wēn]
뜻 ①온화(溫和)하다 ②어질다
자원 그릇(皿⩊)에 먹을 것을 담아 죄인(囚)에게 주는 사람의 마음씨가 「따뜻하다」는 뜻이다.
자소 [지사] 왈(曰) ← 수(囚)죄수 ＋ 명(皿⩊)그릇
성부 溫 온

□ ❶온〈溫〉[wēn] 물 이름 / 따뜻하다(煖也):온도(溫度), 온순(溫順), 기온(氣溫), 온고지신(溫故知新) / 부드럽다(柔也)

【그릇 명】 玄玉瓜瓦甘生用田疋疒癶白皮皿目矛矢石示内禾穴立

- ❷온{瑥}[wēn] 사람 이름
- ❸온{媼}[ǎo] 할미 /노파:온구(媼嫗:늙은 여자)
- ❹온(瘟)[wēn] 염병 /괴로워하다

(924) 益 익 [yì]
뜻 ①더하다:이익(利益),손익(損益),유익(有益),연년익수(延年益壽) ②더욱:빈익빈부익부(貧益貧富益富),다다익선(多多益善)
자원 그릇(皿)에 물(水)이 넘치는 모양, 그릇에 물을 가득 담은 모양을 본떴다. 물 수(水)자가 90° 누웠다.
자소 [회의] 수(氺 ← 水)물 + 명(皿)그릇

- ❶일{溢}[yì] 넘치다:뇌일혈(腦溢血),수만즉일(水滿則溢:물은 가득 차면 저절로 넘친다)
- ❷일{鎰}[yì] 무게의 단위(20냥, 쌀 한 되의 1/24)
- ❸익{謚}[shì] 웃는 모양
- ❹애(隘)[ài] 좁다:애로사항(隘路事項) 참고 원래의 글자는 嗌였다.
- ❺액(縊)[yì] 목을 매다 /목을 졸라 죽이다:액살(縊殺:목을 매어 죽임)

(925) 盍 합 [hé]
뜻 ①모이다 ②어찌 ~하지 않을 것인가? ③엎다(覆也)
자원 피(血)가 담긴 그릇에 뚜껑(大)을 덮는다는 뜻이다(大象蓋覆之形).
자소 [형성] 거(去) ← 대(大)여기서는 뚜껑 + 명(皿) ← 혈(血)피
성부 艷豔豓 염

- ❶개〔蓋〕[gài] 덮다:복개(覆蓋),개연성(蓋然性),역발산기개세(力拔山氣蓋世) 참고 약자로 개(盖)를 쓴다.
- ❷합(闔)[hé] 문짝 /문을 닫다

(926) 盜 도 [dào]
뜻 ①도둑:강도(強盜),절도(竊盜)
자원 연(㳄)은 침을 흘린다는 뜻. 남의 밥그릇(皿)을 보고 탐을 내어 침을 흘리는 것을 말한다. 남의 것을 탐내는 것이 도둑이라는 말이다.
자소 [회의] 연(㳄)침 흘리다 + 명(皿)그릇

(927) 監 감 [jiān]
뜻 ①보다:감독(監督),감시(監視) ②감옥(監獄):감방(監房),수감(收監),출감(出監)
자원 위에서 아래로 내려다 본다는 뜻이다.
자소 [형성] 와(臥 ← 臥)눕다 + 감(㿿 ← 䧹)선지국
성부 覽 람

- ❶감〔鑑〕[jiàn] 거울:감정(鑑定),감상(鑑賞),귀감(龜鑑),감상(鑑賞)
- ❷람(濫)[làn] 넘치다:범람(汎濫),남상(濫觴) /함부로:남발(濫發),남용(濫用)
- ❸람(藍)[lán] 쪽빛:남색(藍色),청출어람이청어람(靑出於藍而靑於藍) /절:가람(伽藍)
- ❹염〔鹽〕[yán] 소금:염전(鹽田),식염(食鹽),천일염(天日鹽),염분(鹽分)
- ❺함{艦}[jiàn] 싸움배:군함(軍艦),함포(艦砲),함대(艦隊),함정(艦艇)

324

玄玉瓜瓦甘生用田疋广癶白皮皿目矛矢石示内禾穴立 ［그릇 명］

- ❻감(鑒) [jiàn] 감〔鑑〕과 같은 글자
- ❼람(籃) [lán] 바구니：요람(搖籃：젖먹이를 담아서 재우는 초롱), 남여(籃輿：뚜껑이 없는 가마)
- ❽람(擥) [lǎn] 쥐다 /총괄하다
- ❾람(襤) [lán] 누더기：남루(襤褸)
- ❿함(檻) [jiàn, kǎn] 짐승 우리：수함(獸檻), 함거(檻車：짐승 우리처럼 엮어서 죄인을 호송하던 수레)

(928) 盡 진 [jìn, jǐn]

뜻 ①다하다：매진(賣盡), 극진(極盡), 기진맥진(氣盡脈盡), 소진(燒盡), 진인사대천명(盡人事待天命：최선을 다하고 천명을 기다림)
자원 화로 속의 것이 모두 타버려서 찌꺼기(餘火木)만 남았다는 말이다.
자소 【형성】 신(肃 ← 𦘒)불탄 찌꺼기＋명(皿)그릇

- ❶신(燼) [jìn] 거의 꺼져가는 불：회신(灰燼), 신멸(燼滅：없어지다) /나머지

⑪

(929) 盧 로 [lú]

뜻 ①검다：노궁(盧弓：검은 칠을 한 활) ②밥그릇(飯器)
자원 버들가지로 엮어 짠 밥그릇(飯器)을 말한다.
자소 【형성】 로(虍) ← 로(㡑,虍)밥그릇＋명(皿)그릇

- ❶로〔爐〕 [lú] 화로(火爐)：노변잡담(爐邊雜談)
- ❷로(瀘) [lú] 강 이름
- ❸로(蘆) [lú, lǔ] (미처 이삭이 패지 않은)갈대
- ❹려(廬) [lú] 오두막：삼고초려(三顧草廬) /주막 /산이름：여산진면목(廬山眞面目)
- ❺려(驢) [lú] 당나귀

【눈목】 玄 玉 瓜 瓦 甘 生 用 田 疋 疒 癶 白 皮 皿 目 矛 矢 石 示 内 禾 穴 立

| 214 부수글자 **109** | 5 - 15/23 | (5획부수) |

5획

109. 목 目 [mù]

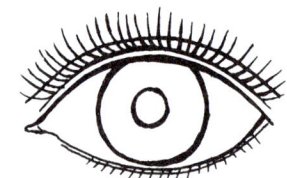

자원 눈과 눈동자의 모양을 본뜬 것. 쓰기 쉽게 세워 쓴 것이다.
뜻 ①눈:안목(眼目) ②조목(條目):항목(項目),세목(稅目) ③보다:목격(目擊) ④목적(目的)
자소 [상형]

성부 글자 — 성부와 부수가 결합된 형성자

(930) 直 직 [zhí]
뜻 ①곧다:직선(直線),직각(直角)불문곡직(不問曲直) ②바로:이실직고(以實直告:사실로서 똑바로 고하라),직통(直通) ③당번:당직(當直),숙직(宿直),일직(日直)
자원 여기서 10(十)은 많다는 뜻. 많은 눈(目)이 보고 있으니 숨길래야(乚ㄴ) 숨길 수가 없다.
자소 [회의] 십(十) 10, 많다＋목(目)눈＋은(乚ㄴ)숨다
성부 惪덕

☐ ❶식〈植〉[zhí] 심다:식목일(植木日),식민지(植民地),식물(植物),이식(移植)
☐ ❷치〔値〕[zhí] 값:가치(價値),치수(値數),절대치(絕對値) /만나다:치우(値遇)
☐ ❸치〔置〕[zhì] 두다:치중(置重),치부(置簿:장부에 기재하다),방치(放置),비치(備置)
☐ ❹식{埴}[zhí] 찰흙:식토(埴土),■치:찰흙
☐ ❺식{殖}[zhí] 번식(蕃殖)하다:식산(殖産),식재(殖財),이식(利殖)
☐ ❻직{稙}[zhí] 일찍 심는 벼
■ ❼촉(矗)[chù] 우거지다 /곧다 /우뚝 솟다:촉석루(矗石樓:논개의 이야기가 얽힌 곳)

4
(931)  看 간 [kàn]
뜻 ①보다:간판(看板),간파(看破),간판(看板),주마간산(走馬看山) [kān]①지켜 보다:간수(看守),간호(看護)
자원 손(手龵)을 눈(目) 위에 얹고 멀리 바라보는 모양을 본떴다.
자소 [회의] 수(龵 ← 手龵)손＋목(目)눈

(932) 省 성 [xǐng]
뜻 ①살피다:성묘(省墓),성찰(省察),반성(反省) ■생[shěng]①생략(省略)
자원 초목의 싹(屮)같은 미세한 것을 보려고 눈썹(眉)을 찌푸리는 모습이다.
자소 [회의] 소(小) ← 철(屮)풀이 나다＋미(省 ← 眉省)눈썹

326

玄玉瓜瓦甘生用田疋广癶 白皮皿 目 矛矢石示内禾穴立　　[눈목]

(933) 眇 眇 묘 [miǎo]
뜻 ①애꾸눈 ②작다 ③아득하다
자원 한눈으로 보면 보는 것이 적어진다. 입체로 보지 못하고 평면으로 보기 때문이다.
자소 [회의] 목(目)눈＋소(少)적다

☐ ❶묘(渺) [miǎo] 아득하다 : 묘연(渺然)

(934) 眉 眉 미 [méi]
뜻 ①눈썹 : 양미간(兩眉間), 아미(蛾眉) ②둘레(가장자리)
자원 눈 위에 있는 털, 즉 눈썹과 이마의 주름살(額理:액리)모양을 본뜬 글자이다.
자소 [상형] 尸 ← 쓔 : 주름살, 눈썹 모양＋목(目)눈
성부 省성

☐ ❶미(媚) [mèi] 아첨하다 /아양부리다
☐ ❷미(嵋) [méi] 산 이름 : 아미산(峨嵋山)
☐ ❸미(楣) [méi] 처마 /상인방 /도리 /문미
☐ ❹미(湄) [méi] 물가 /더운 물

(935) 相 相 상 [xiāng]
뜻 ①서로 : 상호(相互), 상대(相對) [xiàng] ①모양 : 관상(觀相), 악상(惡相) ②재상(宰相) : 승상(丞相)
자원 목수가 쓰임에 따라 나무를 미리 잘 살핀다는 뜻이다. 목(木)은 재료로 쓰일 나무, 목(目)은 그것의 특성을 살피는 목수의 눈이다.
자소 [회의] 목(木)나무＋목(目)눈
성부 霜상

☐ ❶상〈想〉[xiǎng] 생각하다 : 상상(想像), 회상(回想), 사상(思想), 연상(聯想)
☐ ❷상〔湘〕[xiāng] 강 이름 : 상수(湘水)
☐ ❸상〔箱〕[xiāng] 상자(箱子)
☐ ❹상〔廂〕[xiāng] 행랑 /곁채

(936) 盾 盾 순 [shǔn]
뜻 ①방패 : 모순(矛盾)
자원 적의 창, 칼, 화살로부터 몸을 막고 눈(目)을 가리는 방패.
자소 [상형] 尸 ← 눈을 가리는 차양＋목(目)눈

☐ ❶순〔循〕[xún] 돌다 : 악순환(惡循環), 순행(循行) /좇다 : 순리(循理)
☐ ❷둔〔遁〕[dùn] 달아나다 : 은둔(隱遁) /숨다 : 둔갑술(遁甲術)
☐ ❸순(楯) [shǔn] 난간 : 난순(欄楯) /방패 〔참고〕 순〔盾〕과 통해서 쓰는 글자

(937) 眔 眔 답 [dà]
뜻 ①눈이 이르는 전망(目相及)
자원 눈이 닿는 곳까지의 전망을 말한다.
자소 [회의] 목(罒 ← 目)눈＋이(氺 ← 隶隶)닿다, 미치다
성부 褱회

☐ ❶환(鰥) [guān] 홀아비 /늘 혼자 있으며 근심 때문에 눈을 감지 못하는 물고기

327

【눈목】 玄 玉 瓜 瓦 甘 生 用 田 疋 广 癶 白 皮 皿 目 矛 矢 石 示 内 禾 穴 立

☐ ❷답(遝) [tà] 몰리다: 답지(遝至) /쉬지 않고 계속해서 말을 하다 /헛소리

(938) 眞 진 [zhēn]
뜻 ①참: 진실(眞實), 진리(眞理), 순진무구(純眞無垢), 천진난만(天眞爛漫) ②사진(寫眞): 진영(眞影)
자원 도(道)를 깨쳐서 신선이 된(匕) 사람이 사람들의 눈(目)에는 보이지 않게(乚) 되어, 하늘로 올라간다(ㅣㅣ)는 뜻이다. 도교(道敎)에서 자주 사용하는 말이다.
자소 [회의] 화(匕)변화하다＋목(目)눈＋은(乚)숨다＋팔(八) ← 하(ㅣㅣ)아래

☐ ❶신〔愼〕[shèn] 말과 행동을 조심하다: 신중(愼重), 근신(勤愼)
☐ ❷진〔鎭〕[zhèn] 진압(鎭壓)하다: 진정(鎭靜), 진통(鎭痛) /누르다: 문진(文鎭)
☐ ❸전{塡} [tián] 메우다: 전충(塡充: 메워서 채우다)
☐ ❹전{瑱} [tiàn] 귀막이 옥 ■진: 같은 뜻
☐ ❺진{縝} [zhěn] 삼실 /많고 성한 모양 /촘촘하다
☐ ❻진{禛} [zhēn] 복을 받다 /복을 누리다
☐ ❼진{瞋} [chēn] 눈을 부릅뜨다: 진노(瞋怒)
☐ ❽진(嗔) [chēn] 성내다: 진책(嗔責: 성내어 책망하다)

7
(939) 着 착 [zhuó]
뜻 ①붙이다: 착용(着用), 밀착(密着), 부착(附着), 집착(執着) ②도착(到着)하다: 착발(着發), 착신(着信) ③시작하다: 착공(着工), 착수(着手)
자원 원래는 착(著)의 속자인데, 우리나라에서는 습관상 「붙는다」는 뜻으로는 이 착(着)자를 쓴다.
자소 착(著)의 속자

8
(940) 睪 역 [yì]
뜻 ①엿보다
자원 죄인(幸)을 체포하려고 엿본다(目)는 뜻이다. 녑(幸)은 나쁜 짓을 계속해서 사람들을 놀라게 하는 것을 말한다.
자소 [회의] 목(罒 ← 目)눈＋행(幸) ← 녑(幸)놀라다

☐ ❶석〔釋〕[shì] 풀다: 석방(釋放), 해석(解釋), 석연(釋然: 마음의 의심 등이 확 풀림), 수불석권(手不釋卷: 손에서 책을 놓지 않음) /석가모니(釋迦牟尼): 도석(道釋: 도교와 불교)
☐ ❷역〔驛〕[yì] 역참(정거장): 종착역(終着驛), 시발역(始發驛), 역마차(驛馬車)
☐ ❸역〔譯〕[yì] 번역(翻, 飜譯)하다: 영역(英譯), 통역(通譯), 직역(直譯), 음역(音譯)
☐ ❹택〔澤〕[zé] 못: 소택지(沼澤地) /은혜: 덕택(德澤), 은택(恩澤), 혜택(惠澤) /윤기: 광택(光澤), 윤택(潤澤)
☐ ❺택〔擇〕[zé] 가려 뽑다: 선택(選擇), 양자택일(兩者擇一), 채택(採擇), 택일(擇日)
☐ ❻탁{鐸} [duó] 방울: 목탁(木鐸), 동탁(銅鐸), 탁이성자훼(鐸以聲自毀: 화를 자초함)
☐ ❼고(睾) [gāo] 불알: 고환(睾丸: 불알), 고녀(睾女: 남녀의 생식기를 다 가진 사람)
☐ ❽역〔繹〕[yì] 풀다 /추구하다: 연역법(演繹法) /계속되다: 역소(繹騷: 계속 소란함)

玄 玉 瓜 瓦 甘 生 用 田 疋 疒 癶 白 皮 皿 目 矛 矢 石 示 内 禾 穴 立　　［눈목］

(941) 睘 경 [qióng]
뜻 ①놀라서 바라보다(驚視貌) ②비틀 거리다
자원 놀라서 눈(目)이 동그랗게 된 모양. 원(袁)은 풍성한 옷이 치렁거린다는 뜻이다.
자소 [형성] 목(罒 ← 目目)눈＋원(袁 ← 袁)치렁치렁한 옷

□ ❶환 [還] [hái] 돌아오다 : 환갑(還甲), 금의환향(錦衣還鄕), 송환(送還), 상환(償還)
■선 [xuán] 돌다
□ ❷환 [環] [huán] 고리 : 화환(花環:꽃다발), 지환(指環:가락지) / 두르다 : 환경(環境)
□ ❸환 {鐶} [huán] 둥근 고리
□ ❹환 (圜) [huán] 둘러싸다 : 중인환시(衆人圜視:많은 사람들이 빙 둘러서서 바라봄)
□ ❺환 (寰) [huán] 천하 : 환우(寰宇:세계)
□ ❻환 (鬟) [huán] 쪽진 머리 : 운환(雲鬟)

(942) 睿 예 [ruì]
뜻 ①슬기롭다 ② 깊고 밝다 : 예지(睿智)
자원 깊은 골짜기 사이로 흐르는 냇물을 말한다. 94페이지 예(叡)의 고문(古文)이다.
자소 [회의] 잔(𣦻 ← 奴𣦻)구멍 뚫다＋목(目目)눈＋곡(谷肓)골짜기

□ ❶선 {璿} [xuán] 아름다운 옥 : 선기옥형(璿璣玉衡:천체관측기구)
□ ❷준 {濬} [jùn] 깊다 : 준원(濬源:깊은 근원) / 개천의 바닥 밑을 치다

(943) 瞢 몽 [méng]
뜻 ①눈이 어둡다
자원 눈이 병 들어서(苜)사물을 제대로 볼 수 없다(旬)는 말이다.
자소 [회의] 말(苜)눈이 비뚤다＋현(旬)눈의 현기증
성부 夢몽

□ ❶맹 (甍) [méng] 용마루 / 수키와
■ ❷훙 (薨) [hōng] 왕족이나 귀족의 죽음 / 빠르다 참고 원래는 [從瓦. 夢省聲]이다.

(944) 瞿 구 [jù]
뜻 ①매같은 새가 사납게 노려보다(鷹隼之視) ②놀라서 보다(驚視貌) ③두려워하다 [qú] ①성(姓)
자원 사나운 새가 두리번거리며 사방을 둘러보는 모양. 매, 독수리, 부엉이 등의 맹금류가 노려보는 모양을 말한다.
자소 [회의] 구(目目)두리번거리다＋추(隹佳)꽁지가 짧은 새
성부 瞿확

□ ❶구 [懼] [jù] 두려워하다 : 의구심(疑懼心), 송구(悚懼)
□ ❷구 (衢) [qú] 4통 8달의 큰 거리(4거리) : 강구연월(康衢煙月:태평성대)

(945) 瞿 확 [jué]
뜻 ①놀라서 두리번 거리다 ②다급해 하다
자원 길흉을 알려 주는 부엉이를 손에 잡고 있는 모양을 본뜬 약(蒦)과 두 눈을 크게 뜨고 사방을 돌아보는 모양을 본뜬 구(目目)의 합자이다.
자소 [회의] 구(瞿瞿)두려워하다＋우(又ㅋ)오른손

□ ❶확 (攫) [jué] 붙잡다 : 일확천금(一攫千金)

329

【창 모】 玄 玉 瓜 瓦 甘 生 用 田 疋 疒 癶 白 皮 皿 目 矛 矢 石 示 内 禾 穴 立

214 부수글자 **110**　　5 - 16/23　　(5획부수)

110. 모 矛 [máo]

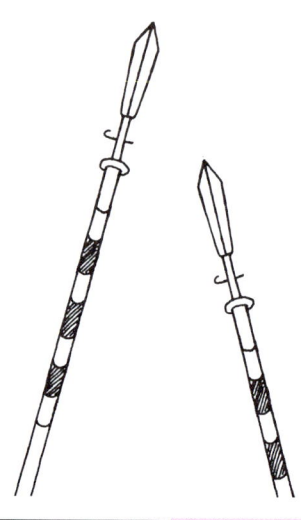

자원 병거(兵車)에 세우는 자루가 긴 창.
뜻 ①창
자소 [상형]

부수 성부　　부수글자가 성부로 쓰일 때

- ❶모(茅) [máo] 띠: 모옥(茅屋)

성부 글자　　성부와 부수가 결합된 형성자

(946) 矞 율 [yù]
뜻 ①송곳질하다(以錐有所穿) ②상서로운 구름(瑞雲)
자원 송곳(矛)으로 구멍을 뚫는다는 뜻이다.
자소 [회의] 모(矛)창의 일종 ＋ 경(冏) ← 눌(㕯商)낮은 소리

- ❶귤{橘} [jú] 귤: 감귤(柑橘)
- ❷휼(譎) [jué] 속이다 /변하다
- ❸휼(鷸) [yù] 도요새

玄玉瓜瓦甘生用田疋疒癶白皮皿目矛**矢**石示内禾穴立　[화살 시]

214 부수글자 111　　　5 - 17/23　　　(5획부수)

111. 시 矢 [shǐ]

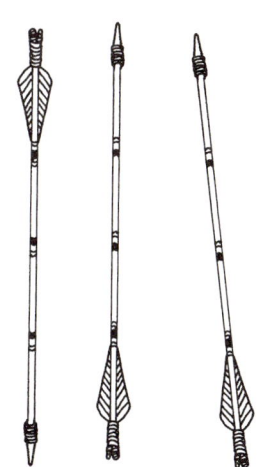

[자원] 화살(弓弩矢也). 그 모양에서 쭉 곧은 것을 나타낼 때 흔히 쓰이며 길이를 재는 자로 사용되기도 했다. 「뚫고 들어간다」는 뜻이 포함된다.
[뜻] ①화살
[자소] [상형]

5획

부수 성부　　부수글자가 성부로 쓰일 때

☐ ❶치(雉)[zhì] 꿩: 치고불식(雉膏不食: 사람의 좋은 재주가 쓰이지 못함)

성부 글자　　성부와 부수가 결합된 형성자

(947) 矣 의 [yǐ]
[뜻] ①어조사(문장이 끝남을 가리킨다)
[자원] 발사된 화살(矢)은 떨어지게 마련이듯이, 시작한 말은 끝나기 마련이다
[자소] [형성] 사(厶) ← 이(目)그치다 ＋ 시(矢)화살

☐ ❶사(俟)[sì] 기다리다: 사망(俟望)　■기[qí] 성(姓): 묵기(万俟)
☐ ❷애(埃)[āi] 티끌: 진애(塵埃) / 이집트: 애급(埃及)

(948) 知 지 [zhī]
[뜻] ①알다: 지능(知能), 지혜(知慧), 지식(知識), 지성(知性)
[자원] 빠른 것을 나타낼 때 「쏜살같다」고 한다. 시(矢)는 화살처럼 「빠르다, 정확하다, 꿰뚫는다」는 뜻을 나타낸다.
[자소] [회의] 시(矢)화살 ＋ 구(口)입, 말하다

☐ ❶지[智][zhì] 슬기: 지혜(智慧), 기지(機智), 무지(無智)　[참고] 원래의 글자는 지(簪)로 우(亏)가 포함되어 있었다.
☐ ❷지(蜘)[zhī] 거미: 지주(蜘蛛: 거미)
☐ ❸치(痴)[chī] 어리석다: 백치(白痴), 음치(音痴)　[참고] 치(癡)와 같은 글자

331

【돌석】 玄玉瓜瓦甘生用田疋疒癶白皮皿目矛矢石示禸禾穴立

214 부수글자 **112**　　　5 - 18/23　　　　　　　　（5획부수）

112. 석 石 [shí]

자원 절벽 아래에 굴러 떨어져 있는 돌 모양을 본떴다.
뜻 ①돌:석재(石材),석불(石佛) ②10말 ③무감각:석두(石頭),목석(木石),석녀(石女)
자소 【상형】 한(厂)바위 절벽＋구(口) ← 위(口)돌 모양

부수 성부 — 부수글자가 성부로 쓰일 때

- ❶척〔拓〕[zhí] 헤쳐 열다:개척(開拓),간척(干拓) ■탁[tuò] 박다:탁본(拓本)
- ❷돌{乭} [*] 우리나라에서 만든 한자:갑돌(甲乭)이,돌쇠(乭釗)
- ❸석{碩} [shuò] 크다:석사(碩士),석학(碩學),석과불식(碩果不食:자신의 욕심을 절제함)
- ❹석{鉐} [shí] 놋쇠
- ❺석{䄷} [shí] 돌 /무게(120근)
- ❻척{坧} [tuò] 토대 /기초
- ❼작(斫) [zhuó] 베다(쪼개다):작도(斫刀:짐승을 먹이는 꼴을 베는 칼)
- ❽척(跖) [zhí] 발바닥 /도둑 이름:도척(盜跖),척지도(跖之徒:도척의 무리들)
- ❾투(妬) [dù] 투기하다:질투(嫉妬),투기(妬忌)　참고 투(妒)와 같은 글자
- ❿확(碻) [què] 굳다 /채찍

성부 글자 — 성부와 부수가 결합된 형성자

(949)  뢰 [lěi]
뜻 ①돌무더기 ②대범하다
자원 사물을 세개 연거푸 써서「많다」는 뜻을 나타낼 때가 흔했다. 삼(森), 굉(轟), 협(協) 등이다.
자소 【회의】 석(石)돌＋석(石)돌＋석(石)돌

玄玉瓜瓦甘生用田疋广癶 白皮皿目矛矢石示内禾穴立　[보일시]

214 부수글자 **113**　　5 - 19/23　　(5획부수)

113. 시 示 [shì]

자원 위로 하늘, 아래로 땅, 중간에 인간이 사는데, 천(天), 지(地), 인(人)을 삼재(三才)라고 한다. 하늘은 해와 달과 별(日, 月, 星)의 현상을 통하여 길흉(吉凶)과 화복(禍福)을 사람들에게 보여 준다는 뜻이다. 「신이나 제사」와 관련된 뜻을 나타낸다. 윗부분의 이(二)는 윗 상(上)의 옛글자. 아랫 부분의 소(小)가 해 · 달 · 별을 상징한다.

뜻 ①**보이다**:시범(示範),계시(啓示),전시(展示)　②**지시**(指示)**하다**:교시(敎示),명령시달(命令示達)

자소 [지사] 이(二)둘, **상**(上)의 옛글자+**소**(小)[여기서는 해,달,별

부수 성부　　부수글자가 성부로 쓰일 때

☐ ❶**시**〈視〉[shì]**보다**:시각(視覺),시력(視力),시야(視野),시청각(視聽覺)
☐ ❷**기**(祁)[qí]**크고 왕성하다** /**많다**

성부 글자　　성부와 부수가 결합된 형성자

(950) 社 **사** [shè]
뜻 ①**땅귀신**(토지신):사직(社稷)　②**단체**:사회(社會)　③**회사**(會社):귀사(貴社),자사(自社),사내(社內),입사(入社),퇴사(退社)
자원 토지신을 모신 사당. 25개의 집을 사(社)라고 했으며, 각각 그 풍토에 알맞는 나무를 심었다고 한다.
자소 [회의] **시**(示)보이다+**토**(土)흙

(951) 祟 **수** [suì]
뜻 ①**빌미**(앙화)
자원 시(示)는 「제사, 귀신」과 관련된 뜻. 여기서는 땅귀신.『형음의종합대자전(形音義綜合大字典)』에는 '땅귀신이 땅 속에 있지 않고 인간세상으로 나오면 재앙이 생긴다(示謂祇卽地神. 地神不在地下而直出地上卽出至人間爲祟. 其本義作神禍解)'고 했다. 정성 관(款), 종 례(隸)자를 만든다.
자소 [지사] **사**(士) ← **출**(出)나가다+**시**(示)보이다
성부 款체 款관

 ❶**례**(隷)[lì]**종 례**(隷)**의 예서체**(隷書體):노예(奴隷) /**글씨체**:예서체(隷書體)

(952) 祝 **축** [zhù]
뜻 ①**빌다**:축원(祝願)　②**축하**(祝賀)**하다**:축전(祝典),축전(祝電)
자원 제사(示) 때 조상들께 제문을 읽는(口口) 사람(儿)을 말한다.
자소 [회의] **시**(示)보다,신(神)이나 제사+**구**(口)입,말하다+**인**(儿)어진사람

333

【보일 시】 玄玉瓜瓦甘生用田疋疒癶 白皮皿目矛矢石示内禾穴立

(953) 祘 산 [suàn]
뜻 ①확실히 보고 헤아리다(明視以算之)
자원 보고(示) 또 보니(示) 확실히 살피는 것이다.
자소 [회의] 시(示)보이다＋시(示)보이다

☐ ❶산(蒜) [suàn] 마늘

(954) 祭 제 [jì]
뜻 ①제사(祭事):제단(祭壇),제수(祭需),기우제(祈雨祭) ②축제(祝祭):전야제(前夜祭),○○제(○○祭):춘향제(春香祭)
자원 제사 지낼 때 제단(示) 위의 고기(肉)를 손(又)으로 매만지고 있는 모양을 본떴다.
자소 [회의] 육(夕←肉)고기＋우(又)또, 손＋시(示)보이다
성부 察찰

☐ ❶제 [際] [jì] 변두리:제한(際限) /때:차제(此際) /교제(交際):국제(國際)
☐ ❷채 {蔡} [cài] 나라 이름 /성(姓)씨:채윤(蔡倫:종이를 발명했다는 사람)

(955) 票 표 [piào]
뜻 ①작은 쪽지:기차표(汽車票),극장표(劇場票),매표소(賣票所),암표(暗票),개표(開票),차표(車票) ②가볍게 날아 오르다
자원 불꽃이 날아 오르는 모양. 불꽃이 높게 날므로 쉽게 눈에 띄고 표가 난다.
자소 [회의] 선(覀←覀)높이 오르다＋소(小)←화(火)불

☐ ❶표 [標] [biāo] 표지(標識):목표(目標),이정표(里程標),표어(標語),표준(標準)
☐ ❷표 [漂] [piāo] 물위에 뜨다:표류(漂流) [piǎo] 빨래하다:표백제(漂白劑)
☐ ❸표 {驃} [biāo, piaò] 표절따(바탕은 누렇고 갈기와 꼬리는 흰말)
☐ ❹표 (慓) [piāo] 빠르다:표독(慓毒)
☐ ❺표 (瓢) [piáo] 바가지:일단사 일표음(一簞食一瓢飮:거친 음식)
☐ ❻표 (飄) [piāo] 회오리바람:표풍(飄風) /방랑하다:표일(飄逸),표박(飄泊)
☐ ❼표 (剽) [piāo] 빼앗다:표절(剽竊) /날쌔다:표급(剽急)

(956) 禁 금 [jìn]
뜻 ①금하다:금지(禁止),금연(禁煙) ②대궐:금중(禁中),금중(禁重) ③가두다:감금(監禁)
자원 신성한 장소(示)에 많은 나무(林)를 심고 잡인의 출입을 금지해서, 부정타지 않게 한 곳을 말한다.
자소 [형성] 림(林) 수풀＋시(示) 제사, 신

☐ ❶금 {襟} [jīn] 옷깃:금대(襟帶:옷깃과 띠) /가슴:흉금(胸襟)

334

114. 유 禸厹厹 [róu]

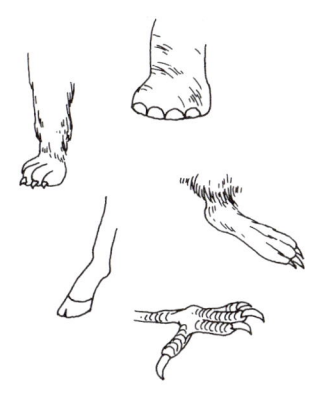

자원 구(九)가 음을 나타낸다.
뜻 ①짐승 발자국
자소 [상형] 사(厶)발자국 모양+경(冂) ← 구(九九)아홉

성부 글자 — 성부와 부수가 결합된 형성자

(957) 禺 우 [yú]
뜻 ①긴꼬리원숭이 ②허수아비
자원 원숭이의 일종인데 머리가 귀신(甶)처럼 생겼다고 한다.
자소 [회의] 전(田) ← 불(甶)귀신머리＋유(禸)짐승 발자국
성부 耦우 萬만

- ❶우〈遇〉[yù] 만나다:불우(不遇) /대접(待接)하다:대우(待遇),예우(禮遇)
- ❷우〔偶〕[ǒu] 짝수:우수(偶數) /배필:배우자(配偶者) /우연(偶然) /허수아비:우상숭배(偶像崇拜),토우(土偶)
- ❸우〔愚〕[yú] 어리석다:우롱(愚弄),우공이산(愚公移山),우직(愚直),우둔(愚鈍)
- ❹우{寓}[yù] 붙어살다:우거(寓居) /빗대어 말하다:우화(寓話)
- ❺우{隅}[yú] 모퉁이(구석):일우(一隅)
- ❻우{堣}[yú] 땅이름
- ❼우(禑)[wú] 복(福)

(958) 禹 우 [yù]
뜻 ①하우씨(夏禹氏) ②성씨(姓氏)
자원 4발을 가진 벌레의 모양을 본떴다.
자소 [상형] 甶 : 벌레 모양＋유(禸)발자국

- ❶우{瑀}[yǔ] 패옥

(959) 离 리 [lí]
뜻 ①밝다 ②곱다 ③헤어지다
자원 산 속의 신령스러운 짐승을 말한다.
자소 [상형] 두(亠) ← 철(屮)풀이 나다＋흉(凶)여기서는 짐승의 머리＋유(禸)짐승 발자국
성부 離리

【짐승발자국유】玄 玉 瓜 瓦 甘 生 用 田 疋 疒 癶 白 皮 皿 目 矛 矢 石 示 禸 禾 穴 立

☐ ❶리{璃} [lí]유리(琉璃):유리창(琉璃窓)

⑦

(960) 禼 卨 설 [xiè]
뜻 ①은나라를 처음 세운 사람 이름
자원 벌레(禸)를 본뜬 글자. 한나라 때 설(偰契)로 고쳐썼다.
자소 [상형]

☐ ❶절(竊) [qiè]훔치다(도둑질하다):절도(竊盜),절취(竊取)   참고 절(窃)은 약자

⑧

(961) 禽 禽 금 [qín]
뜻 ①날짐승:금수(禽獸),가금(家禽),맹금(猛禽)
자원 원래는 모든 짐승을 뜻하는 말이었다. 후에「날개 달린 날짐승」을 뜻하는 말로 바뀌었다.
자소 [상형] 금(亼 ← 今)이제 + 흉(凶) ← 몸통 모양 + 유(禸)짐승 발자국

☐ ❶금(擒) [qín]사로잡다:칠종칠금(七縱七擒:일곱 번 놓아주고 일곱 번 사로 잡음)
☐ ❷금(檎) [qín]능금나무

玄玉瓜瓦甘生用田疋广癶白皮皿目矛矢石示内 禾 穴立　　［벼화］

115. 화 禾 [hé]

자원 벼의 줄기, 잎, 뿌리, 그리고 축 늘어진 이삭 모양인데 「곡식」, 「무게」와 관련된 뜻을 나타낸다. 때를 맞추어 거두어 들여야 하고, 다른 음식과 어울려야 하므로 발음이 「화」가 되었다고 한다.

뜻 ①벼

자소 [상형] 丿 : 느러진 이삭 모양＋목(木朩)나무

부수 성부　　　　부수글자가 성부로 쓰일 때

❶화〈和〉화목하다：평화(平和), 화합(和合)

성부 글자　　　성부와 부수가 결합된 형성자

(962)  [tū]
뜻 ①대머리：독(禿)수리
자원 사람의 머리에 털이 없는 모양.
자소 [회의] 화(禾朩)벼, 곡식＋인(儿㐅)어진 사람

❶퇴(頹) [bǐng] 무너지다：퇴폐행위(頹廢行爲), 퇴락(頹落)

(963) 秀 수 [xiù]
뜻 ①빼어나다：우수(優秀), 수려(秀麗), 수재(秀才) ②이삭이 패다
자원 벼가 잘 익어서 이삭이 아래로 수그러진 모양. 한나라 광무제(漢光武帝)의 이름이 수(秀)였으므로 설문해자에서는 이 글자를 풀이하지 않았다. 이렇게 임금이나 어른들의 이름자를 사용하지 않는 것을 휘(諱)라고 한다.
자소 [상형] 화(禾朩)벼, 곡식＋내(乃) ← 인(人㐅)사람
성부 羲희

❶유〔誘〕[yòu] 유혹(誘惑)하다：유괴(誘拐), 유도(誘導), 권유(勸誘), 유인(誘引)
❷투〔透〕[tòu] 속까지 통하다：투명(透明), 투시(透視), 투철(透徹), 침투(浸透)
❸수｛琇｝[xiù] 옥돌 /빛나다
❹수(銹) [xiù] 녹슬다

(964)  [bǐng]
뜻 ①잡다：병촉야유(秉燭夜遊)
자원 손(又ヨ)에 벼 한포기(禾朩)를 잡은 모양. 두 포기를 잡으면 겸(兼)이다.
자소 [회의] 화(禾朩)벼＋우(又ヨ)오른손

【벼화】 玄玉瓜瓦甘生用田疋广癶白皮皿目矛矢石示内 禾 穴立

□ ❶병{柄} [bǐng] 자루 /권세 /밑동 /잡다

4획

(965) 科 과 [kē]
뜻 ①분류:과목(科目), 학과(學科) ②형벌:전과자(前科者) ③과거(科擧):문과(文科), 무과(武科)
자원 곡식을 되질하여 종류별로 분류하고「양을 헤아린다」는 뜻이다.
자소 [회의] 화(禾)벼, 곡식＋두(斗)자루가 달린 말

(966) 秋 추 [qiū]
뜻 ①가을:추곡(秋穀), 추상(秋霜), 추수(秋收), 추파(秋波) ②세월:일각여삼추(一刻如三秋), 춘추(春秋:나이), 천추(千秋)
자원 귀뚜라미 같은 곤충들의 울음소리가 들리고 곡식이 익어가는 계절이라는 뜻이다.
자소 [형성] 화(禾)벼, 곡식＋화(火) ← 초(焦)거북점 치다

5획

□ ❶수〈愁〉[chóu] 근심:향수병(鄕愁病), 수심(愁心), 애수(哀愁), 우수(憂愁)
□ ❷추{楸} [qiū] 개오동나무 /가래나무 /바둑판:추평(楸枰:바둑판)
□ ❸추(湫) [qiū] 늪 /웅덩이 /쓸쓸하다
□ ❹추(鰍) [qiū] 미꾸라지 [참고] 추(鰌)와 같은 글자
□ ❺추(萩) [qiū] 사철쑥 /가래나무 ■초:사람 이름
□ ❻추(愀) [qiǎo] 핼쑥하다 /태도를 싹 바꾸다 /정색을 하다 ■초[qiū] 같은 뜻
□ ❼추(啾) [jiū] 두런거리는 소리 /웅얼거리다
□ ❽추(鞦) [qiū] 그네:추천대회(鞦韆大會)

(967) 秦 진 [qín]
뜻 ①진나라:진시황(秦始皇)
자원 백익(伯益)의 후예가 책봉받은 곳이다. 오늘날 '차이나(China)'라는 말의 어원(語源)이 되는 글자다.
자소 [회의] 용(舂 ← 舂)절구질하다＋화(禾)벼

□ ❶진(榛) [zhēn] 개암나무 /무성하다 /덤불
□ ❷진(臻) [zhēn] 도달하다 /모이다
□ ❸진(溱) [zhēn] 많다 /성(盛)하다

8획

(968) 稚 치 [zhì]
뜻 ①어리다:유치원(幼稚園) ②어린 벼
자원 설문해자에는 풀이가 없다.
자소 화(禾)벼, 곡식＋추(隹)꽁지 짧은 새
성부 季계

(969) 廩 름 [lǐn]
뜻 ①봉급으로 주던 쌀 ■품[bǐng] ①아뢰다 ②본바탕
자원 창고(靣)의 곡식(禾)을 꺼내어서 베풀어 준다는 뜻이다. 후에 아래의 벼 화(禾)를 볼 시(示)로 바꾸어 쓰게 된다.
자소 [회의] 름(靣)창고＋시(示) ← 화(禾)벼

□ ❶름{凜} [lǐn] 차갑다 /위세가 있다:늠름(凜凜)
□ ❷름(澟) [lǐn] 서늘하다

玄 玉 瓜 瓦 甘 生 用 田 疋 广 癶 白 皮 皿 目 矛 矢 石 示 内 禾 穴 立　　[벼화]

☐ ❸름(廩) [lǐn] 곳집(창고) : 창름(倉廩)

⑩

(970)  稽 계 [jī]
뜻 ①헤아리다 ②생각하다 ③머무르다 [qǐ] ①머리를 조아리다
자원 벼화(禾)는 나무끝이 옹두라져 제대로 자라지 못한다는 뜻의 계(禾)가 변한 것이다. 우(尤)는 손에 있던 물건을 떨어뜨리는 실수를 말한다.
자소 [형성] 게(朩.)나무가 옹두라지다 ＋ 우(尤)더욱 ＋ 지(旨)뜻, 맛

☐ ❶혜(稽) [jī] 산이름 참고 혜(嵇)와 같다.

⑪

(971) 穌 소 [sū]
뜻 ①죽었던 사람이 다시 살아나다 ②볏짚을 긁어 모으다
자원 원래의 뜻은 볏짚을 긁어 모은다는 것이었다. 약(若)은 볏짚. 쓰러졌던 사람이 곡식(禾)과 물고기(魚)를 먹고 살아났다는 말이다. 후에 약초를 뜻하는 초두(艹)를 덧붙여 소(蘇)자를 만들어 쓰게 된다.
자소 [형성] 어(魚)물고기 ＋ 화(禾)벼, 곡식

☐ ❶소〔蘇〕 [sū] 깨어나다 : 소생(蘇生), 소성(蘇醒), 야소교(耶蘇敎 : 예수교)

5획

【구멍 혈】 玄 玉 瓜 瓦 甘 生 用 田 疋 疒 癶 白 皮 皿 目 矛 矢 石 示 内 禾 **穴** 立

116. 혈 穴 [xué]

[자원] 동굴을 집 삼아 살던 옛날의 주거지를 말한다. 이른바 혈거(穴居)라고 한다.
[뜻] ①**구멍**:혈거(穴居), 암혈(岩穴), 불입호혈 부득호자(不入虎穴不得虎子:호랑이를 잡으려면 호랑이 굴에 들어 가야한다)
[자소] [형성] 면(宀·冂)집＋팔(八)() 8, 나누다

성부 글자

성부와 부수가 결합된 형성자

(972) [kōng]
[뜻] ①**비다**:공간(空間), 공백(空白), 공수래공수거(空手來 空手去), 공책(空冊) ②**하늘**:창공(蒼空), 허공(虛空) ③**쓸데없다**:공상(空想), 공연(空然), 공치사(空致辭) [kǒng]①구멍 [kòng]①곤궁하게 만들다 ②**틈**:공극(空隙)
[자원] 구멍을 말한다. 천지간도 역시 하나의 공(空)이다. 옛날에 사공(司空)이란 벼슬이 있었는데 치수와 토목공사를 담당했다. 흙을 이겨서 그릇을 만들면 그 빈 공간이 그릇으로 이용되고, 창문을 뚫어서 방을 만드니 그 빈 곳이 방으로 쓰인다(埏埴以爲器當其無, 有器之用. 鑿戶牖以爲室, 當其無, 有室之用)고 한 것처럼 그렇게 만든 「쓸모 있는 빈 곳」을 말한다. 규(竅)는 몸에 있는 구멍을 말한다.
[자소] [형성] 혈(穴內)구멍＋공(工工)공작도구

☐ ❶강(腔) [qiāng]몸 안의 빈 곳:구강위생(口腔衛生), 강장동물(腔腸動物)
☐ ❷공{控} [kòng]당기다:공제(控除:돈을 떨어 내다) /고하다:공소(控訴:상급법원에 상소함)
☐ ❸공(悾) [kōng]정성스럽다 /정신 없이 바쁘다
☐ ❹공(箜) [kōng]공후(현악기의 일종, 23줄을 수공후, 4,5,6줄을 와공후, 10여 줄을 봉수공후)

(973) [tū]
[뜻] ①**튀어나오다**:돌출(突出) ②**갑자기**:돌발(突發), 돌연(突然), 돌입(突入) ③**부딪치다**:돌격(突擊)
[자원] 구멍(穴內) 속에 있던 개(犬犬)가 갑자기 튀어나오는 것을 말한다.
[자소] [회의] 혈(穴內)구멍＋견(犬犬)개, 짐승

(974) [chuān]
[뜻] ①(구멍을)**뚫다** ②통달하다
[자원] 송곳같은 것(牙月)이 구멍(穴內)에 있는 모양이다.
[자소] [회의] 혈(穴內)구멍＋아(牙月)어금니

玄 玉 瓜 瓦 甘 生 用 田 疋 广 癶 白 皮 皿 目 矛 矢 石 示 内 禾 穴 立　[구멍 혈]

(975)  [shēn]
- 뜻 ①굴뚝(煙突) ②깊다(深也) ③검다(黑也)
- 자원 깊숙한 아궁이(穴內)에서 불씨(火火)를 찾는(求米) 모양을 나타낸다.
- 자소 [회의] 혈(穴內)구멍＋화(火火)불＋구(求米)구하다, 얻다

- ☐ ❶심〈深〉[shēn]깊다:심각(深刻),심사숙고(深思熟考),심야(深夜),수심(水深)
- ☐ ❷탐〈探〉[tàn]찾다:탐구(探求),탐방(探訪),탐정(探偵),탐험(探險),정탐(偵探)
- ☐ ❸침{琛}[chēn]보배

⑤
(976)  [zhǎi]
- 뜻 ①좁다
- 자원 원래는 구멍 혈(穴內)자가 아니라 대나무 죽(竹艹)을 덧붙인 착(笮)자였다고 한다. 지붕을 만들 때 고물 위에 흙을 얹기 위하여 나무를 촘촘히 엮어 덮은 것을 말하는데, 이것과 기와 사이가 좁다는 뜻이다.
- 자소 [형성] 혈(穴)←죽(竹艹)대나무＋사(乍)잠깐

- ☐ ❶착(搾)[zhà]쥐어짜다:착취(搾取),압착(壓搾)

⑥
(977)  [zhì]
- 뜻 ①막히다:질색(窒塞),질식(窒息)
- 자원 어떤 것을 구멍(穴內)에 갖다(至㞢) 놓아서 막는다는 뜻이다.
- 자소 [형성] 혈(穴內)구멍＋지(至㞢)이르다,닿다

- ☐ ❶질(膣)[zhì]질(여자의 생식기의 한 부분)/새살이 나다

(978) 窪 요 [wā]
- 뜻 ①우묵하다 ■규[guī]①시루 구멍
- 자원 보조개를 뺨에 있는 구멍(頰上窪)이라고 하는 것처럼 모든 빈 구멍을 말한다. 교학사 자전에는 그윽할「와」로 되어있다.
- 자소 [형성] 혈(穴內)구멍＋규(圭)옥으로 만든 홀

- ☐ ❶와(窪)[wā]웅덩이/깊다

⑬
(979) 竄 찬 [cuàn]
- 뜻 ①숨다 ②달아나다 ③은밀히
- 자원 쥐(鼠鼡)가 구멍(穴內) 속에 숨는 것이다.
- 자소 [회의] 혈(穴內)구멍＋서(鼠鼡)쥐

5획

【설립】 玄 玉 瓜 瓦 甘 生 用 田 疋 疒 癶 白 皮 皿 目 矛 矢 石 示 内 禾 穴 **立**

214 부수글자 **117**　　　5 - 23/23　　　(5획부수)

117. 립 立[lì]

자원 팔다리를 벌린 사람(大大)이 땅(一)위에 서 있는 모양을 본떴다.「사람이 차지한 위치, 사회적인 지위」를 뜻한다.
뜻 ①서다:입석(立席) ②세우다:입안(立案), 수립(竪立)
자소 [회의] 대(立 ← 大大)크다, 사람＋일(一)하나, 여기서는 땅

부수 성부　　부수글자가 성부로 쓰일 때

- ❶읍〈泣〉[qì] 울다:감읍(感泣), 호읍(號泣)
- ❷립{笠}[lì] 삿갓
- ❸립{粒}[lì] 낟알:입자(粒子), 미립(微粒), 입립개신고(粒粒皆辛苦:알알이 모두 고생)
- ❹익{翌}[yì] 다음날:익일(翌日:이튿날), 익년(翌年:이듬 해), 익월(翌月:다음달)
- ❺익{翊}[yì] 돕다:보익(輔翊)
- ❻랍(拉)[lā] 끌고 가다:납치(拉致), 납북(拉北), 피납(被拉)
- ❼립(砬)[lá] 돌이 무너지는 소리
- ❽삽(颯)[sà] 바람소리:삽상(颯爽:활발하고 기분이 좋음)

성부 글자　　성부와 부수가 결합된 형성자

(980) 竝 병 [bìng]
뜻 ①아우르다:병행(竝行) ②나란히:병렬(竝列)
자원 두 사람이 땅 위에 나란히 서 있는 모양. 립(立)은 팔다리를 벌린 사람이 땅 위에서 있는 모양이다. 병(並)은 속자다.
자소 [회의] 립(立)서다＋립(立)서다
성부 普普보 替체 竞긍

(981) 竟 경 [jìng]
뜻 ①끝나다 ②마침내:필경(畢竟)
자원 음악(音樂) 연주를 끝내고 다리를 굽혀 인사하는 사람(儿). 어진 사람 인(儿)은 사람의 동작을 나타낼 때 주로 쓰인다.
자소 [회의] 음(音)음악, 소리＋인(儿)어진 사람

- ❶경〔境〕[jìng] 경계(境界):국경(國境) / 형편:환경(環境), 경우(境遇), 심경(心境)
- ❷경〔鏡〕[jìng] 거울:요지경(瑤池鏡), 안경(眼鏡) /끝나다:파경(破鏡)

玄 玉 瓜 瓦 甘 生 用 田 疋 疒 癶 白 皮 皿 目 矛 矢 石 示 内 禾 穴 立　　[설립]

(982) **章** 장 [zhāng]　뜻 ①글:문장(文章),헌장(憲章),권리장전(權利章典) ②도장(圖章):인장(印章),지장(指章)

자원 노래(음音)의 한 단락이 완전히 끝나는 것을 말한다. 십(十)은 십진수의 끝으로서「완성, 끝남」을 뜻한다.

자소 [회의] 음(音)소리, 음악＋십(十)10, 끝나다

성부 贛감

- ❶상⟨商⟩[shāng]장사:상업(商業),사농공상(士農工商) /헤아리다:상량(商量) 참고 원래는〔장(章)＋날(啇)〕이다.
- ❷장〔障〕[zhàng]가로막다:장애(障碍),장벽(障壁),보장(保障),고장(故障)
- ❸장{樟}[zhāng]녹나무:장뇌(樟腦:방향제로 쓰인다)
- ❹장{璋}[zhāng]홀
- ❺장{暲}[zhāng]해가 돋아 오르다 /밝다
- ❻장{漳}[zhāng]물 이름
- ❼창{彰}[zhāng]밝게 빛나다:표창장(表彰狀)
- ❽장(獐)[zhāng]노루

(983) **童** 동 [tóng]　뜻 ①아이:동심(童心),동요(童謠),동자(童子),신동(神童),아동(兒童),악동(惡童) ②민둥산

자원 남자 죄인을 노(奴),여자 죄인을 첩(妾)이라 했다. 노(奴)를 동(童)이라고 했다.

자소 [형성] 립(立) ← 건(䇂후)문신 칼＋리(里) ← 중(重흫)무겁다

성부 龍룡

- ❶통(慟)[tòng]애통해 하다:통곡(慟哭),애통(哀慟)
- ❷종⟨鐘⟩[zhōng]종:종각(鐘閣),만종(晚鐘),괘종시계(掛鐘時計),범종(梵鐘)
- ❸동{憧}[chōng]그리워하다:동경(憧憬)
- ❹동{潼}[tóng]물 이름
- ❺당(撞)[zhuàng]치다:당구장(撞球場),자가당착(自家撞着:앞뒤가 서로 맞지 않음)
- ❻당(幢)[chuáng]기:당간(幢竿:절 앞에 휘장을 달아매는 높은 장대),당간지주(幢竿支柱)
  [zhuàng](수레나 배의)장막
- ❼동(瞳)[tóng]눈동자:동공(瞳孔),동자(瞳子:눈동자)

(984) **競** 경 [jìng]　뜻 ①다투다:경기(競技),경주(競走),경시대회(競試大會),경쟁(競爭),경선(競選)

자원 원래는 두 사람이 서로 말다툼한다는 뜻이 확대되어 모든「경쟁」을 뜻하게 되었다. 긍(兢)자와는 다르다.

자소 [회의] 경(誩 ← 誩)말다툼하다＋인(儿)사람

한자 시험 연습문제
〈제2영역〉語彙 2

〈1~2〉 다음 한자어(漢字語)와 그 새김의 방식이 같은 한자어는 어느 것입니까?

예: 한자어 '入山'은 그 새김의 방식이 서술어와 부사어의 관계이다. 이와 비슷한 한자어로는 '登校'가 있다.

1. 家具
   ① 報償 ② 牛乳 ③ 性情 ④ 是認
2. 開店
   ① 通貨 ② 助長 ③ 接近 ④ 槪念

〈3~10〉 다음 한자어(漢字語)와 발음이 같은 한자어는 어느 것입니까?

3. 哀喪
   ① 民事 ② 苦悶 ③ 荒唐 ④ 愛想
4. 靜息
   ① 程式 ② 回信 ③ 眞僞 ④ 脫盡
5. 逃走
   ① 道路 ② 假面 ③ 情報 ④ 賭酒
6. 回顧
   ① 佳約 ② 懷古 ③ 一針 ④ 植木
7. 依據
   ① 義擧 ② 畵面 ③ 決裁 ④ 芳香
8. 修訂
   ① 蜜月 ② 狀況 ③ 水晶 ④ 火急
9. 和氣
   ① 家難 ② 畵器 ③ 苦痛 ④ 哀憐
10. 申告
    ① 確信 ② 生氣 ③ 信賴 ④ 辛苦

〈11~12〉 다음 한자어(漢字語)들 중 괄호 안의 한자(漢字)의 발음(發音)이 다른 한자어는 어느 것입니까?

11. ① (惡)魔   ② (惡)意
    ③ (惡)寒   ④ (惡)質
12. ① (食)事   ② 簞(食)
    ③ (食)困   ④ (食)糧

〈13~25〉 다음 단어들의 '□'에 공통으로 들어갈 알맞은 한자(漢字)는 어느 것입니까?

13. □在, □亂, 分□
    ① 散 ② 存 ③ 心 ④ 析
14. 行□, □權, □業
    ① 列 ② 主 ③ 商 ④ 協
15. □關, □續, □剋
    ① 直 ② 相 ③ 繼 ④ 積
16. 優□, □頭, □烈
    ① 先 ② 愁 ③ 等 ④ 貞

17. □路, 直□, □上
    ① 車   ② 線   ③ 曲   ④ 海
18. 報□, □惠, □寵
    ① 答   ② 告   ③ 恩   ④ 受
19. □實, □僞, □品
    ① 堅   ② 眞   ③ 虛   ④ 商
20. 召□, □團, □約
    ① 集   ② 命   ③ 概   ④ 姻
21. 駐□, □線, □種
    ① 韓   ② 實   ③ 各   ④ 車
22. □建, □造, □始
    ① 再   ② 創   ③ 製   ④ 開
23. 到□, □地, □理
    ① 達   ② 他   ③ 處   ④ 別
24. □視, □待, 貧□
    ① 輕   ② 恕   ③ 困   ④ 賤
25. □驗, 身□, □格
    ① 實   ② 分   ③ 體   ④ 資

〈26~27〉 다음 한자어(漢字語)와 뜻이 반대(反對)이거나 상대(相對)되는 한자어는 어느 것입니까?

26. 榮轉
    ① 薦擧   ② 迎入   ③ 昇進   ④ 左遷
27. 穩健
    ① 過激   ② 保守   ③ 收用   ④ 容恕

〈28~30〉 다음 성어(成語)에서 '□'에 들어갈 알맞은 한자(漢字)는 어느 것입니까?

28. 群鷄一□
    ① 犬   ② 虎   ③ 馬   ④ 鶴
29. 首丘□心
    ① 末   ② 初   ③ 人   ④ 改
30. 五里□中
    ① 霧   ② 無   ③ 母   ④ 舞

〈31~35〉 다음 성어(成語)의 뜻풀이로 적절한 것은 어느 것입니까?

31. 膠柱鼓瑟
    ① 하는 일 없이 먹고 놂.
    ② 고지식하여 융통성이 없음.
    ③ 북 치고 장구 치며 시끄럽게 함.
    ④ 기둥에 달린 북을 치며 알림.

32. 錦衣夜行
    ① 보람없는 행동을 비유함.
    ② 성공하여 고향으로 돌아옴.
    ③ 민생을 살펴보기 위해 밤에 나옴.
    ④ 좋은 옷을 입히며 귀하게 키움.

33. 明若觀火
    ① 세상의 온갖 풍파를 겪음.
    ② 여러 번 꺾여도 굽히지 않음.
    ③ 불을 보는 것 같이 밝게 보임.
    ④ 부귀는 하늘에 달려 있음.

【 연습 문제 】

34. 三人成虎
   ① 훌륭한 인물을 얻기 위해 애씀.
   ② 사람이 반드시 갖추어야할 조건.
   ③ 산천의 경치가 매우 아름다움.
   ④ 여럿이 우기면 곧이듣게 됨.

35. 日就月將
   ① 학업이 나날이 발전함.
   ② 하루하루 먹고 살기 힘듦.
   ③ 자기 몸을 희생하여 공을 세움.
   ④ 물고기 한 마리가 물을 흐림.

〈36~40〉 다음의 뜻을 가장 잘 나타낸 성어(成語)는 어느 것입니까?

36. 불가능한 일을 굳이 하려 함.
   ① 苛斂誅求   ② 百折不屈
   ③ 緣木求魚   ④ 金科玉條

37. 기초가 없어 위험함.
   ① 砂上樓閣   ② 單刀直入
   ③ 同價紅裳   ④ 易地思之

38. 타향에서 부모를 그리워함.
   ① 麥秀之嘆   ② 望雲之情
   ③ 反哺之孝   ④ 簞食瓢飮

39. 앞뒤를 재고 망설임.
   ① 如履薄氷   ② 走馬加鞭
   ③ 不遠千里   ④ 左顧右眄

40. 때가 지나 아무 쓸모 없음.
   ① 捲土重來   ② 能小能大
   ③ 夏爐冬扇   ④ 夫唱婦隨

[정답] 1② 2① 3④ 4① 5④ 6② 7① 8③ 9② 10④ 11③ 12② 13① 14③ 15② 16① 17② 18③ 19② 20① 21④ 22② 23③ 24④ 25③ 26④ 27① 28④ 29② 30① 31② 32① 33③ 34④ 35① 36③ 37① 38② 39④ 40③

6획 부수 〔 29개 〕

| 암기 | 대나무(竹)에 쌀(米) 넣고
실(糸)로 장군(缶)을 매단 그물(网)을 쳐서 양(羊)을 잡았다.
깃(羽)을 단 늙은이(老)가 말을 이으니(而) 쟁기(耒) 소리만 귀(耳)에 들린다.
붓(聿)으로 고기(肉) 먹은 신하(臣)만 스스로(自) 이르러(至)
절구(臼)에 혀(舌)를 찧으니 어기면(舛) 배(舟)가 그치리라(艮).
색(色)난 풀(艸)에 호랑(虍) 벌레(虫)가
피(血)를 흘리고 다니니(行) 옷(衣)으로 덮어라(襾). |

竹	[대나무 죽]	소(笑) 축(筑) 근(筋) 등(等) 서(筮) 산(算) 절(節)
米	[쌀 미]	속(粟) 죽(粥) 찬(粲) 분(糞)
糸	[실 사]	계(系) 약(約) 삭(索) 소(素) 루(累) 절(絶) 유(維) 현(縣) 온(縕) 견(繭)
缶	[장군 부]	
网(罒)	[그물 망]	망(罔) 서(署) 벌(罰) 파(罷) 라(羅) 기(羈)
羊	[양 양]	미(美) 고(羔) 수(羞) 의(義) 희(羲)
羽	[깃 우]	습(習) 적(翟) 한(翰) 익(翼)
老(耂)	[늙을 로]	고(考) 기(耆) 자(者)
而	[말이을 이]	
耒	[쟁기 뢰]	
耳	[귀 이]	야(耶) 경(耿) 성(聖) 취(聚) 청(聽)
聿	[붓 율]	숙(肅)
肉(月夕)	[고기 육]	초(肖) 긍(肯) 육(育) 비(肥) 견(肩) 효(肴) 배(背) 서(胥) 위(胃) 윤(胤) 호(胡) 능(能) 척(脊)
臣	[신하 신]	와(臥) 장(臧)
自	[스스로 자]	취(臭)

347

【6획 부수】

부수	훈음	해당 한자
至	[이를 지]	치(致) 대(臺)
臼	[절구 구]	유(臾) 여(與) 흥(興)
舌	[혀 설]	사(舍)
舛	[어그러질 천]	순(舜)
舟(月)	[배 주]	반(般)
艮	[그칠 간]	량(良)
色	[빛 색]	염(艶)
艸(卄·艹)	[풀 초]	추(芻) 묘(苗) 약(若) 영(英) 자(玆) 황(荒) 막(莫) 화(華) 췌(萃) 만(萬) 저(著) 몽(蒙) 수(蒐) 호(蒿) 멸(蔑) 소(蕭) 천(薦) 장(藏) 린(藺)
虍	[범문채 호]	호(虎) 학(虐) 로(虜) 허(虛)
虫	[벌레 충]	조(蚤) 치(蚩) 단(蛋) 촉(蜀) 융(融) 충(蟲)
血	[피 혈]	중(衆)
行	[다닐 행]	연(衍)
衣(衤)	[옷 의]	표(表) 곤(袞) 쇠(衰) 원(袁) 양(襄)
襾	[덮을 아]	서(西) 요(要) 담(覃)

竹米糸缶网羊羽老而耒耳聿肉臣自至臼舌舛舟艮色艸虍虫血行衣襾 [대나무 죽]

118. 죽 竹艹 [zhú]

[자원] 대나무의 잎이 늘어진 모양. 옛날 종이가 없던 시절에 대나무를 얇게 깎아서 글을 썼던 데서 「책」이라는 뜻을 가지게 된 것이다.
[뜻] ①대나무:오죽(烏竹),죽세공(竹細工) ②책:죽간(竹簡)
[자소] [상형]

부수 성부
부수글자가 성부로 쓰일 때

☐ ❶독〔篤〕[dǔ] 도탑다:독지가(篤志家),독농가(篤農家),돈독(敦篤),위독(危篤)
☐ ❷축(竺)[zhú] 나라 이름:천축국(天竺國),축경(竺經:불경)

성부 글자
성부와 부수가 결합된 형성자

(985)  [xiào]
[뜻] ①웃다:가소(可笑),냉소(冷笑),미소(微笑) ②기쁘다 ③업신여기다
[자원] 아래 부분이 원래는 일찍 죽을 요(夭)가 아니라 개 견(犬)이었다고 한다.
[자소] [회의] 죽(竹艹)대나무+요(夭) ← 견(犬犭)개,짐승

5

(986)  [fàn]
[뜻] ①본보기 ②틀
[자원] 법은 죽간(竹簡)에 적혀있었다. 원래 모범(模範)은 원래 물건을 찍어 만드는 틀을 말한다. 흙으로 만든 것을 형(型), 쇠로 만든 것을 용(鎔), 대나무로 만든 것을 범(笵), 나무로 만든 것을 모(模)라고 했다.
[자소] [형성] 죽(竹艹)대나무+범(氾)넘치다
☐ ❶범〔範〕[fàn] 본보기:범례(範例),규범(規範),솔선수범(率先垂範),시범(示範) /한계: 범위(範圍),범주(範疇)

6

(987)  [zhù]
[뜻] ①비파
[자원] 품에 안고(玑) 켜는, 대나무(竹艹)로 만든 악기를 말한다.
[자소] [회의] 죽(竹艹)대나무+공(巩 ← 玑)끌어안다
☐ ❶축〔築〕[zhù] 쌓다:축대(築臺),축조(築造),건축(建築),신축(新築)

【대나무 죽】竹 米 糸 缶 网 羊 羽 老 而 耒 耳 聿 肉 臣 自 至 臼 舌 舛 舟 艮 色 艸 虍 虫 血 行 衣 襾

(988) 筋 근 [jīn]
- 뜻 ①근육:근육(筋肉),심근(心筋)
- 자원 대나무결(竹艸) 같은 근육(肉⊘)의 섬유질(力⊘) 모양을 본뜬 것이다.
- 자소 [회의] 죽(竹艸)대나무+육(月←肉⊘)몸,살,고기+력(力⊘)힘

(989) 等 등 [děng]
- 뜻 ①동등(同等)하다:대등(對等),등신불(等身佛),팔등신(八等身),평등(平等) ②등급(等級):고등(高等),등수(等數),열등(劣等),우등(優等),월등(越等)
- 자원 죽간을 고르게 정리한 것. 죽간에는 관청에서 행해야 할 법도가 적혀 있다. 사(寺)는 원래 관청이란 뜻이었다. 모든 관청이 같은 법을 가졌다.
- 자소 [회의] 죽(竹艸)대나무+사(寺)절

7
(990)  筮 서 [shì]
- 뜻 ①점대 ②시초점
- 자원 점(巫)치는 데 사용하는 대나무(竹)를 말한다.
- 자소 [회의] 죽(竹艸)대나무+무(巫)무당

☐ ❶서(噬)[shì]씹다(깨물다):서제막급(噬臍莫及):사향노루가 자신의 배꼽을 물어 뜯음)

8
(991)  算 산 [suàn]
- 뜻 ①셈하다:산수(算數),계산(計算)
- 자원 주판처럼 계산할 때 사용하는 기구인, 산가지(竹艸)를 산(筭)이라고 하는데, 이것을 가지고(具)「셈을 한다」는 뜻이다.
- 자소 [회의] 죽(竹艸)대나무+구(昇←具)구비하다

☐ ❶찬{纂}[zuǎn]모으다:찬술(纂述:자료를 모아서 정리함),찬집(纂集),편찬(編纂)
☐ ❷찬(簒)[cuàn]빼앗다:왕위찬탈(王位簒奪)

9
(992) 節 절 [jié]
- 뜻 ①마디:관절(關節) ②절개(節介) ③절약(節約)하다:절세(節稅) ④때:계절(季節)
- 자원 대나무의 마디. 아래의 즉(卽)은 무릎을 구부리고 밥을 먹는다는 뜻이다. 병부 절(卩 곡)이 발음을 나타낸다. 분명히 맺고 끊는 행동의 마디를 절도(節度)라고 한다.
- 자소 [형성] 죽(竹艸)대나무+즉(卽)곧

☐ ❶즐{櫛}[zhī]빗(으로 빗다):즐소(櫛梳:머리를 빗다),즐비(櫛比:빗살처럼 나란히 늘어져 있음)
☐ ❷절(癤)[jiē]작은 부스럼

竹米糸缶网羊羽老而耒耳聿肉臣自至臼舌舛舟艮色艸虍虫血行衣襾　　[쌀 미]

119. 미 米 [mǐ]

[자원] 4점은 곡식의 낟알을 뜻하며 십(十)은 4개의 이삭으로 분리되어 있다는 뜻이다. 한 톨의 쌀알을 만드는데 88번의 손이 간다고 해서 숫자의 88을 뜻하기도 한다.
[뜻] ①쌀:미곡(米穀),정미소(精米所) ②88:미수(米壽) ③미터(M)
[자소] [상형]

부수 성부

부수글자가 성부로 쓰일 때

□ ❶미(麋) [mí] 고라니 /순록 /큰 사슴

성부 글자

성부와 부수가 결합된 형성자

(993)  粟 속 [sù]
[뜻] ①조(곡식의 일종)
[자원] 보통 이삭보다 큰 뭉치로 낟알이 맺히는 곡식인 조를 말한다.
[자소] [회의] 아(襾) ← 초(卤)열매 맺다＋미(米)쌀,입자

(994)  粥 죽 [zhōu]
[뜻] ①죽:조반석죽(朝飯夕粥) ■육[yù] ①팔아 치우다
[자원] 죽(鬻)의 아랫부분이 생략된 것이다.
[자소] [회의] 미(米)쌀,가루,입자＋격(鬲)격(鬲)의 옛글자. 오지병

(995)  粦 린 [lín]
[뜻] ①도깨비불 [참고] 린(燐)의 옛날 글자
[자원] 전쟁터에서 죽은 병사들, 소, 말 등의 피가 엉겨 만들어 내는 귀신불. 원래는 미(米)가 아니라 염(炎)자였다.
[자소] [회의] 미(米) ← 염(炎)불꽃＋천(舛)어긋나다

□ ❶련〔憐〕[lián] 불쌍히 여기다:가련(可憐),연민(憐憫),동병상련(同病相憐)
□ ❷린〔隣〕[lín] 이웃:선린(善隣),인근(隣近),인접(隣接),덕불고필유린(德不孤必有隣: 덕행은 반드시 도와주는 사람이 있다)
□ ❸린﹛璘﹜[lín] 옥의 빛 /옥의 무늬
□ ❹린﹛麟﹜[lín] 기린(麒麟):봉린(鳳麟)
□ ❺린﹛潾﹜[lín] 맑다 /돌 사이에 있는 샘
□ ❻린﹛燐﹜[lín] 도깨비불:인광(燐光),인산(燐酸),인화(燐火),황린(黃燐)

【쌀미】　竹米糸缶网羊羽老而耒耳聿肉臣自至臼舌舛舟艮色艸虍虫血行衣襾

☐ ❼린(鱗) [lín] 비늘:어린진(魚鱗陣),역린(逆鱗:용의 목에 있는 거꾸로 난 비늘,만지면 죽는다 함)

(996)  [càn]
뜻 ①흰쌀 ②정미(精米)
자원 벼를 가장 세밀하게 도정한 것을 말한다. 여기서 선명하고 좋다는 뜻으로 확대된 것이다.
자소 [형성] 잔(奴歹)뚫다＋미(米米)쌀,입자

☐ ❶찬{燦} [càn] 빛나다(번쩍번쩍하다)
☐ ❷찬{澯} [càn] 맑다
☐ ❸찬{璨} [càn] 구슬이 주렁주렁 달리다 /옥 /빛나다

(997)  [fèn]
뜻 ①똥:분뇨(糞尿),인분(人糞)
자원 더러운 것을 골라내어(釆米) 쓰레받기(華華)에 두손(廾廾)으로 담아 버린다는 뜻이다. 시(矢)는 똥을 뜻하는 분(糞)의 가차자이다.
자소 [회의] 미(米) ← 변(釆米)분별하다＋필(華華)키＋공(廾廾)양손

(998) 鑿 착 [zuò]
뜻 ①희게 쓿은 쌀 ②찧다
자원 껍질을 벗겨내므로 양이 줄어드는 것이다.
자소 착(丵)초목이 무성하다＋훼(殻臼)쌀 10말 쓿어 8말 되다

☐ ❶착(鑿) [záo] 뚫다:굴착기(掘鑿機),천착(穿鑿)

352

竹米糸缶网羊羽老而耒耳聿肉臣自至臼舌舛舟艮色艸虍虫血行衣両　　[실 사]

| 214 부수글자 120 | 6 - 3/29 | (6획부수) |

120. 사/멱 糸 [sī]

자원 실타래의 모양을 본뜬 글자. 물들인 실들을 엮어서 옷감을 짜므로 「색깔」과 관련된 뜻을 나타낼 때가 많다.
뜻 ①실 ■멱[mì]①가는 실 ②5홀의 실(一蠶所吐爲忽. 十忽爲絲. 五忽爲糸也)
자소 [상형]

| 성부 글자 | 성부와 부수가 결합된 형성자 |

(999)  [xì]
뜻 ①잇다 ②혈통:계통(系統),직계(直系),계열(系列),계보(系譜),방계(傍系)
자원 실 끝을 이어서 연결한다는 뜻이다.
자소 [형성] 별(丿) ← 예(ノ丶)매어 걸다＋사(糸 훗)실
성부 絲유 孫손 縣현

　☐ ❶계〔係〕[xì] 관계(關係)되다 /사무 부서:계장(係長),인사계(人事係)
　☐ ❷곤(鯀)[gǔn]물고기 이름 /사람 이름
　☐ ❸요(繇)[yáo]부역 [yóu]따르다 [zhòu]점치다

(1000)  [yuē]
뜻 ①묶다:약속(約束),약혼(約婚),계약(契約),해약(解約) ②줄이다:요약(要約),절약(節約)
자원 원래는 실(糸 훗)로 단단히 묶는다는 뜻이었다.
자소 [형성] 사(糸 훗)실＋작(勺구)구기

　☐ ❶약(葯)[yào]꽃밥:약포(葯胞:꽃밥,꽃가루주머니)

(1001) 索 삭 [suǒ]
뜻 ①새끼줄:삭도(索道) ■색:①찾다:색인(索引),검색(檢索),수색(搜索),색출(索出)
자원 덩굴손처럼 꼬아서 만든 새끼줄(糸 훗). 덩굴손이 뻗어 나갈(朩) 곳을 찾아나가듯 더듬어 찾는다는 뜻을 나타내기도 한다.
자소 [회의] 발(宀 ← 朩)풀이 무성하다＋사(糸 훗)실

【실사】 竹米 糸 缶門羊羽老而耒耳聿肉臣自至臼舌舛舟艮色艸虍虫血行衣襾

(1002) 素 소 [sù]
뜻 ①희다:소복(素服) ②본바탕:소박(素朴),소질(素質) ③평소(平素) ④소박(素朴)하다:검소(儉素),소찬(素餐)
자원 가늘고 정밀하게 짠 생명주를 말한다. 흰 천에 여러가지 물감을 먹여 온갖 옷감을 만들므로 「바탕」이라는 뜻이 된다.
자소 [회의] **수**(𠂹)늘어진 초목+**사**(糸)실

(1003) 累 루 [léi]
뜻 ①묶다:연루(連累),계루(繫累) ②번거롭다 [lěi]①쌓다:누적(累積) [lèi]①근심을 끼치다
자원 연이어진 밭고랑처럼 실을 여러 번 잇는다는 뜻이다. 류(纍)는 늘어난다는 뜻, 류(纍)는 동아줄을 뜻한다. 류(纍)가 예서체에서 루(累)로 변했다.
자소 [형성] **전**(田) ← **뢰**(畾)회전하는 기운+**사**(糸)실, 색깔

□ ❶라{螺}[luó]소라:나전칠기(螺鈿漆器) /고불고불한 것:나발(螺髮),나선(螺旋)

(1004) 絶 절 [jué]
뜻 ①끊다:절대(絶代),절대(絶對),단절(斷絶) ②아주 좋다:절경(絶景),절찬리(絶讚裏),절정(絶頂),절묘(絶妙)
자원 실을 자르는 모양. 하나를 자르면 두개가 된다. 뜻이 확대되어 궁한 것, 극단적인 것을 나타낸다.
자소 [형성] **사**(糸)실, 색깔+**도**(刀刀)칼, 자르다+**파**(巴)← **절**(卩)무릎 꿇은 사람

(1005) 絜 결 [jié]
뜻 ①삼 한오리(麻一端) ②깨끗하다 ■혈[xié]①헤아리다
자원 찢어낸 삼껍질을 다듬어(初㓞) 만든 삼실(糸)이 깨끗한 모습을 말한다.
자소 [형성] **갈**(㓞)이리저리 새기다+**사**(糸)가는 실

□ ❶결〈潔〉[jié]깨끗하다:결백(潔白),순결(純潔),불결(不潔),청결(淸潔)

(1006) 絲 사 [sī]
뜻 ①굵은 실
자원 가는 실을 엮어서 만든 굵은 실. 누에가 토하는 실 한 겹을 1홀(忽)이라고 하는데, 사(絲)는 10홀을 (一蠶所吐爲忽. 十忽爲絲. 五忽爲糸也) 말한다.
자소 [형성] **갈**(㓞)이리저리 새기다+**사**(糸)가는 실
성부 絲계 茲자 樂악 䌸관 䌸련 縣현

□ ❶결〈潔〉[jié]깨끗하다:결백(潔白),순결(純潔),불결(不潔),청결(淸潔)

(1007) 維 유 [wéi]
뜻 ①**지탱하다**:유지(維持),10월유신(十月維新) ②벼리 ③어조사:유세차(維歲次)
자원 원래는 수레의 덮개를 달아매는 굵은 밧줄이란 뜻이었다.
자소 [형성] **사**(糸)실, 색깔+**추**(隹隹)꽁지 짧은 새
성부 羅라

竹米糸缶网羊羽老而耒耳聿肉臣自至臼舌舛舟艮色艸虍虫血行衣両　　［실사］

(1008) [xiàn]
- 뜻 ①고을:현감(縣監),군현제도(郡縣制度)
- 자원 죄인의 머리를 잘라서 거꾸로 달아 매어 놓은 모양. 사람의 머리를 잘라서 (県県) 거꾸로 달아매는(系系) 집이라는 뜻이다. 전(殿)은 사람의 볼기를 치는 집이란 뜻이다[둔(屍)엉덩이＋수(殳攴)치다].
- 자소 [회의] 교(県県)수(首)를 거꾸로 쓴 것＋계(系系) 묶다

□ ❶현〔懸〕[xuán]매달다:현수막(懸垂幕),현안(懸案),현상금(懸賞金),현격(懸隔)
■ ❷독(纛)[dào]병영 앞에 세우는 커다란 깃발 ■도:같은 뜻

(1009) [yùn]
- 뜻 ①헌 솜 ②솜옷
- 자원 헌솜에 새솜을 섞어서 새로 지은 옷을 말한다.
- 자소 [형성] 사(糸糹)실＋온(昷 ← 㿿)어질다

□ ❶온(蘊)[yùn]쌓다:오온(五蘊:사람의 심신을 이루는 5가지 요소) /사물의 가장 심오한 곳

⑬

(1010) [jiǎn]
- 뜻 ①누에 고치;견사(繭絲),잠견(蠶繭)
- 자원 삼국사기에도 아래 윗동네가 서로 길쌈내기를 해서 먹고 놀았던 것이 추석의 기원이라는 말이 있다.
- 자소 [회의] 사(糸糹)실＋훼(虫虫)살모사＋면(艹 ← 巾)내기에 서로 걸다

【장군 부】 竹米糸缶网羊羽老而耒耳聿肉臣自至臼舌舛舟艮色艸虍虫血行衣襾

214 부수글자 **121**　　　6 - 4/29　　　(6획부수)

121. 부 缶 [fǒu]

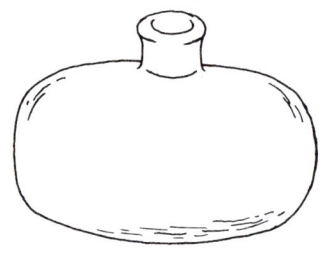

자원 액체를 담던 질그릇의 일종이다. 진나라 사람들은 이것을 두들기며 노래의 장단을 맞추었다고 한다.
뜻 ①장군(질그릇의 일종)
자소 [상형]

부수 성부　　　　부수글자가 성부로 쓰일 때

☐ ❶보〔寶〕[bǎo] 보물(寶物):가보(家寶),금은보화(金銀寶貨) /귀한 것:명심보감(銘心寶鑑),전가보도(傳家寶刀)
☐ ❷보(珤)[bǎo] 보(寶)의 옛글자

성부 글자　　　　성부와 부수가 결합된 형성자

(1011)  요 [yóu]
　　뜻 ①질그릇(瓦器) ②병 ③독
　　자원 고기(肉❓)를 담는 질그릇(缶❓). 혹은 술그릇과 악기를 말한다.
　　자소 [형성] 육(夕 ← 肉❓)몸,살,고기 + 부(缶❓)질그릇

☐ ❶요〔搖〕[yáo] 흔들다:요지부동(搖之不動),요람(搖籃),요란(搖亂)
☐ ❷요〔謠〕[yáo] 노래:동요(童謠),가요(歌謠),민요(民謠) /소문
☐ ❸요〔遙〕[yáo] 멀다:전도요원(前途遙遠) /슬슬 거닐다:소요(逍遙)
☐ ❹요{瑤}[yáo] 옥:요지경(瑤池鏡),요대(瑤臺)
☐ ❺요(徭)[yáo] 세금 /부역
☐ ❻요(猺)[yáo] 개 /종족 이름

竹米糸缶网羊羽老而耒耳聿肉臣自至臼舌舛舟艮色艸虍虫血行衣西　［그물 망］

214 부수글자 122　　　　6 - 5/29　　　　(6획부수)

122. 망 罒 网 [wǎng]

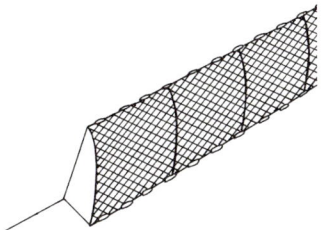

자원 위에서 덮는다(冖冂)는 뜻과 그물코(乂乂)의 모양을 본떴다.
뜻 ①그물
자소 [상형] 멱(冖冂)덮다＋乂乂 ← 그물 코의 모양

성부 글자 | 성부와 부수가 결합된 형성자

(1012) 罔 망 [wǎng]
뜻 ①없다:망측(罔測) ②그물:망(網)과 같은 글자
자원 그물 망(网)에 망(亡)자를 넣어 모양을 갖춘 것이다.
자소 [형성] 망(罔 ← 网冈)그물＋망(亡)죽다, 망하다

- ❶망 {網} [wǎng] 그물:철조망(鐵條網),어망(魚網),망라(網羅),망사(網紗) /그물처럼 얽힌 것:교통망(交通網),방송망(放送網),통신망(通信網)
- ❷망 (輞) [wǎng] 수레바퀴의 바깥에 끼우는 테
- ❸망 (魍) [wǎng] 도깨비:망량(魍魎),망매(魍魅)

(1013) 署 서 [shǔ]
뜻 ①관아:부서(部署),서장(署長),지서(支署),관공서(官公署),경찰서(警察署) ②쓰다:서명날인(署名捺印)
자원 관청에서 그물같은 조직을 갖추고 일을 나누어 담당하는 것을 말한다. 많은 부서가 그물처럼 짜여져 있다는 말이다.
자소 [형성] 망(罒 ← 网冈)그물＋자(者)놈, 녀석

- ❶서 {曙} [shǔ] 새벽:서광(曙光)
- ❷서 (薯) [shǔ] 마:서동(薯童)

(1014) 罰 벌 [fá]
뜻 ①벌주다:처벌(處罰),벌금(罰金),벌칙(罰則),형벌(刑罰)
자원 가벼운 죄를 지은 사람(罪之小者)을 잡아서 칼(刀刂)로 베는 것이 아니라 겁을 주어 꾸짖는다(詈)는 뜻이다.
자소 [회의] 리(詈 ← 詈)꾸짖다＋도(刂 ← 刀刂)칼

(1015) 罷 파 [bà]
뜻 ①그치다 ②귀양보내다(遣有辠)
자원 능력있는 사람이 법망에 걸리면 풀어준다는 뜻이다.
자소 [회의] 망(罒 ← 网冈)그물＋능(能)곰,가능하다

357

【그물 망】 竹米糸缶罒羊羽老而耒耳聿肉臣自至臼舌舛舟艮色艸虍虫血行衣襾

□ ❶파(擺) [shǔ]늘어 놓다 /물리치다:파발마(擺撥馬)

(1016) 羅 라 [luó]
뜻 ①벌리다:나열(羅列), 망라(網羅) ②비단:능라(綾羅), 나사(羅紗) ③그물:망라(網羅)
자원 새그물을 펼쳐놓은 것처럼 좍 펼쳐지는 모양을 말한다.
자소 [회의] 망(罒←网)그물＋유(維)지탱하다, 굵은 줄

□ ❶라(蘿) [luó]담쟁이덩굴 /쑥 /무
□ ❷라(邏) [luó]순행하다:순라(巡邏)

(1017) 羈 기 [jī]
뜻 ①굴레:기반(羈絆) ②잡아 매다
자원 말을 부리기 위하여 얽어매는 것.
자소 [회의] 망(网罒)그물＋칩(馽)말의 발을 얽어매다

6획

358

竹米糸缶网羊羽老而耒耳聿肉臣自至臼舌舛舟艮色艸虍虫血行衣襾　　[양양]

214 부수글자 **123**　　　　　　6 - 6/29　　　　　　　(6획부수)

123. 양 羊羋羊 [yáng]

자원 뿔을 강조한 양 모양. 신에게 바치는 중요한 제물. 상서로운 짐승으로 간주되었다. 이것이 포함된 글자는「착하다, 좋다」는 뜻이 있다.
뜻 ①**양**:양두구육(羊頭狗肉), 다기망양(多岐亡羊)
자소【상형】개(丷)양뿔+キ ← 4발과 꼬리 모양

6획

부수 성부　　　　　부수글자가 성부로 쓰일 때

☐ ❶**양**〈洋〉[yáng] **바다**:오대양(五大洋), 원양(遠洋) /서양(西洋):양식(洋食)
☐ ❷**상**〔詳〕[xiáng] **자세하다**:상세(詳細), 미상(未詳), 자상(仔詳), 소상(昭詳)
☐ ❸**상**〔祥〕[xiáng] **상서**(祥瑞)**롭다**:길상(吉祥), 가상(嘉祥), 상운(祥雲)
☐ ❹**강**{姜}[jiāng] **성씨**(姓氏):강태공(姜太公)
☐ ❺**상**{翔}[xiáng] **빙빙 돌아서 날다**:비상(飛翔)
☐ ❻**상**{庠}[xiáng] **학교**
☐ ❼**강**(羌)[qiāng] **중국 서쪽 지방의 종족 이름**
■ ❽**갱**(羹)[gēng] **국**:갱죽(羹粥)
☐ ❾**양**(痒)[yǎng] **앓다 /가렵다**:격화소양(隔靴搔痒):가렵다고 신발을 신고 발바닥을 긁다)
☐ ❿**양**(佯)[yáng] **거짓**
☐ ⓫**양**(恙)[yàng] **근심하다**

성부 글자　　　　　성부와 부수가 결합된 형성자

(1018) 美 미 [měi]　　**뜻** ①**아름답다**:미모(美貌), 미인(美人), 미술(美術), 미용(美容) ②**좋다**:미담(美談), 미화(美化)
자원 양은 6가지 가축 중에서 반찬의 으뜸이었다. 미(美)는 선(善)과 같다.
자소【회의】양((羊←羊)양+대(大)크다, 많다

☐ ❶**미**{嵄}[měi] **산, 뫼**
☐ ❷**미**(渼)[měi] **물놀이**(波紋) **/강 이름 /못 이름**
■ ❸**갱**(羹)[yáo] **국**:갱죽(羹粥)

359

【양양】 竹米糸缶門羊羽老而耒耳聿肉臣自至臼舌舛舟艮色艸虍虫血行衣襾

(1019) 羔 고 [gāo]
- 뜻 ①양새끼
- 자원 비칠 조(照)가 생략된 것이 불 화(火)라고만 설명했다.
- 자소 [형성] 양(羊 ← 羊羊)양 + 화(灬) ← 조(照)비추다

☐ ❶요(窯) [yáo] 기와를 굽는 가마 : 요업(窯業), 도요지(陶窯地), 강화요(江華窯)
■ ❷갱(羹) [yáo] 국 : 갱죽(羹粥)

(1020) 羞 수 [xiū]
- 뜻 ①부끄러워하다 : 수치심(羞恥心) ②음식 : 진수성찬(珍羞盛饌) ③드리다
- 자원 차(差)와는 다르다.
- 자소 [회의] 양(羊 ← 羊羊)양 + 축(丑ㅋ)2째지지

(1021) 羕 양 [yàng]
- 뜻 ①물의 근원이 길다(水長也)
- 자원 강물이 굽이굽이 흐르는 모양. 양(羊羊) 떼의 움직임이 강물같다는 뜻이다. 영(永ㄕ)은 강물이 여러 곳에서 모여들며 길게 흐른다는 뜻이다.
- 자소 [형성] 양(羊 ← 羊羊)양 + 영(永ㄕ)길다, 영원하다

☐ ❶양[樣] [yàng] 모양(模樣=貌樣), 각양각색(各樣各色), 다양(多樣), 양태(樣態)
☐ ❷양{漾} [yàng] 물결이 출렁거리는 모양

(1022) 義 의 [yì]
- 뜻 ①옳다 : 의리(義理), 정의(正義) ②뜻 : 의의(意義), 협의(狹義), 광의(廣義) ③만든 것 : 의족(義足), 의수(義手), 의형제(義兄弟)
- 자원 신에게 양(羊羊)을 바치고 의식을 치를 때처럼 자신(我ㄨ)의 마음을 떳떳하게 갖는다.
- 자소 [회의] 양(羊 ← 羊羊)양 + 아(我ㄨ)나
- 성부 羲희

☐ ❶의⟨議⟩ [yì] 의논(議論)하다 : 의결(議決), 의회(議會), 의제(議題), 항의(抗議)
☐ ❷의〔儀〕 [yí] 거동 : 국민의례(國民儀禮), 의장대(儀仗隊) / 본따다 : 지구의(地球儀)
☐ ❸의(蟻) [yǐ] 개미
☐ ❹의(艤) [yǐ] 출항하기 위한 준비를 갖추어 배를 대기시키다

(1023) 𦎧 순 [chún]
- 뜻 ①삶다(孰也)
- 자원 제사에 사용하는 삶은 양고기(羊羊)를 말한다. 흔히 향(享)자로 변형되어 쓰인다.
- 자소 [지사] 향(亯향)드리다, 바치다 + 양(羊羊)양
- 성부 孰숙 敦敦돈

☐ ❶돈{惇} [dūn] 인정이 두터움
☐ ❷돈{焞} [tūn] 귀갑(龜甲)을 지지는 불 /어슴프레하다 ■퇴[tùi] 성하다
☐ ❸순{淳} [chún] 순박(淳朴)하다 : 청순(淸淳)
☐ ❹순{錞} [chún] 악기 이름(종과 비슷한 타악기) ■대[duì] 물미(창대 끝에 붙이는 쇠붙이)
☐ ❺순{諄} [zhūn] 타이르다 /정성이 지극하다
☐ ❻순{醇} [chún] 순후하다 : 순화(醇化) /전국술 /도탑다

竹米糸缶門羊羽老而耒耳聿肉臣自至臼舌舛舟艮色艸虍虫血行衣襾　　［양 양］

□ ❼준{埻} [zhǔn] 과녁 /법칙

(1024) [xī]

뜻 ①**사람 이름**:복희씨(伏羲氏) ②기운(氣也)
자원 중국 신화에 나오는 복희씨(伏羲氏)를 말한다.
자소 [형성] 의(羛 ← 義)옳다＋혜(兮)어조사

□ ❶희{曦} [xī] 햇빛
□ ❷희{爔} [huī] 불빛 /햇빛
□ ❸희(犧) [xī] 희생(犧生)

【깃 우】 竹米糸缶网羊羽老而耒耳聿肉臣自至臼舌舛舟艮色艸虍虫血行衣襾

124. 우 羽 [yǔ]

자원 새의 날개를 옆에서 본 모양을 본떴다.
뜻 ①깃털:우화등선(羽化登仙:날개가 돋아서 신선이 됨)
자소 [상형]

부수 성부 — 부수글자가 성부로 쓰일 때

- ❶우{㳺}[yǔ]물소리
- ❷후(珝)[xù]옥 이름 /사람 이름

성부 글자 — 성부와 부수가 결합된 형성자

(1025) 習 탑 [tà]
뜻 ①힘차게 날다(盛飛貌)
자원 과감히(冃) 날갯(羽)짓을 한다는 뜻이다.
자소 [회의] 왈(曰) ← 모(冃)무릅쓰다 ＋ 우(羽)날개, 깃

- ❶탑(榻)[tā]낮고 긴 걸상
- ❷탑(搨)[tà]베끼다:탑본(搨本)

(1026)  료 [lù]
뜻 ①높이 날다(高飛貌) ②바람 소리
자원 아름다운 깃털을 드날리며 높이 날다.
자소 [회의] 우(羽)새의 깃 ＋ 진(㐱)새깃 처음 나서 날다

- ❶교{膠}[jiāo]아교(阿膠) /굳다 /(아교로)붙이다
- ❷료(蓼)[liǎo]여뀌풀 /크다
- ❸료(廖)[liào]공허하다 /사람 이름
- ❹료(寥)[liáo]쓸쓸하다 /공허하다
- ❺류(謬)[miù]그릇되다 /속이다 /어긋나다:오류(誤謬)
- ❻륙(戮)[lù]죽이다:살륙(殺戮), 육시(戮屍:죽은 사람의 목을 베다) /욕되다
- ❼무(繆)[móu]얽어 묶다 ■묘[miào]성씨 ■류[miù]잘못하다

竹米糸缶鬥羊羽老而耒耳聿肉臣自至臼舌舛舟艮色艸虍虫血行衣襾　　[깃 우]

(1027) 習습 [xí]
뜻 ①익히다:습득(習得),학습(學習) ②익숙하다:습관(習慣),습속(習俗),풍습(風習)
자원 어린 새가 끊임없이 날개짓을 해서 나는 연습을 한다는 뜻이다.
자소 [회의] 우(羽)새의 깃털＋백(白)←자(自)자(自)의 생략형

- ❶습(褶) [xí] 옷의 주름:습곡산맥(褶曲山脈)
- ❷완(翫) [wán] 가지고 놀다:완미(翫味:시문을 음미하다)
- ❸접(摺) [zhé] 접다:접지(摺紙:종이를 접다),접철(摺綴:한 곳에 접어서 묶다)
- ❹습(慴) [shè] 두려워하다:습복(慴伏:두려워서 복종하다)

(1028) 翟적 [dí]
뜻 ①꿩의 깃털 ②왕후의 옷 ■책 [zhái] ①고을 이름 ②성(姓)
자원 수꿩(장끼)은 꼬리 깃이 길고, 암꿩(까투리)은 짧다.
자소 [회의] 우(羽)새의 깃털＋추(隹)꽁지 짧은 새
성부 濯조

- ❶탁{濯} [zhuó] 씻다:세탁(洗濯),탁족(濯足)
- ❷약{躍} [yuè] 뛰다:약동(躍動),도약(跳躍),비약(飛躍),활약(活躍),일약(一躍)
- ❸요{曜} [yào] 빛나다 /해,달,별의 총칭:요령(曜靈) /요일(曜日)
- ❹요{耀} [yào] 빛나다
- ❺탁{擢} [zhuó] 뽑다:발탁(拔擢:인재를 뽑음)
- ❻도(櫂) [zhào] 노:도가(櫂歌:뱃노래)
- ❼요(燿) [yào] 비치다 /빛나다

(1029) 翰한 [hàn]
뜻 ①새의 깃〉붓〉편지〉글:한림(翰林),서한(書翰),공한(公翰)
자원 원래는 천계(天雞)라는 새를 일컫는 말이었다. 휘치(翬雉)라고도 했는데 주나라 성왕(成王) 때 촉나라 사람이 바쳤다고 한다. 휘(翬)는 깃이 오색찬란한 꿩이다.
자소 [형성] 간(倝←軋)해가 돋다＋우(羽)새의 깃털

- ❶한{瀚} [hàn] 물이 넓고 큰 모양 /사막이름

(1030) 翼익 [yì]
뜻 ①날개:좌우익(左右翼),일익(一翼)
자원 날개를 뜻한다. 전서(篆書)에서 익(翼)으로 바뀌었다.
자소 [형성] 우(羽)←비(飛)날다＋이(異)다르다

- ❶익{瀷} [yì] 강이름 /물이 갑자기 불어서 흐르는 모양

6획

363

【늙을 로】 竹米糸缶网羊羽老而耒耳聿肉臣自至臼舌舛舟艮色艸虍虫血行衣襾

214 부수글자 **125**　　　　6 - 8/29　　　　(6획부수)

125. 로 老 [lǎo]

6획

[자원] 늙어서 머리털과 수염이 하얗게 변한 사람. 60노인을 기(耆), 70노인을 로(老), 80-90 노인을 모(耄)라고 한다.
[뜻] ①노인(老人):남녀노소(男女老少),노약자(老弱者),초로(初老) ②익숙하다:노련(老鍊),노숙(老宿),노회(老獪)
[자소] [회의] 토(土) ← 모(毛)털+별(丿) ← 인(人)사람+화(匕)되다

성부 글자　　성부와 부수가 결합된 형성자

(1031) 考 고 [kǎo]
[뜻] ①생각하다:고려(考慮),사고(思考) ②시험:고사(考查),고시(考試) ③죽은 아버지:선고(先考)
[자원] 성장하는 기운이 막혀서 노쇠해진 늙은이, 노인은 사리에 밝고 깊이 「생각한다」.
[자소] [형성] 로(耂 ← 老)노인＋교(丂 ← 丂)기운이 막히다
□ ❶고(拷)[kǎo]치다:고문(拷問)

4

(1032) 耆 기 [qí]
[뜻] ①늙은이(60세의 노인)
[자원] 늙으면(老) 맛있는 음식(旨)을 탐하게 된다는 뜻이다.
[자소] [형성] 로(耂 ← 老)늙은이＋지(旨)맛있는 것
□ ❶기{嗜}[shì]즐기다/좋아하다:기호품(嗜好品)
□ ❷시(蓍)[shī]시초(蓍草:옛날 점칠 때 사용했다는 풀)

5

(1033) 者 자 [zhě]
[뜻] ①(일반적인)사람:운전자(運轉者),사망자(死亡者),생환자(生還者:살아서 돌아온 사람)
[자원] 특정한 사람이 아닌 어떤 사람을 칭하는 말이다.
[자소] [형성] 로(耂)←려(𣎵)려(旅)고자＋백(白)←백(白)자(自)의 생략
[성부] 署서 著箸저 諸제
□ ❶도〈都〉[dū,dōu]도읍(都邑):수도(首都) /도시(都市):도심(都心),도회지(都會地) /모두:도대체(都大體) /우두머리:도독(都督),도승지(都承旨)
□ ❷서〈暑〉[shǔ]덥다:피서(避暑),혹서(酷暑),대서(大暑)
□ ❸서〈書〉[shū]책:도서관(圖書館),독서(讀書) /글:서류(書類),편지:서신(書信) /글씨:서예(書藝),서도(書道)

364

竹米糸缶鬥羊羽老而耒耳聿肉臣自至臼舌舛舟艮色艸虍虫血行衣两　　［늙을 로］

- ❹서〔緒〕[xù]실마리:단서(端緒),두서(頭緒),정서(情緒) /나머지 /사업
- ❺도{堵}[dǔ]담 /편안히 살다:안도(安堵)
- ❻사{奢}[shē]사치(奢侈)하다:호사(豪奢)
- ❼저{楮}[chǔ]닥나무 /종이
- ❽도(屠)[tú]죽이다:도살(屠殺),도륙(屠戮),도수장(屠獸場) /백정
- ❾도(睹)[dǔ]보다:목도(目睹)
- ❿도(賭)[dǔ]도박(賭博):도지(賭地)
- ⓫도(覩)[dǔ]보다　참고 도(睹)의 옛글자
- ⓬자(煮)[zhǔ]삶다
- ⓭저(箸)[zhù]젓가락:시저(匙箸),화저(火箸)　■착:붙다
- ⓮저(渚)[zhǔ]물가 /삼각주
- ⓯저(猪)[zhū]돼지:저돌적(猪突的)

【어조사 이】竹米糸缶网羊羽老而耒耳聿肉臣自至臼舌舛舟艮色艸虍虫血行衣襾

214 부수글자 **126**　　　　6 - 9/29　　　　(6획부수)

126. 이 而 [ér]

자원 코밑과 인중, 코밑수염, 입 아래에 있는 수염의 모양이다.
뜻 ①어조사(말을 계속 이을 때 쓴다)
자소 [상형]

부수 성부 — 부수글자가 성부로 쓰일 때

- ❶내〔耐〕[nài] 견디다 : 내구력(耐久力), 인내(忍耐), 내화(耐火), 내핍(耐乏)

성부 글자 — 성부와 부수가 결합된 형성자

(1034) 耑 단 [duān]
뜻 ①끝 ■전 [zhuān] ①오로지하다
자원 처음 생겨나는 사물의 맨 앞머리를 말한다. 위는 그 자라는 모양을, 아래는 그 뿌리의 모양이다.
자소 [지사] 산(山) ← 돋아나는 모양 ＋ 이(而) ← 뿌리 모양
성부 敾미 段단

- ❶단〈端〉[duān] 바르다 : 단정(端正) / 실마리 : 단서(端緖), 발단(發端) / 끝 : 극단(極端), 양단(兩端)
- ❷서{瑞}[ruì] 상서 : 서광(瑞光), 서기(瑞氣), 서운(瑞雲), 서조(瑞兆), 상서(祥瑞)
- ❸단(湍)[tuān] 여울 : 단수(湍水 : 소용돌이치며 급하게 흐르는 물)
- ❹전(顓)[zhuān] 오로지하다 : 전병(顓兵 : 군대를 멋대로 함) / 사람이름 : 전욱(顓頊)
- ❺천(喘)[chuǎn] 헐떡거리다 : 천식(喘息), 해소천식〈해수천식(咳嗽喘息)

(1035) 耎 연 [ruǎn]
뜻 ①가냘프다(柔也) ②약하다(弱也)
자원 만물은 조금씩 자라는데 앞의 것이 뒤의 것보다 크다는 말이다.
자소 [형성] 이(而)늘어진 수염 ＋ 대(大大)크다
성부 軟輭轜輭연

- ❶연{瑌}[ruǎn] 옥돌
- ❷연(㬉)[ruán] 빈터 / 성 밑에 있는 땅

竹米糸缶鬥羊羽老而耒耳聿肉臣自至臼舌舛舟艮色艸虍虫血行衣両 [어조사 이]

❸연(蝡) [ruán] 벌레가 굼실거리다 : 연동운동(蝡動運動)

【쟁기 뢰】 竹米糸缶网羊羽老而耒耳聿肉臣自至臼舌舛舟艮色艸虍虫血行衣襾

214 부수글자 127　　　6 - 10/29　　　(6획부수)

127. 뢰 耒 [lěi]

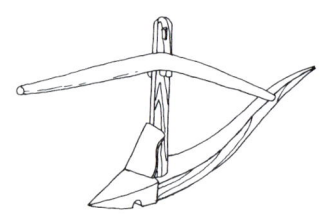

[자원] 무성하게 우거진 풀(丯)을 제거하는 나무(木)로 만든 쟁기를 밀고 있는 모습이다.
[뜻] ①쟁기 ②따비
[자소] [회의] 목(木木)나무+개(二 ← 丯丰)풀이 무성하다

성부 글자　　성부와 부수가 결합된 형성자

(1036)  [jí]
[뜻] ①적전(임금이 농사짓던 땅) [jiè]①빌리다
[자원] 임금이 종묘(宗廟)에 제사 지낼 때 사용하는 곡식을 장만하기 위하여 친히 경작하던 밭인 적전(耤田)을 말한다. 옛날에는 백성들의 품을 빌렸으므로 빌려서 경작하는 밭이란 뜻으로「적전(耤田)」이라고 했다.
[자소] [형성] 뢰(耒耒)농기구+석(昔)지난 날

□ ❶적〔籍〕[jí]문서:전적(典籍),호적(戶籍),학적(學籍) ■자:부드럽고 인자하다
□ ❷자{藉}[jiè]깔개 /빙자(憑藉)하다 /위로하다:위자료(慰藉料) /어지럽다:유혈낭자(流血狼藉),배반낭자(胚盤狼藉)

(1037)  [ǒu]
[뜻] ①짝 ②두 사람이 나란히 밭을 갈다
[자원] 두사람이 나란히 서서 밭을 가는(兩人並耕廣) 밭이랑의 넓이를 말한다.
[자소] [형성] 뢰(耒耒)쟁기,농사+우(禺)긴꼬리원숭이

□ ❶우(藕)[ǒu]연뿌리:우근(藕根)

竹米糸缶网羊羽老而耒耳聿肉臣自至臼舌舛舟艮色艸虍虫血行衣西　　[귀이]

214 부수글자 **128**　　6 - 11/29　　(6획부수)

128. 이 耳 [ěr]

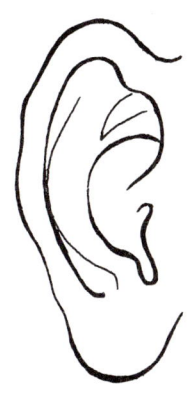

[자원] 귀 모양을 본뜬 글자.
[뜻] ①귀:이목구비(耳目口鼻), 이순(耳順:60세), 이명(耳鳴)
[자소] [상형]

부수 성부　　부수글자가 성부로 쓰일 때

- ❶치〔恥〕[chǐ] 부끄럽다:치욕(恥辱), 후안무치(厚顔無恥), 수치(羞恥), 염치(廉恥)
- ❷용{茸} [róng] 우거지다 /어지럽다 /녹용(鹿茸) [rǒng] 밀어넣다
- ❸이{珥} [ěr] 귀고리
- ❹이(餌) [ěr] 먹이:식이요법(食餌療法) /먹다

성부 글자　　성부와 부수가 결합된 형성자

(1038) 耴 첩 [zhé]
[뜻] ①귓바퀴가 처진 모양
[자원] 귀(耳)바퀴가 아래로 드리워진 모양을 말한다.
[자소] [상형] 이(耳)귀＋을(乙ㄱ)굽은 모양

- ❶첩(輒) [zhé] 문득 /갑자기 /번번이 /오로지

(1039) 耶 야 [yé]
[뜻] ①어조사 ②Jesus의 음역:야소교(耶蘇敎:예수교) ■사[xié] ①사특하다
[자원] 본래의 글자는 사(邪)였다. 후에 아(牙)가 이(耳)로 변한 것이다. 사(邪)와 마찬가지로 어조사로 주로 쓰인다.
[자소] [형성] 이(耳) ← 아(牙)치아＋읍(阝← 邑)고을

- ❶야(椰) [yē] 야자(椰子)나무
- ❷야(爺) [yé] 아비 /늙으신네
- ❸야(揶) [yé] 놀리다 ■여:나머지
- ❹야(伽) [yē] 땅 이름:가야국(伽倻國), 가야금(伽倻琴)

【귀이】 竹米糸缶鬥羊羽老而耒耳聿肉臣自至臼舌舛舟艮色艸虍虫血行衣襾

(1040) 耿 경 [gěng]
- 뜻: ①빛나다 ②환하다
- 자원: 원래는 귀(耳)가 앞으로 굽어서 뺨에 붙은 것을 말한다. 협(頰)은 뺨을 말한다.
- 자소: [회의] 이(耳)귀＋화(火) ← 경(煋)밝다

(1041) 聖 성 [shèng]
- 뜻: ①성인(於事無不通.謂之聖):성당(聖堂),성부(聖父),성신(聖神),성인(聖人),성자(聖者),성탄(聖誕),신성(神聖) ②임금에 대한 일:성덕(聖德),성은(聖恩)
- 자원: 사람의 말을 듣고 그의 본심을 파악할수 있는 사람이란 뜻이다.
- 자소: [형성] 이(耳)귀＋정(㔷 ← 呈)보이다

□ ❶정(檉) [chēng] 위성류(渭城柳) 나무

(1042) 聚 취 [jù]
- 뜻: ①모이다(會也) ②거두다(斂也) ③고을 이름
- 자원: 중(㐺)은 사람 인(人) 3개를 나란히 써서 많은 사람을 나타낸다. 많은 사람이 모인 곳이 마을이라는 말이다.
- 자소: [형성] 취(取)가지다＋중(㐺)여러 사람

□ ❶취(驟) [zhòu] 달리다:취우(驟雨:소나기)

(1043) 聶 섭 [niè]
- 뜻: ①귀에 대고 소곤 거리다 ②끌어 잡다
- 자원: 속삭인다는 뜻이다. 소리가 작아서 귀를 기울여야 하므로 귀 이(耳)를 3개 썼다.
- 자소: [회의] 이(耳)귀＋이(耳)귀＋이(耳)귀

□ ❶섭{攝} [shè] 끌어잡다:섭생(攝生),섭취(攝取) /단정히 하다:섭리(攝理)

(1044) 聽 청 [tīng]
- 뜻: ①듣다:청문회(聽聞會),도청도설(塗聽塗說),청각(聽覺)
- 자원: 자세를 바르게 하고(壬) 바른 마음(悳)으로 들어야(耳) 제대로 들린다는 뜻이다. 대학에 이르기를 "마음이 없으면 봐도 보이지 않고, 들어도 들리지 않고 음식을 먹어도 그 맛을 모른다(心不在焉 視而不見, 聽而不聞, 食而不知其味)."는 말이 있다.
- 자소: [회의] 이(耳)귀＋왕(王) ← 정(壬)착하다＋덕(悳 ← 悳)곧은 마음

□ ❶청〔廳〕 [tīng] 관청(官廳):청사(廳舍),군청(郡廳),도청(道廳)

竹米糸缶門羊羽老而耒耳聿肉臣自至臼舌舛舟艮色艸虍虫血行衣襾　　　［붓 율］

214 부수글자 129　　　6 - 12/29　　　(6획부수)

129. 율 聿 肃 [yù]

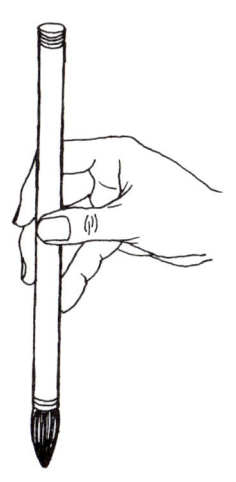

[자원] 솜씨 있게 손을 놀려(聿肃) 글씨를 쓴다는 뜻이다.
[뜻] ①마침내 ②이에 ③붓
[자소] [상형] 섭(聿肃)손이 빠르다＋일(一)대나무 조각

6획

부수 성부　　　　　부수글자가 성부로 쓰일 때

- ❶률〈律〉[lǜ] **법**:율법(律法),계율(戒律) /가락:선율(旋律),율동(律動)
- ❷필〈筆〉[bǐ] **붓**:필기(筆記),필력(筆力),필화(筆禍),친필(親筆),필답(筆答)
- ❸이(肄) [yì] 익히다 /수고(노력하다) /어린 나뭇가지

성부 글자　　　　　성부와 부수가 결합된 형성자

(1045)  진 [jìn]
[뜻] ①붓으로 꾸미다
[자원] 붓(聿肃)으로 곱게 빗은 머리털(彡) 같은 장식을 그려넣는다는 뜻이다.
[자소] [회의] 율(聿肃)오로지＋삼(彡)곱게 빗은 머리털

- ❶진{津} [jīn] 나루:노량진(露梁津＝鷺梁津) /진액:흥미진진(興味津津)

(1046) 肇 조 [zhào]
[뜻] ①비로소(始也) ②꾀(謀也) ③열다(開也)
[자원] 처음으로 연다는 뜻이다. 율(聿肃)이 문장 중에 쓰일 때 시작의 의미를 갖는다.
[자소] [회의] 호(戶)문＋율(聿肃)오로지

- ❶조{肇} [zhào] 치다 /비롯하다:조업(肇業:나라의 대업을 시작함) /꾀하다
- ❷조{肇} [zhào] 조(肇)의 원래 글자

【붓 율】 竹米糸缶鬥羊羽老而耒耳聿肉臣自至臼舌舛舟艮色艸虍虫血行衣西

(1047) 肅 숙 [sù]

뜻 ①엄숙(嚴肅)하다:숙연(肅然) ②공손하다 ③공경하다

자원 깊은 연못(開) 앞에 서 있는 것처럼 조심해서 손을 놀려(聿) 일한다는 뜻. 전전긍긍 여임심연 여리박빙(戰戰兢兢, 如臨深淵, 如履薄氷). 「두려워하고 조심해서 깊은 연못 앞에 서 있는 것처럼, 살얼음을 밟는 것처럼 하라」고 했다.

자소 [회의] 우(⺕) ← 섭(聿)일하는 손＋연(開)연못

성부 肅 소

- ❶ 수{繡}[xiù] 수놓다:수의(繡衣), 자수(刺繡)
- ❷ 숙{橚}[sù] 밋밋하다 /무성하다 ■소[xiāo] 초목이 무성하다
- ❸ 소(嘯)[xiào] 휘파람 불다 /시를 읊조리다
- ❹ 소(簫)[xiāo] 퉁소〈통소(洞簫)
- ❺ 숙(潚)[sù] 강 이름 ■축: 빠르다

竹米糸缶网羊羽老而耒耳聿肉臣自至臼舌舛舟艮色艸虍虫血行衣襾　[고기 육]

130. 육 月肉 [ròu]

자원 잘라 낸 고기 덩어리 모양. 중간은 힘살의 무늬. 부수로 사용될 때 육달월(月)이라고 하며 중간의 두 획을 양 끝에 붙인다. 달 월(月)은 좌측에만 붙인다. 배 주(舟)의 변형인 월(月)은 양 끝을 다 뗀다.

뜻 ①고기:돈육(豚肉) ②몸:육체(肉體) ③혈연:육친(肉親), 혈육(血肉) ④맨몸:육안(肉眼), 육성(肉聲)

자소 【상형】

성부 글자 | 성부와 부수가 결합된 형성자

(1048) 肸 흘 [xì]
- **뜻** ①눈을 깜빡이다
- **자원** 춤추는 동작이나 음악 소리가 떨치는 것을 말한다.
- **자소** 【형성】 팔(八)()여덟, 나누다＋월(月) ← 육(肉)고기

□ ❶일{佾} [yì] 춤추는 사람들이 늘어선 줄의 수
□ ❷설(屑) [xiè] 부스러기 〔참고〕 설(屑)과 같은 글자

(1049) 肙 연 [yuān]

- **뜻** ①작은 벌레(小蟲)
- **자원** 벌레의 동글동글한 몸마디가 연이어져 있는 모양을 본떴다.
- **자소** 【형성】 구(口) ← 위(囗)둘러싸다＋월(月) ← 육(肉)고기

□ ❶견(絹) [juàn] 명주:견사(絹絲:누에고치에서 뽑은 실), 인조견(人造絹), 견직물(絹織物)
□ ❷견{鵑} [juān] 두견(杜鵑)새:두견화(杜鵑花), 견혈만흉(鵑血滿胸:간절히 사모하다)
□ ❸연{娟} [juān] 예쁘다:연수(娟秀:얼굴이 아름답고 빼어나다)
□ ❹연{涓} [juān] 가려 뽑다:연길(涓吉:좋은 날을 가려 뽑다) /졸졸 흐르는 모양
□ ❺견(狷) [juàn] 성급(性急)하다:견개(狷介:고집이 세어 남과 잘 화합하지 않다)
□ ❻연(捐) [juān] 버리다:수재 의연금(水災義捐金), 출연(出捐:돈을 내다)

(1050) 肘 주 [zhǒu]
- **뜻** ①팔꿈치 ②팔을 잡고 말리다
- **자원** 팔에 있는 마디(寸)를 뜻하니 팔꿈치를 말한다.
- **자소** 【형성】 육(月 ← 肉)고기＋촌(寸)마디

□ ❶주(紂) [zhòu] 껑거리끈
□ ❷주(酎) [zhòu] 세 번 거른 술

【고기 육】 竹米糸缶网羊羽老而耒耳聿肉臣自至臼舌舛舟艮色艸虍虫 血行衣襾

(1051) 肖 초 [xiāo]
뜻 ①닮다:초상화(肖像畵) [xiāo]①작다
자원 후손이 그 육친(肉親)과 모습이 다소(小) 닮았다는 뜻이다. 조상을 닮기는 했으나 완전히 닮지 않고 조금 닮았으므로 작을 소(小)를 덧붙였다. 어른들 앞에서 자신을 일컬어 불초소생(不肖小生)이라고 하는 것은 조상의 훌륭한 점을 다 본받지 못했다는 뜻이다.
자소 [형성] 소(小)작은 것 ╋ 육月 ← 肉몸

- ❶소〈消〉[xiāo] 사라지다:소식(消息:소(消)는 음기가 사라짐, 식(息)은 양기가 생김), 소화(消化) /사용하다:소모(消耗), 소비(消費) /약해지다:소극(消極)
- ❷삭〔削〕[xiāo] 깎아내다:삭감(削減), 삭탈(削奪), 삭발(削髮), 삭제(削除)
- ❸조{趙}[zhào] 나라 이름 /성(姓)씨
- ❹설(屑)[xiè] 가루 부스러기 참고 설(屑)과 같은 글자
- ❺소(逍)[xiāo] 거닐다 /노닐다:소요(逍遙), 학교소풍(學校逍風)
- ❻소(銷)[xiāo] 쇠를 녹이다:소실(銷失:사라져 없어짐)
- ❼소(宵)[xiāo] 밤(야간):주소(晝宵) /작다
- ❽소(霄)[xiāo] 하늘:소양지판(霄壤之判:하늘과 땅 차이)
- ❾초(哨)[shào] 망보다:보초(步哨), 초소(哨所), 초계정(哨戒艇), 입초(立哨)
- ❿초(稍)[shāo] 점점 /작다 /봉급:초식(稍食:봉급으로 받던 쌀)
- ⓫초(梢)[shāo] 나무 끝:말초신경(末梢神經), 초두(梢頭:나뭇가지 끝)
- ⓬초(硝)[xiāo] 초석(硝石:유리, 화약의 원료), 초자(硝子:유리), 초연(硝煙:화약 연기)

4

(1052) 肯 긍 [kěn]
뜻 ①동의하다:긍정(肯定), 수긍(首肯)
자원 뼈(冎)에 살(肉)이 밀착되어 있는 모양. 뼈를 뜻하는 골(骨)자와 구성 요소가 같다. 예서에서 긍(肯)으로 변했다.
자소 [회의] 지(止) ← 과(冎)살 발라내다 ╋ 월(月) ← 육(肉)고기

(1053) 育 육 [yù, yō]
뜻 ①기르다(養子使作善):육성회(育成會), 육영(育英), 교육(敎育), 훈육(訓育)
자원 태어난 아기를 착하게 자라도록 가르친다는 뜻이다. 돌(㐬)은 아기가 태어나는 모양인데, 아들 자(子)를 거꾸로 쓴 것이다.
자소 [형성] 돌(㐬)거꾸로 태어나다 ╋ 월(月) ← 육(肉)고기
성부 充充충 㪘철

- ❶육{堉}[yù] 기름진 땅

(1054) 肥 비 [féi]
뜻 ①살찌다:비만증(肥滿症), 비대(肥大) ②비료(肥料):퇴비(堆肥)
자원 원래는 소나 돼지 등이 살찐 것을 말했다. 지금은 짐승과 사람의 구별이 없이 「살찌다」는 뜻으로 쓰인다.
자소 [회의] 월(月) ← 육(肉)고기 ╋ 파(巴) ← 절(㔾)무릎 꿇은 사람

竹米糸缶网羊羽老而耒耳聿肉臣自至臼舌舛舟艮色艸虍虫血行衣襾　[고기 육]

(1055) 肩 견 [jiān]
뜻 ①어깨:견장(肩章),비견(比肩),견갑골(肩胛骨)
자원 원래는 왼쪽 어깨의 모양을 본뜬 戶과 고기 육(肉)의 합자였다. 몸의 상부에 있는 어깨를 말한다.
자소 [상형] 호(戶) ← 戶 : 어깨모양＋육(月 ← 肉)고기

(1056) 肴 효 [yáo]
뜻 ①안주
자원 안주 중 곡식으로 만든 것이 아닌 먹을 거리를 말한다.
자소 [형성] 효(爻 ← 爻)사귀다＋월(月) ← 육(肉)고기

□ ❶효(淆) [xiáo] 어지럽다 /뒤섞이다

(1057) 背 배 [bèi]
뜻 ①배반(背反)하다:배신(背信),향배(向背) ②등:배경(背景) [bēi] ①등(에 짊어지다)
자원 원래는 등골을 뜻하는 말이었다. 북(北)은 두 사람이 등진 모양을 본뜬 것이다.
자소 [형성] 북(北)북쪽＋육(月 ← 肉)고기

□ ❶배(褙) [bèi] 속옷:배접(褙接) /속적삼

(1058) 胥 서 [xū]
뜻 ①서로 ②아전:서리(胥吏)
자원 원래는 게로 담근 젓갈을 뜻하는 말이었다.
자소 [형성] 소(疋)무릎 아래의 발＋월(月) ← 육(肉)고기

□ ❶서{惰} [xū] 지혜 /슬기
□ ❷서{壻} [xù] 사위:서랑(壻郞:남의 집 사위를 높여 부르는 말) /사나이
□ ❸서(婿) [xù] 사위　참고 서(壻)와 같은 글자

(1059) 胃 위 [wèi]
뜻 ①밥통:위장(胃腸),비위(脾胃)
자원 위장 속에 음식이 들어 있는 모양.
자소 [회의] 전(田) ← 囟 : 위장 모양＋월(月) ← 육(肉)고기
성부 彙 휘

□ ❶위[謂] [wèi] 말하다:소위(所謂),운위(云謂)
□ ❷위{渭} [wèi] 강 이름:위수(渭水)
□ ❸위(蝟) [wèi] 고슴도치 /사람이 많이 모여들어서 번잡하다
□ ❹위(喟) [kuì] 한숨을 쉬다:위연탄식(喟然歎息)

(1060) 胤 윤 [yìn]
뜻 ①맏아들 ②자손 ③잇다 ④혈통
자원 자손이 대를 잇는다는 뜻이다.
자소 [회의] 팔(儿 ← 八)()여덟,나누다＋요(幺)작다＋월(月) ← 육(肉)고기

375

【고기 육】 竹米糸缶网羊羽老而耒耳聿**肉**臣自至臼舌舛舟艮色艸虍虫血行衣襾

(1061) 胡 호 [hú]
뜻 ①오랑캐:호란(胡亂), 후추〈호초(胡椒) ②어찌
자원 원래는 소의 목 밑에 축 늘어져 있는 살을 말했다.
자소 [형성] 고(古)옛것 + 월(月) ← 육(肉)고기

- ❶호〈湖〉[hú] 호수(湖水):호반(湖畔),호변(湖邊),강호(江湖)
- ❷호{瑚}[hú] 산호(珊瑚)
- ❸호(糊)[hū,hù] 풀칠하다:호도(糊塗),호구지책(糊口之策) /모호(模糊)하다
- ❹호(葫)[hú] 마늘 /호리병〈호로병(葫蘆瓶)
- ❺호(蝴)[hú] 나비:호접몽(蝴蝶夢):장자의 꿈 이야기

(1062) 能 능 [néng]
뜻 ①할 수 있다:능소능대(能小能大),가능(可能) ②재능(才能):능력(能力) ③뛰어나다:능수능란(能手能爛)
자원 곰의 일종. 발이 사슴과 비슷하다. 성질이 강하고 견실(堅實)하여 재주가 능하다. 「재주있는 사람」이나 「할 수 있다」는 뜻으로 쓰이고 원래의 뜻은 거의 없어졌다.
자소 [상형] 이(㠯)시작하다 + 육(肉)몸,살,고기 + 비(ヒ) ← 比 ← 두 발 모양
성부 罷 파

- ❶태〔態〕[tài] 모양:태도(態度),세태(世態),자태(姿態),변태(變態),상태(狀態)
- ❷웅{熊}[xióng] 곰:웅담(熊膽),웅녀(熊女)

(1063) 脊 척 [jí]
뜻 ①등성마루 ②등골뼈:척추(脊椎),척수(脊髓)
자원 등뼈가 죽 이어진 모양을 본떴다(背呂也).
자소 [회의] 척(氺 ← 㐅)연속된 등뼈 + 육(月 ← 肉)고기

- ❶척(瘠)[jí] 파리하다 /메마르다:수척(瘦瘠)
- ❷척(鶺)[jí] 할미새

(1064) 臝 라 [luó]
뜻 ①짐승 이름(獸名. 象形)
자원 짐승의 일종이다.
자소 [상형] 망(亡)망하다 + 구(口)입, 말하다 + 월(月) ← 육(肉)고기 + 범(凡) ← 극(爪丮)잡다
성부 臝 영

- ❶리(羸)[léi] 여위다 /약하다 /괴로워하다

竹米糸缶网羊羽老而耒耳聿肉臣自至臼舌舛舟艮色艸虍虫血行衣襾　　[신하 신]

131. 신 臣 [chén]

214 부수글자 131　　6 - 14/29　　(6획부수)

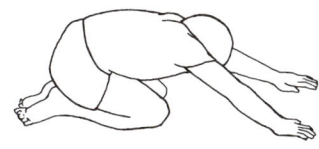

자원 신하가 임금에게 굴복하여 몸을 굽히고 있는 모양을 본떴다.
뜻 ①신하(臣下): 간신(奸臣), 군신(君臣), 국난사충신(國難思忠臣), 충신불사이군(忠臣不事二君)
자소 [상형]

부수 성부　　부수글자가 성부로 쓰일 때

□ ❶환(宦)[huàn] 벼슬: 환족(宦族) /내시: 환관(宦官)

성부 글자　　성부와 부수가 결합된 형성자

(1065) 叵 이 [yí]
뜻 ①턱
자원 사람의 턱 모양, 쓰기 쉽도록 세워서 그렸다. 흔히 신하 신(臣)자처럼 쓴다.
자소 [상형]
성부 叵이

□ ❶이{頤}[yí] 턱 /턱으로 가리키다 /기르다
□ ❷희{姬}[jī] 계집: 무희(舞姬), 미희(美姬), 가희(歌姬), 총희(寵姬), 애희(愛姬)

(1066) 臥 와 [wò]
뜻 ①눕다: 와병(臥病), 와룡(臥龍), 행주좌와(行住坐臥)
자원 신(臣)은 엎드린 신하의 모양. 글자는 엎드린다는 뜻이지만 「눕는다」는 뜻으로 쓰인다.
자소 [회의] 신(臣)신하＋인(人亻)사람
성부 監감

(1067) 臤 간 [xián, qiān]
뜻 ①굳다 ■현:①현(賢)의 옛 글자
자원 몸을 굽히고(臣) 눈을 내리뜬 채, 손(又)으로 굳은 충성을 맹세하는 신하의 모양을 본떴다.
자소 [형성] 신(臣)신하＋우(又)또, 오른손

□ ❶견〈堅〉[jiān] 굳다: 견고(堅固), 견실(堅實), 견지(堅持), 중견작가(中堅作家)

377

【신하 신】 竹米糸缶网羊羽老而耒耳聿肉臣自至臼舌舛舟艮色艸虍虫血行衣襾

- ❷현〈賢〉[xián]어질다:현명(賢明),현인(賢人),성현(聖賢),죽림칠현(竹林七賢)
- ❸긴〔緊〕[jǐn]급하다:긴급(緊急) /팽팽하다:긴장(緊張) /굳다:긴밀(緊密)
- ❹수(豎)[shù]더벅머리:수자부족여모(豎子不足與謀) /세로:횡설수설(橫說豎說)
- ❺수(竪)[shù]세우다 /더벅머리 참고 수(豎)의 속자
- ❻신(腎)[shèn]콩팥:신장염(腎臟炎)

(1068) 臧 장 [zāng]

뜻 ①착하다 ②숨기다 ③두텁다 ④종(奴婢)
자원 잘하는 사람은 드러내지 않는다. 이것이 숨긴다는 뜻의 원래 글자였는데 한(漢)나라 때부터 이것 대신 장(藏)을 감춘다는 뜻으로 썼다.
자소 [형성] 장(戕 ← 戕)죽이다＋신(臣)신하
성부 藏장

- ❶장(臧)[zāng]장물(臧物) /뇌물을 받다

竹米糸缶网羊羽老而耒耳聿肉臣自至臼舌舛舟艮色艸虍虫血行衣西 [스스로 자]

214 부수글자 **132**　　　6 - 15/29　　　(6획부수)

132. 자 自 [zì]

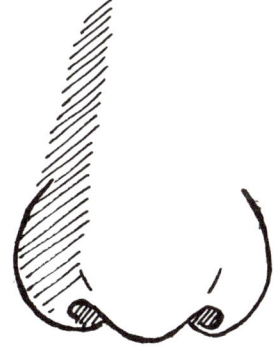

자원 코 모양을 본뜬 글자. 자존심이 강한 사람을 보고「콧대가 세다」고 하듯이 코는 자신의 중심이 된다.

뜻 ①**스스로**:자동(自動),자발적(自發的),자연(自然) ②자기(自己):자유(自由),자아(自我),자의식(自意識)

자소 [상형]

6획

| 성부 글자 | 성부와 부수가 결합된 형성자 |

(1069) 臭 취 [chòu]　**뜻** ①냄새:악취(惡臭),체취(體臭),향취(香臭) ②더럽다 [xiù]①냄새를 맡다

자원 자(自)는 원래 코를 나타낸다. 개(犬)가 코(自)로 냄새를 맡으면서 흔적을 추적한다는 뜻이다. 또한 냄새가 심한 것은 부패한 것이므로「썩었다」는 뜻으로도 쓰인다.

자소 [회의] **자**(自)코 모양+**견**(犬)개, 짐승

❶후(嗅) [xiù] 냄새를 맡다:후각(嗅覺),후신경(嗅神經)

【스스로 자】竹米糸缶网羊羽老而耒耳聿肉臣自**至**臼舌舛舟艮色艸虍虫血行衣襾

214 부수글자 **133**　　　6 - 16/29　　　(6획부수)

133. 지 至 [zhì]

[자원] 새가 땅으로 내려오는 모양. 아래의 일(一)이 지면을 가리킨다.

[뜻] ①**도달하다**:3월~5월(自3월 至 5월) ②**지극**(至極)**하다**:지난(至難),지독(至毒),지성감천(至誠感天)

[자소] [지사] 일(一)하나. 지면+夲 : 새 모양

부수 성부　　　부수글자가 성부로 쓰일 때

☐ ❶**실**〈室〉[shì]**집**:실내(室內),교실(教室) /**아내**:후실(後室),전실소생(前室所生)

☐ ❷**질**〔姪〕[zhí]**조카**:질녀(姪女),생질(甥姪),숙질(叔姪)

☐ ❸**질**(桎)[zhì]**차꼬**:질곡(桎梏:자유를 속박함)

☐ ❹**질**(蛭)[zhì]**거머리**

☐ ❺**질**(侄)[zhì]**어리석다** /**굳다** /**단단하다**　[참고] 조카 질〔姪〕의 속자

성부 글자　　　성부와 부수가 결합된 형성자

(1070) 致 치 [zhì]

[뜻] ①**이르다**:과실치사(過失致死),치상(致傷),극치(極致),이치(理致),치성(致誠) ②**경치**(景致):풍치(風致) ③**부르다**:유치(誘致)

[자원] 원래의 뜻은 어떤 곳을 향해(至) 떠나는(夊) 사람을 전송한다는 것이었다.

[자소] [회의] **지**(至)도달하다+**쇠**(夊)천천히 걷다

☐ ❶**치**(緻)[zhì]**꼼꼼하다**(촘촘하다) : 치밀(緻密),정치(精緻)

(1071) 臺 대 [tái]

[뜻] ①**돈대**:전망대(展望臺),천문대(天文臺),첨성대(瞻星臺) ②**무대**(舞臺):대사(臺詞),대본(臺本) ③**토대**(土臺):대장(臺帳)

[자원] 흙을 쌓아서 만든 것으로 사람들이 올라가서 사방을 둘러볼 수 있는 곳을 말한다.

[자소] [회의] 사(士) ← **지**(之)가다+**고**(吂 ← 高)높다+**지**(至)닿다, 이르다

☐ ❶**대**{擡}[tái]**들어올리다**:대두(擡頭:어떤 현상이 발생됨)

竹米糸缶网羊羽老而耒耳聿肉臣自至臼舌舛舟艮色艸虍虫血行衣两　[절구 구]

134. 구 臼 [jiù]

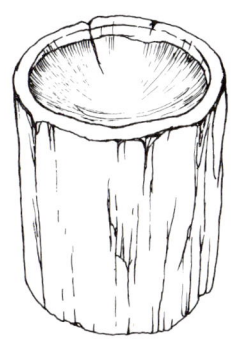

자원 곡식을 빻거나 껍질을 벗기는 절구를 본떴다. 원래는 땅을 파서 만들었고 나중에 나무나 돌을 파서 만들었다. 가운데는 곡식 알맹이 모양이다.
뜻 ①절구
자소 [상형]

부수 성부 — 부수글자가 성부로 쓰일 때

- ❶구〈舊〉[jiù] 옛날 : 구태의연(舊態依然), 구식(舊式) / 오래 되다 : 친구(親舊)
- ❷구(舅) [jiù] 시아버지 / 장인 : 구고(舅姑 : 시부모, 장인과 장모)

성부 글자 — 성부와 부수가 결합된 형성자

(1072) 함 [xiàn]
뜻 ①구덩이 ②함정
자원 사람이 작은 함정에 빠진 모양을 본떴다. 절구(臼)는 원래 땅을 파서 만들었다고 한다.
자소 [회의] 인(ク ← 人 ⺅)사람 ＋ 구(臼)절구
성부 臽 감

- ❶함〔陷〕[xiàn]빠지다 : 함락(陷落), 모함(謀陷), 결함(缺陷), 함정(陷穽)
- ❷염(焰) [yàn]불꽃 : 화염(火焰), 기염(氣焰)
- ❸염(閻) [yán]마을 : 여염(閻閻 : 보통사람의 집들이 모여 있는 곳), 염라대왕(閻羅大王)
- ❹첨(諂) [chǎn]아첨(阿諂)하다

(1073) 臾 유 [yú]
뜻 ①잠깐(俄頃) [yǔ]①약한 활 [yǒng]①권하다
자원 몸을 굽혔다(乙ㄱ) 펴는(申ㅑ) 동안의 짧은 시간을 말한다.
자소 [회의] 신(申 ← 申ㅑ)펴다 ＋ 불(ㇵ) ← 을(乙ㄱ)새싹

- ❶유{庾} [yǔ]노적가리
- ❷유(諛) [yú]아첨하다 / 알랑거리다
- ❸유(萸) [yú]수유(茱萸)나무

【절구 구】　竹米糸缶鬥羊羽老而耒耳聿肉臣自至臼舌舛舟艮色艸虍虫血行衣襾

(1074) 舂 삽 [chā]
뜻 ①곡식의 껍질을 절구질해서 벗기다 ②가래
자원 절구공이(千丬)로 절구(臼)질하는 모양을 본떴다.
자소 [회의] 천(千) ← 간(干丬)절구공이 ＋ 구(臼)절구

- ❶삽{插} [chā] 꽂다 /끼우다: 삽화(插畵), 삽화(插話), 삽입(插入)
- ❷삽(鍤) [chá] 가래 /바늘
- ❸삽(歃) [shà] 마시다

(1075) 舁 여 [yú]
뜻 ①마주 들어 올리다(對擧) ②들 것
자원 두 사람이 양쪽에서 두 손을 맞잡은 모양. 위는 아래를 향한 두 손(臼), 아래는 위를 향한 두 손(廾)의 모습이다.
자소 [회의] 국(臼 ← 臼)양손을 맞잡다＋공(丌 ← 廾)두 손으로 받들다
성부 輿여 舉擧선 興흥

- ❶여〔輿〕[yú] 수레: 상여(喪輿) /많다: 여론(輿論) /땅: 대동여지도(大東輿地圖)

(1076) 舀 요 [yǎo]
뜻 ①절구속을 긁어 내다
자원 절구(臼) 속에 있는 것을 손(爪)으로 퍼내는 모양이다.
자소 [지사] 조(爪)손톱, 손＋구(臼)절구

- ❶도〔稻〕[dào] 벼: 도열병(稻熱病), 입도선매(立稻先賣): 벼를 베지도 않은 채 팔아버리는 일)
- ❷도{蹈}[dǎo] 밟다 /춤추다: 무도회(舞蹈會)
- ❸도(滔) [tāo] 넘치다 /물이 세차게 흐르는 모양: 도도(滔滔)
- ❹도(韜) [tāo] 감추다: 육도삼략(六韜三略)

(1077) 舂 용 [chōng]
뜻 ①절구질하다(방아 찧다)
자원 양손(廾)으로 절구공이(臼杵)를 들고 절구(臼) 속의 곡식을 찧는다는 뜻이다.
자소 [회의] 오(午) ← 저(杵)절구질하다＋구(臼)절구＋공(廾)양손
성부 秦진

(1078) 舄 석 [xì]
뜻 ①까치(鳥名, 鵲也) ②신발(履也)
자원 까치 모양을 본떴다. 자(藉)와 통하여 「깔다, 여러 겹을 붙여 만든 신발」이라는 뜻이 되었다.
자소 [상형]
성부 寫瀉사

- ❶석(潟) [xì] 개펄: 간석지(干潟地) /염밭

(1079) 與 여 [yǔ]
뜻 ①더불어: 관여(關與), 참여(參與) ②~과: 인여의(仁與義) ③주다: 수여(授與), 여건(與件) [yú]①어조사 [yù]①참여하다
자원 많은 손을 함께 하여 주는 것이므로, 한 무리가 된다는 뜻이다. 여(舁)는 두 사람이 양 손을 맞잡은 모양을 나타낸다.
자소 [회의] 여(舁 ← 舁)마주 들다＋여(与)주다

382

竹米糸缶网羊羽老而耒耳聿肉臣自至臼舌舛舟艮色艸虍虫血行衣襾　　［절구 구］

- □ ❶거〈擧〉[jǔ] 들어올리다: 거수(擧手) /행하다: 거행(擧行) /모두: 거국적(擧國的)
- □ ❷예〔譽〕[yù] 명예(名譽): 영예(榮譽), 훼예포폄(毀譽褒貶)
- □ ❸서(嶼)[yǔ] 섬: 도서지방(島嶼地方)
- □ ❹여(歟)[yú] 어조사(의문,추측,감탄)
- □ ❺여(礜)[yù] 독(비소)이 있는 돌
- □ ❻여(璵)[yú] 옥
- □ ❼여(舉)[yú] 손으로 들거나 어깨에 매는 가마

(1080)  興 흥 [xīng]

뜻 ①일어나다: 발흥(勃興, 發興), 흥기(興起), 흥망성쇠(興亡盛衰) [xìng]①
　　흥겹다: 흥미(興味), 흥분(興奮), 흥취(興趣)

자원 여(舁)는 아래를 향한 두손(臼)과 위를 향한 두손(廾㕚)이 서로 맞잡은 모양. 동(同)은 모두 함께 라는 뜻이다. 모두가 함께 손을 잡았으니 일어서는 것이다.

자소 [회의] 여(舁 ← 舁㕚)함께 잡다＋동(同)같다

6획

383

【혀 설】 竹米糸缶网羊羽老而耒耳聿肉臣自至臼舌舛舟艮色艸虍虫血行衣襾

214 부수글자 **135**　　　6 - 18/29　　　(6획부수)

135. 설 舌 훈[shé]

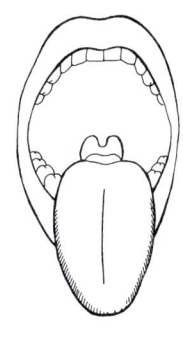

[자원] 사람의 입(口ㅂ) 속에 있으며 말을 하고, 맛을 분별하는 혀. 범한다는 뜻의 간(干푸)을 쓴 것은 말은 입 밖으로 나오며, 음식은 입 안으로 들어가 혀를 건드리기 때문이다.
[뜻] ①혀:권설음(卷舌音)
[자소] [회의] 천(千) ← 간(干푸)방패+구(口ㅂ)입, 말하다

부수 성부　　　부수글자가 성부로 쓰일 때

☐ ❶념(恬) [tián] 편안하다 /고요하다
※ 화〈話〉, 괄{括}, 괄(刮),괄(适)은 괄(舌)자의 변형이다.

성부 글자　　　성부와 부수가 결합된 형성자

(1081) 舍 사 [shè]
[뜻] ①집:관사(館舍),역사(驛舍),사택(舍宅),사랑(舍廊),사감(舍監)
[shě] ①버리다 ②쉬다
[자원] 지붕과 축대를 본뜬 집의 모양.
[자소] [회의] 집(亼스)모이다+십(十) ← 철(屮丩)풀이 나다+위(口ㅁ)둘러싸다
[성부]  여

☐ ❶사〔捨〕[shě] 버리다:취사선택(取捨選擇),사생취의(捨生取義):목숨을 버리고 의를 택하다) /베풀다:희사(喜捨) [shè] 오르다
☐ ❷서{舒} [shū] 펴다 /천천히 하다

竹米糸缶网羊羽老而耒耳聿肉臣自至臼舌舛舟艮色艸虍虫血行衣両 [어긋날 천]

214 부수글자 **136** 6 - 19/29 (6획부수)

136. 천 舛 [chuǎn]

자원 왼발과 오른발이 서로 등진 모양을 본떴다. 이것을 아래 위로 쓰면 내릴 강(夅)자가 된다.
뜻 ①어그러지다
자소 [회의] 석(夕) ← 쇠(夂夊)천천히 걷다+과(丰)치(夊㐄)를 돌려 쓴 것

성부 글자 | 성부와 부수가 결합된 형성자

(1082)  [shùn]

뜻 ①무궁화 ②순(舜)임금:요순(堯舜)
자원 나팔꽃 덩굴이 뻗어 나가면서 꽃이 피는 것을 말한다. 원래의 글자는 𠌶이다. 윗부분은 불꽃처럼 붉은 꽃이 무성한 모양을 나타낸다.
자소 [상형] 𠂉 ← 꽃이 무성한 모양+천(舛丰)두 발이 어긋남

- ❶순〔瞬〕[shùn] 눈을 깜박이다 : 순식간(瞬息間), 순간(瞬間), 일순(一瞬)
- ❷순(橓)[shùn] 무궁화
- ❸순(蕣)[shùn] 무궁화(나무)

【배 주】 竹米糸缶网羊羽老而耒耳聿肉臣自至臼舌舛舟艮色艸虍虫血行衣襾

137. 주 舟 月 [zhōu]

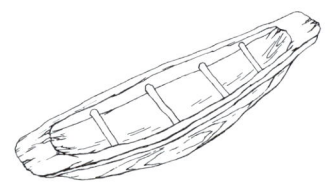

[자원] 배의 모양을 본뜬 글자. 옛날의 공고(共鼓)와 화적(火狄)이라는 사람이 나무를 파내어서 배를 만들고 나무를 깎아서 노를 만들었다.
[뜻] ①배 : 일엽편주(一葉片舟)
[자소] [상형]

성부 글자 | 성부와 부수가 결합된 형성자

(1083)  [pán]
[뜻] ①일반(一般) : 전반(全般) [bān]①나르다
[자원] 배(舟月)를 저어서(攴) 오가는 모양을 본떴다. 수(攴)는 손의 동작과 관련되는데 여기서는 「배를 젓는다(所以旋也)」는 뜻을 나타낸다.
[자소] [회의] 주(舟月)배＋수(攴)손으로 치다

- ❶반〔盤〕[pán]쟁반 : 원반(圓盤), 음반(音盤) /나침반(羅針盤) /바탕 : 기반(基盤)
- ❷반{磐}[pán]너럭바위 : 반석(磐石＝盤石 : 바탕이 견고함)
- ❸반(搬)[bān]옮기다 : 반입반출(搬入搬出), 운반(運搬)
- ❹반(槃)[pán]소반(쟁반) /즐기다 : 열반(涅槃), 반유(槃遊 : 즐기면서 놀다)
- ❺반(瘢)[bān]흉터(자국), 반흔(瘢痕) /주근깨

竹米糸缶网羊羽老而耒耳聿肉臣自至臼舌舛舟艮色艸虍虫血行衣西　　[그칠 간]

| 214 부수글자 **138** | 6 - 21/29 | (6획부수) |

138. 간 艮 [gèn, gěn]

자원 서로가 눈(目目)을 나란히(匕匕) 하고 노려본다는 뜻이다.
뜻 ①머무르다 ②한정하다 ③간괘 ④그치다
자소 [회의] 일(日) ← 목(目目)눈 + 비(匕) ← 匕匕나란하다

6획

성부 글자　　　　　성부와 부수가 결합된 형성자

- ❶근〈根〉[gēn] 근본(根本):근거(根據),근성(根性),근원(根源),근절(根絶) /뿌리:초근목피(草根木皮:흉년의 구황식품),사실무근(事實無根)
- ❷안〈眼〉[yǎn] 눈:안경(眼鏡),안목(眼目) /요점:주안점(主眼點)
- ❸은〈銀〉[yín] 은:금은보화(金銀寶貨),은하수(銀河水) /은행(銀行):한은(韓銀)
- ❹한〈恨〉[hèn] 한하다:원한(怨恨),회한(悔恨),통한(痛恨),한탄(恨歎)
- ❺한〈限〉[xiàn] 한계(限界):한도(限度),한정(限定),기한(期限)
- ❻은{垠}[yín] 끝:천은(天垠),지은(地垠)
- ❼간〈艱〉[jiān] 어렵다:간난신고(艱難辛苦),간신(艱辛)히,가난〈간난(艱難)
- ❽흔〈痕〉[hén] 흉터:상흔(傷痕),흔적(痕跡)

성부 글자　　　　　성부와 부수가 결합된 형성자

(1084)  [liáng]

뜻 ①어질다:양가(良家),양심(良心),선량(善良),현모양처(賢母良妻) ②좋다:양호(良好),선량(選良:좋은 것을 골라 뽑음),한량(閑良)
자원 자원에 대한 별다른 풀이는 없다. 복(畐)은 그릇에 가득찬 모양. 망(亡)은 들어가 숨는 모양이다.
자소 [형성] 복(亠 ← 畐)가득 차다 + 망(丶 ← 亡)없다,죽다
성부 郞랑 食식

- ❶랑〈浪〉[làng] 물결:격랑(激浪) /떠돌다:방랑(放浪) /터무니없다:낭만(浪漫)
- ❷랑〔朗〕[lǎng] 밝다:낭독(朗讀),낭랑(朗朗),낭송(朗誦),명랑(明朗),낭보(朗報)
- ❸낭〔娘〕[niáng] 아가씨:낭자(娘子)
- ❹랑{琅}[láng] 옥 이름:낭랑(琅琅:옥이 부딪혀 나는 소리)

【그칠 간】 竹米糸缶网羊羽老而耒耳聿肉臣自至臼舌舛舟艮色艸虍虫血行衣襾

☐ ❺랑(狼) [láng] 이리:시랑(豺狼),호랑(虎狼),낭패(狼狽)
☐ ❻량(粮) [liáng] 식량 [참고] 량〔糧〕과 같은 글자

竹米糸缶网羊羽老而耒耳聿肉臣自至臼舌舛舟艮色艸虍虫血行衣襾　　［빛 색］

214 부수글자 **139**　　　6 - 22/29　　　(6획부수)

139. 색 色 [sè, shǎi]

[자원] 파(巴)는 절(卩)의 변형. 두 사람의 이성(異性)이 가까이 하고 있는 모양. 짐승들은 발정기가 되면 화려한 색깔이 나타나는데 이를 혼인색(婚姻色)이라 한다. 흔히 마음에 있는 것이 병부(卩)가 서로 들어맞는 것처럼 얼굴에 그대로 나타난다 하여「얼굴빛, 색깔」이란 뜻이 되었다고 풀이 하고 있다.

[뜻] ①빛:색채(色采), 오색영롱(五色玲瓏), 청황적백흑색(靑黃赤白黑色) ②얼굴:안색(顔色), 난색(難色) ③여색(女色):색난(色難), 호색(好色)

[자소]【회의】인(勹←人)사람+파(巴)←절(卩)무릎 꿇은 사람

| 성부 글자 | 성부와 부수가 결합된 형성자 |

(1085)  [yàn]

[뜻] ①곱다:요염(妖艶) ②남녀 사이의 일:염문(艶聞)
[자원] 몸집이 풍만하고 키가 크다는 말이다.
[자소]【형성】색(色)←합(盍)모이다＋례(豊)←풍(豐豊)많다

□ ❶염(灩)  [yán] 물결이 출렁거리다

【풀초】 竹米糸缶网羊羽老而耒耳聿肉臣自至臼舌舛舟艮色艸虍虫血行衣襾

214 부수글자 **140**　　　6 - 23/29　　　(6획부수)

140. 초 艸 艹 [cǎo]

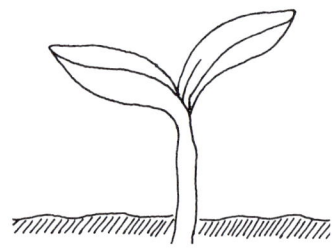

[자원] 싹날 철(屮)자를 두 개 나란히 썼다.<초두>라고도 한다.
[뜻] ①풀 초(艸)의 부수글자
[자소] [회의] 철(屮)싹이 나다＋철(屮)싹이 나다

| 성부 글자 | 성부와 부수가 결합된 형성자 |

(1086) 芟 삼 [shān]
[뜻] ①풀을 베다 ②큰 낫
[자원] 초(艸艹)는 풀, 수(殳)는 손으로 하는 동작을 나타낸다.
[자소] [회의] 초(艹 ← 艸艹)풀, 식물＋수(殳)치다

(1087) 芻 추 [chú]
[뜻] ①가축이 먹는 풀 : 반추(反芻)
[자원] 풀(艸艹)을 베어서 감싸 안고(勹) 있는 모양.
[자소] [상형] 포(勹)싸다＋초(艹 ← 艸艹)풀

- ❶추{鄒}[zōu] 나라 이름
- ❷추{皺}[zhòu] 주름살 /밤송이
- ❸추{趨}[qū] 달리다 : 추세(趨勢), 귀추(歸趨) ■촉 : 재촉하다
- ❹추{雛}[chú] 병아리 /어린아이
- ❺추{騶}[zōu] 마부 /기수

(1088)  묘 [miáo]
[뜻] ①새싹 : 묘목(苗木), 종묘(種苗)
[자원] 밭에서 자라는 풀이니 「곡식의 어린 싹」을 말한다.
[자소] [회의] 초(艹 ← 艸艹)풀, 식물＋전(田)밭, 토지
[성부] 蠆蕇蠹蕢채

- ❶묘{描}[miáo] 그림을 그리다 : 묘사(描寫), 소묘(素描), 묘화(描畫)
- ❷묘{錨}[máo] 닻(배를 정박시키는 쇠뭉치)
- ❸묘{猫}[māo] 고양이 : 묘두현령(猫頭懸鈴), 견묘지간(犬猫之間)

竹米糸缶网羊羽老而耒耳聿肉臣自至臼舌舛舟艮色艸虍虫血行衣襾　　［풀 초］

(1089) 若 약 [ruò]
- 뜻 ①같다:방약무인(傍若無人) ②만약(萬若) ③너 ■야[rě] ①범어 Prajna의 음역:반야(般若)
- 자원 식물(艸艹)의 싹을 뜯을(右) 때, 먹을 수 있는 것과 없는 것을 구별하여 딴다는 뜻이다. 향초의 일종인 두약(杜若)을 말한다.
- 자소 [회의] 초(艹 ← 艸艹)풀＋우(右)오른손
- 성부 匿닉

- ❶낙〔諾〕[nuò]대답하다:승낙(承諾), 허락(許諾), 응락(應諾)
- ❷야(惹)[rě]이끌다:야기(惹起), 야료〈야뇨(惹鬧) /야단(惹端)치다

(1090) 英 영 [yīng]
- 뜻 ①꽃부리 ②뛰어난 사람:영웅호걸(英雄豪傑), 군웅할거(群雄割據) ③영국(英國):한영사전(韓英辭典)
- 자원 모란(牡丹)이나 작약(勺藥)처럼 꽃은 화려하나 열매를 맺지 못하는 꽃을 영(英)이라고 한다.
- 자소 [형성] 초(艹 ← 艸艹)풀.식물＋앙(央)가운데, 중앙

- ❶영｛瑛｝[yīng]옥빛
- ❷영｛煐｝[yīng]빛나다
- ❸영｛鍈｝[yīng]방울소리
- ❹영｛渶｝[yīng]강물 이름 /물이 맑다
- ❺영｛暎｝[yìng]비추다　참고 영〔映〕의 속자
- ❻영｛霙｝[yīng]진눈깨비

(1091) 苹 평 [píng]
- 뜻 ①맑은 대쑥 ②풀 모양
- 자원 이아(爾雅)에서는 쑥은 평(苹). 개구리밥은 평(萍　)으로 봤지만 허신(許愼)은 모두 같은 뜻인 개구리밥으로 봤다.
- 자소 [형성] 초(艹 ← 艸艹)풀＋평(平)평평하다

- ❶평(萍)[píng]개구리밥:평수상봉(萍水相逢:객지에서 아는 사람을 만남), 부평초(浮萍草)

(1092) 荅 답 [dá,tà]
- 뜻 ①팥 ②대답하다
- 자원 콩(艸艹)깍지 안에 콩이 모여(合) 있는 모양을 본떴다.
- 자소 [형성] 초(艸艹)풀＋합(合)합하다

- ❶탑〔塔〕[tǎ,dā]탑:다보탑(多寶塔), 오층탑(五層塔), 석탑(石塔), 탑파(塔婆:범어 Stupa의 음역), 불탑(佛塔)
- ❷탑(搭)[dā]싣다:탑승객(搭乘客), 탑재(搭載)

(1093) 茲 자 [zī,cí]
- 뜻 ①이 것,이에 ②돗자리 ③초목이 우거지다(草木多茲)
- 자원 초목(艸艹)의 어린 싹들이 자라서 많아진다는 뜻이다. 검을 현(玄홓)을 두 개 합한 자(玆)는 다른 글자였으나 지금은 혼용한다.
- 자소 [형성] 초(艹 ← 艸艹)풀＋유(絲) ← 사(絲絲)굵은 실

- ❶자〈慈〉[cí]사랑:자당(慈堂), 자비(慈悲), 자선(慈善), 자애(慈愛), 인자(仁慈)
- ❷자｛滋｝[zī]불어나다 /맛:자양분(滋養分) /더욱:자심(滋甚) /재미:자미(滋味)

【풀초】 竹米糸缶門羊羽老而耒耳聿肉臣自至臼舌舛舟艮色艸虍虫血行衣襾

- ❸자{磁} [cí] 자석(磁石) /사기그릇:도자기(陶磁器)
- ❹자(孳) [zī] 부지런하다 /새끼 /흘레하다

(1094) 荒 황 [huāng]
뜻 ①거칠다:황폐(荒廢),황야(荒野)
자원 아주 넓은 황무지(荒蕪地)를 말한다.
자소 [형성] 초(艹 ← 艸)풀,식물＋황(㡾)곡식이 없다

- ❶황(慌) [huāng] 다급하다:황망(慌忙),당황(唐慌,唐惶)

(1095) 茻 망 [mǎng]
뜻 ①무성한 풀(衆草) ②고사리붙이의 풀이 우거져 더부룩한 모양
자원 풀날 철(屮)을 4개나 겹쳤으니 풀이 아주 많이 난 것이다.
자소 [회의] 철(屮)풀이 나다, 4개
성부 莫막 寒한

- ❶장〔葬〕 [zàng] 장사(葬事):국민장(國民葬),장례식(葬禮式),초장(草葬),풍장(風葬),매장(埋葬),화장(火葬),순장(殉葬),수장(水葬)
- ❷망〔莽〕 [mǎng] 우거지다

(1096) 莫 막 [mò]
뜻 ①말다:막무가내(莫無可奈),막강(莫强),막역(莫逆),후회막급(後悔莫及),막상막하(莫上莫下) ②아득하다:광막(曠莫) ■모[mù]①저물다
자원 숲(茻) 사이로 태양(日)이 넘어가서 만물이 보이지 않게 된다는 뜻이다.
자소 [회의] 망(茻 ← 茻)숲풀＋일(日)해,태양,날
성부 幕막

- ❶모〈暮〉 [mù] 저물다:세모(歲暮),모춘(暮春:음력 3월)
- ❷막〔漠〕 [mò] 사막(沙漠) /넓다:광막(廣漠),막연(漠然),삭막(索漠),막막(漠漠)
- ❸모〔募〕 [mù] 모으다:모집(募集),공모(公募),응모(應募),모금운동(募金運動)
- ❹모〔慕〕 [mù] 그리다:사모(思慕),애모(愛慕),추모(追慕),모화사상(慕華思想)
- ❺묘〔墓〕 [mù] 무덤:묘비(墓碑),묘소(墓所),묘지(墓誌),분묘(墳墓),성묘(省墓)
- ❻모〔模〕 [mó,mú] 법:규모(規模),모범(模範) /거푸집:모형(模型＝模形) /애매모호(曖昧模糊)하다
- ❼모{摸} [mō,mó] 더듬어 찾다:암중모색(暗中摸索) /본뜨다
- ❽모{謨} [mó] 꾀:모훈(謨訓:임금에게 모범이 될 가르침)
- ❾막(膜) [mó] 얇은 꺼풀:각막(角膜),고막(鼓膜),늑막(肋膜) ■모:무릎을 꿇다
- ❿막(寞) [mò] 쓸쓸하다:적막(寂寞),막막(寞寞)
- ⓫맥(驀) [mò] 말을 타다:맥진(驀進:좌우를 돌아보지 않고 힘차게 앞으로 나아감)
- ⓬모(摹) [mó] 본뜨다:모인(摹印:옥새를 새기는 데 사용된 옛날의 전서)

竹米糸缶网羊羽老而耒耳聿肉臣自至臼舌舛舟艮色艸虍虫血行衣襾　［풀초］

(1097)  [huā, huá]
- 뜻 ①빛나다: 화려강산(華麗江山), 화혼(華婚) ②중국: 중화(中華), 화교(華僑), 화상(華商)
- 자원 초목의 꽃들이 피어서 늘어진 모양이 화려하다는 뜻이다. 음양오행에서 황색은 중앙의 색이다. 황하유역의 황토지대에 살던 중국사람들이 자기들이 사는 곳을 세상의 중심이라는 자만심에서 자신의 나라를「중화(中華)」라고 불렀다. 수(秀)참조.
- 자소 [회의] 초(艸艹)풀＋화(華←𠌶)화(華)의 옛 글자

- ❶엽{燁}[yè]번쩍번쩍 빛나다
- ❷엽{曄}[yè]빛나다 /번개가 치다
- ❸화{嬅}[huà]여자가 탐스러운 모양 /여자 이름
- ❹화{樺}[huà]자작나무
- ❺화(譁)[huá]시끄럽게 지껄이다

(1098) 業 복 [pú]
- 뜻 ①번거롭다(煩猥貌)
- 자원 착(丵丵)은 풀이 무성하게 자라는 모양. 공(廾)은 양손으로 받든다는 뜻이다.
- 자소 [회의] 착(丵丵)초목이 무성하다＋대(大)←공(廾)받들다

- ❶박{撲}[pū]치다 /찌르다 /엎드러지다 ■복:두드리다 /종아리채
- ❷박{璞}[pú]옥덩어리 /소박하다 /진실하다
- ❸박(樸)[pǔ]순박하다 /통나무 ■복[pú]떡갈나무
- ❹복(僕)[pú]종 /마부 /무리 /숨기다 /황송한 체하다

(1099)  췌 [cuì]
- 뜻 ①모이다 ②괘이름 ③풀이름
- 자원 주역의 단사(彖詞)에서 췌(萃)는 모인다는 뜻이라고 했다.
- 자소 [형성] 초(艹←艸艹)풀＋졸(卒)졸병,끝내다

- ❶췌(膵)[cuì]췌장(소화기관의 일종)

(1100) 萈 환 [huāng]
- 뜻 ①산양의 가는 뿔(山羊細角)
- 자원 관(寬)자를 만든다. 볼 견(見𥍌)자와 상관이 없다.
- 자소 [상형] 말(莧首)눈이 바르지 못하다＋토(儿←兔)토끼발

- ❶관〔寬〕[kuān]너그럽다: 관대(寬大), 관용(寬容)

⑼
(1101)  [wàn]
- 뜻 ①일만(10,000): 만능(萬能)
- 자원 전갈 모양. 전갈은 알을 많이 낳고 심한 독을 가지고 있으므로 아주 많은 숫자인「일만(一萬)」의 뜻으로 쓰인 것이다. 당나라 사람들이 1만의 뜻으로 사용하였다(唐人十千作萬).
- 자소 [상형] 유(禸)짐승 발자국
- 성부 려 채

- ❶매(邁)[mài]가다: 매진(邁進:좌우를 살피지 않고 한 길로만 고집스럽게 나감), 고매(高邁)

【풀초】 竹米糸缶鬥羊羽老而耒耳聿肉臣自至臼舌舛舟艮色艸虍虫血行衣两

(1102) 著 저 [zhù]
뜻 ①글을 짓다:저서(著書),저자(著者),저작(著作) ②드러나다:현저(顯著),저명(著名) ③책:명저(名著),논저(論著) ■착[zhuó]①붙이다
자원 글을 쓴 죽간(竹簡)이 뭉쳐져 있는 모양. 옛날에는 저/착의 구별이 없었다. 이것의 약자가 착(着)이다.
자소 [형성] 초(艹) ← 죽(竹艸)대나무 + 자(者)놈, 사람

□ ❶저(躇) [chú] 머뭇거리다:주저(躊躇)하다

(1103) 蕩 양 [cháng]
뜻 ①풀이름 ②자리공 ③방탕하다
자원 가지와 잎이 무성한 모양을 나타낸다.
자소 [형성] 초(艹 ← 艸)풀 + 양(昜)날아 오르다

□ ❶탕(蕩) [dàng] 방자하다:방탕(放蕩),탕자(蕩子),탕진(蕩盡) /넓고 크다:호탕(浩蕩) /쓸어 없애다:소탕(掃蕩)

⑩
(1104) 蒙 몽 [méng]
뜻 ①어리다:계몽(啓蒙) ②덮다 ③어리석다:무지몽매(無知蒙昧)
자원 원래는 덩굴풀의 일종인 소나무 겨우살이풀(王女)을 말한다. 식물이 덩굴에 뒤덮이듯「무지에 뒤덮힌 어린이」라는 뜻으로 쓰인다.
자소 [형성] 초(艹艸)풀 + 몽(冡)덮다

□ ❶몽(朦) [méng] 달빛이 어렴풋하다:몽롱(朦朧)
□ ❷몽(朦) [méng] 청맹과니(눈뜬 장님) /어둡고 어리석다

(1105) 蒐 수 [sōu]
뜻 ①모으다 ②꼭두서니 풀 ③봄 사냥
자원 여수(茹蘆), 여로(茅蒐) 모두 천초(蒨艸)를 말한다. 일명 지혈(地血)이라고도 한다. 천(蒨)은 천(茜)으로도 쓴다. 천(茜)을 홍람(紅藍)이라고도 하는데 그 꽃으로 비단을 붉은 색으로 물들일 수 있다. 지금의 홍화(紅花)를 말한다 (一名紅藍. 其花染繒赤黃. 此則今之紅花).
자소 [회의] 초(艹 ← 艸艸)풀,식물 + 귀(鬼鬼)귀신

(1106) 蒿 호 [hāo]
뜻 ①쑥
자원 높이(高高) 자라는 풀(艸艸)이라는 말이다.
자소 [형성] 초(艹 ← 艸艸)풀 + 고(高高)높다

□ ❶고(藁) [gǎo] 나무가 마르다:초고(草藁) /말리다 /짚
□ ❷효(嚆) [hāo] 소리가 나다:효시(嚆矢) /부르짖다

(1107) 蒦 약 [huò]
뜻 ①재다(度也) ②자(尺) ■확:①풀 이름(草名)
자원 길흉을 잘 알려 준다고 하는 부엉이(萑萑)를 손에 잡고(又ㅋ) 있는 모양을 본떴다.
자소 [지사] 환(萑萑)부엉이 + 우(又ㅋ)오른손

□ ❶확[穫] [huò] 벼를 거두어들이다:수확(收穫)
□ ❷획[獲] [huò] 얻다:획득(獲得),어획고(漁獲高),노획(虜獲),노획품(鹵獲品)
□ ❸호[護] [hù] 지키다:호국(護國),호위(護衛),수호신(守護神),옹호(擁護) /보호(保護)하다:애호(愛護),호송(護送),호신불(護身佛)

竹米糸缶門羊羽老而耒耳聿肉臣自至臼舌舛舟艮色艸虍虫血行衣襾   [풀초]

- ❹호{護} [hù] **구하다** /지키다(보호하다)
- ❺호{濩} [huò] **퍼지다** ■확:삶다 /낙숫물이 떨어지다

11
(1108) 蓺**예** [yì]
뜻 ①심다(種樹)
자원 어원을 확인할 수 없다.
자소 초(艹 ← 艸艸)풀+예(埶)심다

- ❶예〈藝〉[yì] **재주**:기예(技藝),공예품(工藝品),연예인(演藝人),수예점(手藝店) ②예술(藝術):예능(藝能),문예(文藝),서예(書藝)

(1109) 蔑**멸** [miè]
뜻 ①업신여기다:멸시(蔑視),경멸(輕蔑),능멸(凌蔑)
자원 사람이 피곤해지면 눈의 정기가 없어진다. 사람 중에 가장 피곤한 사람은 전방에서 근무서는 사람이므로 수(戍)를 썼다. 수자리를 서는 사람 중에는 죄를 짓고 쫓겨난 사람들도 많았다.
자소 [회의] 말(苜←苜首)눈이 바르지 않다+수(戍)수자리 서다

- ❶말(襪) [wà] **버선**:양말(洋襪:서양버선,양말)
- ❷말(韤) [wà] **버선**

12
(1110) 蕊**예** [ruǐ]
뜻 ①꽃술(花內植物傳種之器官) ②초목이 떨기로 난 모양(草木叢生貌)
자원 예(橤)와 예(蘂)와 예(蕊)는 같은 글자다.
자소 [형성] 초(艹 ← 艸艸)풀+쇄(惢)의심하다

- ❶예(蘂) [ruǐ] 꽃술 [참고] 예(蕊)의 속자 ■전:꽃이 더부룩하다

13
(1111) 蕭**소** [xiāo]
뜻 ①쑥 ②쓸쓸하다:소슬(蕭瑟),소조(蕭條:쓸쓸한 분위기)
자원 원래는 쑥을 뜻하는 말이었다.
자소 [형성] 초(艹 ← 艸艸)식물+숙(肅)엄숙하다

- ❶소(瀟) [xiāo] **강이름**:소상반죽(瀟湘斑竹) /맑다:소쇄(瀟灑)

(1112) 薦**천** [jiàn]
뜻 ①**천거**(薦擧)하다:추천(推薦),공천(公薦),자천(自薦),타천(他薦) ②꼴
자원 채(廌)는 사슴과 닮은 전설상의 외뿔 동물. 사람의 선악을 판단하는 능력이 있었다. 옛날 신인(神人)이 황제(黃帝)에게 이 짐승을 주었는데, 황제가 무엇을 먹이고 어디에 두어야 하느냐고 묻자 천(薦)을 먹이라고 했다.
자소 [회의] 초(艸艸)풀+채(廌)전설상의 동물

14
(1113) 藏**장** [cáng]
뜻 ①**감추다**:저장(貯藏),소장(所藏) [zàng]①곳집
자원 초두(艹艸)를 합한 장(藏)은 감춘다는 뜻, 조개 패(貝)를 합한 장(臟)은 「장물(臟物)」이라는 뜻이 된다.
자소 [형성] 초(艹艸)풀, 식물+장(臧)숨기다

- ❶장〔臟〕[zàng] **오장**(五臟):간장(肝臟),신장(腎臟),심장(心臟),내장(內臟)
- ❷장(欌) [zàng] **장롱**(欌籠)

16

【풀초】 竹米糸缶門羊羽老而耒耳聿肉臣自至臼舌舛舟艮色艸虍虫血行衣襾

(1114)  藺 린 [lìn]

뜻 ①골풀
자원 자리를 엮는 데 쓰는 골풀. 완(莞)은 왕골.
자소 [형성] 초(卄 ← 艸艹)풀＋린(閵)새의 일종

□ ❶린(躪) [lìn] 짓밟다 : 인권유린(人權蹂躪) 참고 린(躪)과 같다.

竹米糸缶网羊羽老而耒耳聿肉臣自至臼舌舛舟艮色艸虍虫血行衣襾　　[범 호]

214 부수글자 **141**　　6 - 24/29　　(6획부수)

141. 호 虍 [hū]

[자원] 호랑이의 얼룩진 줄무늬를 말한다.
[뜻] ①**범의 문채**(호랑이의 줄무늬:虎文也)
[자소] [상형]

성부 글자　　　성부와 부수가 결합된 형성자

(1115) 虎 호 [hǔ]
[뜻] ①**범**:호랑(虎狼),맹호(猛虎),용호상박(龍虎相搏)
[자원] 호랑이의 옆모양을 세워서 그렸다.
[자소] [회의] 호(虍)호랑이 줄무늬＋인(儿)어진 사람
[성부] 畏외 虎치

- ❶표{彪}[biaō]범가죽의 무늬／밝히다
- ❷호{琥}[hǔ]호박(琥珀:황색 화석, 장식품으로 쓴다)

(1116) 虐 학 [nüè]
[뜻] ①**사납다**:학대(虐待),학살(虐殺) ②혹독하다
[자원] 호랑이(虍)의 발톱(爪)이 모질다는 뜻이다. 원래는 사람 인(人)이 있었는데 생략되었다.
[자소] [회의] 호(虍)호랑이, 범＋장(토)조(爪)를 거꾸로 썼다＋인(人)사람

- ❶학(謔)[xuè]희롱하다(해학질하다):해학소설(諧謔小說)
- ❷학(瘧)[nuè]말라리아:학질(瘧疾)

(1117) 虒 치 [zhī]
[뜻] ①**가지런하지 않다** ■사[sī]①뿔 범
[자원] 뿔달린 범을 위사(委虒)라고 한다.
[자소] [형성] 예(厂)←한(厂)언덕＋호(虎)범

- ❶체{遞}[dì]차례로 바뀌다／역말:우체국(郵遞局),체신부(遞信部),우체부(郵遞夫)

397

【범호】 竹米糸缶网羊羽老而耒耳聿肉臣自至臼舌舛舟艮色艸虍虫血行衣襾

(1118)  [lú]
- 뜻 ①밥 그릇 ②범의 무늬
- 자원 호랑이의 밭고랑 같은 줄무늬를 말한다. 원래 아래는 밭 전(田)자가 아니라 다른밭을 뜻하는 치(甾)였다.
- 자소 [형성] 호(虍🐅)범의 문채＋전(田) ← 치(甾, 甾)다른 밭
- 성부 盧盧로

☐ ❶부〔膚〕[fū] 살갗: 피부(皮膚) / 아름답다 / 얄팍하다

(1119)  [lǔ]
- 뜻 ①사로잡다: 포로(捕虜)
- 자원 힘으로 사람을 사로잡아 끌고 온다는 뜻이다.
- 자소 [형성] 호(虍🐅)범의 문채＋관(毌)묶다＋력(力🦵)힘

☐ ❶로〔擄〕[lǔ] 노략(擄掠)질하다 / 사로잡다: 노획(擄獲): 사로잡다)

(1120)  [xū]
- 뜻 ①비다: 허공(虛空), 공허(空虛), 허망(虛妄), 허무(虛無), 허심탄회(虛心坦懷)
- 자원 높아서 눈에 잘 뜨이는 커다란 언덕이라는 뜻이다. 옛날의 정전법(井田法)에 의하여 농토를 우물 정 정(井)자로 나누면 9개로 구획되는데 이 하나의 구획은 100묘(畝)의 크기였으며, 1부(夫甫)라고 했다. 따라서 9개의 부(夫甫)가 1정(井井), 4개의 정(井井)을 읍(邑옥), 4개의 읍(邑옥)을 1구(丘)라고 했다. 또 구(丘)를 허(虛)라고도 한다. 원래의 뜻은 지금의 허(墟)자에 남아 있다.
- 자소 [형성] 호(虍🐅)범의 문채＋구(业 ← 丘业)언덕

☐ ❶허{墟}[xū] 언덕 /집터: 폐허(廢墟)
☐ ❷허(噓)[xū] 허풍(噓風)치다: 허언(噓言: 거짓말)

(1121)  [xī]
- 뜻 ①옛날 그릇(古陶器)
- 자원 옛날의 질그릇을 말한다. 그 그릇에 호랑이 무늬가 새겨져 있었던 모양이다.
- 자소 [형성] 호(虍🐅)범의 문채＋두(豆효)그릇 모양

☐ ❶희〔戲〕[xì] 놀다: 유희(遊戲) /연극: 희곡(戲曲), 희극(戲劇), 희롱(戲弄)

竹米糸缶网羊羽老而耒耳聿肉臣自至臼舌舛舟艮色艸虍**虫**血行衣襾　　［벌레 충］

142. 훼 虫 [huǐ]

자원 살모사가 또아리를 틀고 있는 모양. 모든 하등 동물들을 총칭하는 말이었다. 후에 벌레 충(蟲)의 약자로 쓰이면서 부수글자가 되어 「벌레」와 관련된 뜻을 나타낸다.
뜻 ①살모사 ■충[chóng] ①벌레
자소 [상형]

성부 글자 — 성부와 부수가 결합된 형성자

(1122) 蚤 조 [zǎo]
뜻 ①벼룩 ②손톱
자원 사람을 깨물며 높이 뛰는 벌레(蚤)를 말한다.
자소 [형성] 조(叉)조(爪)의 옛글자＋훼(虫) ← 곤(蚰)벌레

□ ❶소〔騷〕[sāo] 시끄럽다 : 소동(騷動), 소란(騷亂), 소음(騷音) /근심하다
□ ❷소(搔)[sāo] 긁다 : 격화소양(隔靴搔痒) /긁어내다 : 소파수술(搔爬手術 : 자궁 속의 갓난애를 집게로 집어 부순 후 긁어 내버리는 수술)
□ ❸소(瘙)[sào] 종기(부스럼)

(1123) 蚩 치 [chī]
뜻 ①어리석다 ②업신여기다
자원 경멸하는 소리가 벌레(虫) 소리 같다는 뜻이다.
자소 [형성] 지(之)가다＋훼(虫)벌레, 살모사

□ ❶치(嗤)[chī] 비웃다

(1124) 蜑 단 [dàn]
뜻 ①새알 : 단백질(蛋白質)
자원 원래는 남쪽 오랑캐를 뜻하는 말이었다.
자소 [형성] 훼(虫)살모사＋소(疋) ← 연(延)늘리다

(1125) 蜀 촉 [shǔ]
뜻 ①나라 이름 ② 해바라기 벌레
자원 눈이 크고 몸을 구불거리며 움직이는 해바라기벌레(虫)를 말한다. 눈 목(目)은 머리, 중간은 몸이 구불거리는 모양을 본뜬 것이다.
자소 [회의] 목(罒 ← 目) : 벌레의 머리＋포(勹) ← 구불거리는 몸＋훼(虫)벌레
성부 屬속

□ ❶독〈獨〉[dú] 홀로 : 고독(孤獨), 독점(獨占), 독특(獨特), 단독(單獨), 독신(獨身)

【벌레 충】 竹米糸缶鬥羊羽老而耒耳聿肉臣自至臼舌舛舟艮色艸虍 虫 血行衣襾

- ❷촉[燭] [zhú] 촛불 : 화촉동방(華燭洞房), 촉루(燭淚), 등촉(燈燭), 촉광(燭光)
- ❸촉[觸] [chù] 닿다 : 촉각(觸覺), 감촉(感觸), 촉매(觸媒) /만지다 : 일촉즉발(一觸則發), 접촉(接觸), 촉수금지(觸手禁止)
- ❹탁[濁] [zhuó] 흐리다 : 탁류(濁流), 탁주(濁酒), 청탁불문(淸濁不問), 혼탁(混濁)
- ■❺견(蠲) [juān] 덜어서 없애 버리다 /밝히다 /덜다
- ❻촉(髑) [dú] 해골 : 촉루(髑髏)

10
(1126) 融 융 [róng]
뜻 ①녹다 : 용융(熔融) ②화합하다 : 융합(融合)
자원 솥주변(鬲䰜)의 불기운이 떼지어 다니는 하루살이(蟲蟲)처럼 치솟는 모양이다.
자소 [형성] 격(鬲䰜)오지병 ＋ 훼(虫) ← 충(蟲蟲)벌레

- ❶융(瀜) [róng] 물이 깊고 넓다

12
(1127) 蟲 충 [chóng]
뜻 ①벌레 : 곤충(昆蟲), 기생충(寄生蟲), 식충(食蟲), 익충(益蟲), 해충(害蟲)
자원 원래는 발이 달린 짐승을 총칭하는 말이었다. 새를 우충(羽蟲), 짐승을 모충(毛蟲), 딱딱한 껍질이 있는 벌레를 갑충(甲蟲), 비늘이 있는 물고기를 인충(鱗蟲), 털이 없는 사람을 나충(裸蟲)이라고 했다.
자소 [회의] 훼(虫)살모사 ＋ 곤(蚰)벌레
성부 融융

- ❶고(蠱) [gǔ] 독 /뱃속의 벌레 /미혹하게 하다

竹米糸缶鬥羊羽老而耒耳聿肉臣自至臼舌舛舟艮色艸虍虫 血 行衣襾　　[피 혈]

214 부수글자 143　　　6 - 26/29　　　(6획부수)

143. 혈 血 𧗓 [xuè]

[자원] 옛날에 제사를 지낼 때나 맹세를 할 때에 희생(犧牲) 짐승의 피를 그릇에 담아 신에게 바치거나 나누어 마셨다. 그 그릇(血𧗓)에 담긴 피 모양을 본뜬 것인데 후에 모든 동물의 피를 뜻하게 되었다.
[뜻] ①피: 혈맹(血盟), 혈투(血鬪), 수혈(輸血), 헌혈(獻血)
[자소] [지사] 별(丿)삐치다＋명(皿𧗓)그릇

부수 성부　　　부수글자가 성부로 쓰일 때

□ ❶휼(恤) [xù] 가엾이 여기다: 긍휼(矜恤), 구휼(救恤)
□ ❷휼(卹) [xù] 가엾이 여기다 [참고] 휼(恤)과 같은 글자

성부 글자　　　성부와 부수가 결합된 형성자

(1128) 𧖣 衆 중 [zhòng]　　[뜻] ①무리: 대중(大衆), 민중(民衆) ②많다: 중구난방(衆口難防), 중생(衆生)
[자원] 감시(目)를 받는 많은 사람들. 그러한 노예들이 피땀 흘려 일하므로 눈 목(目)을 피 혈(血𧗓)로 바꾸었다.
[자소] [회의] 혈(血) ← 목(目)눈＋임(乑 ← 㐺)많은 사람

□ ❶총(潨) [cóng] 물이 흘러 들어가다

401

【다닐 행】 竹米糸缶网羊羽老而耒耳聿肉臣自至臼舌舛舟艮色艸虍虫血行衣两

144. 행 行 [xíng]

자원 왼발과 오른발을 교대로 내딛으며 걷는다는 뜻이다. 보(步)는 천천히 가는 것. 추(趨)는 빨리 가는 것이다. 둘다 간다는 뜻이다.

뜻 ①가다:동행(同行),암행어사(暗行御史) ②행하다:실행(實行) [xìng]①행동(行動):행실(行實),행위(行爲),언행(言行) ■항[háng]① 항렬(行列):항오(行伍)

자소 [회의·상형] 척(彳 亍)왼발+촉(亍)오른발

부수 성부 / 부수글자가 성부로 쓰일 때

- ❶형{珩} [héng] 노리개 /패옥
- ❷형{衡} [héng] 저울대:도량형(度量衡) /균형(均衡):평형(平衡),형평성(衡平性)
- ❸항(桁) [héng] 도리(서까래를 받치기 위해 기둥 사이에 받쳐 놓은 나무) /횃대
- ❹행(荇) [xìng] 마름

성부 글자 / 성부와 부수가 결합된 형성자

(1129) 衍 연 [yǎn]

뜻 ①넘치다:만연(蔓衍) ②넓히다:부연설명(敷衍說明)
자원 물(水)이 흘러간다(行)는 뜻이다.
자소 [회의] 수(氵← 水)물+행(行)가다

- ❶건(愆) [qiān] 허물 /어그러지다

竹米糸缶网羊羽老而耒耳聿肉臣自至臼舌舛舟艮色艸虍虫血行衣襾　　［옷 의］

214 부수글자 145　　6 - 28/29　　(6획부수)

145. 의 衣 衤 衣 [yī]

자원 두 사람을 덮고 있는 모양. 윗옷은 의(衣). 아랫도리는 상(裳)이다.
뜻 ①옷: 의관(衣冠), 의상(衣裳), 의복(衣服), 의식주(衣食住), 상의(上衣), 하의(下衣) [yì]옷을 입다 /입히다(겉을 싸거나 덮다)
자소 [회의·상형] 두(亠) ← 입(入人)들어가다+종(从 ← 从卌)두 사람, 따르다

부수 성부　　부수글자가 성부로 쓰일 때

□ ❶애〈哀〉[āi]슬퍼하다: 애도(哀悼), 애석(哀惜), 희노애락(喜怒哀樂), 애원(哀願)
□ ❷의〈依〉[yī]의지(依支)하다: 의탁(依託), 의타심(依他心) /여전하다: 의구(依舊)

성부 글자　　성부와 부수가 결합된 형성자

(1130) 表 표 [biǎo]
뜻 ①겉: 표면(表面), 표피(表皮) ②나타내다: 표시(表示), 표지(表紙), 표현(表現) ③표: 도표(圖表)
자원 짐승의 가죽으로 만든 옷(衣)은 겉에 털(毛)이 드러난다.
자소 [회의] 토(土) ← 모(毛)털, 모발＋의(衣 ← 衣)윗옷

□ ❶표(俵) [biào]나누어 주다

④
(1131) 袞 곤 [gǔn]
뜻 ①곤룡포(袞龍布)
자원 발톱이 5개 있는 용(龍)이 구물거리는 모습이 수놓여진 「임금의 옷(衣)」을 말한다.
자소 [형성] 의(衣 ← 衣)옷＋공(公) ← 연(㕣)산속의 늪

□ ❶곤(滾) [gǔn]물이 흐르다 /물건이 구르다 /물이 끓다

(1132) 衰 쇠 [shuāi]
뜻 ①쇠약(衰弱)하다: 노쇠(老衰) ■최 [cuī]①상복: 참최(斬衰) ②줄다
자원 풀을 엮어 만든 비옷인 도롱이(草雨衣)를 입고 비를 맞은 모양이나, 초상집의 상주가 다같이 초라하므로 「상복, 쇠약하다」는 뜻으로 쓰인다.
자소 [상형] 의(衣)옷＋⊟ : 비옷모양

□ ❶사(簑) [suō]사(簔)와 같은 글자
□ ❷사(簔) [suō]도롱이 ■쇠: 꽃술이 늘어지다

403

【옷의】 竹米糸缶門羊羽老而耒耳聿肉臣自至臼舌舛舟艮色艸虍虫血行衣襾

(1133) 袁 원 [yuán]
- 뜻 ①성씨 ②옷이 치렁거리다
- 자원 긴 옷 치렁거리는 모양. 삼가할 전(重)을 쓴 것은 긴 옷을 입고 점잖빼며, 느릿느릿 행동하는 모양을 나타내기 위함이다.
- 자소 [형성] 전(宀 ← 重)삼가하다 ＋ 의(衣 ← 衣)옷
- 성부 睘경

- ❶원〈園〉[yuán] 동산 : 공원(公園), 낙원(樂園) / 밭 : 원두막(園頭幕), 전원(田園)
- ❷원〈遠〉[yuán] 멀다 : 원근(遠近), 원친불여근린(遠親不如近隣), 경원시(敬遠視)
- ❸원{轅}[yuán] 끌채(수레의 앞으로 길다랗게 삐쳐 나온 두 개의 나무, 말이나 소를 맨다)
- ❹원(猿)[yuán] 원숭이 : 원후(猿猴), 견원지간(犬猿之間 : 사이가 나쁨)

(1134) 褱 회 [huí]
- 뜻 ①마음속에 품다 참고 회〔懷〕의 옛 글자
- 자원 옷깃으로 눈에서 흘러내리는 눈물을 닦는다는 뜻이다. 설문해자에서는 옷의(衣)와 눈이 미칠답(眔)의 합자라고 했다.
- 자소 [형성] 의(衣 ← 衣)옷 ＋ 답(罒 ← 眔)눈이 닿는 전망

- ❶괴〔壞〕[huài] 무너지다 : 괴멸(壞滅), 파괴(破壞), 괴혈병(壞血病)
- ❷회〔懷〕[huái] 마음 속에 간직하다 : 회포(懷抱), 회의(懷疑), 감회(感懷)

(1135) 襄 양 [xiāng]
- 뜻 ①오르다(上也) ②이루다(成也)
- 자원 땅의 표면에 덮힌 것을 벗겨 내고 농사를 짓는다. 혹은 땅을 개간해서 농사를 지으면 보탬이 된다는 뜻이다.
- 자소 [형성] 양(罒 ← 㘏)너그럽다, 어지럽다 ＋ 의(衣 ← 衣)옷

- ❶양〈讓〉[ràng] 사양(辭讓)하다 : 양도(讓渡), 양보(讓步), 겸양(謙讓), 선양(禪讓)
- ❷양〔壤〕[rǎng] 부드러운 흙 : 토양(土壤)
- ❸냥{孃}[niáng] 계집애 : 김양(金孃), 영양(令孃)
- ❹낭(囊)[náng] 주머니 : 낭중지추(囊中之錐), 배낭(背囊), 침낭(寢囊), 행낭(行囊)
- ❺양(釀)[niàng] 술을 빚다 : 양조장(釀造場), 양성(釀成)
- ❻양(攘)[rǎng] 물리치다 : 양이(攘夷)
- ❼양(穰)[ráng] 풍년이 들어 풍족하다
- ❽양(禳)[ráng] 재앙을 물리쳐 달라고 비는 제사
- ❾양(勷)[ráng] 급히 달리다 / 갑작스러운 모양

竹米糸缶网羊羽老而耒耳聿肉臣自至臼舌舛舟艮色艸虍虫血行衣襾 【덮을 아】

146. 아 襾西襾 [yà]

자원 아래 위로 덮는다는 뜻이다.
뜻 ①덮다
자소 [회의] 멱(冖∩)덮다

성부 글자 | **성부와 부수가 결합된 형성자**

(1136)  [xī]
뜻 ①서쪽:서방정토(西方淨土), 서북(西北), 서역(西域), 동문서답(東問西答)
②서양(西洋):서구(西歐), 서세동점(西勢東漸)
자원 새가 둥지에 앉아 있는 모양. 해가 지면 새들이 둥지로 돌아간다는 뜻이다.
자소 [상형]
성부 鹵로 壐인 甅아 酉유

- ❶서{栖} [qī,xī] 새가 깃들어 살다 /머금다 /보금자리
- ❷내(迺) [nǎi] 이에(곧) /너(You) /처음으로
- ❸쇄(洒) [sǎ] 물을 뿌리다:쇄락(洒落:기분이 좋음) ■세:씻다

(1137)  [yào]
뜻 ①중요(重要)하다:요점(要點), 긴요(緊要), 요약(要約), 요령(要領), 요해지(要害地) [yāo]허리 ②구하다:요구(要求), 수요(需要)
자원 원래는 사람이 양손을 허리에 대고 있는 모양을 본뜬 글자.
자소 [상형] 국(臼픽)양손

- ❶요〔腰〕 [yāo] 허리:요통(腰痛), 요절복통(腰絶腹痛), 세요(細腰)

(1138)  [xiān]
뜻 ①불꽃이 치솟다(火向上昇騰之貌)
자원 표(票), 천(遷)자를 만든다. 절(卩곡)이 한 단계 올라간다는 뜻을 나타낸다.
자소 [회의] 선(覀←卑)높이 오르다＋절(卩곡)무릎 꿇은 사람
성부 票표 遷천

- ❶선(僊) [xiān]춤추다 /신선 참고 선(仙)과 같은 글자

405

(1139)  **覃** **담** [tán]

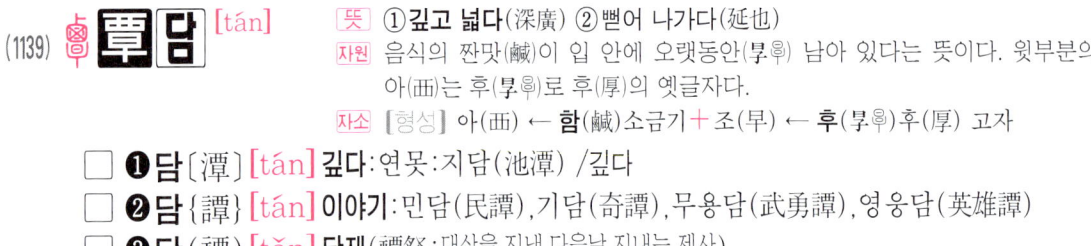

뜻 ①**깊고 넓다**(深廣) ②**뻗어 나가다**(延也)

자원 음식의 짠맛(鹹)이 입 안에 오랫동안(㫗) 남아 있다는 뜻이다. 윗부분의 아(襾)는 후(㫗)로 후(厚)의 옛글자다.

자소 [형성] 아(襾) ← **함**(鹹)소금기＋조(早) ← **후**(㫗)후(厚) 고자

□ ❶**담**〔潭〕[tán] **깊다**:연못:지담(池潭) /깊다

□ ❷**담**{譚}[tán] **이야기**:민담(民譚),기담(奇譚),무용담(武勇譚),영웅담(英雄譚)

□ ❸**담**(禫)[tǎn] **담제**(禫祭:대상을 지낸 다음날 지내는 제사)

6 획

한자 시험 연습문제
〈제2영역〉語彙 3

〈1~2〉 다음 한자어(漢字語)와 그 새김의 방식이 같은 한자어는 어느 것입니까?

예: 한자어 '入山'은 그 새김의 방식이 서술어와 부사어의 관계이다. 이와 비슷한 한자어로는 '出國'이 있다.

1. 黃土
   ① 氷山 ② 進入 ③ 看做 ④ 撤收
2. 硏究
   ① 態度 ② 干涉 ③ 扶助 ④ 體力

〈3~10〉 다음 한자어(漢字語)와 발음이 같은 한자어는 어느 것입니까?

3. 感謝
   ① 措置 ② 該當 ③ 信賴 ④ 監査
4. 到達
   ① 導達 ② 表現 ③ 過速 ④ 蓋然
5. 引性
   ① 該博 ② 人聲 ③ 未備 ④ 吸引
6. 配達
   ① 到達 ② 誤差 ③ 茶菓 ④ 倍達
7. 持續
   ① 休暇 ② 面識 ③ 遲速 ④ 善行
8. 上書
   ① 祥瑞 ② 雨期 ③ 懇求 ④ 會食
9. 杞憂
   ① 氣勢 ② 壓倒 ③ 努力 ④ 奇遇
10. 回顧
    ① 發音 ② 美術 ③ 懷古 ④ 狀況

〈11~12〉 다음 한자어(漢字語)들 중 괄호 안의 한자(漢字)의 발음(發音)이 다른 한자어는 어느 것입니까?

11. ① (殺)生   ② 被(殺)
    ③ 燒(殺)   ④ 惱(殺)
12. ① 比(率)   ② 引(率)
    ③ 換(率)   ④ 稅(率)

[정답] 1① 2③ 3④ 4① 5② 6④ 7③ 8① 9④ 10③
11④ 12②

〈13~25〉 다음 단어들의 □에 공통으로 들어갈 알맞은 한자(漢字)는 어느 것입니까?

13. □化, 痛□, □氣
    ① 感 ② 症 ③ 引 ④ 蒸
14. □線, □話, 發□
    ① 內 ② 通 ③ 電 ④ 達
15. □義, □賴, 通□
    ① 意 ② 信 ③ 迅 ④ 路
16. □處, 外□, □心
    ① 傷 ② 到 ③ 部 ④ 黑
17. 中□, □性, □氣,
    ① 間 ② 毒 ③ 乾 ④ 強
18. 戰□, 戰□, 奮□
    ① 爭 ② 勢 ③ 鬪 ④ 降
19. 萎□, □小, □約
    ① 博 ② 縮 ③ 省 ④ 條
20. □行, 出□, 發□
    ① 干 ② 新 ③ 席 ④ 付
21. □視, □護, 收□
    ① 錯 ② 守 ③ 益 ④ 監
22. □盜, 頑□, □壓
    ① 火 ② 強 ③ 力 ④ 彈

【 연습 문제 】

23. □師, □習, □堂
    ① 教 ② 學 ③ 講 ④ 殿
24. □地, □室, □體
    ① 土 ② 內 ③ 肉 ④ 客
25. 住□, □室, □住
    ① 據 ② 屋 ③ 壹 ④ 居

[정답]
13 ① 14 ③ 15 ② 16 ① 17 ② 18 ③ 19 ② 20 ①
21 ④ 22 ② 23 ③ 24 ① 25 ④

〈26~28〉 다음 한자어(漢字語)와 뜻이 반대(反對)이거나 상대(相對)되는 한자어는 어느 것입니까?

26. 卑賤
    ① 高貴 ② 無知 ③ 淺薄 ④ 祈求
27. 柔軟
    ① 術數 ② 感情 ③ 硬直 ④ 精密
28. 簡單
    ① 儉素 ② 複雜 ③ 流麗 ④ 受信

〈29~30〉 다음 성어(成語)에서 □에 들어갈 알맞은 한자(漢字)는 어느 것입니까?

29. 胡□之夢
    ① 査 ② 烏 ③ 蝶 ④ 鈺
30. 輾轉反□
    ① 側 ② 借 ③ 浦 ④ 刎

〈31~35〉 다음 성어(成語)의 뜻풀이로 적절한 것은 어느 것입니까?

31. 切磋琢磨
    ① 화가 바뀌어 복이 됨.
    ② 학문이나 덕행을 갈고 닦음.
    ③ 분하여 이를 갈고 속을 썩임.
    ④ 스스로 힘써 쉬지 아니함.
32. 泥田鬪狗
    ① 명분이 서지 않는 일로 싸움.
    ② 인생은 아침 이슬처럼 덧없음.
    ③ 어진 사람에게는 적이 없음.
    ④ 한 가지 일을 하여 두 가지 덕을 봄.
33. 羊頭狗肉
    ① 입장 바꾸어 생각함.
    ② 규율이나 통일성 없는 군중.
    ③ 겉은 훌륭하되 속은 변변찮음.
    ④ 물건이나 일을 부질없이 거듭함.
34. 塞翁之馬
    ① 의지할 데가 없음.
    ② 겉은 비슷하나 속은 다름.
    ③ 절개를 지켜 목숨을 버림.
    ④ 인생의 길흉화복은 알 수가 없음.
35. 伯仲之勢
    ① 몹시 위태로움.
    ② 원수에게 덕으로 보답함.
    ③ 백번 꺾여도 굽히지 않음.
    ④ 우열의 차이가 없이 거의 엇비슷함.

[정답] 31 ② 32 ① 33 ③ 34 ④ 35 ④

〈36~40〉 다음의 뜻을 가장 잘 나타낸 성어(成語)는 어느 것입니까?

36. 매우 무식한 사람.
    ① 傍若無人   ② 山紫水明
    ③ 目不識丁   ④ 袖手傍觀
37. 모든 일이 실패로 끝남.
    ① 萬事休矣   ② 亡羊之歎
    ③ 雲泥之差   ④ 類類相從
38. 사물을 과장해서 말함.
    ① 風餐露宿   ② 針小棒大
    ③ 見物生心   ④ 溫故知新
39. 길거리에 퍼져 떠도는 소문.
    ① 脣亡齒寒   ② 事必歸正
    ③ 送舊迎新   ④ 道聽塗說
40. 계란을 쌓은 듯이 위태로움.
    ① 老馬之智   ② 螳螂拒轍
    ③ 累卵之勢   ④ 龍頭蛇尾

정답 410페이지

7획 부수 [6개]

암기
보니(見) 뿔(角) 날 말씀(言)이라.
골짜기(谷) 콩(豆)을 돼지(豕)가 해치(豸)웠고,
조개(貝)가 붉을(赤) 때 달아나다(走)
발(足) 몸(身)을 수레(車)에 치는 신고(辛)를 당했다.
별진(辰) 책받침(辶)으로 고을(邑)의 닭(酉)소리를 분별하니(釆) 마을(里)이라.

見	[볼 견]	규(規) 친(親) 각(覺) 람(覽)
角	[뿔 각]	해(解)
言	[말씀 언]	계(計) 토(討) 설(設) 허(許) 첨(詹) 제(諸) 알(謁)
谷	[골 곡]	
豆	[콩 두]	기(豈) 풍(豊)
豕	[돼지 시]	돈(豚) 상(象) 호(豪)
豸	[벌레 치/채]	모(貌)
貝	[조개 패]	부(負) 정(貞) 공(貢) 관(貫) 책(責) 이(貳) 귀(貴) 매(買) 분(賁)
		고(賈) 빈(賓) 상(賞) 질(質) 뢰(賴) 찬(贊)
赤	[붉을 적]	혁(赫)
走	[달릴 주]	
足	[발 족]	로(路)
身	[몸 신]	궁(躬)
車	[수레 거]	군(軍) 련(輦) 굉(轟)
辛	[매울 신]	
辰	[별 진/신]	욕(辱) 농(農)
辶(辶辶)	[쉬엄쉬엄갈 착]	미(迷) 송(送) 추(追) 퇴(退) 련(連) 봉(逢) 축(逐) 일(逸) 진(進)
		달(達) 도(道) 수(隧) 견(遣) 천(遷) 변(邊)
邑(阝)	[고을 읍]	옹(邕) 나(那) 랑(郞) 곽(郭) 향(鄕) 정(鄭)

【 7획 부수 】

酉	[닭 유]	추(酋) 주(酒) 혜(醯)
釆	[분별할 변]	채(采)
里	[마을 리]	중(重) 야(野)

407페이지

[정답] 1 ① 2 ③ 3 ① 4 ① 5 ② 6 ④ 7 ④ 8 ① 9 ④ 10 ③ 11 ④ 12 ② 13 ① 14 ③ 15 ② 16 ① 17 ② 18 ③ 19 ② 20 ① 21 ④ 22 ② 23 ③ 24 ④ 25 ④ 26 ① 27 ③ 28 ② 29 ③ 30 ① 31 ② 32 ① 33 ③ 34 ④ 35 ① 36 ③ 37 ① 38 ② 39 ④ 40 ③

見 角 言 谷 豆 豕 豸 貝 赤 走 足 身 車 辛 辰 辵 邑 酉 釆 里 [볼견]

214 부수글자 **147**   7 - 1/20   (7획부수)

147. 견 見[jiàn]

자원 사람(儿)은 눈(目)이 있으므로 사물을 볼 수 있다는 뜻이다.
뜻 ①보다:발견(發見) ②의견(意見):견해(見解),소견(所見),식견(識見),정견(政見) ■현[xiàn]①나타나다 ②뵙다
자소 [회의] 목(目)눈+인(儿)어진 사람

부수 성부   부수글자가 성부로 쓰일 때

☐ ❶연〈硯〉[yàn]벼루:연적(硯滴),지필연묵(紙筆硯墨),연지(硯池),석연(石硯)
☐ ❷현〈現〉[xiàn]나타나다:현상(現象),현실(現實) /지금:현재(現在),현금(現金)
☐ ❸현{峴}[xiàn]고개:탄현(炭峴) /산 이름
☐ ❹현{晛}[xiàn]햇살 /해가 나타나다
☐ ❺현(睍)[xiàn]눈이 붉어진 모양 /훔쳐보다
☐ ❻현(俔)[xiàn]염탐하다 ■견[qiàn]비유하다

성부 글자   성부와 부수가 결합된 형성자

(1140) 뜻 ①법:규칙(規則),규정(規定),법규(法規) ②컴파스:규모(規模),규준(規準)
자원 장부(丈夫)의 식견은 규준(規準)에 맞으므로 그 관점을 기준으로 삼는다는 뜻이다. 가부장제를 뒷받침하는 글자다.
자소 [회의] 부(夫)남편, 아버지+견(見)보다

☐ ❶규{窺}[kuī]엿보다
☐ ❷규(槻)[guī]물푸레나무

(1141) 뜻 ①흘겨보다 ②곁눈질하다 ■맥:①마주보다 ②살펴보다
자원 똑바로 보지(見) 않는다는 말이다.
자소 [회의] 비(𠂢)물이 갈라지는 모양+견(見)보다

☐ ❶멱(覓)[mì]찾다 /구하다 참고 〔밀(覓)숨다+멱(覛)흘겨보다〕의 합자다.

411

【볼견】 見 角 言 谷 豆 豕 豸 貝 赤 走 足 身 車 辛 辰 辵 邑 酉 釆 里

(1142) 親 친 [qīn]
뜻 ①친하다:친구(親舊) ②부모:양친(兩親),모친(母親),부친(父親),선친(先親) ③몸소:친필(親筆) ④화친(和親)하다 [qìng]①인척(혼인으로 맺어진 친척)
자원 세상에서 가장 정(情)이 지극한 사람을 말한다.
자소 [형성] 진(亲)개암나무＋견(見見)보다

☐ ❶츤(櫬) [chèn]널을 만들던 오동나무 /널 /무궁화 나무
☐ ❷츤(襯) [chèn]속옷:츤의(襯衣)

13
(1143) 覺 각 [jué]
뜻 ①깨닫다:대오각성(大悟覺醒),선각자(先覺者),지각(知覺) ②드러나다:발각(發覺) [jiào]①잠을 깨다
자원 배우고(學) 살펴서(見見) 깨닫는다는 뜻이다.
자소 [형성] 학(𦥯→學)배우다＋견(見見)보다

☐ ❶교(攪) [jiǎo]어지럽다:후방교란(後方攪亂),교반(攪拌:휘저어 섞는 것)

14
(1144) 覽 람 [lǎn]
뜻 ①보다:관람객(觀覽客),유람(遊覽),전람회(展覽會),박람회(博覽會),다문박람(多聞博覽)
자원 두 글자가 다 본다는 뜻이 있다.
자소 [형성] 감(臨←監)내려다보다＋견(見見)보다,보이다

☐ ❶람(欖) [lǎn]감람(橄欖)나무
☐ ❷람(纜) [lǎn]닻줄
☐ ❸람(攬) [lǎn]가지다:남비징청(攬轡澄清:말고삐를 잡고 천하를 맑게 한다. 재상의 자리)

見角言谷豆豕豸貝赤走足身車辛辰辵邑酉釆里　　[뿔 각]

214 부수글자 **148**　　7 - 2/20　　(7획부수)

148. 각 角 [jiǎo]

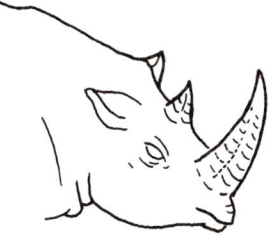

[자원] 짐승의 뿔. 뾰죽한 윗부분과 중간의 무늬가 보인다. 뿔은 술잔이나 물건의 양을 재는 되로도 사용했다.
[뜻] ①뿔 ②각도(角度):둔각(鈍角),예각(銳角) ③모:삼각형(三角形),팔각정(八角亭)
[자소] [상형]

부수 성부

　　부수글자가 성부로 쓰일 때

- ❶각(桷) [jué] 서까래
- ❷곡(斛) [hú] 휘(10말) /헤아리다
- ❸학(确) [què] 자갈땅

성부 글자

　　성부와 부수가 결합된 형성자

(1145)  [zī]
[뜻] ①별이름 ②바다거북 [zuǐ]①부리 ②싹
[자원] 부엉이처럼 머리에 뿔(角) 모양의 털이 난 것을 말한다.
[자소] [형성] 차(此)이것＋각(角)뿔

- ❶취(嘴) [zuǐ]부리:취자(嘴子:부리),취첨(嘴尖:뾰족한 주둥이로 잘 지껄임)

(1146)  [jiě]
[뜻] ①풀다:해방(解放),해탈(解脫) ②흩어지다:해산(解散),와해(瓦解) ③알다:이해(理解),오해(誤解)
[자원] 소(牛)를 도살해서 뿔(角)을 비롯한 몸뚱이를 여러 부위별로 잘라낸다(刀)는 것인데, 뜻이 확대되어 「분해한다」는 뜻으로 쓰인다.
[자소] [회의] 각(角)뿔＋도(刀)칼＋우(牛)소

- ❶해(邂) [xiè]만나다:해후(邂逅)
- ❷해(懈) [xiè]게으르다:해태(懈怠)
- ❸해(蟹) [xiè]게:해황(蟹黃:게장) [참고] 해(蠏)와 같은 글자

【말씀 언】 見 角 言 谷 豆 豕 豸 貝 赤 走 足 身 車 辛 辰 辵 邑 酉 釆 里

214 부수글자 **149**   7 - 3/20   (7획부수)

149. 언 言 훔 [yán]

자원 윗 사람에게 직간(直諫)한다는 뜻. 직간하다가 윗사람이 받아들이지 않으면 그 말은 곧 죄가 되므로 허물을 뜻하는 건(辛후)을 넣었다.
뜻 ①**말씀**:언어(言語),언론(言論),직언(直言)
자소 [형성] 건(辛 ← 辛후)허물＋**구**(口ㅂ)입,말하다

| 부수 성부 | 부수글자가 성부로 쓰일 때 |

□ ❶**저**(這) [zhè]이것 참고 차(此)와 같은 뜻.

| 성부 글자 | 성부와 부수가 결합된 형성자 |

(1147)  [hōng]
뜻 ①**큰소리**(大聲) ②어리석은 말소리 ■균:①속이다
자원 놀라서 내는 소리라는 뜻이었다.
자소 [형성] 포(勹) ← **균**(勻)고르다＋**언**(言훔)말씀

□ ❶**국**(鞠) [jū]국문하다:국문(鞠問:죄인을 조사하다)

(1148)  [jì]
뜻 ①**셈하다**:계산(計算) ②꾀:계획(計劃),계략(計略) ③계기(計器):속도계(速度計),온도계(溫度計),지진계(地震計)
자원 많이 모여 있는 물건들을 「소리내어 헤아리면서 정리한다」는 뜻이다.
자소 [회의] **언**(言훔)말씀＋**십**(十十)10, 많다

3
(1149) 討 토 [tǎo]
뜻 ①**치다**:토벌(討伐) ②찾다:토의(討議),토론(討論)
자원 법도(寸) 있는 말(言훔)로 꾸짖어 다스린다는 뜻이다.
자소 [회의] **언**(言훔)말씀＋**촌**(寸)마디, 법도

4
(1150) 設 설 [shè]
뜻 ①**베풀다**:설비(設備),설정(設定),설치(設置),시설(施設) ②가령:설사(設使),설령(設令),설혹(設或)
자원 말(言훔)로 사람을 부려서(殳) 여러가지를 갖춘다는 뜻이다.
자소 [회의] **언**(言훔)말씀＋**수**(殳)치다

見角言谷豆豕豸貝赤走足身車辛辰辵邑酉釆里　[말씀언]

(1151) 許허 [xǔ]
- 뜻 ①허락(許諾)하다:허가(許可),인허가(認許可) ②많다:허다(許多)
- 자원 아낙네들이 절구질하면서 상대방의 이야기를 듣는다는 뜻. 흔히 여자들이 재잘거리는 것을 「입방아 찧는다」고 한다.
- 자소 [형성] 언(言)말씀+오(午ㅗ)절구공이

☐ ❶호(滸) [hǔ]물가:수호지(水滸誌)

(1152) 䌛유 [wéi]
- 뜻 ①좇다 ②따르다 ③반주 없이 하는 노래
- 자원 노래를 뜻하는 요(謠)의 옛글자. 잘못 쓴 것이 요(䌛)다.
- 자소 [지사] 언(言)말씀+육(夕←肉)몸,고기

☐ ❶유(繇) [hǔ]말미암다 참고 유(由)의 원래 글자 ■요[yáo]무성하다 ■주[zhòu]점괘

(1153) 詹첨 [zhān]
- 뜻 ①말이 많다(多言) ②이르다 ■담[dàn]①넉넉하다
- 자원 절벽 위의 사람(厃)이 지르는 소리(言)가 울려 퍼지(八)()는 모양. 첨(厃)은 언덕 위에 사람이 올라가 있는 모양을 본뜬 것이다.
- 자소 [회의] 첨(厃)높은 절벽+팔(八)() 8, 나누다+언(言)말씀

☐ ❶담〔擔〕 [dān]메다:담당(擔當),담임(擔任),가담(加擔),담보(擔保),부담(負擔)
　　　　　　 [dàn]책임
☐ ❷담{澹} [dàn]담박(澹泊)하다 참고 담〔淡〕과 통한다.
☐ ❸담(膽) [dǎn]쓸개:간담(肝膽),담력(膽力),담대심소(膽大心小)
☐ ❹섬{蟾} [chán]두꺼비 /달:섬계(蟾桂:두꺼비와 계수나무,달),섬진강(蟾津江)
☐ ❺첨(瞻) [zhān]보다:첨성대(瞻星臺:별을 관측하는 대)
☐ ❻담(憺) [dàn]편안하다 /움직이다
☐ ❼섬(贍) [shàn]넉넉하다 /흉년에 굶주리는 사람들을 먹여 살리다
☐ ❽첨(檐) [yán]처마:첨하(檐下:처마밑)
☐ ❾첨(簷) [yán]처마:첨향(簷響:처마끝에 낙숫물 떨어지는 소리)

(1154) 諸제 [zhū]
- 뜻 ①모두:제군(諸君) ■저[chū]①어조사(지어(之於),지호(之乎)의 생략형):구저기(求諸己:자기에게서 원인을 찾는다)
- 자원 원래는 말(言)을 잘 한다는 뜻이었다. 지금은 주로 어조사로 쓰인다.
- 자소 [형성] 언(言)말씀+자(者)놈

☐ ❶저(藷) [zhū]사탕수수 /고구마:감저(甘藷) ■서[shǔ]마 /감자
☐ ❷저(儲) [chǔ]쌓아서 비축해 두다:저적(儲積),저미(儲米) /태자:저군(儲君)

(1155) 謁알 [yè]
- 뜻 ①(높은 사람을)뵙다:알현(謁見),배알(拜謁) ②벼슬 이름
- 자원 높은 사람을 만나러 가서 벼슬이나 사는 동리, 이름이나 성(姓)을 말하는 것이다.
- 자소 [형성] 언(言)말씀+갈(曷)구걸하다

☐ ❶애(靄) [ǎi]아지랭이:화기애애(和氣靄靄)

【말씀 언】 見 角 言 谷 豆 豕 豸 貝 赤 走 足 身 車 辛 辰 辵 邑 酉 釆 里

(1156) 䜌 련 [luán]

뜻 ①말이 끊기지 않고 계속되다 ②어지럽다(亂也)
자원 실(絲絲)을 만지다보면 쉽게 헝클어진다. 어지럽다, 혹은 다스린다는 뜻이다.
자소 [회의] 사(絲絲)실＋언(言音)말씀
성부 彎 만

- ❶변〈變〉[biàn] 변하다 : 급변(急變), 변화무쌍(變化無雙), 이변(異變) /재앙 : 변고(變故), 봉변(逢變), 사변(事變)
- ❷련 [戀] [liàn] 사모하다 : 연애(戀愛), 연정(戀情), 비련(悲戀), 실연(失戀)
- ❸만 [蠻] [mán] 오랑캐 : 만용(蠻勇), 만행(蠻行), 야만(野蠻), 남만북적(南蠻北狄)
- ❹란 〈鸞〉[luán] 난새 (상상의 신령스러운 새) : 난봉(鸞鳳), 난가(鸞駕 : 임금의 수레)
- ❺란 〈欒〉[luán] 나무 이름 /모감주나무 /단란(團欒)하다
- ❻련 〈攣〉[luán] 경련이 일어나다 : 경련(痙攣)
- ❼만 〈巒〉[luán] 산봉우리 : 봉만(峯巒)

見 角 言 谷 豆 豕 豸 貝 赤 走 足 身 車 辛 辰 辵 邑 酉 釆 里 [골짜기 곡]

214 부수글자 **150**　　　7 - 4/20　　　(7획부수)

150. 곡 谷 [gǔ]

[자원] 윗부분은 물줄기가 없는 작은 물이라는 뜻에서 물 수(水)의 중간 획을 생략한 것이다. 연(沿)자에서도 팔(八)은 「물」을 뜻한다.
[뜻] ①골짜기:계곡(溪谷) ②막히다:진퇴유곡(進退維谷)
[자소] [회의] 수(氼 ← 水)적은 량의 물＋구(口ㅂ)입, 말하다

부수 성부　　　　부수글자가 성부로 쓰일 때

☐ ❶속〈俗〉[sú] 풍속(風俗):미풍양속(美風良俗), 세속(世俗), 탈속(脫俗) /속되다:속세(俗世), 속인(俗人), 속물(俗物), 통속(通俗)
☐ ❷욕〈浴〉[yù] 목욕(沐浴):욕실(浴室), 욕조(浴槽), 욕탕(浴湯), 해수욕(海水浴)
☐ ❸유〔裕〕[yù] 넉넉하다:유복(裕福), 유족(裕足), 여유작작(餘裕綽綽)

【콩두】 見角言谷豆豕豸貝赤走足身車辛辰辵邑酉釆里

214 부수글자 **151**　　　　7 - 5/20　　　　(7획부수)

151. 두 豆 묘 [dòu]

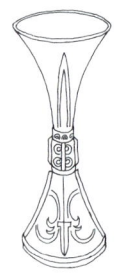

자원 원래는 음식이나 고기를 담아 먹던 그릇이었다. 뚜껑, 몸체, 받침이 보인다. 나중에 「제사그릇(祭器)」으로 사용되었다.
뜻 ①콩:대두(大豆), 두부(豆腐) ②제사 그릇
자소 [상형]

부수 성부　　부수글자가 성부로 쓰일 때

- ❶단〈短〉[duǎn]짧다:단축(短縮) /결점:일장일단(一長一短),단점(短點)
- ❷두〈頭〉[tóu]머리:두뇌(頭腦) /두목(頭目):두령(頭領) /시작:연두(年頭)
- ❸두(痘)[dòu]마마(天然痘:천연두):우두(牛痘),종두(種痘),수두(水痘)
- ❹두(逗)[dòu]머무르다(묵다)
- ❺두(荳)[dòu]콩

성부 글자　　성부와 부수가 결합된 형성자

(1157) 豈 기 [qǐ]
뜻 ①어찌:기감(豈敢:어찌 감히) ■개[kǎi]①군대가 돌아올 때 울리는 풍악(還師振旅樂) ②화락하다
자원 원래는 장식이 가해진 북의 모양을 본뜬 글자였다.
자소 [형성] 산(山) ← 미(散)묘하다 + 두(豆묘)콩
성부 散미

- ❶개{凱}[kǎi]싸움에 이겨서 음악소리와 함께 돌아오다:개선문(凱旋門)
- ❷개{愷}[kǎi]즐겁다 /마음이 느긋하니 편안하다
- ❸개(鎧)[kǎi]갑옷
- ❹개(塏)[kǎi]높고 건조한 땅

(1158) 豊 례 [lǐ]
뜻 ①예기(行禮之器) 참고 례(禮)의 옛글자
자원 풍(豊)과 례(豊)가 몹시 닮았다. 례(豊)는 풀 어지러울 개(丯)가 두 개, 풍(豐) 자는 풀 무성할 봉(丰)이 두 개였다고 한다.
자소 [상형] 곡(曲) ← 曲: 제기 모양 + 두(豆)콩, 제기

見 角 言 豆 谷 豕 豸 貝 赤 走 足 身 車 辛 辰 辵 邑 酉 釆 里　　[콩두]

- ❶례〈禮〉[lǐ]예의(禮義):예물(禮物),경례(敬禮)/예배(禮拜):예찬(禮讚)
- ❷체〈體〉[tǐ]몸:체격(體格),체구(體軀),나체(裸體),육체(肉體)/몸소:체험(體驗)/바탕:본체(本體),매체(媒體),업체(業體),정체(正體)[tǐ]친하다
- ❸례(醴)[lǐ]단술
- ❹례(澧)[lǐ]강이름

(1159) 풍 [fēng]

뜻 ①많다:풍년(豊年),풍부(豊富) ■례:①례〈禮〉의 옛 글자

자원 제사그릇에 음식이 수북이 담긴 모양을 본떴다. 예도 례(豊)와 모양이 비슷하다. 풍(豊豐)에는 풀무성할 봉(丰)이 두개, 례(豊)에는 풀어지러울 개(㞢)가 두개이다.

자소 [상형] 산(山山)산봉우리＋봉(丰)무성한 모양＋두(豆豆)제사그릇

성부 艶豊盡염

7
획

419

【돼지 시】 見 角 言 谷 豆 豕 豸 貝 赤 走 足 身 車 辛 辰 辵 邑 酉 釆 里

214 부수글자 **152**   7 - 6/20   (7획부수)

152. 시 豕 [shǐ]

자원 돼지가 꼬리를 치켜들고 있는 모양.
뜻 ①돼지
자소 [상형]

성부 글자 — 성부와 부수가 결합된 형성자

(1160)  豖 축 [chù]
뜻 ①발이 묶인 돼지
자원 돼지(豕)가 발이 묶여서 제대로 걷지 못한다는 뜻이다.
자소 [지사] 시(豕)돼지 ＋ 불(丶)여기서는 묶인 모양
성부 逐축 冢총

- ❶탁〔琢〕[zhuó] 옥을 쪼개어 가다듬다 : 절차탁마(切磋琢磨)
- ❷탁〔啄〕[zhuó] 입으로 톡톡 쪼다 / 똑똑 두드리다 : 탁목조(啄木鳥 : 딱다구리)

(1161) 豚 돈 [tún]
뜻 ①돼지 : 돈육(豚肉), 양돈(養豚), 종돈(種豚)
자원 제사 때 바치는 작은 돼지(豕). 손(又)에 그 고기(肉)를 들고 있는 모양을 그렸다.
자소 [회의] 월(月) ← 육(肉)고기 ＋ 시(豕)돼지 ＋ 우(又)오른손

- ❶둔〔遯〕[dùn] 달아나다 / 피하여 물러나다

(1162) 象 상 [xiàng]
뜻 ①코끼리 : 상아(象牙) ②형상(形象) : 현상(現象), 상형(象形), 구상(具象), 추상(抽象)
자원 사신들이 가져온 코끼리 그림이 매우 인상적이었으므로, 「코끼리 그림」에서 「그림, 형상」이라는 뜻이 생겼다.
자소 [상형]

- ❶상〔像〕[xiàng] 형상(形象) : 동상(銅像), 불상(佛像), 우상(偶像), 초상(肖像)
- ❷예〔豫〕[yù] 미리 : 예방(豫防), 예비(豫備), 예산(豫算), 예상(豫想), 예언(豫言) / 머뭇거리다 : 집행유예(執行猶豫) 참고 여(予)가 음을 나타낸다.
- ❸상〔橡〕[xiàng] 상수리나무

420

見 角 言 谷 豆 豕 豸 貝 赤 走 足 身 車 辛 辰 辵 邑 酉 釆 里　　[돼지 시]

(1163)  [jù]

뜻 ①원숭이의 일종(猿類)
자원 호랑이와 돼지가 먹느냐 먹히느냐 하면서 한데 엉겨 붙어 격렬하게 싸우는 모양. 호랑이나 산돼지처럼 「과격하고 성급하다」는 뜻이다.
자소 【회의】 호(虍虎)범의 문채 + 시(豕豸)돼지

- ❶거〔據〕[jù] 증거(證據)로 삼다 /웅거(雄據)하다: 거점(據点), 할거(割據)
- ❷극〔劇〕[jù] 매우 심하다: 극심(劇甚) /연극(演劇): 극장(劇場), 희극(戲劇)
- ❸거{遽}[jù] 갑자기(급히): 급거귀국(急遽歸國) /당황하다 /파발마
- ❹갹(醵)[jù] 돈을 거두어 술을 마시다: 갹출/거출(醵出) ■거: 같은 뜻

(1164)  [yì]

뜻 ①돼지가 성이 나서 머리털이 서다(豕怒也毛豎)
자원 돼지(豕豸)의 털이 사납게(辛䇂)선다는 말이다.
자소 【회의】 신(立 ← 辛䇂)맵다 + 시(豕豸)돼지

- ❶의{毅}[yì] 굳세다 /결단성이 있다 /발끈 성내다

(1165)  [háo]

뜻 ①뛰어나다: 영웅호걸(英雄豪傑), 호쾌(豪快)
자원 저돌적인 돼지(豕)가 털을 뻣뻣이(高) 세운 모양. 산돼지의 성질이 거세었으므로 「굳센 것」을 뜻하게 되었다.
자소 【형성】 고(高高)높다 + 시(豕) ← 이(㣇)돼지

- ❶호{壕}[háo] 해자: 참호(塹壕), 방공호(防空壕), 대피호(待避壕)
- ❷호{濠}[háo] 해자: 성호(城濠)

【해태 치】 見 角 言 谷 豆 豕 豸 貝 赤 走 足 身 車 辛 辰 辶 邑 酉 釆 里

214 부수글자 **153**　　7 - 7/20　　(7획부수)

153. 치/채 豸 [zhì]

자원 먹이를 노리며 몸을 움츠리고, 곧 덮치려는듯한 짐승의 모양을 본떴다.
뜻 ①발 없는 벌레 ②해태 ■채:①같은 뜻
자소 [상형]

성부 글자 — 성부와 부수가 결합된 형성자

(1166) [kěn]
뜻 ①정성스럽다(款誠之意) ■곤:①물다(齧也) ②씹어 먹다
자원 사나운 짐승이 먹이를 노릴(豸) 때처럼, 「정신이 집중되어 있다」는 뜻이다. 호랑이는 토끼를 잡을 때도 최선을 다한다.
자소 [형성] 치(豸)먹이를 노리는 짐승＋간(艮)머무르다

☐ ❶간〔懇〕[kěn] 정성:간절(懇切), 간청(懇請), 간곡(懇曲), 충간(衷懇)
☐ ❷간{墾}[kěn] 개간(開墾)하다

(1167) [mào]
뜻 ①모양 ②얼굴:면모(面貌) ③겉
자원 주문(籒文)은 종정문(鐘鼎文), 전서(篆書) 이전의 글자를 말한다.
자소 [상형] 치(豸)짐승＋모(皃兒)모(貌)의 옛글자

☐ ❶막(邈)[miǎo] 멀다 /아득하다 /업신여기다 /근심하다
☐ ❷막(藐)[miǎo] 아득하다(멀다) ■묘:작다 /업신여기다

見角言谷豆豕豸 貝 赤走足身車辛辰辵邑酉釆里　［조개 패］

154. 패 貝 [bèi]

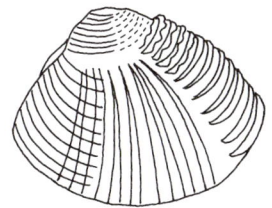

자원 조개. 옛날에는 돈으로 사용되었다. 지금도 「돈이나 재물」과 관련된 뜻으로 많이 쓰인다. 진나라 때 폐지되고 대신 엽전이 사용되었다.
뜻 ①**조개**: 패각(貝殼), 패총(貝塚), 어패류(魚貝類)
자소 【상형】

부수 성부 — 부수글자가 성부로 쓰일 때

- ❶패〈敗〉[bài] **패하다**: 패잔병(敗殘兵), 패배(敗北), 패가망신(敗家亡身)
- ❷패{浿}[pèi] **강 이름**: 패수(浿水)
- ❸패〈唄〉[bài] **염불소리**: 범패(梵唄)
- ❹패〈狽〉[béi] **이리**: 낭패(狼狽: 앞발은 길고 뒷발은 짧아 낭(狼)과 함께라야만 다닐 수 있다고 한다)

성부 글자 — 성부와 부수가 결합된 형성자

(1168) 負 부 [fù]

뜻 ①(빚)**지다**: 부채(負債) ②**짐지다**: 부상(負傷), 부담(負擔), 남부여대(男負女戴) ③**믿다**: 자부심(自負心)
자원 재산을 잘 관리하며 믿음직스럽게 여긴다는 뜻이다. 혹은 돈을 빌려 쓰고 갚지 않는다는 뜻이다. 돈(貝) 위에 사람이 올라가 있는데 그 돈이 내 돈이면 돈방석에 올라 앉은 것이고, 남의 돈이면 빚더미에 올라 앉은 것이다.
자소 【회의】 인(⺈←人⼈)사람＋패(貝⾙)조개, 돈

(1169) 貞 정 [zhēn]

뜻 ①**곧다**: 정조(貞操), 정숙(貞淑)
자원 점을 치면 복채(卜債)를 지불한다. 점을 칠 때의 대가 중 가장 필요한 것을 바른 마음, 바른 자세라는 뜻이다. 혹은 아래의 패(貝)는 솥 정(鼎)의 생략형이라고 한다. 옛날의 솥은 이상한 무늬나 글씨가 많이 쓰여져 있으며 매우 신성시되었다. 옛글자에서는 정(貞)과 정(鼎⿕)을 구별하지 않을 때가 많았다고 한다.
자소 【회의】 복(⼘卜)점치다＋패(貝⾙)조개, 돈
성부 정

- ❶정{偵}[zhēn] **정탐(偵探)하다**: 정찰(偵察), 밀정(密偵), 탐정(探偵)

【조개 패】 見 角 言 谷 豆 豕 豸 貝 赤 走 足 身 車 辛 辰 辵 邑 酉 釆 里

- ❷정{幀} [zhèng] 그림 족자:탱화〈정화(幀畵), 영정(影幀) /책 겉장:호화장정(豪華裝幀)
- ❸정{楨} [zhēn] 광나무
- ❹정{禎} [zhēn] 상서롭다
- ❺정{湞} [zhēn] 강 이름

(1170) **貢 공** [gòng]
- 뜻 ①바치다:공녀(貢女),공물(貢物),조공(朝貢) ②천거하다
- 자원 나라에서 필요로 하는 공사(工)에 동원되어 일을 하거나 지방의 특산물인 진귀한 물건(貝)들을 바치는 것을 말한다.
- 자소 [형성] 공(工)공작도구＋패(貝)조개, 돈

- ❶공(槓) [gàng] 지렛대 /막대기

(1171) **唢 솨** [suǒ]
- 뜻 ①자개소리(貝介聲)
- 자원 자잘한 조개 껍질을 엮은 것이 울리는 소리를 말한다. 극(㪽)자와는 다르다.
- 자소 [지사] 소(小)작다＋패(貝)조개, 돈

- ❶쇄〔鎖〕 [suǒ] 쇠사슬 /자물쇠:쇄국(鎖國),봉쇄(封鎖),족쇄(足鎖),폐쇄(閉鎖)
- ❷쇄(瑣) [suǒ] 자질구레하다 /가늘다:번쇄(煩瑣)

(1172) **貫 관** [guàn]
- 뜻 ①꿰뚫다:관통(貫通),일관(一貫),일이관지(一以貫之) ②이름이 적힌 고장:본관(本貫) ③무게의 단위
- 자원 돈(貝)을 꿰어 놓은(毌) 모양(錢貝之形).
- 자소 [회의] 관(毌)꿰뚫다＋패(貝)조개, 돈
- 성부 實실

- ❶관〔慣〕 [guàn] 익숙하다:습관(習慣),관례(慣例),관행(慣行),관성(慣性)
- ❷실〈實〉 [shí] 열매:과실(果實) /참으로:성실(誠實),실력(實力),진실(眞實) /익다 /실제(實際):실감(實感),실시(實施),실행(實行)

(1173) **責 책** [zé]
- 뜻 ①꾸짖다:질책(叱責),인책(引責),책망(責望) ②책임(責任):직책(職責)
- 자원 빌린 돈(貝)을 독촉하는 것이 가시(束)처럼 날카롭다. 혹은 빌린 돈이 가시처럼 「마음에 거슬린다」는 뜻이다.
- 자소 [형성] 차(朿←束)나무 가시＋패(貝)조개, 돈

- ❶적〔蹟〕 [jī] 자취:기적(奇蹟),명승고적(名勝古蹟),유적(遺蹟)
- ❷적〔績〕 [jī] 길쌈하다:업적(業績),공적(功績),성적(成績),치적(治績)
- ❸적〔積〕 [jī] 쌓다:적소성대(積小成大),적극(積極),누적(累積),면적(面積)
- ❹채〔債〕 [zhài] 빚:채권(債權),공채(公債),복채(卜債),사채(私債),외채(外債)
- ❺적〔勣〕 [jī] 공(功也) /업적
- ❻지〔漬〕 [zì] 담그다 /물들이다:지묵(漬墨):점점 더러워짐)

見角言谷豆豕豸 貝 赤走足身車辛辰辵 邑酉釆里　［조개 패］

(1174) 貳 貳 이 [èr]
- 뜻 ①둘:이십만(貳拾萬),이천만(貳仟萬)
- 자원 두 이(二)자는 고쳐 써서 위조하기 쉬우므로 돈을 뜻하는 패(貝부)를 덧붙였다.
- 자소 [형성] 이(弍)둘＋패(貝부)조개,돈

(1175) 貴 貴 귀 [guì]
- 뜻 ①귀하다:귀중(貴重),고귀(高貴),귀족(貴族),귀하(貴下)
- 자원 귀중한 물건이 삼태기에 담긴 모양.
- 자소 [형성] 궤(虫←臾)삼태기＋패(貝부)조개, 돈
- 성부 匱궤

☐ ❶유〈遺〉[wèi]증여하다:유산(遺産),유언(遺言) [yí]잃어버리다:유아(遺兒)
☐ ❷궤〈潰〉[kuì]무너지다:궤멸(潰滅)／썩어 문드러지다:궤란(潰爛)
☐ ❸궤〈饋〉[kuì]음식이나 물건을 보내다:궤휼(饋恤)

(1176) 買 買 매 [mǎi]
- 뜻 ①(물건을)사다:매매(買賣),매입(買入),매점매석(買占賣惜)
- 자원 돈을 지불하고 필요한 물건을 구입하는 것을 말한다. 원래는 그릇에 물건을 담아서「물물교환한다」는 뜻이었다.
- 자소 [회의] 망(罒←网)그물＋패(貝부)조개, 돈
- 성부 賣賣육

☐ ❶매〈賣〉[mài]팔다:매관매직(賣官賣職),매점(賣店),매매(買賣),경매(競賣)

(1177) 賁 賁 분 [fēn]
- 뜻 ①크다 ②아름답다 ■비[bì]①꾸미다
- 자원 많은(卉) 장식품(貝)을 달아서 꾸민다는 뜻이다.
- 자소 [형성] 훼(卉←卉)식물의 총칭＋패(貝부)조개, 돈

☐ ❶분〔墳〕[fén]무덤:분묘(墳墓),고분(古墳),봉분(封墳)
☐ ❷분〔憤〕[fén]떨쳐 일어나다:분노(憤怒,忿怒),분발(憤發),비분강개(悲憤慷慨)
☐ ❸분(噴)[pèn]내뿜다:분출(噴出),분말(噴沫),분무기(噴霧器),분화구(噴火口)
　　　　　[pēn]취주(吹奏)하다
☐ ❹분(濆)[fén]물가 [pēn]물이 치솟다

(1178) 賈 賈 고 [gǔ]
- 뜻 ①장사하다 ②앉은 장사 ■가[jià]①값 ②성(姓)
- 자원 패(貝부)는 값나가는 물건. 천막 아래에 물건을 진열해 두고 앉아서 파는 장사꾼을 말한다. 돌아다니는 장사는 상(商)이라고 한다.
- 자소 [형성] 아(襾←襾冂)덮다＋패(貝부)조개, 돈

☐ ❶가〈價〉[jià]값:가격(價格),가치(價值),고가품(高價品),대가(代價),물가(物價)
　　　　　[jie]부정 부사 뒤에서 어기를 강하게 하는 말

【조개 패】 見 角 言 谷 豆 豕 豸 貝 赤 走 足 身 車 辛 辰 辵 邑 酉 釆 里

(1179) 賓 빈 [bīn]
뜻 ①손님:귀빈(貴賓), 내빈(來賓), 빈객(賓客), 영빈관(迎賓館) ②공경하다(所敬)
자원 공경하는 사람이 남몰래(宀) 값비싼 선물(貝)을 가지고 온다는 뜻이다. 객(客)보다는 격이 높다.
자소 【형성】 면(宀 ← 宀)남몰래 합하다＋패(貝)조개, 돈

☐ ❶빈{嬪} [pín] 궁녀:비빈(妃嬪), 귀빈(貴嬪)
☐ ❷빈{濱} [bīn] 물가 /임박하다
☐ ❸빈(殯) [bìn] 염하다:빈소(殯所:발인할 때까지 관을 두는 곳)
☐ ❹빈(檳) [bīn, bīng] 빈랑나무

(1180) 賏 영 [yīng]
뜻 ①목걸이(頸飾)
자원 조개(貝)껍데기를 이어서 만든 목걸이를 말한다.
자소 【회의】 패(貝)조개＋패(貝)조개
성부 嬰영

☐ ❶양(罌) [yīng] 양병 /항아리

7획

8

(1181) 賞 상 [shǎng]
뜻 ①상을 주다:논공행상(論功行賞:공을 헤아려 상을 줌), 수상(受賞), 상패(賞牌), 상장(賞狀), 현상금(懸賞金)
자원 훌륭한 일을 한 사람에게 귀한 물건(貝)을 주어서 공을 치하하는(尙) 것을 말한다.
자소 【형성】 상(尙)높이 받들다＋패(貝)조개

☐ ❶상〔償〕 [cháng] 갚다:보상(報償), 배상(賠償), 상환(償還), 무상(無償)

(1182) 質 질 [zhì]
뜻 ①본바탕:성질(性質), 본질(本質) ②묻다:질문(質問), 질의(質疑) ③저당:인질(人質)
자원 저울질한 물건의 값을 말한다. 근(斤)은 여기서 저울추. 은(斦)은 나무를 쪼갤 때 받쳐 놓은 모탕. 거기에는 늘 무수한 도끼자국이 찍히므로 두 개를 나란히 쓴 것이다. 췌(贅)는 전당(典當)하다는 뜻이다.
자소 【회의】 은(斦)모탕＋패(貝)조개, 돈

☐ ❶질{瓆} [zhì] 사람 이름
☐ ❷질(櫍) [zhì] 모탕(도끼로 나무를 쪼갤 때 받침으로 사용하는 나무)
☐ ❸질(鑕) [zhì] 모루(대장간에서 쇠를 불릴 때 받침으로 쓰는 쇠)

9

(1183) 賴 뢰 [lài]
뜻 ①힘을 입다:의뢰(依賴), 신뢰(信賴)
자원 물건을 사서 팔 때 생기는 차액(差額)으로 이익을 남긴다는 뜻이다.
자소 【형성】 랄(剌 ← 刺)어그러지다＋패(貝)조개, 돈

☐ ❶나(懶) [lǎn] 게으르다:나태(懶怠)
☐ ❷달(獺) [tǎ] 수달
☐ ❸라(癩) [lài] 문둥병:나병(癩病), 나환자촌(癩患者村)

426

見 角 言 谷 豆 豕 豸 貝 赤 走 足 身 車 辛 辰 辵 邑 酉 釆 里　[조개 패]

☐ ❹뢰〈瀨〉[lài] (물이 별로 깊지 않은)여울물 /물살이 빠른 곳

⑫

(1184) 鬻 육 [yù]
- 뜻 ①팔다:매국노(鬻國奴), 매진(鬻盡)
- 자원 팔 매(賣)자와 혼동되어 사용된다.
- 자소 [형성] 목(鬻 ← 䰞)목(睦)의 옛글자＋패(貝)조개, 돈

☐ ❶속〈續〉[xù] 잇다:계속(繼續), 연속(連續), 유산상속(遺產相續)
☐ ❷독〈讀〉[dú] 읽다:독서(讀書), 애독(愛讀), 탐독(耽讀) ■두[dòu]구두점(句讀點) / 이두(吏讀)
☐ ❸독〈瀆〉[dú] 더럽히다:신성모독(神性冒瀆), 독직공무원(瀆職公務員)
☐ ❹독〈犢〉[dú] 송아지
☐ ❺독〈牘〉[dú] 편지:간독(簡牘)
☐ ❻두〈竇〉[dòu] 구멍(을 뚫다)
☐ ❼속〈贖〉[shú] 돈을 받고 죄를 면해 주다:속죄양(贖罪羊), 속량전(贖良錢)

(1185) 贊 찬 [zàn]
- 뜻 ①돕다:찬성(贊成), 찬조(贊助), 찬반(贊反), 협찬(協贊)
- 자원 값진 선물(貝)을 들고 가서(兟) 만나본다는 뜻이다. 상견례(相見禮)를 할 때에 반드시 거들어 주는 사람이 있었다고 하는데 그렇게 도와주는 사람을 말한다. 찬(贊)이 원래의 글자이고 찬(賛)은 속자다.
- 자소 [회의] 찬(兟)나아가다＋패(貝)조개, 돈

☐ ❶찬〔讚〕[zàn] 찬양(讚揚)하다:찬사(讚辭) /칭찬(稱讚)하다:자찬(自讚)
☐ ❷찬{鑽}[zuān] (끌로)뚫다:[zuàn]끌:연찬(研鑽:깊이 연구함), 찬수(鑽燧)
☐ ❸찬{瓚}[zàn] 옥 /자루를 옥으로 만든 제사그릇
☐ ❹찬{纘}[zuǎn] 잇다:찬술(纘述:이어받아 저술함)

⑰

(1186) 贛 공 [gòng]
- 뜻 ①주다 ②하사하다 ■감[gàn]①강 이름 ■장[zhuàng]①어리석다
- 자원 감(贛)은 노래를 하면서 춤을 추는 것. 공(貢) 역시 바친다는 뜻이다.
- 자소 [형성] 감(章 ← 贛)춤추며 노래하다＋패(貝)조개, 돈

☐ ❶당〈戆〉[zhuàng] 고지식하다 /어리석다

【붉을적】 見 角 言 谷 豆 豕 豸 貝 赤 走 足 身 車 辛 辰 辵 邑 酉 釆 里

155. 적 赤 [chì]

자원 크게(大) 타오르는 불(火)의 색깔. 불에 타서 아무 것도 없다. 혹은 빈 손의 색깔이 붉은 데서「아무 것도 없다」는 뜻을 나타낸다.
뜻 ①붉다:적색(赤色) ②아무 것도 없다:적수공권(赤手空拳)
자소 [회의] 토(土) ← 대(大)크다＋화(㣺 ← 火)불

부수 성부 — 부수글자가 성부로 쓰일 때

☐ ❶사(赦)[shè] 용서하다:사면복권(赦免復權), 특사(特赦), 은사(恩赦)

성부 글자 — 성부와 부수가 결합된 형성자

(1187) 赫 혁 [hè]
뜻 ①빛나다:혁혁(赫赫)
자원 불이 크게 타오른다는 뜻의 적(赤)을 두개 나란히 써서「불꽃이 빛나는 것」을 뜻한다.
자소 [회의] 적(赤)붉다＋적(赤)붉다

☐ ❶혁{爀}[hè] 불빛 /빛나다
☐ ❷하(嚇)[xià] 위협하다 /웃다 ■혁[hè] 꾸짖다 /성내다

見 角 言 谷 豆 豕 豸 貝 赤 走 足 身 車 辛 辰 辵 邑 酉 釆 里　[달릴 주]

214 부수글자 **156**　　　7 - 10/20　　　(7획부수)

156. 주 走 走[zǒu]

[자원] 몸을 앞으로 굽히면서(夭夭) 빨리 달리는 모양.
[뜻] ①**달리다**:경주(競走), 주마간산(走馬看山) ②**달아나다**:도주(逃走), 패주(敗走)
[자소] [회의]

부수 성부　　　부수글자가 성부로 쓰일 때

☐ ❶**도**〈徒〉[tú] **무리**:화랑도(花郞徒) [참고] 원래는 〔착(辶)+토(土)〕인 도(辻)였다.

429

【발족】 見角言谷豆豕豸貝赤走足身車辛辰辵邑酉釆里

157. 족 足 [zú]

[자원] 무릎 아래의 발 전체 모양. 지(止)는 발뒤꿈치와 발가락. 구(口)가 정강이 모양이다.
[뜻] ①발:수족(手足),실족(失足) ②만족(滿足)하다:부족(不足),지족불욕(知足不辱),흡족(洽足)
[자소] [상형] 구(口) ← 위(口)에워싸다+지(止)멈추다

부수 성부 — 부수글자가 성부로 쓰일 때

- ❶ 착〔捉〕[zhuō] 잡다:포착(捕捉)
- ❷ 촉〔促〕[cù] 재촉하다:촉구(促求),촉박(促迫),독촉(督促),촉진(促進)
- ❸ 착(齪) [chuò] 악착(齷齪)스럽다

성부 글자 — 성부와 부수가 결합된 형성자

 (1188) 路 로 [lù]
[뜻] ①길:노상(路上),도로(道路),가로수(街路樹),신작로(新作路)
[자원] 각 사람들이 저마다 오가는 길을 말한다.
[자소] [형성] 족(足 ←足)발+각(各)각각

- ❶ 로〈露〉[lù] 이슬:초로(草露),풍찬노숙(風餐露宿) [lòu] 드러내다:폭로(暴露),노골적(露骨的),노출(露出),결혼피로연(結婚披露宴),노점상(露店商)
- ❷ 로{鷺}[lù] 해오라기:백로(白鷺)
- ❸ 로(潞)[lù] 강 이름 /고을 이름 /지치다

見角言谷豆豕豸貝赤走足身車辛辰辵邑酉采里　　［몸신］

214 부수글자 **158**　　7 - 12/20　　(7획부수)

158. 신 身 [shēn]

[자원] 아기가 뱃속에서 움직이는 것을 본뜬 것이다. 여기서 신(申)이 뱃속에서 태동(胎動)하는 모양을 나타낸다.
[뜻] ①**몸**:신체(身體),신체검사(身體檢査),자신(自身),신수(身數),신세타령(身世打令)
[자소] [형성] **신**(申)번개 모양+**인**(人)사람

| 성부 글자 | 성부와 부수가 결합된 형성자 |

(1189) 躬 궁 [gōng]
[뜻] ①**몸**:실천궁행(實踐躬行)
[자원] 척추(呂)에 의해 지탱되고 있는 몸(身)을 말한다. 등뼈의 모양을 본뜬 려(呂)가 음을 나타내는 궁(弓)으로 바뀐 것이다.
[자소] [회의] 신(身)몸＋궁(弓) ← 려(呂)척추뼈
[성부]  궁

□ ❶궁〔窮〕[qióng] **다하다**:궁리(窮理),궁여지책(窮餘之策),무궁무진(無窮無盡)

【수레 거】 見 角 言 谷 豆 豕 豸 貝 赤 走 足 身 車 辛 辰 辵 邑 酉 釆 里

214 부수글자 **159**　　　7 - 13/20　　　(7획부수)

159. 거/차 車[chē]

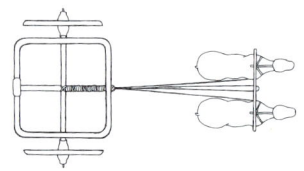

[자원] 몸통과 굴대에 두 개의 바퀴가 달린 마차 모양을 본떴다. 하후씨(夏后氏) 때 해중(奚仲)이라는 사람이 처음 만들었다고 한다.
[뜻] ①**자동차**(自動車):객차(客車),화차(貨車) ■**거**[jū]①수레:거마(車馬), 인력거(人力車)
[자소] [상형]

| 성부 글자 | | 성부와 부수가 결합된 형성자 |

(1190) 車軍군 [jūn]
　[뜻] ①**군대**(軍隊):군비축소(軍備縮小),군경(軍警),삼군(三軍),육군(陸軍), 해군(海軍),공군(空軍)
　[자원] 전차(車車)의 주위를 빙 둘러싼(包⑨) 보병의 모양을 본떴다(圜圍也. 四千人 爲軍). 옛날에는 전차 하나에 3사람의 무사가 탔고, 4필의 말이 끌었으며, 그 주위를 10사람의 보병이 둘러쌌다고 한다. 특히 4필의 말이 끄는 수레 한 대를 1승(乘)이라 했으며, 이것으로 군대의 크기를 가늠했다.
　[자소] [형성] 멱(冖) ← 포(包⑨)둘러싸다 + **차**(車車)전차,마차

- ❶운〈運〉[yùn]**운전**(運轉)**하다**:운동(運動),운반(運搬),운하(運河) /운명(運命):불운 (不運),운수대통(運數大通),행운아(幸運兒)
- ❷휘〔輝〕[huī]**빛나다**:휘황찬란(輝煌燦爛),휘영(輝映)
- ❸휘〔揮〕[huī]**휘두르다**:휘호(揮毫),휘발(揮發) /지휘(指揮)**하다**:발휘(發揮)
- ❹혼{渾}[hún]**흐리다**:혼탁(渾濁) /전부:혼연일체(渾然一體),혼신(渾身)
- ❺휘{暉}[huī]**빛** /**빛나다**:휘영(暉映=輝映)
- ❻휘{煇}[huī]**빛나다**
- ❼혼(琿)[hún]**아름다운 옥**
- ❽훈(暈)[yùn]**달무리**:햇무리:훈위(暈圍) /현기증이 나다
- ❾휘(翬)[huī]**훨훨 날다**:휘비(翬飛:궁궐이 으리으리한 모양)

(1191)  [ruǎn]
　[뜻] ①**부드럽다**:연질(軟質),연골(軟骨)
　[자원] 수레의 바퀴에 무엇인가를 감아서 바퀴가 부드럽게 구르도록 한다는 뜻이 다. 원래는 연(輭)이었다.
　[자소] [형성] **차**(車車)수레,마차 ④ 11 + 흠(欠) ← **연**(㮯)부드럽다

見 角 言 谷 豆 豕 豸 貝 赤 走 足 身 車 辛 辰 辵 邑 酉 釆 里　[수레 거]

(1192)  [niǎn]
- 뜻 ①손수레
- 자원 두 사람이 나란히 끄는 수레(車車)라는 뜻이다. 반(夶)은 수레를 끄는 두 사람이다.
- 자소 [회의] 차(車車)마차 ＋ 반(夶)나란히 나아가다

⑭

(1193)  [hōng]
- 뜻 ①수레에서 나는 요란한 소리 : 굉음(轟音)
- 자원 세개를 겹쳐서서 많다는 뜻을 나타내었다. 많은 수레(車車)가 달릴 때 나는 소리를 말한다.
- 자소 [회의] 거(車車)수레,마차 ＋ 거(車車)수레,마차 ＋ 거(車車)수레,마차

【매울 신】 見角言谷豆豕豸 貝赤走足身車 辛 辰辵邑酉釆里

214 부수글자 **160**　　　7 - 14/20　　　(7획부수)

160. 신 辛 [xīn]

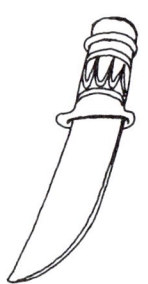

자원 죄인의 이마에 문신을 새기던 칼(辛후). 이것이 포함된 글자는 「죄나 죄인」과 관련된다. 죄인이 받는 벌이 「매섭다」는 뜻이다.
뜻 ①**맵다**:신랄(辛辣) ②**고생**:신고(辛苦), 간신(艱辛)
자소 [상형] 건(辛후)문신하는 칼+일(一)하나

7획

부수 성부
　　　　　　　　부수글자가 성부로 쓰일 때

☐ ❶**신**{莘} [shēn, xīn] 족도리풀 / 길다란 모양
☐ ❷**재**{梓} [zǐ] 가래나무: 재궁(梓宮:임금의 목관) / 목수 / 판목: 상재(上梓) **참고** 원래는 [從木. 宰省聲]이다.

성부 글자
　　　　　　　　성부와 부수가 결합된 형성자

(1194) 辟 벽 [bì, bò, pì]
뜻 ①임금(君也) ②물리치다: 벽제(辟除:물렀거라! 누구 행차시다!)
자원 죄인을 꿇어 앉혀(卩극) 놓고 꾸짖고(口비) 문신을 새기면서(辛후) 다스린다는 뜻. 신(辛후)은 이마에 문신 새기던 칼. 「죄인」과 관련된 뜻을 나타낸다. 설(辥)자와 다르다.
자소 [회의] 시(尸)←절(卩극)무릎 꿇은 사람+구(口비)말하다, 입+신(辛후)문신하다
성부  벽　辥 辥 얼

☐ ❶**벽**〔壁〕[bì] 벽: 벽보(壁報), 벽화(壁畵), 금성철벽(金城鐵壁), 장벽(障壁)
☐ ❷**피**〔避〕[bì] 피하다: 피란(避亂), 피서(避暑), 회피(回避), 기피(忌避), 피신(避身)
☐ ❸**벽**{璧} [bì] 둥근 옥: 완벽(完璧), 쌍벽(雙璧), 벽옥(璧玉:평평한 옥과 둥근 옥)
☐ ❹**벽**{闢} [pì] 열다: 천지개벽(天地開闢) / 물리치다: 벽사(闢邪:삿된 귀신을 물리침)
☐ ❺**비**{譬} [pì] 비유(譬喩)하다
☐ ❻**벽**(僻) [pì] 구석지다: 산촌벽지(山村僻地), 편벽(偏僻) ■비:성 위의 작은 담
☐ ❼**벽**(劈) [pī] 쪼개다: 벽두(劈頭:문장의 첫머리), 벽파(劈破:결대로 쪼갬)
☐ ❽**벽**(癖) [pǐ] 버릇: 결벽증(潔癖症), 괴벽(怪癖), 도벽(盜癖), 주벽(酒癖)
☐ ❾**벽**(霹) [pī] 벼락: 청천벽력(靑天霹靂:뜻 밖의 일), 벽력섬광(霹靂閃光:몹시 빠름)

見 角 言 谷 豆 豕 豸 貝 赤 走 足 身 車 辛 辰 辵 邑 酉 釆 里　[매울 신]

- ⑩ 벽 (擘) [bò] 엄지손가락 /쪼개다:벽류풍(擘柳風:버들 가지를 꺾는 바람,봄바람)
- ⑪ 비 (臂) [bì] 팔:비력(臂力:팔힘),비불외곡(臂不外曲:팔이 밖으로는 굽지 않는다)
- ⑫ 폐 (嬖) [bì] 사랑하다:폐첩(嬖妾),폐희(嬖姬)

(1195) 辡 辯 [biàn]

뜻 ①말솜씨가 있다 ②죄인이 서로 송사하다(罪人相訟)
자원 두 죄인이 서로 다투어 송사(訟事)하는 모양. 신(辛후)은 원래 죄인의 이마에 새긴 문신을 뜻하였다. 문신한 사람은 곧 죄인이었다. 이것을 두 개 붙여 써서 두 사람의 죄인이 서로 다투는 모양을 나타낸 것이다.
자소 [회의] 신(辛 ← 辛후)문신하는 칼 + 신(辛후)문신하는 칼

- ❶ 변 〔辨〕 [biàn] 분별하다:변상(辨償),변증(辨證),변명(辨明),변제(辨濟)
- ❷ 변 〔辯〕 [biàn] 말을 잘하다:웅변(雄辯),변호(辯護),궤변(詭辯),눌변(訥辯)
- ❸ 판 (辦) [bàn] 힘쓰다:판상(辦償:빚,손해,죄에 대한 보상),판공비(辦公費)
- ❹ 판 (瓣) [bàn] 외씨 /꽃잎:화판(花瓣)

(1196) 辥 薛 [xuē]

뜻 ①허물 ②나라이름 ③성씨
자원 벽(辟)자와는 다르다. 뚜렷한 풀이가 없다.
자소 [형성] 얼(屮)산이 끊어지다 + 신(辛후)맵다
성부 薛 설

- ❶ 얼 {薛} [xuē] 맑은 대쑥 /나라 이름
- ❷ 얼 (孼) [niè] 첩의 자식:서얼(庶孼) /재앙:자작지얼(自作之孼)
- ❸ 얼 (糵) [niè] 누룩 /콩이나 엿기름

【별진】 見 角 言 谷 豆 豕 豸 貝 赤 走 足 身 車 辛 辰 辵 邑 酉 釆 里

214 부수글자 **161**　　　　　　7 - 15/20　　　　　　　(7획부수)

161. 진 辰 [chén]

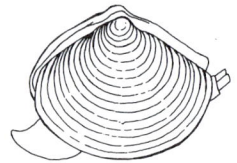

자원 3월이 되면 겨울을 지배하는 음기가 사라지고 양기가 발동하여(震也), 겨울의 기운에 눌렸던 초목의 새싹이 아직 남아있는 겨울 기운 때문에 어렵게 돋아난다는다는 뜻이다. 갑골문에서는 간단히 농사일에 삽처럼 사용하던 커다란 조개껍질이라고 풀이하고 있다.

뜻 ①5째지지(동동남쪽, 3월, 07~09시, 용띠) ②별 ■신:①별

자소 [회의·형성] 한(厂ㄏ)절벽＋이(二)上二 古字＋화(匕ㄴ)변화하다＋을(乙ㄱ)초목의 싹

부수 성부 — 부수글자가 성부로 쓰일 때

- ❶ 순〔脣〕[chún] 입술:순망치한(脣亡齒寒), 단순호치(丹脣皓齒)
- ❷ 신〔晨〕[chén] 새벽:신성(晨星:새벽별), 혼정신성(昏定晨省:밤에는 이부자리,새벽에는 문안)
  참고 원래는 신(曟)이었다.
- ❸ 진〔振〕[zhèn] 떨치다:진흥(振興), 부진(不振) /진동(振動)하다:진폭(振幅)
- ❹ 진{賑}[zhèn] 굶주리는 백성을 먹여 살리다:진휼(賑恤) /넉넉하다
- ❺ 진{震}[zhèn] 진동(震動)하다:지진(地震), 강진(强震) /두려워하다 /괘 이름
- ❻ 신(娠)[shēn] 애를 배다:임신(妊娠)
- ❼ 신(蜃)[shèn] 무명조개 /교룡(기를 토하면 해시[海市]가 나타나는데 이를 신기루[蜃氣樓]라고 한다)
- ❽ 신(宸)[chén] 집 /대궐(후에 뜻이 바뀌어 이 글자가 붙은 말은 임금에 관한 일을 나타낸다)
- ❾ 진(唇)[chún] 놀라다
- ❿ 진(桭)[zhèn] 처마 /두 기둥 사이의 공간

성부 글자 — 성부와 부수가 결합된 형성자

(1197)  [rǔ]

뜻 ①욕:욕설(辱說), 모욕(侮辱)
자원 진(辰)은 특정 계절마다 나타나는 별자리. 농경사회인 동양에서는 때를 놓치지 않고(寸) 일해야 했는데 이를 어긴 사람을 잡아다 죽이거나 욕을 보였다. 4계절이 분명한 동양에서는 때를 놓친다는 것은 곧 농사를 망친다는 것을 의미한다.
자소 [회의] 진(辰)별＋촌(寸)마디, 법도

- ❶ 욕(褥)[rù] 깔고 자는 이불, 요:산욕(産褥:해산할 때 산모가 까는 자리)
- ❷ 욕(縟)[rù] 화려한 무늬:번문욕례(繁文縟禮:번거롭고 까다로운 예절)

見角言谷豆豕豸貝赤走足身車辛辰辵邑酉釆里　　［별진］

- ❸욕(蓐)[rù]자리(깔개):욕월(蓐月:해산달),욕창(蓐瘡:병으로 오래 누워 있어서 생기는 종기)

(1198) 農 농 [nóng]
- 뜻 ①농사(農事):농부(農夫),농산물(農産物),농업(農業)
- 자원 별이 채 사라지지 않은 새벽 일찍(晨辳부터 들에 나가 일해야 하는 것이 농부라는 뜻이다. 윗부분의 囟이 곡(曲)으로 모양이 바뀌었다.
- 자소 [회의] 신(晨辳)새벽, 일찍 ＋ 신(囟㐫)숫구멍

- ❶농〔濃〕[nóng]짙다:농담(濃淡),농축(濃縮),농도(濃度),농후(濃厚)
- ❷농(膿)[lóng]고름:농혈(膿血)
- ❸농(儂)[nóng]나(Ⅰ:1인칭 인칭 대명사)

【쉬어갈 착】見 角 言 谷 豆 豕 豸 貝 赤 走 足 身 車 辛 辰 辶 邑 酉 采 里

162. 착 辶辵 [chuò]

[자원] 착(辵)이 줄어서 착(辶)이 된다. 때로는 착(彳)이 되어 다른 글자와 결합한다. <책받침>이라고도 한다.
[뜻] ①쉬엄쉬엄 가다(乍行乍止)
[자소] [회의] 척(彳𠂆)가다＋지(止屮)멈추다

부수 성부

부수글자가 성부로 쓰일 때

- ❶종〈從〉[cóng] 따르다/복종(服從)하다: 종속(從屬) [참고] 원래는 巡〔从辵. 从聲〕.
- ❷사{徙}[xǐ] 이사(移徙)하다 [참고] 원래는 辻〔从辵止〕.
- ❸도(徒)[tú] 무리: 화랑도(花郎徒), 도당(徒黨) [참고] 원래는 辻〔从辵. 土聲〕.

성부 글자

성부와 부수가 결합된 형성자

(1199)  [mí]
[뜻] ①미혹(迷惑)하다: 미로(迷路), 미궁(迷宮), 미신(迷信)
[자원] 미(米㸚)는 모양 그대로 사방팔방으로 나 있는 길. 길이 많으므로 어디로 가야 할지 모르는 것이다.
[자소] [형성] 미(米㸚)쌀, 곡식＋착(辵辶)쉬엄쉬엄 가다
- ❶미(謎)[mí,mèi] 수수께끼/사람을 헷갈리게 하는 말을 하다

(1200) 送 송 [sòng]
[뜻] ①보내다: 송별(送別), 수송(輸送), 전송(電送), 환송(歡送)
[자원] 옛날의 결혼식은 어두워진 후에 거행되었다. 이때 신부의 행렬을 따라가는 사람(俟)들이 횃불을 밝혀 들었다. 그렇게 하여 딸을 남의 집으로 보내었으므로 「보낸다」는 뜻이 된 것이다.
[자소] [형성] 잉(关 ← 俟)신부를 따라가다＋착(辵辶)쉬엄쉬엄 가다

(1201)  [zhuī]
[뜻] ①뒤따르다: 추격(追擊), 추적(追跡), 추궁(追窮), 추돌(追突) ②쫓아내다: 추방(追放)
[자원] 언덕 위(自㠯)로 달아난 사람을 뒤쫓아 가서(辵辶) 잡는다는 뜻이다.
[자소] [형성] 퇴(自㠯)흙을 모아 쌓다＋착(辶←辵辶)쉬엄쉬엄가다
- ❶추(鎚)[chuí] 쇠망치: 철추(鐵鎚)

見角言谷豆豕豸 貝赤走足身車辛辰辵 邑酉釆里 [쉬어갈 착]

□ ❷추(槌) [chuí] 망치 : 철추(鐵槌), 추고(槌鼓) [zhuì] 잠박 얹는 시렁 기둥 ■퇴 [duì] 던지다 [참고] 추(椎)와 통한다

(1202) 退 퇴 [tuì]
[뜻] ①물러나다 : 후퇴(後退), 조퇴(早退) ②물리치다 : 퇴학(退學)
[자원] 태양이 서쪽으로 천천히 물러난다는 뜻이다. 글자의 모양이 많이 변했다.
[자소] [회의] 일(日)해,태양＋쇠(夊←夂)뒤쳐져오다＋착(辵)쉬엄쉬엄 가다

□ ❶퇴(褪) [tuì] 빛이 바래다 : 퇴색(褪色)
□ ❷퇴(腿) [tuì] 넓적다리 : 대퇴부(大腿部), 대퇴골(大腿骨)

7

(1203) 連 련 [lián]
[뜻] ①잇다 : 연결(連結), 연락(連絡), 연발(連發), 연속(連續), 연재(連載)
[자원] 수레를 끌고 간다(負車也)는 뜻. 한사람이 끄는 것을 련(連), 두사람이 끄는 것을 련(輦)이라고 했다<朱駿聲>.
[자소] [회의] 차(車)마차, 수레＋착(辵)쉬엄쉬엄 가다

□ ❶련〔蓮〕[lián] 연 : 연근(蓮根), 연당(蓮塘), 연화(蓮花), 목련(木蓮), 수련(水蓮)
□ ❷련{璉} [liǎn] 호련(서직을 담는 종묘의 제기)
□ ❸련(漣) [lián] 잔잔한 물결이 일렁이는 모양

(1204) 逢 봉 [féng]
[뜻] ①만나다 : 봉변(逢變), 상봉(相逢), 봉착(逢着)
[자원] 길을 가다가 서로 만난다는 뜻(遇也)이다. 수원막결 노봉협처 난회피(讐怨莫結. 路逢狹處, 難回避 : 원수를 맺지 말라. 좁은 데서 만나면 피하기 어렵다).
[자소] [형성] 착(辵)쉬엄쉬엄 가다＋봉(夆)만나다

□ ❶봉{蓬} [péng] 쑥 / 흐트러진 모양 : 봉두난발(蓬頭亂髮)
□ ❷봉(縫) [féng] 꿰매다 : 봉합(縫合), 재봉(裁縫), 가봉(假縫), 천의무봉(天衣無縫)
　　　　　 [fèng] 솔기 / 맞물린 곳
□ ❸봉(烽) [péng] 연기가 자욱하다 [fēng] 불기운

(1205) 逐 축 [zhú]
[뜻] ①쫓아내다 : 축출(逐出), 각축(角逐)
[자원] 작은 돼지가 달아나므로 큰 돼지가 뒤쫓아 간다는 뜻이다.
[자소] [회의] 시(豕) ← 축(豕)발 묶인 돼지＋착(辵)쉬엄쉬엄 가다

8

(1206) 逸 일 [yì]
[뜻] ①편안하다 : 무사안일(無事安逸) ②뛰어난 것 : 일품(逸品) ③제멋대로 하다 : 일탈(逸脫) ④알려지지 않은 것 : 은일(隱逸), 일화(逸話)
[자원] 새가 잘 달아나므로 빼앗을 탈(奪)자에 새(隹)를 썼듯이, 토끼가 도망을 잘 가므로 토끼를 뜻하는 토(兔)를 써서 달아난다는 뜻을 나타낸 것이다.
[자소] [회의] 착(辵)쉬엄쉬엄 가다＋토(兔)토끼

439

【쉬어갈 착】 見 角 言 谷 豆 豕 豸 貝 赤 走 足 身 車 辛 辰 辵 邑 酉 釆 里

(1207) 進 진 [jìn]

뜻 ①나아가다:진격(進擊),진출(進出),진행(進行) ②올라가다:진급(進級), 승진(昇進),항진(亢進),항진(航進)
자원 장애물을 짓밟고 올라간다는 뜻이다. 린(閵)은 밟는다(踐也)는 뜻이다. 유린(蹂躪)이라는 말에 쓰이는 린(躪)의 원래 글자다.
자소 【형성】 추(隹) ← 린(閵)짓밟다 + 착(辵)쉬엄쉬엄 가다

- ❶섬{暹}[xiān]해가 돋다 /나라 이름 **참고** 지금의 태국(泰國:Siam의 음역).
- ❷진{璡}[jīn]옥돌 /옥처럼 아름다운 돌

(1208) 達 달 [dá]

뜻 ①통달(通達)하다:달변(達辯),달인(達人),숙달(熟達) ②보내다:도달(到達),송달(送達)
자원 활(滑)이나 태(泰) 처럼 미끄럽다는 뜻이다. 가서 만나지 못했다는 것은 옛 말이고, 지금은 통달(通達)한다는 뜻으로 쓰인다.
자소 【형성】 달(幸 ← 羍)새끼양 + 착(辵)쉬엄쉬엄 가다

- ❶달(撻)[tà]매질하다:초달(楚撻),지도편달(指導鞭撻)
- ❷달(澾)[tà]미끄럽다 /반들거리다
- ❸달(韃)[tà]종족이름:달단족(韃靼族:Tatar족)

(1209) 道 도 [dào]

뜻 ①길:도로(道路) /도리(道理):전도사(傳道師),득도(得道),정도(正道) ②행정구역:팔도강산(八道江山),경상도(慶尚道)
자원 사람이 밟고 다니는 길, 뜻이 확대되어 「도덕, 궁극적인 진리」를 뜻하게 되었다. 유도(儒道),불도(佛道),선도(仙道)가 대표적인 것이다.
자소 【회의】 수(首)머리 + 착(辶←辵)쉬엄쉬엄 가다

- ❶도〔導〕[dǎo]이끌어 안내하다:인도(引導),도화선(導火線) /가르치다:교도소(矯導所),선도(善導)

(1210) 遂 수 [suì, suí]

뜻 ①드디어 ②이루다:완수(完遂),수행(遂行)
자원 원래는 산돼지들이 흩어지듯이 도망한다는 뜻이었다.
자소 【형성】 착(辵)쉬엄쉬엄 가다 + 수(㒸)돼지가 흩어지는 모양

- ❶수(燧)[suì]봉화불:봉수(烽燧),수화(燧火) /부싯돌:수석(燧石)
- ❷수(邃)[suì]깊숙하다:수고(邃古:먼 옛날)
- ❸수(隧)[suì]무덤길 /굴
- ❹수(璲)[suì]허리띠에 차는 패옥(佩玉)

(1211) 遣 견 [qiǎn]

뜻 ①보내다:파견(派遣)
자원 물건을 삼태기에 담고(𠳋) 가서(辵) 내려놓는다는 뜻이다.
자소 【형성】 착(辵)쉬엄쉬엄 가다 + 견(𠳋)작은 흙덩이

- ❶견(譴)[qiǎn]꾸짖다:견책(譴責:공무원 징계의 일종)
- ❷견(繾)[juān]정답다:견권지정(繾綣之情:정이 두터워서 잊지 못함)

見 角 言 谷 豆 豕 豸 貝 赤 走 足 身 車 辛 辰 辵 邑 酉 釆 里 [쉬어갈 착]

(1212)  [qiān]
- 뜻 ①옮기다 : 변천(變遷), 천도(遷都), 천이(遷移)
- 자원 층층대 같은 것을 밟고 위로 올라간다(辵)는 뜻이다.
- 자소 [형성] 착(辵)쉬엄쉬엄 가다＋선(← 䙴)높이 오르다

□ ❶천(韆)[qiān] 그네 : 추천대회(鞦韆大會)

⑮

(1213)  [biān]
- 뜻 ①가(변두리) : 강변(江邊), 신변(身邊), 변경(邊境), 변방(邊方), 노변(路邊), 좌변(左邊), 주변(周邊)
- 자원 중심에서 벗어나 가장자리 부분으로 간다는 뜻이다. 수(垂)는 국경지방을 뜻한다. 애(崖)는 낭떠러지.
- 자소 [형성] 착(辵)쉬엄쉬엄 가다＋면(臱)보이지 않다

【고을 읍】 見 角 言 谷 豆 豕 豸 貝 赤 走 足 身 車 辛 辰 辵 邑 酉 釆 里

214 부수글자 **163**　　　7 - 17/20　　　(7획부수)

163. 읍 邑 [yì]

[자원] 임금으로부터 부여받은 봉토(封土)를 말한다. 관직의 높고 낮음에 따라 그 봉토(封土)의 크기가 달랐다. 관직의 높낮이로는 공후백자남(公侯伯子男)이 있었으며, 각각 500리에서 100리의 땅을 맡아 다스렸다. 절(卩㔾)은 여기서는 임금으로 부터 받은 병부(兵符)를 말한다. ※ 부수로 쓰일 때는 우부방(阝), 언덕 부(阜)가 부수로 쓰일 때는 좌부방(阝)이 된다.
[뜻] ①고을：읍내(邑內), 도읍(都邑)
[자소] [회의] 구(口) ← 위(囗)둘러 싸다＋파(巴) ← 절(卩㔾)병부

| 성부 글자 | 성부와 부수가 결합된 형성자 |

(1214) 邕 옹 [yōng]
[뜻] ①화목하다
[자원] 사방이 물(川巛)로 둘러싸인 동네(邑옥)를 말한다.
[자소] [회의] 천(巛 ← 川巛)물＋읍(邑옥)고을
[성부] 雍옹

4
(1215) 那 나 [nà]
[뜻] ①저(것) [nǎ]①어찌 ②짧은 시간：찰나(刹那) ③지옥
[자원] 뺨에 가는 털이 많이 난 사람들이 살고 있는 서쪽 나라를 말한다.
[자소] [형성] 염(冄 ← 冉)수염 모양＋읍(阝 ← 邑옥)고을
□❶나｛娜｝[nuǒ]아리따움(날씬함)／천천히 부드럽게 흔들리는 모양

7
(1216) 郎 랑 [láng]
[뜻] ①사내：낭군(郎君), 신랑(新郎), 화랑도(花郎徒)
[자원] 원래는 노(魯)나라에서 고을이란 뜻으로 쓰이던 말이었다. 후에 「고을의 착한 사람」이라는 뜻으로 바뀐 것이다.
[자소] [형성] 량(良 ← 良)어질다＋읍(阝 ← 邑옥)고을
□❶랑〔廊〕[láng]복도：낭하(廊下), 회랑(回廊), 화랑(畫廊)
□❷랑(螂)[láng]사마귀：당랑권법(螳螂拳法)
□❸랑｛瑯｝[láng]고을 이름／옥 이름

8
(1217) 郭 곽 [guō]
[뜻] ①외성：성곽(城郭), 외곽(外郭) ②성씨(姓氏)
[자원] 성벽을 높이 둘러친 (高享) 곳에 고을(邑옥)을 이루고 모여 산다는 뜻이다. 향(享)은 성곽과 높이 솟은 망루(望樓)의 모양을 본뜬 곽(高享)자의 변형이다.
[자소] [형성] 향(享) ← 곽(高享)성곽＋읍(阝 ← 邑옥)고을
□❶곽｛廓｝[kuò]둘레：윤곽(輪廓) ■확：크다：확대(廓大, 擴大), 확연(廓然)

442

見 角 言 谷 豆 豕 豸 貝 赤 走 足 身 車 辛 辰 辵 邑 酉 釆 里　[고을읍]

☐ ❷곽(槨) [guǒ] 덧널(바깥의 관)

(1218) 鄉향 [xiāng]
뜻 ①시골:경향각지(京鄉各地),향우회(鄉友會) ②고향(故鄉):망향(望鄉), 향수(鄉愁)
자원 인접한 마을(里里)의 사람들이 마주 앉아 밥(皀흡)을 먹는 모양을 본떴다. 나라의 별궁(別宮)을 말한다. 백성들이 그 지역에 돌아와 머물렀다. 색부(嗇夫)가 있어 따로 다스렸다. 6향이 있어 6경이 다스렸다.
자소 [형성] 향(邨 ← 邑鄕)인접한 마을 + 흡(皀흡)고소한 음식
성부 鄕향

☐ ❶향〔響〕[xiǎng] 울리다:영향(影響), 향응(響應), 반향(反響)
■ ❷향(嚮) [xiàng] 향하다:향도(嚮導:길을 안내하다)
☐ ❸향(饗) [xiǎng] 잔치하다:향연(饗宴), 흠향(欽饗), 제향(祭饗)

(1219) 鄭정 [zhèng]
뜻 ①정나라 ②고을 이름
자원 나라 이름으로 쓰인다.
자소 [형성] 전(奠)제사 지내다 + 읍(阝 ← 邑읍)고을

☐ ❶척(擲) [zhì] 던지다:척사(擲柶:윷놀이) /버리다:투척(投擲) /도박하다
☐ ❷척(躑) [zhí] 머뭇거리다 /철쭉 /뛰어오르다

【닭유】 見角言谷豆豕豸貝赤走足身車辛辰辵邑酉釆里

214 부수글자 **164**   7 - 18/20   (7획부수)

164. 유 酉 [yǒu]

[자원] 술항아리 모양. 8월에 농사가 끝나면 햇곡식으로 술을 빚어 제사를 지냈으므로 「술, 발효, 화학적인 변화」와 관계된 뜻을 갖는다.
[뜻] ①10번째 지지(서쪽, 8월, 17~19시, 닭띠)
[자소] [상형]

부수 성부
부수글자가 성부로 쓰일 때

- ❶추[醜] [chǒu] 용모나 행동이 추하다: 추잡(醜雜), 추행(醜行), 추태(醜態)
- ❷주{酒} [qiú] 굳셀 주(酒)의 약자

성부 글자
성부와 부수가 결합된 형성자

(1220) 酋 추 [qiú]
[뜻] ①우두머리: 추장(酋長) ②오래된 술(繹酒)
[자원] 술항아리(酉)가 나누어진다(八)()는 것은 술항아리에 술이 반쯤 들어 있다는 뜻이다. 의례(儀禮)에서 대추(大酋)라는 직함이 있었는데 술을 담당한 관리였다고 한다.
[자소] [지사] 팔(八)() ← : 반쯤 보이는 물＋유(酉)닭, 술항아리
[성부] 奠전 尊尊존

- ❶유〈猶〉 [yóu] 같다: 과유불급(過猶不及) /머뭇거리다: 집행유예(執行猶豫)
- ❷유{猷} [yóu] 꾀하다 /계책(計策)
- ❸주{酒} [qiú] 다가서다 /굳세다: 주경(酒勁: 글씨의 획이 힘참)
- ❹유(楢) [yóu] 졸참나무

(1221) 酒 주 [jiǔ]
[뜻] ①술: 두주불사(斗酒不辭), 권주(勸酒), 주흥(酒興), 애주(愛酒)
[자원] 유(酉)는 술항아리 모양을 본뜬 것인데 「발효, 화학적 변화」와 관련된 뜻을 나타낸다.
[자소] [회의] 수(水)물＋유(酉)12번째 지지
[성부] 醯혜

見角言谷豆豕豸 貝赤走足身車辛辰辵 邑酉釆里　　[닭유]

(1222)  [xī]

뜻 ①초 ②국물이 많은 육장
자원 유(酉)는 술 주(酒)가 생략된 것. 돎(㐬)은 팔 육(鬻)자가 생략된 것이다.
자소 [회의] 육(鬻)팔다＋주(酒)술＋명(皿盌)그릇

【분별할변】見 角 言 谷 豆 豕 豸 貝 赤 走 足 身 車 辛 辰 辵 邑 酉 釆 里

214 부수글자 **165**　　　7 - 19/20　　　(7획부수)

165. 변 釆 [biàn]

자원 짐승의 발톱이 갈라진 모양. 짐승의 발자국을 보면 각각의 짐승을 구분할 수 있다.
뜻 ①나누다 ②분별하다
자소 [상형]
성부

| 성부 글자 | 성부와 부수가 결합된 형성자 |

 (12 2 3) 采 채 [cǎi]

뜻 ①캐다 [cài] ①채지(경대부의 봉읍)
자원 나무(木)의 열매나 싹을 따는 손(爪) 모양. 짐승의 발자국 모양을 본뜬 변(釆)은 「분별한다, 나눈다」는 뜻이다.
자소 [회의] 조(爪)손톱, 손가락 + 목(木)나무

- ❶채〈採〉[cǎi] 캐다(따다): 채집(採集), 채광(採鑛) / 가려내다: 채용(採用), 채택(採擇), 공채(公採), 특채(特採)
- ❷채〈菜〉[cài] 나물: 채소(菜蔬), 채식(菜食), 야채(野菜), 생채(生菜)
- ❸채〔彩〕[cǎi] 무늬: 광채(光彩), 색채(色彩), 문채(文彩)
- ❹채{埰}[cài] 부임한 영지(領地), 식읍(食邑)
- ❺채{綵}[cǎi] 비단: 채단(綵緞), 채롱(綵籠)
- ❻채{寀}[cǎi] 녹봉(祿俸)

見角言谷豆豕豸貝赤走足身車辛辰辵邑酉釆 里 [마을리]

214 부수글자 166　　　　　　7 - 20/20　　　　　　(7획부수)

166. 리 里 [lǐ]

[자원] 밭과 토지가 있는 곳에 사람이 모여서 산다. 밭이랑을 길이와 넓이의 단위로 삼았던 데서 「거리를 나타내는 단위」가 되었다.
[뜻] ①**마을**:읍(邑面洞里) ②**거리 수**:십리(十里),천리(千里)
[자소] [회의]

부수 성부　　　부수글자가 성부로 쓰일 때

- ❶ 리〈理〉[lǐ] **다스리다**:처리(處理),감리(監理),경리(經理) /**알다**:이해(理解) /**도리**(道理):이론(理論),이치(理致),윤리(倫理),원리(原理)
- ❷ 매〔埋〕[mái] (흙 속에)**파묻다**:매장(埋葬),매몰(埋沒) [mán] **숨다**:매복(埋伏)
- ❸ 리〔裏〕[lǐ] **속**(안,내부):표리부동(表裏不同),뇌리(腦裏)
- ❹ 리{俚}[lǐ,lí] **촌스럽고 속되다**:이언(俚言:속담)
- ❺ 리(浬)[lǐ] **해리**(바다에서 거리를 재는 단위:1해리=1,852M)
- ❻ 리(鯉)[lǐ] **잉어**:이소(鯉素:편지, 잉어의 뱃속에서 흰 비단에 쓴 편지가 나왔다는 고사가 있다)
- ❼ 리(裡)[lǐ] 리〔裏〕의 속자
- ❽ 리(狸)[lí] **너구리** /**살쾡이**
- ❾ 리(厘)[lí] **다스리다** [참고] 리(釐)의 속자

성부 글자　　　성부와 부수가 결합된 형성자

(1224) 重 중 [zhòng]　[뜻] ①**무겁다**:비중(比重),중량(重量) ②**중요**(重要)**하다**:중대(重大)
[chóng] ①**거듭**:중복(重複),다중(多重)
[자원] 무거운 짐이 든 자루를 메고 있는 사람. 동(東)은 원래 물건이 들어 있는 자루의 양끝을 묶어 맨 모양. 정(壬)은 사람이 똑바로 서 있는 모양이다.
[자소] [형성] 정(𡈼 ← 壬)착하다＋동(重 ← 東)짐보따리

[성부] 童동 動동 量량

- ❶ 종〈種〉[zhǒng] **씨앗**:종자(種子),종족(種族),인종(人種),종류(種類),순종(純種),잡종(雜種) [zhòng] **심다**:파종(播種)
- ❷ 충〔衝〕[chōng] **찌르다**:충격(衝擊),충돌(衝突),절충(折衝),의기충천(意氣衝天) /-

【마을 리】 見角言谷豆豕豸 貝赤走足身車辛辰辵 邑酉釆 里

요긴한 장소:요충(要衝)
- ☐ ❸종(腫) [zhǒng] 부스럼:종기(腫氣), 종양(腫瘍)
- ☐ ❹종(踵) [zhǒng] 발꿈치
- ☐ ❺종{鍾} [zhōng] 술잔:종발(鍾鉢) /모으다:종애(鍾愛:매우 귀여워하다) /쇠북:종유석(鍾乳石) /부피의 단위(49.7리터)
- ☐ ❻동{董} [dǒng] 바로잡다:동호지필(董狐之筆:권력을 두려워하지 않고 사실대로 씀)

④

(1225) [yě]

뜻 ①들판:광야(曠野), 야생(野生) ②민간:재야(在野), 야인(野人) ③야비(野卑)하다:야망(野望), 야심(野心), 야욕(野慾)

자원 사람들이 모여 사는 읍내의 바깥 쪽을 교(郊)라고 하며, 교(郊)의 바깥 쪽을 야(野)라고 한다. 여(予禾)는 베를 짤 때 좌우로 주고받는 북의 모양을 본뜬 것이다.

자소 [형성] 리(里里)마을＋여(予禾)주다, 나

- ☐ ❶서(墅) [shù] 농막 /별장

⑤
(1226) 量 량 [liáng]

뜻 ①헤아리다:요량(料量), 측량(測量) [liàng] ①분량(分量):양산(量産:대량생산), 대량(大量), 수량(數量) ②도량(度量)

자원 물건이 무겁다, 가볍다고 말하는 것이니 저울질하는 것이다.

자소 [형성] 왈(曰) ← 향(鄉)오래지 않다＋중(重 ← 重𥝆)무게

- ☐ ❶량〔糧〕 [liáng] 양식:식량(食糧), 군량미(軍糧米), 양곡(糧穀), 건량(乾糧)

한자 시험 연습문제
〈제3영역〉 讀解 1

〈1~10〉 다음 문장에서 밑줄 친 한자어(漢字語)의 음(音)은 무엇입니까?

1. 현재 의료진의 도움을 거의 받지 못해 환자가 急增하고 있는 실정이다.
   ① 급증 ② 확산 ③ 분포 ④ 소멸

2. 일을 할 때는 效率的으로 하고 과중한 업무에 시달리더라도 운동은 꼭 한다.
   ① 효과적 ② 교육적
   ③ 효율적 ④ 능률적

3. 교통 및 통신의 발달로 생활이 점점 便利해져 가고 있다.
   ① 신속 ② 편리 ③ 변화 ④ 유리

4. 완전한 재정자립이 가능하도록 수익사업을 포함해 최대한 支援할 계획이다.
   ① 유지 ② 지지 ③ 지탱 ④ 지원

5. 사회 봉사정신을 擴散시키는데 일조하는 계기가 되었으면 한다.
   ① 보급 ② 확산 ③ 확대 ④ 인식

6. 激變하는 지구촌의 새 질서에 능동적으로 대처하자.
   ① 변화 ② 격변 ③ 부침 ④ 소멸

7. 온갖 난관을 克服함으로써 전 세계 인류의 등불이 되었다.
   ① 회복 ② 쟁취 ③ 극복 ④ 도피

8. 활기찬 도시의 奔走함 내면에는 언제나 긴장감이 감돈다.
   ① 정밀 ② 순수 ③ 분주 ④ 고요

9. 서비스 역량을 한층 더 深化시킬 수 있는 조직 개편이 필요하다.
   ① 감화 ② 심화 ③ 격화 ④ 퇴화

10. 미래를 위해 環境을 지켜가는 깨끗한 기업이 되었으면 좋겠다.
    ① 주변 ② 변경 ③ 진실 ④ 환경

〈11~13〉 다음 문장에서 밑줄 친 한자어(漢字語)의 뜻풀이로 적절한 것은 어느 것입니까?

11. 矛盾된 언행을 할 때 자가당착에 빠졌다고 한다.
    ① 앞뒤가 맞지 않음
    ② 원수 사이
    ③ 이치에 닿음
    ④ 의리가 있음

12. 그 사건은 未曾有의 것으로 기록되었다.
    ① 분명하게   ② 전대미문으로
    ③ 새롭게   ④ 막연하게

13. 여행을 통해 見聞을 넓히는 것도 좋은 방법이다.
    ① 습관 ② 관심 ③ 지식 ④ 입장

〈14~20〉 다음 문장에서 빈칸에 들어갈 가장 적절한 한자어(漢字語)는 어느 것입니까?

14. 작가는 고도의 상상력을 □□하여 사건 진행을 효과적으로 전달하는 방안을 연구하게 된다.
    ① 指揮 ② 拘束 ③ 要求 ④ 發揮

【 연습 문제 】

15. 일반적으로 언어란 □□적인 음성이나 몸짓을 통하여 의사 전달을 하게 된다.
   ① 意味 ② 意圖 ③ 區別 ④ 間接

16. 우리는 긍정을 □□할 때는 머리를 위아래로 끄덕인다.
   ① 裝飾 ② 提示 ③ 表示 ④ 解說

17. 사회적 □□에서의 해결책을 제시하는 것이 바람직하다.
   ① 次元 ② 志願 ③ 訴願 ④ 印象

18. 시대가 바뀜으로 해서 과거의 □□이 지식으로 받아들여지는 경우도 있다.
   ① 力量 ② 糖分 ③ 常識 ④ 承認

19. 대의제도는 민주주의의 □□으로 직접 민주주의를 들 수 있다.
   ① 介入 ② 代案 ③ 收集 ④ 幸福

20. 가슴을 졸이며 □□하고 뒤척이며 잠 못 이룬들 무슨 소용 있을까?
   ① 深思 ② 論理 ③ 希望 ④ 苦悶

〈21~30〉 다음 문장에서 밑줄 친 한자어(漢字語)의 한자표기(漢字表記)가 바르지 않은 것은 어느 것입니까?

21. ①週末부터 ②奇勝을 부리던 ③寒波가 물러간 덕에 ④遊園地를 찾는 사람들이 늘었다.

22. ①空氣의 ②抵抗을 고려한 ③抛射體의 정확한 ④詭道를 아는 물리학자는 거의 없다.

23. 다른 사람들의 ①耳目과는 ②相關없이 진솔하게 ③表出된 행위예술로 ④平價받고 있다.

24. 점점 ①增價하고 있는 ②別個의 정보를 지능적이고 효과적으로 ③運用할 수 있는 새로운 조직 방법을 ④考案하게 하였다.

25. 참가자들의 ①對立되는 ②見害를 절충하여 새로운 ③結論을 ④導出해 내고 있다.

26. 어떤 사회를 ①理解하려면 그 사회의 의사 ②傳達 메시지와 ③通神 체계를 ④研究하기만 하면 된다는 결론을 내렸다.

27. 진행되는 ①運動의 방향을 통제하기 힘든 ②豫測 불허의 방향으로 ③耳道하는 ④結果를 낳는다.

28. 국민의 ①主權은 그 자체가 ②勸力이며 정치적 ③決定의 ④過程이고 공론이다.

29. ①常識은 특정한 시대와 구체적인 사회에서 ②際限된 사람들에게만 ③通用되는 지식이므로 ④嚴密한 의미의 지식이라고 할 수는 없다고 본다.

30. ①皆旣日蝕은 ②地球와 태양 사이에 달이 들어오게 됨으로써 일어나는 ③現狀이라는 천문학 지식으로 ④理解되고 있다.

[정답] 1① 2③ 3② 4④ 5② 6② 7③ 8③ 9② 10④ 11① 12② 13③ 14④ 15② 16③ 17① 18③ 19② 20④ 21② 22④ 23④ 24① 25② 26③ 27③ 28② 29② 30③

[8획부수]

8획 부수 〔9개〕

암기
쇠(金)로 만든 긴(長) 문(門)은 언덕(阜) 밑(隶)이라
추새(隹)가 비(雨)올 때는 푸르지(靑) 않다고 비난(非)하더라.

金	[쇠 금/김]	쇠(釗) 형(鎣)
長(镸)	[길 장]	
門	[문 문]	섬(閃) 폐(閉) 간(間) 민(閔) 윤(閏) 한(閑) 각(閣) 려(閭) 틈(闖)
阜(阝)	[언덕 부]	강(降) 진(陳) 음(陰) 륭(隆) 대(隊) 수(隋)
隶	[미칠 이]	
隹	[새 추]	척(隻) 작(雀) 고(雇) 안(雁) 집(集) 준(雋) 옹(雍) 난(難) 리(離)
雨	[비 우]	우(雩) 설(雪) 운(雲) 뢰(雷) 수(需) 상(霜)
靑	[푸를 청]	정(靜)
非	[아닐 비]	

8
획

451

8획

金 長 門 阜 隶 隹 雨 靑 非　[쇠금]

214 부수글자 **167**　　8 - 1/9　　(8획부수)

167. 금/김 金[jīn]

[자원] 흙 속에 묻혀진 광물을 말한다. 5가지가 있는데, 노란색을 첫째로 여겼다. 오래 묻어 두어도 녹이 슬지 않고 백 번을 단련해도 줄어들지 않고, 아무리 여러 번 바꾸어도 상하지 않는다. 오행(五行)에서 서쪽을 뜻한다. 흙(土)속에서 만들어진다. 좌우의 두 점(丶丶)이 금알맹이를 뜻한다.

[뜻] ①금 ②돈:금액(金額),금전(金錢),자금(資金),현금(現金) ■김:성씨(姓氏)

[자소] [형성] 금(今)이제+토(土)흙, 땅, 토지+주(丶丶)여기서는 땅 속의 금

부수 성부　　부수글자가 성부로 쓰일 때

□ ❶금〈錦〉[jǐn] 비단:금상첨화(錦上添花),금의환향(錦衣還鄕),금수강산(錦繡江山)
□ ❷침〈針〉[zhēn] 바늘:초침(秒針),시침(時針),나침반(羅針盤),침모(針母)
□ ❸함〈銜〉[xián] 명함(名銜=名啣):함자(銜字) /재갈:함매(銜枚)

성부 글자　　성부와 부수가 결합된 형성자

(1227) [zhāo]　[뜻] ①아이나 종의 이름:돌쇠(乭釗) ■소:①깎다 ②쇠뇌틀
[자원] 우리나라에서 금속인 쇠를 말할 때 쓴다. 아이나 종의 이름, 돌쇠(乭釗)라고 쓸 때 사용한다.
[자소] [회의] 금(金金)쇠,금속,광물+도(刀刂)칼

10
(1228) [yíng]　[뜻] ①갈다 ②문지르다 ■영:①줄(금속을 갈아내는 기구:磨金器, 令光澤)
[자원] 쇠(金金)를 갈아서 광택(熒)을 내는 도구를 말한다.
[자소] [형성] 형(熒←熒)빛나다+금(金金)쇠,금속

□ ❶형(瀅)[yíng] 사람 이름

453

【길장】 金長門阜隶隹雨青非

168. 장 長長 [cháng]

자원 사람이 오래 살아서 노인이 되었고, 노인은 존경의 대상이었으므로 「어른, 우두머리」의 뜻이 된 것이다.

뜻 ①길다:무병장수(無病長壽),고저장단(高低長短) ②낫다:장단점(長短點)
[zhǎng]①어른:장로(長老),연장자(年長者) ②우두머리 ③존경하다

자소 [회의] 망(亡)죽다+올(兀)높다+화(匕)변하다

부수 성부 부수글자가 성부로 쓰일 때

- ❶장〔帳〕[zhàng]휘장(揮帳) /치부책:장부(帳簿),기장(記帳),일기장(日記帳)
- ❷창(脹)[zhàng]배가 부르다:팽창(澎脹)
- ❸투(套)[tào]덮개:외투(外套),상투수단(常套手段),편지봉투(便紙封套)
- ❹사(肆)[sì]방자하다 /극도에 달하다 /진열하다 /가게:책사(冊肆)

金長門阜隶隹雨靑非　　[문 문]

169. 문 門 門 [mén]

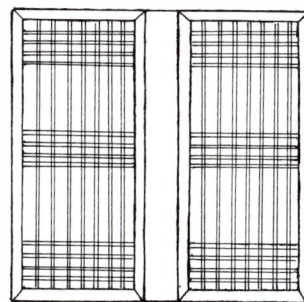

자원 두 개의 문짝을 달아 놓은 모양을 본떴다.
뜻 ①문:대문(大門), 정문(正門) ②집안:문중(門中), 명문(名門) ③전문(專門)
자소 [상형] 호(阝←戶門)지게문＋호(阝←戶門)지게문

부수 성부   부수글자가 성부로 쓰일 때

□ ❶문〈問〉[wèn] 묻다:질문(質問), 문답(問答), 문병(問病), 문상(問喪), 문제(問題)
□ ❷문〈聞〉[wén] 듣다:견문(見聞), 다문박람(多聞博覽), 청문회(聽聞會), 신문(新聞)
　　　　　　　　 /소문(所聞):추문(醜聞), 풍문(風聞)
□ ❸은{闇}[yín] 온화하다 /중용을 지켜 치우치지 않다
□ ❹문(們)[men] 여러 사람들:아문(我們:우리들)
□ ❺민(悶)[mèn] 번민(煩悶)하다:고민(苦悶)　[mēn] 깨닫지 못하는 모양

성부 글자   성부와 부수가 결합된 형성자

(1229)  [shǎn]
뜻 ①번쩍 거리다:섬광(閃光) ②언뜻 보이다
자원 문(門門) 틈으로 사람(人人)이 언뜻 보이는 모양을 나타낸다.
자소 [회의] 문(門門)문＋인(人人)사람

(1230)  [bì]
뜻 ①닫다:밀폐(密閉), 폐강(閉講), 폐회(閉會) ②끝내다:폐막(閉幕), 폐회(閉會) ③감추다:은폐(隱閉)
자원 재(才才)가 여기서는 문빗장의 모양을 본뜬 것이다.
자소 [상형] 문(門門)열고 닫는 문＋재(才才)재주

【문 문】　金 長 門 阜 隶 隹 雨 靑 非

(1231) 閒 間 간 [jiān]
뜻 ①사이: 간격(間隔), 공간(空間)　②기간(期間): 시간(時間)　■한[xián] ①한가하다
자원 밤이 되면 문을 닫는데 문(門門) 사이로 달빛(月月)이 새어 든다는 것은 두 문짝 사이에 틈이 있기 때문이다. 원래는 달 월(月月)을 썼었다. 어두운 밤의 달빛이 더 빛을 실감하게 만들기 때문이다.
자소 [회의] 문(門門)문＋일(日) ← 월(月月)달

☐ ❶간〔簡〕[jiǎn] 간단(簡單)하다: 간소(簡素), 간편(簡便)　/편지: 서간문(書簡文)
☐ ❷간(澗)[jiàn] 산골물: 산간수(山澗水)
☐ ❸간(癇)[xián] 지랄병: 간질병(癇疾病)
☐ ❹간(磵)[jiàn] 산골물　참고 간(澗)과 통해서 쓰는 글자

(1232) 閔 閔 민 [mǐn]
뜻 ①민망하다
자원 초상이 난 집의 문(門門) 앞에서 죽은 사람의 업적을 찬양하고 유족을 위문하는 글(文文)을 읽는다는 뜻이다.
자소 [형성] 문(門門)문＋문(文文)글, 무늬

☐ ❶민〔憫〕[mǐn] 근심하다: 민망(憫忙), 연민(憐憫)

(1233) 閏 閏 윤 [rùn]
뜻 ①윤달: 윤년(閏年)
자원 윤달에는 임금(門門)이 문(王王)밖 출입을 삼가하고 집 안에만 머물러 있었다.
자소 [회의] 문(門門)문, 대문＋왕(王王)임금, 왕

☐ ❶윤〔潤〕[rùn] 윤택(潤澤)하다: 윤기(潤氣), 윤활유(潤滑油)　/이윤(利潤)

(1234) 閑 閑 한 [xián]
뜻 ①한가(閑暇)하다: 농한기(農閑期), 한적(閑寂), 등한시(等閑視)
자원 원래의 뜻은 문(門門) 앞을 가로막아서 출입을 막던 「나무빗장(木木)」이라는 뜻이었다. 문을 막아서 출입이 없으니 한가한 것이다. 혹은 짐승 우리에 있는 문에 가로지른 나무 막대라고도 한다.
자소 [회의] 문(門門)문＋목(木木)나무

(1235) 閣 閣 각 [gé]
뜻 ①내각(內閣): 각료(閣僚), 각하(閣下)　②몇 층 되는 집: 전각(殿閣), 종각(鐘閣)
자원 원래는 문(門門)이 흔들리지 않게 고정시키는 물건이라는 뜻이었다.
자소 [형성] 문(門門)문＋각(各)각각

(1236) 閭 閭 려 [lú]
뜻 ①마을 문: 여염(閭閻), 여항(閭巷)
자원 옛날 주나라의 제도에 5가(家)를 비(比)라 하고, 5비(比)를 려(閭)라고 했는데 려(閭)에는 반드시 마을의 문이 있었다.
자소 [형성] 려(呂呂)등뼈＋문(門門)문

☐ ❶려(欄)[lú] 종려나무

456

金 長 門 阜 隶 隹 雨 青 非　　[문 문]

(1237)  闌 란 [lán]

뜻 ①가로 막다 ②난간
자원 문(門)을 가로막고 드나드는 사람을 검열하여 가려낸다는 뜻이다. 간(柬)은 묶은 것을 풀어 헤쳐서, 필요한 것을 가려낸다는 뜻이다.
자소 [형성] 문(門)문 + 간(柬)가려내다

- ❶란〔欄〕[lán] 난간(欄干):공란(空欄), 답란(答欄), 난외(欄外)
- ❷란〔爛〕[làn] 빛나다:난숙(爛熟), 난발(爛發:꽃이 화려하게 핌) /문드러지다
- ❸란〔蘭〕[lán] 난초(蘭草):금란지교(金蘭之交:매우 두터운 사이)
- ❹란{瀾}[lán] 큰 물결:파란(波瀾:큰 물결과 작은 물결), 광란(狂瀾), 파란(波瀾)
- ❺란{斕}[làn] 옥무늬

(1238)  闖 틈 [chèn]

뜻 ①엿보다
자원 말이 문밖으로 나가는 모양에서 뜻이 확대되어 「갑자기 튀어나와 사람을 놀라게 한다」는 뜻이 되었다(引伸爲突兀驚人之辭).
자소 [회의] 문(門)문 + 마(馬)말

【언덕 부】 金 長 門 阜 隶 隹 雨 靑 非

214 부수글자 **170**　　　　　　8 - 4/9　　　　　　(8획부수)

170. 부 阝阜 [fù]

자원 돌이 없는 토산의 모양을 본떴다.
뜻 ①언덕
자소 [상형]

부수 성부
부수글자가 성부로 쓰일 때

□ ❶부(埠)[bù] 부두(埠頭)/선창

성부 글자
성부와 부수가 결합된 형성자

(1239) 降강 [jiàng]
뜻 ①내리다:강림(降臨),강우량(降雨量),강하(降下) ■항[xiáng]①항복(降服)하다:투항(投降),항서(降書)
자원 언덕(阜阝) 아래로 내려온다(夅)는 뜻이다.
자소 [형성] 부(阝←阜阝)언덕＋강(夅)내려오다
성부 隆륭

(1240) 陳진 [chén]
뜻 ①베풀다:진열(陳列),진술(陳述) ②오래묵다:진부(陳腐) [chén]①진(陣)의 본래 글자
자원 주(周)나라 때 순임금의 후예인 위만(嬀滿)이 봉해졌던 땅. 그 나라는 완구(宛丘)에 도읍을 정했다. 완구(宛丘)는 사방이 높고, 가운데가 낮은 곳을 말한다. 부(阜阝)가 완구를 뜻한다. 또 목덕(木德)을 의지하여 왕 노릇했다고 하여 임금 왕(王王)을 덧붙였고, 펼칠 신(申目)이 발음을 나타낸다.
자소 [형성] 부(阝←阜阝)언덕＋목(木朩)나무＋신(申目)펼치다

□ ❶진(陣)[zhèn]진지:진용(陣容),배수진(背水陣),퇴진(退陣),학익진(鶴翼陣)
□ ❷진(蔯)[chén]더위지기풀/사철쑥:인진(茵蔯)쑥 [참고] 원래는 진(敶)이다.

458

金 長 門 阜 隶 隹 雨 靑 非　[언덕 부]

(1241) 陰陰**음** [yīn]　뜻 ①그늘:음지(陰地),음양(陰陽)
　자원 문을 닫으면 어두워지므로 암(闇)이라 했다. 지명에 양(陽)이 들어간 마을은 전부 강물의 북쪽, 산의 남쪽에 있다. 반대로 음(陰)이 들어간 지명은 모두 강물의 남쪽, 산의 북쪽에 자리하고 있다.
　자소 [형성] 부(阝 ← 阜)언덕＋음(侌)그늘

　☐ ❶음(蔭) [yīn] 그늘:음관(蔭官:부모나 조상 덕분에 얻은 벼슬) [yìn] 덮어 가리다
　☐ ❷음(廕) [yìn] 덮다:음관(廕官:부모나 조상 덕분에 얻은 벼슬)

9

(1242) 隆隆**륭** [lóng]　뜻 ①높다:융기(隆起),흥융(興隆) ②두텁다:융숭(隆崇)
　자원 별다른 풀이가 없다.
　자소 [형성] 강(夅 ← 降)내려오다＋생(生)나다

　☐ ❶륭(窿) [lóng] 활처럼 생긴 것:궁륭(穹窿)

(1243) 隊隊**대** [duì]　뜻 ①한무리:부대(部隊),대열(隊列),소대(小隊),연대(聯隊),군대(軍隊),대오(隊伍),대장(隊長),편대(編隊),제대(除隊)
　자원 언덕을 떼지어 다니는 멧돼지의 모양을 본떴다.
　자소 [형성] 부(阝 ← 阜)언덕＋수(㒸)돼지가 흩어지다

　☐ ❶추(墜) [zhuì] 떨어지다:추락(墜落),격추(擊墜)

(1244) 隋隋**수** [suí]　뜻 ①수나라 ②고기를 찢다
　자원 원래는 잘게 찢어 놓은 고기라는 뜻이었다. 지금은 주로 나라 이름으로만 쓰인다.
　자소 [형성] 휴(阝 ← 陊)무너지다＋월(月) ← 육(肉)몸, 살, 고기

　☐ ❶수[隨] [suí] 따르다:수시(隨時),수행(隨行),수필(隨筆),부창부수(夫唱婦隨)
　☐ ❷타[墮] [duò] 떨어지다:타락(墮落) ■휴[huī] 무너뜨리다
　☐ ❸타[橢] [tuǒ] 길쭉하다:타원형(橢圓形)
　☐ ❹수{髓} [suǐ] 골수(骨髓):척수(脊髓),진수(眞髓),정수(精髓)
　☐ ❺타(楕) [tuǒ] 길쭉하다　참고 타(橢)와 같은 글자
　☐ ❻타(惰) [duò] 게으르다:타성(惰性),태타(怠惰)

10

(1245) 隓隓**휴** [huī]　뜻 ①성이나 언덕이 무너지다(敗城阜曰隓) ■타:①같은 뜻
　자원 소전(小篆)은 휴(隓), 예서(隸書)에서 휴(隋), 속자로 휴(隳)가 되었다.
　자소 [형성] 부(阜)언덕＋휴(㔻)무너지다
　성부 隋수

　☐ ❶수{髓} [suǐ] 골수(骨髓):척수(脊髓),진수(眞髓),정수(精髓)　참고 원래의 글자는 수(髓). 예서에서 수(髓)가 되었다.
　☐ ❷타(惰) [duò] 게으르다:타성(惰性),태타(怠惰)

8획

【미칠 이】 金長門阜隶 隹雨青非

214 부수글자 **171**　　　　　8 - 5/9　　　　　(8획부수)

171. 이 隶 [dài]

자원 뒤(又 ㅋ)에서 손을 뻗쳐 꼬리(尾 ㅉ)를 잡는 모양.
뜻 ①따라 잡다 ②미치다(가서 닿다)
자소 [회의] 미(氺 ← 尾 ㅉ)꼬리 + 우(ㅋ, 又 ㅋ)오른 손

|부수 성부| 부수글자가 성부로 쓰일 때

□ ❶체(逮) [dì] 미치다(도달하다) /쫓다:체포(逮捕) [dài] 기회를 타다

金長門阜隶 隹 雨靑非　　[새 추]

214 부수글자 **172**　　8 - 6/9　　(8획부수)

172. 추 隹 [zhuī]

자원 꽁지가 짧은 새의 모양을 본떴다.
뜻 ①꽁지가 짧은 새
자소 [상형]

부수 성부 — 부수글자가 성부로 쓰일 때

- ❶추〈推〉[tuī] 옮기다:추이(推移) /밀다:추진(推進) /천거하다:추대(推戴) /헤아리다: 추론(推論) ■퇴:밀다:퇴고(推敲)
- ❷수〈誰〉[shuí] 누구:수하(誰何:누구냐!), 수원수구(誰怨誰咎:누구를 원망하며 누구를 탓하랴)
- ❸추{錐}[zhuī] 송곳:낭중지추(囊中之錐:재능이 있으면 결국은 쓰이게 된다)
- ❹치{雉}[zhì] 꿩:치고불식(雉膏不食:사람의 훌륭한 재주가 쓰이지 못함)
- ❺퇴{堆}[duī] 언덕 /쌓다:퇴비(堆肥), 퇴적(堆積)
- ❻대{碓}[duì] 디딜방아:대악(碓樂), 대성(碓聲:방아 찧는 소리)
- ❼수{售}[shòu] 팔다:수자(售子:의붓자식)
- ❽추{騅}[zhuī] 오추마:시불리혜 추불서(時不利兮騅不逝)
- ❾추{椎}[chuí] 방망이 /어리석다:추로(椎魯:어리석어서 변통이 없음)

성부 글자 — 성부와 부수가 결합된 형성자

(1246) 隼 **준** [zhǔn]

뜻 ①새매
자원 일직선(一)으로 곧게 나는 새매를 말한다.
자소 [회의] 추(隹)꽁지 짧은 새+십(十) ← 일(一)하나

- ❶준〔準〕[zhǔn] 표준(標準):기준(基準), 수준(水準) /준비(準備)하다
- ❷준{准}[zhǔn] 승인하다:인준(認准), 준장(准長) 참고 원래는 준(準)의 생략자

【새 추】　　金長門阜隶 隹 雨靑非

(1247) 隻 척 [zhī]
- 뜻 ①홀(두개중의 하나) ②배나 수레를 헤아리는 말
- 자원 오른손(又ㅋ)에 한마리의 새(隹츠)를 잡고 있는 모양. 두 마리의 새를 갖고 있는 것은 쌍(雙)이라고 한다.
- 자소 [회의] 추(隹)꽁지 짧은 새＋우(又ㅋ)또, 손
- 성부 雙약 雙확 雙쌍

(1248) 隺 학 [hè, huò, què]
- 뜻 ①두루미 ②높이 이르다 ■확:①새가 높이 날다
- 자원 새(隹츠)가 일정한 구역 내(冂ㅐ)를 떠나 하늘 높이 날아오르는 모양.
- 자소 [회의] 경(冂ㅐ)일정한 구역 안＋추(隹)꽁지 짧은 새
  - ❶학〔鶴〕[hè]학:학수고대(鶴首苦待), 군계일학(群鷄一鶴), 무학(舞鶴)
  - ❷확〔確〕[què]확실(確實)하다:정확(正確), 확고(確固), 확신(確信), 확인(確認)

3
(1249) 雀 작 [què]
- 뜻 ①참새:작설차(雀舌茶), 안작언지홍곡지지(雁雀焉知鴻鵠之志:작은 참새, 기러기가 큰 기러기, 고니의 뜻을 어찌 알랴)
- 자원 사람이 사는 근처에 사는 작은(小川) 새(隹)라는 뜻이다.
- 자소 [회의] 소(小川)작다＋추(隹)꽁지 짧은 새

4
(1250) 雇 고 [gù]
- 뜻 ①품을 팔다:고용(雇庸), 해고(解雇) ②비둘기의 일종
- 자원 농사와 관련된 9가지 철새. 철 따라 날아들므로 농민들을 게으르지 않게 했다. 호(扈)는 「못하게 한다」는 뜻이다.
- 자소 [형성] 호(戶戶)지게문＋추(隹)꽁지 짧은 새
  - ❶고〔顧〕[gù]뒤돌아보다:회고록(回顧錄) /마음 쓰다:고려(顧慮), 고객(顧客)

(1251) 雁 안 [yàn]
- 뜻 ①기러기:안압지(雁鴨池) ②편지:안신(雁信)
- 자원 때와 예의와 부부의 도리를 지키는 새다. 기러기는 날아갈 때는 대열을 짓고, 두 번 짝짓지 않고, 일부일처제를 지키는 새이므로, 결혼식에 기러기를 쓴다. 원래는 안(鴈)과 안(雁)이 다른 글자였다.
- 자소 [형성] 한(厂厂)바위 절벽＋인(人ㅅ)사람＋추(隹)꽁지 짧은 새

(1252) 雈 환 [huán]
- 뜻 ①부엉이의 일종
- 자원 머리 양쪽에 솟은 깃털이 마치 뿔(丫丫)처럼 보이는 새(隹)라는 뜻이다.
- 자소 [회의] 개(艹 ← 丫丫)양뿔＋추(隹)꽁지 짧은 새
- 성부 舊舊약 舊舊관
  - ❶구〈舊〉[jiù]옛날:구태의연(舊態依然), 구식(舊式) /오래되다:친구(親舊)

(1253) 集 집 [jí]
- 뜻 ①모으다:집산지(集散地), 집중(集中), 집합(集合), 이합집산(離合集散) ②모아서 완성하다:집대성(集大成)
- 자원 많은 새(雥)들이 나무(木米) 위에 앉아 있는 모양을 본떴다.
- 자소 [회의] 추(隹) ← 잡(雥)새 떼＋목(木米)나무
  - ■❶잡〔雜〕[zá]뒤섞이다:잡념(雜念), 잡음(雜音), 잡지(雜誌), 잡초(雜草)
  - ❷집{潗}[jí]샘물이 솟다 /물이 끓는 소리

金長門阜隶 隹 雨靑非　　[새 추]

- □ ❸집{潗}[jí] 샘 솟는 소리　참고 집(潗)과 같은 글자
- □ ❹집{鏶}[jí] 판금(板金)

(1254) 雋 준 [jùn]
뜻 ①영특하다 ②뛰어나다 ■전[juàn] ①살찐 고기
자원 활(弓궁)을 쏘아 잡은 새(隹추)를 말한다.
자소 [회의] 추(隹)꽁지 짧은 새 + 내(乃) ← 궁(弓)활

- □ ❶준{儁}[jūn] 뛰어난 사람 /영특하다
- □ ❷전{鐫}[juān] 새기다 /물리치다
- □ ❸준{雋}[jùn] 모이다 /재주가 좋다

(1255) 雍 옹 [yōng]
뜻 ①화락하다 ②학교
자원 옹(邕)이 예서에서 옹(雍)으로 바뀌었다.
자소 [형성] 추(隹)꽁지 짧은 새 + 옹(宀 ← 邕)화락하다

- □ ❶옹{擁}[yōng] 껴안다:포옹(抱擁),옹호(擁護) /가리다 /부축하다 /가지다
- □ ❷옹{壅}[yōng] 막다 /막히다:옹색(壅塞),옹졸(壅拙) /구석지고 으슥한 곳
- □ ❸옹{甕}[wèng] 항아리 /독 /물장군:옹기(甕器),철옹성(鐵甕城)
- □ ❹옹{饔}[yōng] 아침밥 /익은 음식
- □ ❺옹{癰}[yōng] 헌데 /등창

(1256) 鷹 응 [yīng]
뜻 ①매(사냥하는데 쓰는 길들인 매)
자원 매(鷹)는 사람의 지시에 따른다.
자소 [회의] 엄(广) ← 음(瘖)벙어리 + 추(隹)꽁지 짧은 새

- □ ❷응〈應〉[yīng] 응하다:응답(應答),응용(應用),호응(呼應),임기응변(臨機應變)
- □ ❸응{膺}[yīng] 가슴 /정벌하다
- □ ❹응{鷹}[yīng] 매:응시(鷹視:매처럼 날카롭게 노려봄)

(1257) 雇 호 [hū]
뜻 ①새 이름
자원 별다른 풀이가 없다.
자소 [형성] 호(虍)호랑이 줄무늬 + 추(隹)꽁지 짧은 새
성부 霍霍곽 雙쌍

- □ ❶휴{虧}[kuī] 이지러지다:월만즉휴(月滿則虧:달은 차면 이지러진다)

(1258) 雔 수 [chóu]
뜻 ①새 한쌍(雙鳥) ②가죽나무 고치
자원 글자 그대로 새 두마리다.
자소 [회의] 추(隹)꽁지 짧은 새 + 추(隹)꽁지 짧은 새
성부 霍霍곽 雙쌍

- □ ❶수{讎}[chóu] 원수:철천지원수(徹天之怨讎),불공대천지원수(不共戴天之怨讎)
- □ ❷쌍〈雙〉[shuāng] 두개 한쌍:쌍곡선(雙曲線),쌍권총(雙拳銃),쌍벽(雙璧),쌍수(雙手),변화무쌍(變化無雙)

8획

463

【새 추】 金 長 門 阜 隶 **隹** 雨 靑 非

---

⑩

(1259) 嶲 **巂** 휴 [xī]

- 뜻 ①두견새(=소쩍새=접동새)
- 자원 산(山山)은 새의 머리에 있는 관이다. 두견새의 모양. 촉나라 임금 망제(望帝)가 신하의 아내를 간음한 것을 후회하다 죽어서 자규가 되었는데, 밤새 피를 토하며 울어서, 피가 초목을 물들였다고 한다. 촉나라 사람들은 그 소리를 들으면 모두 일어나서 "망제(望帝)다"라고 소리쳤다.
- 자소 [회의] 산(山)여기서는 깃털 모양＋**추**(隹)꽁지 짧은 새＋경(冏) ← 볼(冏)말을 더듬다

- ❶휴〔携〕[xié]휴(攜)의 속자(이 글자를 더 많이 쓴다).
- ❷휴(攜)[xié]손에 가지다:휴대(攜帶) /이끌다:기술제휴(技術提攜)

(1260) 雚 **雈** 관 [guān]

- 뜻 ①황새 ②풀이름
- 자원 환(雈)은 머리 위에 뿔 같은 깃털이 솟은 부엉이를 말한다. 여기에 소리 높이 우는 새라는 뜻으로 울부짖을 현(吅)을 덧붙였다.
- 자소 [형성] 환(雈 ← 萑雈)부엉이＋현(吅)울부짖다

- ❶관〈觀〉[guān]보다:관광(觀光),관찰(觀察),달관(達觀),관람(觀覽),관념(觀念)
  [guàn]망루 /경관(景觀)
- ❷권〈勸〉[quàn]권하다:권고(勸告),권선징악(勸善懲惡),권유(勸誘),권장(勸獎)
- ❸권〈權〉[quán]저울추:권모술수(權謀術數),권형(權衡) /권세(權勢):권력(權力),권위(權威),권좌(權座)
- ❹환〈歡〉[huān]기뻐하다:환영(歡迎),환대(歡待),애환(哀歡),환담(歡談)
- ❺관{瓘}[guàn]옥 이름
- ❻관{灌}[guàn]물을 대다:관개시설(灌漑施設) /더부룩한 나무:관목(灌木)
- ❼환{驩}[huān]기뻐하다 /말의 이름
- ❽관(罐)[guàn]두레박:증기기관(蒸氣機關)의 기관차(汽罐車)

⑪

(1261) 難 **難** 난 [nán]

- 뜻 ①어렵다:난색(難色),난이도(難易度),난제(難題),난형난제(難兄難弟),험난(險難) [nàn]①근심 ②꾸짖다:비난(非難) [nuó]①우거지다
- 자원 원래는 새의 이름이었다. 보기 드문 새인 모양이다.
- 자소 [형성] 난(堇)노란 진흙＋**추**(隹) ← 조(鳥)새
- 성부 歎탄

- ❶탄{灘}[tān]여울물:탄성(灘聲:여울물 흐르는 소리)
- ❷나(儺)[nuó]역귀를 쫓다:나례(儺禮)

(1262) 離 **離** 리 [lí]

- 뜻 ①떠나다:이별(離別),유리걸식(流離乞食) ②갈라놓다:이산(離散),격리(隔離) ③거리(距離)
- 자원 이황(離黃), 창경(倉庚)이라는 황색의 꾀꼬리. 봄 여름에 산속에서 살다가 가을 겨울에는 떠나간다. 이들이 울때면 누에가 생긴다.
- 자소 [형성] 리(离)밝다, 헤어지다＋**추**(隹隺)꽁지 짧은 새

- ❶리(籬)[lí]울타리:동리하(東籬下)

金長門阜隶隹雨靑非　　[비우]

173. 우 雨 [yǔ]

자원 구름에서 비가 떨어지는 모양.「기상, 날씨, 비」와 관련된 뜻을 나타낸다.
뜻 ①비:우비(雨備), 우산(雨傘), 우후죽순(雨後竹筍) [yù]①비가 내리다
자소 [상형]

성부와 부수가 결합된 형성자

(1263) 雩 우 [yú]
뜻 ①기우제
자원 오랫동안 가물 때 비(雨)를 내려달라고 비는 것이다.
자소 [형성] 우(雨)비, 날씨 ＋ 우(亐)어조사

□ ❶저(樗) [chū] 가죽나무 /노름 /도박

(1264) 雪 설 [xuě]
뜻 ①눈:백설(白雪), 잔설(殘雪), 적설(積雪), 만년설(萬年雪) ②씻다:설욕(雪辱)
자원 만물은 모두 눈을 좋아한다. 비(雨)가 얼어서 떨어지는 것을 빗자루(彗)로 쓴다는 뜻이다.
자소 [형성] 우(雨)비, 날씨.기상 ＋ 우(彐) ← 혜(彗)빗자루

(1265) 雲 운 [yún]
뜻 ①구름:운무(雲霧), 운우(雲雨), 전운(戰雲), 풍운아(風雲兒), 청운(靑雲)
자원 구름 운(云)이 말하다는 뜻으로 쓰이게 된 후 원래의 구름이라는 뜻을 나타내기 위해, 날씨를 나타내는 우(雨)를 덧붙여 만든 것이다.
자소 [형성] 우(雨)비, 날씨 ＋ 운(云)기운이 올라가다
성부 솔 霻 음

□ ❶운{溳} [yún] 큰 물결
□ ❷담(曇) [tán] 날이 구름이 끼어서 흐린 모양:담천(曇天:흐린 날)
□ ❸운(蕓) [yún] 평지풀 /유채풀
□ ❹운(橒) [yún] 나무 이름 /나무 무늬

【비우】 金 長 門 阜 隶 隹 雨 青 非

(1266) 䨻 雷 뢰 [léi]
뜻 ①우뢰:뇌성벽력(雷聲霹靂),낙뢰(落雷),피뢰침(避雷針) ②덩달아:부화뇌동(附和雷同) /폭발물:뇌관(雷管),어뢰(魚雷),지뢰(地雷)
자원 음양의 기운이 뒤섞이며 회전하는 모양.
자소 [형성] 우(雨雨)비, 날씨＋전(田) ← 뢰(畾)회전하는 기운

6

(1267) 需 수 [xū]
뜻 ①구하다:수급(需給),수요공급(需要供給),제수(祭需),혼수품(婚需品),군수품(軍需品) ②머뭇거리다
자원 비(雨)가 와서 더 나가지 못 하고 멈추고 기다린다는 뜻이다.
자소 [회의] 우(雨雨)비, 날씨＋이(而)어조사, 수염

- ❶유〔儒〕[rú] 선비:유생(儒生),유림(儒林) /유학(儒學):유교(儒敎),유가(儒家)
- ❷유{濡}[rú] 적시다 /윤기가 흐르다 /머물다
- ❸나(懦)[nuò] 겁이 많다:나약(懦弱) /겁장이 ■유:같은 뜻
- ❹연(蠕)[rú,ruǎn] 꿈틀거리다:위장연동운동(胃臟蠕動運動)
- ❺유(孺)[rú] 젖먹이:유약(孺弱) /사모하다:유모(孺慕,어린이가 부모를 그리듯 사모함)
- ❻유(嚅)[rú] 아첨하여 짓는 웃음 /말을 머뭇거리다
- ❼유(襦)[rú] 저고리 /땀바지로 입는 짧은 속옷

8

(1268) 靃 곽 [huò]
뜻 ①갑자기 ②빠르다
자원 비(雨雨)올 때 여러 마리의 새(雔雔)가 날아가는 소리를 말한다.
자소 [회의] 우(雨雨)비＋추(隹) ← 수(雔雔)새 두마리

- ❶곽(藿)[huò] 콩잎 /곽향:음양곽(陰陽藿)
- ❷곽(癨)[huò] 곽란(급성 위장병):토사곽란(吐瀉癨亂)

9

(1269) 靁 령 [líng]
뜻 ①비가 오다 ②떨어지다
자원 천둥, 번개치며 비(雨雨)오는 소리가 시끄럽게(吅吅) 들렸던 모양이다.
자소 [지사] 우(雨雨)비, 날씨＋령(吅吅)많은 소리

- ❶령〔靈〕[líng] 신령(神靈):영감(靈感),영혼(靈魂),심령(心靈),영전(靈前)
- ❷령(舲)[líng] 지붕이 있는 배
- ❸령(欞)[líng] 격자창

(1270) 霜 상
뜻 ①서리:추상(秋霜),설상가상(雪上加霜) ②세월:성상(星霜)
자원 봄에 싹 터서, 여름에 자라는데, 가을이 되면 서리가 내려서 식물의 성장을 멈추게하고, 결실을 촉진한다는 뜻이다.
자소 [형성] 우(雨雨)비, 날씨＋상(相)서로

- ❶상(孀)[shuāng] 과부:청상과부(靑孀寡婦)

466

金 長 門 阜 隶 隹 雨 靑 非　[푸를 청]

174. 청 靑靑靑 [qīng]

자원 단(丹)은 남월(南越)의 우물에서 캐는 돌. 윗부분은 날 생(生)자의 모양이 변한 것이다. 목생화(木生火)는 오행에서 목(木)으로 상징되는 푸른색이 화(火)로 상징되는 붉은 색을 낳는다는 말이다. 속담에 신약단청(信若丹靑)이라는 말이 있는데 상생(相生)의 이치에는 필연(必然)이 있다는 뜻이다.

뜻 ①푸르다: 청록(靑綠), 녹, 청산유수(靑山流水) ②젊다: 청소년(靑少年)

자소 [회의] 생(龶 ← 生龶)나다, 낳다＋단(円 ← 丹冃)붉다

부수 성부 — 부수글자가 성부로 쓰일 때

- ❶ 청〈淸〉[qīng] **맑다**: 청결(淸潔), 청렴(淸廉), 청빈(淸貧), 청백리(淸白吏) / 깨끗이 하다: 청산(淸算), 청소(淸掃)
- ❷ 청〈請〉[qǐng] **청하다**: 청혼(請婚), 간청(懇請), 신청(申請), 요청(要請)
- ❸ 정〈情〉[qíng] **뜻**: 감정(感情), 정서(情緒) / 사랑: 애정(愛情), 순정(純情) / 사정(事情): 정보(情報)
- ❹ 청〈晴〉[qíng] **비가 개이다**: 쾌청(快晴), 청명(晴明)
- ❺ 정〈精〉[jīng] **정밀(精密)하다**: 정성(精誠), 정교(精巧) / 신령: 정신(精神) / 정기(精氣): 정력(精力), 정액(精液)
- ❻ 정{靖}[jìng] **편안하다** / 고요하다
- ❼ 정{靚}[jìng] **단장하다** / 얌전하고 조용한 여자 모양
- ❽ 시(猜)[cāi] **시샘하다**: 시기(猜忌) / 의심하다
- ❾ 정(淸)[qìng] **서늘하다**: 동온하정(冬溫夏淸: 겨울에는 따뜻하고 여름에는 서늘하다)
- ❿ 정(睛)[jīng] **눈동자**: 화룡점정(畵龍點睛)
- ⓫ 청(菁)[jīng] **순무우** / 우거지다
- ⓬ 청(鯖)[qīng] **청어** [zhēng] 잡회

【푸를청】 金 長 門 阜 隶 隹 雨 靑 非

성부 글자 | 성부와 부수가 결합된 형성자

(1271) [jìng]

뜻 ①**고요하다**: 동정(動靜), 정숙(靜淑), 안정(安靜), 진정(鎭靜)

자원 원래는 살핀다는 뜻이었다. 색상환에서 마주 보고 있는 색을 보색(補色)이라고 하는데 이를 혼합하면 검정색이 된다. 대비가 너무 심해서 잘 사용하지 않는다. 단청(丹靑)은 보색인 붉은 색과 녹색으로 그려졌지만 각각의 색이 자신의 빛깔을 내면서도 다른 색을 침해하지 않으므로 조화를 이룬다는 뜻이다.

자소 [형성] **청**(靑靑) 푸르다＋**쟁**(爭)다투다

☐ ❶**정**(瀞) [jìng] 물이 맑고 깨끗하다

175. 비 非 [fēi]

자원 새의 양날개가 서로 등진 모양. 빠르게 날면 새의 깃털이 보이지 않으므로 날 비(飛)자에서 아랫부분을 생략한 것은 빠를 신(卂), 반대로 윗부분을 생략한 것이 아닐 비(非)자다.
뜻 ①**아니다**:비민주적(非民主的) ②**나쁘다**:비행(非行)
자소 [지사]

부수 성부 — 부수글자가 성부로 쓰일 때

- ❶ 비〈悲〉[bēi] **슬프다**:비관(悲觀), 비극(悲劇), 비련(悲戀), 비장(悲壯) 비참(悲慘),
- ❷ 죄〈罪〉[zuì] **죄**:범죄(犯罪), 죄책감(罪責感), 유전무죄 무전유죄(有錢無罪無錢有罪), 친고죄(親告罪:피해자가 직접 고발을 해야만 죄가 되는 범죄)
- ❸ 배〔排〕[pǎi] **물리치다**:배척(排斥), 배타(排他) /**밀어내다**:배구(排球), 배수(排水) /배열(排列)하다:안배(按排) [pái] (모양을) 바로 잡다
- ❹ 배〔輩〕[bèi] **무리**:무뢰배(無賴輩), 불량배(不良輩), 선배(先輩), 인재배출(人才輩出:인재가 연달아 나옴), 후배(後輩)
- ❺ 배{裵}[péi] 옷이 치렁치렁하는 모양 /성(姓)씨 /서성거리다
- ❻ 비{扉}[fēi] 문짝 /사립문
- ❼ 배(俳)[pái] 광대:영화배우(映畵俳優)
- ❽ 배(徘)[pái] 목적 없이 왔다갔다 하다:배회(徘徊)
- ❾ 배(裴)[péi] 옷이 치렁치렁하다 참고 배(裵)의 속자
- ❿ 비(斐)[fěi] 아름답다 /문채나다:유비군자(有斐君子)
- ⓫ 비(菲)[fěi] 엷다 /순무 /보잘것 없다 [fēi] 향초
- ⓬ 비(誹)[fěi] 헐뜯다:비방(誹謗)
- ⓭ 비(翡)[fěi] 물총새:비취색(翡翠色)
- ⓮ 비(蜚)[fěi] 바퀴벌레 [fēi] 날다:유언비어(流言蜚語)
- ⓯ 비(緋)[fēi] 붉은 색깔 /비단(緋緞)
- ⓰ 비(霏)[fēi] 눈이 펄펄 날리다 /비가 오다
- ⓱ 비(剕)[fēi] 발꿈치를 베던 형벌

【 연습 문제 】

한자 시험 연습문제
〈제3영역〉讀解 2

〈1~6〉 다음 문장에서 밑줄 친 단어(單語)나 어구(語句)의 뜻을 가장 잘 나타낸 한자(漢字) 또는 한자어(漢字語)는 어느 것입니까?

1. 물가 상승률에 비해 소득 상승률이 상대적으로 낮아 가계 소득이 구조적으로 나빠지고 있다.
  ① 深化 ② 惡化 ③ 改善 ④ 登場

2. 취업률 증가로 이공계 기피 현상이 점점 줄어들고 있다.
  ① 減少 ② 增加 ③ 減員 ④ 增殖

3. 예술의 여러 장르 중 일반 사람들이 접근하기 쉬운 것으로 문학보다 뛰어난 것은 없다.
  ① 簡潔 ② 分明 ③ 容易 ④ 混亂

4. 소설과 달리 만화는 인물의 겉모습을 과장하여 묘사하는 것이 일반적이다.
  ① 外廓 ② 外樣 ③ 外相 ④ 外戚

5. 관객 자신의 소유물이 연극의 소품으로 쓰임으로써 참여의 보람을 느끼게 한다.
  ① 用役 ② 適用 ③ 引用 ④ 活用

6. 영화에서의 편집이란, 기본적으로 촬영 현장에서 찍어 온 필름들을 순서에 맞게 이어 붙이면서 불필요한 필름을 없애는 일이다.
  ① 制禦 ② 除去 ③ 帝居 ④ 提擧

〈7~11〉 다음 글을 읽고 물음에 답하시오.

> 두껍게 눈으로 덮인 ㉠광장은 온통 흰 눈과 얼음 세상입니다.
> 익살맞은 개구쟁이들의 얼굴에 행복이 가득하고, 그림책에서 봤을법한 ㉡커다란 눈 조각들이 설경 아래 가득 펼쳐졌습니다.
> 눈으로 만든 커다란 이글루는 탁자까지 얼음으로 만들었습니다. 개가 끌어주는 눈썰매를 타고, 가족들과 함께 ㉢얼음판을 지치면 한겨울 ㉣추위는 느낄 틈도 없습니다.
> 이렇게 눈 ㉤덮인 숲 속을 거닐며 들어보는 눈 밟는 소리도 한겨울의 ㉥情趣를 더해 줍니다.

7. ㉠의 한자 표기가 바른 것은?
  ① 廣壯 ② 廣場 ③ 黃場 ④ 擴張

8. ㉡의 뜻을 가장 잘 나타낸 것은?
  ① 擴大 ② 縮小 ③ 巨大 ④ 小品

9. ㉢의 뜻을 가장 잘 나타낸 것은?
  ① 氷板 ② 氷雪 ③ 雨雹 ④ 薄氷

10. ㉣의 뜻을 가진 것은?
  ① 溫 ② 暖 ③ 暑 ④ 寒

11. ㉤의 뜻을 가장 잘 나타낸 것은?
  ① 回 ② 强 ③ 張 ④ 蓋

12. ㉥의 독음이 바른 것은?
  ① 정서 ② 정취 ③ 정감 ④ 성취

[연습 문제]

겨울철에는 운동량이 ㉠적다보니 더욱 몸을 움츠리게 되고 생활에 ㉡활력도 ㉢줄어들게 됩니다.
그래서 우울증에 걸리는 ㉣境遇가 가끔 있습니다.
이를 예방하기 위해서는 우선 햇빛 쬐는 시간을 늘리는 것이 가장 좋습니다. 집이나 사무실에 밝은 빛이 많이 들어오게 하고 하루에 30분에서 두시간정도 활기찬 야외 활동을 하면 ㉤가벼운 우울증은 깨끗하게 씻어낼 수 있다고 합니다. 그리고 가까운 사람들과 유쾌한 ㉥對話를 나누거나 여행을 가는 것도 좋은 방법이라고 합니다.

13. ㉠의 뜻을 가진 한자는?
① 記 ② 少 ③ 小 ④ 減

14. ㉡의 한자 표기가 바른 것은?
① 活歷 ② 闊力 ③ 活力 ④ 活役

15. ㉢의 뜻을 가장 잘 나타낸 것은?
① 減少 ② 減量 ③ 增加 ④ 增大

16. ㉣의 독음이 바른 것은?
① 대우 ② 경지 ③ 성향 ④ 경우

17. ㉤의 뜻을 가진 것은?
① 輕 ② 重 ③ 縮 ④ 擴

18. ㉥과 음이 같은 한자를 사용하는 것은?
① 大禍 ② 代言 ③ 大雪 ④ 代理

〈19~23〉 다음 글을 읽고 물음에 답하시오.

우리는 ㉠역사상의 모든 인간 사회들이 물질적 ㉡豊饒라는 가치를 추구했을 것으로 생각한다. 그러나 이러한 상식은 공동체적 유대와 평화로움을 ㉢重視하는 칼라하리 사막의 쿵 족에게는 적용되지 않는다. 이들은 최소한의 식욕을 해결하면 각종 놀이와 행위를 통해 정신적인 즐거움과 화목한 ㉣社會 관계를 유지하고자 노력한다. 이러한 쿵 족의 ㉤태도는 사바나 생태계에서 경험적으로 체득한 지혜에서 나온 것이다. 즉 이들은 건기와 우기의 생태적 변화 과정이나 먹이감의 이동 경로, 식용 식물에 대한 지식 등에 기초하여 노동을 배분한다.

19. ㉠의 한자 표기가 바른 것은?
① 役事上 ② 歷史上
③ 歷史狀 ④ 力士上

20. ㉡의 독음이 바른 것은?
① 풍년 ② 풍성 ③ 풍요 ④ 풍만

21. ㉢의 뜻을 가장 잘 나타낸 것은?
① 중요하게 여기는
② 살펴보는
③ 무겁게 생각하는
④ 얕보는

22. ㉣과 음이 같은 한자를 사용하는 것은?
① 司會 ② 死藏 ③ 使喚 ④ 思想

23. ㉤의 한자 표기가 바른 것은?
① 台徒 ② 大利 ③ 態度 ④ 姿態

[정답] 1② 2① 3③ 4② 5④ 6② 7② 8③ 9① 10④ 11④ 12② 13④ 14③ 15① 16④ 17① 18① 19② 20③ 21① 22① 23③

9획 부수 〔11개〕

| 암기 | 구면 얼굴(面) 가죽(革)을 위(韋)로 드니
부추(韭) 소리(音)에 머리털(頁)이 바람(風)에 날리고(飛)
밥(食)상 머리(首)엔 향기(香)나더라. |

面　　　[얼굴 면]
革　　　[가죽 혁]
韋　　　[가죽 위]
韭　　　[부추 구]
音　　　[소리 음]
頁　　　[머리 혈]　　경(頃) 수(須) 반(頒) 령(領) 빈(頻) 전(顚) 호(顥)
風　　　[바람 풍]
飛　　　[날 비]
食(飠)　[밥 식]　　　손(飡) 양(養)
首　　　[머리 수]
香　　　[향기 향]

9
획

面 革 韋 韭 音 頁 風 飛 食 首 香　[얼굴면]

214 부수글자 **176**　　9 - 1/11　　(9획부수)

176. 면 面回㐃 [miàn]

자원 머리에서 얼굴의 윤곽을 강조한 것이다. 털을 강조한 것은 머리 수(首), 목 아래를 강조한 것은 머리 혈(頁)이 된다.
뜻 ①얼굴:생면부지(生面不知),안면(顔面) ②대하다:대면(對面),면접(面接) ③겉:표면(表面)
자소 [상형] **수**(百㐃)머리＋위(囗) ← 얼굴 형태

부수 성부　　부수글자가 성부로 쓰일 때

☐ ❶면(麵)[miàn] 국수:자장면〈작장면(炸醬麵:장을 볶은 국수) 참고 면(麪)과 같다.
☐ ❷면(緬)[miǎn] 가는 실:면양(緬羊＝綿羊:털이 긴 양) /멀다

9획

【가죽 혁】 面革 韋 韭 音 頁 風 飛 食 首 香

214 부수글자 **177**　　9 - 2/11　　(9획부수)

177. 혁 革 革[gé]

자원 짐승의 거죽을 벗겨 낸 것으로, 털이 달린 채로 있는 것을 피(皮🦴)라고 하며, 피(皮🦴)에서 털을 제거한 것을 혁(革革), 무두질한 것을 위(韋韋)라고 한다. 털을 뽑아 버리면 모양이 달라지므로「변혁(變革), 개혁(改革)」이라는 뜻으로 쓰인다.
뜻 ①**가죽**:피혁(皮革), 혁대(革帶) ②고치다:혁명(革命), 개혁(改革)
자소【상형】

面革 韋 韭 音 頁 風 飛 食 首 香　[가죽 위]

178. 위 韋 [wéi]

자원 짐승의 가죽으로 묶어 둔 물건이 잘 헝크러진다는 뜻이였다. 후에 가차되어 가죽이란 뜻이 되었다. 원래는 「어긋난다」는 뜻이였으나, 후에는 주로 무두질하여 「부드럽게 만든 가죽」을 뜻하게 되었다. 털만 제거한 거친 가죽은 혁(革)이라고 한다.

뜻 ①**부드러운 가죽**:위편삼절(韋編三絶:공자가 주역을 좋아하여 책을 엮은 가죽 끈이 3번이나 떨어지도록 읽었다)

자소 [형성] 천(韋 ← 舛卉)어긋나다+구(口) ← 위(囗囗)에워싸다

부수 성부 — 부수글자가 성부로 쓰일 때

- ❶위〈偉〉[wěi] **훌륭하다**(뛰어나다):위인(偉人),위대(偉大),위업(偉業),위용(偉容)
- ❷위〔圍〕[wéi] **둘레**:포위(包圍),범위(範圍),위리안치(圍籬安置),주위(周圍)
- ❸위〔違〕[wéi] **어기다**:위반(違反),위법(違法),위화감(違和感),위배(違背)
- ❹위〔緯〕[wěi] **씨줄**:위도(緯度) /비밀스러운 예언서:참위서(讖緯書)
- ❺위〔衛〕[wèi] **지키다**:위생(衛生),호위(護衛),수위(守衛),방위(防衛),위성(衛星)
  참고 원래의 글자는 위(衞)로 잡(帀)이 포함되어 있었다.
- ❻위{瑋}[wěi] **옥 이름** /진기하다 /아름답다
- ❼위{暐}[wěi] **햇빛** /빛나는 모양
- ❽위(葦)[wěi] **갈대**
- ❾위(韠)[huī] **폐슬**(무릎가리개) ■휘:향낭폐슬
- ❿휘(諱)[huì] **꺼리다**:기휘(忌諱),휘자(諱字:돌아가신 어른의 이름자를 사용하지 않고 피하는 것)

【부추 구】 面革韋韭音頁風飛食首香

214 부수글자 **179**　　　9 - 4/11　　　(9획부수)

179. 구 [jiǔ]

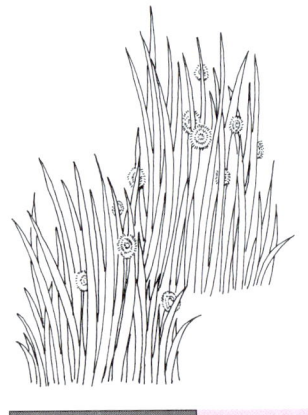

[자원] 부추잎이 땅에서 돋아나는 모양. 베어 내면 다시 자라므로 음이 구(久)가 되었고, 땅 위에 낮게 자라므로 땅을 뜻하는 일(一)을 그렸다.
[뜻] ①부추
[자소] 【상형】

성부 글자 — 성부와 부수가 결합된 형성자

(1272) **䎱 해** [xiè]
[뜻] ①과감하다(용감하다) ②좁다
[자원] 찬 이슬이 내리는 밤기운 해(瀣)자는 원래 엄교해(䥵)가 생략된 것이다.
[자소] 잔(夊舛)뚫다＋구(韭韭)부추

□ ❶해(瀣)[xiè] 찬 이슬이 내리는 밤 기운

(1273) **韱 섬** [xiān]
[뜻] ①산부추 ②가늘다
[자원] 부추(韭韭)를 자르는(戈) 모양을 본떴다.
[자소] 【형성】 첨(戈)자르다＋구(韭韭)부추

□ ❶섬{纖}[xiān] 가늘다: 섬세(纖細), 섬약(纖弱) /가는 것: 섬유(纖維), 섬섬옥수(纖纖玉手)
□ ❷섬(殲)[jiān] 몰살하다 /모조리 다 죽이다: 섬멸(殲滅)
□ ❸참(讖)[chán] 참서(미래기:未來記): 참언(讖言)
□ ❹참(懺)[chàn] 뉘우치다 /회개하다: 참회록(懺悔錄)
□ ❺첨(籤)[qiān] 제비뽑기: 추첨(抽籤), 당첨(當籤) /점대 /꼬챙이

9획

面革韋韭 音 頁風飛食首香　[소리 음]

180. 음 音 [yīn]

자원 입에서 나오는 소리 중 절도, 분별이 있는 소리를 말한다. 궁상각치우(宮商角徵羽)의 5음계가 있고, 실, 대나무, 쇠, 돌, 박, 흙, 가죽으로 만든 악기가 이들 소리를 낸다. 남몰래 무엇인가를 할 때에는 소리가 날까 봐 가장 신경이 쓰이므로, 음(音흡)자가 포함된 글자는「몰래 한다」는 뜻이 내포된 것이 많다.

뜻 ①**음악**(音樂):경음악(輕音樂) ②**소리**:음성(音聲), 굉음(轟音), 녹음(錄音), 소음(騷音), 잡음(雜音) /말씀:복음(福音)

자소 [지사] **일**(一) 1, 하나+**언**(音 ← 言)말씀

부수 성부　　　부수글자가 성부로 쓰일 때

- ❶ **암**〈暗〉[àn] **어둡다**:암흑(暗黑), 명암(明暗) /몰래:암살(暗殺), 암매장(暗埋葬) /외우다:암기(暗記), 암송(暗誦)
- ❷ **암**(諳) [ān] 외우다
- ❸ **암**(闇) [àn] **어둡다**:암시장(闇市場) /어리석다:암매(闇昧:어리석고 둔하다)
- ❹ **흠**(歆) [xīn] 조상의 혼령이 제사 음식을 맛보다

【머리 혈】 面革韋韭音頁風飛食首香

214 부수글자 **181**　　　　9 - 6/11　　　　　　　　　(9획부수)

181. 혈 頁見頁 [yè]

자원 머리 수(百)에서 목을 뜻하는 인(儿)이 더했다. 윤곽을 강조한 것은 얼굴 면(面), 머리털을 강조한 것은 머리 수(首)가 된다.
뜻 ①머리
자소 [상형] 수(頁頁)머리＋팔(八) ← 인(儿)사람

성부 글자 / 성부와 부수가 결합된 형성자

(1274) 傾頃경 [qǐng]
뜻 ①잠깐：일식경(一食頃), 명재경각(命在頃刻) ②100이랑(田百畝爲頃)
자원 머리를 오른쪽으로 숙인 것이 요(夭), 왼쪽으로 숙인 것이 녈(矢夨)이다. 경(頃)은 정면을 보지 않고 측면을 보고 있는 모습이다.
자소 [회의] 비(匕)나란하다＋혈(頁)머리

□ ❶경〔傾〕[qīng] 기울어지다：경사(傾斜), 경청(傾聽) /경향(傾向)：좌경(左傾)
□ ❷경{熲}[jiǒng] 빛나다 /불빛
□ ❸영{穎}[yǐng] 이삭 /뾰족한 끝 /빼어나다
□ ❹영〔潁〕[yǐng] 강 이름：영수은사(潁水隱士)：요임금 때 영수에 은거했던 허유(許由)라는 사람

(1275) 須須수 [xū]
뜻 ①필요하다：필수(必須) ②모름지기：남아수독오거서(男兒須讀五車書：남자는 모름지기 5수레의 책을 읽어야 한다)
자원 턱 아래에 있는 털이니「턱수염」을 말한다. 이(頤)는 턱을 말한다.
자소 [회의] 삼(彡)곱게 빗은 머리털＋혈(頁)머리

□ ❶수(鬚)[xū] 턱수염：수염(鬚髥：턱수염과 구레나룻)

(1276) 頒頒반 [bān]
뜻 ①나누다 ②널리 퍼뜨리다 ③머리가 반쯤 세다
자원 원래는 머리가 크다는 뜻이었다. 살적, 구레나룻 위에 난 머리털을 말한다. 지금은 머리나 수염이 반쯤 센 것을 말한다.
자소 [형성] 분(分)나누다＋혈(頁)머리
성부 寡과

面革韋韭音頁風飛食首香 [머리 혈]

(1277) 領 령 [lǐng]
뜻 ①옷깃:영수(領袖:옷깃과 소매. 우두머리) ②다스리다:영주(領主),영공(領空),영토(領土),영해(領海) ③우두머리:두령(頭領),수령(首領) ④영관(領官):소령, 중령, 대령 ⑤받다:영수증(領收證),수령(受領)
자원 신체에서 귀중한 부분인 「목」을 말한다.
자소 [형성] 령(令)명령하다 ＋ 혈(頁)머리

☐ ❶령〔嶺〕[lǐng] 고개:영동(嶺東),영남(嶺南),분수령(分水嶺),태산준령(泰山峻嶺)

6
(1278) 頪 뢰 [lèi]
뜻 ①깨닫기 어렵다 ②새하얀 모양
자원 사람의 머리가 쌀알처럼 동글동글해서 잘 분간되지 않는다는 뜻이다. 미(米)가 가루 분(粉)이 생략된 것이라고도 한다.
자소 [회의] 미(米)쌀,가루,입자 ＋ 혈(頁)사람의 머리

☐ ❶류〔類〕[lèi] 무리:유유상종(類類相從),종류(種類),유형(類形) /닮다:유사(類似),유인원(類人猿)
☐ ❷뢰(纇)[luì] 실마디

7
(1279) 頻 빈 [pín]
뜻 ①자주:빈도(頻度),빈발(頻發),빈번(頻繁) ②찡그리다:빈축(頻蹙)
자원 물을 건너가려고(涉) 물가에 다가간 사람이 얼굴을 찡그리고 멈추어 선다는 뜻이다. 빈(顰)은 눈살을 찌푸린다는 뜻, 축(蹙)은 찡그린다는 뜻.
자소 [회의] 보(步) ← 섭(涉)물을 건너다 ＋ 혈(頁)머리

☐ ❶빈(嚬)[pín] 찡그리다:빈축(嚬蹙＝顰蹙:비난할 때의 표정)
☐ ❷빈(瀕)[bīn] 물가 /임박하다:빈사(瀕死)
☐ ❸빈(蘋)[pín] 개구리밥 ■평[píng] 능금

10
(1280) 顚 전 [diān]
뜻 ①머리:전말서(顚末書) ②뒤집히다:가치전도(價値顚倒)
자원 극(極)과 극(極)은 서로 통하는 것이다. 진짜 머리, 혹은 꼭대기는 뒤집히기 쉽다는 뜻이다.
자소 [형성] 진(眞)진실 ＋ 혈(頁)머리

☐ ❶전(癲)[diān] 미치다 /지랄
☐ ❷전(巔)[diān] 산꼭대기

12
(1281) 顥 호 [hào]
뜻 ①크다 ②머리털이 희다
자원 머리털이 흰 사람(白首人)을 말한다.
자소 [회의] 경(景)경치 ＋ 혈(頁)머리

☐ ❶호{灝}[hào] 넓다 /아득하다

9획

481

【바람 풍】 面 革 韋 韭 音 頁 風 飛 食 首 香

214 부수글자 **182**　　9 - 7/11　　(9획부수)

182. 풍 風 [fēng]

[자원] 바람이 불면 많은 벌레(동물)들이 생긴다고 여겼다. 불어오는 방향에 따라 여덟가지 바람이 있었다고 한다.
[뜻] ①**바람**:일진광풍(一陣狂風) ②**경치**:풍광(風光), 풍치(風致), 음풍농월(吟風弄月) ③**풍속**(風俗):서양풍(西洋風)
[자소] [형성] **범**(凡←凡)일반적인 것+**훼**(虫)벌레, 살모사

부수 성부　　　　　부수글자가 성부로 쓰일 때

- ❶**람**(嵐) [lán] 산 기운
- ❷**풍**〈楓〉[fēng] 단풍(丹楓)**나무**:풍국(楓菊), 풍악산(楓嶽山:가을의 금강산)
- ❸**풍**(諷) [fěng] **외우다**:풍자소설(諷刺小說)
- ❹**삽**(颯) [sà] **바람소리**:삽상(颯爽)

面革韋韭音頁風飛食首香　　[날비]

183. 비 飛 飛[fēi]

[자원] 날개를 쭉 펼치고 하늘을 날으는 새 모양을 본떴다.
[뜻] ①**날다**:비상(飛翔), 비행(飛行), 비화(飛火), 혼비백산(魂飛魄散) ②빠르다 ③높다
[자소] [상형]

【밥식】　面革韋韭音頁風飛食首香

214 부수글자 **184**　　　9 - 9/11　　　(9획부수)

184. 식食食食食 [shí]

자원 오곡을 모아서(스△) 맛있는(皀壱) 밥을 짓는다는 뜻이다.
뜻 ①밥:식사(食事), 양식(洋食), 한식(韓食) ②먹다:식전(食前), 식충(食蟲), 식후(食後) ③속이다:식언(食言) ■사[sì]①먹이다
자소 [형성] 집(스△)이리저리 모이다+간(艮) ← 흡(皀壱)고소하다

부수 성부　　　부수글자가 성부로 쓰일 때

- ❶식〔飾〕[shì]꾸미다:장식(裝飾), 수식(修飾), 허례허식(虛禮虛飾), 복식(服飾)
- ❷식(蝕)[shí]좀먹다:일식(日蝕), 월식(月蝕), 침식(浸蝕), 부식(腐蝕)
- ❸칙(飭)[chì]삼가하다 /바로잡다
- ❹식(飶)[shí]땅이름

성부 글자　　　성부와 부수가 결합된 형성자

(1282) 손 [sūn]
뜻 ①저녁밥 ②먹다 ③물에 만 밥
자원 아침밥을 옹(饔), 저녁밥을 손(飧)이라하는데 익힌 음식이라는 점은 공통된다. 손(飱) 혹은 손(湌)으로 쓰기도 하는데 이것의 약자가 손(湌)이다.
자소 [회의] 석(夕)저녁+식(食食)밥,먹다

(1283) 양 [yǎng]
뜻 ①기르다(育也):양로(養老), 영양(營養), 양친(養親), 교양(敎養), 양육(養育)
자원 양(羊羊)처럼 착하고 아름답게 음식(食食)도 대접하면서 봉양한다는 말이다.
자소 [형성] 양(䒑 ← 羊羊)양+식(食食)밥,먹다

- ❶양(瀁)[yàng]물이름 /물이 끝없이 넓은 모양

185. 수 首𦣻 [shǒu]

자원 머리 수(百)위에 머리털까지 그린 것이다.
뜻 ①**머리**:참수(斬首) ②**첫째**:수석(首席)
자소 [상형] **수**(百𦣻)머리＋**천**(巛)여기서는 머리털 모양

【 향기 향 】

面革韋韭音頁風飛食首香

214 부수글자 **186**　　　9 - 11/11　　　(9획부수)

186. 향 香𪏰[xiang]

자원 기장(黍㑞)을 삶았을 때 맛있는(甘日) 냄새가 풍겨 나온다는 뜻이다.
뜻 ①**향기**(香氣):향수(香水),국향(菊香)
자소 [회의] 화(禾) ← 서(黍㑞)기장+왈(日) ← 감(甘日)달다

| 부수 성부 | 부수글자가 성부로 쓰일 때 |

☐ ❶형(馨) [xīn]향기(가 나다)

486

[연습 문제]

한자 시험 연습문제
〈제3영역〉 讀解 3

〈1~10〉 다음 문장에서 밑줄 친 한자어(漢字語)의 음(音)은 무엇입니까?

1. 오랜 세월 동안 이어온 우리 조상들의 음악은 <u>傳統</u> 음악으로 불린다.
   ① 전통   ② 전망   ③ 소통   ④ 분통

2. 국제화나 개방화는 여러 나라가 다양하게 존재하면서 <u>競爭</u>하고 관계를 맺는다는 뜻이 강하다.
   ① 경탄   ② 경사   ③ 경쟁   ④ 투쟁

3. 그림책이 이야기를 설명한다는 목적 때문에 예술적 의의를 <u>認定</u>받지 못했던 한계를 넘어서고 있다.
   ① 인식   ② 인정   ③ 규정   ④ 확정

4. 배경 지식을 활용하여 다른 <u>狀況</u>을 추리하면 도움이 된다.
   ① 상태   ② 근황   ③ 상식   ④ 상황

5. 생태계는 외부의 <u>衝擊</u>을 조절하는 능력을 가지고 있다고 보여 진다.
   ① 충격   ② 충동   ③ 가격   ④ 격추

6. 식량 자원이 무기화될 때 그것은 전쟁 무기보다 더 큰 <u>威脅</u>이 될 수 있다.
   ① 위기   ② 위협   ③ 세칙   ④ 소강

7. 거북한 <u>處地</u>를 극복하는 데 성공하였을 때 즐거움이 따른다.
   ① 처세   ② 천지   ③ 처지   ④ 객지

8. 미래의 <u>資源</u> 부국이 될 수 있도록 범국민적인 힘을 모아야 할 것이다.
   ① 자질   ② 근원   ③ 자원   ④ 자산

9. 역사의 올바른 진행 방향을 파악할 수 있는 <u>透徹</u>한 역사의식을 갖추어야 한다.
   ① 치밀   ② 투철   ③ 엄격   ④ 원대

10. 지도는 각 시대의 필요에 따라 <u>漸進的</u>으로 발달해 왔다.
    ① 점진적   ② 혁신적   ③ 점차적   ④ 보수적

〈11~12〉 다음 문장에서 밑줄 친 한자어(漢字語)의 뜻풀이로 적절한 것은 어느 것입니까?

11. 끝없는 <u>光陰</u>이 흐른 뒤에 새 역사가 길을 열었다.
    ① 세월   ② 빛   ③ 음지   ④ 인생

12. 사람들에 <u>膾炙</u>되는 가운데 이야기의 본질이 달라졌다.
    ① 변하는   ② 오르내리는
    ③ 토의되는   ④ 인정되는

〈13~20〉 다음 문장에서 빈칸에 들어갈 가장 적절한 한자어(漢字語)는 어느 것입니까?

13. 화석 연구를 통하여 과학자들은 ☐☐ 역사상 여러 번에 걸쳐 대규모의 멸종이 있었음을 알아내었다.
    ① 道路   ② 未來   ③ 畫家   ④ 地球

【 연습 문제 】

14. 경제 발전 과정에서 □□된 기업이나 금융 기관이 필연적으로 생겨나게 되는 것이다.
   ① 落伍   ② 展開   ③ 衝突   ④ 轉落

15. 21세기를 눈앞에 둔 인류에게 세계화는 커다란 역사적 □□의 의미를 갖는다.
   ① 土臺   ② 轉換   ③ 眞僞   ④ 環境

16. 존엄성을 갖는 인간은 어느 □□에든 자신이 원하는 방향으로 삶을 결정할 수 있다.
   ① 配置   ② 場面   ③ 瞬間   ④ 變化

17. 한국의 과학 기술자들은 지성인으로서 비판적 □□을 담당해야 한다.
   ① 機能   ② 性向   ③ 支分   ④ 分析

18. 우리 민족은 현실적이고 세속적인 □□에 대해 비판적이었다.
   ① 狀況   ② 常識   ③ 價値   ④ 結果

19. 시장을 □□시키는 힘은 소비자의 호의를 차지하기 위해 공급자들이 벌이는 경쟁이다.
   ① 運營   ② 作動   ③ 經營   ④ 交換

20. 현실적 삶은 기쁨과 슬픔이 □□하므로 항상 어려움에 대비해야 한다.
   ① 發達   ② 特許   ③ 眞實   ④ 交叉

〈21~30〉 다음 문장에서 밑줄 친 한자어(漢字語)의 한자표기(漢字表記)가 바르지 않은 것은 어느 것입니까?

21. 상하 ①關係가 ②重試되던 사회 구조의 ③影響으로 우리말에는 높임법이 ④發達하였다.

22. ①專門 분야의 문제점을 전체에 ②適用하여 우리 사회가 ③當面한 문제점을 ④自刻하도록 하고 있다.

23. ①動陽 의학을 공부하는 사람이나 동양 ②醫學으로 ③治療를 받는 사람들은 이를 ④科學的으로 믿고 있지 않다.

24. 현대 사회를 ①消費 사회라고 부를 수 있을 ②定道로 소비가 ③全體에서 중요한 ④活動으로 자리잡게 되었다.

25. 인간의 문명 ①發達은 자연에 대한 ②空砲로부터 ③解放하는 ④過程이다.

26. 우리 ①民族이 중국에 대한 ②武力的 투쟁의 ③方式으로만 민족의 ④自住性을 지키려 했던 것은 아니다.

27. ①小說은 ②假想을 통해 현실의 ③所望을 이루고자 하는 ④態度가 담겨 있다.

28. ①世界 문화란 이름 아래 외래 ②大衆 문화의 ③誘入을 ④放置해서는 안 된다.

29. ①廣告는 다른 대중 ②文華 ③商品에 대해 리더쉽을 ④行使하고 있다.

30. 산점 ①妬視는 구도의 ②背馳에 있어서도 많은 ③變化의 ④餘地를 제공하였다.

[정답] 1① 2③ 3④ 4④ 5① 6② 7③ 8③ 9② 10① 11① 12② 13④ 14① 15② 16③ 17① 18③ 19② 20④ 21② 22④ 23① 24② 25② 26④ 27③ 28③ 29② 30②

10획 부수 〔8개〕

| 암기 | 십 말(馬) 뼉다구(骨)가 높이(高) 터럭(彡)을 발발 거리니
싸우는(鬥) 술창(鬯)엔 오지병(鬲) 귀신(鬼)뿐이다. |

馬　　　[말 마]　　　풍(馮)
骨　　　[뼈 골]
高　　　[높을 고]
髟　　　[터럭 표]
鬥　　　[싸울 투]
鬯　　　[울창주 창]
鬲(鬲)　[오지병 격/력]
鬼　　　[귀신 귀]

10
획

馬骨高髟鬥鬯鬲鬼　　[말 마]

214 부수글자 **187**　　　10 - 1/8　　　(10획부수)

187. 마 馬[mǎ]

[자원] 말이 성을 내어 두 다리를 치켜든 것이다. 말의 머리, 갈기, 꼬리, 4발의 모양을 본떴다.
[뜻] ①말: 승마(乘馬), 기마대(騎馬隊), 견마지로(犬馬之勞)
[자소] [상형]

부수 성부　　부수글자가 성부로 쓰일 때

- ❶마{瑪}[mǎ] 마노
- ❷마(碼)[mǎ] 마노
- ❸매(罵)[mà] 욕하며 꾸짖다: 매도(罵倒)

성부 글자　　성부와 부수가 결합된 형성자

(1284) [píng]
[뜻] ①오르다 ②걸어서 건너다 ■풍[fēng]①성씨(姓氏)
[자원] 말(馬馬)발굽이 땅에 얼어붙은(冫仌) 듯이 밀착되어 빠르게 달리는 말이다. 성(盛)하다, 크다, 가득하다는 뜻으로 확대되었다.
[자소] [형성] 빙(冫←仌) 얼음＋마(馬馬) 말

- ❶빙{憑}[píng] 의지하다: 혼인빙자(婚姻憑藉) /증거: 증빙서류(證憑書類)

(1285) [shù, zhí]
[뜻] ①말의 발을 얽어매다 ②잡아매다
[자원] 말의 발을 묶었다는 말이다.
[자소] [형성] 빙(冫←仌) 얼음＋마(馬馬) 말

- ❶기(羈)[píng] 굴레 /잡아매다 [참고] 패(霸)는 다른 글자.

【뼈 골】 馬骨高髟鬥鬯鬲鬼

214 부수글자 **188**　　　　10 - 2/8　　　　(10획부수)

188. 골 骨 [gǔ]

자원 살 속에 들어 있는 뼈를 말한다. 과(冎)를 덧붙인 것은 살을 발라내면 드러나는 것이 뼈라는 뜻이다. 핵(覈)은 사실을 조사하여 밝힌다는 뜻이다.

뜻 ①뼈:골수(骨髓), 각골난망(刻骨難忘) ②부모형제 사이:골육지친(骨肉之親)

자소 [회의] 월(月) ← 육(肉)고기 + 과(冎 ← 冎)살을 발라내다

| 부수 성부 | 부수글자가 성부로 쓰일 때 |

- ❶활(滑) [huá] 미끄럽다:윤활(潤滑), 활강(滑降) ■골:익살스럽다:골계(滑稽)
- ❷활(猾) [huá] 교활(狡猾)하다
- ❸골(鶻) [gú] 송골매

馬骨高髟鬥鬯鬲鬼　［높을 고］

214 부수글자 **189**　　10 - 3/8　　（10획부수）

189. 고 高[gāo]

자원 성 위에 높이 솟아 있는, 망을 보는 누대(樓臺)의 모양을 본떴다
뜻 ①**높다**:고등(高等),고수(高手),고저(高低),고층(高層) ②비싸다:고가(高價) ③고상(高尙)하다:고아(高雅)
자소 [상형]

부수 성부　　부수글자가 성부로 쓰일 때

☐ ❶고〔稿〕[gǎo] 볏짚 /원고:원고료(原稿料),초고(草稿),탈고(脫稿)
☐ ❷호〔毫〕[háo] 가는 털:추호(秋毫),백호(白毫) /붓:휘호대회(揮毫大會)
☐ ❸고{敲}[qiāo] 가볍게 똑똑 두드리다:퇴고(推敲)
☐ ❹호{鎬}[gǎo] 쟁개비 /곡괭이 [hào] 땅 이름:호경(鎬京:주 무왕의 도읍지)
☐ ❺고(膏)[gāo] 기름:고약(膏藥) /살찌다:고량진미(膏粱珍味) [gào] 기름 치다
☐ ❻고(槁)[gǎo] 말라 죽다:고목(槁木,枯木) 참고 고(槀)와 같은 글자
☐ ❼호(暠)[hào] 깨끗하다 ■고[gǎo] 희다 /분명하다
☐ ❽호(縞)[gǎo] 명주(희고 깨끗한 비단):호의현상(縞衣玄裳:흰 저고리 검은 치마,학)

10 획

【터럭 표】 馬 骨 高 髟 鬥 鬯 鬲 鬼

214 부수글자 **190**　　　　　10 - 4/8　　　　　(10획부수)

190. 표 髟 [biāo]

자원 길다란(長髟) 머리털(彡)이라는 뜻이다.
뜻 ①**머리털** ②긴 털이 드리워지다
자소 [회의] **장**(镸 ← 長髟)길다+**삼**(彡)머리털

馬 骨 高 髟 鬥 鬯 鬲 鬼 [싸울투]

214 부수글자 **191**　　　10 - 5/8　　　(10획부수)

191. 투 [dòu]

자원 손에 무엇을 든 두 사람이 마주 서서 싸우는 모양이다.
뜻 ①싸우다 ②싸움
자소 [상형]

| 부수 성부 | 부수글자가 성부로 쓰일 때 |

- ❶투 [鬪] [dòu] 싸우다 : 전투(戰鬪), 투사(鬪士), 고군분투(孤軍奮鬪)
- ❷뇨 (鬧) [nào] 시끄럽다

【울창주 창】馬 骨 高 髟 鬥 鬯 鬲 鬼

214 부수글자 **192**　　　10 - 6/8　　　(10획부수)

192. 창 鬯[chàng]

[자원] 그릇(凵)안의 쌀알과 곡식(米)이 섞여 익은 술을 숟갈(匕)로 떠내는 모양을 나타낸 것이다.
[뜻] ①울창주(鬱鬯酒:제사 때 강신용으로 쓰는 술)
[자소] [회의] 거(凵)그릇＋미(米)쌀,가루,입자＋비(匕)숟가락

| 성부 글자 | 성부와 부수가 결합된 형성자 |

(1286)

[뜻] ①울금향
[자원] 먼 곳 울나라 사람들이 바치던 향초인데 울창주를 만들어 제사 때 강신주(降神酒)로 사용했다.
[자소] [회의] 국(臼匊)깍지 낀 손＋부(缶)질그릇＋멱(冖)덮다＋창(鬯)울창주＋삼(彡)고운 머리털

❶울(鬱)[yù]답답하다:울적(鬱寂),우울(憂鬱) /우거지다:울창(鬱蒼)

馬 骨 高 髟 鬥 鬯 鬲 鬼 [오지병 격]

| 214 부수글자 **193** | 10 - 7/8 | (10획부수) |

193. 격/력 鬲鬲鬲 [gé]

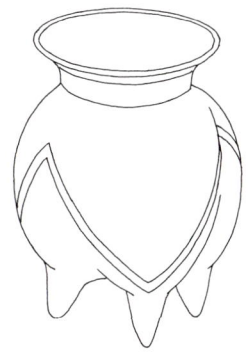

자원 배부분에 교차하는 무늬가 있고 다리가 3개다.
뜻 ①오지병 ②가로막다 ■력[lì]①두 되들이 다리 굽은 솥
자소 [상형]

부수 성부 | 부수글자가 성부로 쓰일 때

- ❶격{隔} [gé] 막히다 /사이가 뜨다 /멀리하다:격리수용(隔離收容) /거르다
- ❷격(膈) [gé] 명치:횡격막(橫膈膜)

성부 글자 | 성부와 부수가 결합된 형성자

(1287) 鬳 [yàn]
뜻 ①가마솥의 일종
자원 이 솥에 개(犬)를 삶아서 제사 지내는 것이 헌(獻)이다.
자소 [형성] 호(虍)범의 문채 ＋격(鬲)오지병

- ❶헌〔獻〕[xiàn] 바치다:헌금(獻金), 헌납(獻納), 봉헌(奉獻) /책:문헌(文獻)

【귀신 귀】 馬 骨 高 髟 鬥 鬯 鬲 鬼

214 부수글자 **194**　　　　　10 - 8/8　　　　　　　　（10획부수）

194. 귀 鬼 [guǐ]

자원 사람이 죽으면 맑은 기운은 혼(魂)이 되어 하늘로 올라가고, 흐린 기운은 백(魄)이 되어 땅으로 내려간다. 영혼 중에서 귀(鬼)는 음기(陰氣)로 만들어지는 것으로 사람을 해친다. 신(神)은 양기(陽氣)로 만들어지는 것으로 사람을 돕는다.

뜻 ①**귀신**(鬼神):아귀(餓鬼), 귀곡성(鬼哭聲:귀신이 우는 소리) ②아주 뛰어난 재주:귀재(鬼才)

자소 [회의] **불**(甶)귀신머리+**인**(儿)어진 사람+**사**(厶)개인적인 것

부수 성부　　　　　　　부수글자가 성부로 쓰일 때

- ❶**괴**〔愧〕[kuì] **부끄러워하다**:앙불괴어천(仰不愧於天:하늘을 우러러 부끄럽지 않음)
- ❷**괴**〔塊〕[kuài] **흙덩이**(덩어리):금괴(金塊) /홀로 외로움:괴연(塊然)
- ❸**괴**(傀)[kuǐ] **꼭둑각시**:괴뢰정권(傀儡政權) [guǐ] 괴상하다 /우뚝 선 모양
- ❹**괴**(槐)[huái] **회화나무** /삼공의 자리(주나라 때 삼공이 서는 자리에 회나무를 심었던 데서)
- ❺**괴**(魁)[kuí] **우두머리**:괴수(魁首) /크다 /조개

한자 시험 연습문제
〈제3영역〉 讀解 4

〈1~6〉 다음 문장에서 밑줄 친 단어(單語)나 어구(語句)의 뜻을 가장 잘 나타낸 한자(漢字) 또는 한자어(漢字語)는 어느 것입니까?

1. 영국 왕이 방문했을 때 성대한 환영행사를 하면서 입도록 한 독특한 체크 무늬가 각 씨족을 대표하는 의상으로 자리를 잡게 되었다.
   ① 土着 ② 定着 ③ 精製 ④ 整理

2. 시간과 장소를 뛰어넘어 언제 어디서나 통하는 진리란 없다.
   ① 普遍的 ② 逆說的
   ③ 象徵的 ④ 傳統的

3. 물에 열을 가하게 되면 증기로 바뀌게 된다.
   ① 轉移 ② 確信 ③ 變化 ④ 固定

4. 나비의 작은 날개 짓이 커다란 태풍을 불러일으킬 수도 있다.
   ① 挑發 ② 誘發 ③ 衝突 ④ 敵中

5. 광고가 과도한 이미지를 만들어 내기 때문에 과소비를 북돋우고 있다.
   ① 計劃 ② 心算 ③ 計劃 ④ 助長

6. 의미 있는 정보와 지식을 가려내고 이를 토대로 정치적 결정과정에 적극 참여하는 것이 바람직하다.
   ① 俱現 ② 選別 ③ 造成 ④ 制御

〈7~11〉 다음 글을 읽고 물음에 답하시오.

> 광고는 문화를 생성하고 유지하는 데 커다란 역할을 한다. 문화란 상징, 영웅, 가치 등의 세부 ㉠요인들로 구성되는데 광고는 이것들에 영향을 미친다. 특히 광고는 가치를 ㉡이끌어 낸다. 가치는 무형적이므로 광고에 담긴 가치를 ㉢찾아내는 일은 쉽지 않다. 그러나 광고의 내용 분석 등을 통해서 광고가 지향하는 가치를 조사할 수 있다.
> 특히 요즘 광고는 상품의 ㉣情報보다 이미지를 만들어 내는 것에 ㉤역점을 두고 있다. 그래서 광고가 과도한 이미지들을 만들어 내기 때문에 과소비를 북돋우고 있다고 ㉥批判하는 사람도 많다.

7. ㉠의 한자 표기가 바른 것은?
   ① 妖人 ② 要因 ③ 要人 ④ 要所

8. ㉡의 뜻을 가장 잘 나타낸 것은?
   ① 導入 ② 導出 ③ 創出 ④ 暢達

9. ㉢의 뜻을 가장 잘 나타낸 것은?
   ① 發見 ② 發現 ③ 發明 ④ 發想

10. ㉣의 독음이 바른 것은?
    ① 정리 ② 성서 ③ 보도 ④ 정보

11. ㉤의 한자 표기가 바른 것은?
    ① 力點 ② 役點 ③ 昜占 ④ 譯点

12. ㉥의 독음이 바른 것은?

【 연습 문제 】

① 비난　② 비판　③ 평판　④ 판단

〈13~18〉 다음 글을 읽고 물음에 답하시오.

　쇠고기는 선홍빛의 붉은색을 띠는 것이 맛이 있다. 표면에 검붉은 빛이 ㉠<u>약간</u> 있더라도 절단면의 색이 붉고 윤기가 나면 큰 이상이 없다. 붉은 살만 있는 고기보다는 ㉡<u>지방</u>이 살 속에 균일하게 ㉢<u>섞여</u> 있어야 씹는 맛도 좋고 고소하다. 또 보신용으로 인기 좋은 꼬리·반골, 우족, 사골은 모두 ㉣<u>冷凍</u> 제품이기 때문에 그 상태를 잘 살펴야 한다. 뼈를 ㉤<u>자른</u> 면이 투명하고 약간 선홍빛을 띠면 좋은 제품이다. 단면이 둔탁한 빛깔에 검붉을 경우 오래 냉동 ㉥<u>보관</u>된 것으로 봐야 한다. 조리를 하면 녹아서 맛있게 우러나는 물렁뼈 부분이 잘 붙어있는 것을 고른다.

13. ㉠의 뜻을 가장 잘 나타낸 것은?
　① 大緞　② 多少　③ 最大　④ 極少

14. ㉡의 한자 표기가 바른 것은?
　① 地方　② 紙榜　③ 脂肪　④ 支放

15. ㉢의 뜻을 가진 것은?
　① 混　② 昆　③ 含　④ 腐

16. ㉣의 독음이 바른 것은?
　① 냉통　② 영동　③ 영통　④ 냉동

17. ㉤의 뜻을 가장 잘 나타낸 것은?
　① 斷面　② 單面　③ 袒免　④ 斷免

18. ㉥과 음이 같은 한자를 사용하는 것은?
　① 寶冠　② 報償　③ 報狀　④ 臺官

〈19~23〉 다음 글을 읽고 물음에 답하시오.

　제트기가 뜨고 내리는 ㉠<u>항공모함</u>의 갑판은 아주 민감한 공간이다. 미세한 ㉡<u>티끌</u> 하나가 엄청난 피해를 줄 수 있기 때문이다. 비행기가 뜨기 전에 모든 승무원이 일렬횡대로 모여 천천히 걷는다. 티끌을 줍기 위해서다. 이런 일을 승무원들은 ㉢<u>週期的</u>으로 반복한다.

　그리고 색맹은 항공모함에서 일할 수 없다. 일사불란한 업무를 위해서 모든 승무원은 ㉣<u>役割</u>별로 다른 색깔 옷을 입는다. 조종계통은 황색, 이착륙과 관련된 ㉤<u>계통</u>은 녹색, 연료는 보라, 화재와 사고는 적색, 안전 담당은 백색이다. 이렇게 세분화되어 있으니 색맹은 헤맬 수밖에 없다.

19. ㉠의 한자 표기가 바른 것은?
　① 航空謀陷　② 航空母艦
　③ 航工母艦　④ 航空母陷

20. ㉡의 뜻을 가장 잘 나타낸 것은?
　① 粉末　② 固形　③ 塵埃　④ 脂肪

21. ㉢의 뜻을 가장 잘 나타낸 것은?
　① 일정한 간격을 두고
　② 흐린 날
　③ 일주일에 한번씩
　④ 주말에

22. ㉣의 독음이 바른 것은?
　① 역할　② 역활　③ 할당　④ 투해

23. ㉤의 한자 표기가 바른 것은?
　① 繼痛　② 繼統　③ 系統　④ 係統

[정답] 1② 2① 3④ 4② 5④ 6② 7② 8③ 9① 10④ 11① 12② 13② 14③ 15① 16④ 17① 18① 19② 20③ 21① 22① 23③

[11획 이상]

11~17획 부수 [20개]

암기

[11] 고기(魚) 잡은 새(鳥)는 소금밭(鹵)으로 사슴(鹿)은 보리(麥) 쌈(麻)
[12] 이리 누런(黃) 기장(黍)을 검게(黑) 바느질(黹)한다
[13] 가둔 맹꽁이(黽)를 솥(鼎)에 넣고 북(鼓)을 치면 쥐(鼠)가 달아난다
[14] 가린 코(鼻)가 가지런하다(齊)
[15] 가면의 이빨(齒)
[16] 갑 용(龍) 거북(龜)
[17] 갓 쓰고 피리(龠)분다

11
魚   [고기 어]   로(魯) 선(鮮)
鳥   [새 조]
鹵   [소금밭 로]
鹿   [사슴 록]   려(麗)
麥   [보리 맥]
麻   [삼 마]
12
黃   [루를 황]
黍   [기장 서]   려(黎)
黑   [검을 흑]
黹   [바느질할 치]
13
黽   [맹꽁이 맹/민]
鼎   [솥 정]
鼓   [북 고]
鼠   [쥐 서]

【 11획 이상 】

14
鼻 [코 비]
齊 [가지런할 제]
15
齒 [이 치]
16
龍 [용 룡]
龜 [거북 귀/균/구]
17
龠 [피리 약]

魚鳥鹵鹿麥麻　[고기 어]

214 부수글자 **195**　　　11 - 1/6　　　(11획부수)

195. 어 魚[yú]

[자원] 물고기의 머리, 몸통, 꼬리지느러미의 모양. 제비 연(燕䜩)과 고기 어(魚䜩)의 아랫부분이 같은 것은 꼬리가 서로 닮았기 때문이다.
[뜻] ①**물고기**:어류(魚類),담수어(淡水魚:민물고기)
[자소] [상형]

부수 성부　　　　부수글자가 성부로 쓰일 때

□ ❶어〈漁〉[yú]**고기를 잡다**:어부(漁夫),어로(漁撈),어부지리(漁夫之利)

성부 글자　　　　성부와 부수가 결합된 형성자

(1288) 魯 로 [lǔ]
[뜻] ①**미련하다**:노둔(魯鈍)　②나라이름　③성씨(姓氏)
[자원] 물고기처럼 입을 헤벌리고 말하는 것이 미련하다는 뜻. 어(魚)를 「생선으로 담근 젓갈」을 뜻하는 자(鮺)의 생략형이라고도 한다.
[자소] [형성] 어(魚) 물고기 + 왈(曰)←자(白심)자(自) 생략형

□ ❶로(櫓)[lǔ]**방패**/(배 젓는) 노:노도(櫓棹),노가(櫓歌) / 망루

(1289) 鮮 선 [xiān]
[뜻] ①**깨끗하다**:신선(新鮮),선명(鮮明),선혈(鮮血)　②**싱싱하다**:생선(生鮮)
[xiǎn]**적다**:교언영색선의인(巧言令色鮮矣仁)
[자원] 학(貉)나라에서 나는 생선 이름이었는데 신선하다(新鮮), 얼마 안된다(尠)는 뜻으로 가차된 후 원래의 의미가 없어졌다.
[자소] [형성] 어(魚䜩)물고기, 생선 + 양(羊)양 ← 전(羴羴)노린내

□ ❶선(蘚)[xiǎn]**이끼**:선태(蘚苔)
□ ❷선(癬)[xuǎn]**옴**:개선(疥癬) / **버짐**:백선(白癬)

11획

【새 조】 魚 鳥 鹵 鹿 麥 麻

214 부수글자 **196**　　　11 - 2/6　　　(11획부수)

196. 조 鳥 [niǎo]

[자원] 꼬리가 긴 새의 모양을 본뜬 글자.
[뜻] ①새:조수(鳥獸),조류(鳥類),조총(鳥銃)
[자소] [상형]

부수 성부 — 부수글자가 성부로 쓰일 때

□ ❶도(嶋) [dǎo] 섬 [참고] 도〈島〉와 같은 글자

성부 글자 — 성부와 부수가 결합된 형성자

(1290)  명 [míng]
[뜻] ①울다:자명고(自鳴鼓),자명종(自鳴鐘),공명(共鳴),태산명동 서일필(泰山鳴動鼠一匹:알고 보니 별것 아님)
[자원] 새(鳥)가 우는(口ㅂ) 소리를 말한다.
[자소] [지사] 구(口ㅂ)입,말하다 + 조(鳥)꽁지가 긴 새 ③ 14

11획

魚鳥鹵鹿麥麻 [소금밭 로]

197. 로 鹵 [lǔ]

자원 중국땅 서쪽에 있는 돌소금밭을 말한다.
뜻 ①소금밭 ②노획(鹵獲)하다
자소 [지사] 서(※ ← 西)서쪽＋위(囗)에워싸다

부수 성부 — 부수글자가 성부로 쓰일 때

□ ❶도(嶋)[dǎo]섬 참고 도〈島〉와 같은 글자

성부 글자 — 성부와 부수가 결합된 형성자

(1291) 鹹 鹵咸 함 [xián]
뜻 ①소금기
자원 별다른 풀이가 없다. 깊을 담(覃)자의 윗부분인 덮을 아(两)는 이 글자가 생략되어 변형된 것이다.
자소 [형성] 로(鹵)소금밭 ⑨ 20 ＋ 함(咸)모두,다
성부 覃담

11획

【사슴 록】 魚 鳥 鹵 鹿 麥 麻

214 부수글자 **198**　　　11 - 4/6　　　(11획부수)

198. 록 鹿 [lù]

자원 옆에서 본 사슴 모양. 뿔, 머리, 몸, 꼬리, 두발을 본떴다.
뜻 ①사슴:순록(馴鹿),녹각(鹿角),녹비〈녹피(鹿皮)
자소 【상형】 비(比⑪)나란하다

부수 성부　　　부수글자가 성부로 쓰일 때

- ❶록(麓) [lù] 산기슭:산록(山麓)
- ❷록(轆) [lù] 도르래:녹로(轆轤)

성부 글자　　　성부와 부수가 결합된 형성자

(1292)  려 [lì]

뜻 ①곱다:화려(華麗),수려(秀麗),미려(美麗) [lí] ①나라 이름:고려(高麗)
자원 사슴은 성질이 유순해서 나란히 짝지어 다니기를 좋아하고 먹을 것을 보면 우우 하고 짝을 부른다고 한다. 이 울음 소리를 「녹명(鹿鳴)」이라 하는데 이 상향이란 뜻으로 쓰였다. 짝 지어 다니는 그 모양이 「아름답다」는 말이다.
자소 【회의】 려(丽)려(麗)의 옛글자+록(鹿)사슴

- ❶려(驪) [lí] 가라말(온몸의 털빛이 검은 말) ■리:가라말
- ❷려(儷) [lì] 짝(한쌍) /무리
- ❸쇄(灑) [sǎ] 물을 뿌리다 /청소하다 /깨끗하다

魚 鳥 鹵 鹿 麥 麻　[보리 맥]

199. 맥 麥 [mài]

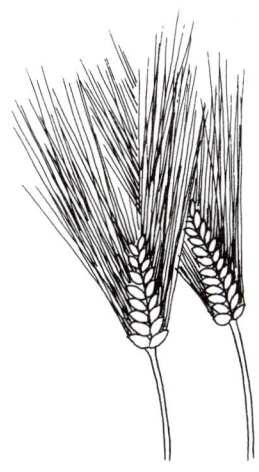

[자원] 원래는 래(來)가 보리를 뜻하는 글자였다. 고개를 숙인 것을 나타내는 벼 화(禾)와는 달리 꼿꼿이 선 줄기와 까끄라기 모양을 본떴다. 후에 하늘에서 내려오는 상서로운 보리라는 뜻에서 「온다」는 뜻으로만 쓰이게 되자, 뒤쳐져서 온다는 뜻의 치(夂)를 덧붙여서 「보리」라는 뜻으로 쓰게 된 것이다.

[뜻] ①**보리**：맥주(麥酒), 숙맥(菽麥)

[자소] [회의] **래**(夾 ← 來)오다＋**쇠**(夂)천천히 걷다

【삼마】 魚 鳥 鹵 鹿 麥 麻

214 부수글자 **200**   11 - 6/6   (11획부수)

200. 마 麻麻 [má]

자원 삼의 껍질을 벗겨서 가늘게 찢고, 삼고, 잇는 모든 작업을 집 안에서 했던 모양이다.
뜻 ①삼:마포(麻布),마대(麻袋) ②마비(麻痺)되다
자소 [회의] 엄(广广)집 + 파(朩朩)삼베

부수 성부 — 부수글자가 성부로 쓰일 때

- ❶ 마〔磨〕[mó] 돌을 갈다 : 절차탁마(切磋琢磨) [mò] 연자(研子)방아
- ❷ 마(摩) [mó] 비비다 : 마찰(摩擦), 마천루(摩天樓) [mā] 어루만지다 : 무마(撫摩)
- ❸ 마(魔) [mó] 마귀(魔鬼) : 악마(惡魔), 마수(魔手) / 마술(魔術) : 마법(魔法)
- ❹ 미(靡) [mǐ] 한쪽으로 쓰러지다 : 풍미(風靡)하다 [mí] 마구 써 없애다
- ❺ 휘(麾) [huī] 대장의 깃발 /지휘하다 : 장군휘하(將軍麾下), 휘하장병(麾下將兵)

黃 黍 黑 黹　[누를 황]

214 부수글자 **201**　　　12 - 1/4　　　(12획부수)

201. 황 黃黄 [huáng]

자원 토지의 색깔이 노랗다는 뜻. 음양오행에서 목(木)청(靑), 금(金)백(白), 화(火)적(赤), 수(水)흑(黑)이며, 토(土)는 황(黃)색이다. 또한 토(土)는 동서남북의 한가운데인 중앙에 위치하므로, 중국인 자신들이 사는 곳을 세상의 중심이라고 여겨서 중화(中華)라고 불렀다.

뜻 ①**누렇다**:황금(黃金),황색(黃色) ②유황(硫黃)

자소 [회의·형성] **광**(艹 ← 光)빛+**전**(田)밭, 토지

부수 성부　　　부수글자가 성부로 쓰일 때

☐ ❶**횡**〔橫〕[héng]**가로**:횡단(橫斷),종횡무진(縱橫無盡) [hèng]멋대로 하다:전횡(專橫) /뜻밖의:횡액(橫厄),횡재(橫財),비명횡사(非命橫死)

☐ ❷**황**{璜} [huáng]**패옥**

☐ ❸**횡**{鐄} [huáng]**종소리** /종 /크게 울리다

☐ ❹**황**(簧) [huáng]**혀**(목관악기의 진동 부분)

【기장 서】 黃黍 黑黍

214 부수글자 202　　　12 - 2/4　　　(12획부수)

202. 서 黍 [shǔ]

- 자원 곡식 중에서 가장 찰기가 많으므로 물을 뜻하는 우(雨雨)를 덧붙였다
- 뜻 ①기장(곡식의 일종)
- 자소 【형성】 화(禾朮)벼, 곡식＋우(氺 ← 雨雨)비, 날씨
- 성부 黎려 香향

성부 글자　　　　성부와 부수가 결합된 형성자

(1293) 黎 려 [l1]

- 뜻 ①검다:여명(黎明) ②많다:여민(黎民)
- 자원 차진 기장을 말한다. 기장 서(黍)의 벼 화(禾)와 리(利)의 옛글자인 리(称)의 벼 화(禾)가 하나로 합친 것이다.
- 자소 【형성】 서(黍 ← 黍朮)기장＋리(称 称)리(利)의 옛 글자

 ❶려(藜) [l1] 명아주:청여장(靑藜杖:신선들이 짚고 다닌다는 명아주 줄기로 만든 지팡이)

黃黍 黑黹 [검을 흑]

214 부수글자 **203** 12 - 3/4 (12획부수)

203. 흑 黑 炅 [hēi]

자원 불꽃(炎炗)이 타오르는 굴뚝이 검게 그을려 있는 모양을 본떴다. 윗부분은 창문(囪囱) 모양인데 여기서는 굴뚝을 뜻한다.
뜻 ①검다 : 흑백(黑白), 흑색(黑色), 흑인(黑人)
자소 [회의] **창**(四 ← 囪囱)창문 + **염**(灬 ← 炎炗)불꽃
성부 薰훈

부수 성부 부수글자가 성부로 쓰일 때

- ❶묵〈墨〉[mò] 먹 : 묵화(墨畫), 백묵(白墨), 지필묵연(紙筆墨硯), 묵객(墨客)
- ❷묵〔默〕[mò] 침묵(沈默) : 묵계(默契), 묵념(默念), 묵시록(默示錄), 묵인(默認)

【 바느질할 치 】 黃 黍 黑 黹

214 부수글자 **204**   12 - 4/4   (12획부수)

204. 치 黹 [zhǐ]

[자원] 바늘로 수를 놓은 옷감 모양을 본떴다.
[뜻] ①바느질하다
[자소] [상형] 착(丵 ← 丵丵)풀이 무성하다+폐(㡀)헤지다

黽 鼎 鼓 鼠 [맹꽁이 맹]

214 부수글자 205　　　13 - 1/4　　　(13획부수)

205. 맹 黽 [měng]

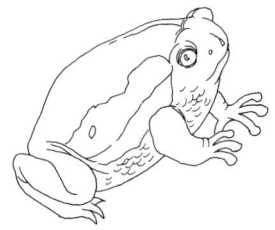

[자원] 맹꽁이 모양을 본떴다.
[뜻] ①맹꽁이 ■민[mǐn]①힘쓰다
[자소] [상형]

| 부수 성부 | 부수글자가 성부로 쓰일 때 |

- ❶승{繩}[shéng]노(줄) /새끼줄:결승(結繩),화승총(火繩銃) /먹줄 /본받다
- ❷승(蠅)[yíng]파리:창승(蒼蠅)

513

【솥 정】 黽 鼎 鼓 鼠

214 부수글자 **206**　　　13 - 2/4　　　(13획부수)

206. 정 鼎鼎鼎 [dǐng]

[자원] 발이 3개, 귀가 2개 달린 솥. 아래는 조각널 장(爿)과 조각 편(片)인데 불을 때는 나무조각이다. 옛날에는 산속에 도깨비나 맹수들이 많았으므로 솥에 이것을 새겨서 여행하는 사람들에게 알려 피해를 줄이는 기능도 했다.

[뜻] ①**세 발 달린 솥**:삼국정립(三國鼎立),종정문(鐘鼎文)

[자소] [상형] 목(目) ← **정**(貞)곧다+**장**(爿 ← 爿)나무 조각+**편**(爿 ← 片)나무 조각

黽 鼎 鼓 鼠　　[북고]

214 부수글자 207　　　　　13 - 3/4　　　　　(13획부수)

207. 고 鼓鼓鼓 [gǔ]

[자원] 손에 막대기를 잡고 두들겨서 소리를 내는 북을 말한다. 춘분 때 뇌성이 울리면 만물이 껍질을 뒤집어쓴 채 자라난다. 만물을 내리덮는 듯한 웅장한 소리를 내는 악기라는 뜻이다. 곽(郭)은 「둘러싼다」는 뜻이다.

[뜻] ①북:자명고(自鳴鼓) ②고동(鼓動)치다

[자소] 【회의】 주(壴壺)악기＋십(十) ← 철(屮屮)풀이 나다＋우(又ㅋ)오른손

【쥐서】 黽 鼎 鼓 鼠

208. 서 鼠 [shǔ]

[자원] 쥐의 머리, 이빨, 배, 발톱, 꼬리의 모양을 본떴다.
[뜻] ①쥐:서생원(鼠生員) ②근심하다
[자소] [상형]

鼻 齊　[코 비]

209. 비 鼻 鼻 [bí]

[자원] 대좌 위의 신불(神佛)이 사람에게 준 것,「호흡, 생명」을 말한다.
[뜻] ①코:이비인후과(耳鼻咽喉科), 비염(鼻炎)
[자소] [회의] 자(自:코)코+비(畀)주다

【 가지런할 제 】 鼻 齊

214 부수글자 **210**　　　14 - 2/2　　　(14획부수)

210. 제 齊斉 [qí]

자원 벼, 보리 따위의 곡식의 이삭이 패어서 그 끝이 가지런한 모양.
뜻 ①가지런하다:균제(均齊),정제(整齊:가지런히 정리함) ②모두:일제(一齊)
[zhāi]①재계하다 [jì]①배합하다
자소 [상형]

부수 성부　　　부수글자가 성부로 쓰일 때

- ❶제〔濟〕[jì] 건너다:제도(濟渡) /구제(救濟)하다:공제(共濟),경제(經濟)
- ❷재{齋}[zhāi] 목욕재계(沐浴齋戒)하다:재실(齋室) /상복 이름:재최(齋衰)
- ❸재(齎)[jī] 가지다:재용(齎用:일상생활용품),재송(齎送:가져가서 주다)
- ❹제(儕)[chái] 동년배(同年輩) /벗(동무):제등(儕等:동무) /함께
- ❺제(劑)[jì] 약을 짓다:처방조제(處方造劑),탕제(湯劑),정제(錠劑),약제(藥劑)
- ❻제(臍)[qí] 배꼽:제하단전(臍下丹田)
- ❼제(霽)[jì] 비가 개이다:광풍제월(光風霽月:비가 개인 뒤에 나타나는 달)
- ❽제(薺)[jì] 냉이 ■자[cí] 남가새

211. 치 齒 [chǐ]

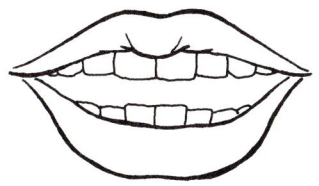

[자원] 입 속에 있는 치아 모양. 지(止)가 음을 나타낸다.
[뜻] ①이 : 치아(齒牙), 영구치(永久齒), 충치(蟲齒)
[자소] [형성] 지(止)멈추다+齒 : 치아의 모양

【용룡】 龍龜

214 부수글자 **212**　　　　16 - 1/2　　　　(16획부수)

212. 롱 竜龍 [lóng]

자원 상상의 동물인 용. 좌측은 뿔 달린 모습, 우측은 하늘을 나는 모양을 나타낸다. 마음대로 어둡고 밝고, 가늘고 크고, 길고 짧고 하며, 춘분이면 하늘로 올라가고, 추분이면 연못에 잠긴다.
뜻 ①용:용쟁호투(龍爭虎鬪),용호(龍虎) ②임금:용안(龍顔)
자소 [회의·형성] 동(童)아이+육(월月) ← 肉)몸,고기+ 도← 나는 모양

부수 성부　　부수글자가 성부로 쓰일 때

- ❶롱{瓏} [lóng] 환하니 밝다 /옥소리
- ❷롱{籠} [lóng,lǒng] 농:조롱(鳥籠),농구(籠球) /들어 박히다:농성(籠城)
- ❸롱{瀧} [lóng] 비가 오다 /여울 ■상 [shuāng] 상수(강이름)
- ❹방{龐} [páng] 높은 집 /어지럽다
- ❺총{寵} [chǒng] 사랑하다:총애(寵愛),총아(寵兒),총희(寵姬),은총(恩寵)
- ❻롱{朧} [lóng] 달빛이 흐릿한 모양:의식몽롱(意識朦朧)
- ❼롱(礱) [lóng] 숫돌에 갈다
- ❽롱(壟) [lóng] 언덕
- ❾롱(聾) [lóng] 귀머거리:농아(聾啞)
- ❿롱(隴) [lóng] 언덕 /밭두둑 /땅이름

성부 글자　　성부와 부수가 결합된 형성자

(1294)  [dá]
뜻 ①나는 용 ■답:나는 용(飛龍) /두려워하다(怖也)
자원 두 마리 용이 위엄을 떨치며 난다는 뜻이다(二龍竝飛. 威靈盛赫. 見者氣奪…).
자소 [회의] 룡(龍䶬)용 + 룡(龍䶬)용

- ❶습〔襲〕[xí] 덮치다:습격(襲擊),기습(奇襲),엄습(掩襲) /물려받다:세습(世襲)

龍 龜 [거북 귀]

213. 귀/구/균 龜 [guī]

[자원] 거북의 발, 등껍질, 꼬리의 모양을 본뜬 글자. 거북의 등껍질을 태워서 갈라진 금을 읽고 점을 쳤다. 사물이 갈라지는 것을 균열(龜裂)이라고 하게 된 까닭이다.

[뜻] ①거북:귀갑(龜甲),귀부(龜趺) ②본받다:귀감(龜鑑) ■구[qiū]①나라이름 ■균[jūn]①터지다:균열(龜裂)

[자소] [상형]

【 피리 약 】 龠

214 부수글자 **214**　　　　　17 - 1/1　　　　　(17획부수)

214. 약 龠 龠 [yuè]

[자원] 여러 개의 구멍(品䚂)을 다스려서(侖) 소리를 내는 「피리」를 말한다.
[뜻] ①**피리**(樂之竹管. 三孔以和聲) ②1홉의 1/10
[자소] [회의] 륜(侖←龠)다스리다+령(皿) ←품(品䚂)물건

부수 성부

부수글자가 성부로 쓰일 때

☐ ❶약(鑰) [yào, yué] 자물쇠

보 충

문장 속에서 낱글자로는 거의 쓰이지 않는 한자들. 그러나 어떤 한 자를 제대로 알기 위해서는 필요한 글자들이다. 본문 중에 두면 모두 어렵다고 하므로 뒤에 따로 모은 것이다.

[보충]

豭 가
뜻 수퇘지
자원 설문해자에서는 이것이 생략되어 집 가(家)의 음을 나타낸다고 한다.
자소 시(豕)돼지 ⑨ 16 + 가(叚)빌리다
성부 豭가

个 개
뜻 낱 /명당곁방(明堂傍室) /양산
자원 대 죽(竹)의 반쪽을 말한다. 전서(篆書)의 지(支)자에는 이 글자가 생략되지 않고 보인다.
자소 곤(丨) ② 3 + 대나무 죽(竹艸)의 반쪽
성부 支지

丰 개
뜻 풀이 성한 모양
자원 풀이 이리저리 무성하게 난 모양. 개(丰)로 쓰기도 한다. 3획을 나란히 쓰면 풀 무성할 봉(丰)자가 된다.
자소 곤(丨) ③ 4
성부 耒뢰 害書해 韧갈 競긍

丫 개
뜻 양뿔(羊角開貌)
자원 양의 뿔이 벌어진 모양. 윗부분은 흔히 초두(艹)처럼 취급된다. 관(觀),호(護) 등의 글자에 들어있다. 원래는 초두(艹)와 달리 띄워 써야 한다.
자소 초(艸艹) ① 5
성부 乖괴 苟극 宀면 雈雚환 首苜茁말 羊양

炏 개
뜻 불이 성한 모양(熾火盛)
자원 불이 활활 타는 모양. 로(勞), 섭(爕), 영(營) 등의 글자에서 보이지만 이것은 형(熒)자가 생략된 것이다.
자소 화(火灬)불 + 화(火灬)불 ④ 8

凵 거
뜻 버들 도시락(盧飯器. 以柳爲之. 象形)
자원 거(去), 괴(凷), 창(鬯) 등에 쓰인다. 입벌릴 감(凵)과 몹시 비슷하다. 윗부분이 조금 더 오그라진 모양으로 구분할 뿐이다.
자소 감(凵) ⓪ 2
성부 去杏거 凷괴 鬯창

朱 계
뜻 나무 끝이 굽어서 자라지 못하고 멈추다
자원 더 이상 자라지 못하는 나무라는 뜻으로 나무 목(木)의 끝을 구부려 썼다. 보통 벼 화(禾)자로 많이 변형되어 사용된다.
자소 화(禾) ⓪ 5
성부 稽계

启 계
뜻 열다(開也) /무릎 꿇다 /아뢰다(奏事)
자원 어리석음으로 닫힌 마음의 문을 여는 것을 말한다.
자소 호(戶)열고 닫는 문 + 구(口)입,말하다 ④ 7
성부 攸啓啟계

絫 계
뜻 계(系)의 옛글자
자원 실 끝을 이어서 연결한다는 뜻이다.
자소 사(糸) ⑩ 16 조(爪爫)손톱 + 사(絲)굵은 실
성부 奚해

稽 계
뜻 헤아리다 /생각하다 /머무르다 [qǐ]머리를 조아리다
자원 벼화(禾)는 나무끝이 옹두라져 제대로 자라지 못한다는 뜻의 계(朱)가 변한 것이다. 우(尤)는 손에 있던 물건을 떨어뜨리는 실수를 말한다.
자소 화(禾) ⑩ 15

兜 고
뜻 가리다(壅蔽)
자원 인(儿)의 양쪽에 있는 사각형이 가리는 모양을 나타낸다.
자소 인(儿)어진 사람 ④ 6 + 口 좌우로 막힌 모양
성부 兜두

及及 고
뜻 시장에서 물건을 많이 사다(秦以市買多得)
자원 영(盈)자의 윗부분에만 사용된다.
자소 내(乃ㄋ)기운이 막히다 + 우(又)←치(夂ㄆ)뒤처져 오다 ① 4
성부 盈영

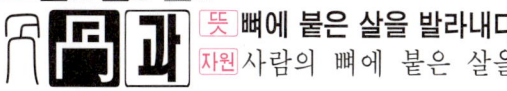
뜻 가리장이를 벌려 걷다(跨步)
자원 뒤처져 올 치(夂ㄆ)자를 돌려 쓴 것이다.
자소 치(夂ㄆ) ⓪ 3
성부 舛천 夆강 年년

冎 과
뜻 뼈에 붙은 살을 발라내다
자원 사람의 뼈에 붙은 살을

[보충]

발라낸다는 뜻인데 머리뼈가 불쑥 튀어나온 모양을 말한다.
자소 경(冂H) ④ 6
성부 咼괘 骨골 別剮별 歹歺歺알 肯肯긍

《《 괴   뜻 큰 도랑
         자원 작은 도랑은 견(〈), 그보다 큰 것이 괴(《《), 아주 큰 것이 천(川)이다.
자소 천(川巛) ⓪ 2
성부 俞兪俞유 巛천

爻爻 교   뜻 본받다(效也) /인도하다(導也)
         자원 가르치는 것은 사람들에게 본뜨게 하는 것이고, 배우는 것은 본떠서 닮는 것이다. 효도 효(孝)자와는 다른 글자다.
자소 효(爻 ← 爻乂) 사귀다 + 자(子孚) 아들 ④ 7
성부 敎교

県 교   뜻 목 베어 거꾸로 매달다
         자원 머리 수(首𩠐)자를 거꾸로 쓴 것이다. 관청을 뜻하는 현(縣)은 「목을 잘라서 달아매는(系) 집」이다.
자소 목(目) ④ 9 수(首𩠐)자를 거꾸로 썼다.
성부 縣현

䀠 구   뜻 좌우로 두리번거리며 보다(左右視貌)
         자원 매처럼 사나운 눈을 굴리며 좌우로 돌아보는 모양.
자소 목(目目)눈+ 목(目目)눈 ⑤ 10
성부 瞿구

殳 구   뜻 휘다 /굴복하다(屈服之意)
         자원 유(揉)는 손으로 휜다는 뜻이다.
자소 전(叀)전(叀)의 옛글자 + 수(殳) 치다 ⑧ 12

 구   뜻 마른 쌀을 찧다 /마른 밥 부스러기(乾飯屑)
         자원 곡식을 절구에 넣고 찧었으니 가루가 되는 것이다. 훼(毇)자를 만든다고 하는 사람도 있다.
자소 구(臼) 절구 + 미(米米) 쌀 ⑥ 12

臾 궤   뜻 삼태기(草器)
         자원 물건 담는 삼태기 모양.
자소 구(臼臼) ② 8   잠깐 유(臾)와는 다르다.
성부 貴貫귀 貴簣귀 貴見견

旡 기   뜻 목이 메이다(氣塞)
         자원 흠(欠)자를 돌려 쓴 것이다. 음식이 넘어가다가 목에 걸리는 것을 말한다. ※ 무(无), 기(旡), 잠(兂), 아(牙)의 글자 모양을 비교해 보라.
자소 무(无) ⓪ 4   흠(欠旡)자를 거꾸로 썼다
성부 旣旣기 恝애

尔尒 니   뜻 너 /그러하다(然也)
         자원 이(爾)자를 만든다. 니(你)는 현재 중국어에서 「너」의 뜻으로 쓰인다.
자소 소(小) ② 5   입(八 ← 入入)들어가다 + 궐(丨) ← 곤(丨)뚫다 + 팔(八) 여덟, 나누다
성부 爾爾이

 두   뜻 큰 술잔(禮器)
         자원 투(鬥=鬪)자의 속부분인 착(斲)자를 만든다.
자소 일(一) ⑩ 11
성부 斲착

㭁 려   뜻 려(旅)의 옛글자
         자원 모양이 많이 바뀌어서 놈 자(者)자를 만든다.
자소 곤(丨) ⑥ 7
성부 者자

丽丽 려   뜻 려(麗)의 옛글자
         자원 려(麗)자의 윗부분이 된다.
자소 일(一)⑦8 /주(丶) ⑦ 8
성부 麗려

厽 류   뜻 흙을 쌓아서 담을 쌓다(積土而牆壁)
         자원 참(參)자의 윗부분은 정(晶)자의 변형이다. 발(坺)은 터를 닦는다는 뜻이다.
자소 사(厶厶) ④ 6
성부 參참

燚 리   뜻 밝다(明白)
         자원 이(爾), 상(爽) 등의 글자를 만든다.

[보충]

자소 효(爻)사귀다 + 효(爻)사귀다 ④ 8
성부 爾蕾이 爽상

利 荊 리
뜻 리(利)의 옛글자
자원 리(利)의 오른쪽이 칼 도(刀)였으니 勿은 당연히 칼날이 있는 물건을 본떴을 것이다.

자소 화(禾)벼,곡식 + 勿←勿 쟁기 모양
성부 黎려

 리
뜻 꾸짖다
자원 벌(罰)자에 보인다. 말로써 덮치는 것이다.

자소 망(罒←网)그물 + 언(言)말씀 ⑤ 12 [건(辛)+구(口)]
성부 罰벌

 모
뜻 겹쳐 덮다(重複)
■무:같은 뜻(義同)
자원 동(同), 몽(冡) 등의 글자를 만든다.

자소 경(冂) ① 3 멱(冖)덮다 + 일(一)하나
성부 冒강 同동 冡몽

 모
뜻 어린아이 머리수건(小兒頭衣) ■무:덮다(覆也)
자원 남자는 스물이 되어야 비로소 관을 썼다. 어린아이와 오랑캐는 관대신 다른 것을 썼다. 이(二)는 모자에 달린 장식이다.

자소 경(冂) ② 4 멱(冖)덮다 + 이(二)여기서는 무늬 모양
성부 冒冒모 最最최 冕冕탑

㚒 모
뜻 모(模)와 같은 글자
자원 여기에 림(林)을 더하면 「풍부하다」는 뜻의 무(橆,橆)가 된다. 무(橆,橆)에 없을 망(亡)을 더한 것이 지금의 무(無)자다.

자소 대(大)大)크다, 많다 + 십(卅)40
성부 橆橆무

橆 橆 무
뜻 넉넉하다
자원 십(卅)은 40으로 숫자가 많은 것, 림(林)은 수풀로 나무가 많은 모양. 모두 「많다」는 뜻이 포함되어 있다.

자소 목(木) ⑭ 18   모(㚒)모(模)〔대(大)+십(卅)〕+ 림(林)수풀
성부 無무

 미
뜻 묘하다
자원 강희자전에는 복(攵)이 아닌 문(文)으로 썼다.(作散. 入文部. 誤).

자소 문(文) ⑥ 10 기(山← 豈豆)어찌 + 인(兀← 人)사람 + 복(攵 ← 攴)막대로 치다
성부 豈기 微미

呆 丞 보
뜻 보호(保護)하다
참고 보(保)의 옛글자
■매:어리석다 자원 어린애(子)를 두팔(八)로 안아서 보호하는 모양.

자소 자(子)아들 ② 5 + 팔(八)()나누다. 두 손 모양.
성부 保보 孚부

孚 보
뜻 보(保)의 옛글자
자원 보(采)의 아랫부분은 소(小), 부(采)의 아래 부분은 목(木)자처럼 붙여 쓴다.

자소 조(爪)손톱 ⑥ 10 + 보(呆,丞)보(保)의 옛글자
성부 保보 孚부

采 부
뜻 부(孚)의 옛글자
자원 보(采)의 아래 부분은 소(小), 부(采)의 아래 부분은 목(木)자처럼 쓴다.

자소 구(口) ⑤ 8 조(爪)손톱 + 보(丞)보(保) 고자
성부 保보

皀 부
뜻 두 언덕 사이 /성하다
자원 언덕 부(阜)자 두개가 마주보고 있는 모양.

자소 부(阜)언덕 + 부(阜)언덕 ⑧ 16

璽 璽 새
뜻 옥새(玉璽)
자원 원래는 존비(尊卑)의 구별이 없이 쓰인 말이었으나 한대(漢代) 이후 지존(至尊)인 임금의 도장을 뜻하는 말로 쓰였다.

자소 이(爾)너 + 토(土)← 옥(玉王)옥 ⑭ 17
성부 彌미

軎 軎 세
뜻 수레굴대 끝(車軸頭) ■예:같은 뜻

[보충]

자원요즘 같으면 타이어의 휠에 해당한다.
자소차(車車)수레,마차 +구(口) ← 위(囗)둘러싸다
성부彀彀격

뜻의심하다(疑也) ■지:착하다(善也)
자원의심이 들면 이 생각 저 생각, 생각이 많아지는 것이다.
자소심(心㣺)마음 +심(心㣺)마음 +심(心㣺)마음 ⑧ 12
성부惢예

뜻수(垂),살(殺)의 옛글자
자원나 아(我)의 왼쪽 부분을 말한다.
자소별(丿) ③ 4
성부我아

뜻머리
자원사람의 얼굴을 정면에서 바라본 모양. 목을 뜻하는 두 점을 아래에 찍으면 머리 혈(頁𩑋), 얼굴의 윤곽을 뜻하는 위(囗)를 합한 것은 얼굴 면(面𠚑)이 된다. 옛글자인 수(𦣻)가 정리된 것이 지금의 수(首)자다.
자소자(自𦣻) ① 7
성부首𦣻수 面面𠚑면 頁혈 夏하

뜻드디어 참고수(遂)와 같다
자원돼지(豕) 떼가 흩어지는 (八) 모양을 본떴다.
자소팔(八) 나누다 ⑦ 9 +시(豕㣇)돼지
성부隊대 㒸𢑗遂수

뜻늘어지다 /풀이름
자원초목의 꽃이나 잎이 우거져 아래로 늘어진 모양을 나타낸다.
자소별(丿) ⑨ 10
성부素소 垂수 差차 聟화 乖척

뜻화살
자원시(矢)의 옛글자
성부𠂊의

뜻돼지 /나는 모양(飛貌)
자원단(彖)자와 혼동되어 사용된다.
자소계(彑⺕)돼지머리 +시(豕㣇)돼지 ④ 10

뜻두 갈래지다(物之岐頭) /계집아이 하인
자원윗부분이 양쪽으로 갈래진 모양.
자소곤(丨) ② 3
성부丫망

뜻음란하다
자원지조가 없는 선비의 행동을 말한다. 진시황의 어머니에게 노애(嫪毒)라는 애인이 있었는데 사건에 연좌되어 죽임을 당했다.
자소사(士)선비 +무(毋㐬)없다 ③ 7
성부毒독

뜻사랑하다
참고애(愛)의 옛글자
자원가슴이 답답하게 목메인(旡㤅) 마음(心㣺)을 말한다.
자소기(旡㤅)목이 메다 +심(心㣺)마음 ④ 8
성부愛애

뜻목이 메이다 /목구멍이 아프다 ■예:사슴이 새김질하다
자원대부분의 책에서는 애(隘)의 주문(籒文)이라 했는데 단옥재가 애(嗌)의 주문(籒文)이라며 고쳤다. 위는 입을 본뜬 것이고, 아래는 목에 드러난 경맥의 줄기다.
자소册 성부입모양 +목의 경맥

뜻마부 /어릿어릿하다
자원다행 행(幸)은 계속해서 죄를 짓는 사람을 뜻하는 녑(㚔)의 변형이다. 에울위(囗)가 여기서는 가둔다는 뜻을 나타낸다.
자소위(囗)에워싸다 ⑧ 11 + 행(幸) ← 녑(㚔)놀라게하다〔대(大)+임(羊)〕

뜻여(與)와 같은 글자
자원한 국자 푹 떠서 준다는 말이다. 여(與)의 약자로 쓰인다.
자소작(勺㔶)구기 + 일(一)하나 ③ 4
성부與여

뜻끌다
자원이것을 돌려 쓰면 펼칠

이(乀)자가 된다.
자소 별(丿) ① 2
성부 系계 曳예 乁이 虒치 乎호 弋익 延연 戈발 爭쟁

뜻 활집 /동개(矢器)
자원 화살(矢)을 넣는(匸) 화살통을 말한다.
자소 방(匚) ← 혜(匸)감추다 ⑤ 7 + 시(矢)화살
성부 殹예

뜻 높다(高嶢貌)
자원 흙덩이가 수북이 쌓인 모양. 요(堯)자를 만든다.
자소 토(土)흙, 땅, 토지 + 토(土)흙, 땅, 토지 + 토(土)흙, 땅, 토지 ⑥ 9
성부 堯요

뜻 근심하다
참고 우(憂)의 옛글자
자원 머리(頁) 속에 근심(心)이 꽉 들어찬 모양이다.
자소 혈(頁)머리 + 심(心)심장, 마음 ⑨ 13
성부 憂우

뜻 깃발 ■수:헤엄치다(浮行水上)
자원 물(水)에서 노는 아이(子)다.
자소 수(氵 ← 水)물 ③ 6 + 자(子)아들
성부 斿유

뜻 인도하다:유리(羑里:은나라의 주왕이 주나라의 문왕을 가둔 곳)
자원 유(羑)의 속자.
자소 양(羊)양③ 9 + 구(久)오래다
성부 羑선

뜻 정하지 못하다(未定)
자원 경전에서 사용된 의(疑)자는 대부분 이 글자를 써야 한다. 혹(惑)한다는 뜻의 의(疑)와는 다른 글자였다(非說文訓惑之疑).
자소 시(矢)화살 시(矢)의 옛글자 + 화(匕)변하다 ⑦ 9
성부 疑의

뜻 흐르다
자원 끌 예(丿)자를 거꾸로 쓴 것이다.
자소 별(丿) ⓪ 1
성부 氏씨 也야

뜻 둘 참고 이(二)의 옛글자.
자원 고문의 일(一)은 일(弌), 이(二)는 이(弍), 삼(三)은 삼(弎)으로 썼다.
자소 이(二) ③ 5
성부 貳이

뜻 ~으로써 /까닭
자원 그친다는 뜻의 이(巳)를 거꾸로 써서 시작한다는 뜻을 나타낸 것이다.
자소 기(巳) ② 5 이(巳)자를 거꾸로 쓴 것
성부 矣의 以이 台태 允윤 能능 㠯퇴 臤견 官관

뜻 털이 긴 돼지
자원 계(彑)는 머리, 아래는 털과 다리의 모양을 본뜬 것이다.
자소 계(彑)돼지머리 ⑤ 8 + 勹:털 모양 + 巾:발 모양
성부 豪호 彙휘

뜻 넓은 턱 /깊다 /아름답다 (美也)
자원 넓은 턱을 말한다.
자소 이(匝)턱 + 사(巳)6째지지 ⑥ 9
성부 熙희

뜻 자(子)의 옛글자
자원 보다 사실적으로 머리털(川)까지 그린 것이다.
자소 자(子)아들 ③ 6 + 천(川)여기서는 머리털 모양
성부 充충 㐬돌

뜻 자(自)의 생략형
자원 말은 입으로 나오고 숨은 코로 나오니 입과 코가 서로 돕는것이다. 전서(篆書)를 보기 전에는 흰 백(白)자와 구별이 어렵다다. 고백(告白), 독백(獨白), 자백(自白) 등 말한다는 뜻을 나타낼 때 자(白)와 혼동된 것이다.
자소 별(丿) ④ 5 자(自)의 생략형

[보충]

성부 皆개 魯로 者자 替체 百백 習습

뜻 검다(黑也) /흐리다(濁也) /신 이름(神名)

자원 검은(玄현) 것을 겹쳐 썼으니 아주 검은 것이다.

자소 현(玄현)검다 ⑤ 10 + 현(玄현)검다

뜻 재앙

참고 재(災)의 본래글자

자원 물(川)의 흐름을 잘못 막으면 재앙이 닥친다.

자소 천(川)하천 ① 4 + 일(一)여기서는 막는 모양

성부 災灾灾재

자소 도(刀)칼 ⓪ 2

뜻 조두(군대에서 냄비와 징을 겸해 사용하던 것)

자원 조두를 본뜬 글자. 칼 도(刀)를 변형시킨 것이다. 구기 작(勺)과 구별이 어렵다.

뜻 손발등(手足之甲)

자원 조(蚤)자의 윗부분에 쓰인다.

자소 우(又)오른손 ② 4

성부 蚤蠿조

뜻 다투다 /밤새다 (一周天也. 今作遭贅)

자원 조(曹)자의 윗 부분으로 변형된다. 조정의 두 법관은 동쪽(東)에 있었다고 한다.

자소 목(木) ⑫ 16 동(東)동쪽 + 동(東)동쪽

성부 曹轡조

뜻 병부

자원 병부 절(卩)자를 돌려 쓴 것이다. 병부 절(卩)과 함께 경(卿)자의 좌우측이 된다.

자소 절(卩) ① 3

성부 卯경

뜻 유(酉)의 옛글자

자원 묘(卯=丣)는 만물이 나오는 춘문(春門), 유(酉=丣)는 만물이 숨어드는 추문(秋門). 일(一)은 문 닫는 모양이다.

자소 일(一) ⑥ 7

성부 留畱류 劉鐂류

뜻 다룬 밭(耕治之田)

자원 구불구불한 밭고랑과 그 사이의 물도랑 모양.

자소 궁(弓) ⑥ 9

성부 畕주

뜻 세워 놓은 악기 /풍류를 서서 보다(陳樂立而上見也)

자원 풍악을 울려야할 일을 나타내는 글자에 들어간다.

자소 사(士) ⑥ 9 십(十) ← 철(屮)풀이 돋다 + 두(豆)제사 그릇

성부 鼓고 尌주 喜희 彭팽

뜻 꿩 이름(雉名) ■ 수:수(壽)의 옛글자

자원 주(畺)는 구불구불한 밭고랑과 그 사이의 수로(水路)의 모양을 본뜬 글자. 수(壽)를 만든다.

자소 주(畺)경작한 밭 + 구(口)입,말하다 ⑨ 12 + 우(又)오른손

성부 壽鬻수

뜻 법 /해태(해치) /외뿔 양

자원 소를 닮은 외뿔짐승, 죄의 유무를 알아내는 능력이 있었다. 고요(皐陶)가 감옥을 담당했을 때 이 외뿔짐승으로 죄인을 가려냈다. 해치(獬豸)가 죄있는 사람을 뿔로 받았기 때문에 쉽게 가려냈다고 한다.

자소 엄(广) ⑩ 13 채(豸)짐승, 해태

성부 薦薦천 法灋법

뜻 전갈 /사람 이름 /가시

자원 전갈의 모양을 본뜬 글자. 대부분 일만 만(萬)으로 변형되어 쓰인다.

자소 훼(虫) ⑬ 19 만(萬) ← 𠁪 : 전갈 모양

성부 厲려

뜻 점치다

자원 길흉(吉凶)의 빌미(素)가 손(又)에 있으니 점(占)치는 것을 말한

[보충]

자소 수(祟)빌미 〔출(出)+시(示)〕+우(又ㅋ)오른손 ⑩ 12
성부 嗾최

뜻 열매가 주렁주렁 달리다 (草木實垂)
자원 밤 률(栗), 조 속(粟)자를 만든다.
자소 복(卜) ⑦ 9
성부 栗속 栗률

뜻 거북을 지져서 점치다(灼龜卜兆而焦)
자원 추(秋)자를 만든다.
자소 구(龜蠢)거북 ④ 20 + 화(灬 ← 火)불
성부 성부 穐穐추

뜻 변방
자원 빌미 수(祟) → 점칠 체(嗾) → 변방 최(蕞) → 정성 관(款)의 순서로 만들어졌다고 한다.
자소 면(宀)집 ⑫ 15 + 체(嗾)점치다
성부 款관

뜻 두 갈래의 물
자원 물 수(水) 두개를 나란히 썼다.
자소 수(水)물 + 수(水)물 ④ 8
성부 涉섭

뜻 멀리 가다(行超遠) /경계하고 막다(警防)
자원 많은 사슴(鹿)들이 떼지어 달린다는 뜻이다.
자소 록(鹿)사슴 + 록(鹿)사슴 + 록(鹿)사슴 ㉒ 33
성부 塵진

뜻 나아가다(進也) / 왔다갔다하며 보다(往來而見貌)
자원 빠르게 나가는 모습이 열(十)사람(大)의 힘을 합한 것 같다는 말이다.
자소 대(大)크다 ② 5 + 십(十)열, 10
성부 暴皐고 奏주 奉홀

뜻 퇴(退)의 옛글자
자원 태양(日)이 천천히 움직이는 것(彳)을 나타내었다. 지금은 아래의 퇴(退)자를 쓴다.

자소 척(彳)자축거리다 ⑦ 10 + 일(日)해,태양 + 쇠(夂)뒤쳐져오다
성부 退퇴

뜻 옷이 해지다(衣壞) /더럽고 작다(鄙小)
자원 옷이 떨어져서 너덜거리는 모양. 폐(敝), 불(黹) 자를 만든다. 팔(八)이 떨어졌다는 뜻을 나타낸다.
자소 팔(八)여덟 + 건(巾)수건 ⑤ 8
성부 㡀치 敝폐 希희

뜻 주고 받다 /떨어지다(落也)
자원 물건을 주고 받는 두 손 모양을 본떴다.
자소 조(爪)손톱, 손 + 우(又)오른손 ④ 6
성부 受수  爭쟁

뜻 기운이 퍼져 나가다(氣伸)
자원 기운이 막힐 교(丂)를 돌려 썼다.
자소 일(一) ① 2
성부 可가

뜻 하늘 ■고:놓다(放也)
자원 크게(大) 펼쳐진 (八)것을 말한다.
자소 대(大)크다 ② 5 + 팔(八)나누다, 여덟
성부 昊昇호

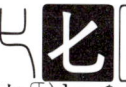

뜻 변하다
자원 인(人)은 왼쪽, 비(匕)는 오른쪽, 화(化)는 거꾸러진 사람의 모양이다.
자소 비(匕) ⓪ 2 인(人)자를 거꾸로 썼다.
성부 老로 匙의 化화 辰진 眞진 長장

뜻 밭의 경계선
자원 화(畵)자를 만든다.
자소 전(田) ③ 8
성부 畵畫화

뜻 화(華)의 옛글자
자원 화(華), 화(花), 화(蕚), 화(蘤) 모두 꽃이란 뜻이다.
자소 인(人) ⑪ 13 수(乖)느러지다 + 우(于)기운이 퍼지다

[보충]

성부 華화
📙📗📘 후 뜻 두텁다
참고 후(厚)의 본 글자
자원 향(音享)자를 거꾸로 쓴 것이다. 향(享)은 사람이 조상에게 후한 것. 후(厚)는 조상이 자손에게 후한 것을 말한다.
자소 왈(曰) ③ 7   향(音享)자를 거꾸로 썼다

성부 厚후 覃담
📙📗📘 뜻 쌀 10말을 쓿어 8말이 되다(米一斛舂爲八斗)
자원 구(臼)와 수(殳)합자라는 사람도 있다.
자소 구(臼)절구 + 미(米)쌀,가루,입자 + 수(殳)치다 ⑫ 16

성부 毇훼 繫착
📙📘 휴 뜻 무너지다
자원 설문해자에는 없다.
자소 공(工) ⑦ 10   좌(左)왼쪽 + 좌(左)왼쪽

성부 隳휴
 뜻 산 짐승(山獸) ■ 축 [chù]축(畜)의 옛글자
자원 수(獸)자를 만든다.
자소 구(吅) ⑫ 15

성부 獸수
 각 뜻 입 둘레의 굽이
자원 입주위의 주름살을 그린 것이다.
자소 곡(谷) ⓪ 7   구(口)입,말하다 + 仌 : 입둘레의 주름살

성부 却각 卻각 囷첨
📙📗📘 격 뜻 격(鬲)의 옛글자
자원 강(弜)은 여기서 삶는 그릇에서 김이 피어나는 모양을 본뜬 것이다.
자소 격(鬲)오지병 ⑥ 16 + 강(弜) ← 김이 피어나는 모양

성부 粥죽 鬻육
 뜻 곽(郭)의 원래 글자 /헤아리다(度也.民所度居)
자원 높다란 망루가 있는 성곽 모양. 두개의 망루가 대칭으로 서 있다.
자소 고(高) ⑥ 16   회(回)여기서는 건물 모양

성부 郭곽
📙📗📘 국 뜻 깍지끼다(叉手)
자원 극(厾)자를 돌려 쓴 것이다.
자소 한(厂) ⑤ 7

성부 鬥투
📙📘 국 뜻 깍지끼다(叉手) /움켜잡다
자원 두 손을 맞잡고 있는 모양이다.
자소 구(臼) ⓪ 7

성부 舁여 要요 夏하 學학 革혁 申신 農신 寅인 鬱울 舁궤 舁수 舁유
📙📗 극 뜻 손으로 잡다(執也, 捕罪人)
자원 손에 무기를 들고 있는 모양. 이것을 돌려 쓰면 국(厾)자가 된다. 뜻은 같다. 두 개를 합하면 투(鬥)자가 된다. 흔히 환(丸),범(凡)자로 변형되어 쓰인다.
자소 곤(丨) ③ 4

성부 羸라 埶예 鬥투 厾국 儵숙 孰숙 執집 巩공
📙📗📘 극 뜻 삼가하다 /빠르다
자원 말을 삼가하여 착하고, 의롭고, 선하게 한다는 뜻. 경(敬),비(苟)자의 좌측부분을 말한다. 구(苟)와는 다르다. 양(羊)은 미(美)나 선(善)을 뜻한다.
자소 초(艸) ⑤ 9   개(廾) ← 양(羊)양 + 포(勹)감싸다 + 구(口)말하다

성부 蒲葡비 敬敬경
📙📘 력 뜻 다리를 비꼬며 걷다(脛相交而行)
자원 포(抛)자의 우측부분이다.
자소 왕(尢)절름발이 ② 5 + 력(力)힘쓰다

성부 抛포
 뜻 벼가 드문드문 나 있는 모양
자원 벼가 많이 늘어선 모양이다.
자소 화(禾)벼, 곡식 + 화(禾)벼, 곡식 ⑤ 10

성부 歷력 兼蒹겸

[보충]

쑈 先 굣 **뜻** 버섯 /두꺼비 /나아가지 않다(不能前之貌) **자원** 볼록한 모양을 나타낸다.
자소 토(土) ② 5 십(十) ← 철(屮屮)풀이 나다 + 올(兀) ← 륙(六屮)여섯
성부 坴륙 囪목 䢐릉 先선
자소 토(土) ⑨ 12 록(先)버섯 + 목(囧)목(目) 고자
성부 賣賣육

囪 목 **뜻** 목(睦)의 옛글자 **자원** 육(奮)자를 만든다.
자소 토(土) ⑨ 12 록(先)버섯 + 목(囧)목(目)의 옛글자
성부 賣賣육

霸 박 **뜻** 비에 적신 가죽(雨濡革)
자원 패(覇)자를 만든다.
자소 우(雨雨)비, 날씨 ⑨ 17 + 혁(革革)가죽

佰 佰 숙 **뜻** 일찍(夙古字)
자원 숙(宿)자를 만든다.
자소 인(人亻)사람 ⑥ 8 + 백(百) ← 숙:숙(夙)의 옛글자
■**첨성부** 핥다
성부 宿宿숙

叒 약 **뜻** 동방신목(東方神木)
자원 상(桑)자를 만든다. 태양은 탕곡(湯谷)에서 떠 오른다. 거기에는 부상(榑桑)이라는 거대한 뽕나무가 있다고 한다.
자소 우(又ㅋ)오른손 + 우(又ㅋ)오른손 + 우(又ㅋ)오른손 ④ 6
성부 桑상

 육 **뜻** 팔다
자원 격(鬲)은 격(鬲)의 옛글자인데 구체적으로 솥 주변에 올라오는 김 모양까지 그린 것이다.
자소 격(鬲鬲) ⑫ 22 육(毓)육(育)의 옛글자 + 격(鬲)(鬲)의 옛글자. 오지병
성부 䰯혜

㲋 착 **뜻** 짐승 이름(獸也. 似兎靑色而大)
자원 토끼 비슷한 청색의 커다란 짐승인데 발은 사슴과 비슷하다고 한다.
자소 비(比爪) ⑤ 9
성부 毚참

夅 척 **뜻** 등성마루 /등뼈
자원 등뼈가 죽 이어진 모양을 본떴다(背呂也). 괴(乖)의 옛글자라고도 한다.
자소 별(丿) ⑨ 10
성부 脊脊척

亍 촉 **뜻** 자축거리다(小步也) /땅이름 /오른발
자원 척(彳)자를 돌려 쓴 것이다.
자소 이(二) ① 3
성부 行행

辛 건 **뜻** 죄(罪) /허물
자원 원래는 죄인의 이마에 문신을 뜨던 도구인 신(辛辛)과 그 어원이 같다.
자소 립(立立) ① 6 두(亠) ← 상(上)의 옛글자 + 간(丫) ← 간(干屮)방패
성부 辛신 䇂언 妾첩 童동

〵 견 **뜻** 도랑
자원 작은 도랑. 이보다 큰 것은 괘(巜), 더 큰 것은 천(川)이다.
자소 천(川) ⓪ 1
성부 巜괘 川천

𠙴 𠙴 𠙴 견 **뜻** 작은 흙덩이(土塊)
자원 삼태기(臾)에 흙덩이(阜)가 쌓인 모양.
자소 구(口ㅂ) ⑦ 10 궤(𠙴 ← 臾)삼태기 ■**유**: 잠깐 + 이(日) ← 부(阜阝)언덕
성부 遣견

蜫 곤 **뜻** 벌레(蟲之總名) /많다(衆也)
자원 대체로 훼(虫)로 생략되어 쓰인다.
자소 훼(虫)살모사 + 훼(虫)살모사 ⑥ 12
성부 蚤蚤조 蠧蠹蠱蠱채

丱 관 **뜻** 쌍상투(束髮兩角貌)
자원 쌍상투의 모양을 본뜬 글자인데 알 란(卵)

533

[보충]

의 옛글자라고도 한다.
자소 곤(丨) ④ 5
성부 綩관 虛허

姦난 뜻 말다툼하다(訟也)
자원 녀(女)자를 상하로 쓰면 「아름답다」는 뜻의 교(姣)가 된다. 비슷한 여자끼리는 싸우나, 서열이 정해지면 아름답다는 말이다. 간(姦)은 녀(女)자가 3개다.
자소 녀(女)여자 + 녀(女)여자 ③ 6

屍둔 뜻 궁둥이 /넓적다리뼈(髀也)
자원 엉덩이를 의자 위에 올려 놓은 모양이다.
자소 시(尸)시체 ⑤ 8 올(兀) ← 기(几)상 + 궤(几)안석,책상
성부 殿전

闥린 뜻 밟다(踐也) /새 이름(鳥名)
자원 원래는 새이름이었다. 구(鴝)는 구욕새, 욕(鵒)은 구욕새.
자소 문(門) ← 진(闐)오르다 ⑧ 16 〔하(下)+문(門) + 추(隹)꽁지 짧은 새
성부 闦린 進진

万만 뜻 일만(萬)의 약자
자원 일만(萬)의 범어
만가지 덕이 집합된 상이라고 한다. 卐로 쓰면 독일 나치스의 상징물이 된다.

宀면 뜻 알지 못하는 사이에 합하다(冥合)
자원 합하되 흔적이 없는 것을 말한다. 지금의 뽀뽀같은 일을 말한다.
자소 면(宀)지붕 모양 ④ 7 + 면(丏)숨기다,가리다
성부 實빈

苗면 뜻 내기에 자기 몫을 반씩 걸어 태우다(相當今人賭物相折)
자원 확실한 풀이를 알 수 없다.
자소 초(艸) ③ 7
성부 繭繭견

鼏면 뜻 보이지 않다 (不見於眼)
자원 확실한 것은 알 수 없다.
자소 자(自)코, 자기 자신 ⑨ 15 + 혈(穴)구멍 + 방(方) ← 알수 없음
성부 邊변

彣문 뜻 벌겋고 퍼런 색(赤青混色) /채색
자원 두글자가 다 「무늬, 꾸민다」는 뜻이다.
자소 문(文)글월 + 삼(彡)머리털 ④ 7
성부 彦언

叛반 뜻 당기다 참고 반(攀)과 같은 글자
자원 받들 공(廾)자를 돌려 쓴 것이다. 받들 공(廾)은 왼손과 오른손인데 당길 반(叛)은 오른손과 왼손의 모양이 된다.
자소 우(又)오른손 ② 4 + 좌(屮 ← ナ屮)왼손

夫夫반 뜻 나란히 가다(竝行) /따라가다(侶也)
자원 두사람이 나란히 가는 모양이다. 체(替)의 윗부분은 병(竝)이 변한 것이다.
자소 대(大) ⑤ 8 부(夫)지아비 + 부(夫)지아비
성부 輦련 替체 贊찬

樊번 뜻 울타리(藩也, 藩屛) /번성하다
자원 여러 종류의 나무들(林)이 뒤섞인(爻) 모양. 섶으로 만든 울타리를 리(欄), 나무로 만든 울타리를 책(柵)이라고 한다.
자소 림(林)숲 〔목(木)+목(木) ⑧ 12 + 효(爻)사귀다
성부 樊번 焚燓분

朩빈 뜻 삼껍질(分枲莖皮也. 從屮.八象枲皮)
자원 삼줄기에서 벗겨 낸 삼껍질. 무성할 발(朩)과 구분되야 한다. 시(枲)는 삼. 명문대자전에는 음이 「사」로 되어있다.
자소 목(木) ⓪ 4 철(屮)새싹이 나다 + 팔(八) ← 八()여덟, 나누다
성부 林파 朩출

[보충]

뜻 흩어지다(分離) / 벗기다(剝麻也)
자원 삼껍질(林㣺)을 벗기고(攴) 있는 모양을 나타낸다.
자소 파(林㣺)삼껍질 + 복(攴)치다 ⑧ 12
성부 散㪔산

뜻 불씨(火種)
자원 글자 자체로는 양손(廾)으로 불(火)을 잡고 있는 모양이다. 설문해자에는 없는 글자이다.
자소 화(⺣ ← 火)불 ③ 7 + 대(大) ← 공(廾)받들다
성부 朕朕짐 侯俟잉

뜻 절주하다
자원 손(巽)자를 만든다. 자세한 것은 알 수 없다.
자소 절(㔾) ② 4 + 절(㔾)무릎 꿇은 사람,병부
성부 巽㢺손

뜻 높이 오르다 (升高)
자원 한단계 올라 간다는 뜻이다.
자소 여(舁)마주들다〔공(廾) ⑬ 16+국(臼)〕 + 신(凶)숫구멍
성부 巻巻선 票표

뜻 신(信)의 옛글자
자원 간(侃)자를 만든다. 사람(人)의 말(口)은 믿음이 있어야 한다고 했다(人言則無不信者).
자소 인(人)사람 ③ 5 + 구(口)입,말하다
성부 侃간

뜻 신(愼)의 옛글자
자원 료(寮)자의 윗부분이다.
자소 일(日) ⑤ 9 + 목(目) ⑤ 10
성부 寮簝료

뜻 불탄 찌꺼기(火餘木) / 불똥(火餘) /땔나무(薪)
자원 진(盡)자의 윗부분. 진(盡)에서 보통 율(聿)의 한 획이 생략된다. 불(火)타고 남은 찌꺼기를 말한다. 불이 꺼진 것은 회(灰)라고 한다.
자소 율(聿 ← 聿肀)오로지〔우(又)+건(巾)〕 + 화(火)불 ⑥ 10
성부 盡盡진

뜻 많이 서 있는 모양(衆生並立之貌) /우물우물하는 모양
자원 많은 풀이 돋아난 모양을 나타낸다.
자소 생(生)나다 ⑤ 10 + 생(生)나다
성부 彗혜

뜻 새벽(早昧爽) /일찍
자원 일찍 숙(夙)은 저녁(夕) 달을 잡는 것이고, 새벽 신(晨)은 양손(臼)과 별(辰)로 만들어졌다. 농(農)자를 만든다.
자소 국(臼)양손 + 진(辰)별 ⑦ 14
성부 農農농

뜻 개고기(犬肉)
자원 글자 그대로 개(犬)고기(肉)라는 뜻이다.
자소 견(犬)개 + 육(夕 ← 肉)몸 ④ 8
성부 然연 肰염

뜻 동산
참고 원(苑)과 같은 글자
자원 읍(邑)자를 돌려 쓴 것. 향(鄕), 항(巷)자에 쓰인다.
자소 읍(邑) ⓪ 6 읍(邑)자를 돌려 썼다.
성부 邜항

뜻 숨기다
참고 은(隱)의 옛글자(匿也)
자원 담장으로 가리는 모양을 본떴다.
자소 을(乙) ⓪ 1
성부 亥해 匚혜 直직 眞진 曰왈 孑혈 亡망 糸계 㬎교 囚루 世세 丏면 㔾절

뜻 삼가하고 조심하다(謹也) /몸을 굴리다(轉身)
자원 몸 신(身)자를 돌려 쓴 것이다. 은(殷)자를 만든다.
자소 별(丿) ⑤ 6 신(身)자를 돌려 썼다
성부 殷은

535

[보충]

所은
뜻 망치돌 /모탕
자원 질(質)자의 윗부분이 된다.
자소 근(斤)도끼 + 근(斤)도끼 ④ 8
성부 質질

狀은
뜻 개가 서로 짖다(犬相吠) /개가 서로 물다(犬相齧)
자원 옥(獄)자를 만든다.
자소 견(犬)개 + 견(犬)개 ④ 8
성부 獄옥

爰은
뜻 숨다 참고 은(隱)의 옛글자
자원 은(隱)자를 만든다. 아래는 우(又) 대신 우(ヨ)가 쓰인 것이다.
자소 표(爫 ← 受뜍)주고받다 〔조(爪) + 우(又)〕 + 공(工)만들다
성부 㥯은

屌인
뜻 어질다(仁古字) ■이:동쪽 오랑캐(夷古字)
자원 위(尉)자의 좌측 부분에 쓰인다.
자소 시(尸)시체 ② 5 + 상(二)상(上)의 옛글자
성부 尉위

𠧤전
뜻 전(叀)의 옛글자
자원 실 감는 실패의 모양을 본떴다.
자소 복(卜) ⑥ 8
성부 叀구

叀전
뜻 오로지(專古字)
자원 실 감는 실패의 모양을 본떴다.
자소 사(厶) ⑥ 8 요(幺)작다 + 철(屮)풀이 돋다
성부 惠혜 袁원 專전

歬전
뜻 앞(前古字)
자원 배를 타고 있으면 걷지 않아도 앞으로 나간다. 나중에 칼 도(刀)를 덧붙여 전(歬)을 만들고, 다시 전(前)으로 모양이 정리된다.
자소 지(止)그치다 ⑥ 10 + 주(舟)배
성부 前전 歬전

巠전
뜻 펴다(展古字)
자원 세밀히 가공하는 모양.
자소 공(工)만들다 4개 ⑨ 12
성부 展하 襄전

襄전
뜻 왕후가 입는 붉은 옷
자원 고운 비단에 화려하게 수놓인 붉은 옷을 말한다. 곡(縠)은 고운 비단.
자소 전(㐱)펴다 + 의(衣)윗옷 ⑫ 18
성부 展전

羴전
뜻 노린내 /양냄새(羊臭)
자원 양떼(羊羊)에서 풍기는 노린내를 말한다.
자소 양(羊)양 + 양(羊)양 + 양(羊)양 ⑫ 18
성부 鮮선

㕢준
뜻 내 바닥을 깊이 파올리다(深通川) /개천을 치다
자원 알(𠑹)자의 모양이 알(肖)로 바뀌었다. 물이 깊이 흐르는 큰 하천이다. 한 획을 줄이면 산속의 늪을 뜻하는 연(㕢)자가 된다.
자소 알(𠑹 ← 𠑹)앙상한 뼈 + 곡(谷)골짜기 ⑤ 12

参진
뜻 깃이 처음 나서 날다
자원 아래의 글자와 사실상 구별이 어렵다.

亲진
뜻 개암나무 /베다 /초목이 오볼록하다(草木衆齊貌)
자원 신(新), 친(親) 등의 글자를 만든다.
자소 립(立) ← 신(辛辛)맵다+목(木)나무 ⑥ 10 / ⑦ 11
성부 新신 親친

閈진
뜻 오르다(登也. 下言自下而登高也. 故從下)
자원 아래로부터 위로 오른다는 뜻이다.
자소 하(二) 하(下)의 옛글자 + 문(門)문 ② 10
성부 閈鬧린

臸진
뜻 이르다(致也) ■척:한결같다(如一)
자원 진(晉)자의 윗부분으로 변형된다. 두개를 나란히 써서 본뜻을 강조했다.
자소 지(至)이르다 + 지(至)이르다 ⑥ 12
성부 晉진 晉晉옙진

[보충]

뜻 나아가다(進也) /총총히 들어서다(眾多貌)
자원 찬(贊)의 윗부분이 된다. 선(先)을 두개 나란히 써서 많은 무리가 나아간다는 뜻을 나타내었다.
자소 선(先)먼저 〔지(之)+인(儿)〕 ⑩ 12 + 선(先)먼저
성부 贊찬

뜻 걷다(安步)
자원 편안하게 천천히(彳) 걷는(止) 것이다.
자소 인(彳)길게 걷다 ④ 7 + 지(止)발, 그치다
성부 延연

뜻 많은 물줄기
자원 샘물(泉)이 퐁퐁 솟는 모양. 여러 개이므로 3개를 썼다.
자소 수(水) ㉓ 27 천(泉)샘
성부 原원

뜻 울부짖다 /놀라서 지르는 소리 /부르는 소리
자원 말하는(口) 것보다 더 심하게 말하니 놀라 부르짖는 것이다. 호(嘑)는 고함을 지른다는 뜻이다.
자소 구(口)입, 말하다 + 구(口)입, 말하다 ③ 6
성부 哭곡 咢악 囂관 單단 嚴엄 僉첨 單양 單 휴 品품 喪상

뜻 눈망울을 굴리다(目搖)
■순:아찔하다(目眩)
자원 몽(夢)자를 만드는 몽(瞢)자에 쓰인다.
자소 포(勹) ← 균(勻)가지런하다 + 목(目)눈 ② 7
성부 茍蔔蔔蔔몽

뜻 뒷간 /돼지우리 ■환:가축
자원 돼지(豕)를 가두어 두는(口) 곳이다.
자소 위(口)에워싸다 ⑦ 10 + 시(豕)돼지
성부 圂혼

뜻 빌다(乞也) /다니며 얻다(行請) /구하다(求也)
자원 망(亡)한 사람이 구걸을 하는 것이다. 기

구(气求)는 구걸한다는 뜻이다.
자소 포(勹)감싸다 ③ 5 + 망(亡)없다. 죽다
성부 曷갈

뜻 뿌리(木本)
자원 씨(氏)가 뿌리를 뜻한다는 풀이도 있다. 뿌리의 아래(下)이니 나무의 밑부분을 말한다. 궐(氒)은 핍박한다는 뜻이다.
자소 씨(氏)바위 모양 ② 6 + 하(丅 ← 下)아래
성부 昏괄

뜻 새잡는 창애(捕鳥罬)
자원 궐(亅)자를 돌려 쓴 것이다. 철(罬)은 수레 위에 설치하여 새를 잡는 그물을 말한다.
자소 궐(亅) ⓪ 1 궐(亅)자를 돌려 쓴 것이다
성부 戉월 鼠서 以이

뜻 머리를 기울이다(頭頃)
자원 오(吳)자의 아랫부분. 머리의 방향이 요(夭)와 반대로 왼쪽으로 기울어졌다.
자소 대(大)크다 ① 4
성부 吳오

뜻 밟다(蹈也)
자원 보(步)의 아래쪽, 발(癶)의 왼쪽 부분을 말한다.
자소 지(止) ⓪ 3 지(止)자를 돌려 썼다
성부 步보 癶발

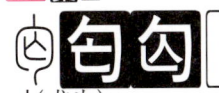
뜻 새끼양(小羊) /아름답다(美也)
자원 갓 태어난 새끼양을 달(羍), 어린 것을 고(羔), 다 자라지는 않은 것을 羜, 다 자란 것을 양(羊)이라고 했다. 행(幸)자는 아래의 획이 두 개, 달(羍)은 3개다. 양(羊)자가 있기 때문이다. 羜는 다섯달 된 양, 무(鞏)는 여섯달 된 양새끼를 말한다.
자소 토(土) ← 대(大)크다 + 양(羊)양 ③ 9
성부 達達달

뜻 (임산 때) 거꾸로 태어

[보충]

나다(臨産子轉身首向下) /불효자
자원 아들 자(子)자를 거꾸로 쓴 것이다. 거꾸로 태어나는 모습에서 불효자를 연상하는 것은 너무 심한 비약이라고 생각된다.
자소 사(厶) ① 3
성부 棄기 育육 㐬돌 充충

뿌리(木本)
자원 아래의 렬(列)과 순환논리에 빠진 글자 중의 하나다. 렬(㐺)이 렬(列)을 만드는데 렬(㐺)은 렬(列)이 생략되었다는 것이다.
자소 천(巛) ③ 6
성부 列렬 剮렬

눈이 바르지 못하다(目不正)
자원 양(丫丫)의 눈(目)은 사람의 눈과 그 모양이 다르다. 양의 눈을 빗대어 사람의 눈이 바르지 않다는 것을 나타낸 것이다.
자소 개(卝 ← 丫丫)양뿔 + 목(目)눈 ④ 9
성부 莧환 蔑멸 瞢曹蒿齒몽

발로 풀을 뭉개다
자원 발로 풀을 뭉개는 모양을 본뜬 것이다. 여기서 칠 수(癶)는 죽일 살(殺)의 생략형이라고 한다. 답(踏)은 밟는다는 뜻이다.
자소 발(癶)양발 ④ 9 + 수(癶)치다←살(殺)죽이다
성부 發발

다르다
자원 아래 위로 갈라지니 곧 상하유별(上下有別)이다.
자소 팔(八)여덟,나누다 + 팔(八)여덟,나누다 ② 4
성부 乖괴

파임
자원 별(丿)을 돌려 쓴 글자.
자소 별(丿) ⓪ 1
성부 乂예 弗불 久구 豕시 尺척 豖축

 산이 높고 위태하다(高危)

자원 얼(辥)자를 만든다. 별다른 풀이가 없다.
자소 철(屮)풀이 돋아나다 ⑥ 9 + 퇴(𠂤)쌓이다
성부 辥설

제비
자원 원래는 꼭지점이 하나 있었다. 아들을 낳게 해달라고 비는 새였다.
자소 을(乙) ⓪ 1
성부 孔공

날카롭다(利也) / 살을 깎다(剔也)
자원 철(鐵)자를 만든다.
자소 과(戈)창의 일종 ⑦ 11 + 정(呈)주다 (구(口)+정(壬))
성부 철

절(絶)의 옛글자
자원 이것을 돌려 쓰면 이을 계(䜌)자가 된다.
자소 요(幺幺) ⑬ 16
성부 𢇍계 斷단

싹트다(草木初生)
자원 초목이 싹트는 모양. 가운데가 줄기, 양 옆은 잎이다. 가운데의 획이 왼쪽으로 휘어지면 왼손 좌(屮)가 된다.
자소 좌(屮) ⓪ 3 (3획 부수글자)
성부 鼓고 离리 每매 성부 사 奏주 壴주 之지
성부 처 艸초 弃훼 毒독 先록 木목 屯둔 兂빈
言언 叀전 熏훈 癶발 屵얼 丵망 辵첩 屰역
叀전 出출

키 / 거름주는 그릇(棄糞器)
자원 오물을 담아 버리는 자루가 달린 그릇류.
자소 십(十) ⑤ 7
성부 棄기 單단 糞분 畢필

눈짓하다(巨目使之)
자원 눈(目)짓으로 사람에게 어떤 일을 시킨다(攴)는 뜻이다. 혈(颬)은 산들바람.
자소 목(目)눈 ④ 9 + 복(攴)손으로 치다
성부 夐형

[보충]

奉훌 뜻 빠르다
자원 훼(卉艹)는 많은 풀이 자라는 모양에서 왕성하다는 뜻을 나타낸다. 토(夲夲)는 많은 사람이 나아가는 모양이다. 절배(拜)자가 이를 바탕으로 만들어졌다.
자소 훼(卉艹)온갖 풀 + 토(夲夲)나아가다〔대(大)+십(十)〕 ⑨ 11
성부 拜珡搽배

𧖓감 뜻 양의 엉긴 피(羊凝血) / 선지국
자원 양의 피가 엉긴 것을 말한다.
자소 혈(血𧖒)피 ⑧ 14 + 함(臽)함정
성부 䇾감

𩐈감 뜻 북치다(擊鼓) /춤 곡조 이름 /기껍게 울리다(和悅之響)
자원 노래하면서 춤추는 것을 말한다.
자소 립(立𡗗) ⑮ 20 장(章)글 + 강(夅)내려오다 + 쇠(夊夊)천천히 걷다
성부 䇾공

㐭름 뜻 창고
자원 회(回)는 둥근 창고 모양. 입(入人)은 들여놓는다는 뜻이다.
자소 두(亠) ⑥ 8 ←입(入人)들어오다 + 회(回) ← 여기서는 창고 모양
성부 啚비 嗇색 亶단 稟

宷심 뜻 자세하게 조사하다
참고 심(審)의 옛글자.
자원 덮혀(宀冖) 가려진 것을 살펴 분별해낸다(釆)는 뜻이다.
자소 면(宀冖)집 ⑦ 10 + 변(釆)분별하다
성부 審심

厰엄 뜻 멧부리(崟也) /낭떠러지 /바위가 험한 모양(巖險)
자원 엄(嚴)자를 만든다. 음(崟)은 높고 험한 봉우리를 말한다.
자소 한(厂)바위 ⑫ 14 + 감(敢)감히〔㔾(受)+고(古)〕
성부 嚴엄

焱염 뜻 불꽃(火華) /번쩍번쩍하다(戈矛車馬之光)
자원 많은 불꽃 모양을 나타내려고 불 화(火)를 세개 썼다.
자소 화(火灬)불 ⑧ 12
성부 㷋燚熒형

猒염 뜻 배가 부르다(飽也) /넉넉하다(足也).
참고 염(厭)의 옛글자.
자원 맛있는(甘日) 개고기(肰)를 싫컷 먹어서 질렸다는 말이다.
자소 일(日) ← 감(甘日)맛있는 것 + 연(肰 ← 肰)개고기〔육(肉)+견(犬)〕 ⑧ 12
성부 厭염

侌음 뜻 그늘
자원 지금 하늘에 구름이 모여 있으니 땅에는 그늘이 지는 것이다. 원래는 운(云)이 구름이라는 뜻이었는데 구름이라는 뜻으로 운(雲)이 사용되자,「말하다」는 뜻으로 변했다.
자소 인(人) ⑥ 8 운(雲云)구름 + 금(今)이제〔집(亼)+급(㇀)〕
성부 陰음

瘖음 뜻 벙어리 /말을 못 하다(不能言病)
자원 말(音䜩)을 못하는 병(疒)을 말한다. 응(應)자에 포함되어 있다.
자소 녁(疒)질병 ⑨ 14 + 음(音䜩)소리
성부 䧹응

羊임 뜻 조금 심하다(撅也. 言稱稍甚)
자원 간(干)은 범한다는 뜻인데 입(入人)에다 일(一)을 더한 것이다. 이보다 더 심하다는 뜻으로 이(二)를 더한 것이 임(羊)이다. 모두 입(入人)을 거꾸로 쓴 것이다.
자소 간(干干)방패 ② 5 + 이(二)둘
성부 南남 㚔녑 𡴘착 㘡함 幸행

兂잠 뜻 비녀
자원 옛날에는 계(笄)라고 했다. 비녀의 모양을 본뜬 것이다. 침(兓)자를 만든다.
자소 인(儿儿)어진 사람 ② 4 + ヒ ← 비녀 모양

[보충]

성부 㑒첨

뜻 우러러보다(仰也) / 평고대

자원 사람(人仒)이 절벽(厂冂) 위에 올라가 있는 모양이다. 려(梠)는 인중방, 평고대, 미(楣)는 인중방. 각(桷)은 네모진 서까래. 인중방이나 평고대는 기둥의 일종을 말한다.

자소 인(人仒)사람 + 한(厂冂)절벽 ② 4

성부 危위 詹첨

뜻 다하다(絶也) / 끊어지다 / 찌르다(刺也)

자원 칼로 실을 자른다는 뜻이 확대되어 자른다는 뜻과 관련된 모든 뜻을 나타낸다. 섬(鐵)자를 만든다.

자소 과(戈ㅊ)창의 일종 ④ 8 + 종(从仈)두사람

성부 鐵섬

뜻 날카롭다(銳意)

자원 날카롭다는 뜻을 나타내려고 비녀를 뜻하는 잠(兂)을 두개 나란히 쓴 것이다. 잠(潛), 잠(簪), 잠(蠶), 참(僭) 자를 만든다.

자소 인(儿) ⑥ 8   잠(兂)비녀

성부 巭잠

뜻 가서 닿다

자원 미칠 급(及)의 옛글자다.

자소 별(丿) ⓪ 1

성부 市시 今금 凡범

뜻 놀라게 하다(驚人) / 계속하여 도둑질하다(以盜不止) / 나쁜 짓을 계속하다(犯罪不止)

자원 집(執), 역(睪)자를 만든다. 대부분 행(幸)자로 변형되어 쓰인다.

자소 대(大ㅊ)크다 ⑤ 8 + 임(羊)조금 심하다

성부 報보 圉어 睪역 執執報집

뜻 서른

자원 열십(十)자를 세개 나란히 쓴 것이다. 네개를 나란히 쓰면 마흔십(卌)이 된다.

자소 십(十十)열 ② 4

성부 世세 革華혁 枼엽

뜻 마흔, 40

자원 열십(十十)자 4개, 혹은 스물 입(卄)자 2개를 나란히 쓴 것이다.

자소 십(十十)열 ④ 6

성부 雥모

뜻 새떼

자원 여러 마리의 새(隹隹)가 모여 있는 모양을 본떴다.

자소 추(隹隹)꽁지 짧은 새 + 추(隹隹)꽁지 짧은 새 + 추(隹隹)꽁지 짧은 새 ⑯ 24

성부 焦초 集집

뜻 많은 입(衆口)

자원 많은 입(口口)이란 뜻으로 입구(口口) 네개를 썼다. 그릇기(器)자를 만든다.

자소 구(口口)입,말하다 ⑨ 12

성부 器기

뜻 여기저기서 모여들다

자원 이곳 저곳으로 부터 모여든다는 뜻이다.

자소 입(入人) ① 3 + 일(一)하나

성부 성부 사 兪유 會회 食식 侖륜 今금 僉첨 合합 令령 倉창

뜻 베틀 디딤판

자원 베틀 디딤판을 말한다.

자소 소(疋⻊) ③ 8   십(十) ← 입(入人)들어가다 + 우(又ㅋ)손 + 지(止ㅛ)발, 그치다

뜻 밥이 고소하다

자원 백(白白)은 여기서 하얀 쌀밥을 뜻하며 비(匕仒)는 그것을 퍼내는 숟가락이다. 숟가락에 담긴 밥에서 맛있는 향기가 나는 것을 말한다.

자소 백(白白)희다, 쌀알 ② 7 + 비(匕仒)순가락

성부 旣기 食식 卽즉 卿경 鄕향 爵작 皀전

뜻 휘장 모양 (幬帳之象)

자원 휘장은 덮어서 가리는 것이므로 덮을 모

[보충]

(冃)를 썼다. 싹이 나는 모양을 본뜬 지(之屮)는 장식을 말한다.
자소 토(土) ③ 6   사(士) ← 지(之屮)풀이 나다 + 모(冃)덮다
성부 殼穀각

뜻 나란히 있는 밭(比田)
자원 여러 개의 밭(田)이 연이어 있는 모양이다.
자소 전(田)밭 + 전(田)밭 ⑤ 10
성부 畺강

뜻 절주하다(事之制節奏)
자원 두 사람이 무릎을 맞댄 모양. 병부 절(卩)과 병부 절을 돌려쓴 주(㔾)를 나란히 쓴 것이다. 경(卿)자를 만든다.
자소 주(㔾)절(卩)자를 돌려 썼다 + 절(卩)무릎 꿇은 사람 ② 4
성부 卿경

뜻 밝다(明也) /화덕 ▣유: 같은 뜻
자원 들고 다니는 아궁이라는 뜻이다. 조(竈)는 아궁이. 명문대옥편에는 밝을 「경」, 동아출판사, 교학사 자전에는 밝을 「유」로 되어 있다.
자소 화(火)불 ⑥ 10 + 규(圭)옥으로 만든 홀
성부 耿경

뜻 창이 밝다(窻牖閭明)
자원 경(冏)과 같은 글자. 명(䚷)자를 만든다. 유(牖)는 들창. 루(廔)는 비단으로 가린 창. 개(闓)는 밝다, 열다. 광(獷)은 사나운 개는 뜻이다.
자소 위(囗) ④ 7
성부 畗목 明䚷명 冏경

뜻 다투어 말하다(競言, 爭言)
자원 말(言)로 다투는 것을 말한다. 선(善), 경(競)자에 쓰인다. 다툴경(競)자에 본래 모습이 다소 남아 있다.
자소 언(言)말씀〔辛+口〕 + 언(言)말씀 ⑦ 14
성부 善䇞선 競경

뜻 공경하다 /공손하다
자원 두손을 모으고 위로 들어서 하는 인사.
자소 수(手)손 ④ 8 + 수(手)손
성부 䒨송 拜琴揍배

뜻 빛 광(光)의 옛글자
자원 광(光)의 옛글자. 이를 바탕으로 서(庶)자가 만들어진다.
자소 입(廿)스물,20 + 화(火)불 ④ 8
성부 庶서 黃황

뜻 굉(肱)의 옛글자
자원 팔꿈치의 모양을 본뜬 것이다. 사사사(厶)와는 다르다.
자소 을(乙)새 ⓪ 1
성부 厷굉 弘홍

뜻 편안하다(寧古字)
자원 집 안(宀)의 음식과 기구(皿)는 사람의 마음(心)을 편안하게 한다.
자소 면(宀)지붕 ⑨ 12 + 심(心)마음 + 명(皿)그릇
성부 寧녕

뜻 둘(二也) /나란히 들어가다
자원 량(兩)자를 만든다.
자소 입(入)들어가다 + 입(入)들어가다 ② 4
성부 㚇섬 㒳량

뜻 둘 참고 량(兩)의 옛글자
자원 량(兩) 아래의 풀이에서는 똑같이 나눈다(平分)는 뜻이라고 했다. 량(兩), 만(萬) 등의 글자를 만든다.
자소 입(入) ⑤ 7 멱(冖)덮다 + 량(从)둘, 나란히 들어가다 + 곤(丨)뚫다
성부 萬만 兩량

뜻 떠들석하다(衆聲) /새 떼(衆鳥)
자원 입 구(口)를 3개 쓴 것으로 「소리가 시끄럽다」는 뜻이다
자소 구(口)입 ⑥ 9
성부 靈령 龠약

[보충]

망
뜻 망(亡)자를 거꾸로 쓴 것
자원 장(長)자의 윗부분이다.
자소 두(亠) ① 3 망(亡)자를 거꾸로 썼다.
성부 長镸장

봉
뜻 무성하다
자원 긍(兢), 풍(豊) 등의 글자를 만든다.
자소 곤(丨) ⑦ 8 봉(丰)풀이 무성하다 + 봉(丰)풀이 무성하다
성부 豐豊풍 彗혜

양
뜻 너그럽다(寬也) / 어지럽다
자원 현(䀠), 효(爻爻), 공(工工)은 모두 어지럽다는 뜻을 나타낸다. 기(己)가 가려서 정리한다는 뜻을 나타낸다. 양(襄)자를 만든다.
자소 현(䀠)울부짖다 + 기(己)몸,자기 + 공(工)만들다 + 효(爻)뒤섞이다 ⑫ 16
성부 襄양

영
뜻 이익 /나머지
자원 팔았을 때 남는 이익을 말한다. 라(蠃)는 살이 많은 짐승이었다고 한다. 효(䖔)는 시끄럽다는 뜻.
자소 라(蠃)짐승 + 패(貝)조개,돈,귀중품 ⑬ 20
성부 贏영

잉
뜻 시집갈 때 따라가는 사람 (送行也)
자원 시집갈 때 불을 밝히고(奔) 따라가는 사람(人)을 말한다. 옛날에는 결혼식이 밤에 이루어졌다.
자소 인(人)사람⑦ 9 + 선(焱 ← 奔)불씨 [화(火)+공(廾)]
성부 送송

장
뜻 가지다
자원 조(爪)자를 돌려 쓴 것이다.
자소 조(爪) ⓪ 4
성부 虐학

장
뜻 찌르다 /죽이다 /상하다
자원 다른 나라에서 들어온 신하가 임금을 죽인다는 뜻.
자소 장(爿)나무 토막 + 과(戈)창의 일종 ④ 8
성부 臧장

장
뜻 장
자원 술로 맛을 낸 육장(醢)을 말한다. 혜(醢)는 육장. 화(龢)는 화합할화(和)의 옛글자.
자소 장(爿)나무 조각 + 육(夕 ← 肉)고기 + 유(酉)10째지지 ⑧ 15
성부 將장 醬

종
뜻 마치다
자원 마칠 종(終)의 옛글자.
자소 경(冂) ② 4
성부 冬동

종
뜻 따르다 (從古字)
자원 2사람이 왼쪽으로 향한 모양.「따라간다」는 뜻이다. 이것을 돌려쓰면 비슷하다는 뜻의 비(比)자가 된다.
자소 인(人)사람 + 인(人)사람 ② 4
성부 旅려 比비 衣의 亥해 韱첨 僉첨 夾협 并병 從종 來래 巫무 乘수 坐좌 齒치 嗇색 昔석 傘산 卒졸 丞중

중
뜻 여러 사람
■ 임 : 여럿이 서 있는 모양
자원 사람 인(人)자를 세개 나란히 썼다. 중(衆), 취(聚)자의 아랫부분이 된다.
자소 인(人)사람 + 인(人)사람 + 인(人)사람 ④ 6
성부 聚취 衆眾중

창
뜻 다치다 (傷也)
자원 인(刃)은 칼날. 일(一)은 여기서 칼날이 들어왔다는 것을 나타낸다. 량(梁), 량(粱) 등의 글자를 만든다. 악(剝)은 칼날.
자소 도(刀) ② 4 인(刃)칼날 + 주(丶) ← 일(一)하나
성부 梁량

[보충]

囱 囧 囧 창 | 뜻 창문
자원 담장의 것은 유(牖), 집의 것이 창(囱)이다.
자소 위(口) ④ 7
성부 黑흑 曾증 悤총 會회

煬 煬 煬 창 | 뜻 상처
자원 화살을 맞아서 생긴 상처. 설문해자에는 창(煬)과 관련된 글자가 모두 5개(煬, 觴, 殤, 傷, 愓)가 나온다. 약간의 문제가 있으므로 참고로 모두 실었다. 상(傷)참조.
자소 양(昜)높이 오르다〔일(日)+일(一)+물(勿)〕+ 인(𠂉)← 시(矢)화살 ⑨ 14
성부 傷상

陽 碭 탕 | 뜻 무늬 있는 돌(文石) /흰 기운 /뛰어 오르다
자원 마땅한 풀이가 없다.
자소 석(石)돌 ⑨ 14 + 양(昜)날아오르다
성부 碭탕

邑 䢜 항 | 뜻 거리
참고 항(巷)의 본자
자원 고을 읍(邑)을 돌려쓴 것이 동산 원(邑)이다. 고을 읍(邑)과 동산 원(邑)을 나란히 쓴 것이다. 항(巷)자를 만든다. 경(卯)과 다르다.
자소 읍(阝← 邑)고을 ③ 6 + 원(阝← 邑)읍(邑)을 돌려썼다
성부 巷䢜항 鄕鄕䢜향

鄕 향 | 뜻 오래지 않다
자원 향(鄕)을 별궁(別宮)이라 했으니 이곳에는 오래 머물지 않는 것이다.
자소 왈(曰)← 일(日)해 ⑬ 17 + 향(鄕)시골
성부 曏향

자음색인

가나다순 배열
한글의 배열 순서를 현행의 가나다 순과 달리
받침별로 정리했다.
조금 불편하기는 하지만 익숙해지면 대단히 빨리 찾을 수
있다. 이는 음, 특히 받침이 유지되는 형성자의 특성을 살
린 것이다.

가(暇)를 찾을 경우
가(假), 하(瑕) 어느 글자이든 가까운 곳에서 찾으면 된다.

[약속]

在 : 성부 글자
存 : 형성자

買 살 ▶가 12 : 일자다음(一字多音)

雷 ⇨ 뢰 : 두음법칙(頭音法則)

[색인]

가
加 더할 (66)
賈 성 ▶고 (425)
價 값 (425)
架 시렁 (66)
痂 헌데 딱지 (66)
袈 가사 (66)
駕 수레 (66)

叚 빌릴 (94)
豭 수퇘지 (525)
呵 꾸짖을 (99)
枷 항쇄 (66)
稼 농사 (149)
訶 꾸짖을 (99)

可 옳을 (99)
伽 절 (66)
嘉 아름다울 (66)
柯 가지 (99)
苛 가혹할 (99)
跏 책상다리할 (66)

哥 소리 (111)
佳 아름다울 (120)
嫁 시집갈 (149)
歌 노래 (111)
茄 가지 (66)
軻 불우할 (99)

家 집 (149)
假 거짓 (94)
暇 겨를 (94)
珂 옥이름 (99)
街 거리 (120)
迦 부처 이름 (66)

개
个 낱 (525)
皆 다 (320)
塏 높고 건조할 (418)
槪 대개 (231)
芥 겨자 (32)

丰 풀 무성할 (525)
剴 개악 ▶기 (418)
愷 편안할 (418)
漑 물 댈 (231)
蓋 덮을 (324)

丫 양뿔 (525)
价 착할 (32)
愾 성낼 (271)
疥 옴 (32)
鎧 갑옷 (418)

介 끼일 (32)
個 낱 (117)
慨 슬퍼할 (231)
盍 개·합의 속자
開 열 (178)

炌 불이 성한 모양 (525)
凱 개선할 (418)
改 고칠 (172)
箇 낱 (117)

거
凵 버들도시락 (525)
豦 원숭이 일종 (421)
據 의지할 (421)
距 떨어질 (171)
鉅 클 (171)

去 갈 (89)
車 수레 ▶차 (432)
擧 들 (383)
踞 걸터 앉을 (161)
鋸 톱 (161)

杲柜榘 나무이름 (252)
倨 거만할 (161)
渠 개천 (252)
迲 한묶음 안될 ▶겁 (89)

居 살 (161)
拒 막을 (170)
炬 횃불 (171)
遽 급할 (421)

巨 클 (170)
據 힘써 일할 (161)
祛 떨 (89)
醵 추렴할 ▶갹 (421)

게
朩 나무 굽을 (525)

憩愒 쉴 (205)

偈 중의 글귀 ▶걸 (241)

揭 높이 들 (241)

계
契 맺을 ▶글 설 (136)
醚 계(繼)의 옛글자 (181)
系 이을 (353)
堺 계(界)와 동자 (311)
棨 창 (112)
繼 이을 (181)
鷄 닭 (137)

启 열 (525)
戒 경계할 (212)
界 지경 (311)
屆 이를 (61)
溪 시내 (137)
誡 경계할 (212)

啟啓啟 열 (112)
繫 맬 (525)
計 셈할 (414)
悸 두근거릴 (143)
磎 계(溪)와 동자 (137)
谿 시내 (137)

季 끝 (143)
炅 성(姓)씨 ▶경 (278)
稽 헤아릴 (339)
桂 계수나무 (120)
笄 비녀 (178)
蹊 야릇할 ▶혜 (137)

彐 돼지머리 (193)
癸 10째 천간 (317)
係 이을 (353)
械 기계 (212)
繫 맬 (264)
階 섬돌 (320)

고
兆 가릴 (525)
固 굳을 (117)
皐 언덕 ▶호 (320)
高 높을 (493)
尻 꽁무니 (17)
枯 마를 (100)
稿 볏짚 (493)
菰 줄풀 (143)
辜 허물 (100)

古 예 (100)
夃 물건 많이 살 (525)
羔 양 새끼 (360)
鼓 북 (515)
拷 두드릴 (364)
槁 말라죽을 (493)
股 다리 (262)
藁 마를 (394)
錮 땜질할 (117)

告 알릴 (106)
杏杰 놓을 ▶호 (531)
考 상고할 (364)
叩 두드릴 (99)
攷 고(考)의 옛글자 (5)
沽 팔 (100)
膏 살찔 (493)
蠱 뱃속 벌레 (400)
顧 돌아볼 (462)

孤 외로울 (143)
庫 곳집 (183)
賈 살 ▶가 (425)
呱 아이 우는 소리 (302)
敲 두드릴 (493)
痼 고질 (117)
苦 괴로울 (100)
袴 바지 (134)

故 연고 (221)
昊 놓을 ▶호 (234)
雇 품살 (462)
姑 시어미 (100)
暠 명백할 ▶호 (493)
睾 불알 (328)
苽 줄 (302)
誥 깨우쳐 줄 (106)

과
牛 가리장이 벌려 걸을 (525)
咼 살 발라낼 (526)
夸 허풍칠 (134)
戈 창 (211)
果 과실 (249)

547

[색인]

瓜 오이 (302)　　科 과정 (338)　　寡 적을 (151)　　菓 과실 (249)　　誇 자랑할 (134)
課 부과할 (249)　　跨 걸터앉을 (134)　　過 지날 (109)　　鍋 노구솥 (109)　　顆 낟알 (249)

괘
卦 점괘 (83)　　咼 입 삐뚤어질 (109)　　掛 걸 (83)　　罫 바둑판 정간 (83)

괴
乖 어그러질 (16)　　凷 흙덩이 (61)　　巜 큰도랑 (526)　　傀 꼭두각시 (498)　　塊 덩어리 (498)
壞 무너질 (404)　　怪 괴이할 (119)　　愧 부끄러워할 (498)　　拐 속일 (101)　　槐 회화나무 (498)
魁 우두머리 (498)

교
丂 교의 옛글자 (5)　　交 사귈 (29)　　喬 높을 (112)　　孝 본받을 (526)　　敎敎教 노래할 ▶약 (223)
敎教教 가르칠 (221)　　県 목 베어 거꾸로 매달 (526)　　僑 객지에 살 (112)　　咬 물 (29)　　嬌 아리따울 (112)
嶠 산 뾰족할 (112)　　巧 교묘할 (5)　　攪 어지러울 (412)　　校 학교 (29)　　橋 다리 (112)
狡 교활할 (29)　　皎 흴 (29)　　矯 바로잡을 (112)　　絞 목맬 ▶효 (29)　　翹 뛰어날 (123)
膠 아교 (362)　　蕎 메밀 (112)　　蛟 교룡 (29)　　較 비교할 (29)　　轎 가마 (112)
郊 들 (29)　　餃 경단 (29)　　驕 교만할 (112)　　鮫 상어 (29)

구
屮 넝쿨 (10)　　丘 언덕 (7)　　久 오랠 (15)　　區 널 (74)　　九 아홉 (17)
具 갖출 (49)　　冓 재목 어긋 쌓을 (53)　　區 구역 (76)　　口 입 (99)　　句 글귀 ▶귀 (100)
咎 허물 (108)　　寇 도둑 (151)　　昫 따뜻할 (236)　　嗀 훨 (526)　　求 구할 (273)
瞿 놀랄 (329)　　冊 좌우로 두리번 거릴 (526)　　槀 마른쌀 찧을 (526)　　臼 절구 (381)　　韭 부추 (478)
龜 거북 ▶귀 균 (521)　　仇 원수 (17)　　俱 함께 (49)　　嘔 게울 ▶후 (77)　　坵 구(丘)의 속자 (7)
垢 때 (105)　　嶇 산 험할 (77)　　廐 마굿간 (231)　　懼 두려워할 (329)　　拘 거리낄 (100)
救 구원할 (273)　　晷 해그림자 (108)　　枸 구기자 (100)　　樞 관 (74)　　構 얽을 (53)
歐 토할 (77)　　毆 때릴 (77)　　毬 공 (273)　　溝 도랑 (53)　　灸 구울 (15)
狗 개 (100)　　玖 옥돌 (15)　　球 구슬 (273)　　矩 법 (171)　　究 궁구할 (17)
絿 서둘 (273)　　耉 늙을 (100)　　舅 시아비 (310), (381)　　舊 예 (381), (462)　　苟 진실로 (100)
衢 네거리 (329)　　謳 노래할 (77)　　購 살 (53)　　軀 몸 (77)　　逑 짝 (273)
邱 언덕 (7)　　鉤 갈고리 (100)　　鏂 끌 (273)　　駒 망아지 (100)　　驅 몰 (76)
鳩 비둘기 (17)　　鷗 갈매기 (76)

궤
几 안석 (58)　　圚 함 (75)　　臾 삼태기 (526)　　机 책상 (58)　　櫃 궤 (75)
潰 무너질 (425)　　詭 속일 (85)　　跪 꿇어 앉을 (85)　　軌 굴대 (17)　　饋 먹일 (425)

귀
句 글귀 ▶구 (100)　　貴 귀할 (425)　　鬼 귀신 (498)　　龜 거북 ▶균 구 (521)　　歸 돌아갈 (141), (175)

규
圭 홀 (120)　　窐 시루구멍 ▶요 (341)　　規 법 (411)　　叫 부르짖을 (10)　　奎 별 (120)
揆 헤아릴 (317)　　槻 물푸레 나무 (411)　　珪 서옥 (120)　　硅 규소 (120)　　窺 엿볼 (411)
竅 구멍 (223)　　糾 살필 ▶료 류 무 (10)　　葵 해바라기 (317)　　赳 헌걸찰 (10)　　逵 큰길 (121)
閨 안방 (120)

기
企 꾀할 (36)　　其 그 (50)　　器 그릇 (114)　　冀 바랄 (51)　　基 터 (122)
夔 조심할 (129)　　奇 기이할 (135)　　己 몸 (172)　　幾 몇 (181)　　兀 상 (187)

[색인]

兀 목 멜 (526)	旣 이미 (231)	棄 버릴 (254)	气 기운 (271)	氣 기운 (271)
耆 늙은이 (364)	豈 어찌 ▶개 (418)	伎 재주 (219)	俟 성 ▶사 (331)	嗜 즐길 (364)
圻 경기 ▶은 (226)	埼 언덕머리 (135)	妓 기생 (219)	寄 부칠 (135)	岐 가닥 나뉠 (219)
崎 산길 험할 (135)	忌 꺼릴 (172)	技 재주 (219)	旂 쌍룡을 그린 기 (226)	旗 기 (50)
暣 날씨 (271)	朞 돌 (50)	期 기약할 (50)	杞 구기자 (172)	棋 바둑 (50)
機 베틀 (181)	欺 속일 (50)	汽 김 (271)	沂 물 이름 (226)	淇 물 이름 (50)
玘 패옥 (172)	琦 옥 이름 (135)	琪 옥 이름 (50)	琪 피변 꾸미개 (122)	璣 구슬 (181)
畸 돼지밭 (135)	畿 경기 (181)	碁 기(棋)와 동자 (50)	磯 여울 돌 (181)	祁 성할 (333)
祇 땅 귀신 (269)	祈 빌 (226)	祺 복 (50)	箕 키 (50)	紀 벼리 (172)
綺 비단 (135)	耭 밭갈 (181)	肌 살 (58)	記 기록할 (172)	譏 나무랄 (181)
起 일어날 (172)	錡 세발 솥 (135)	鎡 호미 (50)	飢 주릴 (58)	饑 주릴 (181)
騎 말 탈 (135)	騏 털총이 (50)	驥 천리마 (51)	羈 굴레 (491)	麒 기린 (50)

나

奈 어찌 ▶내 (135)	柰 능금나무 ▶내 (135)	那 어찌 (442)	儺 역귀 쫓을 (464)	娜 날씬할 (442)
懦 나약할 ▶유 (466)	懶 게으를 (426)	拏 잡을 (138)	拿 잡을 (105)	喇 ⇨ 라 (65)
癩 ⇨ 라 (426)	羅 ⇨ 라	蘿 ⇨ 라	螺 ⇨ 라 (354)	裸 ⇨ 라 (249)
邏 ⇨ 라				

내

乃 이에 (14)	內 안, 속 (46)	奈 어찌 ▶나 (135)	柰 능금나무 ▶나 (135)	來 ⇨ 래
耐 견딜 (366)	洒 이에 (405)			

녀

女 계집 (138)				

노

奴 종 (138)	腦䐉 머릿골 (73)	努 힘쓸 (138)	帑 처자식 ▶탕 (138)	弩 쇠뇌 (138)
怒 성낼 (138)	瑙 마노 (73)	駑 둔한 말 (138)	勞 ⇨ 로	擄 ⇨ 로
櫓 ⇨ 로	爐 ⇨ 로	盧 ⇨ 로	老 ⇨ 로	蘆 ⇨ 로
虜 ⇨ 로	路 ⇨ 로	露 ⇨ 로	魯 ⇨ 로	鷺 ⇨ 로

뇌

惱 괴로워할 (73)	腦 뇌 (73)	餒 굶주릴 (139)	牢 ⇨ 뢰	磊 ⇨ 뢰
賂 ⇨ 뢰 (103)	雷 ⇨ 뢰			

뇨

尿 오줌 (161)	撓 어지러울 (123)	橈 굽을 ▶요 (123)	淖 진흙 (81)	鬧 시끄러울 (495)

누

壘 ⇨ 루 (313)	屢 ⇨ 루 (140)	樓 ⇨ 루 (140)	淚 ⇨ 루 (215)	漏 ⇨ 루 (162)
累 ⇨ 루	縷 ⇨ 루 (140)	陋 ⇨ 루		

뉴

忸 길들일 ▶뉴 (7)	杻 감탕나무 (7)	紐 맬 (7)	鈕 꼭지 ▶추 (7)	

니

尼 여승 (160)	尔 너 (526)	泥 진흙 (160)		

다

多 많을 (131)	茶 차 ▶차 (36)			

대

[색인]

代 대신할 (34)	大 클 (132)	對 대답할 (156)	帶 띠 (176)	臺 돈대 (380)
隊 떼 (459)	坮 터 (34)	坮 대(臺)의 고자 (102)	岱 대산 (34)	待 기다릴 (153)
戴 일 (212),(312)	擡 들 (380)	玳 대모 (34)	碓 디딜방아 (461)	袋 자루 (34)
貸 빌릴 (34)	錞 물미(창끝쇠) ▶순 (360)	黛 눈썹먹 (34)		

도

刀 칼 (62)	到 이를 (64)	匋 질그릇 (71)	島 섬 (166)	度 법도 ▶탁 (183)
涂 물이름 (276)	盜 도둑 (324)	道 길 (440)	兜 투구 ▶두 (45)	圖 그림 (111)
倒 넘어질 (64)	堵 담 (365)	塗 바를 (276)	纛 큰 깃발 ▶독 (266),(354)	導 인도할 (440)
屠 죽일 (365)	嶋 도(島)와 동자 (504)	徒 무리 (119),(429),(438)	悼 슬퍼할 (81)	挑 돋울 (43)
掉 흔들 (81)	搗 찧을 (166)	擣 절구에 찧을 (126)	桃 복숭아 (43)	棹 노 (80)
櫂 상앗대 (363)	淘 일 (71)	渡 건널 (183)	滔 물 넘칠 (382)	濤 큰 물결 (126)
燾 비칠 (126)	睹 볼 (365)	禱 빌 (126)	稻 벼 (382)	萄 포도 (71)
覩 볼 (365)	賭 도박 (365)	跳 뛸 (43)	蹈 밟을 (382)	逃 달아날 (43)
途 길 (36)	都 도읍 (364)	鍍 도금할 (183)	陶 질그릇 (71)	韜 감출 (382)

두

卽 큰 술잔 (526)	亠 머리 (28)	斗 말 (225)	豆 콩 (418)	兜 투구 ▶도 (45)
杜 막을 (119)	科 주두 (225)	痘 마마 (418)	竇 구멍 (427)	荳 콩 (418)
肚 배 (119)	讀 이두 ▶독 (427)	逗 머무를 (418)	頭 머리 (418)	

라

羅 벌일 (358)	臝 짐승 이름 (376)	喇 나팔 (65)	癩 문둥병 (426)	蘿 담쟁이덩굴 (358)
螺 소라 (354)	裸 벌거숭이 (249)	邏 순행할 (358)	懶 ⇨	拏 ⇨ 나

래

來 올 (37)	崍 산 이름 (37)	徠 올 (37)	萊 명아주 (37)	

려

㫃 려(旅)의 고자 (526)	丽 려(麗)의 고자 (526)	厲 사나울 (88)	呂 음률 (106)	慮 생각할 (204)
戾 어그러질 (215)	旅旂 무리 (229)	閭 마을 (456)	麗 고울 (506)	黎 검을 (510)
侶 짝 (106)	儷 짝 (506)	勵 힘쓸 (88)	廬 오두막집 (325)	櫚 종려나무 (456)
濾 거를 (204)	犁 쟁기 ▶리 (64)	礪 숫돌 (88)	藜 명아주 (510)	蠣 굴 (88)
驢 나귀 (325)	驪 가라말 ▶리 (506)			

례

豊 례(禮)의 고자 (418)	隸隷隸隸 종 (135),(333)	例 법식 (63)	澧 강이름 (419)	禮 예도 (419)
醴 단술 (419)				

로

勞 수고로울 (68)	盧 검을 (325)	老 늙을 (364)	盧 밥그릇 (398)	虜 사로잡을 (398)
路 길 (430)	魯 둔할 (503)	鹵 짠 땅 (505)	撈 건져낼 (68)	擄 노략질할 (398)
櫓 방패 (503)	潞 강 이름 (430)	濾 강 이름 (325)	爐 화로 (325)	芦 갈대 ▶호 (215)
蘆 갈대 (325)	輅 수레 ▶락 아 (103)	露 이슬 (430)	鷺 해오라기 (430)	怒 ⇨ 노

뢰

牢 우리 (291)	畾 기운이 회전하는 모양 (313)	磊 돌무더기 (332)	耒 쟁기 (368)	賴 의지할 (426)
頼 깨닫기 어려울 (481)	雷靁 우레 (466)	儡 꼭두각시 (313)	瀨 여울 (427)	賂 뇌물 (103)
賚 줄 (37)	纇 실마디 (481)			

료

[색인]

了 마칠 (19)　寮 밝을 (158)　料 헤아릴 (225)　廖 높이 날 (362)　寥 쓸쓸할 (362)
僚 동료 (158)　寮 동관 (158)　廖 사람 이름 (362)　燎 불놓을 (158)　療 병 고칠 (158)
瞭 밝을 (158)　聊 애오라지 (84)　繆 두를 ▶규 류 (362)　蓼 여뀌 (362)　鬧 시끄러울 ▶뇨 (495)
遼 멀 (158)

루

囗 옆으로 피할 (76)　婁 끌 (140)　累纍 여러 (354)　扁 집에 비 샐 (162)　壘 진 (313)
屢 자주 (140)　樓 다락 (140)　淚 눈물 (215)　漏 샐 (162)　瘻 혹 (141)
縷 실 (140)　蔞 쑥 (141)　褸 남루할 (141)　鏤 새길 (141)　陋 더러울 (76)

류

劉 성 (65)　厽 담 쌓을 (526)　留 머무를 (311)　旒 깃술 (168)　柳 버들 (84)
榴 석류나무 (311)　流 흐를 (168)　溜 물방울 (311)　瀏 맑을 (65)　琉 유리 (168)
瑠 류(琉)와 동자 (311)　瘤 혹 (311)　硫 유황 (168)　繆 어그러질 ▶묘무 (362)　謬 그릇될 (362)
類 무리 (481)

리

利 이로울 (64)　劙 쪼갤 (88)　吏 관리 (103)　履屨 신 (162)　李 오얏 (249)
쌩 밝을 (527)　离 밝을 (335)　朸 이로울 (527)　詈 꾸짖을 (527)　里 마을 (447)
離 떠날 (464)　俚 속될 (447)　厘 리 (447)　唎 가는 소리 (64)　悧 똑똑할 (64)
梨 배 (64)　浬 해리 (447)　犂 얼룩소 ▶려 (64)　狸 살쾡이 (447)　理 다스릴 (447)
璃 유리 (336)　痢 이질 (64)　籬 울타리 (464)　罹 걸릴 (203)　羸 여윌 (376)
莉 말리 (64)　裏 속 (447)　裡 리(裏)와 동자 (447)　釐 다스릴 (88)　驪 가라말 ▶려 (506)
鯉 잉어 (447)

마

馬 말 (491)　麻 삼 (508)　摩 문지를 (508)　瑪 마노 (491)　痲 홍역 (251)
碼 마노 (491)　磨 갈 (508)　魔 마귀 (508)

매

呆 어리석을 ▶보 (527)　每 매양 (265)　枚 나무 줄기 (250)　買 살 (425)　埋 묻을 (447)
妹 손아랫누이 (247)　媒 중매 (252)　寐 잠잘 (152),(247)　昧 어두울 (247)　梅 매화 (265)
煤 그을음 (252)　昧 눈이 어두울 (247)　罵 꾸짖을 (491)　邁 갈 (393)　賣 팔 (425)
魅 도깨비 (247)

몌

袂 소매 (133)

모

冒 겹쳐 덮을 ▶무 (527)　冃 두건 ▶무 (457)　冒 무릅쓸 (53)　皃 모범 (527)　某 아무 (252)
母 어미 (265)　毛 털 (268)　牟 소 우는 소리 (291)　兒 모양 (320)　矛 창 (330)
貌 모양 (422)　侮 업신여길 (266)　募 모을 (392)　姆 여스승 (265)　帽 모자 (53)
慕 사모할 (392)　摸 더듬어 찾을 (392)　摹 본뜰 (392)　暮 저물 (392)　模 법 (392)
牡 수컷 (119)　瑁 서옥 (53)　眸 눈동자 (291)　耗 덜릴 (268)　膜 무릎 꿇을 ▶막 (392)
芼 풀 우거질 (268)　茅 띠 (330)　蟊 뿌리 잘라먹는 해충 (221)　謀 꾀할 (252)　謨 꾀 (392)

묘

卯 토끼 (84)　杳 아득할 (250)　眇 애꾸눈 (327)　苗 싹 (390)　墓 무덤 (392)
妙 묘할 (157)　廟 사당 (245)　描 그릴 (390)　昴 별자리 이름 (84)　渺 아득할 (327)
猫 고양이 (390)　畝 밭이랑 ▶무 (15)　秒 까끄라기 ▶초 (157)　玅 묘(妙)와 동자 (157)　畮 밭이랑 ▶무 (266)

551

[색인]

繆 성씨 ▶류 무 (362)　　藐 작을 ▶막 (422)　　錨 닻 (390)

무

冒 덮을 ▶모 (527)　　冒 덮을 ▶모 (527)　　務 힘쓸 (67)　　巫覡 무당 (171)　　戊 5째 천간 (211)
孜 힘쓸 (221)　　无 없을 (231)　　楙 무성할 (254)　　森森 없을 (527)　　武 호반 (259)
毋 말 (265)　　無森森 없을 (280)　　廡 행랑채 (280)　　憮 어루만질 (280)　　懋 힘쓸 (254)
拇 엄지손가락 (265)　　撫 어루만질 (280)　　珷 옥돌 (259)　　畝 밭이랑 ▶묘 (15)　　瞀 야맹증 ▶목 (221)
繆 얽을 ▶류 묘 (362)　　舞 춤출 (280)　　茂 무성할 (211)　　蕪 거칠 (280)　　誣 무고할 (171)
貿 무역할 (84)　　霧 안개 (67)　　鵡 앵무새 (259)

미

尾 꼬리 (161)　　彌彌 두루 (192)　　微 작을 (198)　　散敄敫 묘할 (527)　　未 아닐 (247)
眉眉 눈썹 (327)　　米 쌀 (351)　　美 아름다울 (359)　　迷 미혹할 (438)　　味 맛 (247)
嵄 산 (3359)　　媚 아첨할 (327)　　嵋 산 이름 (327)　　梶 나무 끝 (161)　　楣 문미 (327)
渼 물결 (359)　　湄 물가 (327)　　瀰 물이 가득찬 모양 (195)　　獼 원숭이 (192)　　薇 고비 (198)
謎 수수께끼 (438)　　麋 쓰러질 (508)　　黴 곰팡이 (198)　　麋 고라니 (351)

배

北 배반할 ▶북 (72)　　拜拜拌 절 (218)　　背 등 (375)　　倍 곱 (108)　　俳 광대 (469)
培 북돋울 (108)　　徘 어정거릴 (469)　　排 물리칠 (469)　　杯 잔 (7)　　桮 술잔 (106)
湃 물결칠 (218)　　焙 불에 쬐일 (108)　　盃 배(杯)의 속자 (7)　　胚 아이 밸 (7)　　裴 배의 속자 (469)
裵 옷 치렁거릴 (469)　　褙 속옷 (375)　　賠 배상할 (108)　　輩 무리 (469)　　配 짝 (172)
陪 도울 (108)

보

保 보호할 (38)　　呆丞 보(保)고자 ▶매 (527)　　普 넓을 (238)　　采 보(保) 고자 (527)　　步 걸음 (259)
溥 넓을 ▶부 (276)　　父 남자 미칭 ▶부 (286)　　報 알릴 (124)　　甫 클 (306)　　堡 작은 성 (38)
寶 보배 (356)　　洑 보 ▶복 (35)　　湺 알 수 없음 (38)　　潽 강이름 (238)　　璑 보(寶)의 고자 (356)
菩 보살 (108)　　補 기울 (306)　　褓 포대기 (38)　　譜 계보 (238)　　輔 도울 (306)
黼 보불, 수 (307)

부

付 줄 (34)　　否 아니 ▶비 (106)　　音杏 비웃을 (108)　　夫 사내 (132)　　婦 며느리 (141)
孚 미쁠 (143)　　采 미쁠 (527)　　尃 넓게 깔 ▶박 (154)　　府 마을 (182)　　復復 다시 ▶복 (198)
溥 펼 ▶보 (276)　　父 아비 ▶보 (286)　　缶 장군 (356)　　負 짐질 (423)　　阜阝自 언덕 (458)
阝 언덕 (527)　　俯 구부릴 (182)　　傅 스승 (154)　　剖 쪼갤 (108)　　副 버금 (311)
咐 분부할 (34)　　埠 부두 (457)　　婦 며느리 (175)　　孵 알 깔 (85), (143)　　富 넉넉할 (311)
扶 도울 (132)　　敷 펼, 베풀 (306)　　斧 도끼 (285)　　浮 뜰 (143)　　祔 사당에 신주 모실 (34)
符 부신 (34)　　簿 장부 (276)　　腐 썩을 (182)　　腑 장부 (183)　　膚 살갗 (398)
艀 작은 배 (143)　　芙 연꽃 (132)　　荷 귀목풀 (34)　　莩 풀 이름 ▶표 (143)　　訃 부고 (83)
賦 구실 (259)　　賻 부의 (154)　　赴 다다를 (82)　　跗 책상다리할 (132)　　部 떼 (108)
釜 가마 (285)　　鈇 도끼 (132)　　附 붙을 (34)　　駙 부마 (34)　　鳧 오리 (58)

비

丕 클 (7)　　備 갖출 (40)　　匕 비수 (72)　　辰 물 흐르는 모양 (16)　　匪 도둑 ▶분 (74)
卑 낮을 (80)　　坒 배합할 (120)　　否 아니 ▶부 (106)　　啚 인색할 (111)　　比 견줄 (267)
昇 줄 (310)　　蒲 갖출 (307)　　肥 살찔 (374)　　賁 꾸밀 ▶분 (425)　　非 아닐 (469)
飛 날 (483)　　鼻 코 (517)　　俾 더하여 보탤 (80)　　僻 성의 작은 담 ▶벽 (434)　　荆 발꿈치 베는 형벌 (469)

[색인]

妃 왕비 (172) | 妣 죽은 어미 (267) | 婢 계집종 (80) | 屁 방귀 (267) | 庇 덮을 (267)
悲 슬플 (469) | 憊 고달플 (40) | 扉 문짝 (469) | 批 비평할 (267) | 斐 문채날 (469)
枇 비파나무 (267) | 榧 비자나무 (74) | 匕 삼갈 (267) | 毖 도울 (267) | 毘 비와 동자 (267)
祕 비(秘)의 속자 (200) | 沸 끓을 (191) | 泌 분비할 ▶필 (200) | 琵 비파 (267) | 痺 손발 저릴 (310)
痺 암메추리 (80) | 砒 비상 (267) | 碑 비석 (80) | 秕 쭉정이 (267) | 秘 숨길 (200)
秕 쭉정이 (267) | 緋 비단 (469) | 翡 물총새 (469) | 脾 지라 (80) | 臂 팔 (435)
菲 엷을 (469) | 蜚 바퀴 (469) | 裨 도울 (80) | 誹 비방할 (469) | 譬 비유할 (434)
費 소비할 (191) | 邳 클 (7) | 鄙 더러울 (111) | 霏 눈 펄펄 날릴 (469) | 髀 넓적다리 (80)

사

乍 잠깐 (15) | 事 일 (19) | 卸 짐 부리고 쉴 (85) | 厶 사사 (89) | 虒 뿔범 ▶치 (397)
史 역사 (100) | 司 맡을 (100) | 四 넉 (116) | 士 선비 (125) | 寫 베낄 (152)
寺 절 ▶시 (153) | 射 쏠 (154) | 巳 6째 지지, 뱀 (172) | 師 스승 (176) | 思 생각할 (202)
斯 이 (227) | 查 사실할 (252) | 死 죽을 (261) | 沙 모래 (273) | 社 모일 (333)
糸 가는 실 ▶멱 (353) | 絲 실 (354) | 舍 집 (384) | 徙 옮길 (197) | 食 먹일 ▶식 (484)
些 적을 (259) | 仕 벼슬 (125) | 伺 엿볼 (101) | 似 같을 (35) | 使 하여금 (103)
俟 기다릴 ▶기 (331) | 儩 잘게 부술 ▶새 (124) | 唆 부추길 (128) | 嗣 이을 (100) | 奢 사치할 (365)
姒 맏동서 (35) | 娑 춤출 (273) | 捨 버릴 (384) | 斜 비낄 (36) | 柶 순가락 (116)
梭 베틀 북 (128) | 楂 뗏목 (252) | 榭 지붕 있는 정자 (154) | 泗 물 이름 (116) | 渣 찌끼 (252)
瀉 토할 (152) | 獅 사자 (176) | 砂 모래 (157) | 祀 제사 (172) | 祠 사당 (101)
私 사사 (89) | 簑 도롱이 ▶쇠 (403) | 篩 체 (176) | 紗 깁 (157) | 肆 방자할 (454)
莎 향부자 (273) | 蓑 도롱이 (403) | 蛇 뱀 (145) | 裟 가사 (273) | 覗 엿볼 (101)
詐 속일 (15) | 詞 말 (100) | 謝 사례할 (154) | 賜 줄 (234) | 赦 용서할 (428)
辭 말 (284) | 邪 간사할 (290) | 飴 먹일 ▶이 (102) | 飼 먹일 (101) | 駟 사마 (116)
麝 궁노루 (154)

새

塞 변방 ▶색 (124) | 璽 옥새 (527) | 儩 잘게 부술 ▶사 (124) | 賽 굿할 (150)

서

庶 여러 (183) | 犀 무소 (291) | 筮 산가지 (350) | 署 관청 (357) | 胥 서로 (375)
西 서녘 (405) | 黍 기장 (510) | 鼠 쥐 (516) | 叙 차례대로 쓸 (37) | 噬 씹을 (349)
墅 농막 (448) | 壻 사위 (375) | 壻 사위 (375) | 嶼 섬 (383) | 序 차례 (19)
徐 천천히 (37) | 恕 용서할 (139) | 惰 지혜 (375) | 抒 펼 (19) | 捿 서(栖棲)와 동자 (140)
撕 훈계하여 일깨울 (227) | 敍 펼 (37) | 暑 더울 (364) | 曙 새벽 (357) | 書 글 (364)
栖 서(棲)와 동자 (405) | 棲 깃들일 (140) | 瑞 상서로울 (366) | 絮 솜 (139) | 緖 실마리 (365)
舒 펼 (19), (384) | 薯 마 (357) | 藷 마 ▶저 (415) | 誓 맹세할 (217) | 逝 갈 (218)
鉏 호미 (8) | 鋤 호미 (67) | 齟 어긋날 ▶저 (8)

세

世 대 (9) | 歲 해 (260) | 軎 수레 굴대 끝 (527) | 勢 기세 (122) | 帨 허리 수건 (44)
洗 씻을 (43) | 洒 씻을 ▶쇄 (405) | 稅 세금 (44) | 笹 가는 대 (9) | 細 가늘 (117)
說 달랠 ▶설 열 (44) | 貰 세낼 (9)

소

召 부를 (101) | 釗 깎을 ▶쇠 (453) | 小 작을 (157) | 少 젊을 (157) | 巢 새집 (169)
昭 밝을 (236) | 疏 성길 (314) | 疋 발 ▶필 (314) | 甦甦 다시 살아날 (339) | 笑笑 밝을 (349)

553

[색인]

素 흴 (354)
所 바 (215)
橚 무성할 ▶숙 (372)
瀟 물 이름 (395)
瘯 종기 (399)
繅 고치 켤 (169)
逍 노닐 (374)
韶 아름다울 (101)

蕭 쑥 (395)
掃 쓸 (175)
泝 거슬러 올라갈 (226)
炤 밝을 ▶조 (101)
篠 조릿대 (253)
茗 풀이름 ▶조 (101)
遡 거스를 (245)
騷 시끄러울 (399)

嘯 휘파람 불 (372)
岧 과녁 (101)
沼 늪 (101)
燒 불사를 (123)
簫 퉁소 (372)
蔬 나물 (314)
邵 고을 이름 (101)

塑 토우 (245)
搔 긁을 (399)
消 사라질 (374)
珆 고운 옥 (101)
紹 이을 (101)
蘇 깨어날 (339)
銷 쇠 녹일 (374)

宵 밤 (374)
梳 빗 (314)
溯 거슬러 올라갈 (245)
甦 긁어 모을 (240)
繰 고치 켤 (114)
訴 하소연할 (226)
霄 하늘 (374)

쇄

貨 자개소리 (424)

愬 의심할 ▶지 (528)

쇄

殺 죽일 ▶쇄 (263)
碎 부술 (80)

刷 인쇄할 (93)
鎖 쇠사슬 (424)

洒 물 뿌릴 ▶선 세 (405)

灑 물 뿌릴 (506)

瑣 자질구레할 (424)

쇠

夊 천천히 걸을 (128)

衰 쇠잔할 ▶최 (403)

釗 사람이름 ▶소 (453)

簑 꽃술 늘어질 ▶사 (403)

수

几 깃처음날 (58)
耍 늙은이 (94)
垂 드리울 (121)
戍 수자리 (212)
水 물 (272)
蒐 모을 (394)
需 구할 (466)
售 팔 (461)
愁 근심 (338)
樹 나무 (156)
燧 봉화 (440)
睡 졸 (121)
綏 인끈 (93)
蓨 기쁠 (39)
豎 세울 (378)
銹 녹쓸 (337)
鬚 수염 (480)

手 느러질 (527)
叟 늙은이 (94)
壽 목숨 (126)
手 손 (217)
汓 헤엄칠 ▶유 (529)
秀 빼어날 (337)
須 모름지기 (480)
嫂 형수 (94)
授 줄 (93)
殊 다를 (248)
狩 사냥할 (146)
穗 이삭 (203)
繡 수 놓을 (372)
藪 늪 (223)
輸 실어 나를 (47)
隧 무덤 길 (440)

乑 늘어질 (528)
家 드디어 (528)
奞 날개칠 ▶순 (137)
數 셈 ▶삭 촉 (223)
獸 짐승 (293)
遂 드디어 (440)
首 머리 (485)
岫 산굴 (309)
搜 찾을 (94)
洙 물 이름 (248)
琇 옥돌 (337)
竪 더벅머리 (378)
脩 포 (220)
袖 소매 (309)
邃 깊을 (440)
隨 따를 (459)

修 닦을 (39)
壽 수(壽) 고자 ▶주 (530)
守 지킬 (146)
敕 빨아들일 (257)
祟 빌미 (333)
隋 수나라 (459)
百 머리 (528)
屵 수(岫)와 동자 (309)
收 거둘 (10)
漱 반죽할 (94)
璲 패옥 (440)
粹 순수할 (80)
茱 수유 (248)
誰 누구 (461)
酬 잔 돌릴 (167)
雖 비록 (112)

受 받을 (93)
囚 가둘 (116)
宿 별자리 ▶숙 (150)
受 칠 (262)
羞 드릴 (360)
雛 새 두마리 (463)
嗽 기침할 (257)
帥 장수 (16)
晬 돌 (80)
漱 양치질할 (257)
瘦 여윌 (94)
綏 편안할 (139)
蓑 꽃술 ▶사 (403)
讐 원수 (463)
銖 무게 단위 (248)
髓 골수 (459)

쉬

焠 담금질할 (80)

시

寺 내시 ▶사 (153)
矢 화살 (331)
侍 모실 (153)
屎 똥 (160)
恃 믿을 (153)
猜 시기할 (467)

尸 주검 (160)
吴 화살 (528)
匙 숟가락 (236)
屍 주검 (160), (261)
施 베풀 (17)
翅 날개 (219)

市 저자 (174)
示 보일 (333)
嘶 말 울 (227)
厮 하인 (227)
柹 감나무 (15)
肆 효시할 ▶이 (315), (371)

是 이 (236)
豕 돼지 (420)
始 비로소 (102)
弑 윗사람 죽일 (189), (249), (263)
枲 모시풀 (102)
蒔 모종낼 (238)

時 때 (237)
彖 돼지 (528)
媤 시집 (202)
柴 섶나무 ▶지치채 (259)
蓍 시초 (364)

[색인]

視 볼 (333) 試 시험할 (189) 詩 시 (153) 諡 시호 (49), (323) 豺 승냥이 (217)

씨
氏 각시 (269)

아
亞 버금 (27) 丫 갈래지다 (528) 兒 아이 (45) 我 나 (213) 牙 어금니 (290)
西 덮을 (405) 俄 갑자기 (213) 啞 벙어리 (27) 娥 예쁠 (213) 峨 산 높을 (213)
芽 싹 (290) 莪 지칭개 (213) 蛾 누에나방 (213) 衙 마을 ▶어 (107) 訝 맞을 (290)
輅 맞이할 ▶락 로 (103) 阿 언덕 (99) 雅 아담할 (290) 餓 주릴 (213) 鴉 갈가마귀 (290)
鵝 거위 (213)

애
厓 언덕 (87) 聶䭝 목이 메다 (528) 㝵 그칠 (154) 愛 사랑 (203) 恝 사랑할 (528)
毐 음란할 (528) 哀 슬플 (403) 埃 티끌 (331) 崖 낭떠러지 (87) 曖 흐릴 (203)
涯 물가 (87) 睚 눈초리 (87) 曖 가릴 (203) 碍 거리낄 (154) 礙 거리낄 (314)
艾 쑥 ▶예 (14) 阨 좁을 ▶액 (87) 隘 좁을 (324) 靄 이내 (415)

야
也 어조사 (17) 夜 밤 (131) 耶 어조사 (369) 野 들 (448) 若 반야 ▶약 (391)
邪 땅 이름 (369) 冶 불릴 (102) 惹 끌 (391) 揶 느릴 ▶여 (369) 椰 야자나무 (369)
爺 아비 (369)

어
御 어거할 (197) 於 어조사 (229) 魚 물고기 (503) 圉 마부 (528) 圄 감옥 (107)
漁 고기잡을 (503) 瘀 멍들 (229) 禦 막을 (197) 衙 갈 ▶아 (107) 語 말씀 (107)
馭 말 부릴 (91) 齬 어긋날 (107)

에
殪 죽어 쓰러질 (126)

여
与 여(與)와 동자 (528) 予 나 (19) 余 나 (36) 如 같을 (139) 舁 마주 들 (382)
與 줄 (382) 歟 그런가 (383) 汝 너 (138) 璵 옥 (383) 礜 비상 섞인 돌 (383)
艅 배 이름 (37) 茹 먹을 (139) 揶 나머지 ▶야 (369) 輿 수레 (382) 轝 가마 (383)
餘 남을 (36) 女 ⇨ 녀 廬 ⇨ 려 濾 ⇨ 려 勵 ⇨ 려
呂 ⇨ 려 旅 ⇨ 려 礪 ⇨ 려 閭 ⇨ 려 驪 ⇨ 려
麗 ⇨ 려 黎 ⇨ 려

예
厂 끌 (529) 乂 벨 (14) 医 활집 (529) 埶 심을 (122) 殹 소리 마주칠 (263)
曳 끌 (240) 睿叡 슬기로울 (94), (329) 榮 꽃술 (395) 蕊 꽃술 (395) 蓺 심을 (395)
倪 어릴 (45) 刈 풀 벨 (14) 梲 날카로울 ▶절탈 (45) 洩 훨훨 날 ▶설(240) 汭 물구비 (46)
泄 흐를 ▶설 (9) 濊 더러울 ▶회 (260) 猊 사자 (45) 穢 더러울 (260) 艾 베다 ▶애 (14)
芮 풀 뾰족뾰족 날 (46) 藝 재주 (395) 蘂 꽃술 ▶전 (395) 翳 임금 일산 (263) 裔 후손 (108)
詣 나아갈 (233) 譽 기릴 (383) 豫 미리 (19), (420) 銳 날카로울 (44) 霓 무지개 (45)
預 미리 (19) 例 ⇨ 례 禮 ⇨ 례 醴 ⇨ 례 隷 ⇨ 례

오
五 다섯 (26) 午 낮 (79) 吳 나라 이름 (106) 吾 나 (107) 奧 속 (137)
敖 거만할 (222) 烏 까마귀 (279) 伍 대오 (26) 悟 맞이할 (107) 傲 거만할 (222)

555

[색인]

嗚 탄식할 (279)
忤 거스를 (79)
晤 만날 (107)
熬 볶을 (222)
誤 그르칠 (107)

塢 둑 (279)
悟 깨달을 (107)
杇 흙손 (25)
鈝 개 (222)
鰲 오(鼇)의 속자 (222)

墺 물가 ▶욱 (137)
惡 미워할 ▶악 (27)
梧 오동나무 (107)
珸 옥돌 (107)
鼇 자라 (222)

娛 즐거워할 (107)
懊 괴로워할 (137)
汚 더러울 (25)
筽 버들고리 (107)

寤 깰 (107), (152)
旿 밝을 (79)
澳 깊을 ▶욱 (137)
蜈 지네 (107)

와

瓦 기와 (303)
蛙 개구리 (120)

臥 누울 (377)
蝸 달팽이 (109)

渦 소용돌이 (109)
訛 그릇될 (72)

窩 굴 (109)

窪 웅덩이 (341)

왜

倭 왜국 (139)

娃 예쁠 (120)

歪 비뚤 (7), (259)

矮 난쟁이 (139)

외

外 바깥 (130)

嵬 산 높을 (166)

畏 두려워할 (311)

巍 높고 클 (139)

猥 외람할 (311)

요

凹 오목할 (60)
樂 즐길 ▶락 악 (255)
繇繇繇 부역 ▶유주 (315)
嶢 높을 (123)
曜 비칠 (363)
窈 그윽할 (180)
蟯 요충 (123)
了 ⇨ 료
料 ⇨ 료

垚 높을 (529)
窔 그윽할 ▶규 (341)
僥 요행 (123)
徭 세금 (356)
橈 작은 노 ▶뇨 (123)
窯 가마 (360)
謠 노래 (356)
僚 ⇨ 료
燎 ⇨ 료

堯 요임금 (123)
罍 항아리 (356)
妖 요망할 (132)
拗 비뚤 (180)
燿 비칠 (363)
繞 두를 (123)
遙 멀 (356)
寮 ⇨ 료
療 ⇨ 료

夭 일찍 죽을 (132)
舀 절구 속 긁어 낼 (382)
姚 예쁠 (43)
搖 흔들 (356)
猺 개 (356)
耀 빛날 (363)
邀 맞을 (223)
尿 ⇨ 뇨
蓼 ⇨ 료

幺 작을 (180)
要 구할 (405)
廖 쓸쓸할 ▶료 (362)
擾 요란할 (204)
瑤 옥 (356)
腰 허리 (405)
饒 넉넉할 (123)
撓 ⇨ 뇨
遼 ⇨ 료

우

于 어조사 (25)
憂 근심 (205)
耦 짝 (368)
優 넉넉할 (204)
寓 부쳐 살 (335)
疣 사마귀 (159)
芋 토란 (25)
遇 만날 (335)

又 또 (91)
牛 소 (291)
雨 비 (465)
友 벗 (91)
愚 어리석을 (335)
盂 바리 (25)
霂 물소리 (362)
郵 우편 (121)

右 오른쪽 (102)
禹 하우씨 (335)
雩 기우제 (465)
吽 소울음 (291)
旴 해 돋을 (25)
祐 도울 (102)
藕 연뿌리 (368)
釪 요령 (25)

尤 더욱 (159)
禺 긴 꼬리 원숭이 (335)
佑 도울 (102)
堣 땅이름 (335)
玗 옥돌 (25)
褕 복 (335)
虞 염려할 (107)
隅 모퉁이 (335)

懮 근심할 (529)
羽 깃 (362)
偶 짝 (335)
宇 집 (25)
瑀 패옥 (335)
紆 얽을 (25)
迂 멀 (25)

위

位 자리 (37)
尉 벼슬 이름 ▶울 (155)
僞 거짓 (284)
渭 강 이름 (375)
蔿 애기풀 ▶화 (284)
謂 이를 (375)

危 위태할 (85)
爲 하 (284)
喟 한숨을 쉴 (375)
瑋 진귀할 (477)
葳 초목 무성할 (140)
違 어길 (477)

囗 둘러 쌀 ▶국 (116)
胃 밥통 (375)
圍 에울 (477)
緯 씨줄 (477)
蝟 고슴도치 (375)
魏 위나라 (139)

委 맡길 (139)
韋 다룸가죽 (477)
慰 위로할 (155)
萎 시들 (139)
衛 호위할 (477)

威 위엄 (140)
偉 위대할 (477)
暐 햇빛 (477)
葦 갈대 (477)
禕 폐슬 ▶휘 (477)

유

尢 머뭇거릴 ▶임 (55)
惟 생각할 (203)
柔 부드러울 (252)

兪 그럴 (47)
愈 더욱 (204)
斿 깃발 ▶수 (529)

唯 오직 (112)
攸 바 (220)
烓 밝을 ▶유 (540)

幼 어릴 (180)
有 있을 (244)
由 말미암을 (309)

幽 작을 (180)
斿 깃발 (229)
内 짐승 발자국 (335)

[색인]

維 맬 (354)
絲絲絲 부역 ▶요주 (415)
嚅 아첨하여 짓는 웃음 (466)
庾 노적가리 (381)
柚 유자 ▶축 (309)
洧 강 이름 (244)
貁 꾀 (444)
蝣 하루살이 (229)
諭 깨우칠 (47)
遺 끼칠 (425)
柳 ⇨ 류
硫 ⇨ 류

羑 인도할 (529)
乳 젖 (143)
囿 동산 (244)
悠 멀 (220)
楢 유목 ▶욱 (244)
游 헤엄칠 (229)
瑜 아름다운 옥 (47)
襦 저고리 (466)
踰 넘을 (47)
釉 잿물 (309)
流 ⇨ 류
紐 ⇨ 뉴

臾 잠깐 (381)
侑 권할 (244)
幽 그윽할 (180)
愉 즐거울 (47)
楡 느릅나무 (47)
濡 적실 (466)
癒 병 나을 (204)
裕 넉넉할 (417)
蹂 밟을 (252)
鍮 놋쇠 (47)
溜 ⇨ 류
類 ⇨ 류

鬻 쫓을 (415)
儒 선비 (466)
嚅 젖먹이 (466)
懦 나약할 ▶나 (466)
楢 졸참나무 (444)
牖 격자창 (307)
柚 무성할 (309)
誘 꾈 (337)
遊 놀 (229)
劉 ⇨ 류
琉 ⇨ 류

酉 10째 지지, 닭 (444)
喩 깨우칠 (47)
宥 용서할 (244)
揄 희롱할 (47)
油 기름 (309)
猶 오히려 (444)
萸 수유나무 (381)
諛 아첨할 (381)
逾 넘을 (47)
杻 ⇨ 뉴
留 ⇨ 류

의

宜 마땅할 (148)
矣 어조사 (331)
儀 거동 (360)
艤 배 댈 (360)
醫 의원 (263)

疻 정하지 못할 (529)
義 옳을 (360)
懿 아름다울 (126), (202)
薏 연밥 ▶억 (204)

意 뜻 (204)
衣 옷 (403)
擬 비길 (315)
蟻 개미 (360)

豙 돼지 털 일어설 (421)
依 의지할 (403)
椅 교의 (135)
誼 옳을 (148)

疑 의심할 (314)
倚 의지할 (135)
毅 굳셀 (421)
議 의논할 (360)

이

㠯 까닭 (529)
以 써 (35)
已 이미 (173)
異 다를 (312)
隶 따라 잡을 (460)
珥 귀고리 (369)
苐 흰 비름 (134)
頤 턱 (377)
梨 ⇨ 리
裏 ⇨ 리

冫 흐를 (529)
伊 저 (36)
栭 떳떳할 (194)
而 말 이을 (366)
台 기쁠 ▶태 (102)
痍 상처 (134)
貽 끼칠 (102)
利 ⇨ 리
泥 ⇨ 니
裡 ⇨ 리

匝 남쪽 오랑캐 (18)
夷 오랑캐 (134)
咡 넓은 턱 (529)
耳 귀 (369)
姨 이모 (134)
移 옮길 (131)
邇 가까울 (287)
吏 ⇨ 리
理 ⇨ 리
里 ⇨ 리

二 두 (25)
豨 털 긴 돼지 (529)
易 쉬울 ▶역 (235)
匜 턱 (377)
弛 늦출 (18)
肄 익힐 (315), (371)
飴 엿 ▶사 (102)
履 ⇨ 리
痢 ⇨ 리
離 ⇨ 리

弍 두 (529)
㑌 동쪽 오랑캐 ▶인 (536)
爾 너 (287)
貳 두 (425)
怡 기쁠 (102)
苡 율무 (35)
餌 먹이 (369)
李 ⇨ 리
罹 ⇨ 리

자

弟冊 성장을 그칠 (15)
炙 고기 구울 ▶적 (279)
自 스스로 (379)
字 글자 (142)
滋 불어날 (391)
籍 인자할 ▶적 (368)
薺 납가새 ▶제 (516)

咨 물을 (110)
兹 검을 (391)
仔 자세할 (142)
孜 부지런할 (142)
煮 삶을 (365)
紫 자줏빛 (259)
訾 헐뜯을 (259)

子 아들 (142)
茲 이것 (530)
刺 찌를 ▶척 (248)
孳 부지런할 (392)
瓷 사기 그릇 (256)
茨 가시나무 (256)
諮 물을 (110)

學 아들 (529)
者 놈 (364)
姉 누이 (15)
恣 방자할 (256)
疵 허물 (259)
蔗 사탕수수 (183)
資 재물 (256)

恣 방자할 (202)
自 스스로 (529)
姿 맵시 (256)
慈 사랑 (391)
磁 자석 (392)
藉 빙자할 (368)
雌 암컷 (259)

재

再 두 (53)
哉 자를 (212)
栽 심을 (212)
纔 겨우 (267)

灾 재앙 (530)
才 재주 (217)
梓 가래나무 (149), (434)
裁 마를 (212)

哉 어조사 (109)
災 재앙 (278)
湛 강이름 (109)
財 재물 (217)

在 있을 (120)
儕 동년배 (518)
滓 찌끼 (149)
載 실을 (212)

宰 재상 (149)
材 재목 (217)
縡 일 (149)
齋 재계할 (518)

557

[색인]

齋 가질 (516)

저
宁 조회 받는 곳 (145) 氐 낮을 (269) 杵 절구공이 (250) 沮 막을 (275) 著 나타날 ▶착 (394)
諸 어조사 ▶제 (415) 佇 우두커니 (145) 低 낮을 (270) 儲 쌓을 (415) 咀 씹을 (8)
姐 누이 (8) 底 밑 (270) 抵 막을 (270) 楮 닥나무 (365) 樗 가죽나무 (465)
渚 물가 (365) 牴 숫양 (270) 狙 원숭이 (8) 猪 산돼지 (365) 疽 등창 (8)
箸 젓가락 ▶착 (365) 紵 모시 (145) 羝 숫양 (270) 苧 모시 (145) 菹 김치 (275)
藷 사탕수수 ▶서 (415) 詛 저주할 (8) 貯 쌓을 (145) 躇 머뭇거릴 (394) 這 이 (414)
邸 집 (270) 雎 물수리 (8) 齟 어긋날 ▶서 (8)

제
制 억제할 (65) 帝 임금 (175) 弟 아우 (191) 祭 제사 (334) 諸 모든 ▶저 (415)
齊 가지런할 (518) 儕 동년배 (518) 劑 약 지을 (518) 啼 울 (176) 堤 방죽 (236)
娣 여동생 (191) 悌 공손할 (191) 提 끌 (236) 晢 별 빛날 ▶절 (217) 梯 사다리 (191)
濟 건널 (518) 瑅 저당옥 (236) 睇 흘끗흘끗 훔쳐볼 ▶체 (191) 第 차례 (191) 臍 배꼽 (518)
薺 냉이 ▶자 (516) 製 지을 (65) 蹄 굽 (176) 醍 맑은 술 (236) 除 덜 (36)
際 가 (334) 霽 비 갤 (518) 題 제목 (236)

조
勺 조두 (530) 兆 조 (43) 助 도울 (67) 叉 조(爪)의 옛글자 (530) 鵰 새 폐지어 울 (114)
弔吊 조상할 (190) 早 일찍 (233) 曹 무리 (241) 朝 아침 (245) 條 가지 (253)
棗 대추 (254) 澡 옥장식 (277) 棘 다툴 (530) 爪 손톱 (281) 厝 비로소 (371)
蚤 벼룩 (399) 鳥 새 (504) 俎 도마 (8) 凋 시들 (109) 嘲 조롱할 (245)
彫 새길 (109) 徂 갈 (8) 措 베풀 (234) 操 잡을 (114) 晁 조(朝)의 속자 (44)
曺 성 (241) 槽 구유 (241) 殂 죽을 (8) 漕 배 저을 (241) 潮 조수 (245)
燥 마를 (114) 炤 비출 ▶소 (101) 照 비출 (236) 璪 면류관 드림 옥 (114) 眺 바라볼 (44)
祖 할아비 (8) 祚 복 (15) 租 구실 (8) 稠 빼빼할 (109) 窕 안존할 (44)
粗 거칠 (8) 糟 재강 (241) 組 짤 (8) 繰 고치 켤 ▶소 (114) 肇 시작할 (112), (371)
肇 시작할 (371) 藻 마름 (277) 詔 고할 (101) 調 고를 (109) 趙 조나라 (374)
躁 조급할 (114) 造 지을 (106) 遭 만날 (241) 釣 낚시 (69) 阻 험할 (8)
雕 독수리 (109)

좌
ナ屮 왼손 (163) 坐 앉을 (121) 左 왼 (171) 佐 도울 (171) 座 자리 (121)
挫 꺾을 (121) 摧 꼴 먹일 ▶죄 (166)

죄
罪 허물 (469)

주
丣 유(酉)의 옛글자 (530) ` 불똥 (12) 主 주인 (12) 卩 병부 (530) 冑 다른 밭 (530)
㫗 꿩이름 ▶수 (530) 豈 세워 놓은 악기 (530) 周 두루 (109) 奏 아뢸 (136) 尌 세울 (156)
州 고을 (167) 朱 붉을 (248) 肘 팔꿈치 (373) 舟 배 (386) 走 달아날 (429)
䜌䜌䜌 부역 ▶유주 (415) 酒 술 (444) 住 살 (12) 侏 난쟁이 (248) 做 지을 (221)
姝 예쁠 (13) 姝 어여쁠 (248) 呪 저주할 (42) 嗾 부추길 (230) 宙 하늘 (309)
廚 부엌 (156) 晝 낮 (313) 柱 기둥 (13) 株 그루 (248) 注 물댈 (13)
洲 물가 (167) 湊 모일 (136) 澍 젖실 (156) 炷 심지 (13) 珠 구슬 (248)

[색인]

疇 무리 (126)　硃 주사 (248)　籌 산가지 (126)　紂 껑거리끈 (373)　紬 명주 (310)
綢 비단 (109)　胄 맏아들 (309)　蛛 거미 (248)　註 주 낼 (13)　誅 벨 (248)
躊 머뭇거릴 (126)　跦 머뭇 거릴 (156)　輳 몰려들 (136)　週 돌 (109)　逎 다가설 (444)
遒 다가설 (444)　酎 진한 술 (373)　鑄 부어 만들 (126)　駐 머무를 (13)

지
之 갈 (15)　只 다만 (102)　志 뜻 (201)　忮 착할 ▶쇠 (528)　支 지탱할 (219)
旨 뜻 (233)　止 그칠 (258)　知 알 (331)　至 이를 (380)　咫 짧을 (102)
地 땅 (17)　址 터 (258)　持 가질 (153)　指 손가락 (233)　摯 지극할 (123)
智 슬기 (331)　枝 가지 (219)　枳 탱자 (102)　柴 섶나무 ▶지치채 (259)　池 못 (18)
沚 물가 (258)　漬 담글 (424)　砥 숫돌 (270)　祉 복 (258)　祗 공경할 (270)
祇 행복 (236)　紙 종이 (269)　肢 사지 (219)　脂 비계 (233)　芝 지초 (15)
芷 구리때 (258)　蜘 거미 (331)　誌 기록할 (201)　識 적을 ▶식 (214)　贄 폐백 (123)
趾 발가락 (258)　遲 더딜 (291)　鋕 새길 (201)

차
且 또 (8)　叉 깍지낄 (91)　差 어긋날 (171)　束 나무 가시 (248)　次 버금 (256)
此 이 (259)　車 수레 ▶거 (432)　佗 실의할 (146)　借 빌릴 (234)　嗟 탄식할 (11)
嵯 산 높을 (171)　瑳 고울 (171)　磋 갈 (171)　箚 찌를 (64)　茶 차 다 (36)
蹉 거꾸러질 (171)　遮 가릴 (183)　釵 비녀 ▶채 (91)

채
廌 신성한 짐승 (530)　采 캘 (446)　豸 해태 ▶치 (422)　蠆 전갈 (530)　債 빚 (424)
埰 사패 땅 (446)　寀 녹봉 (446)　寨 목책 (150)　彩 채색 (446)　採 캘 (446)
柴 울타리 ▶지치채 (259)　砦 울 (259)　綵 비단 (446)　菜 나물 (446)　蔡 나라 이름 (334)
釵 비녀 ▶차 (91)

처
処 거처할 (59)　妻 아내 (140)　處 곳 (59)　凄 쓸쓸할 (140)　悽 슬퍼할 (140)

체
切 모두 ▶절 (63)　替 바꿀 (242)　叡 점칠 (530)　逮 잡을 (460)　剃 머리 깎을 (191)
掣 당길 ▶철 (65)　涕 눈물 (191)　滯 막힐 (176)　睇 흘끗흘끗 훔쳐볼 ▶제 (191)　締 맺을 (175)
諦 살필 (176)　遞 갈마들 (397)　體 몸 (419)

초
初 처음 (64)　卤 열매 달릴 (531)　楚 초나라 (254)　焦 그을릴 (280)　燋 거북지져 점칠 (531)
肖 같을 (374)　艸 풀 (390)　憔 밝게 살필 (281)　剿 끊을 (169)　哨 보초 설 (374)
憔 파리할 (280)　愀 핼쑥할 (338)　抄 베낄 (157)　招 부를 (101)　梢 나무 끝 (374)
椒 산초나무 (93)　樵 나무할 (280)　炒 볶을 (157)　硝 초석 (374)　礁 암초 (280)
礎 주춧돌 (254)　秒 초 ▶묘 (157)　稍 점점 (374)　苕 능소화 ▶소 (101)　草 풀 (233)
萩 사람이름 ▶추 (338)　蕉 파초 (280)　貂 담비 (101)　超 뛰어넘을 (101)　酢 식초 ▶작 (15)
醋 초 ▶작 (234)　醮 초례 (280)

최
嘬 변방 (531)　崔 높을 (166)　最 가장 (242)　衰 상복 ▶쇠 (403)　催 재촉할 (166)
摧 꺾을 ▶좌 (166)

추
帚 빗자루 (175)　沝 두 갈래의 물 (531)　秋 가을 (338)　芻 꼴 (390)　追 따를 (438)

559

[색인]

酋 두목 (444)　　佳 새 (461)　　麤 거칠 (531)　　啾 두런거리는 소리 (338)　　墜 떨어질 (459)
愀 핼쓱할 (338)　　抽 뽑을 (309)　　推 천거할 ▶퇴 (461)　　槌 몽치 ▶퇴 (439)　　椎 몽치 (461)
楸 가래나무 (338)　　樞 지도리 (77)　　湫 늪 (338)　　皺 주름살 (390)　　萩 사철쑥 ▶초 (338)
諏 상의할 (94)　　趨 달릴 ▶족 (390)　　鄒 나라 이름 (390)　　郰 고을 이름 (94)　　醜 더러울 (444)
錐 송곳 (461)　　錘 저울추 (121)　　鎚 쇠망치 (438)　　鈕 형구 ▶뉴 (7)　　陬 모퉁이 (94)
雛 새새끼 (390)　　騶 오추마 (460)　　鞦 그네 (338)　　騶 마부 (390)　　鰌 미꾸라지 (338)

췌
萃 모을 (393)　　悴 파리할 (80)　　膵 췌장 (393)　　贅 혹 (222)

취
取 가질 (93)　　吹 불 (107)　　就 나아갈 (159)　　聚 모을 (370)　　臭 냄새 (379)
觜 별이름 (413)　　嘴 부리 (413)　　娶 장가들 (94)　　炊 불 땔 (107)　　翠 푸를 (80)
脆 연할 (85)　　趣 달릴 (93)　　醉 술 취할 (80)　　驟 달릴 (370)　　鷲 독수리 (159)

치
卮 술잔 (173)　　夂 뒤쳐져올 (127)　　徵 풍류소리 ▶징 (198)　　甾 꿩 (310)　　稚穉 어릴 (338)
致 이를 (380)　　厎 가지런하지 않을 ▶사 (397)　　蚩 어리석을 (399)　　豸 벌레 ▶채 (422)　　黹 바느질할 (512)
齒 이 (517)　　侈 사치할 (131)　　値 값 (326)　　嗤 비웃을 (399)　　埴 찰흙 ▶식 (326)
峙 산 우뚝 설 (153)　　幟 기 (214)　　恥 부끄러울 (369)　　梔 치자 나무 (173)　　柴 가지런치 않을 ▶지치채 (259)
治 다스릴 (102)　　淄 검은 빛 (310)　　熾 불 활활 탈 (214)　　痔 치질 (153)　　痴 치(癡)의 속자 (331)
癡 어리석을 (315)　　穉 치(稚)와 동자 (291)　　絺 칡으로 만든 베 (175)　　緇 검을 (310)　　緻 촘촘할 (380)
置 둘 (326)　　輜 짐수레 (310)　　雉 꿩 (331), (461)　　馳 달릴 (18)

쾌
夬 결단할 (133)　　儈 중개인 (243)　　快 쾌할 (133)

타
妥 온당할 (139)　　它 뱀 (145)　　朶 늘어질 (248)　　他 다를 (18)　　咤 꾸짖을 (146)
坨 성 이름 (146)　　唾 침 (121)　　梁 화살받이 (248)　　墮 떨어질 ▶휴 (459)　　惰 게으를 (459)
打 칠 (5)　　拖 풀어놓을 (18)　　柁 키 (145)　　楕 길쭉할 (459)　　橢 길쭉할 (459)
舵 키 (145)　　陀 험할 (145)　　馱 짐 실을 (132)　　駝 낙타 (145)

태
兌 바꿀 (44)　　台 별 이름 ▶이 (102)　　太夳夳 클 (133)　　泰 클 (274)　　怠 게으를 (102)
態 태도 (376)　　殆 위태로울 (103)　　汰 씻을 (133)　　笞 볼기 칠 (103)　　胎 아이 밸 (102)
苔 이끼 (102)　　跆 밟을 (103)　　迨 일정한 것에 도달할 (103)　　邰 나라 이름 (102)　　颱 거센 바람 (103)

터
攄 펼 (204)

토
兔兎 토끼 (45)　　土 흙 (119)　　夲夲 나아갈 (531)　　討 칠 (414)　　吐 토할 (119)

퇴
自 쌓을 (16)　　復 퇴(退) 고자 (531)　　退 물러날 (439)　　敦 다스릴 ▶돈 (222)　　堆 쌓을 (461)
推 옮길 ▶추 (460)　　槌 몽치 ▶추 (439)　　焞 성할 ▶돈 (360)　　腿 넓적다리 (439)　　褪 바랠 (439)
頹 무너질 (337)

투
鬪 싸울 (495)　　偸 훔칠 (47)　　套 전례 (454)　　妬 투기할 (332)　　投 던질 (262)
透 통할 (337)　　鬪 싸울 (156), (227), (495)

560

[색인]

파
巴 땅 이름 (173)	波 물결 (275)	麻 삼베 (251)	罷 그칠 (357)	坡 고개 (322)
婆 할미 (275)	把 잡을 (173)	播 씨뿌릴 (312)	擺 헤칠 (358)	杷 비파나무 (173)
派 물 갈래 (16)	爬 긁을 (173)	嶓 휠 (312)	琶 비파 (173)	破 깨뜨릴 (322)
磻 주살에 다는 돌 ▶반 (312)	菠 시금치 (275)	芭 파초 (173)	跛 비스듬히 설 ▶피 (322)	頗 자못 (322)

패
佩 찰 (38)	孛 혜성 ▶발 (143)	貝 조개 (423)	唄 염불 소리 (423)	悖 거스를 ▶발 (143)
敗 패할 (423)	沛 못 (246)	浿 물 이름 (423)	牌 패 (80)	狽 이리 (423)
稗 피 (80)	覇 으뜸 ▶백 (465)			

폐
𢍸 옷헤질 (531)	敝 옷헤질 (223)	吠 짖을 (108)	閉 닫을 (455)	嬖 사랑할 (435)
幣 폐백 (223)	廢 폐할 (318)	弊 폐단 (223)	梐 울짱 (120)	狴 짐승이름 (120)
癈 폐질 (318)	斃 죽을 (223)	肺 허파 (246)	蔽 가릴 (223)	陛 섬돌 (120)

포
勹 쌀 (69)	包 쌀 (70)	匍 길 (71)	尃 널리 퍼질 ▶부 (154)	布 베 (174)
抛 던질 (218)	浦 물가 (275)	暴 사나울 ▶폭 (239)	佈 펼 (174)	匏 박 (70), (302)
咆 으르렁거릴 (70)	哺 먹일 (307)	圃 채마밭 (307)	庖 부엌 (70)	怖 두려워할 (175)
抱 안을 (70)	捕 잡을 (306)	瀑 사나울 ▶폭 (239)	泡 물거품 (70)	炮 통채로 구울 (70)
疱 천연두 (70)	砲 대포 (70)	胞 태보 (70)	脯 포 (307)	苞 쌀 (70)
葡 포도 (71)	蒲 부들 (275)	袍 두루마기 (70)	褒 기릴 (38)	逋 도망갈 (307)
鋪 펼 (307)	飽 배부를 (70)	鮑 절인 고기 (70)		

표
受 주고 받을 (531)	森 개 달아날 (292)	票 표 (334)	表 거죽 (403)	彡 머리털 (494)
俵 나누어 줄 (403)	剽 빼앗을 (334)	彪 범 (397)	慓 빠를 (334)	杓 자루 ▶작 (69)
標 표지 (334)	漂 빨래할 (334)	瓢 표주박 (302), (334)	莩 굶어 죽을 ▶부 (143)	豹 표범 (69)
飇 폭풍 (292)	飄 나부낄 (334)	驃 표절따 (334)		

피
皮 가죽 (322)	彼 저 (322)	披 헤칠 (322)	疲 지칠 (322)	被 이불 (322)
跛 절름발이 ▶파 (322)	避 피할 (434)	陂 방죽 (322)		

하
己 기운 펴질 (531)	下 아래 (6)	何 어찌 (37)	夏 여름 (129)	罅 틈새 (150)
厦 하(廈)의 속자 (129)	嚇 위험할 ▶혁 (428)	廈 큰 집 (129)	昰 하(夏)의 고자 (258)	河 물 (99)
瑕 티 (94)	荷 연 (37)	蝦 두꺼비 (94)	賀 하례할 (66)	遐 멀 (94)
霞 놀 (94)	鰕 새우 (94)			

해
亥 12째 지지 (29)	奚 어찌 (137)	害 해칠 (150)	解 풀 (413)	㪅 과감할 (478)
偕 함께 (320)	咳 기침 (30)	垓 지경 (30)	孩 아이 (30)	懈 게으를 (413)
楷 해서 (320)	海 바다 (265)	瀣 이슬 기운 (478)	蟹 게 (413)	該 그 (30)
諧 화할 (320)	邂 우연히 만날 (413)	駭 놀랄 (30)	骸 뼈 (30)	

허
虛 빌 (398)	許 허락할 (415)	噓 허풍칠 (398)	墟 터 (398)

혜

561

[색인]

兮 어조사 (49)	匸 감출 (76)	彗 빗자루 (194)	惠 은혜 (203)	盇 작은 쟁반 (323)
醯 식초 (445)	憓 밝을 (203)	憓 유순할 (203)	慧 지혜 (194)	暳 별 반짝일 (194)
盻 눈 흘길 (49)	嵇 산이름 (339)	蕙 난초 (203)	蹊 지름길 ▶계 (137)	譓 총명할 (194)
鞋 가죽신 (120)				

호

乎 어조사 (16)	互 서로 (26)	号 호⟨號⟩고자 (102)	壺 병 (126)	大亣夳 놓을 ▶고 (531)
好 좋을 (138)	戶 지게문 (215)	昊昦 하늘 ▶고 (234)	瓠 표주박 (302)	皓 희게 빛날 (321)
皐 언덕 ▶고 (320)	胡 오랑캐 (376)	虍 범의 문채 (397)	虎 범 (397)	蒿 쑥 (394)
虖 새이름 (462)	顥 클 (481)	豪皞 호걸 (421)	呼 부를 (16)	壕 해자 (421)
岵 산에 숲질 (100)	弧 나무활 (302)	扈 뒤따를 (215)	晧 밝을 (106)	暠 명백할 ▶고 (491)
毫 가는 털 (268),(493)	浩 넓을 (106)	淏 맑을 (234)	湖 호수 (376)	滸 물가 (415)
滈 호⟨浩⟩와 동자 (321)	濠 해자 (421)	濩 퍼질 ▶확 (395)	灝 넓을 (481)	狐 여우 (302)
琥 호박 (397)	瑚 산호 (376)	祜 복 (100)	糊 풀 (376)	縞 흰 비단 (493)
芐 지황 ▶로 (215)	葫 마늘 (376)	號 부르짖을 (102)	蝴 나비 (376)	護 보호할 (394)
鎬 냄비 (493)	護 구할 (395)			

화

化 화할 (72)	七 변할 (531)	火 불 (278)	畵畫 그림 ▶획 (313)	画 경계선 (531)
禾 벼 (337)	� 화⟨華⟩고자 (531)	華蕐 빛날 (393)	和 화목할 (337)	嬅 여자 이름 (393)
樺 자작나무 (393)	禍 재앙 (109)	花 꽃 (72)	蔿 떠돌 ▶위 (284)	話 말할 (105)
譁 지껄일 (393)	貨 재화 (72)	靴 신 (72)		

회

回 돌아올 (117)	會 모을 (242)	淮 강 이름 (276)	灰 재 (278)	褱 회⟨懷⟩의 옛글자 (404)
匯 물 돌 (276)	廻 돌 (117)	徊 어정거릴 (117)	恢 넓을 (278)	悔 뉘우칠 (265)
懷 품을 (404)	晦 그믐 (266)	檜 전나무 (243)	澮 봇도랑 (243)	盔 바리 (278)
獪 간교할 (243)	繪 그림 (243)	膾 회 칠 (243)	茴 회향초 (117)	蛔 거위 (117)
詼 조롱할 (278)	誨 가르칠 (266)	賄 뇌물 (244)		

효

孝 효도 (143)	爻 효 (287)	肴 안주 (375)	鴞 올빼미 (253)	哮 으르렁거릴 (143)
嚤 울 (394)	效 본받을 (29)	敩 깨우칠 (144)	曉 새벽 (123)	涍 강이름 (143)
淆 뒤섞일 (375)	絞 연한 초록 빛깔 ▶교 (29)	酵 술 괼 (143)	驍 날랠 (123)	

후

矦 임금 (38)	厚㫗 두터울 (87)	㫗鼻 두터울 (532)	后 왕후 (105)	後 뒤 (197)
候 철 (39)	吼 울 (142)	喉 목구멍 (36)	嗅 냄새 맡을 (379)	嘔 기뻐할 ▶구 (77)
垕 후⟨厚⟩고자 (105)	帿 과녁 (38)	朽 썩을 (5)	猴 원숭이 (39)	煦 따뜻하게 할 (236)
珝 옥이름 (362)	篌 공후 (39)	逅 만날 (105)		

훼

휘

卉芔艸 풀 (79)	殻 10말 쓿어 8말 (532)	毁 헐 (264)	虫 벌레 (399)	喙 부리 (193)
彙 무리 (249),(194)	徽 아름다울 (198)	揮 휘두를 (432)	暉 빛날 (432)	煇 빛날 (432)
翬 날 (432)	褘 향낭폐슬 ▶위 (475)	諱 꺼릴 (477)	輝 빛날 (432)	麾 대장기 (508)

휴

| 休 쉴 (36) | 畜 산짐승 ▶축 (532) | 㢮 무너질 (532) | 陮 산 무너질 (459) | 嶲 소쩍새 (464) |

희

墮 무너뜨릴 ▶타 (459)	携 가질 (464)	攜 손에 가질 (464)	烋 경사로울 (36)	畦 밭두둑 (120)
虧 이지러질 (462)	鵂 수리부엉이 (36)			
喜 기쁠 (113)	希 바랄 (175)	熙 빛날 (281)	犧 황제 이름 (361)	虖 옛날 그릇 (398)
僖 즐길 (114)	熙 화할 (281)	噫 탄식할 (204)	嘻 탄식하는 소리 (114)	囍 쌍희 (114)
姬 계집 (377)	嬉 즐길 (114)	憙 기뻐할 (114)	悕 희(憙)의 고자 (114)	戱 희롱할 (398)
晞 마를 (175)	曦 햇빛 (361)	熹 성할 (114)	熺 희(熙)와 동자 (114)	爔 불빛 (361)
犧 희생 (361)	禧 복 (114)	稀 드물 (175)		

각

却卻 물리칠 (85)	各 각각 (103)	㱿殼 내리칠 (262)	殼 껍질 (263)	珏 쌍옥 (300)
覺 깨달을 (412)	谷 입들레 굽이 (532)	角 뿔 (413)	閣 누각 (456)	刻 새길 (29)
恪 삼갈 (103)	慤 삼갈 (263)	桷 서까래 (413)	脚 다리 (85)	

객

客 손 (148)　　　喀 토할 (148)

갹

醵 추렴할 (421)

격

㱿殼 맞부딪히는 소리 (264)	鬲 오지병 ▶력 (497)	鬲䰛 오지병 ▶력 (532)	擊 칠 (264)	格 격식 (103)
檄 격문 (223)	激 과격할 (223)	膈 명치 (497)	覡 박수 (171)	隔 막힐 (497)

곡

告 뵐 ▶고 (106)	哭 울 (111)	曲 굽을 (240)	谷 골짜기 (417)	嚳 급히 고할 (144)
斛 휘 (413)	梏 수갑 (106)	穀 곡식 (262)	縠 두려워할 (262)	鵠 고니 (106)

곽

郭鄭 외성 (442)	臺𡎜 곽(郭) 본자 (532)	霍靃 빠를 (466)	廓 둘레 ▶확 (442)	槨 덧널 (443)
癨 곽란 (466)	藿 콩잎 (466)			

국

囗 나라 ▶위 (116)	匊 움켜 잡을 (71)	厈厎厑 깎지낄 (532)	國 나라 (214), (118)	局 판 (161)
臼 깎지 낄 (532)	菊 국화 (71)	跼 구부릴 (161)	鞠 기를 (71)	鞫 국문할 (414)
麴 누룩 (71)				

극

卂 손으로 잡을 (532)	亟 빠를 (27)	克 이길 (44)	㦸 틈 (158)	茍 삼갈 (532)
棘 가시나무 (254)	剋 이길 (44)	劇 심할 (421)	戟 갈래진 창 (179)	極 지극할 (27)
隙 틈 (158)				

끽

喫 마실 (136)

낙

諾 대답할 (391)	樂 ⇨ 락	烙 ⇨ 락	珞 ⇨ 락	落 ⇨ 락
酪 ⇨ 락	駱 ⇨			

녀

[색인]

疒 병들어 누운 모양 (316)

녹
碌 ⇨ 록
鹿 ⇨ 록
祿 ⇨ 록
綠 ⇨ 록
菉 ⇨ 록
錄 ⇨ 록

뉵
忸 길들일 ▶뉴 (7)

늑
勒 ⇨ 륵
肋 ⇨ 륵

닉
匿 숨길 (77)
溺 빠질 (192)

댁
宅 ⇨ 택

덕
悳 덕 (203)
德 덕 (203)

독
毒 독할 (266)
禿 대머리 (337)
瀆 더럽힐 (427)
牘 편지 (427)
犢 송아지 (427)
獨 홀로 (399)
督 감독할 (93)
篤 도타울 (349)
纛 기 ▶도 (266), (355)
讀 읽을 ▶두 (427)

득
得 얻을 (154)

락
樂 즐거울 ▶악 요 (255)
洛 강이름 (275)
烙 지질 (103)
珞 목걸이 (103)
絡 연락할 (103)
落 떨어질 (275)
鉻 끌 ▶로 아 (103)
酪 유즙 (103)
駱 낙타 (103)
諾 ⇨ 낙

략
掠 노략질할 (30)
略 간략할 (103)

력
力 힘 (66)
旭 걸을 (532)
厤 책력 (88)
歷 지낼 (260)
秝 벼 드문드문 날 (535)
鬲 다리 굽은 솥 ▶격 (497)
䙁鬻 다리 굽은 솥 ▶격 (532)
曆 책력 (88)
礫 조약돌 (255)
轢 치일 (255)
靂 벼락 (260)

록
菉 버섯 (533)
录 나무 새길 (193)
鹿 사슴 (506)
碌 돌 모양 (193)
祿 녹 (193)
綠 푸를 (193)
菉 녹두 (193)
轆 도르레 (506)
錄 기록할 (193)
麓 산기슭 (506)

륙
六 여섯 (48)
坴 흙덩이 (121)
戮 죽일 (362)
陸 뭍 (121)

륵
勒 굴레 (66)
肋 갈비 (66)

막
莫茻犎 아닐 (392)
幕 휘장 (176)
寞 고요할 (392)
漠 사막 (392)
膜 꺼풀 ▶모 (392)
藐 아득할 ▶묘 (422)
邈 멀 (422)

맥
麥 보리 (507)
佰 발두둑 ▶백 (319)
脈 맥 (16)
貊 종족 이름 (320)
陌 밭둑길 (319)
驀 뛰어넘을 (392)

멱

564

[색인]

冂 덮을 (55)
汨 강이름 (232)

糸 실 ▶사 (353)

覞覞覞 흘겨볼 (411)

覓 찾을 (235), (411)

冪 덮을 (176)

목
畜 목(睦)의 옛글자 (533)
牧 칠 (220)

㐱 가는 무늬 (195)
瞀 야맹증 ▶무 (221)

木 나무 (246)
睦 화목할 (121)

目 눈 (326)
穆 화목할 (196)

沐 머리 감을 (246)
鶩 집오리 (221)

묵
墨 먹 (511)

默 말 없을 (511)

박
泊洦 배 댈 (274)
博 넓을 (154)
樸 순박할 ▶부 (393)
縛 묶을 (154)
鉑 얇은 금속판 (319)

雹 비맞은 가죽 (535)
拍 손뼉칠 (319)
珀 호박 (319)
膊 포 (154)
雹 우박 (70)

尃 널리 퍼질 ▶부 (154)
搏 두드릴 (154)
璞 옥돌 (393)
舶 큰 배 (319)
駁 얼룩말 (287)

亳 은나라 서울 이름 (14)
撲 두드릴 ▶복 (393)
箔 얇은 판 (274)
薄 엷을 (276)

剝 벗길 (193)
朴 순박할 (82)
粕 지게미 (319)
迫 핍박할 (319)

백
帛 비단 (175)
柏 나무 이름 (319)

白 흰 (319)
栢 측백나무 (320)

百 일백 (319)
魄 넋 ▶탁 (319)

伯 맏 (319)
覇 초생달 ▶패 (465)

佰 일백 ▶맥 (319)

벽
皕 200 (321)
壁 바람벽 (434)
蘗 황벽나무 ▶얼 (255)

辟 물리칠 (434)
擘 엄지손가락 (435)
闢 열 (434)

檗 황벽나무 (255)
璧 둥근 옥 (434)
霹 벼락 (434)

僻 궁벽할 ▶비 (434)
癖 버릇 (434)

劈 쪼갤 (434)
碧 푸를 (319)

복
伏 엎드릴 (35)
宓 엎드릴 ▶밀 (147)
偪 나라이름 ▶핍 (311)
福 복 (311)
複 겹칠 (129)
鍑 큰 솥 (129)

匐 길 (71)
复夏夐 되돌아 갈 (129)
僕 종 (393)
腹 배 (129)
袱 보자기 (35)
馥 향기 (129)

卜 점 (82)
復復 회복할 ▶부 (198)
撲 두드릴 ▶박 (393)
蝮 살무사 (129)
覆 엎을 (198)
鰒 전복 (129)

𠬛𠬝 다스릴 (92)
攴攵 칠 (220)
樸 떡갈나무 ▶박 (393)
茯 복령 (35)
輹 바퀴살 (129)

業業 무성할 (393)
冨 가득찰 (311)
服 옷 (92)
葍 무 (71)
輻 바퀴살 ▶폭 (311)

북
北 북녘 ▶배 (72)

삭
朔 초하루 (245)

색
嗇 인색할 (114)
穡 거둘 (114)

索 동아줄 ▶색 (353)

塞 막을 ▶새 (124)

數 자주 ▶수 촉 (223)

索 찾을 ▶삭 (353)

削 깎을 (374)

色 빛 (389)

穡 거둘 (114)

석
夕 저녁 (130)
石 돌 (332)
汐 썰물 (130)
穸 광중 (130)

奭 클 (321)
舃舄 까치 (382)
淅 일 (251)
蓆 클 (176)

席 자리 (176)
惜 아낄 (234)
潟 개펄 (382)
釋 풀 (328)

昔𦫳 옛 (234)
晳 밝을 (251)
碩 클 (332)
錫 주석 (235)

析 쪼갤 (251)
暘 해 언듯 보일 ▶석 (235)
柘 무게 (332)
鉐 놋쇠 (332)

속
屬 붙을 ▶촉 (162)
續 이을 (427)

束 묶을 (248)
謖 일어날 (312)

粟㮚 조 (351)
贖 속 바칠 (427)

俗 풍속 (417)
速 빠를 (248)

洓 헹굴 (249)

565

[색인]

숙
茵 일찍 ▶ 첨 9
尗 콩 (157)
淑 맑을 (93)
菽 콩 (93)
佡 일찍 (533)
肅 엄숙할 (372)
潚 강이름 ▶ 축 (372)
蓿 거여목 (150)
叔 아재비 (93)
倐 夙 일찍 (131)
熟 익힐 (144)
孰 誰 누구 (144)
塾 글방 (144)
琡 옥 이름 (93)
宿 宿 잘 (150)
橚 무성할 ▶ 축 (372)
璹 옥 그릇 (126)

식
式 법 (189)
拭 닦을 (189)
熄 꺼질 (202)
飾 꾸밀 (484)
息 숨쉴 (202)
栻 점치는 판 (189)
湜 땅이름 (484)
食 밥 ▶ 사 (484)
植 심을 (326)
蝕 좀먹을 (484)
埴 찰흙 ▶ 치 (326)
殖 번식할 (326)
識 알 ▶ 지 (214)
寔 이 (236)
湜 물 맑을 (236)
軾 수레 앞턱 가로나무 (189)

악
咢 㖾 噩 囂 놀랄 (109)
幄 장막 (162)
鄂 땅이름 (110)
岳 큰 산 (166)
惡 악할 ▶ 오 (27)
鍔 칼날 (110)
樂 풍류 ▶ 락 요 (255)
愕 놀랄 (109)
顎 턱 (109)
堊 흰 흙 (27)
握 잡을 (161)
鰐 악어 (109)
嶽 큰 메 (293)
渥 두터울 (162)
齷 악착할 (162)

액
厄 재앙 (87)
腋 겨드랑이 (131)
扼 움켜쥘 (87)
阨 막힐 ▶ 애 (87)
掖 낄 (131)
額 이마 (148)
液 진 (131)
縊 목맬 (324)

약
葯 동방 신목 (533)
籰 잴 ▶ 확 (394)
躍 뛸 (363)
弱 약할 (192)
龠 피리 (522)
鑰 자물쇠 (520)
敫 해그림자 ▶ 교 (223)
蒻 꽃밥 (353)
掠 ⇨ 략
約 대략 (353)
蒻 구약나물 (192)
略 ⇨ 략
若 만약 ▶ 야 (391)
藥 약 (255)

억
億 억 (204)
薏 율무 ▶ 억 (204)
憶 생각할 (204)
抑 누를 (84)
檍 감탕나무 (204)
臆 가슴 (204)

역
亦 夾 또 (29)
睗 해 언뜻 보일 ▶ 석 (235)
逆 거스를 (164)
曆 ⇨ 력
屰 芇 거역할 (164)
域 지경 (214)
驛 역말 (328)
役 부릴 (197)
疫 염병 (197)
轢 ⇨ 력
易 바꿀 ▶ 이 (235)
繹 풀 (328)
力 ⇨ 력
睪 翠 엿볼 (328)
譯 통변할 (328)
歷 ⇨ 력

옥
屋 집 (161)
獄 감옥 (293)
玉 옥 (300)
沃 기름질 (132)
鈺 보배 (300)

욕
欲 하고자 할 (257)
褥 요 (436)
辱 욕 (436)
蓐 자리 (437)
慾 욕심 (257)
浴 목욕 (417)
縟 화문 놓을 (436)

욱
彧 彧 문채 (195)
栯 산앵두 (243)
項 삼갈 (300)
旭 빛날 (233)
澳 물구비가 여간 곳 ▶ 오 (137)
昱 밝을 (236)
煜 빛날 (236)
勖 힘쓸 (53)
稢 서직 무성할 (195)
墺 물가 ▶ 오 (137)
郁 문채날 (244)

육
肉 고기 (373)
鬻 鬻 팔 (533)
育 기를 (374)
堉 걸찬 땅 (374)
賣 賣 물건 팔 (427)
六 ⇨ 륙
毓 기를 (266)
戮 ⇨ 륙
鬻 鬻 미음 ▶ 육 (351)
陸 ⇨ 륙

익

566

[색인]

| 弋 주살 (189) | 益 더할 (324) | 翼翼飛 날개 (363) | 瀷 물 이름 (363) | 翊 도울 (342) |
| 翌 다음날 (342) | 謚 웃을 (324) | 匿 ⇨ 닉 | 溺 ⇨ 닉 (192) | |

작

勺 구기 (69)	爵爵 벼슬 (285)	雀 참새 (462)	作 지을 (15)	嚼 씹을 (285)
婥 예쁠 (81)	杓 구기 ▶조 (69)	斫 쪼갤 (332)	昨 어제 (15)	灼 구울 (69)
炸 터질 (15)	爝 횃불 (285)	綽 너그러울 (81)	芍 작약 (69)	酌 잔질할 (69)
酢 잔 돌릴 ▶조 (15)	醋 술 권할 ▶조 (234)	鵲 까치 (234)		

적

啇啻 그칠 (112)	狄 오랑캐 (292)	炙 고기 구이 ▶자 (279)	翟 꿩깃털 (363)	耤 임금 농사 지을 (368)
赤 붉을 (428)	弔吊 조(弔)의 속자 ▶조 (190)	勣 공 (424)	嫡 정실 (112)	寂 고요할 (93)
摘 딸 (112)	敵 대적할 (112)	滴 물방울 (112)	的 적실할 (68)	積 쌓을 (424)
笛 저 (309)	籍 서적 (368)	績 길쌈할 (424)	荻 갈대 (292)	謫 귀양보낼 (112)
賊 도둑 (65)	跡 발자취 (29)	蹟 자취 (424)	迪 나아갈 (309)	迹 자취 (29)
適 맞을 (112)	鏑 살촉 (112)			

족

| 族 겨레 (229) | 足 발 (430) | 簇 모일 (230) | | |

죽

| 竹 대, 대나무 (349) | 粥 죽 ▶육 (351) | 鬻鬻 미음 ▶육 (533) | | |

즉

| 卽 곧 (86) | 則 곧 ▶칙 (65) | | | |

직

| 直 곧을 (326) | 畟 보습이 날카로울 (311) | 戠 찰진 진흙 (214) | 稙 일찍 심는 벼 (326) | 稷 기장 (311) |
| 織 짤 (214) | 職 직분 (214) | | | |

착

芊 무성할 (11)	斲 깎을 (227)	毚 짐승이름 (533)	着 붙을 (328)	窄 좁을 (341)
糳鑿 희게 쓿은 쌀 (352)	箸箸 붙을 ▶착 (394)	足 쉬엄쉬엄 갈 (438)	捉 잡을 (430)	搾 짤 (341)
琸 사람 이름 ▶탁 (80)	遵 파낼 (254)	錯 섞일 (234)	鑿 뚫을 (352)	齪 악착할 (430)

책

| 册冊 책 (53) | 翟 고을 이름 ▶적 (363) | 責責 꾸짖을 (424) | 柵 목책 (53) | 磔 찢을 (253) |
| 策 꾀 (248) | | | | |

척

彳 자축거릴 (197)	尺 자 (160)	嵴 등성마루 (533)	戚 겨레 (214)	斥 내칠 (226)
脊脊 등성마루 (376)	隻 한쪽 (462)	跻 한결 같을 ▶진 (536)	偶 얽매이지 않을 (109)	刺 찌를 ▶자 (248)
剔 뼈 바를 (235)	坧 토대 (332)	慽 근심할 (214)	拓 헤칠 ▶탁 (332)	擲 던질 (443)
滌 씻을 (253)	瘠 파리할 (376)	跖 도둑 (332)	蹠 밟을 (183)	躑 머뭇거릴 (443)
陟 오를 (259)	鶺 할미새 (376)			

촉

丁 자축거릴 (533)	屬 부탁할 ▶속 (162)	蜀 나라 이름 (399)	促 재촉할 (430)	囑 부탁할 (162)
數 촘촘할 ▶삭 수 (223)	燭 촛불 (400)	矚 볼 (162)	蠹 곧을 (326)	髑 해골 (400)
觸 닿을 (400)	趣 재촉할 ▶추 (390)	鏃 살촉 (230)		

축

| 丑 2째 지지, 소 (7) | 嘼 축(畜) 고자 ▶휴 (532) | 畜 가축 ▶혹 (312) | 祝 축하할 (333) | 筑 악기 이름 (349) |

567

[색인]

豖 발 묶인 돼지 (420)
鄒 나라 이름 (349)
蹴 찰 (159)

측

仄 기울 (32)
側 곁 (65)
厠 뒷간 (65)
惻 슬퍼할 (65)
測 측량할 (65)

칙

則 법 ▶즉 (65)
勅 칙서 (248)
飭 삼갈 (484)

탁

乇 붙일 (14)
坼 터질 (226)
柝 쪼갤 (226)
魄 영락할 ▶백 (319)
卓 높을 (80)
托 받칠 (14)
濁 흐릴 (400)
託 부탁할 (14)
度 헤아릴 ▶도 (183)
拓 박을 ▶척 (332)
濯 빨래할 (363)
鐸 방울 (328)
倬 클 (80)
擢 뽑을 (363)
琢 쫄 (420)
啄 쪼을 (420)
晫 환할 (80)
琸 사람 이름 ▶착 (80)

逐 쫓을 (439)
築 쌓을 (349)
軸 굴대 (309)
柚 바디 ▶유 (309)
縮 오그라들 (150)
橚 밋밋할 ▶소 (372)
蓄 쌓을 (312)
潚 빠를 소 (372)
蹙 찌푸릴 (214)

택

宅 집 (146)
擇 가릴 (328)
澤 못 (328)

특

慝 사특할 (77)
特 특별할 (153)

팍

愎 괴팍할 (129)

폭

暴 쬘 ▶포 (239)
輻 바퀴살 ▶복 (311)
幅 폭 (311)
曝 쬘 (239)
瀑 폭포 ▶포 (239)
爆 폭발할 (239)

학

嗀 도랑 (124)
瘧 말라리아 (397)
學鷽 배울 (144)
确 자갈땅 (413)
虐 사나울 (397)
謔 희롱할 (397)
隺 높이 이를 ▶확 (462)
鶴 학 (462)
壑 산골짜기 (124)
鷽 작은 비둘기 (144)

핵

劾 캐물을 (30)
核 씨 (30)

혁

赫 붉을 (428)
革 가죽 (476)
嚇 꾸짖을 ▶하 (428)
奕 클 (29)
爀 클 (428)

혹

或 혹시 (214)
惑 미혹할 (214)
酷 혹독할 (106)

확

隺 새 높이 날 ▶학 (462)
攫 움킬 (329)
瞿 놀라볼 (329)
濩 삶을 ▶호 (395)
钁 잴 ▶확 (394)
確 확실할 (462)
廓 클 ▶곽 (442)
碻 굳을 (332)
擴 늘릴 (184)
穫 거둘 (394)

획

畵 그림 ▶화 (313)
劃 그을 (313)
獲 얻을 (394)

훅

畜 번식할 ▶축 (312)

흑

黑 검을 (511)

568

[색인]

간
侃 굳셀 (38)
斡 해 돋을 (39)
姦 간사할 (140)
干 방패 (177)
柬 분별할 (251)
幹榦 줄기 (179)
看 볼 (326)
厂 굳셀 (377)
艮 괘 이름 (387)
豤豤豤 정성스러울 ▶곤 (422)
間 사이 ▶한 (456)
刊 책 펴낼 (177)
墾 개간할 (422)
奸 간사할 (177)
懇 간절할 (422)
揀 가릴 (251)
杆 나무 이름 (177)
桿 간(杆)의 속자 (234)
澗 산골 물 (456)
癎 경기 (456)
磵 산골 물 (456)
稈 볏짚 (234)
秆 짚 (177)
竿 장대 (177)
簡 편지 (456)
肝 간 (177)
艱 어려울 (387)
諫 간할 (251)

건
巾 수건 (174)
建 세울 (186)
辛 죄 (533)
件 사건 (36)
乾 하늘 (39)
健 건강할 (185)
愆 허물 (402)
楗 문 빗장 (185)
腱 힘줄 밑둥 (185)
虔 정성스러울 (224)
蹇 다리 절 (151)
鍵 자물쇠 (185)
騫 이지러질 (151)

견
〈 도랑 (533)
开 평평할 (178)
犬 개 (292)
罥 흙덩이 (533)
繭 누에고치 (355)
肩 어깨 (375)
見 볼 ▶현 (411)
遣 보낼 (440)
倪 비유할 ▶현 (411)
堅 굳을 (377)
牽 끌어당길 (299)
狷 성급할 (373)
甄 질그릇 (121)
畎 밭도랑 (292)
絹 비단 (373)
蠲 덜어서 없앨 (400)
繾 정다울 (440)
譴 꾸짖을 (440)
鵑 두견 (373)

곤
丨 뚫을 (10)
困 곤할 (117)
昆 맏 (235)
蚰 벌레 (533)
袞裒 곤룡포 (403)
豤 씹어먹을 ▶간 (422)
坤 땅 (309)
崑 산 이름 (235)
捆 두드려서 다질 (117)
梱 문지방 (117)
棍 몽둥이 (235)
滾 흐를 (403)
琨 아름다운 돌 (235)
閫 문지방 (117)
錕 산이름 (235)
鯤 곤이 (235)
鯀 물고기 이름 (353)

관
卝 쌍상투 (533)
串 버릇 ▶곶 천 (11)
官 벼슬 (147)
冊 꿸 (265)
款 정성 (257)
綸絆 실 꿸 (180)
貫 꿸 (424)
鸛鸛 황새 (464)
冠 갓 (41)
婠 예쁠 (147)
寬 너그러울 (393)
舘 관[館]의 속자 (147)
慣 익숙할 (424)
棺 관 (147)
梡 4발 도마 ▶환 (146)
灌 물 댈 (464)
琯 옥피리 (147)
瓘 옥이름 (464)
管 대롱 (147)
綸 두건 이름 ▶륜 (37)
罐 두레박 (464)
菅 왕골 (147)
觀 볼 (464)
錧 비녀장 (147)
關 빗장 (180)
館 집 (147)

군
君 임금 (106)
軍甸 군사 (432)
窘 군색할 (106)
群 무리 (106)
裙 치마 (106)
郡 고을 (106)

권
卷卷 책 권 (85)
尖弄弄 주먹밥 (188)
鬳 가마솥 (497)
倦 게으를 (85)
券 문서 (188)
勸 권할 (464)
圈 우리 (85)
拳 주먹 (188)
捲 걷을 (85)
權 권세 (464)
淃 물 돌아흐를 (85)
眷 돌볼 (188)

균
勻 고를 (69)
困 곳집 (118)
旬 속일 ▶굉 (414)
龜 터질▶귀 구 (521)
均 고를 (121)
昀 개간할 (69)
筠 대, 대나무 (121)
菌 버섯 (118)
鈞 무게 단위 (69)
麕 노루 (118)

근
勤勤 부지런할 (68)
斤 근 (226)
筋 힘줄 (350)
堇 진흙 (122)
僅 겨우 (122)
劤 강할 (226)
巹 술잔 (9)
墐 진흙 바를 (122)
嫤 여자 이름 (122)
漌 맑을 (122)
慇 은근할 (68)
根 뿌리 (387)
槿 무궁화나무 (122)
瑾 아름다운 옥 (122)
芹 미나리 (226)

569

[색인]

菫 오랑캐꽃 (122)　　覲 뵈올 (122)　　謹 삼갈 (122)　　近 가까울 (226)　　饉 흉년 들 (122)

긴
緊 요긴할 (377)

난
糞墐墓 노란 진흙 (122)　　妠 말다툼할 ((534)　　難鷄 어려울 (464)　　煖 따뜻할 (284)　　暖 따뜻할 (284)
亂 ⇨ 란　　　　　　　　卵 ⇨ 란　　　　　　　　欄 ⇨ 란　　　　　　　　爛 ⇨ 란　　　　　　　　蘭 ⇨ 란
鸞 ⇨ 란

년
年秊季 해 (178)　　捻 비벼 꼴 (280)　　碾 맷돌 (162)　　秊 년(年)의 본자 (79)　　輾 연자방아 ▶전 (162)

논
論 ⇨ 론

눈
嫩嫰 어릴 (141)　　嫩 어리고 예쁠 (257)

단
丹 붉을 ▶란 (12)　　亶 믿음 (31)　　單 홀 (113)　　彖 단사 (193)　　斷 끊을 (227)
旦 아침 (232)　　段 층계 (262)　　耑 끝 (366)　　蜑蜒 새알 (399)　　但 다만 (232)
團 둥글 (155)　　壇 제터 (31)　　檀 박달나무 (31)　　湍 여울 (366)　　短 짧을 (418)
端 끝 (366)　　簞 도시락 (113)　　緞 비단 (262)　　袒 옷 벗어 멜 (231)　　鄲 조나라 서울 (113)
鍛 단련할 (262)　　靼 다룸 가죽 (232)

돈
敦 도타울 ▶퇴 (222)　　豚豘豚 돼지 (420)　　墩 돈대 (222)　　惇 도타울 (360)　　旽 밝을 (163)
暾 아침해 (222)　　沌 혼탁할 ▶전 (163)　　焞 귀갑지지는 불 ▶퇴 (360)　　燉 이글거릴 (222)　　頓 조아릴 ▶둔 (163)

둔
屯 모일 (163)　　屍 궁둥이 (534)　　臀 볼기 (263)　　芚 채소 이름 (163)　　遁 달아날 (327)
遯 달아날 (420)　　鈍 둔할 (163)　　頓 무딜 ▶돈 (163)

란
丹 모란 ▶단 (12)　　卵 알 (85)　　欒 다스릴 (284)　　闌 난간 (457)　　亂 어지러울 (284)
欄 난간 (457)　　欒 나무이름 (416)　　瀾 큰 물결 (457)　　爛 빛날 (457)　　斕 옥무늬 (457)
蘭 난초 (457)　　鸞 난새 (416)

련
戀 말을 계속 할 (416)　　輦 임금 타는 수레 (433)　　連 연할 (439)　　憐 불쌍히여길 (351)　　戀 사모할 (416)
攣 경련 일어날 (416)　　漣 물놀이칠 (439)　　煉 쇠 불릴 (251)　　璉 호련 (439)　　練 익힐 (251)
聯 잇닿을 (181)　　蓮 연 (439)　　鍊 단련할 (251)

론
論 논의할 (37)

륜
侖 둥글 (37)　　倫 인륜 (37)　　崙 산 이름 (37)　　淪 물놀이 (37)　　綸 벼리 ▶관 (37)
輪 바퀴 (37)

린
粦燐 도깨비 불 (351)　　藺 골풀 (396)　　躙躪 밟을 ((534)　　躪 짓밟을 (396)　　吝 인색할 (224)
潾 맑을 (351)　　燐 도깨비불 (351)　　璘 옥빛 (351)　　隣 이웃 (351)　　鱗 비늘 (352)
麟 기린 (351)

570

[색인]

만
菛 평평할 (54)　彎 굽을 (192)　曼 넓을 (241)　萬 일만 (393)　万 만(萬)의 통자 (534)
卍 범어 만(萬)자 ((534)　娩 해산할 (44)　巒 멧부리 (416)　慢 거만할 (241)　挽 당길 (44)
晩 늦을 (44)　滿 찰 (54)　漫 부질없을 (241)　灣 물굽이 (192)　瞞 속일 ▶문 (54)
蔓 덩굴 (241)　蠻 오랑캐 (416)　輓 끌 (44)　鏋 황금 (54)　饅 만두 (241)
鰻 뱀장어 (241)

면
丏 가릴 (7)　免 면할 (44)　宀 집 (145)　宾 합할 (534)　冕冕冕 보이지 않을 (534)
巿 내기에 걸 (534)　面面面 얼굴 (475)　冕 면류관 (44)　勉 힘쓸 (44)　棉 목화 (175)
沔 내이름 (7)　眄 곁눈질할 (7)　眠 잠잘 (269)　綿 솜 (175)　緬 가는 실 (475)
緡 새우는 소리 ▶민 (236)　麵 국수 (475)

문
彣 벌겋고 퍼런 색 (534)　文 글월 (224)　門 문 (455)　們 무리 (455)　刎 목 자를 (70)
吻 입술 (70)　問 물을 (455)　炆 따뜻할 (224)　瞞 부끄러워할 ▶만 (54)
紊 어지러울 (224)　籾 피리불 ▶홀 (70)　紋 무늬 (224)　聞 들을 (455)　蚊 모기 (224)
雯 구름무늬 (224)

민
敏 민첩할 (221)　民 백성 (269)　敃 굳셀 ▶분 (221)　閔 민망할 (456)　黽 힘쓸 ▶맹 (513)
岷 산 이름 (269)　悶 번민할 (455)　愍 불쌍할 (221)　憫 불쌍히 여길 (456)　慜 민첩할 (221)
忞 힘쓸 (224)　旻 하늘 (224)　旼 하늘 (224)　泯 빠질 (269)　玟 옥돌 (224)
珉 옥돌 (269)　緡 낚싯줄 ▶면 (236)

반
半 절반 (79)　反 돌이킬 (92)　班 나눌 (301)　𠬠𠬠 당길 (534)　扶 나란히 나아갈 (534)
般 옮길 (386)　潘 뜨물 (277)　頒 반포할 (480)　伴 짝 (79)　叛 배반할 (79), (92)
拌 버릴 (79)　搬 운반할 (386)　攀 더위잡을 (255)　斑 얼룩질 (224)　攽 나눌 (62)
槃 소반 (386)　泮 반궁 (79)　畔 물가 (79)　瘢 흉터 (386)　盤 쟁반 (386)
盼 눈 예쁠 (63)　磐 너럭바위 (386)　磻 강 이름 ▶파 (312)　礬 백반 (255)　絆 얽어 맬 (79)
胖 편안할 (79)　蟠 서릴 (312)　返 돌이킬 (92)　飯 밥 (92)

번
梵 울타리 (534)　煩 번거로울 (281)　番 차례 (312)　樊 새장 (255)　幡 기 (312)
燔 구을 (312)　繁 번성할 (221)　翻 펄럭일 (312)　蕃 무성할 (312)　藩 울타리 (277)
飜 펄럭일 (312)

변
便 대소변 ▶편 (38)　卞 조급할 (82)　弁兑 고깔 (187)　辡 송사할 (435)　邊邉 가장자리 (441)
采 분변할 (446)　變 변할 (416)　辨 분별할 (435)　辯 말 잘할 (435)　骿 나란할 ▶병 (178)

본
本本 근본 (247)

분
匪 나눌 ▶비 (74)　分 나눌 (62)　敃 어지러울 ▶민 (221)　焚焚 불사를 (280)　糞𥻘 똥 (352)
賁賁 꾸밀 ▶비 (425)　体 용렬할 (247)　吩 분부할 (63)　噴 뿜을 (425)　墳 봉분 (425)
奔 달아날 (79)　奮 떨칠 (137)　忿 분할 (63)　憤 분할 (425)　扮 꾸밀 (63)
盼 햇빛 (63)　汾 클 (62)　噴 물 치솟을 (425)　渿 물 스며들 (280)　氛 기운 (63)

571

[색인]

盆 동이 (62)	粉 가루 (62)	紛 어지러울 (62)	芬 향기 (62)	雰 안개 (63)

빈
冰 삼겹살 (534)	賓賓 손 (426)	頻 자주 (481)	斌彬份 빛날 (224)	嚬 찡그릴 (481)
嬪 궁녀 (426)	檳 빈랑나무 (426)	殯 빈소 (426)	浜 물가 ▶병 (49)	濱 물가 (426)
瀕 물가 (481)	牝 암컷 (72)	玭 구슬 이름 (267)	蘋 개구리밥 ▶평 (481)	貧 가난할 (62)

산
傘繖 우산 (40)	祘 헤아릴 (334)	山 메 (165)	橵檄 흩어질 (534)	散㪚㪔 흩을 (222)
産產 낳을 (305)	算 셈할 (350)	刪 깎을 (53)	汕 오구 (165)	珊 산호 (53)
疝 산증 (165)	筭 셈할 (188)	蒜 마늘 (334)	酸 신맛 (128)	霰 싸락눈 (222)

선
亘回 펼 ▶환 (27)	先 먼저 (43)	𤊒 절주할 (535)	㔾 절주할 (535)	罨 불꽃 치솟을 (405)
善譱 착할 (113)	宣 베풀 (149)	㷛㷥㷹 불꽃 솟을 (405)	扇 부채 (216)	癸关弅焱 불씨 (535)
旋 빙빙 돌 (230)	鮮 고울 (503)	仙 신선 (165)	僊 춤출 (405)	墡 백토 (113)
嬋 고울 (113)	愃 너그러울 (149)	敾 다스릴 (113)	渲 바림 (149)	煽 부추길 (216)
珗 옥돌 (43)	琔 옥 (230)	琁 도리옥 (149)	璇 아름다운 옥 (230)	璿 아름다운 옥 (94),(329)
癬 버짐 (503)	禪 사양할 (113)	線 줄 (274)	繕 기울 (113)	羨 부러워할 ▶연 (274)
腺 선 (274)	膳 반찬 (113)	船 배 (101)	蘚 이끼 (503)	蟬 매미 (113)
詵 많을 (43)	跣 맨발 (43)	選 가릴 (173)	還 돌 ▶환 (329)	銑 무쇠 (43)
鐥 기름 복자 (113)	饍 선(膳)과 동자 (113)	顫 냄새맡을 ▶전 (31)		

손
孫 손자 (144)	巽𢁅 괘 이름 (173)	飧 저녁밥 (484)	損 덜 (111)	蓀 창포 (144)
遜 겸손할 (144)	飡 밥말 (484)			

순
奞 날개 칠 ▶수 (137)	旬 열흘 (233)	盾 방패 (327)	恂 아찔할 ▶현 (537)	臺 삶을 (360)
舜䑞 순 임금 (385)	徇 두루 (233)	循 돌 (327)	恦 진실할 (233)	栒 가름대 나무 (233)
楯 방패 (327)	橓 무궁화 (385)	殉 따라 죽을 (233)	洵 참으로 (233)	淳 순박할 (360)
珣 옥 이름 (233)	瞬 눈 깜짝할 (385)	筍 죽순 (233)	純 순수할 (163)	脣 입술 (436)
荀 풀 이름 (233)	蓴 순채 (155)	蕣 무궁화 (385)	詢 물을 (233)	諄 타이를 (360)
巡 순행할 (167)	醇 순후할 (360)	錞 사발종 ▶대 (360)	順 순할 (165)	馴 길들 (167)

신
伯 신(信) 고자 (535)	信 믿을 (38)	㥶 불탄 찌꺼기 (535)	新 새로울 (227)	脊眘 신(愼) 고자 (535)
姺 많은 모양 (535)	哂 빙긋이 웃을	囟囟 숫구멍 (117)	申电𦥔 9째 지지 (309)	臣 신하 (377)
辰 별 ▶진 (436)	晨 새벽 (535)	身 몸 (431)	辛 매울 (434)	伸 펼 (309)
侁 걷는 모양 (43)	呻 끙끙거릴 (309)	娠 아이 밸 (436)	宸 집 (436)	愼 삼갈 (328)
晨 새벽 (436)	燼 깜부기불 (325)	矧 하물며 (190)	神 귀신 (309)	紳 큰 띠 (309)
腎 콩팥 (378)	莘 족두리풀 (434)	薪 섶나무 (227)	蓋 조개풀 (325)	蜃 무명조개 (436)
訊 물을 (78)	迅 빠를 (78)			

안
晏 편안할 (139)	安 편안할 (146)	雁鴈 기러기 (462)	岸 언덕 (165),(177)	按 살필 (146)
晏 늦을 (146)	案 책상 (146)	眼 눈 (387)	鞍 안장 (146)	顔 얼굴 (195)
鮟 아귀 (146)				

언

[색인]

匿 숨길 (76) 彦 선비 (195) 㫃 깃발 (228) 焉 어찌 (280) 言 말씀 (414)
偃 누울 (76) 堰 방죽 (76) 諺 속담 (195)

엔
円 일본돈 (52)

연
沇 연못 (289) 㕣 늪 (101) 延 끌 (185) 次 침 흘릴 (274) 淵 연못 (276)
燕 제비 (281) 然 그럴 (280) 㛟 갸날플 (366) 䖝 작은 벌레 (373) 㷋 개고기 (535)
衍 퍼질 (402) 軟輭輀輭 연할 (432) 兗 땅이름 (44) 嚥 삼킬 (282) 瑌 옥돌 (366)
堧 빈터 (366) 妍 고울 (178) 娟 예쁠 (373) 宴 잔치 (139) 捐 버릴 (373)
挻 당길 (185) 椽 서까래 (193) 沇 강 이름 (42) 沿 물 따라 내려 갈 (101) 涎 침 (185)
涓 가릴 (373) 演 연역할 (151) 烟 연기 ▶인 (116) 煙 연기 ▶인 (121) 燃 불탈 (280)
研 갈 (178) 硯 벼루 (411) 筵 대자리 (185) 緣 인연 (193) 繏 길 ▶인 (151)
羨 무덤 속 길 ▶선 (274) 臙 연지 (282) 蜒 굼실거릴 (367) 蠕 꿈틀거릴 (466) 鉛 납 (101)
鳶 솔개 (189) 輦 ⇨ 련 季 ⇨ 년 蓮 ⇨ 련 連 ⇨ 련
鍊 ⇨ 련 年 ⇨ 년 憐 ⇨ 련 戀 ⇨ 련 撚 ⇨ 년
煉 ⇨ 련 漣 ⇨ 련 璉 ⇨ 련 練 ⇨ 련 聯 ⇨ 련

온
昷昷 어질 (323) 縕 헌솜 (355) 媼 할미 (324) 溫 따뜻할 (323) 瑥 사람 이름 (324)
瘟 염병 (324) 穩 편안할 (204) 蘊 쌓을 (355)

완
完 완전할 (146) 宛 굽을 (147) 埦 재 쉬어 바를 (147) 婉 아름다울 (147) 椀 주발 (147)
浣 씻을 (146) 玩 가지고 놀 (41) 琓 알 수 없음 (147) 盌 홀 (147) 盌 주발 (130)
碗 주발 (147) 緩 느릴 (284) 翫 가지고 놀 (41), (363) 惋 말봉 (147) 腕 팔 (147)
莞 왕골 (146) 豌 완두 (148) 阮 관문 이름 (41) 頑 완고할 (41)

운
云 이를 (26) 雲 구름 (465) 橒 나무 무늬 (465) 殞 죽을 (111) 沄 물 돌아흐를 (26)
澐 큰 물결 (465) 煩 노란 모양 (111) 耘 김맬 (26) 芸 향풀 (26) 䳚 평지 (465)
運 운전할 (432) 隕 떨어질 (111) 韻 운 (111)

원
元 으뜸 (41) 寃冤 원통할 (56) 原 근원 (87) 員 관원 (111) 夗 뒹굴 (130)
爰 이에 (284) 袁 옷 치렁거릴 (404) 邑 동산 (535) 圓 둥글 (111) 園 동산 (404)
垣 담 (27) 媛 예쁠 (284) 嫄 여자 이름 (88) 怨 원망할 (130) 愿 삼갈 (88)
援 도울 (284) 沅 강 이름 (41) 洹 강 이름 (27) 湲 물 흐를 (284) 源 근원 (88)
猿 원숭이 (404) 瑗 도리옥 (284) 苑 동산 (130) 轅 끌채 (404) 遠 멀 (404)
院 집 (146) 願 원할 (88) 鴛 원앙새 (130)

윤
允 진실로 (42) 尹 다스릴 (160) 胤䘗 맏아들 (375) 閏 윤달 (456) 潧 물 깊고 넓을 (276)
潤 윤택할 (456) 狁 오랑캐 이름 (42) 玧 귀막이 구슬 (42) 贇 예쁠 (224) 鈗 병기 (42)
阭 높을 (42) 倫 ⇨ 륜 崙 ⇨ 륜 淪 ⇨ 륜 輪 ⇨ 륜

은
乚 숨길 (535) 憖 조심할 (204) 听 삼갈 (535) 殷 은나라 (263) 䍶 숨을 (536)
犾 짖을 (536) 斦 모탕 (535) 垠 지경 ▶기 (226) 垠 끝 (387) 恩 은혜 (116)

573

[색인]

慇 은근할 (263)　　檼 도지개 (204)　　濦 은(隱)과 동자 (263)　　䚷 온화할 (455)　　銀 은 (387)
隱 숨을 (204)

인

人 사람 (32)　　儿 어진 사람 (41)　　刃刄 칼날 (62)　　廴 길게 걸을 (185)　　印 도장 (85)
儿 인 고자 ▶이 (536)　　因 인할 (116)　　垔啇 막을 (121)　　寅寅 3째 지지 (151)　　引 끌 (190)
忍 참을 (201)　　仞 길이나 높이 (62)　　仁 어질 (32)　　夤 조심할 (151)　　咽 목구멍 ▶열 (116)
姻 혼인 (116)　　湮 묻힐 (121)　　烟 김 인 (116)　　煙 김 ▶연 (121)　　絪 천지의 기운 (117)
絪 잡아 당길 ▶인 (151)　　茵 방석 (117)　　蚓 지렁이 (190)　　認 인정할 (201)　　靭 질길 (62)
靷 가슴걸이 (190)　　靷 질길 (62)　　吝 ⇨ 린　　燐 ⇨ 린　　璘 ⇨ 린
蘭 ⇨ 린　　隣 ⇨ 린　　鱗 ⇨ 린　　麟 ⇨ 린

잔

孱 삼가할 (144)　　孱 잔약할 (144)　　戔 해칠 (213)　　奴奴 뚫을 (261)　　棧 비계 (213)
殘 남을 (213)　　潺 물 흐를 (144)　　盞 잔 (213)

전

全仝 온전할 (46)　　典 법 (50)　　前前歬 앞 (65)　　叀 오로지 (536)　　臮 전(叀)고자 (536)
奠尊 제사지낼 (137)　　專 오로지 (155)　　展 펼 (162)　　亞 펼 (536)　　廛 가게 (184)
耑 전의 고자 (536)　　殿殿 대궐 (263)　　田 밭 (308)　　羴 노린내 (536)　　襄 왕후의 옷 (536)
腆 살찐 고기 ▶준 (463)　　顚 정수리 (481)　　佃 밭 갈 (308)　　佺 신선 이름 (47)　　傳 전할 (155)
剪 가위 (65)　　塡 벽돌 (328)　　塼 메울 (155)　　巔 산꼭대기 (481)　　悛 고칠 (128)
戰 싸울 (113)　　畋 밭을 갈 (308)　　栓 나무못 (47)　　氈 모직물 (31)　　澱 찌끼 (264)
沌 강이름 ▶돈 (163)　　煎 달일 (65)　　琠 귀막이 (50)　　瑱 귀막이 옥 ▶진 (328)　　甸 경기 (308)
畑 화전 (308)　　癲 미칠 (481)　　筌 통발 (47)　　箋 글 (213)　　箭 화살 (65)
篆 전자 (193)　　纏 얽을 (184)　　翦 자를 (65)　　羶 향초 (47)　　蘡 꽃더부룩할 ▶예 (395)
詮 설명할 (47)　　輾 돌아누울 ▶년 (162)　　轉 구를 (155)　　羴 노린내 (31)　　鈿 비녀 (308)
銓 전형할 (46)　　錢 돈 (213)　　鐫 새길 (463)　　電 번개 (309)　　顫 냄새맡을 ▶전 (31)
顓 오로지할 (366)　　餞 전송할 (213)

존

尊尊 높을 (156)　　存 있을 (120)

준

夋 천천히 걸을 (128)　　隼 새매 (461)　　容 내바닥 팔 (536)　　雋 뛰어날 ▶전 (463)　　俊 준걸 (128)
儁 준걸 (463)　　准 승인할 (461)　　埈 가파를 (128)　　寯 모을 (463)　　峻 높을 (128)
晙 밝을 (128)　　樽 술단지 (156)　　浚 칠 (128)　　準 법도 (461)　　濬 깊을 (94), (329)
焌 태울 (128)　　皴 주름살 (128)　　畯 농부 (128)　　竣 마칠 (128)　　蠢 꿈틀거릴 (237)
逡 물러갈 (128)　　遵 좇을 (156)　　駿 준마 (128)

진

㐱 머리 숱 많고 길을 (35)　　乙 깃 처음 나서 날 (536)　　塵麈 티끌 (124)　　晉晋晉 나라 이름 (237)　　盡盡 다할 (325)
眞 참 (328)　　秦 진나라 (338)　　榛亲 개암나무 (536)　　聿 붓으로 꾸밀 (371)　　鉎 이를 ▶척 (536)
辰 별 ▶신 (436)　　進 나아갈 (440)　　雨 오를 (536)　　陳 베풀 (458)　　唇 놀랄 (436)
嗔 성낼 (328)　　振 떨칠 (436)　　搢 꽂을 (237)　　桭 처마 (436)　　榛 개암나무 (338)
殄 다할 (35)　　津 나루 (371)　　溱 많을 (338)　　珍 보배 (35)　　璡 아름다운 옥 (237)
瑱 귀막이 옥 ▶전 (328)　　琎 옥돌 (440)　　畛 두렁길 (35)　　疹 홍역 (35)　　瞋 부릅뜰 (328)
禛 복 받을 (328)　　縉 꽃 (237)　　縝 맺을 (328)　　臻 이를 (338)　　瘴 더위지기 (458)

574

[색인]

袗 홑옷 (35) 　　診 진찰할 (35) 　　賑 기민 먹일 (436) 　　輇 수레 뒤턱 나무 (35) 　　鎭 진압할 (328)
陣陳 진지 (458) 　　震 진동할 (436)

찬
銎 나아갈 (536) 　　粲 흰쌀 (352) 　　贊賛 찬성할 (427) 　　竄 달아날 (341) 　　撰 글 지을 (173)
澯 빛날 (352) 　　燦 빛날 (352) 　　璨 빛날 (352) 　　瓚 제기 (427) 　　篡 빼앗을 (350)
篹 모을 (350) 　　纘 이을 (427) 　　讚 기릴 (427) 　　鑽 뚫을 (427) 　　餐 먹을 (261)
饌 반찬 (173)

천
串 꿰미 ▶곶 관 (11) 　　千 일천 (78) 　　天 하늘 (133) 　　巛 내 (167) 　　辿 걸을 (537)
泉 샘 (274) 　　뭇 많은 물줄기 (537) 　　穿 뚫을 (340) 　　舛 어그러질 (385) 　　薦荐 천거할 (395)
遷 옮길 (441) 　　仟 일천 (78) 　　喘 헐떡일 (366) 　　擅 천단할 (31) 　　淺 얕을 (213)
玔 옥소리 (167) 　　芉 풀 우거질 (78) 　　賤 천할 (213) 　　踐 밟을 (213) 　　釧 팔찌 (167)
闡 밝힐 (113) 　　阡 밭둑길 (78) 　　韆 그네 (441)

촌
寸 마디 (153) 　　忖 헤아릴 (153) 　　村 마을 (153) 　　邨 촌(村)과 동자 (163)

춘
春 봄 (237) 　　椿 참죽나무 (237) 　　瑃 옥 이름 (237) 　　賰 부유할 (237)

츤
櫬 널 만드는 오동나무 (412) 　　襯 속옷 (412)

친
親 친할 (412)

탄
歎 탄식할 (257) 　　呑 삼킬 (133) 　　嘆 탄식할 (122), (257) 　　坦 평탄할 (232) 　　彈 탄알 (113)
憚 꺼릴 (113) 　　歎 탄식할 (122) 　　灘 여울 (464) 　　炭 숯 (165) 　　綻 옷 터질 (148)
誕 태어날 (185)

판
判 판단할 (79) 　　坂 고개 (92) 　　板 널 (92) 　　版 판목 (92) 　　瓣 외씨 (435)
販 팔 (92) 　　辦 힘쓸 (435) 　　鈑 금박 (92) 　　阪 산비탈 (92)

편
便 편할 ▶변 (38) 　　扁 작을 (215) 　　片 조각 (289) 　　偏 치우칠 (215) 　　篇 책 (215)
編 엮을 (215) 　　翩 펄럭일 (216) 　　遍 두루 (215) 　　鞭 채찍 (38) 　　騙 속일 (215)

한
厂 절벽 (87) 　　寒 찰 (151) 　　旱 가물 (233) 　　閑 한가할 (456) 　　翰 붓 (363)
恨 한할 (387) 　　悍 사나울 (234) 　　捍 막을 (234) 　　汗 땀 (177) 　　漢 한수 (122)
澣 빨래할 (179) 　　瀚 넓고 클 (363) 　　罕 드물 (177) 　　閒 한가할 ▶간 (456) 　　邯 땅이름 (304)
限 한정 (387) 　　韓 나라 이름 (39)

헌
憲 법 (206) 　　獻 드릴 (495) 　　櫶 나무 이름 (204) 　　軒 추녀 (177)

현
叫 울부짖을 (537) 　　繭 고치 (238) 　　玄 검을 (299) 　　旬 눈망울 굴릴 ▶순 (537) 　　縣 고을 (355)
見 나타날 ▶현 (411) 　　倪 엿볼 ▶견 (411) 　　峴 재 (411) 　　弦 활시위 (299) 　　懸 매달 (355)
晛 햇살 (411) 　　泫 물 깊고 넓을 (299) 　　炫 밝을 (299) 　　玹 옥돌 (299) 　　現 나타날 (411)

575

[색인]

眩 어지러울 (299) 睍 불거진 눈 (411) 絃 악기 줄 (299) 絢 무늬 (233) 舷 뱃전 (299)
衒 자랑할 (299) 賢 어질 (377) 鉉 솥귀 (299) 顯 나타날 (238)

혼
昏 어두울 (234) 昬 어두울 (236) 圂 뒷간 ▶환 (537) 稛 묶을 (255) 婚 혼인할 (234)
混 섞을 (235) 渾 흐릴 (432) 琿 아름다운 옥 (432) 魂 넋 (26)

환
亘 굳셀 ▶선 (27) 丸 알 (12) 奐 奐 빛날 (136) 圂 뒷간 ▶환 (537) 幻 허깨비 (180)
奐 산양뿔 (393) 雈 부엉이 (462) 喚 부를 (136) 圜 에워쌀 (329) 宦 벼슬 (377)
寰 천하 (329) 驩 기뻐할 (463) 患 근심 (11) 換 바꿀 (136) 歡 기뻐할 (464)
浣 환할 (147) 桓 굳셀 (27) 梡 땔나무 단 ▶관 (146) 渙 흩어질 (136) 煥 불빛 (136)
環 고리 (329) 紈 흰 비단 (12) 還 돌아올 ▶선 (329) 鐶 둥근 고리 (329) 鬟 쪽진 머리 (329)
鰥 홀아비 (327)

훈
熏 불길 (281) 勛 훈(勳)과 동자 (11) 勳 공 (281) 塤 훈(壎)과 동자 (111) 壎 질나팔 (281)
暈 무리 (432) 曛 석양 빛 (281) 君 연기에 그슬릴 (106) 燻 훈할 (281) 獯 종족이름 (281)
纁 분홍빛 (281) 薰 향기 (281) 訓 가르칠 (167) 醺 취할 (281) 鑂 금빛 바랠 (281)

훤
喧 시끄러울 (149) 暄 따뜻할 (149) 煊 따뜻할 (149) 萱 원추리 (149)

흔
昕 아침해 돋을 (226) 炘 구울 (226) 痕 흔적 (387)

갈
圠 새길 (63) 囚 빌 (537) 曷 어찌 (241) 圠 따이름 (67) 喝 꾸짖을 (241)
渴 목마를 (241) 碣 비석 (241) 竭 다할 (241) 葛 칡 (241) 褐 굵은 베옷 (241)
蝎 전갈 (241) 鞨 종족 이름 (241)

걸
乞 빌 (18) 桀 걸 임금 (253) 杰 걸(傑)의 속자 (251) 傑 뛰어날 (253) 偈 힘쓰는 모양 ▶게 (241)
担 들어 올릴 ▶담 (231)

결
潔 깨끗할 (354) 抉 도려낼 (133) 決 정할 (133) 潔 깨끗할 (354) 結 맺을 (103)
缺 이지러질 (133) 訣 이별할 (133)

골
圣 힘쓸 (119) 骨 뼈 (492) 汨 골몰할 (240) 滑 어지러울 ▶활 (492) 鶻 송골매 (492)

괄
氒 뿌리 (537) 昏 입 막을 (105) 刮 비빌 (105) 恝 소홀히 할 (63) 括 쌀 (105)
适 빠를 (105)

굴
屈 굽을 (161) 堀 굴 (161) 掘 팔 (161) 窟 굴 (161)

궐
亅 갈고리 (19) 乚 갈고리 (537) 厥 그 (88) 欮 癩 땅 팔 (257) 獗 미쳐 날뛸 (88)

[색인]

蕨 고사리 (88)　　　蹶 넘어질 (88)　　　闕 대궐 (257)

귤
橘 귤 (330)

글
契 사람 이름 ▶계 설 (136)　　　訖 마칠 ▶흘 (18)

길
吉 길할 (103)　　　佶 건장할 (103)　　　姞 성씨 (104)　　　拮 바쁘게 일할 (104)　　　桔 도라지 (103)

날
捏 반죽할 (120)　　　捺 손으로 찍어 누를 (135)

녈
㖿 머리 기울일 (537)　　　垔 막을 ▶열 (120)　　　涅 갤흙 (120), (232)

눌
訥 말 더듬을 (108)

눌
訥 말 더듬을 (46)

달
㚇 밟을 (537)　　　牽牽 새끼양 (537)　　　達達 통달할 (440)　　　妲 여자이름 (231)　　　怛 슬플 (231)
撻 종아리 칠 (440)　　　澾 미끄러울 (440)　　　獺 수달 (426)　　　疸 황달 (231)　　　韃 종족이름 (440)

돌
去去 거꾸로 태어날 (537)　　　充㐬 아이 거꾸로 돌 (30)　　　突 부딪칠 (340)　　　乭 이름 (17), (332)

랄
刺 어그러질 (65)　　　辣 매울 (249)

렬
巜 벌일 (538)　　　列劽 뿌리 (63)　　　劣 용렬할 (67)　　　冽 맵게 찰 (63)　　　洌 맑을 (63)
烈 매울 (63)　　　裂 찢을 (63)

률
栗㮚 밤나무 (253)　　　率 거느릴 ▶률 (299)　　　律 법 (371)　　　慄 두려워할 (253)

말
末末 끝 (246)　　　䭈䭈首 눈 바르지 못할 (538)　　　秣 <국자> (247)　　　抹 바를 (247)　　　枺 기둥 (247)
沫 거품 (247)　　　秣 말먹이는 풀 (247)　　　茉 말리 (247)　　　襪 버선 (395)　　　韈 버선 (395)
靺 종족 이름 (247)

멸
烕 꺼질 (279)　　　蔑蔑 업신여길 (395)　　　滅 멸망할 (279)

몰
殳 가라 앉을 (91)　　　歿 죽을 (91)　　　沒 빠질 (91)

물
勿 말 (70)　　　沕 아득할 ▶밀 (70)　　　物 만물 (70)

밀
宓 잠잠할 ▶복 (147)　　　㗱㗱㗱㗱 숨을 (235)　　　㿽 그릇 (323)　　　密 빽빽할 (147)　　　沕 샘 흐르는 모양 ▶물 (70)
蜜 꿀 (147)　　　謐 고요할 (323)

발
宋 초목 무성할 (246)　　　勃 우쩍 일어날 (67)　　　孛 안색 변할 ▶패 (143)　　　犮 개 달아날 (292)　　　癶 두 다리 모양 (317)

577

[색인]

癹 발로 풀 뭉갤 (538)　發 필 (318)　哱 바라 (143)　誖 안색바꿀 ▶패 (143)　拔 뺄 (292)
撥 다스릴 (318)　浡 우쩍 일어날 (143)　渤 바다 이름 (67)　潑 물 뿌릴 (318)　跋 밟을 (292)
醱 술 괼 (318)　鉢 바리때 (247)　髮 터럭 (292)　魃 가물 귀신 (292)

벌
伐 칠 (35)　罰 벌줄 (357)　筏 뗏목 (35)　閥 문벌 (35)

볌
覂 <국자> (307)

별
丿 삐칠 (14)　兆公 다를 (538)　別剐 다를 (64)　捌 처리할 ▶팔 (64)　瞥 슬쩍 볼 (223)
鼈 별(鼈)과 동자 (223)　鼈 자라 (223)

불
丶 파일 (538)　不 아닐 (7)　弗 아닐 (191)　巿 앞치마 (174)　甶 귀신머리 (308)
佛 부처 (191)　彿 비슷할 (191)　拂 떨칠 (191)　祓 푸닥거리할 (292)　髴 비슷할 (191)

살
殺 죽일 ▶쇄 (263)　乷 <국자> (273)　撒 뿌릴 (222)　煞 죽일 (201)　薩 보살 (305)

설
卨禼 사람 이름 (83,336)　契 나라 이름 ▶계 글 (136)　舌 혀 (384)　設 베풀 (414)　辥辝 허물 (435)
雪雴 눈 (464)　屑 가루 (373), (374)　楔 쐐기 (136)　泄 샐 ▶예 (9)　洩 샐 ▶예 (240)
渫 칠 (252)　紲 말고삐 (9)　薛 나라 이름 (435)　褻 더러울 (123)　說 말씀 ▶세 열 (44)
齧 씹을 (63)

솔
率 거느릴 ▶률 (299)

쇨
厼 닦을 (93)

술
戌 11째 지지, 개 (211)　術 재주 (247)　述 지을 (247)　鉥 돗바늘 (247)

슬
瑟 악기 이름 (301)　膝 무릎 (254)　璱 깨끗한 옥 (301)　蝨 이 (78)

실
失朱 잃을 (133)　悉 다 (202)　實 열매 (424)　室 집 (380)

알
歹歺占 뼈 앙상할 (261)　岸 언덕 (165)　謁 아뢸 (415)　斡 돌 (39)　軋 수레 삐걱거릴 (17)
閼 막을 (229)

얼
峜 산 높고 험할 (538)　枿杌 그루터기 싹 (255)　糱 누룩 (435)　孼 첩의 자식 (435)　蘗 그루터기 (255)

열
垻 막힐 ▶녈 (120)　咽 목메일 ▶인 (116)　噎 목메일 (126)　悦 기쁠 (44)　熱 더울 (122)
說 기쁠 ▶설 세 (44)　閱 살펴볼 (44)　烈 ⇨ 렬　列 ⇨ 렬　劣 ⇨ 렬
裂 ⇨ 렬

올
兀 우뚝할 (41)

왈

578

[색인]

曰 가로 (240)

울
尉 다림질할 ▶위 (155)　鬱 울금향 (496)　鬱 답답할 (496)　蔚 우거질 (155)　亐 알 수 없음

월
戉 큰도끼 (211)　月 달 (244)　越 넘을 (211)　鉞 도끼 (211)

율
矞 송곳질할 (330)　聿 붓 (371)　律 ▷ 률　慄 ▷ 률　栗 ▷ 률
率 ▷ 률

을
乙乙 새 (538)　乙 둘째 천간 (17)

일
一 한 (5)　壹 한 (126)　日 날 (232)　逸 편안할 (439)　佚 편안할 ▶질 (133)
佾 춤 줄 (373)　溢 넘칠 (324)　鎰 무게 단위 (324)　馹 역말 (232)

절
卩 병부 (84)　切 끊을 ▶체 (63)　截 날카로울 (538)　折 꺾을 (217)　節節節 마디 (350)
絕 끊을 (354)　齧 절(絶) 고자 (538)　截 끊을 (212)　梲 동자기둥 ▶탈 예 (45)　哲 밝을 ▶제 (217)
浙 물 이름 (218)　癤 부스럼 (350)　竊 도둑 (83), (336)

졸
卒 군사 (80)　拙 졸할 (60)　猝 창졸 (80)

줄
苗 풀 나는 모양 ▶촬 (60)

즐
喞 벌레 소리 (86)　櫛 빗 (350)

질
疾 병 (316)　窒 막을 (341)　質 바탕 (426)　佚 방탕할 ▶일 (133)　侄 어리석을 (380)
叱 꾸짖을 (5), (72)　姪 조카 (380)　嫉 투기할 (316)　帙 질 (133)　桎 차꼬 (380)
榳 모탕 (426)　瓆 사람이름 (426)　秩 차례 (133)　膣 질 (341)　蒺 납가새 (316)
蛭 거머리 (380)　跌 넘어질 (133)　鑕 모루 (426)　迭 갈마들 (133)

찰
札 얇은 조각 (246)　察 살필 (151)　柔 갈 곳 모를 (249)　刹 절 (249)　擦 문지를 (151)
紮 감을 (246)

철
凸 볼록할 (60)　叕 이을 (93)　屮 싹날 (538)　戴戴戴 클 (214)　散 철(徹)의 생략형 (198)
哲 밝을 (217)　啜 마실 (93)　喆 철(哲)과 동자 (104)　徹 통할 (198)　撤 걷을 (198)
掣 당길 ▶제 (65)　澈 물 맑을 (199)　綴 철할 (93)　輟 그칠 (93)　轍 바퀴 자국 (199)
鐵 쇠 (214)

촬
撮 사진 찍을 (242)　苗 싹틀 ▶줄 (60)

출
出 날 (60)　朮 삽주 (247)　黜 내칠 (60)

칠
七 일곱 (6)　桼 옻나무 (254)　柒 칠(漆)과 동자 (6)　漆 옻칠할 (254)

579

[색인]

탈
奪 빼앗을 (137)   脫 벗을 (44)

팔
八 여덟 (48)   叭 나팔 (48)   捌 깨뜨릴 ▶별 (64)

필
匹 짝 (76)   苹 키 (538)   必 반드시 (200)   畢 마칠 (312)   疋 짐승피륙 세는 단위 ▶소 (314)
佖 점잖을 (200)   弼 도울 (9), (191)   泌 개천물 ▶비 (200)   瑟 칼장식옥 (200)   筆 붓 (371)
篳 사립문 (312)   芯 향기로울 (200)   韠 폐슬 (312)   鉍 창자루 (200)   秘 향기로울 (200)

할
割 나눌 (150)   轄 다스릴 (150)

헐
歇 쉴 (241)

혈
孑 외로울 (142)   夐 눈짓할 (538)   穴 구멍 (340)   血 피 (401)   頁 머리 (480)

홀
忽 문득 (201)   惚 황홀할 (201)   笏 홀 ▶문 (70)

활
活 살 (275)   滑 미끄러울 ▶골 (492)   濶 활(闊)의 속자 (275)   猾 교활할 (492)   豁 소통할 (150)
闊 넓을 (275)

훌
烎 빠를 (539)

휼
恤 구휼할 (401)   譎 속일 (330)   賉 가엾이 여길 (401)   鷸 도요새 (330)

흘
肹 눈 깜박일 (373)   吃 말 더듬을 (18)   屹 산 우뚝 솟을 (18)   紇 실 (18)   訖 마칠 ▶글 (18)

힐
詰 힐난할 (104)

감
凵 입벌릴 (60)   感 느낄 (203)   歛 배 덜 찰 (257)   敢設叞 감히 (222)   甘 달 (304)
監 볼 (324)   蚶 양의 엉긴 피 (539)   酣鬫 북칠 (539)   贛 강 이름 ▶공 장 (427)   勘 헤아릴 (304)
坎 구덩이 (256)   坩 도가니 (304)   堪 견딜 (304)   嵌 아로새길 (257)   憾 한할 (203)
憨 어리석을 (222)   戡 이길 (304)   撼 흔들 (203)   柑 감자 ※귤의 일종 (304)   橄 감람나무 (222)
欲 무엇을 바랄 (40)   減 덜 (110)   疳 감질 (304)   瞰 볼 (222)   紺 감색 (304)
轗 가기 힘들 (203)   鑑 거울 (324)   鑒 감(鑑)의 속자 (325)   龕 감실 (33), (105)

검
儉 검소할 (40)   劍 칼 (40)   劒 검(劍)과 동자 (40)   撿 단속할 (40)   檢 검사할 (40)
瞼 눈꺼풀 (40)   鈐 비녀장 (33)   黔 검을 (33)

겸
兼鎌 겸할 (50)   拑 재갈 먹일 (218)   慊 혐의쩍을 ▶겸 (50)   箝 재갈 먹일 (218)   謙 겸손할 (50)

580

[색인]

鉗 항쇄 (304)　　鎌 낫 (50)

금
今 이제 (33)　　禁 금할 (334)　　琴 거문고 (301)　　禽 날짐승 (336)　　金 쇠 ▶김 (453)
妗 외숙모 ▶함 (33)　　擒 사로잡을 (336)　　吟 읊을 (33)　　檎 능금나무 (336)　　芩 풀이름 (33)
衾 이불 (33)　　衿 옷깃 (33)　　襟 옷깃 (334)　　錦 비단 (175), (453)

김
金 쇠 ▶김 (453)

남
南 남녘 (81)　　男 사내 (310)　　喃 재잘거릴 (81)　　嵐 ⇨ 람　　柟 녹나무 (52)
楠 녹나무 (81)　　湳 강이름 (81)　　濫 ⇨ 람　　藍 ⇨ 람　　襤 ⇨ 람

념
念 생각 (201)　　恬 편안할 (384)　　拈 집을 ▶점 (82)　　捻 비틀 (201)

능
凌 ⇨ 릉

님
恁 생각할 ▶임 (36)

담
覃 깊을 (406)　　啖 먹을 (279)　　憺 편안할 (415)　　擔 멜 (415)　　担 들어 멜 ▶걸 (232)
曇 흐릴 (465)　　淡 묽을 (279)　　湛 가득히 괼 ▶침 (304)　　潭 못 (405)　　澹 담박할 (415)
痰 담 (279)　　禫 담제 (405)　　聃 귀 바퀴 없을 (52)　　膽 쓸개 (415)　　薝 지모 ▶심 (155)
談 말씀 (279)　　譚 이야기 (405)　　銛 창 ▶섬 (279)

람
覽 볼 (412)　　嵐 산 기운 (482)　　擥 람과 통자 (325)　　攬 가질 (412)　　欖 감람나무 (412)
濫 넘칠 (324)　　籃 대바구니 (325)　　纜 닻줄 (412)　　藍 쪽 (324)　　襤 남루할 (325)

렴
廉 청렴할 (184)　　斂 거둘 (40)　　殮 염할 (40)　　濂 내 이름 (184)　　簾 발 (184)
蠊 바퀴벌레 (184)

름
㐭 창고 (539)　　廩稟 봉급으로 주는 쌀 ▶품 (338)　　凜 찰 (338)　　廩 곳집(창고) (339)　　懍 위태할 (338)

림
林 수풀 (250)　　淋 물방울 떨어질 (250)　　琳 옥 이름 (250)　　痳 임질 (250)　　臨 임할 (110)
霖 장마 (250)

범
凡 무릇 (58)　　氾 넘칠 (272)　　范 본보기 (349)　　帆 돛단배 (58)　　梵 중의 글 (59), (250)
汎 뜰 (58)　　泛 뜰 ▶핍 (16)　　犯 범할 (190)　　範 법 (349)　　范 풀 이름 (272)

삼
三 석 (6)　　參 별이름 ▶참 (90)　　彡 터럭 (195)　　芟 풀 벨 (390)　　杉 삼나무 (195)
森 나무 빽빽할 (250)　　滲 물 스밀 (90)　　蔘 삼 (90)　　衫 적삼 (195)

섬
夾 훔친 물건 가질 (135)　　閃 번쩍거릴 (455)　　韱 산부추 (478)　　剡 땅 이름 ▶염 (279)　　暹 해 돋을 (440)
殲 몰살할 (478)　　纖 가늘 (478)　　蟾 두꺼비 (415)　　贍 넉넉할 (415)　　銛 날카로울 ▶담 (279)
陝 고을 이름 (135)

581

[색인]

심
審 살필 (152)　宷 자세히 살필 (539)　尋撏 찾을 (155)　忄小心 마음 (200)　甚 심할 (304)
罙突宎 굴뚝 (341)　沁 스며들 (200)　蕁 쐐기풀 ▶담 (155)　沈 성〈姓〉 씨 ▶침 (55)　瀋 강이름 (152)
芯 등심초 (200)　　　　　　　　　　　　　　　　　諶 참 (304)　深 깊을 (341)

암
岩 암(巖)의 속자 (166)　嵒 바위 (166)　唵 머금을 (136)　巖 바위 (115)　庵 초막 (136)
暗 어두울 (479)　癌 암 (166)　菴 암자 (136)　諳 외울 (479)　闇 어두울 (479)

엄
广 집 (182)　厴 멧부리 (539)　嚴 엄할 (115)　奄弇 문득 (136)　俺 나 (136)
儼 엄전할 (115)　掩 가릴 (136)　淹 담글 (136)

염
月冄冉 수염 (52)　厭 싫을 (88)　染 물들일 (251)　炎 불꽃 (279)　焱 불꽃 (539)
猒猒 배부를 (539)　艷豓豔 고울 (389)　剡 날카로울 ▶섬 (279)　灩 물결 출렁 거릴 (389)　焰 불꽃 (381)
琰 옥 갈 (279)　苒 풀 우거질 (52)　閻 마을 (381)　髥 구레나룻 (52)　鹽 소금 (324)
饜 싫컷 먹어서 물릴 (88)　廉 ▷렴　念 ▷념　捻 ▷념　殮 ▷렴
簾 ▷렴

음
솖霒 그늘 (539)　𠃴 가까이 하여 구할 (283)　陰 그늘 (459)　瘖 벙어리 (539)　音 소리 (479)
吟 읊을 (33)　廕 덮을 (459)　淫 음란할 (283)　蔭 그늘 (459)　飮 마실 (256)

임
冘 갈 ▶유 (55)　任 맡길 (36)　亼 여러사람 ▶중 (542)　壬 9째 천간 (125)　羊羊 조금 심할 (539)
妊 아이 밸 (125)　姙 임(妊)과 동자 (36)　恁 생각할 ▶님 (36)　稔 곡식 여물 (201)　紝 베틀에서 베 짤 (125)
荏 들깨 (36)　賃 품팔이 (36)　林 ▷림　淋 ▷림　臨 ▷림

잠
兂 비녀 (539)　朁 일찌기 ▶점 (242)　岺 산봉우리 (33)　暫 잠깐 (227)　潛 잠길 (242)
箴 돌침 (110)　簪 비녀 (242)　蠶 누에 (242)

점
占 점 (82)　替 고을 이름 ▶잠 (242)　岾 고개 (83)　店 가게 (83)　拈 손에 들 ▶념 (82)
漸 점점 (227)　点 점(點)의 속자 (82)　粘 끈끈할 (83)　苫 거적자리 (83)　覘 몰래 엿볼 (83)
霑 젖을 (274)　鮎 메기 (83)　點 점 (82)

집
朕朕朕朕 나 (245)　斟 술따를 ▶침 (304)　鳩 집새 (55)

참
參叄 간여할 ▶삼 (90)　斬 벨 (227)　毚 약은 토끼 (267)　僭 참람할 (242)　塹 구덩이 (227)
慘 참혹할 (90)　慙 부끄러워할 (226)　懺 뉘우칠 (478)　站 역마을 (83)　譏 참소할 (267)
譖 참소할 (242)　讖 참서 (478)　驂 곁 말 (90)

첨
囟 핥을 (9)　广 우러러볼 (539)　僉 모두 (40)　尖 뾰족할 (157)　忝忝 욕될 (201)
籤𥬐 끊어질 (540)　沾 젖을 (274)　詹 이를 (415)　檐 처마 (415)　添 더할 (201)
恬 달 (304)　甜 달 (304)　瞻 볼 (415)　簽 서명할 (40)　簷 처마 (415)
籤 점대 (478)　諂 아첨할 (381)

침

[색인]

탐
侵嫚侵 조금씩 ~할 (38) 䂻 날카로울 (540) 寢 잠잘 (38) 懍 두려워할 (363) 斟 술따를 ▶짐 (304)
枕 베개 (55) 沈 잠길 ▶심 (55) 湛 잠길 ▶담 (304) 浸 적실 (38) 琛 보배 (341)
砧 다듬잇돌 (83) 針 바늘 (78), (453) 鍼 침 (110)

탐
探 찾을 (341) 眈 노려볼 (55) 耽 즐길 (55) 貪 탐낼 (33)

틈
闖 엿볼 (457)

폄
貶 깎아 내릴 (16) 砭 돌침 (16)

품
品 품수 (110) 稟 여쭐 ▶름 (338)

함
函凾圅 함 (61) 咸 다, 모두 (110) 弓 꽃봉오리 (190) 舀 구덩이 (381) 鹹 짤 (505)
含 머금을 (33) 啣 함(銜)의 속자 (85) 喊 고함지를 (110) 妗 방정맞은 태도 ▶금 (33) 檻 함거 (325)
涵 젖을 (61) 緘 봉할 (110) 艦 싸움배 (324) 銜 재갈 (453) 陷 빠질 (381)

험
險 험할 (40) 驗 시험할 (40)

혐
嫌 혐의쩍을 (50) 慊 혐의쩍을 ▶겸 (50)

흠
欠 하품 (256) 欽 공경할 (256) 歆 누릴 (256), (479)

갑
甲 갑옷 (308) 刹 빠질 (64) 匣 갑 (309) 岬 곶 (309) 胛 어깨뼈 (309)
鉀 갑옷 (308) 閘 수문 (309)

겁
劫 겁탈할 (89) 怯 겁낼 (89) 迲 한묶음 안될 ▶거 (89)

급
亟 닿을 (540) 及 미칠 (92) 急 급할 (201) 伋 사람 이름 (92) 扱 거두어 모을 (92)
汲 물 길을 (92) 級 등급 (92) 給 줄 (104)

납
納 들일 (46) 衲 장삼 (46) 拉 ⇨랍 臘 ⇨랍 蠟 ⇨랍

넙
㚔卒 놀라게 할 (540)

답
沓 합할 (273) 畓 논 (310) 眔 눈이 이르는 전망 (327) 荅 좀콩 (391) 龖 나는 용 ▶습 (518)
答 대답할 (104) 踏 밟을 (273) 遝 몰릴 (328)

랍
拉 끌고 갈 (342) 臘 납향 (169) 蠟 밀 (169) 鑞 땜납 (169)

583

[색인]

렵
巤 목갈기 (169)　　獵 사냥할 (169)　　躐 밟을 (169)　　鬣 갈기 (169)

립
立 설 (342)　　砬 돌소리 (342)　　笠 삿갓 (342)　　粒 낟알 (342)

법
法 법 (274)　　琺 법랑 (274)

삽
臿 곡식 껍질 벗길 (382)　　卅 서른 (540)　　歰 깔깔할 (259)　　唼 마실 ▶합 (105)　　霎 가랑비 (140)
插 꽂을 (382)　　歃 마실 (382)　　澁 떫을 (259)　　鈒 창 (92)　　鍤 가래 (382)
颯 바람 소리 (342), (482)

섭
聿 손 놀림 빠를 (175)　　涉 건널 (275)　　燮 화할 (282)　　聶 참소할 (370)　　攝 끌어 잡을 (370)
葉 땅 이름 ▶엽 (252)

습
習 익힐 (363)　　龘 나는 용 ▶답 (518)　　濕 젖을 (238)　　慴 두려워할 (363)　　拾 주울 ▶십 (104)
褶 주름 (363)　　襲 엄습할 (518)　　隰 진펄 (239)

십
十 열 (78)　　卌 4마흔, 40 (540)　　什 열사람 ▶집 (78)　　拾 열 ▶습 (104)

압
壓 누를 (88)　　押 수결 둘 (308)　　狎 친압할 (309)　　鴨 오리 (308)

업
業 업 (254)　　嶪 산 높을 (254)

엽
葉 각진 나무 (252)　　曄 빛날 (393)　　燁 빛날 (393)　　葉 잎 ▶섭 (252)　　靨 보조개 (88)
獵 ⇨ 렵

읍
邑 고을 (442)　　揖 읍할 (110)　　泣 울 (342)

입
入 들 (46)　　廿 스물 (187)　　叺 쌀 넣는 가마니 (46)　　込 넣을 (46)　　立 ⇨ 립
笠 ⇨ 립　　粒 ⇨ 립

잡
市 둘러쌀 (174)　　雧 새떼 (540)　　雜 섞일 (462)

접
接 댈 (140)　　摺 접을 (363)　　椄 접붙일 (140)　　蝶 나비 (252)

즙
咠 많은 입 (540)　　汁 진액 (78)

집
亼 모일 (540)　　執 잡을 (123)　　咠 소곤거릴 (110)　　集 모을 (462)　　什 세간살이 ▶십 (78)
楫 노 (110)　　潗 샘솟을 (462)　　漐 샘솟을 (463)　　緝 이을 (110)　　縶 마소 잡아맬 (123)
葺 기울 (110)　　輯 모을 (110)　　鏶 판금 (463)

첩
耴 귓바퀴 처질 (369)　　妾 첩 (140)　　疊 거듭할 (313)　　𦎧 베틀 뒤딤판 (540)　　𦎧 빠를 (314)
堞 성가퀴 (252)　　婕 궁녀 (314)　　帖 문서 (82)　　捷 빠를 (314)　　牒 편지 (252)

584

[색인]

睫 속눈썹 (314)　　　諜 염탐할 (252)　　　貼 붙일 (83)　　　輒 문득 (369)

칩
驫 말 발 얽을 (491)　　蟄 겨울잠 잘 (123)

탑
鱻 날 (362)　　　塔 탑 (391)　　　搭 탈 (391)　　　搨 베낄 (362)　　　榻 긴 걸상 (362)

핍
乏 다할 (16)　　　偪 다가올 ▶복 (311)　　　泛 물소리 ▶범 (16)　　　逼 핍박할 (311)

합
合 합할 (104)　　　盍 어찌 ~하지 않을 (324)　　　哈 오물거릴 (105)　　　盒 합 (105)　　　蛤 조개 (105)
閤 샛문 (105)　　　闔 닫을 (324)　　　陜 좁을 (134)

협
劦 힘 합할 (67)　　　夾 낄 (134)　　　俠 호협할 (134)　　　協 화할 (67)　　　叶 화합할 (78)
峽 골짜기 (134)　　　挾 낄 (134)　　　浹 두루 (134)　　　狹 좁을 (134)　　　脅 으를 (67)
脇 협(脅)과 동자 (67)　　莢 깍지 (134)　　　鋏 검 (134)　　　陝 협(狹)과 동자 (134)　　頰 빰 (134)

흡
皀 밥 고소할 (540)　　吸 숨 들이쉴 (92)　　　恰 마치 (104)　　　洽 젖을 (104)　　　翕 모을 (105)

강
吉 휘장 모양 (540)　　夅 내려올 (127)　　　岡 언덕 (165)　　　康 편안할 (183)　　　強 굳셀 (192)
弜 강할 (191)　　　彊 강할 (192)　　　江 강 (273)　　　畺 나란히 있는 밭 (541)　　疆 지경 (313)
降 내릴 ▶항 (458)　　剛 굳셀 (165)　　　堈 언덕 (165)　　　姜 성 (359)　　　崗 강(岡)의 속자 (165)
慷 강개할 (183)　　杠 깃대 ▶공 (170)　　　樫 굳셀 (313)　　　殭 시체가 썩지 않고 굳을 (313)　　疆 지경 (192)
糠 겨 (183)　　　絳 진홍색 (127)　　　綱 벼리 (165)　　　羌 오랑캐 (359)　　　腔 속 빌 (340)
舡 오나라 배 (170)　　薑 새앙 (313)　　　襁 포대기 (192)　　　講 익힐 (53)　　　鋼 강철 (165)
鱇 천징어 (183)

갱
更 다시 ▶경 (240)　　坑 구덩이 (29)　　　粳 메벼 (240)　　　羹 국 (359),(359),(360)　　阬 구덩이 (29)

경
京 서울 (30)　　　冂 들 (52)　　　冋 들 ▶경 (52)　　　囧 빛날 (53)　　　卿卿 벼슬 (86)
卬 절주할 (540)　　囧 창 밝을 (541)　　巠巠巠 물줄기 (168)　　庚 7째 천간 (182)　　慶 경사 (204)
敬敬 공경할 (223)　　景 별 (238)　　　殸磬 경쇠 ▶성 (263)　　更 고칠 ▶갱 (240)　　　憬 놀라서 볼 (329)
烓 밝을 ▶유 (541)　　炅 빛날 ▶계 (278)　　競競競 다툴 (343)　　倞 굳셀 ▶량 (30)　　　耿 빛날 (370)
誩 다투어 말할 (541)　　頃 잠깐 (480)　　　俓 경(徑)과 통자 (168)　　　勍 셀 (30)　　　傾 기울어질 (480)
儆 경계할 (223)　　剄 목 벨 (168)　　　勁 굳셀 (168)　　　憼 높이 들 (223)　　　坰 들 (52)
境 지경 (342)　　　徑 지름길 (168)　　　憬 깨달을 (238)　　　冏 불 김 (53)　　　暻 밝을 (238)
梗 대개 (240)　　　橄 도지개 (223)　　　涇 통할 (168)　　　煛 경련할 (168)　　　頃 빛날 (480)
環 옥 광채날 (238)　　璥 경옥 (223)　　　瓊 아름다운 옥 (129)　　　痙 경련할 (168)　　　硬 굳을 (240)
絅 끌어 죌 (52)　　　經 경서 (168)　　　磬 빌 (263)　　　耕 밭 갈 (27)　　　脛 정강이 (168)
莖 줄기 (168)　　　警 경계할 (223)　　　輕 가벼울 (168)　　　逕 좁은 길 (168)　　　鏡 거울 (342)
頸 목 (168)　　　驚 놀랄 (223)　　　鯨 고래 (30)

585

[색인]

공
公 공변될 (48)	共 함께 (49)	孔 구멍 (142)	工 장인 (170)	玜 끌어 안을 (171)
廾𠬜 받들 (187)	拜 공경할 (541)	空 빌 (340)	貢 바칠 (424)	贛 강 이름 ▶감 장 (427)
供 이바지할 (49)	功 공 (170)	恐 두려울 (171)	恭 공손할 (49)	悾 정성스러울 (340)
拱 팔짱 낄 (49)	控 당길 (340)	攻 칠 (170)	栱 두공 (49)	杠 곤봉 ▶강 (170)
槓 지렛대 (424)	珙 큰 옥 (49)	箜 공후 (340)	蚣 지네 (48)	輁 굳을 (171)

광
光炗 빛 (43)	匡𠥓 바룰 (74)	炛 광(光)의 고자 (541)	昿 밝을 (278)	廣 넓을 (184)
侊 성할 (43)	劻 급할 (74)	壙 광 (184)	恇 겁낼 (74)	曠 넓을 (184)
桄 가로대 나무 (43)	框 문테 (74)	洸 용솟음칠 ▶황 (43)	狂 미칠 (164)	珖 옥피리 (43)
筐 광주리 (74)	纊 솜 (184)	胱 방광 (43)	鑛 쇳돌 (184)	

굉
厷 둥글 (89)	訇 큰소리 칠 ▶균 (414)	厶 굉(肱)의 고자 (541)	轟 수레 소리 (433)	宏 클 (89)
紘 갓끈 (89)	肱 팔뚝 (89)			

궁
宮 궁궐 (149)	弓 활 (190)	躬躳 몸 (431)	穹 하늘 (190)	窮 궁할 (431)
芎 궁궁이 (190)				

긍
亙亘恆 뻗칠 (26)	兢䢢 조심할 (45)	肯肎 즐길 (374)	矜 자랑할 (33)	

낭
囊 주머니 (255), (404)	娘 각시 (387)	廊 ⇨ 랑	朗 ⇨ 랑	浪 ⇨ 랑
狼 ⇨ 랑	郎 ⇨ 랑			

냉
冷 ⇨ 랭

냥
㐮襄 편안할 ▶양 (541)

녕
寧 편안할 (151)	㝁 편안할 (541)	嚀 간곡할 (151)	寗 차라리 (147)	獰 사나울 (151)

농
農辳 농사 (437)	儂 나 (437)	濃 짙을 (437)	膿 고름 (437)	壟 ⇨ 롱
弄 ⇨ 롱	籠 ⇨ 롱	聾 ⇨ 롱		

능
能 능할 (376)	凌 ⇨ 릉	稜 ⇨ 릉	綾 ⇨ 릉	菱 ⇨
陵 ⇨ 릉				

당
唐 당나라 (111)	堂 집 (123)	當 마땅할 (313)	塘 연못 (111)	幢 기 (343)
戇 고지식할 (427)	搪 막을 (111)	撞 칠 (343)	棠 아가위 (158)	糖 사탕 (111)
螳 버마재비 (123)	鏜 종고소리 ▶쟁 (313)	黨 무리 (158)		

동
冬 겨울 (57)	同 함께 (104)	動 움직일 (68)	東 동녘 (250)	童 아이 (343)
仝 동(同)과 동자 (170)	凍 얼 (250)	峒 둑 쌓을 (104)	憧 그리워할 (343)	桐 오동나무 (104)
棟 마룻대 (250)	洞 골 ▶통 (104)	潼 물 이름 (343)	疼 아플 (57)	瞳 눈동자 (343)

[색인]

胴 큰창자 (104)　　董 바로잡을 (448)　　銅 구리 (104)　　鼕 북소리 (57)

등
登 오를 (317)　　等 무리 (350)　　滕 물이 솟아 오를 (276)　　凳 등자 (317)　　嶝 고개 (317)
橙 등자나무 (317)　　燈 등잔 (317)　　藤 등나무 (276)　　謄 베낄 (245)　　鄧 나라 이름 (317)
騰 오를 (245)

랑
郎 사내 (442)　　廊 복도 (442)　　朗 밝을 (387)　　浪 물결 (387)　　狼 이리 (388)
琅 옥 이름 (387)　　瑯 고을 이름 (442)　　螂 버마재비 (442)

랭
冷 찰 (33)

량
亮 밝을 (31)　　从 둘 (541)　　罓 둘 (541)　　兩 두 (47)　　梁 들보 (253)
良 어질 (387)　　量 헤아릴 (448)　　倆 재주 (47)　　俍 찾을 ▶경 (30)　　涼 량(凉)의 속자 (30)
凉 서늘할 (30)　　樑 들보 (253)　　粮 량(糧)과 동자 (388)　　梁 기장 (253)　　糧 양식 (448)
諒 살필 (30)　　輛 수레 (47)　　魎 도깨비 (47)

령
令 명령할 (33)　　另 헤어질 (101)　　吅 떠들썩할 (541)　　霝 비 올 (466)　　領 옷깃 (481)
伶 영리할 (33)　　囹 감옥 (34)　　姈 여자 이름 (34)　　岭 산 이름 (34)　　嶺 재 (481)
怜 영리할 (33)　　昤 햇빛 (34)　　櫺 격자창 (466)　　玲 옥 소리 (33)　　秢 나이 (34)
笭 종다래끼 (34)　　羚 영양 (34)　　翎 깃 (34)　　聆 들을 (34)　　舲 배 (466)
逞 마음대로 할 (107)　　鈴 방울 (34)　　零 떨어질 (33)　　靈 신령 (171), (466)　　齡 나이 (33)
寧 ▷녕

롱
弄 희롱할 (188)　　卡 롱(弄)과 동자 (83)　　朧 달빛 흐릿할 (520)　　壟 밭두둑 (520)　　瀧 비 오는 모양 ▶상 (520)
瓏 환할 (520)　　聾 갈 (520)　　籠 대그릇 (520)　　聾 귀머거리 (520)　　隴 언덕 (520)

룡
龍 용 (520)

륭
隆 높을 (459)　　窿 활처럼 생긴 모양 (459)

릉
夌 넘을 (128)　　凌 능가할 (129)　　楞 모 (228)　　稜 모서리 (129)　　綾 비단 (129)
菱 마름 (129)　　陵 언덕 (129)

망
亡亾亡 망할 (28)　　厂 망(亡)자 거꾸로 (541)　　朢望 보름 (245)　　汒 큰 물 (273)　　皿网罒 그물 (357)
罔 없을 (357)　　茻 풀 무성할 (392)　　妄 망령될 (28)　　忘 잊을 (28)　　忙 바쁠 (28)
望 바랄 (28), (245)　　網 그물 (357)　　茫 망망할 (273)　　莽 우거질 (392)　　輞 바퀴테 (357)
邙 산 이름 (28)　　魍 도깨비 (357)

맹
孟 맏 (144)　　黽 맹꽁이 ▶민 (513)　　氓 백성 (28), (269)　　猛 사나울 (144)　　甍 용마루 (329)
盲 소경 (28)　　盟 맹세할 (235)　　萌 싹 (235)

명
冥 어두울 (55)　　名 이름 (104)　　命 목숨 (108)　　明朙 밝을 (235)　　皿 그릇 (323)

587

[색인]

鳴 울릴 (504)
茗 차싹 (104)

瞑 눈 감을 (55)
蓂 풀 이름 (56)

楄 홈통 (108)
螟 마디충 (56)

溟 바다 (55)
酩 술 취할 (104)

瞋 눈감을 (55)
銘 새길 (104)

몽
冢 덮을 (56)
朦 청맹과니 (394)

茜苜蓇萺 어두울 (329)
朦 달빛 희미할 (394)

宀瘝 몽(夢)과 동자 (152)

蒙 어릴 (394)

夢 꿈 (329)

방
匚 상자 (74)
旁匀 곁 (229)
妨 방해할 (228)
昉 때마침 (228)
紡 자을 (228)
蒡 인동덩쿨 (229)
防 막을 (228)

尨 삽살개 (159)
倣 본받을 (220)
幫 도울 (154)
枋 박달나무 (228)
肪 기름 (228)
蚌 방합 (11)
厖 클 (520)

彭 나라이름 ▶팽 (196)
傍 곁 (229)
幇 도울 (154)
榜 패 (229)
膀 오줌통 (229)
訪 찾을 (228)

放 놓을 (220)
庬 클 (159)
彷 거닐 (228)
滂 비 퍼부을 (229)
舫 쌍배 (228)
謗 헐뜯을 (229)

方 모 (228)
坊 동네 (228)
房 방 (228)
磅 돌 떨어지는 소리 (229)
芳 꽃다울 (228)
邦 나라 (11)

병
丙 3째천간, 남녁 (8)
並竝立 아우를 (342)
柄 자루 (8)
病 병들 (8)
餠 떡 (178)

兵异 군사 (49)
倂 아우를 (178)
棅 병(柄)과 동자 (338)
缾 두레박 (178)
駢 나란할 ▶변 (178)

幷并竝 아우를 (178)
屛 병풍 (178)
浜 선거 ▶빈 (49)
軿 거마소리 (178)

粤 초빙할 (310)
昞 밝을 (8)
炳 밝을 (8)
迸 달아날 (178)

秉 잡을 (337)
昺 병(昞)과 동자 (8)
瓶 병 (178)
鉼 떡모양의 화폐 (178)

봉
丰 풀 무성할 (11)
逢 만날 (439)
棒 몽둥이 (135)
蓬 쑥 (439)

丼 무성할 (541)
俸 봉급 (135)
烽 봉화 (127)
蜂 벌 (127)

夆 만날 (127)
峯 봉(峰)과 동자 (127)
熢 연기 자욱할 (439)
鋒 칼날 (127)

奉 받들 (135)
峰 봉우리 (127)
琫 칼집 장식 (135)
鳳 봉황새 (58)

封 봉할 (154)
捧 받들 (135)
縫 꿰맬 (439)

붕
朋 벗 (244)
硼 붕사 (244)

崩崩 산 무너질 (166)
繃 묶을 (166)

鵬 붕새 (244)

棚 선반 (244)

漰 물결 소리 (166)

빙
冫冰 얼음 (57)
氷 얼음 (272)

馮 오를 ▶풍 (491)
聘 부를 (310)

凭 기댈 (36)
騁 달릴 (310)

娉 물을 (310)

憑 의지할 (491)

상
上丄二 위 (6)
常 떳떳할 (176)
象 코끼리 (420)
商 장사 (108), (343)
峠 고개 (83)
橡 상수리나무 (420)
祥 상서로울 (359)
詳 자세할 (359)

傷 다칠 (40)
桑 뽕나무 (253)
賞 상 줄 (426)
塽 높은 땅 (287)
庠 학교 (359)
殤 일찍 죽을 (40)
箱 상자 (327)
顙 이마 (253)

喪㒵 복 입을 (113)
爽 시원할 (287)
霜 서리 (466)
嘗 맛볼 (158)
廂 행랑 (327)
湘 물 이름 (327)
翔 날 (359)
鬺 삶을 (40)

尙 오히려 (158)
相 서로 (327)
像 형상 (420)
嫦 상아(嫦娥) ▶항 (176)
徜 노닐 (158)
瀧 비 오는 모양 ▶상 (518)
裳 치마 (158)

床牀 평상 (182), (288)
傷 상할 (40)
償 갚을 (426)
孀 과부 (466)
想 생각할 (327)
狀 상태 ▶장 (288)
觴 술잔 (40)

생
生坐 날 (305)

省 생략할 ▶성 (326)

牲 희생 (305)

甥 생질 (305), (310)

笙 생황 (305)

성

588

[색인]

成成 이룰 (212)
城 재 (213)
惺 깨달을 (235)
瑆 옥이름 (213)
腥 비릴 (236)

星曐 별 (235)
姓 성 (305)
晟 밝을 (213)
珵 옥빛 (236)
誠 정성 (213)

殸磬 경쇠 ▶성 (263)
娍 헌걸찰 (213)
賊 성(晟)과 동자 (213)
盛 성할 (212)
醒 술 깰 (235)

省眚 살필 ▶생 (326)
宬 서고 (213)
狌 성성이 (305)
箵 바디 (213)

聖 성인 (370)
性 성품 (305)
猩 성성이 (236)
聲 소리 (263)

송
宋 송나라 (146)
竦 두려워할 (249)

松 소나무 (249)
訟 송사할 (48)

送逄 보낼 (438)
誦 욀 (306)

悚 두려워할 (249)
頌 칭송할 (48)

淞 물 이름 (249)

숭
嵩 산 이름 (166)

崇 산 높을 (148)

崧 산 웅장할 (250)

승
丞 정승 (9)
僧 중 (242)
陞 오를 (79)

乘椉 탈 (16)
勝 이길 (245)

升 되 (79)
昇 오를 (79)

繩 들 (284)
繩 노 (513)

承 이을 (217)
蠅 파리 (513)

쌍
雙 쌍 (463)

앙
卬卭 바랄 (84)
殃 재앙 (134)

央 가운데 (134)
秧 모 (134)

仰 우러러 볼 (84)
鴦 원앙새 (134)

怏 원망할 (134)

昂 높을 (84)

앵
櫻 앵두나무 (141)

罌 양병 (426)

鶯 꾀꼬리 (281)

鸚 앵무새 (141)

양
壤譲 너그러울 (541)
襄裏 오를 (404)
恙 근심 (359)
楊 버들 (237)
煬 쬘 (237)
讓 사양할 (404)
兩 ⇨ 량
諒 ⇨ 량

易 날아 오를 (237)
養羪 기를 (484)
揚 날릴 (237)
樣 모양 (360)
痒 가려울 (359)
釀 술 빚을 (404)
凉 ⇨ 량
量 ⇨ 량

羊芉 양 (359)
佯 거짓 (359)
攘 물리칠 (404)
洋 큰 바다 (359)
瘍 머리 헐 (237)
陽 볕 (237)
梁 ⇨ 량

瀁 물의 근원이 길 (360)
勷 급히 달릴 (404)
敭 양(揚)의 고자 (237)
漾 물결 출렁거릴 (360)
禳 빌 (404)
孃 ⇨ 낭
糧 ⇨ 량

蘘 풀이름 (394)
壤 흙 (404)
暘 해 돋을 (237)
瀼 내 이름 (484)
穰 풍족할 (404)
亮 ⇨ 량
良 ⇨ 량

영
嬰 갓난아이 (141)
瑩 옥 ▶형 (301)
塋 무덤 (281)
楹 기둥 (323)
瀛 큰 바다 (141)
穎 빼어날 (480)
鎣 그릇 ▶형 (453)
寧 ⇨ 녕
羚 ⇨ 령
領 ⇨ 령

嬴 진나라 성씨 (141)
盈 찰 (323)
嶸 산 높을 (255)
泳 헤엄칠 (272)
濚 흐를 (282)
纓 갓끈 (141)
鍈 방울 소리 (391)
嶺 ⇨ 령
聆 ⇨ 령

永 길 (272)
英 꽃부리 (391)
影 그림자 (238)
瀯 맑을 (391)
煐 사람 이름 (391)
詠 읊을 (272)
霙 진눈깨비 (391)
怜 ⇨ 령
鈴 ⇨ 령

榮 영화로울 (255)
瓔 목걸이 (426)
映 비칠 (134)
潁 물 이름 (480)
瑛 옥 빛 (391)
迎 맞을 (84)
令 ⇨ 령
獰 ⇨ 녕
零 ⇨ 령

營 경영할 (281)
贏 이익 (541)
暎 영(映)의 속자 (391)
濚 물 돌아나갈 (255)
瓔 옥돌 (141)
郢 땅이름 (107)
囹 ⇨ 령
玲 ⇨ 령
靈 ⇨ 령

옹

589

[색인]

邕 화할 (442)　　雍雝 화할 (463)　　壅 막힐 (463)　　擁 안을 (463)　　甕 독 (48)
甕 독 (463)　　癰 등창 (463)　　翁 늙은이 (48)　　饔 독 (463)

왕
尢尣 절름발이 (159)　　王 임금 (300)　　往 갈 (164)　　旺 왕성할 (164)　　枉 굽을 (164)
汪 넓을 (164)

용
冗冘宂宂 쓸데없을 (55)　　勇勈 날랠 (67)　　容 얼굴 (150)　　庸 떳떳할 (183)　　涌 물 치솟을 (275)
用 쓸 (306)　　甬 꽃피는 모양 (306)　　舂 절구질할 (382)　　俑 나무 인형 (306)　　傭 품팔이 할 (183)
埇 길 돋울 (306)　　墉 담 (184)　　慂 권할 (276)　　榕 벵골 보리수 (150)　　湧 솟아오를 (67)
溶 녹을 (150)　　熔 용(鎔)의 속자 (150)　　瑢 패옥 소리 (150)　　聳 솟을 (198)　　茸 무성할 (369)
蓉 부용 (150)　　踊 뛸 (306)　　鎔 녹일 (150)　　鏞 큰 쇠북 (183)　　龍 ⇨ 룡

웅
熊 곰 (376)　　雄 수컷 (89)

융
戎戒 종족 이름 (212)　　融 녹을 (400)　　毪 솜털 (212)　　瀜 물 깊고 넓은 모양 (400)　　絨 융단 (212)
隆 ⇨ 륭

응
雁雅 매 (463)　　凝 엉길 (314)　　應 응할 (463)　　膺 가슴 (463)　　鷹 매 (463)

잉
仍 인할 (33)　　侁佅傢 시집 갈 때 따라가는 사람 (542)　　孕 아이 밸 (142)　　剩 남을 (16)　　媵 보낼 (245)
艿 새풀싹 (33)

장
丈 어른 (6)　　匠 장인 (74)　　爫手 가질 (542)　　壯 씩씩할 (125)　　將 장수 (155)
庄 농막 (182)　　掌 손바닥 (218)　　張 베풀 (192)　　戕 찌를 (542)　　爿 나무 조각 (288)
章 글 (343)　　臧 착할 (378)　　藏 감출 (395)　　贛 어리석을 ▶공 감 (427)　　醬牆 간장 (542)
長镸 길 (454)　　仗 의장 (6)　　場 마당 (237)　　墻 담 (114)　　奘 몸집 클 (125)
奬 권면할 (155)　　帳 휘장 (454)　　暲 햇발 돋아날 (343)　　杖 지팡이 (6)　　樟 녹나무 (343)
檣 돛대 (114)　　欌 장 (395)　　漳 물이름 (343)　　漿 미음 (155)　　牆 담 (114), (288)
狀 문서 ▶상 (288)　　獐 노루 (343)　　璋 홀 (343)　　粧 단장할 (182)　　腸 창자 (237)
臟 오장 (395)　　莊 장중할 (125)　　蔣 줄 (155)　　薔 장미 (114)　　葬 장사 (261), (392)
裝 꾸밀 (125)　　贓 장물 (378)　　障 막힐 (343)

쟁
爭 다툴 (283)　　崢 가파를 (283)　　猙 사나울 (283)　　琤 옥소리 (283)　　箏 쟁 (283)
諍 간할 (283)　　鎗 쇳소리 (283)　　鐺 세발 달린 솥 ▶당 (313)

정
丁 4째 천간 (5)　　井丼 우물 (26)　　亭 정자 (31)　　呈묘 보일 (107)　　壬 착할 (119)
定 정할 (148)　　廷 조정 (185)　　晶 수정 (238)　　政 정사 (221)　　正 바를 (258)
貞 곧을 (423)　　鄭鄭 나라 이름 (443)　　靜 고요할 (468)　　鼎鼑 솥 (514)　　停 머무를 (31)
偵 정탐할 (423)　　淸 서늘할 (467)　　姃 여자 이름 (258)　　幀 그림 족자 (424)　　庭 뜰 (185)
征 칠 (258)　　情 뜻 (467)　　挺 뺄 (185)　　整 가지런할 (258)　　旌 기 (305)
旲 해 뜨는 모양 (221)　　程 탁자 (107)　　柾 나무 바를 (258)　　楨 쥐똥나무 (424)　　檉 위성류 나무 (370)
汀 물가 (5)　　淀 얕은 물 (148)　　淨 깨끗할 (283)　　渟 물 괼 (31)　　湞 물이름 (424)

[색인]

瀞 맑을 (468)　　炡 빛날 (258)　　玎 옥 소리 (5)　　珽 옥홀 (185)　　町 밭두둑 (5)
睛 눈동자 (467)　　碇 닻 (148)　　淨 편안할 (283)　　禎 상서로울 (424)　　程 법 (107)
穽 함정 (26)　　精 정할 (467)　　綎 띳술 (185)　　艇 거루 (185)　　訂 바로잡을 (5)
葶 고를 (31)　　靚 단장할 (467)　　酊 술 취할 (5)　　釘 못 (5)　　鋌 징 (258)
錠 쇳덩이 (148)　　鋌 쇳덩이 (185)　　鋥 날 번득일 (107)　　霆 우레 (185)　　靖 편안할 (467)
頂 정수리 (5)

종
从 따를 (542)　　宗升舟 마칠 (542)　　宗 마루 (148)　　從辿 좇을 (198)　　倧 신인 (148)
悰 즐길 (148)　　慫 권할 (198)　　棕 종려나무 (148)　　淙 물소리 (148)　　琮 옥홀 (148)
璁 패옥소리 (198)　　種 씨 (447)　　終 마칠 (57)　　綜 모을 (148)　　縱 세로 (198)
腫 종기 (448)　　螽 메뚜기 (57)　　踪 자취 (148)　　踵 발꿈치 (448)　　鍾 술잔 (448)
鐘 쇠북 (343)

중
中 가운데 (10)　　眾 중(衆) 고자 ▶임 (542)　　衆眾眾 무리 (401)　　重㯗 무거울 (447)　　仲 버금 (10)

증
曾 일찍 (242)　　烝 김오를 (279)　　增 더할 (242)　　憎 미워할 (242)　　拯 건질 (9)
甑 시루 (242)　　症 증세 (258)　　繒 비단 (242)　　蒸 찔 (279)　　證 증거 (317)
証 증거 (259)　　贈 줄 (242)

징
徵 부를 ▶치 (198)　　懲 징계할 (198)　　澄 맑을 (317)

창
倉 곳집 (39)　　刅 다칠 (542)　　囪四 창문 (542)　　敞 드러날 (222)　　昌 창성할 (234)
傷瘍 상처 (542)　　㓞 울창주 (496)　　倡 광대 (234)　　創 비롯할 (39)　　唱 노래 (234)
娼 창녀 (234)　　廠 헛간 (222)　　彰 밝힐 (343)　　愴 슬퍼할 (39)　　昶 밝을 (272)
暢 화창할 (237)　　槍 창 (39)　　氅 새털 (223)　　滄 푸를 (39)　　漲 물 불어날 (192)
猖 미쳐 날뛸 (234)　　瘡 부스럼 (39)　　窓 창 (202)　　脹 배부를 (454)　　艙 선창 (39)
菖 창포 (234)　　蒼 푸를 (39)

청
聽 들을 (370)　　靑 푸를 (467)　　廳 관청 (370)　　晴 갤 (467)　　淸 맑을 (467)
菁 순무 (467)　　請 청할 (467)　　鯖 청어 (467)

총
冢冢 높을 (56)　　怱忽 바쁠 (202)　　叢 모을 (11), (94)　　塚 무덤 (56)　　寵 사랑할 (520)
悤 바쁠 (202)　　摠 거느릴 (202)　　漎 물이 흘러 들 (401)　　總 거느릴 (202)　　聰 귀밝을 (202)
蔥 파 (202)　　銃 총 (42)

충
充㳅 가득할 (42)　　蟲 벌레 (400)　　忠 충성 (10)　　冲 화할 (10)　　沖 온화할 (10)
珫 고리옥 (42)　　衝 찌를 (448)　　衷 정성 (11)

층
層 층 (242)

칭
秤 저울 (177)　　稱 일컬을 (284)

탕

[색인]

탱
宕 방탕할 (147) 湯 끓일 (276) 碭 무늬 있는 돌 (542) 帑 나라의 금고 ▶노 (138) 盪 씻을 (276)
蕩 방탕할 (276),(394) 糖 ⇨ 당

橕 버틸 (290) 撐 버틸 (218) 撑 버틸 (290)

통
慟 애통할 (68),(343) 桶 통 (306) 洞 밝을 ▶동 (104) 痛 아플 (306) 筒 통 (104)
統 거느릴 (42) 通 통할 (306)

팽
彭 나라 이름 ▶방 (196) 澎 물결 부딪칠 (196) 烹 삶을 (30) 膨 불룩해질 (196)

평
平 평평할 (177) 苹 평평할 (391) 坪 땅 평평할 (177) 枰 바둑판 (178) 萍 개구리밥 (391)
評 평론할 (177) 蘋 능금 ▶빈 (479)

풍
豊豐 풍성할 (419) 風 바람 (482) 馮 성 ▶빙 (491) 楓 단풍나무 (482) 諷 욀 (482)

항
亢 높아질 (28) 巷鄕閧 거리 (173) 行 늘어설 ▶행 (402) 邟邟 거리 (542) 降 항복할 ▶강 (458)
伉 짝 (29) 姮 항아 (27) 嫦 항아 ▶상 (176) 恒 항상 (27) 抗 대항할 (29)
杭 건널 (29) 桁 차꼬 (402) 沆 넓을 (29) 港 항구 (173) 缸 항아리 (170)
肛 똥구멍 (170) 航 배로 물 건널 (28) 項 목 (170)

행
幸㚔㹖 다행 (179) 杏 살구 (249) 行 다닐 ▶항 (402) 倖 요행 (179) 荇 마름 (402)

향
享亯 누릴 (30) 向 향할 (105) 鄕鄉鄊 시골 (443) 香馫 향기 (486) 曏 오래지 않을 (542)
嚮 향할 (105),(443) 珦 옥 이름 (105) 響 울릴 (443) 餉 군량 (105) 饗 잔치할 (443)

형
亨 형통할 (30) 冋 들 ▶경 (52) 兄 형 (42) 刑荊 형벌 (63) 夐 눈짓할 (129)
炯熒 반짝일 (281) 瑩 의혹할 ▶영 (301) 鎣 줄 ▶영 (453) 型 거푸집 (63) 形 형상 (178)
泂 멀 (52) 滎 실개천 (281) 瀅 맑을 (301) 瀅 사람 이름 (453) 炯 빛날 (52)
珩 노리개 (402) 荊 가시 (64) 螢 개똥벌레 (281) 衡 저울 (402) 逈 멀 (105)
邢 나라 이름 (26),(178) 馨 향기로울 (263),(486)

홍
弘 넓을 (191) 哄 떠들 (49) 汞 수은 (170) 泓 물 깊을 (191) 洪 넓을 (49)
洚 물 세차게 흐를 (127) 烘 화톳불 (49) 紅 붉을 (170) 虹 무지개 (170) 訌 어지러울 (170)
銾 쇠뇌 발사 장치 (49) 鴻 큰 기러기 (273)

황
皇 무성할 (164) 㤀㤂 물 넓을 모양 (168) 晃 밝을 (238) 皇 임금 (320) 荒蕒 거칠 (392)
黃 누를 (509) 況 하물며 (42) 凰 봉황새 (59),(320) 媓 어미 (320) 塃 벽 없는 집 (320)
幌 휘장 (238) 徨 거닐 (320) 怳 멍할 (42) 恍 황홀할 (43) 惶 두려워할 (320)
愰 밝을 (238) 慌 다급할 (392) 晄 황(晃)과 동자 (43) 榥 책상 (238) 況 하물며 (42)
湟 해자 (320) 洸 물넓고 깊을 ▶광 (43) 滉 물 넓고 깊을 (238) 煌 환할 (238) 潢 웅덩이 (509)
煌 빛날 (320) 璜 서옥 (509) 篁 대밭 (320) 簧 악기 이름 (509) 肓 명치끝 (28)
蝗 황충 (320) 遑 급할 (320) 隍 해자 (320)

592

[색인]

횡
宖 집울림 (191)　　橫 가로 (509)　　薨 많을 ▶홍 (329)　　鐄 큰 종 (509)

훙
薨 죽을 (329)

흉
凶 흉할 (60)　　匈 오랑캐 (70)　　兇 흉악할 (60)　　恟 두려워할 (71)　　洶 용솟음칠 (70)
胸 가슴 (70)

흥
興 일어날 (383)

곶
串 바다로 나온 땅 ▶관 천 (11)

593

〔 인명용 추가 한자 모음 〕

1991. 4 1. 2,584자〔상용한자 1,800자＋1054자〕
1994. 9. 1. 108자 추가
대법원 선정 인명용 한자 중에서 KS X 1001 한자와 중복되지 않는 한자 284자
〔KS X 1001 코드에 없어서 추가한 한자 284자 목록〕

- 간{栞} 나무 잘라 표하다
- 간{玕} 옥돌
- 강{姜} 여자이름자
- 강{橿} 굳세다
- 강{跭} 나아가지 못하다
- 강{扛} 상앗 가로 막대
- 개{玠} 큰 서옥
- 경{冏} 밝다
- 경{囧} 창 밝다
- 경{鶊} 꾀꼬리
- 경{檠} 도지개
- 경{橄} 도지개
- 경{熲} 빛나다
- 계{烓} 밝다
- 고{杲} 밝다
- 곤{錕} 산이름
- 관{舘} 비녀장
- 광{桄} 가로대 나무
- 교{姣} 아름답다
- 귀{鈲} 가래
- 규{糺} 거두다
- 근{墐} 진흙 바르다
- 근{漌} 맑다
- 근{嫤} 여자 이름자
- 기{稘} 일주년
- 기{曁} 날씨
- 길{姞} 성씨
- 나{拏} 당기다
- 뉴{鈕} 꼭지
- 니{柅} 팥배나무
- 나{脶} 성기다
- 나{旒} 깃발 바람에 날리다
- 다{爹} 아버지
- 당{鐺} 종고 소리
- 대{旲} 햇빛
- 동{垌} 둑 쌓다
- 동{彤} 붉은 칠하다
- 동{烔} 더운 모양
- 동{蝀} 무지개
- 동{曈} 먼 동트다
- 동{瞳} 달 처음 돋다
- 두{阧} 가파르다
- 라{剆} 치다
- 란{瓓} 옥무늬
- 람{婒} 예쁘다
- 량{湸} 서늘하다
- 련{㜻} 예쁘다
- 령{姈} 여자 이름자
- 령{昤} 햇빛
- 령{泠} 물이름
- 로{獹} 산돼지 부르는 소리
- 록{彔} 나무 새기다
- 륜{錀} 금
- 리{嫠} 바르다
- 리{悧} 영리하다
- 리{离} 밝다
- 리{泚} 여울물 소리
- 린{鄰} 이웃
- 린{撛} 붙들다
- 린{麐} 기린
- 만{鏋} 황금
- 명{怋} 마음 다하지 못하다
- 명{洺} 물이름
- 문{炆} 따뜻하다
- 미{嬍} 착하다
- 미{媄} 빛 아름답다
- 미{嵄} 산
- 미{躾} 예절 가르치다
- 민{忞} 힘쓰다
- 민{罠} 굳세다
- 민{砇} 옥돌
- 민{潤} 물 흐르는 모양
- 민{頤} 강하다
- 민{碈} 옥돌
- 민{顝} 강하다
- 민{慜} 민첩하다
- 민{敃} 굳세다
- 박{鉑} 얇은 금속판
- 범{机} 나무 이름
- 별{酚} 향기
- 별{撤} 해진 옷
- 병{餅} 떡 모양 돈
- 복{鍑} 아가리 큰 솥
- 비{棐} 돕다
- 빈{邠} 나라 이름
- 빈{馪} 향기
- 빈{繽} 많다
- 빈{儐} 인도하다
- 빈{璸} 구슬 이름
- 사{糸} 가는 실
- 상{壔} 높은 땅
- 서{偦} 슬기
- 서{諝} 슬기
- 서{嶼} 섬
- 서{萮} 아름답다
- 석{祏} 무게
- 석{鉐} 놋쇠
- 선{嫙} 예쁘다
- 선{墡} 백토
- 선{珗} 옥돌
- 선{愃} 너그럽다
- 설{藖} 향풀
- 설{禼} 사람 이름
- 성{瑆} 옥빛
- 성{娍} 헌걸차다
- 성{胜} 넉넉하다
- 세{忕} 익히다
- 소{邵} 높다
- 소{愫} 정성
- 소{髜} 싸라기 눈
- 소{招} 과녁
- 소{玿} 고운 옥
- 소{穌} 다시 살아나다
- 수{灘} 물이름
- 수{睟} 재물
- 수{鷫} 새매
- 숙{橚} 무성하다
- 슬{璱} 조촐하다
- 승{昪} 들다
- 승{塍} 논두둑
- 승{滕} 바디 집
- 시{偲} 간절히 책망하다
- 식{栻} 점치는 판
- 신{璶} 옥돌
- 아{妸} 여자 이름자
- 아{婀} 결단치 못하다
- 앙{昻} 오르다
- 양{漾} 물결 모양
- 양{昜} 날아 오르다
- 어{唹} 웃다
- 언{嫣} 예쁘다
- 여{妤} 궁녀 벼슬 이름
- 역{睗} 해 언듯 보이다
- 연{兗} 연주
- 연{瑌} 옥돌
- 연{臙} 날이 개이다
- 연{醼} 잔치
- 연{嬿} 성씨
- 연{姸} 여자이름자
- 염{艶} 곱다
- 엽{爗} 불빛 이글이글하다
- 영{咏} 노래하다
- 영{嬰} 갓난 아이
- 예{坄} 성가퀴
- 예{珥} 옥돌
- 예{橤} 나무이름
- 예{蓺} 심다
- 오{珸} 물 이름
- 오{珸} 옥돌
- 온{媼} 할미
- 완{妧} 좋다
- 완{岏} 산 뾰죽한 모양
- 완{堉} 재 섞어 바르다
- 완{婠} 몸 맨두리 어엿하다
- 요{曜} 밝다
- 용{俑} 여자 벼슬 이름
- 우{扜} 지휘하다
- 우{堣} 땅이름
- 우{霱} 물소리

- 운(沄) 물 돌아 흐르다
- 운(夽) 크다
- 운(賱) 넉넉하다
- 원(褑) 노리개 띠
- 유(瑈) 옥돌 유
- 유(曘) 해 빛깔
- 유(婑) 예쁘다
- 유(楢) 무성하다
- 윤(閏) 윤달
- 윤(阭) 높다
- 윤(昀) 햇빛
- 율(燏) 빛나는 모양
- 은(溵) 물 이름
- 은(億) 남에게 기대다
- 은(听) 웃는 모양
- 은(檼) 겹들보
- 은(㻀) 사람 이름
- 은(蒑) 인동덩굴
- 은(磤) 옥돌
- 은(隱) 바로잡다
- 은(濦) 숨다
- 은(訢) 기뻐하다
- 응(䑞) 말꼬리미보다
- 이(杝) 피나무
- 이(嬰) 기쁘다
- 이(頤) 턱
- 익(熤) 사람 이름
- 인(𣓌) 작은북
- 인(茚) 풀 이름
- 임(恁) 생각하다
- 장(奘) 몸집 크다
- 장(漳) 물이름
- 전(荃) 향초
- 절(晢) 밝다
- 정(婷) 예쁘다
- 정(埩) 다스리다
- 정(彭) 조촐히 꾸미다
- 정(侹) 바삐 가다
- 정(淀) 찬물
- 정(珵) 아름다운 옥
- 정(桯) 탁자
- 정(鋥) 날 번뜩이다
- 정(姌) 계집 엄전하다
- 정(靚) 단장하다
- 정(䵻) 아름다운 모양
- 제(瑅) 저당옥
- 종(椶) 종려나무
- 종(柊) 나무 이름
- 종(瑽) 패옥 소리
- 주(燽) 드러나다
- 주(賙) 밝다
- 주(紸) 손잡이
- 주(姝) 예쁘다
- 주(遒) 다가서다
- 주(拄) 지탱하다
- 준(僔) 기쁘다
- 준(埻) 살받이
- 준(隼) 새매
- 준(俊) 크다
- 지(洔) 물 벅차다
- 지(坁) 숫돌
- 지(誌) 새기다
- 진(抮) 휘어잡다
- 진(珍) 보배
- 진(昣) 밝다
- 진(胗) 밝다
- 진(蓁) 풀 더부룩한 모양
- 진(瑱) 귀막이 옥
- 진(禛) 복 받다
- 차(䜈) 너그럽다
- 차(硨) 옥돌
- 차(瑳) 곱다
- 차(姹) 젊은 계집
- 찬(巑) 뾰족한 산
- 찬(攢) 옹기종기 모이다
- 채(婇) 여자 이름자
- 채(琗) 구슬 빛
- 채(棌) 참나무
- 척(坧) 토대
- 천(茜) 꼭두서니 풀
- 초(崷) 산 높은 모양
- 초(鈔) 좋은 쇠
- 총(総) 모두 다
- 춘(賰) 부유하다
- 충(珫) 귀고리옥
- 쾌(夬) 결단하다
- 타(坨) 성 이름
- 평(泙) 골
- 필(佖) 점잖다
- 필(鉍) 창자루
- 하(碬) 숫돌
- 하(嘏) 크다
- 하(呀) 입 딱 벌리다
- 학(嗃) 엄하게 꾸짖다
- 한(澖) 아득히 넓은 모양
- 한(䓿) 산 높은 모양
- 해(哈) 비웃다
- 헌(幰) 초헌
- 혁(侐) 고요하다
- 혁(焃) 붉다
- 혁(焱) 불꽃
- 현(怰) 팔다
- 현(晛) 햇빛
- 현(儇) 영리하다
- 현(譞) 깨닫다
- 현(呟) 소리
- 혜(譓) 총명하다
- 혜(憓) 밝다
- 혜(憓) 유순하다
- 호(皞) 밝다
- 홍(鈜) 사람 이름
- 환(鐶) 가락지
- 황(堭) 벽 없는 집
- 황(媓) 어미
- 효(皛) 나타나다
- 효(歊) 기운 위로 나오다
- 후(厚) 후하다
- 훈(鑂) 금빛 바래다
- 흔(忻) 기쁘다
- 희(橲) 일본 한자
- 희(俙) 소송하다
- 희(烯) 불빛
- 희(凞) 화하다
- 희(爔) 불빛

후 기

비법(秘法)은 있는가? 있어도 되는가?
만약 비법이 있다면 그것은 공부하는 사람의 마음 속에 있다.
한자를 배우는 가장 확실한 비법은 '어떤 뜻을 나타내기 위해 어떤 소재를 사용했는 가?'를 따져 보는 마음이다. 다른 말로 한자에 관한 관심이 곧 비법이다.

부(負)는 '질 부'로 풀이된다. ① 승부(勝負)에서 지는 것 ② 짐을 지는 것. 남자는 지고, 여자는 머리에 이는 것을 남부여대(男負女戴)라고한다. ③ 마음 속에서 가지는 것도 포함된다. 부담감(負擔感)은 나쁜 쪽이나 자부심(自負心)은 좋은 쪽이다.
이런 뜻을 나타내기 위해 돈이나 귀중품과 관련된 조개 패(貝)와 사람 인(人)자를 사용했다. 전체적으로보면 사람이 돈 위에 올라가 있는 모습인데, 그 돈이 자신의 돈이면 '돈방석'에 올라 앉은 사람이고, 그 돈이 남의 돈이면 '빚더미'에 올라 앉은 사람이다. '돈방석'에서는 자부심(自負心)을 느낄 것이고 빚더미'에 올라 앉아서는 부담감(負擔感)을 가질 것이다.

유유상종(類類相從)이다. 끼리끼리 모인다. 사람 뿐만 아니라 만물은 자기를 좋아하는 사람에게로 몰려드는 속성이 있다. '개눈에는 ×밖에 보이지 않는다.' 그래서 '개 따라 가면 결국 측간 가게 된다.'
한자 공부 역시 마찬가지다. 빨리 외워야 된다는 생각을 버려야 한다. 한자는 본질적으로 재미있는 문자다. 한 글자씩 재미를 느끼기 시작하면 금방 외워진다.

성안당의 여러 임직원님들께 정말 고맙다는 말을 전하고 싶다. XT,AT, 386,486, Macintosh를 전전하면서 컴퓨터 안에서 울고 있던 원고가 이제야 세상구경을 할수 있게 되었기 때문이다. 새로운 것에 과감히 도전하는 그 자세는 근래에 보기 드문 것이었다. 그들을 만난 것은 나에게 커다란 행운이었다. 성안당에 무궁한 발전이 있기를 간절히 바란다.

저자 소개

금하연

컴퓨터와 한자를 사랑하는 사람.
그의 책상에는 PC와 Macintosh가 나란히 놓여있다.
모두 독학했다.
폰트를 12만자 쯤 만들었다.
100만 자를 만들어 글자은행을 완성하는 것이 꿈이다.
84년 관악산 아래 미대를 졸업했다.
현재 Flash와 한자에 몰두하고 있다.
『설문해자』를 대중화시키는 것이 일생의 목표다.

www.mchando.com

인터넷용 한자 솔루션

글자은행:고자/전서/예서/초서
CJK-Reader:중국이나 일본 사이트의 간자/약자를 읽어준다.
Auto-Linker:자전과 자동으로 링크시켜 준다.
1800자 학습 사이트(전통문화연구회와 공동운영)
  - 플래쉬동영상 필순/설문해자/일일공부쓰기 등
Web 자전

오채금

가르치고 배우고 활동하는 것을 좋아하는 사람
87년 안암동에서 사범대를 졸업했다.
87년 주)재능교육에 입사하여 한국어문회, 소년한국일보 와 공동으로, 국내 처음 시행했던 '한자급수제' 의 문제 출제에 참여했다.
92~94년까지 프리랜서로 활동하면서 주)대교 한자교재, 주)교학사 자전 편집대행 했다.
94년부터 교연학원, 종로엠학원, 대성학원 등에서 고3 전문 언어영역 강사로 활동해 왔다.
2003년부터 서울시교육청 소속으로 인성교육 봉사를 하고 있다.
2004년부터 사)밝은청소년지원센터 인성교육 강사로 활동하고 있다.
2004년부터 방송 리포터와 토론자로 출연하고 있다.

한자 능력 검정 시험 관련 사이트

■ 한국 어문회 : www.hanja.re.kr (02-525-4951)

 최신간 한자 능력 검정 시험 급수별 교재 안내

배병주·원창희·임재범 공저
국배변형판 / 372페이지
정가 18,000원

배병주·원창희·임재범 공저
국배변형판 / 290페이지
정가 13,000원

배병주·원창희·임재범 공저
국배변형판 / 294페이지
정가 13,000원

배병주·원창희·임재범 공저
국배변형판 / 290페이지
정가 12,000원

손주남 저
국배변형판 / 286페이지
정가 9,000원

손주남 저
국배변형판 / 218페이지
정가 9,000원

손주남 저
국배변형판 / 210페이지
정가 8,000원

www.cyber.co.kr / www.sungandang.com

   경기도 고양시 일산구 장항동 596-15번지
TEL:02)844-0511 FAX:02)844-8177

www.cyber.co.kr

단 한번에 합격하는
성안당의 한자능력 검정시험 시리즈

저 자: 배병주 · 원창희 · 임재범
판 형: 255X380
분 량: 126페이지
정 가: 11,000원
ISBN: 89-315-7117-8

저 자: 배병주 · 원창희 · 임재범
판 형: 255X380
분 량: 122페이지
정 가: 9,000원
ISBN: 89-315-7118-6

저 자: 배병주 · 원창희 · 임재범
판 형: 255X380
분 량: 116페이지
정 가: 9,000원
ISBN: 89-315-7119-4

저 자: 배병주 · 원창희 · 임재범
판 형: 255X380
분 량: 122페이지
정 가: 8,000원
ISBN: 89-315-7120-8

저 자: 배병주 · 원창희 · 임재범
판 형: 255X380
분 량: 106페이지
정 가: 8,000원
ISBN: 89-315-7121-6

저 자: 배병주 · 원창희 · 임재범
판 형: 255X380
분 량: 104페이지
정 가: 7,000원
ISBN: 89-315-7122-4

▶ 검정 시험 출제 유형에 맞춘 문제 엄선 수록
▶ 답안지 작성 및 문제 활용 능력 가이드
▶ 출제 유형별로 구성하여 타 문제집과의 차별성을 가짐
▶ 실제 출제 문제 분석 정리

[이 책의 구성 및 특징]
1. 본 문제집은 한자능력 검정시험을 대비할 수 있도록 출제기준 유형에 맞추어 구성하였다.
2. 이 책은 본문과 모의고사의 두 부문으로 편성하였다.
3. 본문은 급수에 따라 요구되는 유형별로 구성하였고, 각 유형별로 ①알아두기 ②출제 유형 분석
   ③기출 및 출제 예상 문제의 3단계로 편성하여 효과적으로 대비할 수 있도록 하였다.
4. 모의고사 문제지는 급수별 실제 문항 수대로 출제하였고, 정답과 답안지는 별도로 마련하였다.
   모의고사 문제를 풀 경우에는 답안지를 절취하여 사용하도록 하여, 검정시험에 대한 적응력을 배려하였다.
   ※ 모의고사 문제지 활용법
   • 1차: 모의고사 답안지를 절취하고, 답안지에 답을 써서 활용한다.
   • 2차: 직접 모의고사 문제지에 답을 써서 한 번 더 활용한다.
5. 각 급수에 따라 요구되는 준비자료들은 따로 부록 처리를 하지 않았다.
   모두 본문의 영역별 안에 배치되어 있거나 문제로 만들어 제시하였다.

성안당.com 경기도 고양시 일산구 장항동 596-15번지
TEL:02)844-0511 FAX:02)844-8177 www.cyber.co.kr

종횡무진 한자사전

정가 : 23,000원

| 검인 |

지은이 : 금 하 연 · 오 채 금
펴낸이 : 이 종 춘

2005. 9. 5 　초판1쇄인쇄
2005. 9. 12 　초판1쇄발행

펴낸곳 : 성안당.com

주　소 : 고양시 일산구 장항동 596-15
전　화 : (02)844-0511
팩　스 : (02)844-8177
등　록 : 1973.2.1 제13-12호

ⓒ 2005 금하연, 오채금　　　ISBN 89-315-7164-X

이 책의 어느 부분도 저작권자나 성안당.com 발행인의 승인 문서 없이 일부 또는 전부를 사진복사나 디스크 복사 및 기타 정보 재생 시스템을 비롯하여 현재 알려지거나 향후 발명될 어떤 전기적, 기계적 또는 다른 수단을 통해 복사하거나 재생하거나 이용할 수 없음.

※ 파본은 구입 서점에서 교환해 드립니다.

| 물류 및 영업본부 | 전 화 : (02)844-0511(대)　　(031)903-3380(대) |
| | 팩 스 : (02)844-8177　　　 (031)901-8177(대) |

독자 상담 서비스 : 080-544-0511　　홈페이지 : www.cyber.co.kr

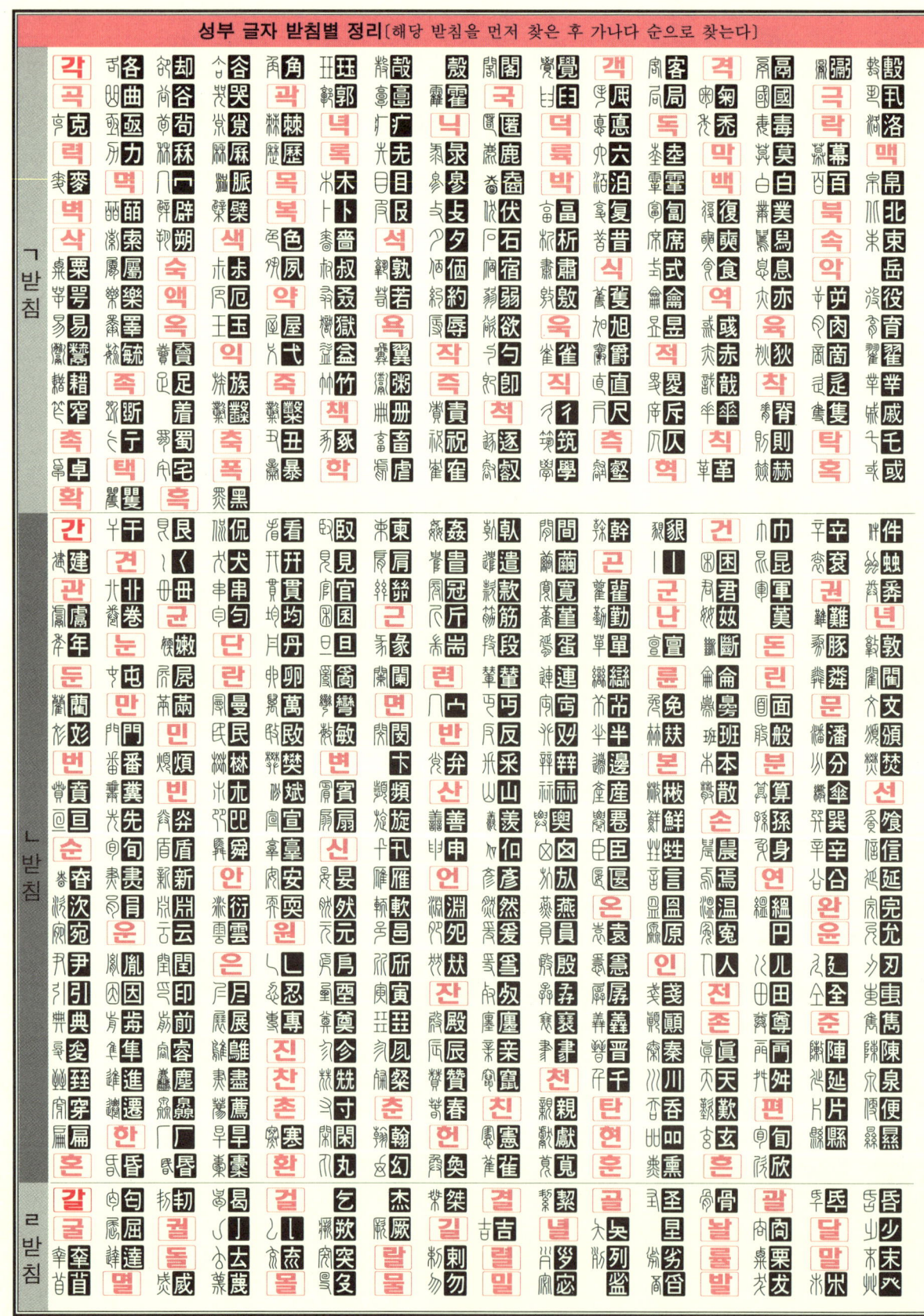

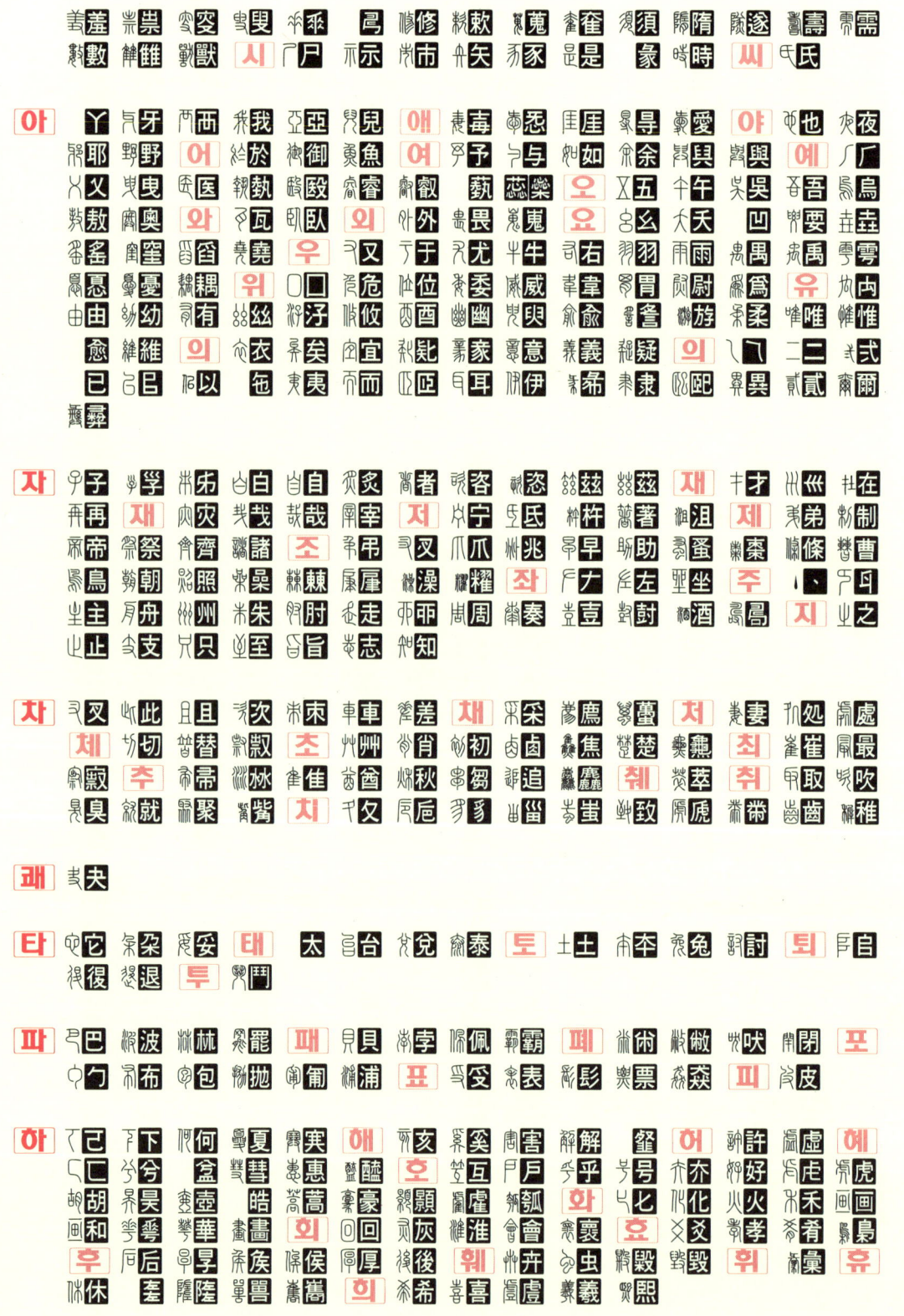